解读早期中国

# 东亚青铜潮

## 前甲骨文时代的千年变局

Emergence and Communication of Bronze in Early China

许宏 著

生活・讀書・新知 三联书店

Copyright © 2022 by SDX Joint Publishing Company.
All Rights Reserved.
本作品版权由生活·读书·新知三联书店所有。
未经许可，不得翻印。

**图书在版编目（CIP）数据**

解读早期中国：全四册／许宏著．—北京：生活·读书·新知三联书店，2022.1（2023.11 重印）
ISBN 978-7-108-07273-3

Ⅰ.①解⋯　Ⅱ.①许⋯　Ⅲ.①考古学-中国　Ⅳ.①K87

中国版本图书馆 CIP 数据核字（2021）第 193478 号

# 目 录

引子　从司母戊大鼎说起　1

一　时空界说　9
　　东亚・东亚大陆・中国・中亚　11
　　甲骨文・殷墟文化・公元前1300年　14
　　何人用铜，如何用铜　15

二　青铜潮前锋大扫描　19
　　"原始铜合金"初现期（公元前4700—前2100年）　21
　　　　仰韶时代　寥若晨星　21
　　　　红山人用过铜吗？　25
　　　　龙山前期　朦胧探索　26
　　多种合金尝试期（公元前2100—前1700年）　29
　　　　西北华北　高地先亮　30
　　　　中原出彩　东南空寂　33
　　　　龙山时代　东北无铜　35
　　　　高地前沿　繁星密布　37

中原持续　互动创新　　41

三　核心区域及其冲击波　45
　　先导二里头（公元前1700—前1550年）　48
　　　　青铜大邑出中原　49
　　　　众星捧月看周边　58
　　蓬勃二里岗（公元前1550—1300年）　62
　　　　早期承前　礼制初成　65
　　　　晚期波峰　四方推展　79

四　潮头外缘大扫描　95
　　推波有活水：西北至北方　97
　　　　晋陕地区　97
　　　　河套地区　97
　　　　甘青地区　100
　　观潮此处佳：燕山至东北　103
　　　　直接进入青铜时代的区域　103
　　　　渐次进入青铜时代的区域　109
　　　　无缘青铜时代的区域　112
　　　　各区域青铜时代上下限的梯次　113
　　潮平两岸阔：大黄河三角洲　114
　　　　太行山东麓平原　117
　　　　海岱及周边地区　118
　　韵味看余波：长江中下游　120

  江淮－江南地区 120

  长江中游左近地区 120

 微澜漫西南：川渝藏地区 122

**五 观潮的断想** 127

 "青铜时代"：从遗存到概念 129

  谁先进入青铜时代？ 129

  谁的青铜时代？ 132

 时空遐思：对二维边界的探究 135

  东亚"铜石并用时代"献疑 135

  半月形地带与"中国弧" 138

 潮余拾贝：器物身世趣话 144

  谜一样的兽面铜牌饰 144

  巫术之镜，妆容之镜？ 149

  长身战斧与环首刀 152

  喇叭口耳环与臂钏 156

  渐远渐变的倒钩铜矛 159

  权杖受阻于神奇"弧带" 163

**附录一 余绪寻踪："重器"纵览** 167

 （一）中原地区 168

 （二）西北至北方 171

 （三）南方地区 176

**附录二　东亚大陆使用铜器的考古学文化一览**
　　　　（公元前 3000—前 1200 年）

**注　释**　181

**主要考古资料存目**　198

**后　记**　209

# 引子　从司母戊大鼎说起

2010—2011年，中国国家博物馆在该馆图录和展览中，将在学界享有"中华第一大鼎""中国第一大鼎""青铜时代第一鼎"等盛誉的司母戊大方鼎，更名为"后母戊青铜方鼎""后母戊鼎"[1]。一石激起千层浪，这一更名事件引起学界和公众的强烈反响。

由于学界对这件商代大鼎的铭文释读有不同的认识，致使多种释读方案共存，所以"后""司"之辨至今仍属学术讨论范畴。以"后母戊鼎"替代"司母戊鼎"称名，应属更名而非正名。迄今已沿用数十年的"司母戊鼎"被广泛应用于各个领域，具有较高的社会认知度。在学界对其铭文决出正误并形成共识之前，对这件大鼎还是沿用学界和社会认知度相对较高的称名为妥[2]。

依最新公布的数据，司母戊大鼎口长约1.16米，宽约0.79米，通高1.33米[3]。20世纪50年代测定大鼎的重量为875千克，而据90年代的最新测定，其总重量为832.84千克[4]。随着岁月流逝，

司母戊大鼎及其铭文

引子　从司母戊大鼎说起

大鼎应存在减重现象。有学者推算大鼎的原重量应在 1 吨（1000千克）以上[5]。尽管有学者根据殷墟的考古材料推测其可能并非商代青铜器中最大最重者[6]，但就实物而论，司母戊大鼎的体量在目前公布的商周时代青铜器中居于首位。

大鼎一面长腹内壁铸有阴文铭文"司母戊"，据学者释读判断，该器应用作祭祀先妣（多认为是作器者之母），作器者应为一代商王。大鼎的年代被推定为殷墟文化第二期或第三期，与妇好墓的年代近同[7]。甚至有人认为，其主人与妇好都是商王武丁的固定配偶。大鼎自耳至足，装饰以云雷纹为底纹托浮兽面纹的多重花纹。显然，这是一件王室重器。如此庞然大物，犹如鬼斧神工，又是如何造出来的呢？考古学家、冶金史专家和工艺学家们，对司母戊大鼎的铸造工序，做了合乎逻辑的推断。在讲述制造过程的同时，我

| 商后期（公元前 1300—前 1046 年） | | |
|---|---|---|
| 王 | 年代（公元前） | 年数 |
| 盘庚（迁殷后）<br>小辛<br>小乙 | 1300—1251 | 50 |
| 武丁 | 1250—1192 | 59 |
| 祖庚<br>祖甲<br>廪辛<br>康丁 | 1191—1148 | 44 |
| 武乙 | 1147—1113 | 35 |
| 文丁 | 1112—1102 | 11 |
| 帝乙 | 1101—1076 | 26 |
| 帝辛（纣） | 1075—1046 | 30 |

夏商周断代工程年表中商后期的年代数据

们还可以穿插进对其中生产者群体和场景的简要勾画。

殷墟都邑内的铸铜作坊一般位于小屯宫殿区周边、邻近洹水，面积有1万—5万平方米，里面生活着由数以百计工匠组成的生产群体，他们按照等级，分为管理者、高级工匠、一般工匠等。铸造大鼎这样的重器，需要来自不同族群、拥有不同技能的工人（如甲骨卜辞中的"百工""多工"）在管理者（如卜辞中的"司工""尹工"）督导下按程序完成生产任务。

首先是设计，除了作蓝图之外，有时可能还会先制作器物的同比例小模型。然后进入制模、制范阶段。先由土工取土，进行水洗、过滤、沉淀、添加羼和料，准备制作陶范和熔铜浇铸用具的土料。接下来，由铸型陶工用范土为大鼎制作模范。大鼎采用复杂的复合范（块范法）铸造技术制作。复合范由若干外范和内范（模）等铸型组成，它们构成铜液流入的型腔，铜液冷却后生成铸件。这些铸型多以可塑性强的黏土为原料，制成泥范或陶范。这些工序要求极高。铸型原理以及模拟实验显示，先用陶土做大鼎的芯模，大小与大鼎相同；然后在上面描绘、雕刻出花纹和铭文。成型的陶范经过修整、晾干、焙烤并对变形的地方进行局部修整才能使用，焙烤可增加其坚固程度。两个相同的大、小面可以分模翻制。模子倒扣在泥土的台座（也是一块范）上，开始制（翻）范。陶范的焙烤在倒焰式陶窑中进行，一般需要3—5天。关于大鼎的用范数量推论不一，多认为有20—52块。

之后是铸造。将铸型合成型腔是第一道工序。一般是用数十块范和芯作上下、内外围合，内里用泥芯撑形成型腔，从足部浇入铜液。铸工在铸造场地附近修筑熔铜炉，先制作熔铜、浇铸器具。殷

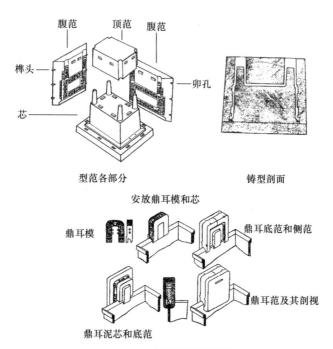

司母戊大鼎分范铸造示意
（据朱凤瀚《中国青铜器综论》插图七·二三改绘）

墟甲骨卜辞中就有关于铸造活动的记录。卜人对大鼎浇铸进行占卜，卜知浇铸结果。铸铜场地备有冶炼好的铜、锡、铅等金属料，可按铸件性质配置、熔炼合金。铸造 875 千克的大鼎，需准备铜料 1200—1500 千克，或熔化的铜液近 2000 千克。

然后，由炼工按比例配置铜、铅等金属料块，添加木炭，鼓风。当炉中温度约达 900 摄氏度时，金属原料即可熔化成合金液体，通过预先烧烤形成的硬面流道泻出。用来浇铸铜液的器具，最初认为是在殷墟出土的一种像"将军盔"的陶坩埚（浇包），但其容量小，如用它铸造大鼎，需要数十个连续浇注。而如用殷墟铸铜遗址发现的草泥熔铜炉，3—6座炉分组使用，即可以供应得上。

大鼎经过主体铸型浇铸、补铸足底部，待铜液冷却凝固后，除去外范，脱离内芯；然后在口沿上加铸鼎耳，打磨清理后，最终完成铸造。

大鼎铸造场面想必十分壮观，推测需要数以百计的人员参与，若从制范、运输到管理都算上，或可达二三百人。在大鼎浇铸过程中和完成后，要用牛、猪、人作为牺牲举行祭祀仪式，大概即卜辞中记载的"受工牢"。

就这样，一件具有划时代意义的青铜重器，按照当时商王祭祀活动的需求，经设计、铸型、铸件等工序，在专门的铸铜作坊中问世了[8]。司母戊大鼎是中国青铜时代进入鼎盛期的标志，具有"中国特色"的青铜文明开始大放异彩。

德国汉学家雷德侯（Lothar Ledderose）教授指出，中国人发明了包括青铜器铸造在内的"以标准化的零件组装物品的生产体系"，"模件化生产以多种方式塑造了中国社会的结构"。而大规模生产所需要的方方面面——分工及工序流程、标准化及质量控制、组织与管理，都对中国文化有首创贡献[9]。如此高超的复合范青铜铸造技术、精密的生产管理体系乃至背后的国家与社会发展的高度都是如何达成的呢？我们就以青铜冶铸技术的源流为主线，勾勒出此前东亚大陆千年大变局的经纬。

# 一 时空界说

## 东亚·东亚大陆·中国·中亚

首先要对本书论述的空间范畴做一界定。书名中"东亚"二字,实则是东亚大陆的简称。

东亚作为地理概念,指亚洲东部地区殆无疑义,但其具体所包含的区域并不十分明确。广义的东亚包括东北亚和东南亚,而本书所指东亚大陆,不包括以半岛和岛屿为主的东南亚地区。且就现有国家行政区划而言,狭义上东亚或东北亚的朝鲜、韩国和日本,也属半岛和岛屿,地理上不属于东亚大陆的范畴。另外,蒙古国的早期考古资料相当匮乏,暂且存而不论。

因此,本书所言东亚大陆,仍是地理意义上"中国"的代名词;就内容而言,的确限于目前中国大陆的考古学文化。但为什么不用"中国"这一概念呢?因为在地理范畴之外,"中国"具有太多复杂的含义,包括文化、族群、社会组织等层面的意蕴,不一而足。同时,东亚青铜潮的故事大部分发生于这个区域最早的核心文化、最早的"中国"——二里头都邑与二里头文化[10]形成之前。也就是说,"中国"的概念具有历史层面上从无到有、从古到今的巨大差别。所以,"东亚大陆"这个相对简单的地理概念显然更为恰当妥帖。

另外,作为地理概念的东亚大陆,既不限于今日之中国,也不等同于今日中国的范围。诚如有的学者指出,"中国广阔的大西北

东亚——大陆、半岛与列岛 [底图审图号：GS（2016）2937号]

地区在地理上可归入中亚范畴，在文化上也与后者保持着很大的类似性"[11]，所以本书关于东亚大陆早期青铜遗存的叙述，不包括出土了众多早期铜器的新疆地区。

"中亚"（Central Asia）一词，在科学文献中由来已久，关于其具体地理界限则众说纷纭。1862年，俄国东方学家和中亚探险家尼古兰·哈尼科夫（Nicolay Khanykoff）认为应该根据共同的环境特色来界定中亚的范围，进而建议可将缺乏注入外海的河流这一特征，作为界定"中亚"的准则之一。此后也有学者提出了类似的观点。德国著名地理学家李希霍芬（Ferdinand Richthofen）认为，"中亚"

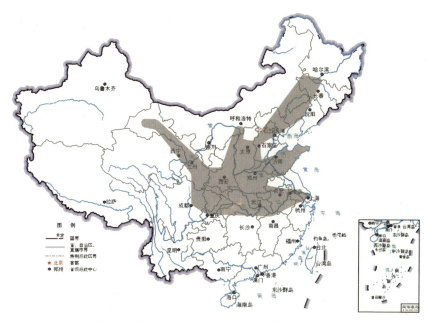

前殷墟时代东亚大陆青铜潮波及范围［底图审图号：GS（2016）1606号］

包括亚洲内陆地带以没有河流注入外海的水文体系为特征的所有地区。联合国教科文组织编撰的权威著作《中亚文明史》[12]专门对"中亚"一词做了说明，强调"本研究中所谓的'中亚'相当于亚洲大陆的全部内陆部分……我们将遵循此前一百年间所发展的有关中亚历史和文化研究的传统。本书所用的'中亚'一名，也可以视作'内陆亚洲'的异名"。1978年，教科文组织在巴黎总部举行专家会议，讨论《中亚文明史》的编写出版筹备事宜。会议报告明确指出，"中亚"包括"今位于阿富汗、中国西部、印度北部、东北伊朗、蒙古、巴基斯坦以及苏联诸中亚共和国境内的各个地区"[13]。

一 时空界说 13

值得注意的是，该书在各章节中述及中亚东部考古遗存，涉及"中国西部"的具体范围，大致涵盖新疆、西藏、内蒙古西部、甘肃、青海、宁夏等地区[14]。

这样，"东亚"的空间，即青铜潮波及的范围，西至青藏高原东麓，西北至河西走廊，北及河套至冀北，东北至松嫩平原，东达海疆，东南至南部达长江中下游平原，西南至四川盆地。在本书限定的时间框架内，更远的东北东部区域、江南丘陵区、两广丘陵区，以及云贵高原尚无青铜遗存发现。

# 甲骨文·殷墟文化·公元前 1300 年

这几个概念涉及本书叙事的时间下限。副标题中"前甲骨文时代"，表明叙述的是甲骨文时代之前千年以上的事情。

著名的殷墟甲骨文自百余年前发现以来，经历代学者研究，其记述年代、与在位商王的对应关系已大体廓清。董作宾在20世纪30年代曾推断甲骨卜辞的记述始于第20位商王盘庚时期[15]，后世学者一般将其订正为始于盘庚之侄、第23位商王武丁时期[16]。

从考古发现上看，随着以郑州城及其郊外的小双桥遗址为典型代表的二里岗文化的衰落，在豫北，以洹北城为中心的洹河两岸一带作为殷商王朝的都邑崛起。这表明，中原广域王权国家的政治中心由郑洛地区向北移至豫北地区；在考古学文化上表现为，二里岗文化演变为殷墟文化。从文化面貌上看，洹北城早期遗存与二里岗文化之间有较大差别[17]。殷墟遗址群开始走向繁荣，殷墟文化也自此发端[18]。夏商周断代工程专家组推定盘庚至帝辛的年代为公元前1300—前1046年，殷墟文化的年代与此大致吻合[19]。

鉴于此，我们把一般认为属商代前期的二里岗文化的结束、属商代后期的殷墟文化的开始，即甲骨文呼之欲出的公元前1300年前后，作为本书叙事的下限。以甲骨文这一东亚大陆最早的成熟文书的出现为契机，中国古代史也由传说（原史，proto-history）时代进入信史（历史，history）时代[20]。

与本书相关的考古学文化及其年代数据和相对早晚关系，均见下页表；考古遗址和考古学文化以小地名命名的方法，可能会给读者理解年代早晚造成困难，大家阅读时如遇年代不清楚的问题，可参阅此表。

## 何人用铜，如何用铜

在考古学上，我们可以依据是否发现铜器制造和使用的现象及其对该人群社会生活的影响程度，从时空角度做纵向与横向的划分。从时间上划分为四个阶段：

第1阶段，前铜器时代，一般为（新）石器时代；

第2阶段，零星小件铜器初现的时代；

第3阶段，青铜时代（青铜器被较普遍地使用、在社会生活中

本书涉及的考古学文化及其年代

| 地区<br>年代(BC) | 长江上游 | 黄河上游 | 黄河中游 | 长江中游 | 黄河下游 | 西辽河 | 长江下游 |
|---|---|---|---|---|---|---|---|
| 3000 |  | 马家窑文化<br>↓ | 仰韶文化<br>↓ | 屈家岭文化<br>↓ | 大汶口文化<br>↓ |  |  |
| 2500 |  |  | 庙底沟二期文化<br>↓ | 石家河文化<br>↓ |  |  |  |
| 2000 | 三星堆文化<br>↓ | 齐家/西城驿<br>↓ | 中原龙山文化<br>↓ | 肖家屋脊文化<br>↓ | 海岱龙山文化<br>↓ |  |  |
| 1500 |  | 齐家晚/四坝 | 新砦文化<br>↓<br>二里头文化<br>↓<br>二里岗文化<br>↓ | 区域青铜文化 | 岳石文化<br>↓ | 夏家店下层文化<br>↓ | 马桥文化等<br>↓ |
| 1000 | 十二桥文化 |  | 殷墟文化<br>西周文化 |  | 殷墟文化 | 魏营子文化<br>↓ | 区域青铜文化<br>↓ |

占重要地位）；

第 4 阶段，铁器时代。

其中第 1 和第 4 阶段在东亚大陆范围内普遍存在，第 2、3 阶段，则依区域不同或有或无。依各区域上述时段存在与否及不同组合，从空间上划分为四个区域：

（1）从无铜器到散见小件铜器，再到先后进入青铜时代、铁器时代的区域（1 → 2 → 3 → 4 阶段）；

（2）从无铜器直接进入青铜时代，下接铁器时代。青铜文化的出现具有突兀性、非原生性的特征（1 → 3 → 4 阶段）；

（3）从无铜器到散见小件铜器，然后直接进入铁器时代的区域（1 → 2 → 4 阶段）；

（4）全无铜器发现，从新石器时代直接进入铁器时代的区域（1 → 4 阶段）。

本书试图借此廓清青铜潮的波及范围，分析铜器的使用与否、利用程度，及其在该地社会文化发展中的作用。

## 二 青铜潮前锋大扫描

从本质上讲，考古学就是一门探究遗存时空关系的学问。但在既往的研究中，某些考古学文化及其不同期段的年代可相差上百年甚至数百年之久，故而以考古学文化为单位的分析阐释往往偏于粗疏。本书依据既有的研究成果、采用新的考古年代学数据，对用铜遗存做了尽可能详尽细密的期段划分，力求把握其共存关系和历时性变化，得出更加贴近历史真实的推论。

# "原始铜合金"初现期（公元前 4700—前 2100 年）

从考古学文化的视角看，这一长达两千余年的时期包含仰韶时代和龙山时代两个大的阶段。

### 仰韶时代　寥若晨星

此阶段大体相当于新石器时代晚期。公元前 4700—前 2700 年，在大约两千年的时间里，东亚大陆仅在 4 处地点发现零星的小件黄铜（铜锌合金）、红铜（纯铜）、青铜（铜锡合金）器或炼渣等遗物。这 4 处遗存，分属陕晋地区仰韶文化不同的时段和类型，包括陕西临潼姜寨[21]、渭南北刘和山西榆次源涡镇，以及西北地区的马家窑文化（甘肃东乡林家），它们在所属的考古学文化中多为孤例，且时空相差颇大，彼此不相关联。

陕西临潼姜寨出土的黄铜片、黄铜管状物，属仰韶文化半坡类型，年代为大约公元前 4700 年。陕西渭南北刘出土的黄铜笄，属

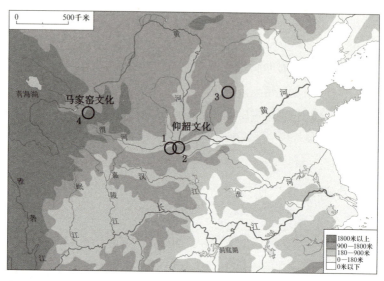

仰韶时代用铜遗存分布
1. 陕西临潼姜寨；2. 陕西渭南北刘；3. 山西榆次源涡镇；4. 甘肃东乡林家

东乡林家青铜刀（左）、临潼姜寨黄铜片（右上）和黄铜管（右下）

仰韶文化庙底沟类型，约公元前4000—前3500年。这两例黄铜器，是现知东亚大陆最早的铜制品。

"原始铜合金"这一概念，可以较好地解释早期用铜遗存："从矿石中带来的杂质，其存在标志着冶炼红铜的失败与早期冶铜技术的不成熟。含有这些杂质的铜与后来人类有意识进行人工合金而得到的各种铜合金，具有本质上的不同，并不能因为这些铜中含有锡或铅，就称之为青铜，更不能认为它们同于后世的人工有意识制造出来的铜合金。为了使二者有所区别，把这种早期的、偶然得到的、含有其他元素的铜叫作'原始铜合金'比较合适。"因而，"姜寨的'黄铜'片的出现，既是可能的，又是偶然的，应该是选矿不纯的产物。虽然这是一件世界上年代最早的'铜锌合金'，但它的出现对于后来的冶炼黄铜的技术并无任何实际意义，应属于原始铜合金"[22]。如此获取的原始铜合金具有极大偶然性且不能量产，在各地皆昙花一现，与后来青铜冶铸之间有大时段的冶金史空白。由于早期黄铜制品都含有较多杂质，其元素组成、成形技术存在较大差别，它们"更像是还原铜锌混合矿或共生矿制成的产物，与矿源的关系更大，而不是有意的技术传承"[23]。

甘肃东乡林家发现的青铜刀，系锡青铜，为单范法铸造，据信属马家窑文化，年代约当公元前2740年。该器为合范铸造，共出的"铜碎渣"是"铜铁共生矿冶炼不完全的冶金产物"，"可认为中国在冶炼红铜、青铜之前，存在着利用共生矿冶铜技术的探索实践阶段"[24]。如果此器年代和文化归属无误，那么就是迄今所知东亚大陆最早的青铜器。无论仰韶文

二 青铜潮前锋大扫描　23

化的黄铜器还是马家窑文化的青铜刀,含渣量均很高,表明当时还没有提纯的概念。

严文明教授指出,"现知在甘肃有丰富的铜矿,有些矿石中偶尔也会含有少量锡石即氧化锡,用木炭加温即可还原。所以林家青铜刀的出现,可能与当地矿产资源的条件有关,不一定是有意识地冶炼青铜合金的结果"。而"回顾人类文化发展的历史,往往有一些极重要的发明开始带有偶然性质,如果适应了社会的需要,就会很快推广和不断发展;如果一时并不急需,就将长期停滞甚至中断而失传,等到产生了新的社会需要后才重新发展起来。人类用铜的历史也有类似的情况"[25]。显然,这些零星的偶然发明,由于有很大的时间空白,在年代上并无连续的考古发现,不排除中断、失传的可能性,我们无法将其视为后来龙山时代晚期集中用铜现象的清晰源头。

也有学者认为,林家青铜刀所显现的"青铜技术的出现,仍不能不考虑西方文化渗入的可能性"[26]。这对早期用铜遗存出现的偶然性、断裂性以及合金的复杂面貌来说,不失为一个合理的解释。但马家窑文化时期来自西方传统的因素很少,因而有学者怀疑该器可能属齐家文化时期[27]。

山西榆次源涡镇陶片上发现的红铜炼渣,属仰韶文化晚期,年代约公元前3000年。但此发现至今存疑。该遗址系20世纪40年代发掘,出土了仰韶、龙山和东周各个时期的遗物,铜渣最初被认为是由上层地层混入的,后来化验表明其缺乏锡的成分,于是判断属龙山文化早期,后又被推定为仰韶文化晚期[28]。已有学者指出其"论据尚欠充分"[29]。

要之,在这两千年的时间里,数例零星出现于各地的红铜或原始铜合金皆昙花一现,作为孤例的青铜刀更是尚存争议。"在黄河中下游地区,尽管早期黄铜的出现可以从考古和技术的角度给予肯定的解释,但由仰韶文化到龙山文化,还看不出冶金技术演进的脉络"[30]。它们无法被视为青铜冶铸的先声。

### 红山人用过铜吗?

曾有学者提出内蒙古东部至辽西地区的红山文化后期(约公元前 3800—前 2900 年)已进入铜石并用时代[31],但所谓的用铜遗存,经冶金史与考古学测年等多学科分析,已被否定。

著名的辽宁凌源牛河梁遗址曾出土冶铜炉壁残片,原推断为红山文化晚期遗存,约公元前 3000 年前后[32]。后经碳-14 测年,"炉壁残片的年代为 $3000\pm333$—$3494\pm340$ BP,要比红山文化陶片和红烧土年代晚 1000 多年,属夏家店下层文化的年代范围"[33]。

除此之外,另两处关于红山文化铜器和冶铜遗存的发现则尚存异议。

在辽宁凌源牛河梁遗址第二地点 4 号积石冢的一座小墓内,发现一件小铜环饰,经鉴定为红铜,发掘者称此墓为"积石冢顶部附葬小墓",认为"这项发现地层关系清楚,材料可靠,被冶金史界称为我国迄今发现的最早的铜标本之一,也证明这一地区的冶铜史可追溯到五千年前红山文化"[34]。但在牛河梁遗址正式发表的发掘报告中,该墓被列于 4 号冢主体之外的"冢体上墓葬",这三座小墓"利用原冢的碎石砌筑墓框并封掩,叠压或打破冢体顶部的堆石结构"。除了这座墓出土了铜耳饰和玉坠珠各一件外,其他两座小墓无任何随葬品。报告没有明言其年代，但显然将其当作晚期遗存，结语中也未再提及红山文化铜器发现的重要意义。

内蒙古敖汉旗西台遗址出土了属红山文化中期的两组陶范，发掘者认为其中一组应是铸造小青铜饰的模具。另在房址和围壕内还出土了6件单扇陶范的残件。我们注意到，与凌源牛河梁遗址相类，西台遗址也属复合型遗址，"包含新石器时代兴隆洼、红山和青铜时代夏家店下层和夏家店上层等多种文化遗存"[35]。看来，这批陶范是否属红山文化，难以遽断。

到目前为止，尚无可靠的证据表明红山文化晚期遗存中存在用铜的迹象。

## 龙山前期　朦胧探索

就已有考古资料而言，龙山时代前期的用铜遗存主要发现于华东与华中低海拔地区，涉及的考古学文化有大汶口文化（晚期）、海岱龙山文化（早期）和石家河文化（中晚期），年代约公元前2500—前2100年。

海岱地区的大汶口文化晚期遗存，相当于龙山时代前期。在山东泰安大汶口遗址大汶口文化晚期墓的骨凿上发现铜绿，经鉴定含铜量为0.099%，但详细情况不得而知。有学者指出，"由于骨器在接触铜矿石（如孔雀石等）的情况下，也会产生绿锈的痕迹，并不能作为已出现金属器的证据"[36]。

关于该墓所属大汶口文化晚期年代的最新认识是，"大汶口文化结束的时间和龙山文化兴起的时间约为公元前2300年前后，比传统的认识晚了约200年"[37]。由是，以往认为偏早的华东地区用

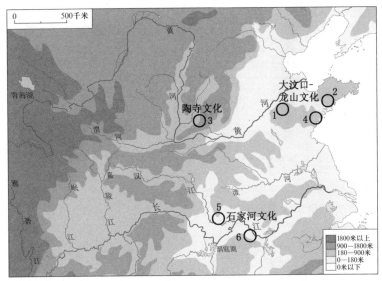

龙山时代前期用铜遗存分布
1.山东泰安大汶口；2.山东胶州三里河；3.山西绛县周家庄；
4.山东日照尧王城；5.湖北天门石家河遗址群；6.湖北阳新大路铺

铜遗存的年代，被延后300多年，这强化了对用铜遗存西早东晚态势的认识。

此外，山东胶州三里河遗址曾出土铸造的黄铜钻形器，属龙山文化早期；山西绛县周家庄遗址也发现了属陶寺文化早中期的锻造黄铜片。这两例黄铜器的发现，或与前述仰韶文化的同类发现一样，应非有意的技术传承，而与矿源的关系更大。山东日照尧王城遗址则发现了龙山文化早期的铜渣。

在长江中游湖北天门石家河遗址群的石家河文化中期遗存中，发现了数件铜器残片，其中罗家柏岭地点发现5件，邓家湾地点则发现了1件可能为刀的残片，材质不明，两处地点还分别发现了铜

胶州三里河黄铜钻形器（左、中）、绛县周家庄黄铜片（右上）和天门邓家湾铜片（右下）

绿石（孔雀石）或锈蚀铜渣等。在肖家屋脊、印信台等地点出土了"铜矿石"，据分析应为孔雀石，或为加工饰品后的废石料，未必全与冶铜有关[38]。荆门屈家岭遗址屈家岭文化晚期至石家河文化早期遗存中出土了20余件铜矿石标本，据检测分析，这些矿石多为含磷的假孔雀石和磷铜矿伴生矿，少量为孔雀石。部分矿石表面覆盖一层黑色氧化铜，是矿石经焙烧后的产物。由于目前未发现其他冶炼遗迹，这些焙烧产物是否与冶炼活动直接相关尚无法确证[39]。

长江南岸的湖北阳新大路铺遗址石家河文化晚期遗存中，还发现了青铜残片，该残片较为原始，锡、铅含量皆高于铜；此外还发现了炉壁、炼渣、矿石等。大路铺遗址是东亚大陆早期用铜遗存分布最南的地点之一。阳新县毗邻江西瑞昌市，后者是商周时期著名的铜岭矿冶遗址所在地。

值得注意的是，在上述湖北沿江地带早期用铜遗存之后，直至相当于二里岗文化早期晚段（约公元前1500年以后）的武汉黄陂盘龙城遗址铜器墓的出现,中间有大约600年的用铜"空白期"。盘龙城遗址铜器群,显然与中原地区的二里岗文化存在密切的关联。大路铺遗址还发现了丰富的晚商早期至春秋时代的矿冶遗存。发掘者认为该遗址新石器时代文化遗存和被称为"大路铺文化"的商周时代遗存之间"存在时间上的缺环,没有直接的承继关系"。这一地区在龙山时代,冶铸铜器的尝试很可能在短期内就夭折了。

要之,龙山时代前段的数例用铜遗存中,唯一可确认器形的是胶州三里河遗址出土的两例黄铜钻形器,推测应属于一件器物[40]。除了这两例黄铜器外,仅在石家河遗址群发现残器数件(包括邓家湾地点出土的疑似刀的残片),但材质不详,背景不清。此外就是铜矿石、铜渣、炉壁和坩埚残片等与冶铸相关的遗物。这表明,在整个东亚大陆,此时对金属加工的探索仍处于初期阶段。

## 多种合金尝试期(公元前2100—前1700年)

公元前2100年前后,东亚大陆各地的用铜活动才开始增多。除了之前已有的黄铜、红铜、锡青铜外,还出现了铅青铜、锡铅青铜和砷青铜。制造方法上,锻造和范铸并存;虽已发现了零星的较复杂的复合范铜铸件,但尚无成功制造出铜容器的证据。在龙山时代末尾阶段,中原腹地的嵩山周围兴起了新砦类遗存和二里头文化初期(第一期)遗存(约当公元前1900—前1700年),多种合金尝试期延续至这一阶段。随着时间的推移,考古年代学测年的精度

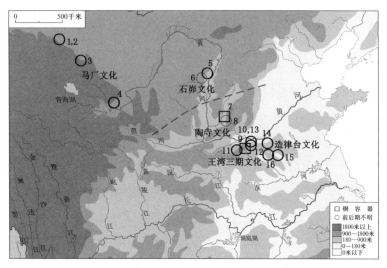

**龙山时代后期早段用铜遗存分布**
1.甘肃酒泉照壁滩；2.甘肃酒泉高苜蓿地；3.甘肃张掖西城驿；4.甘肃永登蒋家坪；5.陕西神木石峁；6.陕西榆林火石梁；7.山西襄汾陶寺；8.山西曲沃东白冢；9.河南登封王城岗；10.河南郑州牛砦；11.河南汝州煤山；12.河南新密古城寨；13.河南郑州董砦；14.河南杞县鹿台岗；15.河南鹿邑栾台；16.河南淮阳平粮台

在提高。我们可以把这数百年时间再细分为两个小时段，从中窥知东亚青铜潮的扩展过程。

早段相当于公元前2100—前1900年。虽然各地用铜遗存开始增多，但一般聚落中的成形器物，只有器形简单的刀、锥等小型工具，并无明显进步。与此形成鲜明对比的是，中原地区某些中心聚落异军突起，开始铸造工艺较复杂的铜铃和容器等空腔器。

### 西北华北　高地先亮

这一区域发现用铜遗存的遗址，海拔多在1500米到2500米之

马厂文化晚期铜器
左：红铜锥（酒泉照壁滩）；中：红铜块（酒泉高苜蓿地）；右：残青铜刀（永登蒋家坪）

间，是较早集中出现用铜遗存的地区。

河西走廊上的甘肃酒泉照壁滩、高苜蓿地遗址分别发现了红铜锥（锻造）和红铜块（铸造）。张掖西城驿遗址，则发现了炉渣（炼铜渣）。陇东地区永登蒋家坪出土的残青铜刀，应系双合范铸造而成。目前最新的认识是，这些遗存均属马厂文化晚期，年代约公元前2100—前2000年[41]，与东乡林家马家窑文化青铜刀之间，相差600余年。

应指出的是，西北和北方地区以往的测年数据，与黄河中下游、长江中下游遗存的系列测年数据不具可比性。而中原地区"与传统的考古学文化谱系的编年框架相比较，新的认识普遍晚了约200至300年"[42]。就西北和北方地区早年的测年结论而言，这是一个可资比较的参考数值。

与甘青地区的发现大体同时，陕北地区神木石峁遗址的早期遗存中发现了铜锥，时代约为公元前2100年前后。遗址采集的铜片和铜锥，据传出自石峁遗址的铜齿轮形器，以及榆林火石梁遗址发

二 青铜潮前锋大扫描 31

据传出自神木石峁的铜环与共存玉器

现的残铜刀等，或属此期遗存。

在可确认的公元前1900年之前的用铜遗存中，最令人瞩目的是山西襄汾陶寺遗址陶寺文化中晚期的发现。一件盆（？）的残片用砷铜铸造而成，时代属陶寺文化中期。在陶寺文化晚期的一座小墓中，发现了一件红铜铃，亦属复合范铸造技术的产物。但此铃较为粗糙，且多孔，证明红铜铜液确实因流动性差，易吸收气体，这可能是至今红铜容器都较少的原因之一[43]。

陶寺遗址陶寺文化晚期遗存中还发现有砷铜齿轮形器、红铜环和蛙形饰，前二者与上述陕北地区据传出自神木石峁遗址的铜齿轮形器、西北地区的铜环类似。据报道，最近又发现了一件铜璧形器。另在曲沃东白冢遗址采集到坩埚片，或属陶寺文化。

陶寺遗址出土的铜盆（？）残片和铜铃，开启了东亚大陆利用陶质复合范铸造空腔器物和容器的文化传统之先河。该遗址位于广义中原地区的西北部，邻近西北、北方地区的区位特征值得重视。有的学者直接将其划归"高地龙山社会"[44]，是有道理的。值得注意的是，陶寺遗址出土的铜器都不是大

公元前

东亚大陆 — 2000
最早的陶
质复合范
铸件

32　东亚青铜潮

襄汾陶寺铜器组合
1. 砷铜盆残片；2. 红铜铃；3. 砷铜齿轮形器；4. 铜璧形器；5. 红铜环；6. 红铜蛙形饰

墓中的随葬品，都与后来以二里头为先导的中原王朝的青铜礼器没有承继关系，也无证据表明它们是贵族身份地位的象征。在陶寺遗址没有发现铸铜作坊，这些铜器的功用和生产地等问题还有待进一步探究。

## 中原出彩　东南空寂

这一区域存在用铜遗存的遗址多分布在海拔 20—250 米，早至公元前 1900 年以前的用铜遗存，基本可确认的仅有数例。

河南登封王城岗遗址龙山文化第四期遗存中，出土了一件青铜容器（可能为鬶）的腹部或袋状足的残片，其年代与

公元前

2000— 东亚大陆最早使用复合范铸造的青铜容器

二　青铜潮前锋大扫描

小心地剔取青铜容器残片　　　　　出土时的原状

登封王城岗青铜容器残片及清理现场

陶寺文化晚期大体同时。这是东亚大陆现知最早的用复合范铸造法（块范法）制作的青铜容器。

此外，在郑州牛砦、汝州煤山、新密古城寨等遗址出土了熔炉残块、残片和可能为熔炉的陶缸残片。上述遗存均属王湾三期文化晚期。郑州董砦遗址出土王湾三期文化的铜片或属此期。

豫东地区分布着造律台文化，在河南杞县鹿台岗、鹿邑栾台遗址相当于造律台文化中晚期的遗存中分别发现了可能是刀的铜器残件和铜块；在淮阳平粮台遗址发现了铜渣。这些铜器和铜渣等在遗址内单独存在，至今尚未发现明确的制造场所遗迹。

从用铜遗存较普遍地存在于普通聚落，而铜器又基本为日常用品的情况看，最初冶铜和锻铸铜器的行为应是"群众性"的。诚如有的学者指出的那样，这一时期，"东亚大陆上几乎所有重要的聚落，都着手进行铜器铸造的实验，这些实验，大多数都失败了，即使有成功的，也未对整个社会造成太大的影响"[45]。

值得注意的是，最先出现使用复杂的陶质块范法铸造空腔铜器的山西襄汾陶寺和河南登封王城岗遗址，都是中原文化区，即地跨上述高海拔地区和低海拔地区两大地理板块、以河南为中心的黄河中游地区的中心城邑。前者地处东亚大陆西北高地区的东南缘；后者地处东南低地区的西北缘，与西北高地区接壤。从地理位置上看，它们都是面向内陆地区的。

晚段相当于公元前1900—前1700年。在综述这一阶段的用铜遗存发现之前，我们先梳理一下最新的考古发现与研究，确认那些原来认为存在用铜遗存而据现有材料可初步排除的区域，以便廓清青铜潮前锋波及的区域与上限。

### 龙山时代　东北无铜

前面我们说到，并无确切的证据表明，大体相当于仰韶时代的红山文化已有用铜遗存发现。接下来的问题是，东北地区南部是否如以往所认为的那样，在龙山时代开始出现用铜遗存。

这涉及两个问题，一是地处内蒙古东部和辽西山地区的夏家店下层文化的起始年代能否早到龙山时代；二是辽东半岛上的双砣子一期文化是否为东北地区最早发现青铜器，甚至进入青铜时代的考古学文化。

**辽西晚出**

夏家店下层文化，是该区域最早进入青铜时代的考古学文化。20世纪80年代，有学者推测该文化早期与中原龙山文化（晚期）相当[46]。此后，虽然夏家店下层文化的年代仍被推定为大约公元

二　青铜潮前锋大扫描

大连大嘴子残青铜戈

前2000—前1400年[47]，但一般认为"大致同中原地区二里头文化和早商文化相当"[48]。随着夏商周断代工程和中华文明探源工程系列测年研究的不断深入，最终"将二里头一期的年代上限定在不早于公元前1750年，显示了年代结果由模糊到相对清晰，由粗泛到细化的变化过程"[49]。夏家店下层文化的起始年代显然也应做相应的修正，不能早于二里头文化的起始年代。

**辽东有疑**

在位于东北地区南端的辽东半岛，大连大嘴子遗址第一期文化层（属于双砣子一期文化）中曾出土了一件残青铜戈。多有学者认为这标志着该文化已经进入了青铜时代，年代大约公元前2100—前1900年[50]。

但对于这件器物，也有不同的声音。有的学者指出，"从北方地区大文化背景看，中原二里头文化始进入青铜时代。在此之前，整个黄河流域包括山东龙山文化在内，铜器的出土地点和种类虽有不少，青铜器也占有一定比例，但尚没有达到铸造青铜戈那样的工艺水平，而东北同时期遗存更无确切实例可证。大嘴子青铜戈还有待进一步考实"[51]。另有学者认为此铜戈的援部具有"商代早中期"（二里岗文化或稍晚）的风格[52]。《中国考古学·夏商卷》和关于青铜戈的系统性研究著作《早期中国青铜戈·戟研究》均未述及此器[53]，这已能显现学术界对该器类别和时代的存疑态度。

无论如何，此残器圆柱形中脊的形制具有相当的先进性，是显而易见的。在该区域，晚于双砣子一期文化、与胶东半岛的岳石文化大体同时且有一定关联的双砣子二期文化，基本无青铜制品发现[54]。因此，对这件属于孤例的铜器持慎重态度是合适的。

排除了东北地区后，此期包含用铜遗存的考古学文化有西北与华北高地区的西城驿文化、齐家文化（中期）、石峁文化（晚期），以及华中与华东低地区的新砦类遗存和二里头文化（第一期）等。

### 高地前沿　繁星密布

大约公元前2000—前1700年，在河西走廊地区，西城驿文化[55]的分布最西达于敦煌一带，有证据表明这一文化人群可独立冶炼红铜和含砷、铅等合金。在新疆哈密天山北路遗址发现了西城驿文化风格的铜器，可能是该文化西向影响所致。河西走廊偏东区域，西城驿文化与齐家文化共存，二者冶金遗存的面貌难以区分，形成"西城驿-齐家冶金共同体"[56]。在甘肃武威皇娘娘台、海藏寺、临夏秦魏家和张掖西城驿等遗址，都发现了相当数量的铜器，器类仍以工具（如斧、刀、锥、凿、钻等）和装饰品（如环、泡等）为主，红铜、砷铜、青铜兼有，锻造与铸造并存。在西城驿遗址发现了铸造铜镜的石范，还发现了鼓风管、矿石、炉渣、炉壁

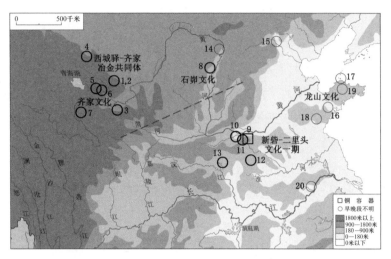

龙山时代后期晚段用铜遗存分布
1. 甘肃武威皇娘娘台；2. 甘肃武威海藏寺；3. 甘肃临夏秦魏家；4. 甘肃张掖西城驿；5. 青海大通长宁；6. 青海互助总寨；7. 青海同德宗日；8. 陕西神木石峁；9. 河南新密新砦；10. 河南偃师二里头；11. 河南登封南洼；12. 河南郾城郝家台；13. 河南淅川下王岗；14. 内蒙古准格尔旗二里半；15. 河北怀来官庄；16. 山东诸城呈子；17. 山东长岛店子；18. 山东临沂大范庄；19. 山东栖霞杨家圈；20. 安徽含山大城墩

等与冶金活动有关的遗存。该遗址从这一时期开始，可能是河西地区的一处冶金中心。青海大通长宁、互助总寨、同德宗日遗址齐家文化早期用铜遗存也有类似发现。

西城驿遗址发现的镜范，是东亚大陆迄今所知最早的石质镜范。铜镜的渊源，或可上溯至欧亚草原和中亚地区。

陕西神木石峁遗址的晚期遗存出土了铜质有銎镞和刀，以及制造刀、锥的石范。石峁遗址出土的有銎镞，是东亚大陆现知最早的铜镞。制造有銎器，显然也是内亚地区的制器传统。该遗址出土的石质刀范和锥范，是东亚大陆现知最早的工具类石范。

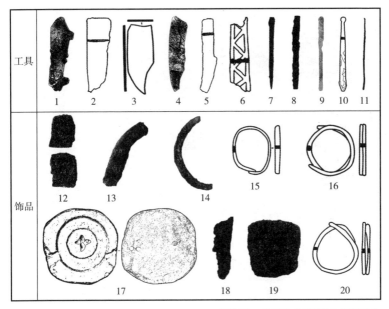

"西城驿-齐家冶金共同体"铜器组合
1—6. 刀；7、8. 锥；9. 凿；10. 钻头；11. 铜条；12—16、20. 环；17. 镜范；18. 管；19. 泡
（1—6、9、10 出自皇娘娘台，7、8、11、12、13、17—19 出自西城驿，14—16、20 出自宗日）

有学者指出，正是西城驿文化形成的冶炼中心对齐家文化产生了强大的吸引力，才促使其大规模西进[57]。无论如何，齐家文化冶金技术（铜器）的出现确实是这支文化到达河西走廊以后的事。西城驿文化人群较先掌握了冶炼技术并从事冶炼活动，齐家文化的冶金技术应直接来源于西城驿文化[58]。

齐家文化虽发现较早，但一直没有建立起综合的分期框架。1987年，张忠培发表的《齐家文化研究》一文，可被视为奠基之作，其初步分期研究结束了把延续数百年的齐家文化当作一个整体看待的局面。就用铜遗存而言，他把齐家文化分为三期8段，指出

神木石峁皇城台出土石范、铜刀

经鉴定为青铜制品的遗迹单位均属于齐家文化第三期,而早于第三期的铜器全部为红铜。"在中国广大土地上孕育出来的许多不同谱系的考古文化中,还只有齐家文化可能被认为是独立地走过了纯铜—青铜这一基本完整的制铜技术的过程。"[59] 在此基础上,滕铭予提出了更为系统的甘青地区早期铜器起源和发展的序列:红铜、原始铜合金—红铜—红铜、青铜—青铜,认为这"反映了这一地区早期冶铜技术从不成熟到成熟的发展过程"[60]。

依韩建业的分期方案,"齐家文化中期"相当于龙山时代后期的铜石并用时代晚期(约公元前2200—前1900年),偏西的河西走廊东部诸遗址发现红铜器;而"齐家文化晚期"相当于夏代晚期至商代初期的青铜时代前期(公元前1900—前1500年),红铜与锡青铜、铅青铜、铅锡青铜共存[61]。这里被归为齐家文化中期的河西走廊东部诸遗址,如前所述,大致属于"西城驿-齐家冶金共同体"。

在最新发掘的甘肃临潭磨沟齐家文化墓地中，北区的墓葬年代较早，大约相当于齐家文化中期。其中两座墓的"随葬陶器中，各有1件白陶盉，形态甚似二里头文化的同类器物"，与二里头文化第二期（绝对年代约公元前 1680—前 1610 年）[62] 晚段相当，可知这类墓葬的年代不早于此。这与最新估定的齐家文化的年代框架大致吻合："暂时可以将齐家文化的年代上限定在公元前三千纪末叶，年代下限则相当于公元前二千纪中叶，公元前 2100—前 1450 年应当是一个可以参考的年代范围。"[63] 因此，齐家文化青铜器出现的年代最早与二里头文化早期的年代大致相近，最晚则相当于二里岗文化早期。

### 中原持续　互动创新

河南新密新砦遗址出土的一件红铜容器（可能是鬹或盉类酒器）残片，相当于中原龙山文化和二里头文化之间的"新砦类遗存"，年代约公元前 1850—前 1750 年[64]。该遗址的"新砦类遗存"中还出土了含砷的红铜刀、砷铜片和鏊等。

相当于二里头文化第一期的遗存中，用铜遗存乏善可陈。新密新砦遗址发现了含砷的红铜残片和红铜块；偃师二里头遗址发现了青铜刀和红铜刀各 1 件，还出土了铜渣。登封南洼、郾城郝家台和淅川下王岗遗址分别出土了红铜凿、铜棒和若干残铜器。

从王城岗遗址的青铜容器残片，到新砦遗址的红铜容器残片，是东亚大陆腹心地区开始尝试制造铜质礼容器的例证。在二里头文化早期（第一期乃至第二期），关于铜质礼容器铸造的线索了无踪迹，虽有考古发现的或然性，但也暗示着铸造探索过程的曲折不易。

二　青铜潮前锋大扫描

新密新砦红铜
容器残片

此外，还有数例仅知大体属于此期而无法确认具体时段的用铜遗存，它们分布于内蒙古准格尔旗、河北怀来，山东诸城、长岛、临沂、栖霞，安徽含山等地，产品均为造型和工艺简单的小件日常用品和装饰品。还发现了铜渣和可能与熔铜有关的坩埚片等。

综上所述，在公元前4700年至前2100年间，东亚大陆所出现的零星用铜遗存应属"原始铜合金"，是古人"利用共生矿冶铜技术探索实践"的产物，其出现具有偶然性，且不能量产，与后来红铜、青铜器生产的时代之间存在大时段的历史空白。因而，这一阶段应仍属新石器时代的范畴。"新石器时代中期（仰韶）与晚期（龙山）的遗址中出土的残铜器或冶炼遗迹，经常是在其考古学文化或遗址中为孤例。换言之，即使证明出土的层位无误，偶然出现的冶铜经验，并未传承或推广，更未引发社会变化——比如有组织、有系统地找寻矿源，形成新的武器系统，形成新的意识形态，或新的礼器系统等——引领整体社会进入另一个阶段。"[65]

由上述观察可知，东亚大陆应不存在以使用红铜器为主要特征的所谓"铜石并用"时代。齐家文化铜器出现的初始阶段、陶寺文化中晚期是否仅使用红铜，有待于今后发现的证实。即便它们都有一个以使用红铜器为主的阶段，其延续时间也不过两三百年。在多数区域，早期铜器的使用呈现出红铜、砷铜、青铜并存的状况。延续时间短、各种材质的铜器共存，暗示着用铜遗存出现的非原生性。

正如多位学者已分析指出的那样，东亚大陆用铜遗存的出现，应与接受外来文化影响关系密切。"中国西北地方对来自中亚及以远地区的冶金术并非全盘被动地接受，而是主动加以改造和利用，并不断形成自身的特色。"[66] 在这里，"主动加以改造和利用，并不断形成自身的特色"就是技术创新的过程，也正是这样的过程才导致中原地区"华夏风格"冶金术的崛起。而"区域互动与技术创新是理解中国早期铜器区域特征的两把钥匙。因为有区域互动，所以会出现不同区域间某些文化因素的相似，如喇叭口耳环在西北和北方地区的流行；因为有技术创新，所以在某些区域的某些阶段会出现一些新的文化因素，如铜铃或组合范铸技术在中原地区的初现。因此，围绕区域互动与技术创新展开更深入的探究也应成为下一步研究的一个主导性方向"[67]。

至于东亚大陆部分区域进入青铜时代的时间，依据最新的年代学研究，要晚到公元前1700年前后了。

# 三 核心区域及其冲击波

经历了两千多年的"原始铜合金"初现期和四百年左右的多种合金尝试期,经历了与矿石和技术的偶遇、失传、反复试错、区域间此起彼伏的探索历程,中原文化区终于开始了从空腔响器(陶寺)、容器(陶寺)到复杂礼容器(王城岗、新砦)的复合范铸造试验,并直接催生了二里头文化和二里岗文化青铜文明辉煌期的到来。以二里头和郑州城这前后相继的两大都邑为核心,中原王朝以礼容器为典型代表的青铜文明先凭借着对"高科技"及其产品的独占显示了"黑马"的优势,继而向四围发射出强力的冲击波,扩展难以匹敌的文化影响,从而奠定了早期"中国"的基础。

从考古发现看,在龙山时代数百年"逐鹿中原"、邦国林立的局面结束后,地处中原腹地嵩(山)洛(阳)地区的二里头文化在极短时间内吸收了各区域的文明因素,以中原文化为依托,崛起成为早期王朝文明的先导。二里头文化、二里岗文化、殷墟文化和西周文化这一系列自身高度发达又向外施加影响的核心文化所代表的社会组织,从狭义史学上看可大体与夏、商、西周诸早期王朝对应,但二里头文化和二里岗文化因尚处于"原史时代"而无法具体指认[68],就考古学观察到的社会现象而言,或可称为"广域王权国家"[69]。

广域王权国家与中国青铜礼容器群的出现具有同步性,耐人寻味。青铜礼器是集社会等级、财富、权力于一身的象征物,其地位远超玉器、漆木器、陶器等传统质料的贵族用器。铜器的材质本身给人以美感,古代便有"美金""吉金"之称,而且铜礼器的生产比制造其他贵族用器需要更复杂的技术、更高的管理技能、投入更多的劳动力。中原王朝以青铜容器为主的礼器群的这种礼仪功能，将其金属制造业与东亚大陆乃至世界范围内的其他地区截然分开，形成自身鲜明的特色[70]。青铜礼器成为礼器组合的核心，昭示了二里头文化的礼器群与龙山时代"前铜礼器"[71]群的重大分野，由此开启了三代青铜礼乐文明的先河。

## 先导二里头（公元前 1700—前 1550 年）

异军突起于中原腹地的二里头文化，是华中与华东低海拔地区唯一进入青铜时代的考古学文化。其核心区所在的嵩（山）洛（阳）地区，正好位于高海拔地区与低海拔地区的接壤处。

二里头文化的年代，目前的认识是约公元前 1750—前 1520 年[72]。总体上看，二里头文化上接属于中原龙山文化系统的王湾三期文化，下接二里岗文化。但在它与龙山时代的接续处，却远非"一刀切"那么简单。如前所述，在嵩山周围地区先是出现了新砦类遗存（约公元前 1870—前 1720 年，以嵩山东南麓为中心），后来大概又有分布范围高度重合且有所扩展的二里头文化一期遗存（以嵩山西北麓为中心）与其共存过一段时间，或许还伴随中心聚落迁移甚至相互替代的情况，从而开启了初步地域整合的"二里头化"的进程[73]。这类"异质斑块"地域分布有限，一部分地区的中原龙山文化聚落下接"新砦类遗存"或二里头文化一期遗存，而其他地区则直接下接大范围向外扩展的二里头文化二期遗存，也就是说，各地龙山时代结束的时间并不一致。关于公元前 1900—前 1700 年中原腹地文化嬗变期大的时段归属问题，学界异见纷呈[74]。

如前所述，相当于二里头文化第一期的遗存，仅有几处遗址出土铜器，且均为小件，可辨器形为刀、凿等，青铜器并未占有显著的位置。彼时的偃师二里头遗址，面积超过百万平方米，已成为区域性的中心聚落，甚至达到都邑级别。但其文化面貌、聚落布局的细节仍有待廓清；在空间上，向外扩展的范围远不能与二里头文化第二期之后的态势相比，而与"新砦类遗存"的分布和社会结构大致相近。因而，我们将二里头文化一期遗存归入青铜时代前的多种合金尝试期，将二里头文化第一、二期之间的大约公元前 1700 年，作为青铜时代肇始期的起始时间。

至于二里头文化的结束时间，其末期（二里头文化四期晚段）已显现出"二里岗化"的倾向，推测绝对年代在公元前 1550—前 1500 年前后。

## 青铜大邑出中原

自二里头文化第二期之后，二里头遗址开始展现出其作为广域王权国家都邑的宏阔风貌。遗址面积扩展到现存范围的最大值——300 万平方米，成为超大型聚落，原应更大。与此同时，用铜遗存也开始丰富起来，铸铜作坊始建于此期。其铜器数量、种类较之龙山时代诸文化、新砦类遗存和二里头文化一期遗存，都大幅度增多，冶铸技术也有了飞跃性的进步，在中国金属技术史上占有极其

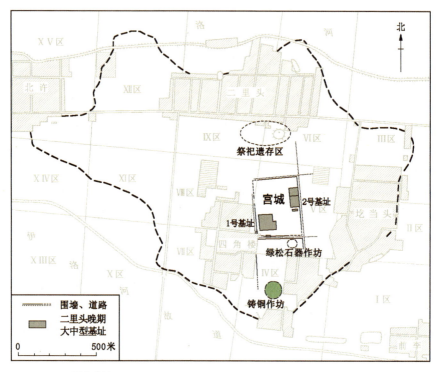

二里头遗址

重要的地位。

二里头遗址出土了大量铜器,包括容器、兵器、工具、响器和其他杂器,以及无法确知用途的铜块、铜片等。据最近的统计,二里头遗址出土铜制品总数超过 250 件,其中已经发表的近 170 件;另有冶铸遗物 70 余件[75]。在考古发掘出土的铜器中,各类礼容器、响器铜铃,以及牌饰和近战兵器如戈、战斧、钺等基本出于墓葬,铜工具和小件铜器多出土于各遗址的文化层和其他遗迹中。

二里头遗址铸铜作坊出土陶范

铸铜作坊是二里头遗址的重要发现之一。它坐落于宫殿区以南的围垣作坊区、邻近伊洛河故道，面积约1.5万—2万平方米。该铸铜遗址从二里头文化第二期到第四期一直存在，大约延续使用了200年，是迄今所知中国最早的大型铸铜作坊、最早的铸造青铜礼容器的作坊遗址。出土了一批与冶铸有关的遗迹，包括"浇铸场"3处、墓葬数座、窑1座；获取了大量冶铸遗物，包括陶范、石范、熔炉碎片、铜渣、铜矿石、木炭、小件铜器等，显现出铸铜工艺设施较高程度的专门化。从第二期到第四期，红铜所占比例呈下降趋势，青铜则呈上升的趋势；铸造不同器类的器物时，用料已区别选择[76]。

现有考古资料表明，达到复合范工艺技术最高水平的青铜礼容器应是在都邑内制造生产的。二里头遗址的青铜容器，器壁很薄，一般仅0.17—0.28厘米，表明二里头人在复合范铸造工艺上已达到了一定水准。中国古代青铜文化的若干特征，如复合范铸造法，主要用于制造酒器和兵器，礼容器和兵器的形制与组合等，都奠基于此。诚如有的学者所言，"外来的影响力对于中原地区而言，经过一站站的中转、筛选和改造而不断地被弱化，而中原地区冶金术的真正崛起并形成独立的华夏风格，则是二里头文化晚期才最终实现"[77]。

尽管"发达"如此，但总体上看，它仍显现出一定程度的原始性。首先，礼容器多仿照陶器制作，器形创新较少。青铜容器制作一般较为粗糙。较早的器物器表多留有范痕，未做仔细的修整。其次，器表多为素面，晚期或有简单的弦纹、乳钉纹及网格纹。再次，合金成分的检测结果显示，二里头文化青铜器是以含锡、铅均中等或偏低的三元合金为主的，尚处于由较低锡的青铜向典型锡青铜过渡的阶段[78]。相比之下，二里岗文化铜器的合金化程度加强，材质种类相对单纯，含砷的器物减少。

## 二里头文化第二期

作为考古学文化的二里头文化，前后四期的划分，主要基于对陶器群组合、器形变化及谱系的认识。可以理解的是，少数陶礼器以外的海量陶器，具有相当的"民间性"，与包括大型建筑工程和礼器在内的高等级遗存的递嬗并不一定具有同步性。我们依据现有的文化分期框架，重点考察高等级遗存尤其是青铜礼器的演变情况。

第二期遗存中除了刀、锥等小件铜器外，还发现属于复合范铸件的响器铜铃，尚不见青铜礼容器。

一件铜铃与绿松石龙形器共存于宫殿区内的贵族墓（2002VM3）中。据分析，此墓属于二里头文化第二期74座墓葬中3座甲类墓之一[79]。随葬品丰富，除铜铃和绿松石龙形器外，还有玉器、绿松石饰品、白陶器、漆器、陶器和海贝项链等，总计37件（组）。

要指出的是，这是迄今为止唯一因具有明确层位关系和器物组合从而可以确认属二里头文化第二期的铜铃。另外两座出有铜铃的所谓第二期墓葬，其中一座被盗扰，没有可资断代的陶器出土；另一座墓中铜铃与嵌绿松石铜牌饰共出，但报道极其简略，语焉不详，也未发表唯一的共出陶器——陶盉的图像资料。学者从多个角度分析，推测其或属二里头文化第三期。如是，则原来认为的最早出现于第二期的嵌绿松石铜牌饰也应属二里头文化晚期[80]。鉴于此，贵族墓2002VM3所

公元前
1700—

—二里头文化最早的礼仪性铜器

1500—

二里头都邑高等级遗存期段分布示意

| 期段 | 宫殿区 | 作坊区 | 铜容器 | 其他铜器 | 玉石器 | 遗址面积（平方米）| 聚落演变 |
|---|---|---|---|---|---|---|---|
| 一期早段 | | | | | | | |
| 一期晚段 | 1号巨型坑、建筑？骨器加工点 | | | 刀 | 绿松石珠 | 100万余 | 中心聚落或都邑？ |
| 二期早段 | 主干道网 3、5号基址 | 铸铜、绿松石器作坊 5号墙 | | | | | |
| 二期晚段 | 宫城 1、4、7号基址 | | | | | | |
| 三期早段 | 2号基址 | | 爵 | 铃 | 龙形器、柄形器 | 300万余 | 都邑肇始 |
| 三期晚段 | | | 爵 | 铃、兽面牌饰？ | | | |
| 四期早段 | 6、11号基址 | 3号墙 10号基址 | | | 璋、钺、圭 | | 礼制变革 |
| 四期晚段（二里岗早期早段）| | | 爵、斝、盉、鼎、觚（已佚）| 戈、钺、兽面牌饰、铃、圆牌 | 戈、刀、璧、戚、璋、钺、圭、石磬 | | |
| 二里岗早期晚段 | | | 斝 | | | 30万余 | 礼制变革 |

与绿松石龙形器一起出土的铜铃，是二里头文化最早的礼仪性铜器

出铜铃是迄今可确认的二里头文化早期（二期）仅有的一件礼仪性铜器，也是二里头文化最早的礼仪性铜器。

铜铃铃体中空，桥形纽，单扉，器表有凸棱装饰。胎体厚实，铸造精良，以陶质复合范技术铸造，其品质较陶寺红铜铃上了一个大台阶。因铜铃仅见于高等级墓葬，可知此期铜器已作为社会身份地位的象征物来生产和使用。

**二里头文化三期至四期早段**

到目前为止，二里头遗址已发现的青铜礼容器有17件，它们集中出于二里头文化晚期，即第三、四期。其中数量最多的是爵，有13件，另有斝2件，鼎、封顶盉各1件。这些青铜礼容器主要出土于墓葬。在已发掘的400余座墓葬中，发表的出土铜器的墓葬仅20余座，而随葬青铜礼容器的墓葬就更少了，它们共同构成了二里头文化墓葬中的第一等级，表明青铜容器在二里头文化晚期成

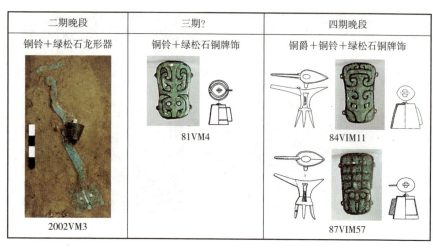

铜铃与绿松石镶嵌器的分期组合关系

为最重要的礼器。

近年来，重新审视二里头遗址二里头文化的分期问题，有不少新的认识，尤其是围绕二里头文化晚期重要遗存的期段归属。按目前的认识，属于二里头文化第三期的铜礼器墓只有2座，随葬1件铜铃的1座（原报告定为二期，应属三期早段），随葬2件铜爵的1座（原简报定为三期，属三期晚段）[81]。另有两座墓各随葬1件铜爵，被发掘者推定为三期，但因被扰，无陶容器出土或未发表图像资料，无从确证。其他原推定属二里头文化第三期的墓葬，应属第四期。因此，在二里头文化第二期，铜铃与绿松石龙形器同出，开创了铜铃加绿松石镶嵌器组合的随葬模式。我们注意到，在现知随葬铜铃的全部6座墓中，除了被扰和偏小的2座外，其余4座墓都是铜铃与绿松石镶嵌器如嵌绿松石动物纹铜牌饰或大型绿松石龙形器共出。偏早的绿松石龙形器与铜铃、偏晚的铜牌饰与铜铃的组合关系相对固定，绿松石龙形器和铜牌饰在墓葬中都置于墓主人的上半身。种种现象表明，绿松石龙形器和铜牌饰大致属同类器，后者应为前者的简化或抽象表现[82]。铜铃与动物母题绿松石镶嵌器是二里头文化贵族墓随葬品中较固定的组合，以这一组合随葬的墓主人或许都有特定的身份[83]。

这样，我们就可以大致勾画出二里头文化铜铃与绿松石镶嵌器的分期组合关系。

这一肇始于二里头文化第二期的随葬品组合，经二里头都邑两次大的礼制变革[84]，一直延续了下来。

二里头都邑高等级遗存的第一次礼制变革，大约发生在二里头文化第二、三期之间至第三期早段。在"不动产"的建筑方面，夯土宫城从无到有（第二期可能有栅栏类圈围设施，不易发现），宫殿区东路建筑从多进院落的3、5号基址，经一段建筑的空置期后，新建了单体又成组、具有中轴线规划的2、4号基址；在"动产"的礼器方面，在最早的空腔铜礼器——铃加绿松石镶嵌器（从龙形器到嵌绿松石铜牌饰）的组合之外，变陶爵为铜爵，开启了以青铜酒礼器为核心的时代。

公元前1700—

第一次礼制变革：青铜酒礼器为核心的时代开启

1500—

最早的青铜礼容器——作为温酒和饮酒器具的爵出现于第三期，成为日后青铜酒礼器群的核心。在商至西周时代，能否拥有、拥有多少铜爵，是区分人们社会地位的重要标准[85]。这一传统要上溯到二里头文化早期，出土铜铃和绿松石龙形器的贵族墓2002VM3随葬有陶爵、陶盉、漆觚等酒器。到了二里头文化晚期，爵又成为最早的青铜礼器，可见它在礼器群中地位之重要。"由于当时处在我国青铜文明的早期阶段，青铜礼器的使用尚不普遍。因

三 核心区域及其冲击波 57

此，礼器（主要指容器类）的组合，往往是青铜器与陶器、漆器相配伍，青铜器单独配置成套的情形，并不多见。铜礼器与其他质料礼器搭配成组，主要是铜爵（或加铜斝）与陶盉、漆觚的组合，铜爵与陶爵、陶盉组合也常见。青铜器与漆器、陶器共同组成礼器群，构成二里头文化礼器制度的重要特征。"[86]

在早于二里头文化的龙山时代，其礼制尚属于"形成中的或初级阶段的礼制"。各地域文化的礼制内涵与形态各异，在这些"前铜礼器"群中，似乎还未发现以酒器组合为核心的礼制系统[87]。酒礼器即便有，也大多依附食器存在。只有二里头文化，才确立了"以重酒组合为核心的礼器组合"。"这是一个跨时代的变化，从此开启了夏商、西周早期礼器制度一以贯之的以酒礼器为核心的礼器制度。"[88]

就二里头都邑高等级遗存而言，二里头文化第三、四期之交似乎是一个守成的时段。从高等级遗存的现有材料来看，在二里头文化第四期的早、晚段之间，可能发生了二里头都邑的第二次大型礼制变革。二里头文化和二里岗文化的分野，或可提前到此时。鉴于二里头文化末期更大的"启下"地位，我们把这一时段移到二里岗文化的开篇来讲。

公元前
-1600

第二次礼制变革：青铜礼器组合发生重大变化
-1500

## 众星捧月看周边

二里头文化所处的时代，或可称为"二里头时代"。这一时代最大的特征是首次出现了覆盖东亚大陆广大地域的核心文化。其社会与文化发达程度、前所未有的强势扩张和辐射态势，使其当之无愧地成为标志性文化[89]。二里头时代，开启了东亚大陆从新石器

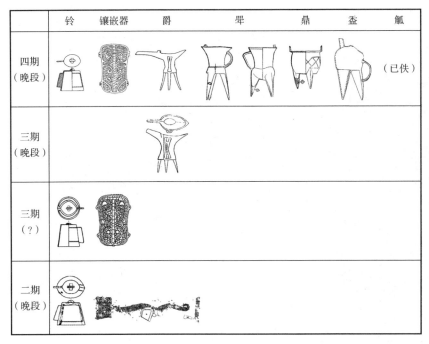

二里头文化第二至四期铜礼器组合

时代突入青铜时代、从多元邦国到初步一体化的广域王权国家的进程。从"满天星斗"到"月明星稀",它也开创了东亚地区青铜礼器制造中心的独占时代。

除了二里头都邑之外,考古工作者还在20多个二里头文化或与其相关的遗址中发现了用铜遗存。这些遗址的分布范围从二里头都邑左近的现河南偃师、洛阳、新安、荥阳、郑州、登封、新密、新郑,到周围的尉氏、驻马店、方城、淅川、三门峡陕州,山西垣曲、夏县、翼城、陕西华州、商洛以及湖北十堰郧阳等地。其中关于晋南地区相关遗址的归属,有的学者认为属二里头文化东下冯类

三 核心区域及其冲击波 59

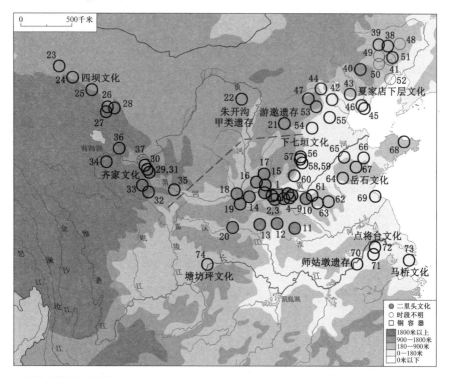

**二里头时代用铜遗存分布**

1. 河南偃师二里头；2. 河南偃师高崖；3. 河南洛阳东干沟；4. 河南新安之涧；5. 河南荥阳大师姑、竖河、西史村；6. 河南郑州洛达庙、黄委会青年公寓等；7. 河南登封王城岗、南洼；8. 河南新密曲梁；9. 河南新郑望京楼；10. 河南尉氏新庄；11. 河南驻马店杨庄；12. 河南方城八里桥；13. 河南淅川下王岗；14. 河南三门峡陕州西崖；15. 山西垣曲古城南关；16. 山西夏县东下冯；17. 山西翼城苇沟；18. 陕西华县南沙村；19. 陕西商洛东龙山；20. 湖北十堰郧阳李营；21. 山西忻州游邀；22. 内蒙古伊金霍洛旗朱开沟；23. 甘肃瓜州鹰窝树；24. 甘肃玉门火烧沟、砂锅梁；25. 甘肃酒泉干骨崖；26. 甘肃张掖西城驿；27. 甘肃民乐东灰山、西灰山；28. 甘肃山丹四坝滩；29. 甘肃广河齐家坪；30. 甘肃临夏（原永靖）秦魏家、大何庄；31. 甘肃康乐商罐地；32. 甘肃岷县杏林、西坪；33. 甘肃临潭磨沟；34. 青海贵南尕马台；35. 甘肃天水秦城；36. 青海西宁沈那；37. 甘肃积石山新庄坪；38. 内蒙敖汉旗大甸子；39. 内蒙古赤峰四分地；40. 内蒙古喀喇沁旗大山前；41. 辽宁朝阳锅地；42. 北京房山琉璃河；43. 天津蓟州张家园；44. 河北怀来官庄；45. 河北滦南东庄店；46. 河北唐山古冶、雹神庙；47. 河北蔚县三关等；48. 内蒙古库伦旗南泡子崖；49. 河北宁城小榆树林子；50. 辽宁凌源牛河梁；51. 辽宁北票康家屯；52. 辽宁兴城仙灵寺；53. 河北易县下岳各庄；54. 河北定州尧方头；55. 河北任丘哑叭庄；56. 河北邯郸涧沟；57. 河北峰峰北羊台；58. 河北磁县下七垣；59. 河南安阳孝民屯村北；60. 河南辉县琉璃阁；61. 河南杞县鹿台岗；62. 河南夏邑清凉山；63. 河南鹿邑栾台；64. 山东泗水尹家城；65. 山东济南章丘城子崖；66. 山东青州郝家庄；67. 山东沂源姑子坪；68. 山东烟台牟平照格庄；69. 江苏连云港藤花落；70. 安徽铜陵师姑墩；71. 江苏南京高淳朝墩头；72. 江苏句容城头山遗址；73. 上海闵行马桥；74. 重庆万州塘坊坪

型,也有学者认为应单独划为东下冯文化[90]。

这些二里头文化遗址仅发现铜器40余件,冶铸遗物若干。铜器绝大部分为小件工具,还有少量铜镞属武器或狩猎工具,仅登封王城岗遗址一地出土铜容器残片,可见它们与二里头都邑等级高、数量大的青铜器群之间的显著差异。值得注意的是,其中荥阳大师姑、新郑望京楼属垣壕聚落;荥阳西史村、登封王城岗、南洼、驻马店杨庄、山西垣曲古城南关、夏县东下冯等属环壕聚落。这些城址多被推断为区域性的中心聚落,其中不乏陶质礼器的发现[91]。没有围垣设施的郑州洛达庙、新密曲梁、方城八里桥、三门峡陕州西崖等,也发现有陶质礼器,它们也应属所处地域单位的中心聚落[92]。但在其中并无作为随葬品的礼容器等高等级青铜器发现。

因此可知,在二里头文化时期,二里头都邑是唯一能够铸造青铜礼器的地点,可谓一花独放。随葬青铜礼容器的墓葬,也仅见于二里头都邑,表明它不仅独占了高等级青铜器的生产,而且基本独占了对它们的政治消费。到了二里头文化末期即二里岗文化初期,青铜礼器才开始向外扩散。

至于若干冶铸遗物的发现,包括用于简单器具制造的石范、与熔铜有关的坩埚和熔炉残块等,表明一般性金属器具的生产与使用,并不在王权垄断的范畴内。

除发掘品外,二里头文化风格的青铜角据传出自河南洛宁、青铜爵据传出自商丘,或具有一定的参考意义,但都无法确认原始出土地。

地处豫西南、属于汉水流域的河南淅川下王岗遗址,出土了4件倒钩铜矛,应属二里头文化时期;而早年出土于二里头文化层中的钩状残铜器,似为此类铜矛的倒钩[93],令人瞩目。这里是倒钩铜矛在东亚大陆分布的最南点。

## 蓬勃二里岗(公元前1550—1300年)

社会复杂化反映在考古学文化上,其特点是出现了核心遗址,相关考古学文化以核心遗址为中心分布,起讫时间也与核心遗址(都邑)的存废大体一致,都邑的迁移是导致考古学文化演变的重要因素[94]。作为早期王朝初期阶段的二里头时代与二里岗时代,统治者对青铜礼器铸造权保持着绝对的垄断。这种重要礼器生产上的排他性,可以作为判别核心都邑的决定性标志,也是这两个时代区别于随后殷墟和西周时代的一大特质。随着铸造青铜礼器的作坊由二里头迁至郑州南关外,二里头都邑沦为一般聚落,广域王权国家的都邑由二里头转移到了郑州城。二里头时代正式为二里岗时代所取代。而由二里岗时代向殷墟时代演进的契机,则是安阳殷墟替代郑州城成为主都。

如前所述,二里岗文化时期尚处于中原地区的"原史时代",缺乏像甲骨文那样可以自证该文化人群族属与王朝归属的文书材料。"虽然传世东周文献如《诗经》《国语》对商史记载可及传说中先公与商的联系,考古由殷墟文化向前追溯至二里岗早商文化、先商文化,但迄今未见(或未释出)商代早期'商'字出土材料,因此文献所记盘庚迁殷之前是否称商,仍有待相关材料补充发现,深入探究",而一般认为"商地是以安阳殷墟为中心的商(滴)声地域"[95]。甚而,根据甲骨文中"商"的用例和迁都于殷墟之前的都邑中没有"商"一名的事实,可知"商"是专指殷墟时期"殷"人的都邑,并非指成汤到帝辛的整个朝代[96]。而大邑商之前的都邑称"亳",属学界共识。因而仍贯彻拙著《先秦城邑考古》[97]所持的原则,对早于殷墟的相关考古学文化和城邑名,均暂不冠以"商"字,如"二里岗期商文化""郑州商城""偃师商城"等皆不用。

进入二里岗文化阶段,二里头都邑开始出现若干显著的变化,而郑州开始出现大型都邑,中心区兴建起了周长近7000米的内城夯土城垣,城圈面积达3平方千米。城内东北部分布着较集中的宫室建筑群。在内城南墙和西墙外600—1100米处,又发现了外城城垣,由西南至东北,对内城形成环抱之势。外城加东北部沼泽水域围起的面积逾10平方千米。城址周围手工业作坊、祭祀遗存、墓葬区等重要遗存的分布范围达15平方千米。在其周边,还分布着众多小型遗址,应属"卫星"聚落。二里岗文化遗址相对集中分布范围约160平方千米[98]。厚重、发达的二里岗文化青铜礼器群,就是植根于这一超大型都邑舞台上的。据统计,郑州城及所在的遗址群发现的青铜容器共12类、130余件,兵器共3类、70余件[99],蔚为大观。

关于王朝时期商文化的上限,究竟可上推至二里头时代,还是始于二里岗文化,尚存争议。目前多数学者倾向于后一种意见,认为二里岗文化和殷墟文化构成商代考古学的主体[100]。到了二里岗时代,以郑州城为中心的二里岗文化不仅迅速覆盖了二里头文化的分布区,而且进一步扩大范围,先前黄河中下游地区存在的二里头

三 核心区域及其冲击波

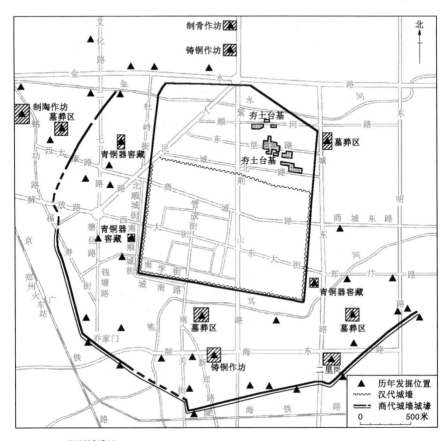

郑州城遗址

文化、下七垣文化和岳石文化鼎足而立的文化格局被打破，聚落形态和社会结构都有极大的飞跃。在东至渤海、西达关中、北抵冀中、南逾江淮的广大区域内，人们使用着一套共同的日常生活用陶器，形成了分布广阔的二里岗文化圈[101]。作为二里岗文化重要内涵之一的青铜器，上承二里头文化，下接殷墟文化，形成自身的鲜明特色；随着时间的推移，二里岗青铜文明也有一个以郑州城为中心，向四围急速扩展的过程。

与二里头文化青铜礼容器的生产与消费限于都邑的情形形成对比，二里岗文化青铜礼容器的使用超出了主都郑州城的范围，开始向四外铺展。在郑州城以外有较多的发现，尤其集中于郑州城附近区域，显现了郑州城在二里岗时代的核心地位。探究青铜礼容器的时空背景，显然有益于对其所属集团社会政治结构及其演变脉络的把握。我们对此期用铜遗存的梳理，也限于以容器为主的青铜礼器群，除个别区域的例证外，不再涉及其他品类的小件铜器。

在二里岗文化的分期中，四期段的划分方案[102]应用最为普遍。由于各期定名受时代的局限不甚规范，本书在采纳这一方案的基础上，将四期定名统一为：①二里岗下层一期，即二里岗文化早期早段（二里头－二里岗过渡期）；②二里岗下层二期，即二里岗文化早期晚段；③二里岗上层一期，即二里岗文化晚期早段；④二里岗上层二期（白家庄期），即二里岗文化晚期晚段。

早期承前　礼制初成

### 早段（二里头－二里岗过渡期）

近年来，学术界对二里头文化第四期的文化内涵及其反映的历史问题做了较为深入的探讨。但关于二里头文化第四期与二里岗文化早期早段在年代上的关系，以及相关遗存单位的文化归属问题还存在着不同的看法，无法对二里头文化和二里岗文化之交的遗存做明确的辨析。笔者倾向于认为，二者在年代上有共存关系，至少部分时段重合。而二里头文化末期（四期晚段）已进入二里岗时代，应属于二里岗文化的范畴。这是二里岗文化因素肇始于二里头和郑州城，以及郑州城开始崛起的时期。确属此段的青铜器较少，主要见于二里头遗址。

**二里头与郑州城**

· 二里头

考古发现与研究表明，在二里头文化末期几十年时间里，二里头遗址中心区的"不动产"——高等级遗迹发生了一些较为显著的聚落形态上的变化。始建于二里头文化第二、三期的若干大型建筑工程如宫城及7号基址（可能是宫城南门塾），1、2号宫殿等大中型建筑基址和围垣作坊区北墙局部受损，6、10号等建筑基址和围垣作坊区北墙3号墙兴建。我们注意到，位于宫城东路建筑群北端的6号基址依托宫城东墙而建、南邻2号基址，其宽度仍与早已存在的东路建筑群（2、4号基址）一致，说明6号基址属于东路建筑群的续建，该基址群西侧道路仍在使用；10号基址依托围垣作坊区的北墙5号墙（始建于二里头文化第二期）而建，虽压占于宫城南路之上，但并未完全阻断道路；新开掘于此期的两口水井，仍南北对应、颇有章法地建于1号基址西墙外。铸铜作坊和绿松石器作坊一直延续使用。种种迹象表明，这些建筑工程虽可能遭到了局部破坏，但仍存留于地表，甚至继续使用。此期的二里头聚落仍集中着大量人口，存在贵族群体和服务于贵族的手工业。这些新旧建筑工程到了二里头文化的最末阶段才被一并废毁。

遗憾的是，这些变化与铜礼器的生产、使用在时间上的对应，

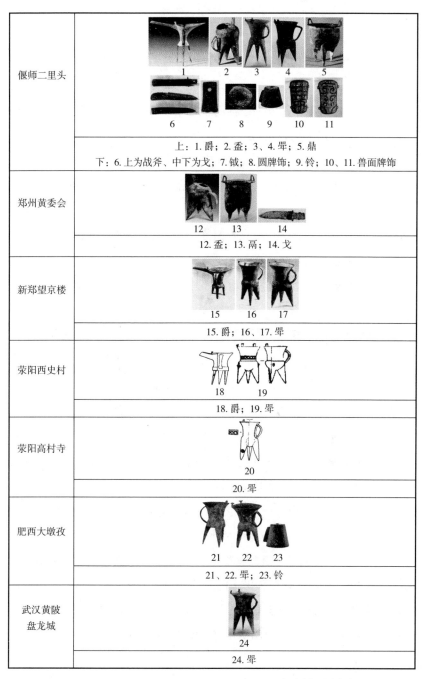

二里头－二里岗过渡期的青铜礼器群

因无明确的考古层位关系支撑，尚无法究明细节。

按目前的分期认识，属于二里头文化末期的青铜礼容器墓有7座。到了此期，青铜爵之外的其他礼容器如酒器斝、封顶盉、觚（已佚）、食器鼎，以及礼兵器戈、长身战斧、钺，还有嵌绿松石铜牌饰等东亚大陆最早的青铜礼器群才开始在二里头都邑出现；此期墓葬中才开始出现铜爵、铜斝，铜鼎、铜斝、铜觚（已佚）的随葬品组合[103]。这与此前二里头文化第三期至四期早段墓葬中仅见青铜铃、嵌绿松石铜牌饰和铜爵等的简单礼器组合形成鲜明对比。总体上看，墓葬所见青铜容器和玉器等礼器的数量和质量均超过二里头文化第三期至四期早段。

1987年，二里头遗址出土铜鼎和圜底铜斝，此为现知最早的青铜鼎。此二器由农民发现并卖出，经调查可知，共出的还有一件疑似铜觚的器物，惜未能追回。简讯执笔者推断应出自同一墓葬，属于二里头文化第四期。有学者进而认为，鉴于"鼎、觚在已知的二里头三期墓葬中皆不见，所以此墓如确属二里头文化，亦当属四期偏晚，近于二里岗下层时期"[104]。"考虑到二里头文化没有使用陶斝的传统，这种新出现的组合方式当是受二里岗文化前身的影响。"[105] 另有学者指出，该墓所出铜斝，鼓腹圜底、锥足有棱的风格一直延续至二里岗文化晚期早段[106]。甚至有学者认为这两件铜器已"属于二里岗期商文化系统"[107]。还有学者干脆将这两件铜器划归"早商一期青铜器"，认为"早商一期青铜器主要出土于二里头遗址"，除此墓出土的两件外，还包括出有著名的乳钉纹铜爵的贵族墓。这些器物上"开始出现简单纹饰"[108]，而这些纹饰，的确可以被看作二里岗文化青铜器装饰风格的肇始。

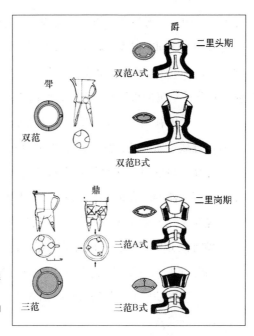

二里头 – 二里岗过渡期铜器
铸造工艺的演变
（据宫本一夫文《二里头文化青铜
彝器的演变及意义》附图改绘）

有学者指出此期铸铜技术上一个显著的变化是，铸造铜容器的复合范由双范变为三范，上述铜斝和铜鼎，就是迄今所知青铜器中最早的外范采用三范铸造的例证。这种工艺习见于其后的二里岗文化。出现铜鼎和铜斝的二里头文化第四期"应属于二里岗下层的最早期阶段"[109]。

二里头文化青铜容器铸造相对粗糙，到了二里头文化第四期时，少数器物制作才显得比较精良，注意修整范痕。

无论从形制源流还是铸造技术上看，二里头文化与二里岗文化的青铜文明都是一脉相承的，同时又可窥见阶段性的差异。值得注意的是，大致从二里头文化第四期晚段起，二里头都邑的铸铜作坊开始铸造鼎、斝等以非二里头系统陶礼器为原型的铜礼器，这与此前以爵、大体同时以盉和盃（已佚）等陶礼器为原型的铜礼器铸造规制有显著区别。而这些器类日后构成了二里岗文化青铜器群的主体。其背后暗寓的重大礼制变化，颇耐人寻味。

公元前
-1600

中国最早的青铜礼兵器群

最早的铜鬲

-1500

青铜礼兵器，也是二里头文化礼器群的重要组成部分。属于近战兵器的戈、钺、长身战斧共出土了4件，都是墓葬的随葬品。目前可确认年代者均属二里头文化末期[110]。学者在对青铜兵器的综合研究中，将商代早期青铜兵器的上限上溯到二里头文化四期偏晚阶段[111]。从材质成分以及兵器的刃部较钝等特征分析，它们并非用于实战，而是表现威权的仪仗用器，当时并未普遍使用。这是迄今所知中国最早的青铜礼兵器群。戈、钺在随后的二里岗文化时期继续使用，成为中国古代最具特色的武器。

· 郑州城

大体与二里头文化末期（四期晚段）同时，后来的郑州城宫殿区一带出现了大型聚落，据《郑州商城》报告公布的地点统计，该聚落或称聚落群的面积可达80万平方米，并发现大型夯土建筑。此期偏晚阶段，郑州城的城垣已开始兴建，但铸铜作坊尚未投入使用。

聚落内还发现了一座出土铜玉礼器的墓葬，该墓合葬三人，其中二人为殉葬人，随葬铜鬲、铜盉及铜戈等[112]。发掘者推断其年代为"洛达庙晚期晚段（即二里头四期偏晚阶段）"。这座墓葬出土的铜鬲，是现知最早的铜鬲。作为铜鬲原型的陶鬲与陶斝、陶鼎一样，在二里头文化中都属于普通炊器，陶鬲和陶斝不作为随葬品下葬。因此，这三种器物在二里头文化和二里岗文化之交，跻身于青铜礼容器的行列，令人瞩目。

发掘者认为，青铜鬲筒腹袋足的形制"与北方地区夏家店文化的陶鬲较为近似"，"带有明显的北方特征"。更有学者指出，同时期具有夏家店下层文化风格的筒腹陶鬲在郑州商城内外也有发现[113]。另有学者认为，郑州发现的筒腹青铜鬲与分布于东北平原南部的高台山文化一、二期的筒腹陶鬲近同[114]。无论如何，这一来自北方的异质文化因素的陶器被制成铜礼器，是颇耐人寻味的。

该墓出土的铜盉，保留了较多的二里头文化的因素。鬲、盉的组合及二器分别置于两殉葬人头顶的埋葬方式，都不同于二里岗文化早期墓葬的规制。

无论如何，二里头文化末期的二里头遗址墓葬随葬鼎、圜底罍、斝（已佚）和郑州城墓葬鬲、盉组合的铜器群，是连接二里头文化与二里岗文化青铜容器生产与使用的重要环节，在器物组合和形制等方面开启了二里岗文化青铜器风格的先河。

**其他遗址**

· 近畿地区

在二里头和郑州之间的郑洛区，荥阳西史村、高村寺和新郑望京楼等遗址也发现了具有二里头－二里岗过渡期风格的青铜礼器。

其中荥阳西史村墓葬出土了铜爵，其流尾间口沿平直、束腰的特征，与二里头文化第四期的铜爵类同。共出数件陶器，可确切推断属二里岗文化早期早段。

在荥阳西史村、高村寺遗址和新郑望京楼遗址采集的圜底铜斝，均体形瘦长、短柱、弧錾，颈部饰双线网格纹带半周，与二里头文化第四期铜斝风格相近，年代"大致在二里头文化四期最

三 核心区域及其冲击波

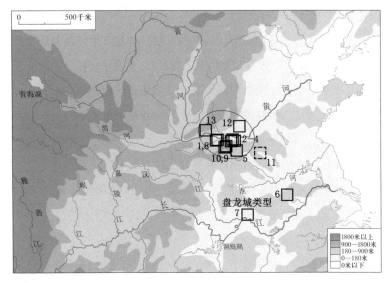

二里岗文化早期青铜礼容器分布
1. 河南偃师二里头；2. 河南郑州城及左近；3. 河南荥阳西史村；4. 河南荥阳高村寺；5. 河南新郑望京楼；6. 安徽肥西大墩孜；7. 湖北武汉黄陂盘龙城；8. 河南偃师城；9. 河南登封王城岗；10. 河南登封袁桥；11. 河南商丘柘城孟庄；12. 河南辉县孟庄；13. 山西垣曲古城南关

晚"；新郑望京楼采集的另一件颈饰连珠纹带的斝，"年代应在二里头文化到二里岗文化之间"[115]。1974年望京楼遗址采集的铜爵可大致归入二里岗文化下层一期（早期早段），其鋬部仍带镂孔，保留了二里头文化铜爵的特点。

要之，青铜礼器组合中新器类的出现，以及青铜礼器从二里头时代仅为二里头都邑内的贵族使用到见于主都郑州城附近的其他聚落，反映了这一时期社会政治结构的重大变化。

· 江淮间与长江中游

地处江淮之间、巢湖西岸的安徽肥西大墩孜遗址曾出土铜斝和铜铃。两件铜斝均为平底，器高明显低于二里头文化四期的平底斝，更接近于二里岗文化早期的平底宽腹斝，应属二里头－二里岗过渡期的遗物[116]。同出的单扉铜铃与二里头文化第四期铜铃近同。该地在二里头文化至二里岗文化早期阶段，属于斗鸡台文化的分布范围。近年又在距其不远的肥西三官庙遗址出土了一批同期的青铜器。中原风格和具有地方特色的青铜器出现于该地的历史背景，还有待于进一步探索。

在长江中游武汉黄陂盘龙城遗址，也采集到一件属于此段的圜底铜斝。尽管该遗址发现了相当于二里头文化晚期的遗存，但采集所得单件器物一般不易排除为后世流散品的可能性，存此备考。

**晚段**

属于这一阶段的青铜礼容器仍然不多。最为难得的是数座铜器墓的发现，可据此大致了解随葬器物的组合关系。礼容器的分布开始仅以郑州城为中心，集中于都邑左近。

**郑州城**

郑州城的城垣始建于二里岗文化早期早段。到了早期晚段，内城和外城已筑好并投入使用；城内东北部宫殿区出现多座大型夯土建筑基址；位于内城以南、内外城之间的南关外铸铜作坊，内城以北的紫荆山北制骨作坊以及内城以西的铭功路制陶作坊也已开始使用。遗存的分布遍布内城和内外城之间，表明此时城市人口急剧增加。郑州城自此进入繁荣期[117]。

值得注意的是，郑州城南关外铸铜作坊的投入使用，与二里头铸铜作坊的废止大致前后相继。在二里岗文化早期晚段的铸铜作坊

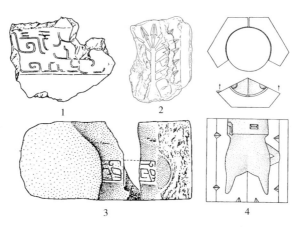

南关外铸铜作坊出土陶范
早期晚段：1. 花纹范　晚期早段：2. 镞范；3. 爵外范；4. 鬲外范（模型）

中，即发现用于铸造青铜容器的陶范，表明青铜容器是在都邑内铸造的。

郑州城范围内现知属二里岗文化早期晚段的铜器有 10 余件。这些铜器主要出土于 33 座同期墓葬中的 3 座，墓主人具有较高的身份和地位。3 座墓出土的铜礼容器组合分别为：爵、斝；爵（3 件）、斝、盉（据称曾出土，未追回）；爵、盉。其中铜爵、铜斝的组合始见于二里头文化第四期，铜爵、陶斝或陶爵、陶斝的组合也见于二里头文化第三和第四期。这昭示了二里头与二里岗两种青铜文化间的密切关系。爵、斝、盉组合中的爵有 3 件，且伴出有玉器和海贝，表明墓主人的身份较高，以礼器的数量和种类彰显身份的规制已形成[118]。

其中一座铜器墓还随葬了 4 件陶器。典型陶器的伴出，使得同出的铜容器及其组合成为二里岗文化早期晚段的标尺。该墓所出铜爵上腹近直、下腹凸出且略深，流尾间口沿微凹；铜斝器身与三足

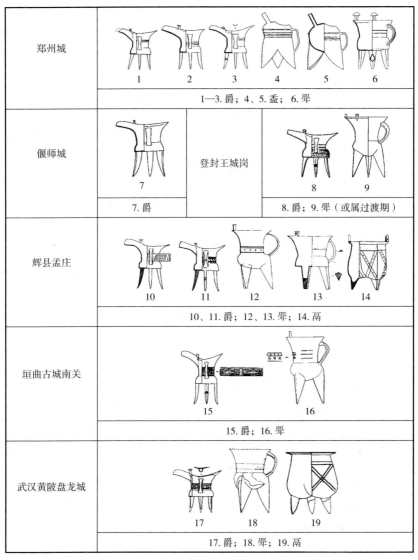

二里岗文化早期晚段的青铜礼容器群

三 核心区域及其冲击波

均变矮，双柱加长且呈菌状。如此种种，都开始呈现出较典型的二里岗文化铜器的特征。

除了上述3座墓的随葬品，历年来在郑州城范围内还发现了数件属于此期的铜容器。

由上可知，二里岗文化早期晚段的铜器数量尚不多。除发现的或然性外，发掘者还注意到郑州南关外铸铜作坊遗址出土的此期陶范中，铸造容器的陶范较少，说明当时铸造青铜容器或许并不普遍。墓葬中礼容器的组合以酒器铜爵、铜斝的组合最多，或有另加铜盉或铜鬲的情况；也有铜爵、铜盉的组合。这些器物及其组合都是发端于二里头文化晚期至二里头－二里岗过渡期的。爵和斝成为青铜酒礼器的核心组合，形制上更具二里岗文化特色。纹饰上仍以弦纹为主，少数饰连珠纹或简单的带状兽面纹等。

### 偃师城与其他遗址

· 偃师城

坐落于洛阳盆地东部、东距郑州城约80千米的偃师城遗址，是二里岗时代在规模和规格上仅次于郑州城的大型城邑。该城最初建有圈围面积约86万平方米的小城圈，而后北、东两面外扩为大城，总面积约1.9平方千米。大型夯土建筑区位于城址的南部。

夏商周断代工程对两座城址的性质及其关系的初步结论是："郑州商城和偃师商城基本同时或略有先后，是商代最早的两处具有都邑规模的遗址，推断其分别为汤所居之亳和汤灭夏后在下洛之阳所建之'宫邑'亦即'西亳'的意见具有较强的说服力。"[119]

就遗存分布范围而言，郑州城在10平方千米以上，偃师城则基本上限于大城城垣以内。从城址规模上看，郑州城在建城之初即建有 3 平方千米的内城和规模逾 10 平方千米的外城；偃师城早期小城不足 1 平方千米，后来扩建的大城不足 2 平方千米。郑州城发现了为数众多的出土青铜礼器的墓葬和青铜器窖藏坑，还有铸造青铜礼器的作坊；偃师城则仅见个别随葬少量青铜礼器的墓葬。偃师城几乎平地起建，城垣宽厚且有意设计出多处拐折、城门狭小，就连城内府库类建筑都显现出浓厚的战备色彩，与郑州城的全面繁盛形成鲜明对比。如此看来，郑州城为主都，偃师城是军事色彩浓厚且具有仓储转运功能的次级中心或辅都、副都的看法，是较为妥当的。

偃师城遗址虽曾在小城外东北部发现与青铜冶铸作坊有关的遗存，但尚无铸造青铜礼容器的证据。该遗址发现 2 座属于此期的墓葬，均出土铜爵，各伴出有数件陶器，墓主人身份不甚高。该墓的年代约为二里岗文化早期晚段。

• 近畿与左近地区

此外，位于郑州城西南的登封王城岗和袁桥遗址，其墓葬中都出土了铜爵和铜斝。王城岗出土铜爵应属此期，铜斝的铸造年代似可早到二里头-二里岗过渡期。

河南东部商丘地区的柘城孟庄遗址，发现了用于冶铜的坩埚碎片，以及铜斝和铜爵的泥质内模，惜无图像资料发表。发掘者推测其"和二里岗下层遗存在年代上是接近的，应属同期的遗存"，但即便属于早期晚段，这种在主都郑州城之外的一般地点制造青铜礼容器的证据，还是需要慎重对待的。

辉县孟庄遗址位于太行山东麓，西南距郑州城 70 余千米。该遗址二里头文化聚落核心区的面积约 30 万平方米。其中两座墓葬出土了青铜礼容器，基本组合为爵、斝，或加上铜盉。两座墓中均

三 核心区域及其冲击波　77

有朱砂，属中型墓。发掘者认为，"孟庄二里岗下层文化遗存与郑州地区商文化遗存的面貌十分接近"。

· 晋南地区

位于黄河北岸中条山南麓、东南距郑州城 160 余千米的山西垣曲古城南关遗址，于此期兴建了一座面积为 13 万平方米的城邑，并使用到二里岗文化晚期。城东部集中出土小件铜工具、武器、铜渣和石范等，表明这一带可能是铸铜作坊。以此城址为中心的聚落群，分布范围约 60 平方千米。这座城址地理位置险要，防御坚固，军事色彩浓厚，物质文化面貌又与郑洛地区二里岗文化中心区保持着一致性，很可能是商王朝设在晋南黄河北岸的军事重镇，同时起到控制铜矿产地和其他资源、保证开采运输、抵御外来掠夺的作用。

城址内一座规模较大、有殉人的墓葬中出土了铜爵、铜斝，且随葬玉饰、卜骨和陶器等。年代在二里岗文化早、晚期之交。

· 长江中游

距郑州城最远的随葬成组铜器的二里岗文化墓葬，发现于长江中游的湖北武汉黄陂盘龙城遗址，该地距郑州直线距离已逾 440 千米。整个遗址群由夯土城址及其周围矮丘和湖汊间台地上的若干一般遗址组成，总面积逾 1 平方千米。城址面积约 7.5 万平方米，其内发现大型夯土建筑基址群。

遗址中最早的遗存约当二里头文化晚期至二里岗文化早期，在南部区域王家嘴一带形成聚落。二里岗文化晚期则是该城址的兴盛期，城垣及城内的大型基址即修筑于此期。城外多处地点发现二里岗文化晚期的墓葬，李家嘴一带集中发现有随葬青铜器的贵族墓。

盘龙城遗址在城墙的夯筑技术、宫室的建筑手法、埋葬习俗及遗物特征等多个方面，都同二里岗文化有着明显的一致性。因而一般认为，盘龙城遗存是以一支南下的中原商文化为主体，融合本地及江南文化因素形成商文化的边地类型——盘龙城类型[120]。它的性质，可能是商王朝的军事据点[121]。

在盘龙城遗址，属于本段的墓葬仅在杨家湾发现一座，出土铜爵、铜斝和铜鬲，且伴出陶器数件。发掘者将其归为遗址第三期，推断约当二里头文化四期晚段。据分析，应属二里岗文化早期晚段[122]。杨家湾是盘龙城居民较早的墓地所在。

综上所述，这一阶段，青铜礼容器在郑州城外的分布范围进一步扩大，但总体上较零散。除了主都郑州城及近畿地区外，在偃师城、垣曲古城南关和盘龙城等重要据点性城邑中都有发现，表现出强烈的统一性。

### 晚期波峰　四方推展

二里岗文化晚期是二里岗青铜文明的鼎盛期。总体上看，以郑州城为中心出土的铜礼容器群，器类和数量都大幅度增多。据初步统计，食器有鼎，其中有方鼎、圆鼎，圆鼎中又有锥足、柱足和扁足之分，还有鬲、甗、簋；酒器有爵、觚、斝、盉、罍、尊、卣；水器有盘。此外还有中柱盂。与二里岗文化早期相比，器类增加了一倍多。青铜器的器壁增厚，纹饰多作条状分布但趋于复杂，且施纹面积扩大。

随葬品组合与二里岗文化早期相比，爵、斝仍是最重要的器类，出现频率最高。最令人瞩目的是，铜鼎开始成为组合中的主要器类，作为盛食器的鼎与作为酒器的爵、斝、觚是最基本的组合形式。在窖藏中还发现了大型王室重器。在主都郑州城，方鼎、提梁卣和中柱盉是仅见于窖藏而不见于墓葬的青铜容器。

## 早段

### 郑州城

二里岗文化晚期早段，郑州城城垣继续使用，早期的夯土建筑仍在使用，在城内东北部又新建、改建了多处大型夯土建筑；宫殿区的面积进一步扩大，里面还建有大型石砌蓄水池、石砌供水管道、木结构框架的水井等，形成完备的供水系统。原有的铸铜、制陶和制骨作坊继续使用，并在北城垣外的紫荆山新建了一座铸铜作坊；同时，在内城内外的多个地点发现铜器墓。此期为郑州城的鼎盛期。

据《郑州商城》考古报告的统计，郑州城发现此期墓葬87座，其中至少10座出土了青铜礼容器。这是郑州城二里岗文化前后两期四个阶段中发现墓葬最多的一个时段。这些墓葬分布于内城和内外城之间，有些相对集中，或属于特定的墓地。这些墓葬的规格都不甚高，仍有以陶器或象牙器等弥补铜器组合不足的情况。

此期墓葬所见青铜礼容器的组合与二里岗文化早期晚段大体相同，单件酒器爵、斝和单件食器鼎、鬲，或爵、斝、觚、鼎中的2—4种（一般每种1件），构成基本内容。除延续以爵、斝为酒礼器核心的组合外，新出的觚成为不可或缺的重要器类。以铜礼器特别是爵、斝、觚等酒器的套数来体现贵族等级与身份的制度已初步确立[123]。器物尾部做鱼尾状的宽线条兽面纹替代了此前构图简单

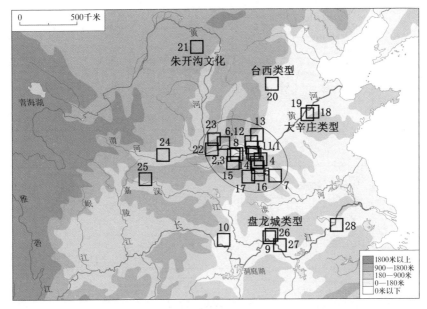

二里岗文化晚期青铜礼容器分布

1. 河南郑州城；2. 河南偃师城；3. 河南偃师二里头；4. 河南郑州中牟黄店；5. 河南许昌大路陈村；6. 河南焦作南朱村；7. 河南周口项城毛家；8. 山西垣曲古城南关；9. 湖北武汉黄陂盘龙城；10. 湖北荆州荆南寺；11. 河南郑州小双桥；12. 河南焦作武陟大驾村；13. 河南辉县琉璃阁；14. 河南新郑望京楼；15. 河南汝州临汝李楼村；16. 河南漯河郾城拦河潘村；17. 河南舞阳北舞渡；18. 山东济南历城大辛庄；19. 山东济南长清前平村；20. 河北石家庄藁城台西；21. 内蒙古伊金霍洛旗朱开沟；22. 山西平陆前庄；23. 山西夏县东下冯；24. 陕西岐山京当村；25. 陕西城固龙头村；26. 湖北黄陂鲁台山；27. 湖北黄冈黄州下窑嘴；28. 安徽铜陵童墩

的细线条兽面纹，迅速成为主流。

此时，铸铜作坊的生产能力也达到极盛。南关外铸铜作坊既制作工具和武器，也制作青铜礼器；新兴建的紫荆山铸铜作坊仅能制作小型工具和武器类。这显示了两处作坊在生产上的分工和层级。

**偃师城与其他遗址**

二里岗文化晚期早段是二里岗文化分布范围最广、大幅对外扩

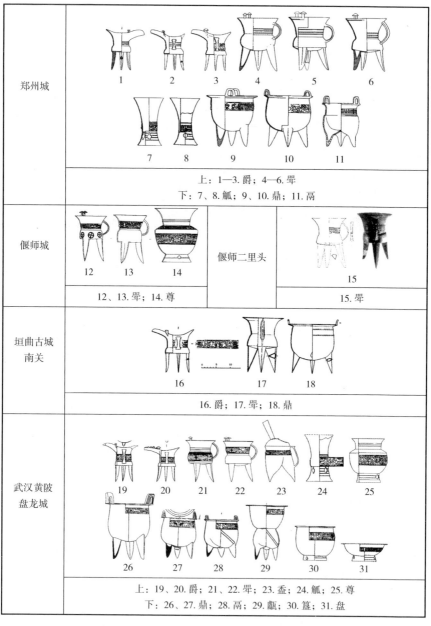

二里岗文化晚期早段青铜礼容器群

张从而产生强势文化辐射的阶段[124]。这在青铜礼容器的空间分布上也可窥见一斑。

· 偃师城与近畿地区

偃师城遗址发现了两座此期出土铜容器的墓，各出土爵和斝，伴出其他铜器和陶器若干。此外还采集到铜尊一件，或属此期。

偃师二里头遗址采集的颈部饰有三周圆圈纹的铜斝曾被发掘者定为二里头文化第四期。此后有学者认为"可能定为二里岗下层更好"[125]。更有学者指出，其纹饰特征见于郑州北二七路遗址出土的二里岗文化晚期早段的同类器[126]。

郑州城周围的中牟黄店、许昌大路陈村、焦作南朱村也出土了爵、盉、觚、斝、鼎等铜器，多可判定为墓葬所出，应大致属此期。

除了距郑州数十公里的近畿地区的上述发现外，位于郑州城东南约200千米的项城毛冢遗址出土了青铜爵、斝，并伴出铜戈。

· 晋陕地区

山西垣曲古城南关遗址作为二里岗文化所属集团的区域性重镇，此期持续兴盛。属于该期的一座铜器墓出有鼎、爵、斝，器物形制与组合都与郑州城近同[127]，鼎或可早到二里岗文化早期晚段。另伴出陶器。

此外，陕西以泾渭流域为主的区域零星出土了二里岗文化晚期青铜容器，如鬲、鼎等，或有早至此阶段者。但这类器物较为零散，多为单件，其中有些可能是晚商西周初辗转流传过来的，未必都是当地文化原有成分[128]。

· 长江中游

二里岗文化晚期是湖北武汉黄陂盘龙城遗址的兴盛期。历次发掘出土青铜器及采集品达 350 件以上，绝大部分属于此期。可确认属二里岗文化晚期早段的墓葬有数座。其中李家嘴的墓葬 M2 规格较高，随葬器物种类齐全，数量较多。食器有鼎，除锥足鼎外，开始出现扁足鼎，还有鬲、甗、簋；酒器有爵、斝、盉、觚、尊；水器有盘。一种多件甚至各种器物等量相配的组合方式开始出现。甗、簋、尊、盘等新出的器种都是同类器中最早的。新出水器仅见于规格较高的墓，表明水器似乎也开始具有身份等级象征物的功能了。

总体上看，盘龙城虽距郑州城所在的中原地区较远，但青铜礼器群显现了与后者高度的一致性。学术界逐渐认识到盘龙城所代表的江汉地区已纳入夏商王朝的政治版图，或者说中原王朝的控制范围到达了长江流域[129]。

近年，盘龙城遗址首次发现了包括石范、陶范、陶坩埚、铜渣、炉壁等在内的冶铸遗存。科技分析的结果表明，盘龙城有可能存在独立的青铜铸造业[130]。所出陶范较细碎，个别可能为青铜鼎、簋类器物的陶范块，表明除小型工具外，不排除当地铸造青铜容器的可能性。如是，这是二里岗文化时期都城地区之外铸造青铜礼容器遗存的首次发现。

湖北荆州荆南寺遗址的一座墓葬中，出土了青铜斝及若干青铜兵器、工具等，年代或属此期。

## 晚段

此期青铜器除作为墓葬的随葬品外，还见于郑州城内城外的几处窖藏，大型王室重器开始现身。青铜礼容器器类急剧增多，显示了铸铜工艺在此阶段已走向成熟。郑州城西北郊小双桥遗址的重要性开始显现出来。

**郑州城与小双桥遗址**

二里岗文化晚期晚段，郑州城内城的宫殿区还有夯土建筑遗存，发掘出一段东西向的夯土墙，长度逾百米。在内城西垣北段外的张寨南街、西垣南段外侧的南顺城街和东南城角外的向阳回族食品厂均发现此期铜器窖藏；内城外的白家庄、铭功路、北二七路等地则发现这一时期的铜器墓。可知此期的聚落仍作为都邑存在，商王室和贵族在这里活动。两处铸铜作坊至迟在此期偏晚阶段才废弃。

此期铜容器墓新出土盘和罍。铜器的形制、纹饰特点和器物组合形式已接近殷墟文化第一期。爵的腹壁已近直，铜器上主纹饰带以圆圈纹作为上下边框。

属于此期的三处铜器窖藏弥补了青铜礼器大多发现于中小型墓的不足，使我们对二里岗文化晚期青铜器的铸造技术与总体面貌有了较全面的了解。

1974年，位于内城西北段外的张寨南街出土了两件大铜方鼎，即杜岭1号、2号方鼎，2号方鼎内还有一件铜鬲。1号方鼎口横长62.5厘米，纵长61厘米，通高100厘米，重达86.4千克。2号方鼎口长宽均约61厘米，通高87厘米，重约64.25千克。这是迄今所知二里岗文化最大的两件青铜容器，应属王室重器。

1982年，位于内城东南角外的向阳回族食品厂又发现了窖藏铜器13件，其中食器有大方鼎、柱形足大圆鼎、扁足圆鼎，酒器有羊首罍、牛首尊、觚、卣，水器有盘，还有中柱盂。两件大方鼎

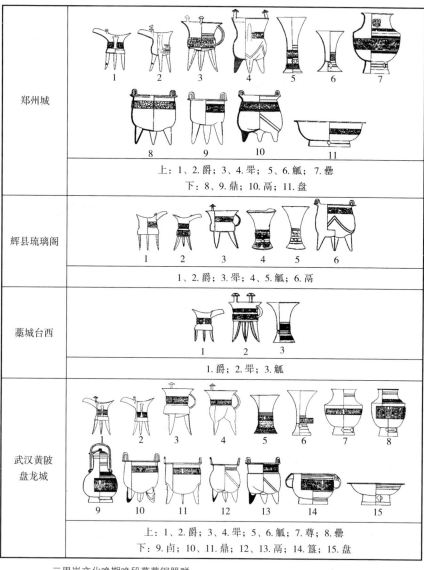

二里岗文化晚期晚段墓葬铜器群

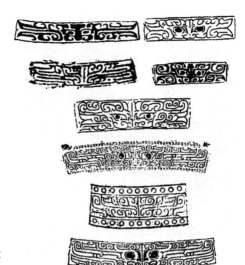

郑州城二里岗文化晚期兽面纹
（朱凤瀚《中国青铜器综论》543页）

通高皆为81厘米，重量分别为75千克和52千克。大圆鼎口径52厘米，通高达77.3厘米，重33千克，是二里岗文化最大的青铜圆鼎。器物纹饰精美，线条流畅，颇有王气。近柱状足圆鼎、扁足鼎、提梁卣、尊、罍、中柱盂等器类器形，以及从条状向通身扩展、繁缛细密化的纹饰，都开殷墟同类器及其装饰风格的先河。

1996年，位于内城西垣南段外的南顺城街又发现一处窖藏，系利用废弃的水井埋藏了青铜容器九件，其中食器有方鼎、簋，酒器有爵、斝，还有兵器若干。四件方鼎大小相次，似并非同时铸造，最大的一件通高83厘米，重52.9千克。其中三件含铅量高，与前述两窖藏出土的方鼎相比，制作简陋。所出铜爵腹近卵形；爵、斝均圜底或近圜，多有菌状或伞状柱，表明该窖藏的年代当属二里岗文化末期。

郑州城向阳回族食品厂窖藏铜器清理现场

郑州城南顺城街窖藏上层铜器组合

与此同时,郑州城西北郊的小双桥一带,开始出现规格较高的超大型遗址。小双桥遗址位于郑州城西北20千米许的索须河畔,地处邙山南麓余脉尽头,东北部有古荥泽。据最新勘查结果,遗址面积达300万平方米。该聚落延续时间较短,遗存主要属二里岗文化的最后阶段,即晚期晚段,也称白家庄期。

小双桥遗址发现了面积约2000平方米的大型夯土台基,原高至少在9米。在遗址的中心区,揭露出数处大规模的夯土建筑基址,包括牲祭坑、人祭坑在内的20余处祭祀遗存以及与青铜冶铸有关的遗存。遗址中发现了较多与冶铸有关的灰坑,内有黏附铜汁的熔炉壁残块、孔雀石、铜炼渣、烧土颗粒和陶外范残块等。大型夯土台基西侧壕沟内发现大型青铜建筑饰件,显示出不凡的规格。出土遗物十分丰富,有铜器、玉石器、原始瓷器、金箔、卜骨等珍品。铜器除建筑饰件外,还有爵、斝等容器的残片,以及兵器若干。与殷墟朱书文字和甲骨文一脉相承的朱书陶文尤为引人瞩目,这是目前发现的商代最早的书写文字。

关于小双桥遗址的性质,鉴于该遗址范围较大,规格较高,内涵丰富,年代与郑州城的衰落年代相当,而早于安阳殷墟,有的学者认为应是商王仲丁所迁隞都。也有学者认为,小双桥遗址距郑州颇近,存在大量祭祀坑和祭祀用品,但缺乏王都应有的其他生活遗存;且白家庄期郑州商城仍有宫殿建筑等重要遗存,它和小双桥遗址并无明显的替代关系,应属郑州商城的离宫别馆、宗庙遗址,或郑州商城使用期后段商王室的祭祀场所[131]。就现有材料而言,小双桥遗址面积明显较郑州城尚小,郑州城在其存在时期也并未完全废弃,青铜重器及其生产与使用地仍在郑州城,因而小双桥遗址是

小双桥遗址大型夯土台基与青铜建筑构件

否确为商王朝都邑,尚难遽断。该遗址的性质尚有待今后的田野考古和研究工作来解决。

小双桥遗址出土了朱书陶文,郑州城遗址出土了牛肋骨刻辞[132],表明当时已有文书写作活动。但迄今为止,尚未在正式考古发掘中发现墓葬或窖藏青铜器上有铭文者。而在传世的被推断为属二里岗文化晚期晚段的铜器如鬲、鬲鼎和角上都有铭文,今后在考古发掘中很可能会出土带铭文的二里岗文化青铜器[133]。

**其他遗址**

相比二里岗文化晚期早段的文化分布范围,此期二里岗文化向东略有拓展,但在西部和西南部的影响则在减弱。

· 近畿地区

地处黄河以北的武陟大驾村、辉县琉璃阁,黄河以南的新郑望京楼、汝州临汝李楼村、漯河郾城拦河潘村、舞阳北舞渡等地分别出土了属于此期的青铜器,多可判定出自墓葬。个别器物的形制接近殷墟文化早期的同类器。

· 海岱地区

海岱地区西部的济南一带，是二里岗文化青铜礼容器分布最靠东的地点。其中山东济南历城大辛庄遗址是二里岗文化东渐的重要据点。该遗址两座墓葬出土鼎、爵、斝、盉、觚、罍、尊、卣、觯，以及兵器、工具若干，年代可早到二里岗文化晚期晚段或略晚。与此大致同时的还有济南长清前平村，该地点曾出土铜爵、斝，并伴出有陶器。

· 冀中至河套地区

距郑州城近400千米远的河北石家庄藁城台西遗址，在1974年发掘的墓葬M14中，出土了铜爵、斝、觚。这是二里岗文化青铜器群分布最北的一处地点。

地处河套地区的内蒙古伊金霍洛旗朱开沟遗址，在具有鲜明北方特色的青铜制品和石范之外，还出土了二里岗文化风格浓厚的青铜礼容器鼎、爵的残片，显然是"舶来品"。铜鼎、爵的残片出土于灰坑内，其中爵的腹部已被压扁，严重变形。这类青铜容器的出土背景有待进一步廓清。

· 晋陕地区

山西平陆前庄的黄河北岸二级台地上，出土了包括方鼎、圆鼎、爵、罍在内的6件青铜器，应属窖藏地点。大方鼎通高82厘米，形制与郑州杜岭方鼎和向阳回族食品厂方鼎近同，年代大致同时。该器制作相对粗糙、器体轻薄。无论如何，在都邑以外出土如此体量、规格的青铜器，表明与豫西隔河相望的晋南地区是中原王朝向西北伸展的重要区域。更北的夏县东下冯遗址墓葬中也出土有爵，已近圜底，应属此期。

位于关中地区的陕西岐山京当村，一处用圆石砌成的窖穴中出土了爵、斝、觚、鬲等青铜器，其中鬲与郑州城所出同类器不同，或为地方特色。

再向南，秦岭以南汉中地区的汉水流域，曾出土大量二里岗文化至殷墟文化时期的青铜器，而以殷墟时期者为大宗。最早的青铜器组合可早到二里岗文化晚期晚段，如1980年陕西城固龙头村出土铜觚、尊、卣、三足壶及若干兵器和其他器类。这批铜器的大部分与郑州城同期墓葬和窖藏所出近同，表明此地在二里岗文化晚期时应以郑州城为中心的二里岗文化有接触。但从青铜器群具有一定的特色、存在一定变异的情况看，这种接触应是间接的和辗转[134]。至于其所有者的族属，则有早期蜀文化、早期巴蜀文化和殷商时期的巴方等多种推断[135]。

· 长江中下游

最令人瞩目的，当为同时期的湖北武汉黄陂盘龙城遗址。此期出有青铜礼容器的墓葬最多，可确切断代的有10余座，不少铜器的特征已与殷墟同类器近同。近年发掘的杨家湾墓葬M17，除出土常见的爵、斝、觚等青铜礼器之外，还有青铜兽面纹牌形饰件、绿松石镶金片饰件等贵重随葬品，其中绿松石镶金片饰件是迄今所见中原文化系统最早的成形金器。杨家湾南坡这批墓葬和此前发现的杨家湾诸墓都属于盘龙城最晚阶段，大型建筑与高等级墓地的并存，印证了这里曾是晚期的中心。

纵向观察盘龙城各阶段高等级墓葬，其青铜礼器器形、器类与组合以及埋葬习俗一直与中原地区政治中心保持基本一致，而未出

公元前 1500

中原文化系统最早的成形金器

1000

现明显的地方化倾向。这说明，盘龙城的最高首领始终由中央政府任命，而非当地世袭。换言之，盘龙城应该是纳入中原王朝政治系统控制之下的，而非独立的地方方国。但大致自此期开始，盘龙城的青铜器群"较多地显示出了一些有别于中原地区青铜器的地方特征，暗示出了地方青铜铸造能力的兴起；另一方面，包括一些地方特征所暗示的，盘龙城部分青铜容礼器显现出了装饰简化、器形小型化的趋向，又似乎反映出遗址本身青铜器生产能力的下降和衰落"[136]。

此外，盘龙城遗址近旁的黄陂鲁台山出土铜爵，年代约当此期。西距盘龙城遗址约 70 千米、同处长江北岸的湖北黄冈黄州下窑嘴遗址，墓葬出土铜爵、斝、觚、鬲、罍及兵器和工具若干，其年代约当二里岗文化晚期晚段或略晚。这类铜器，应与盘龙城青铜器群同属一个文化类型。

位于长江下游南岸的安徽铜陵童墩遗址出土爵、斝，其年代约当二里岗文化晚期晚段或略晚。这是江南地区发现的年代最早的青铜容器。

公元前
1500

1300 — 江南地区最早的青铜容器

1000

# 四 潮头外缘大扫描

在扫描了前二里头时代东亚大陆所有现知用铜遗存，聚焦中原青铜文明核心区及其直接辐射地带后，我们再对以中原为内核的核心区外缘区域做横向的扫描，以期了解青铜潮波及的最大范围和减淡的情况。时段大致限定在二里头文化和二里岗文化时期，即约公元前1700—前1300年这大致四百年时间。为了阐明青铜潮的推进扩散过程和各地进入青铜时代的时序，我们的扫描也会下延至殷墟时代甚至更晚的时段。

## 推波有活水：西北至北方

### 晋陕地区

地处山西中北部的忻州游邀遗址晚期遗存，发现了相当于二里头时代的铜刀。这里是北方和中原地区文化因素的交汇地带。

在二里岗文化晚期晚段，关中乃至汉中地区开始出现二里岗文化风格的青铜礼容器。殷墟卜辞资料记录了在殷商王朝的西北方多有与其兵戎相见的方国势力；考古证据也表明，到了殷墟文化时期，晋陕高原青铜文化虽深受殷墟文化的影响，但其浓厚的地方特色颇令人瞩目[137]。

### 河套地区

在早期用铜遗存中，地处内蒙古中南部的伊金霍洛旗朱开沟遗址，是一处非常重要的遗址。由于发掘报告在年代分期和文化定性上存在问题,未能得到认可,导致学界对该遗址用铜遗存的认识分歧甚大。发掘者及部分学者认为,该遗址遗存内涵统一,都属于"朱开沟文化",可以分为前后相继的五个发展阶段。但总体上看,"朱开沟遗址的发掘报告将不同时期、不同文化的遗存混在了一起"[138]。后经重新梳理,该遗址内的所谓"朱开沟文化"可以区分为两种不同性质的考古学文化:朱开沟甲类遗存和朱开沟文化。二者不仅文化面貌不同,而且在起源、分布和存续时间等方面皆有差异。具体而言,朱开沟遗址用铜遗存分属三个部分(时段)。第一部分是朱开沟甲类遗存偏晚阶段中出土的红铜臂钏和指环等小件装饰品,与石峁遗址晚期遗存近同,或与二里头文化第二期大体同时。第二、三部分则均属朱开沟文化偏晚阶段,绝对年代要晚到二里岗文化时期了。具体而言,朱开沟文化中期约当二里岗文化早期至晚期早段,出土铜器有镞、凿、针、耳环等;至于出土鼎、爵残片及戈、环首短剑和镞的朱开沟文化晚期遗存,则要晚到二里岗文化晚期晚段了[139]。鉴于此,有关地理位置重要的"朱开沟文化"

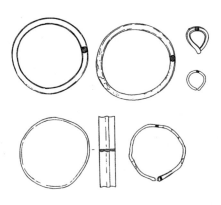

朱开沟甲组遗存
铜质装饰品

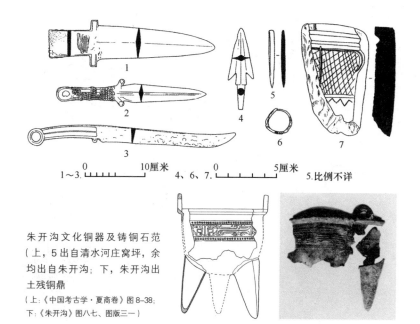

朱开沟文化铜器及铸铜石范（上，5出自清水河庄窝坪，余均出自朱开沟；下，朱开沟出土残铜鼎）
（上：《中国考古学·夏商卷》图8-38；下：《朱开沟》图八七、图版三一）

用铜遗存对中原地区施加了较大影响的提法，尚需慎重对待。

只有到了相当于二里岗文化晚期晚段的朱开沟文化晚期，随着环首短剑、环首刀、项饰、护牌、耳环、鍪（小型椭圆凹底器）等青铜器具和石斧范的出现，才标志着该区域进入青铜时代。青铜短剑是迄今所知北方系青铜短剑中年代最早的，但和其他几类铜器一样，它们究竟是当地生产的还是由北方大草原地带传播而来，一直存在着争论。到了约当殷墟时期至西周早期的西岔文化，发现了管銎斧、空首斧、短銎戈和有銎镞等铜器，以及铸造斧、剑、刀子等的陶范，由是可知其青铜兵器和工具与北方系青铜器具有较大的共性特征，应

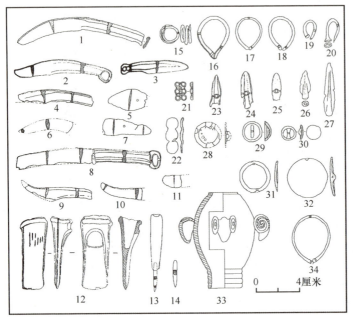

四坝文化铜器群(左)和玉门火烧沟出土铜权杖头(右)

(左:陈国梁《二里头文化铜器研究》图二四)

属本地铸造[140]。

## 甘青地区

甘青地区的铜器生产和使用在此时进入繁荣期,四坝文化和齐家文化晚期均发现了用铜遗存。在河西走廊一带,四坝文化兴起于西城驿文化之后,出土用铜遗存的遗址见于甘肃瓜州、玉门、酒泉、张掖、民乐和山丹等地。出土铜器多为工具、日用品(斧、凿、镢、镰、刀、削、锥等)和装饰品(钏、牌、环、耳环、鼻环、镯、泡、项饰等),装饰品中出现喇叭口耳环;另发现仪仗使用器权杖头。与西城驿文化类同，兵器也有镞，新出现了矛和匕首。材质上以青铜为主，红铜次之，砷铜占比较大，工艺上铸锻兼有。

最令人瞩目的是发现了作为镶嵌铸件的四羊首权杖头。该器出土于玉门火烧沟遗址，外形极似细颈小壶，中空，腹径5厘米，高8厘米。腹中部均匀铸有四个盘角的羊头，羊角微下俯，双角大曲度内弯，形象逼真，制作精巧；下端收缩为銎部，饰四道凹弦纹，銎孔内残存一段木柄。造型和结构较复杂，四羊首用复合模具分铸，再镶嵌于器身，显现了四坝文化铸铜工艺技术的高超水平[141]。

权杖头、竖銎斧和环首刀等具有浓厚内亚风格的器物，暗寓着河西走廊与中亚和欧亚草原等地存在着交流[142]。

四坝文化与进入晚期阶段的齐家文化共存。与此同时，洮河、湟水流域的齐家文化遗址也出土了不少铜器，但至今未发现冶炼的证据。这些遗址分布于甘肃广河、临夏（原永靖）、康乐、岷县、临潭和青海贵南等地。铜器多为工具、日用品（斧、刀、削、锥、匕、镜等）和装饰品（环、耳环、指环、镯、泡、项饰等），材质以青铜为主，红铜次之，偶见砷铜，工艺上铸锻兼有。

此外，甘肃天水秦城、广河齐家坪采集的嵌绿松石铜牌饰和青海西宁沈那出土的倒钩铜矛，也应属于齐家文化晚期。前者的源流有待探索，后者的来龙去脉，学界已有较清晰的把握。

齐家文化中无法确认期属的用铜遗存还见于甘肃广河、积石山和岷县等地，出土铜器有斧、刀、镰等工具和镯、泡等装饰品。

由此可见，甘青地区自四坝文化和齐家文化晚期始，已进入青铜时代。这是东亚大陆率先进入青铜时代的区域之一。

西城驿文化和其后的四坝文化人群，承继了马厂文化的冶金传

齐家文化晚期（含疑似）的重要铜器
1. 镜（贵南尕马台）；2. 斧（广河齐家坪）；3. 倒钩矛（西宁沈那）；
4、5. 嵌绿松石牌饰（天水秦城、广河齐家坪）

统，是当时冶金技术的主要掌握者。齐家文化可能将从西城驿文化、四坝文化人群那里获得的冶金产品或技术带到了河西走廊以东地区，洮河、湟水流域齐家文化铜器数量陡增，或对二里头文化的冶金技术产生了一定的影响[143]。

青海西宁鲍家寨卡约文化遗址中发现一件二里岗文化晚期风格的铜鬲。但因系采集所得，考古背景关系无从判定。卡约文化的青铜器以武器、工具、生活用品和装饰品为主。年代上限或可早到"商代早期"；下限则约当西周时期，甚至春秋中晚期到战国时期[144]。

# 观潮此处佳：燕山至东北

此区的考古材料较为系统，分期较明确，略展开说说，从中可窥见青铜潮外缘区域的种种特质。根据用铜遗存随时间推移所显现的存在方式，分为若干小的区域来叙述。

直接进入青铜时代的区域

由新石器时代直接进入青铜时代的区域有辽西山地区、辽东北部区和西流松花江流域。

## 燕山南北至辽西山地

### 夏家店下层文化早期

如前所述，夏家店下层文化是除了河西走廊和甘青地区之外又一支较早进入青铜时代的考古学文化。关于它究竟是地跨燕山南北，还是仅指燕山以北而将燕山以南与其面貌相近又稍有不同的一两支区分为另外的文化类型，学术界尚存在分歧[145]。从宏观的考古学文化面貌看，我们倾向于前者，将其统称为夏家店下层文化，包括燕北（含内蒙古东南、辽西和冀北）和燕南（含京津唐一带和冀西北山区）两大区域类型[146]。至于夏家店下层文化的年代，原认为可早至中原龙山文化晚期，现一般认为相当于二里头文化和二里岗文化时期。

显然，在夏家店下层文化用铜遗存中，可以析分出早、晚期

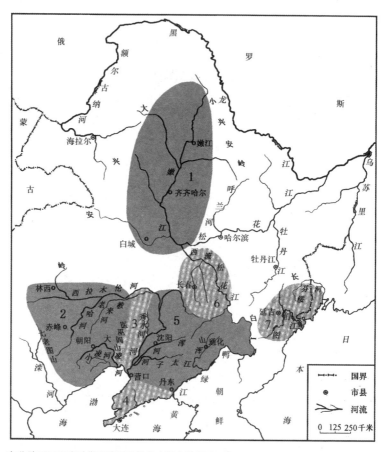

**东北地区二里头时代至战国时代考古学文化分区示意**
(据赵宾福《中国东北地区夏至战国时期的考古学文化研究》附图改绘)
1. 嫩江流域;2. 辽西山地地区;3. 辽西平原地区;4. 辽东南部地区;
5. 辽东北部地区;6. 西流松花江流域;7. 图们江流域

（分别约当二里头文化时期和二里岗文化时期）的材料最为重要。依既有研究成果，燕北类型中属于早期的用铜遗存有内蒙古敖汉旗大甸子、赤峰四分地、喀喇沁旗大山前，辽宁朝阳罗锅地等遗址；燕南类型中属于早期的用铜遗存则有北京房山琉璃河，天津蓟州围坊、张家园，河北怀来官庄、滦南东庄店、唐山古冶及蔚县三关等遗址[147]。燕南类型的分布已超出高海拔地区而进入低海拔地区。

敖汉旗大甸子遗址出土材料最为丰富。早期遗存中出土的铜制品有权杖头（除铜质外还有铅质者）、冒、镦等斧柄饰件以及铜钉，大宗者为耳环和指环。已检测样品皆为青铜，铸锻兼有。其他遗址散见铜刀、削、针、耳环、指环和青铜碎屑等，还出有用来制作饰品的陶范。赤峰四分地遗址发现的陶饰品范，如断代不误，或为中原以外地区发现的最早的陶范。

无法详细分期的夏家店下层文化用铜遗存，还见于燕北类型的内蒙古敖汉旗、赤峰、库伦旗、宁城，辽宁凌源、北票、兴城，以及燕南类型的河北唐山等地。出土铜器有刀、镞、环、耳环和铜屑等，还有陶饰件范、石矛范、斧范、刀范、串珠范。在凌源牛河梁遗址还发现了炉壁残片。不排除上述用铜遗存有可早至夏家店下层文化早期者。

**夏家店下层文化晚期**

夏家店下层文化晚期大体上相当于二里岗文化时期。依既有研究成果，燕北类型中属于晚期的用铜遗存有内蒙古敖汉旗大甸子，辽宁阜新平顶山、锦州太和区水手营子等遗址；燕南类型中属于晚期的用铜遗存有北京昌平雪山、昌平张营、房山塔照，天津蓟州张家园，河北大厂大坨头、涞水西义安、唐山大城山、唐山小官庄、

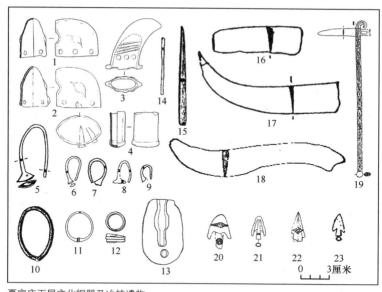

夏家店下层文化铜器及冶铸遗物
（陈国梁《二里头文化铜器研究》图二一）
1、2. 冒；3. 杖首；4. 镞；5—9. 耳环；10. 耳环；11、12. 指环；13. 陶范；14. 笄；15—18. 刀；19. 连柄戈；20—23. 镞（1—4、11出自敖汉大甸子；5、16、17出自蓟州围坊；6出自阜新平顶山；7、14、23出自易县下岳各庄；8、18、20、22出自蓟州张家园；9、12出自房山琉璃河；10出自蔚县三关；13出自赤峰四分地；15出自宁城小榆树林子；19出自锦州水手营子；21出自大厂大坨头）（13比例不详）

唐山古冶、香河庆功台、宣化李大人庄及蔚县诸遗址[148]。

这些遗址出土的铜制品有连柄戈、镞、削刀、刻刀、凿、叉、锥、臂钏、环、耳环等。此外发现了石刀范、镞范、针范、鱼钩范等。锦州水手营子出土的连柄铜戈，年代相当于二里头文化四期或夏商之际，制作工艺代表了这一文化铸铜技术的较高水平[149]。除这种特殊器物外，铜器群的组合和工艺水平与夏家店下层文化早期并无太大差异，有銎镞、环首刀、U形耳环，都颇具特色。铜器之外，还有金臂钏、金耳环、铅仿制贝等金属遗物。北方系青铜器的工具、武器中有大量与中原相似的器物，说明这两个系统存在着文化交往，但在是否用金属制作装饰品方面差别明显，应该反映出两地人群观念的不同[150]。

这一区域整个青铜时代的遗存纷繁复杂，对其年代与谱系的看法不一，《中国东北地区夏至战国时期的考古学文化研究》一书对此有系统的研究，这里据此罗列其发展脉络。在相当于"商代早期"的夏家店下层文化晚期之后，这一区域的青铜时代文化分别是相当于商代晚期的以魏营子文化为代表的遗存，相当于西周至春秋时期的夏家店上层文化和"凌河遗存"早期，而相当于战国早中期的遗存则有"凌河遗存"晚期、"水泉遗存"、"井沟子遗存"（含"铁匠沟遗存"）、"五道河子遗存"[151]。到了战国晚期，燕文化遗存成为主流，该区域也大致进入了铁器时代。

## 中国东北地区龙山至西汉时期考古学文化时空框架示意

| 时期 | | 绝对年代 | 辽西山地 | | 辽西平原 | 辽东 | | 嫩江流域 | 西流松花江流域 | 鸭绿江流域 | 图们江流域 | 三江平原 |
|---|---|---|---|---|---|---|---|---|---|---|---|---|
| | | | 西区 | 东区 | | 北部区 | 南部区 | | | | | |
| 西汉 | 晚期 | 202BC—AD9 | 汉文化 | | | | | (鲜卑?) | (扶余?) | (高句丽?) | (沃沮?) | (挹娄?) |
| | 早中期 | —221BC | 水泉/井沟子 | 五道河子/凌河晚期 | 燕文化 | | 双房晚期 | 汉书二期 | 西团山晚期 | 万发拨子三期 | 柳亭洞晚期 | 桥南一期 |
| 战国 | | 403BC— | | 凌河早期 | | | 双房中期 | | 西团山中期 | | 柳亭洞早期 | |
| 春秋 | | 770BC—403BC | 夏家店上层 | | | | 双房早期 | 白金宝 | 西团山早期 | | 兴城晚期 | |
| 西周 | | 1000BC—771BC | 魏营子 | 夏家店下层 | | | 双砣子三期 | 古城 | | | | |
| 殷墟 | | 1300BC—1000BC | | | 高台山晚期 | 马城子晚期 | 双砣子二期 | 小拉哈二期 | | | 兴城早期 | |
| 二里岗 | | 1500BC—1300BC | | | 高台山早期 | 马城子早期 | | 小拉哈一期 | | | | |
| 二里头 | | 1700BC—1500BC | | | 平安堡二期 | | | | | | | |
| 龙山晚期 | | 2000BC—1700BC | | | | | | | | | | 劝农 |

图例：无用铜遗存 ｜ 少见用铜遗存 ｜ 青铜时代 ｜ 铁器时代

注：
为简洁计，考古学文化遗存的称谓（某文化、类型或某类遗存）一律省略。
括号内为学界对各考古学文化在西汉时期所属族属的推断。

本表依下引论著改制：
赵宾福《中国东北地区夏至战国时期的考古学文化研究》，科学出版社，2009年；
赵宾福等《吉林省地下文化遗产的考古发现与研究》，科学出版社，2017年；
黑龙江省文物考古研究所《考古·黑龙江》，文物出版社，2011年。

## 辽东北部

辽东地区从西周时期开始全面进入以双房文化为代表的青铜时代。在此之前，辽东南部地区的双砣子三期文化（约当殷墟时期）仅发现了零星铜器，更早的相当于二里头文化、二里岗文化时期的双砣子二期文化尚无用铜遗存发现。在包括辽东山地丘陵和下辽河东岸平原的辽东北部区，与双砣子二期文化大体同时的马城子文化（含"新乐上层文化""顺山屯类型""望花类型""庙后山文化"等类遗存）早期也未发现用铜遗存[152]，晚期出现了管銎战斧、方銎斧、铃首刀、鹿首刀、环首刀、镜等铜器，年代相当于商代晚期至西周早期[153]，已进入青铜时代。

## 西流松花江流域

西流松花江，即松花江吉林省段，曾被称为第二松花江。该流域直到西周时期，在西团山文化才出现了用铜遗存，其中有作为东北系铜剑母型的青铜曲刃矛。在相当于春秋战国时期的该文化中、晚期遗存中，青铜曲刃矛、曲刃短剑和方銎斧等，代表了其发展高度[154]。

### 渐次进入青铜时代的区域

包括辽东南部、辽西平原和松嫩平原。

## 辽东南部

辽东半岛在双砣子一期、二期文化时，都没有发现用铜遗存。

三期文化开始出现青铜镞、鱼钩、环、泡等小件制品。年代约当商代晚期,可晚至西周初年[155]。

"到了两周时期的双房文化阶段……开始出现该文化系当中最具特色的曲刃矛、柱脊曲刃剑、方銎斧等青铜武器。""伴随着青铜兵器的出现,'双砣子文化系'由原来的弱势一度发展成为强势。分布地域也由原来夏商时期的辽东半岛南端迅速扩张到西周至战国时期的整个辽东地区,而且影响范围甚至还波及辽西山地地区、朝鲜半岛和第二松花江流域。"[156]显然,到了此时整个辽东地区才真正进入了青铜时代。

**辽西平原**

此区域相当于夏商时期的遗存主要有"平安堡二期遗存"和高台山文化,前者"应该是处在该地区新石器时代结束之后,高台山文化形成以前的一种考古学文化遗存","年代应处于夏代的纪年范畴之内,大体和旅大地区双砣子二期文化的早期年代接近,即相当于夏代早期"[157]。

平安堡二期遗存"应该是处在该地区新石器时代结束之后",但在该遗存中并未发现用铜遗存。此外,如该遗存与双砣子二期文化早期大体同时,年代应不早于岳石文化,即最早与二里头文化(可能早到早期)大致同时。但这又与"夏代早期"的推断不相符合。正如张忠培教授指出的那样,"目前学界基本共识的意见是将夏代起止年代定于公元前21世纪到公元前17世纪,同时认为二里头文化并非是夏代最早的夏文化,这本著作对此注意不够,有时将与二里头文化同时的遗存,视为夏代最早的遗存"[158]。这类用法在研究中较为普遍，也正是我提出下述建议的缘由："鉴于关于'夏时期''夏代（早期）''早期夏文化'这类狭义史学及从中衍生出的复合概念人见人殊，具有极强的不确定性或模糊性，建议在对具体考古学文化遗存的叙述中慎用为好，尤其是在罕有甚至全无早期文献关联的中原以外区域。"[159]

早于高台山文化的"平安堡二期遗存"如与双砣子二期文化早期年代接近，高台山文化早期应不早于二里头文化早期，而高台山文化晚期相当于商代晚期，那么高台山文化早期应大致相当于二里头文化晚期至二里岗文化时期。只是到了此期，辽西平原才开始发现零星的耳环、小刀等铜器。其中铜耳环呈喇叭口状的 U 字形，与夏家店下层文化同类器近同。比至相当于商代晚期的高台山文化晚期，始有管銎战斧、鹿首刀等器形稍大的武器和工具出现，或可认为迎来了青铜时代的曙光。

## 松嫩平原

松嫩平原地处欧亚草原东部，是欧亚草原文化分布的最东端，在辽西山地区出现东北地区最早的青铜时代文化的同时，这一区域也发现了零星的铜器。这是东北地区较早出现用铜遗存的区域之一。

最早出现零星铜器的是约略相当于"夏至早商时期"的小拉哈文化[160]，出土了小刀、笄、双联泡饰和节状饰件。这是前殷墟时代东亚地区铜制品分布最北的地点。发掘报告称"小拉哈文化的发现填补了长期以来松嫩平原早期青铜时代考古文化的空白"，其实仅凭如此零星的发现很难表明松嫩平原在此期进入了青铜时代，何

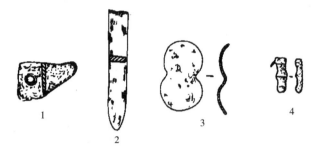

小拉哈文化铜器
1. 小刀；2. 笄；3. 双联泡饰；4. 节状饰件（1—3 出自肇源小拉哈； 4 出自肇源白金宝）

况小刀和笄都是没有层位关系信息的采集品，故暂且存疑。

小拉哈文化之后的"古城遗存"，约当中原地区的商代晚期，该文化中未发现青铜器，出土了制作青铜斧、刀、铲的陶范[161]，表明该文化人群已能批量制作青铜器，或已进入青铜时代。该区出现较多青铜器和铸范的白金宝文化，已晚至西周早期到春秋晚期。根据出土陶质铸范可知，有斧、刀、锥、环、连珠饰等。到了相当于战国至西汉时期的汉书二期文化，青铜器和铸范仍主要为小型生产工具和装饰品，大安汉书遗址出土的一件属于青铜短剑附件的石枕状器，表明该文化应已存在青铜短剑。铁器的出土，暗寓着至少自战国晚期始，该文化或已进入铁器时代。

## 无缘青铜时代的区域

排除了青铜时代纵向上溯至更早时段的可能性之后，我们再看看空间上青铜时代覆盖区外缘的情况。与青铜时代无缘的区域又可以分为基本不见用铜遗存和仅见零星用铜遗存两种情况。

### 基本不见用铜遗存的区域

小兴安岭-长白山脉以东的图们江流域、牡丹江流域和松花江、乌苏里江、黑龙江汇流的三江平原及其周边区域，在进入铁器时代之前，基本上没有发现青铜制品[162]。这是典型的新石器时代下接铁器时代的区域。有学者指出，"镜泊湖南端莺歌岭遗址上层距今三千年左右，年代比许多青铜文化更晚，但这里并没有发现铜器，意味着当东北大部分地区正经历着青铜时代，领受着金属文明带来的灿烂光辉和浓重阴影的同时，这里的主人可能还仍然停留在原始古朴的新石器时代"[163]。"与东北其他地区相比，图们江流域应该是一个相对比较封闭、文化自身很少受到外界影响、发展水平稍显落后的地区"[164]。而三江平原，在相关学者论及中国东北地区夏至战国时期或青铜时代的考古学文化时，都未列为专门的一区加以讨论[165]。

### 仅见零星用铜遗存的区域

在进入铁器时代之前，仅见零星用铜遗存而未进入青铜时代的区域，可举鸭绿江流域为例。这里相当于商周之际的万发拨子二期文化不见用铜遗存，相当于春秋战国时期的万发拨子三期文化则发现有环、坠饰等小件铜器。其后在西汉时期，该地区进入铁器时代。

### 各区域青铜时代上下限的梯次

东北地区最先进入青铜时代的是辽西山地区，夏家店下层文化与河西走廊的四坝文化、甘青地区的齐家文化晚期和中原地区的二里头文化一道,是东亚地区最早进入青铜时代的四支考古学文化之一,绝对年代不早于公元前1700年。这与地邻欧亚大草原、较早接受内亚地区青铜文化的影响是密不可分的。与之大体同时出现用铜遗存,但仅限于零星小件铜器的小拉哈文化地处松嫩平原,也因位于欧亚草原的东端而有地利之便。但这一区域进入青铜时代要晚到相当于殷墟时期的"古城遗存"了。

除了松嫩平原,在相当于殷墟时期进入青铜时代的,还有与辽西山地区毗邻的辽西平原区(高台山文化晚期遗存)和辽东北部区(马城子文化晚期遗存)。稍后,整个辽东区和西流松花江流域在相当于西周的时期也进入了青铜时代(双房文化和西团山文化)。横贯东亚的青铜潮止于这些区域,没能越过小兴安岭和长白山脉。此线以东的鸭绿江流域在春秋战国时期仅见零星用铜遗存,而图们江流域、牡丹江流域和三江平原地区,大致在汉代,由新石器时代直接进入铁器时代。至于东北地区铁器时代的到来,显然是战国的燕文化和后来的汉代文化由西南向东北强力推进或影响的结果。

要之,东北地区并非全境存在青铜时代,且各区域进入青铜时代的时间也有早晚之别,呈现出"南部比北部先进,西部较东部发达"的态势[166]。

## 潮平两岸阔:大黄河三角洲

这里所谓"大黄河三角洲",不是指山东东营入海口一带的黄河三角洲,而是整个华北大平原,即黄淮海平原。在地理学和水资源研究领域,有一个颠覆性的提法:整个华北平原是一个大三角洲。依黄万里教授的观点,黄河从郑州桃花峪(中下游的分界点)以下是一个大三角洲,"三角洲以桃花峪为顶点,逐渐形成隆突的圆锥体,面上流着放射式的低洼排水道,面积达廿五万方公里,于全球为最大","黄河挟沙浓厚,历史上北行时淤塞了海河尾闾,南行时则祸害淮河。因此,平原在孟津以下,北至天津,南至淮阴","南北遗留着当年河道的陈迹:北有卫运河、北金堤河、文岩渠、马颊河、徒骇河,东有万福河、红卫河、黄河故道,南入淮的有惠济河、涡河及贾鲁河等20余条流派。这些说明黄河水沙原是在这三角洲上轮流分派出海的"[167]。因而,对于三角洲的河流来说,改道是正常的。在没有黄河大堤与大堤缺乏维护的年代,黄河的周期性改道是常事。所谓的淮河流域,特别是淮河北侧的平行支流,

黄河大三角洲鸟瞰(由东向西)
(陈述彭《中国地形鸟瞰图》)

四 潮头外缘大扫描 115

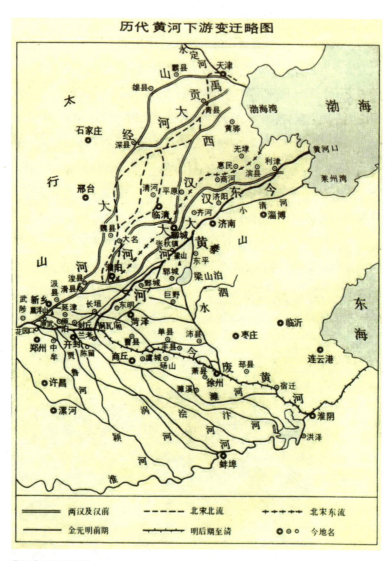

黄河大三角洲示意
(张宗祜《九曲黄河万里沙——黄河与黄土高原》)

本身就只是黄河三角洲各岔道的一部分。

这一时期的文化遗存,多分布于黄河故道旁的山前地带。其中,太行山东麓平原,地处大三角洲地区的西北边缘;而隆起的泰沂山脉与淤积起来的冲积扇中轴形成分水脊,将淮河、海河分隔南北,形成了以海岱地区为中心的又一文化区。

### 太行山东麓平原

夏家店下层文化燕南类型的南邻,是分布于太行山东麓冀中南至豫北地区的下七垣文化。存在用铜遗存的遗址分属于两个区域类型。一是偏北的下岳各庄类型,遗址有河北易县下岳各庄、定州尧方头、任丘哑叭庄等处;一是偏南的漳河类型,有河北邯郸涧沟、峰峰北羊台、磁县下七垣,河南安阳孝民屯村北、辉县琉璃阁等[168]。

值得注意的是,偏北的下岳各庄类型遗址出土的工具武器类铜器如环首刀、有銎镞,和装饰品U形耳环、泡等,都颇具特色,与夏家店下层文化等北方系统青铜文化的同类器近同。与此形成鲜明对比,偏南的漳河类型中,仅见属中原系统的三角形刀、有铤镞等器形,"表明这个区域受到北方青铜文化影响甚微,更多地受到了二里头文化的影响"[169]。

如前所述,河北石家庄藁城台西遗址在二里岗文化晚期晚段开始出现随葬青铜容器的墓葬。"台西大型聚落的出现,意味着商人已进入滹沱河流域,大约与此同时,商人还将势力伸入北易水,逼近南拒马河。显然,在与夏家店下层文化居民的较量中,商人略胜一筹"。此后,"整个晚商时期商人活动的北界固定在唐河以东地区"[170]。

四 潮头外缘大扫描 117

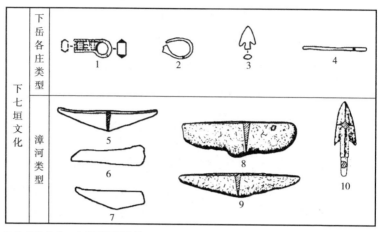

下七垣文化北、南类型铜器比较
（依杨建华等主编《公元前2千纪的晋陕高原与燕山南北》264页图改绘）
1. 哑叭庄；2—4. 下岳各庄；5. 孝民屯村北；6、7. 涧沟；8、9. 北羊台；10. 下七垣

## 海岱及周边地区

二里头文化的东邻，是分布于海岱地区及其周边的岳石文化，发现用铜遗存的遗址有河南杞县鹿台岗、夏邑清凉山、鹿邑栾台，山东泗水尹家城、济南章丘城子崖、青州郝家庄、沂源姑子坪、烟台牟平照格庄和江苏连云港藤花落等。其中泗水尹家城遗址出土铜器较多，器形有刀、锥、镞、鼻环和铜片等，均为小件器物，其他遗址零星出土品与其类同。青州郝家庄遗址出土一件铜容器残片，值得注意，惜报道语焉不详。有学者提示，岳石文化可能存在"青铜重器"[171]，但仍缺乏扎实的证据。

如前所述，约当二里岗文化晚期晚段或略晚，随葬青铜容器的墓葬开始出现于济南历城大辛庄遗址。至殷墟文化时期，大辛

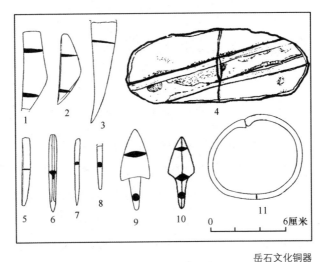

岳石文化铜器

（陈国梁《二里头文化铜器研究》图二〇）
1—5. 铜刀；6—8. 铜锥；9、10. 铜镞；11. 铜环（1—4、6、8、9、11出自泗水尹家城；
5出自杞县鹿台岗；7出自牟平照格庄；10出自夏邑清凉山）

庄遗址存在更多的青铜礼器墓，铜爵上还有铭文，应为族徽。该遗址出土的甲骨文是商代都城以外首次出土的商代卜辞。鉴于甲骨文与随葬青铜礼容器的墓葬等高规格遗迹遗物的发现，学者们多认为此处是商王朝经略东方的一处要地。殷墟文化时期至西周初期，中原系统的青铜礼容器见于鲁北地区的惠民、滨州，鲁中地区的平阴、桓台、青州、寿光、新泰，鲁南地区的兖州、滕州、邹城；西周早中期才推进到更东的胶东半岛的龙口、威海和崂山等地[172]。与东北地区一样，海岱地区进入青铜时代，也有一个从西向东渐次推进的过程，而且是中原地区高度发达的青铜文明影响的结果。

# 韵味看余波：长江中下游

### 江淮－江南地区

长江南岸的铜陵师姑墩遗址早期遗存发现了与冶铸活动相关的陶炉壁和炉渣，有的炉壁内侧有铜锈。该遗址的早期遗存应与遗址北方江淮西部的斗鸡台文化关系密切，年代相当于二里头文化晚期。

主要分布在长江南岸宁镇至皖南地区的点将台文化，时间上大致与中原地区的二里头文化相当。目前尚未发现青铜器，仅在南京高淳朝墩头、句容城头山遗址中发现过炼渣。

分布于环太湖－杭州湾地区的马桥文化早期遗存，相当于二里头文化二至四期。在上海闵行马桥遗址马桥文化早期偏晚阶段的地层中，出土了一件残铜刀；其他4件可辨器形的铜器斤、刀、镞见于马桥文化中期，相当于二里岗文化时期。

如前所述，位于长江下游南岸的安徽铜陵童墩出土了江南地区年代最早的青铜容器，其年代已约当二里岗文化晚期晚段甚至更晚。到了殷墟文化时期，地处长江两岸的江淮地区和皖南地区才有了更多青铜礼容器的发现。

### 长江中游左近地区

位于长江南岸的湖南岳阳铜鼓山遗址，发现了相当于二里岗文化时期的遗存，出土刀、镞、泡饰等小件青铜器，具体年代约当二里岗早期晚段至晚期晚段或略晚，应属"商文化盘龙城类型"。该遗

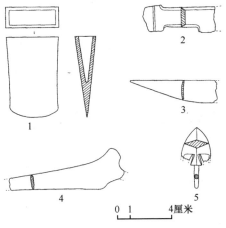

马桥文化铜器

(上海市文物管理委员会《马桥1993—1997年发掘报告》)
1. 斤；2—4. 刀；5. 镞

址地处湘江和洞庭湖流入长江的入口处，位于商文化控制区南端的边界线附近，"应是一个军事性质的关卡和哨所"[173]。至相当于殷墟文化早期，该遗址开始出现青铜鼎、觚等礼容器。

湖南石门皂市遗址，出土铜镞、锥、鱼钩和簪等小件器物，还发现了用于制作斧、锛的石范，以及铜渣和熔炉块等。发掘者推定其年代约当二里岗文化早期，最新的研究表明应晚至二里岗文化晚期晚段[174]。这是目前长江中游地区二里岗文化时期唯一出有石范的遗址。

至殷墟文化时期，湖南的东北部、北部和中部地区开始大量出现青铜礼容器。以长沙、岳阳、益阳、常德地区出土较多。长沙地区宁乡一带器物出土集中且具代表性，学界一般称之为"宁乡铜器群"，并以之统称湖南境内所有特征相近的商代后期青铜器[175]。

江西樟树吴城遗址出土的青铜器，个别戈、矛约当二里岗文化

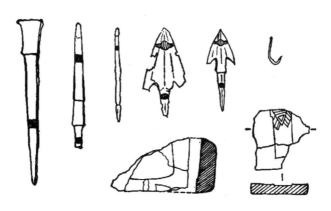

石门皂市遗址出土铜器及冶铸遗物
(湖南省文物考古研究所《湖南石门皂市商代遗存》图二二)

晚期晚段，数件青铜容器均相当于殷墟时期。兵器的形制与郑州城出土的同类器不同，显现出一定的地方特色，表明吴城文化已有自己的青铜铸造业[176]。"如果盘龙城的主要功能确系作为南北运输线上的枢纽，那么它的衰落应该视为商京畿地区对这条交通线路失控的一个信号。另一方面，根据其物质文化的发达程度判断，以吴城为中心的地区日益成为一个脱离核心地区晚商政权控制的政治实体"[177]。江西新干中棱水库商墓和大洋洲商墓都应是晚商时期这一区域相对独立的政治实体的遗存。

## 微澜漫西南：川渝藏地区

在川渝地区，与二里头文化大致同时，存在用铜遗存的遗址仅有重庆万州塘坊坪遗址。该遗址是分布于川东峡江地区的塘坊坪文化的典型遗址,此期发现了镞、锥形器和环等小件铜器。

有学者认为,中原二里头文化先进的青铜冶铸工艺及其艺术风格,连同一些具有礼仪意义的器物类型和制法都通过鄂西地区、三峡地区进入四川盆地中心的成都平原,在当地相对发达的土著文化的基础上,形成了三星堆文化[178]。但在这一传播路线上,尚无迹象表明存在过作为三星堆文化前身的较成熟的青铜文化。关于三星堆文化的来源问题,有待于进一步探索。

目前成都平原发现的时代较早的青铜器,是四川广汉三星堆遗址真武仓包包地点出土的3件长方形青铜牌饰,其中一件是在变形的兽面纹铜牌上镶嵌绿松石,另外两件是饰有镂空的变形藤蔓纹的铜牌;此外还共出有大量玉石器。3件牌饰均为采集品,无地层关系,考古简报作者推断年代为"夏末至商代前期",还有学者推断可晚至三星堆文化晚期[179]。在三星堆遗址西北10公里处的广汉高骈乡,也采集到一件嵌绿松石的变形兽面纹铜牌饰。有学者推断,仓包包和高骈两地铜牌饰的年代应当在二里岗文化后期或更晚的二里岗文化向殷墟文化的过渡期[180]。此外,三星堆遗址真武月亮湾台地还出土2件单扉铜铃,简报作者推测"相当于商代早期"。

按既往认知,三星堆文化的铜牌饰是以二里头文化同类器为原型仿制的[181]。但也有学者认为,从形制、镂孔、穿孔方式等方面看,成都平原的铜牌饰与新疆哈密出土的未嵌绿松石铜牌饰联系更为紧密,而镶嵌绿松石牌饰的起源地可假定在河西走廊,岷江流域和白龙江流域则是沟通四川与河西走廊的两条通道[182]。

这类牌饰与后来的三星堆青铜器缺乏关联,它们可能是从西北

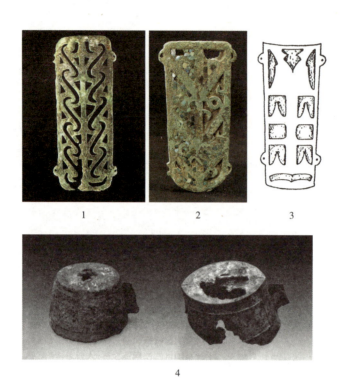

三星堆文化铜牌饰与铜铃

牌饰：1、2. 广汉三星堆；3. 广汉高骈；铃：4. 广汉三星堆

传入成都平原的早期青铜制品[183]。有学者甚至建议将明显早于以两个祭祀坑为代表的三星堆文化的月亮湾、仓包包一类遗存独立为月亮湾文化[184]。将三星堆文化的上限提早到相当于二里头文化至二里岗文化时期，将前青铜时代的遗存与约当殷墟时期的青铜时代遗存合并为同一个文化，的确是存在一定问题的。至于以两个祭祀坑为代表、高度发达的三星堆青铜文明，则相当于殷墟文化时期，此不赘述。

川西高原也出土了时代较早的青铜器。四川炉霍宴尔龙石棺墓中出土直援无胡青铜戈,年代被推定大约为二里岗文化时期,此类戈在郑州城和内蒙古朱开沟遗址都有出土,宴尔龙的戈很可能是经半月形地带由北方传播而来[185]。更西的西藏拉萨曲贡也曾出土青铜镞一枚,发掘者认为约当中原夏商之际。如果早期的青铜制品有可能从北方传入四川和西藏,那么铜器生产技术也有可能沿同样的路线从北方传入。

# 五　观潮的断想

## "青铜时代":从遗存到概念

青铜时代是"以青铜作为制造工具、用具和武器的重要原料的人类物质文化发展阶段"[186]。总体上看,学术界对此时代定义具有相当的共识,"青铜时代,是指青铜器在考古记录中有显著的重要性的时期而言。辨识那'显著的重要性'的依据,是我们所发现器物的种类和数量"[187]。"青铜时代必须具备这样一个特点:青铜器在人们的生产、生活中占据重要地位,偶然地制造和使用青铜器的时代不能认定为青铜时代"[188],"青铜器的零星发现是不足以作为中国青铜时代开始的证据的"[189]。

但在对具体区域进入青铜时代的标志判定上,学者间是异见纷呈的。梳理东亚大陆早期冶金遗存的发现与研究历程,可以让我们来深入检讨"青铜时代"概念在时空上的适用性及其中所蕴含的学理问题。

### 谁先进入青铜时代?

关于中国青铜时代的肇始时间,就众说纷纭。部分学者认为龙山文化晚期或龙山时代已进入青铜时代,大约在公元前3000年或稍晚[190]。但此时用铜遗存仅有零星的发现,并不符合上述青铜时代的特点,故不考虑其可能性。

20世纪80年代以降,一般把成批出土青铜礼容器、兵器、工具、饰物等的二里头文化，作为中国青铜时代早期文化。由于80年代二里头文化碳–14测年为公元前2080—前1580年，所以一般认为公元前2000年左右是中国青铜时代的上限[191]。

嗣后，有的研究者将西北地区的早期用铜遗存纳入青铜时代，认为存在西北地区和中原地区两大独立起源地，但在绝对年代上，仍认为二者大体在公元前2000年前后进入青铜时代[192]。

近年的研究显示，最早进入青铜时代的当属新疆地区，年代上限在公元前2000年左右；甘肃、青海和陕西地区在公元前1900年左右进入青铜时代，主要有四坝文化和齐家文化晚期；至公元前1800年左右，北方地区出现了朱开沟文化和夏家店下层文化；与此同时或稍晚，中原地区诞生了青铜时代文化即二里头文化，通过二里头文化，青铜技术传播至黄河下游的岳石文化等考古学文化中[193]。这条路径清晰地勾勒出早期青铜文化流播的主方向是自西向东。

通过对东亚大陆各地用铜遗存最新年代学研究成果的系统梳理，对四坝文化、齐家文化晚期、朱开沟文化、夏家店下层文化、二里头文化和岳石文化的用铜遗存，可做进一步探讨。

河西走廊张掖西城驿冶炼遗址的发掘，提供了串联起马厂文化、齐家文化和四坝文化用铜遗存的最新信息。西城驿遗址"一期为马厂晚期遗存，年代为距今4100—4000年；二期文化因素较为复杂，年代为距今4000—3700年……三期为四坝文化遗存，年代为距今3700—3600年"[194]。这就把叠压于这类遗存之上、原定为公元前2000—前1500年的四坝文化遗存的年代，压缩到偏晚的公元前1700—前1600年之间。而与齐家文化前期大体共时的西城驿二期铜器的材质仍以红铜为主；到了属于四坝文化的西城驿三期则以合金为主，其中砷青铜较多。

因此，以四坝文化为代表的河西走廊地区进入青铜时代的时间，在公元前1700年前后；河湟与陇东地区的齐家文化晚期大体同时。关于齐家文化晚期的用铜遗存，张忠培教授指出，"由于还存在相当数量的红铜制品，和有时仍采用冷锻技术制作青铜器，故即使把这时期归入青铜时代，也只能是这时代的伊始阶段"[195]。这一观点目前看来也是中肯的。

至于内蒙古中南部鄂尔多斯朱开沟遗址，到了相当数量的青铜兵器和容器出现的该遗址第五期（朱开沟文化晚期），该地才进入青铜时代，此时已相当于二里岗文化晚期阶段。

而内蒙古东部和辽西地区夏家店下层文化出土铜器，目前经年代测定的，只有赤峰敖汉旗大甸子遗址集中出土的一批青铜器。这批铜器的年代在公元前1735—前1460年，如与中原地区的高精度系列测年相比照，不排除更晚的可能性。大甸子墓葬随葬品中伴出与二里头文化二期风格近似的陶鬶、爵之类器物，由此可知其年代上限应不早于二里头文化二期，而下限应已相当于二里岗文化早期。其他地点出土的夏家店下层文化铜器，尚未见有明确早于这一年代数据的例子。

如前所述，中原地区在二里头文化之前，仅有零星的用铜遗存发现。如襄汾陶寺遗址发现了红铜铃和砷铜齿轮形器、容器残片等，未见青铜；登封王城岗遗址曾出土青铜容器残片，新密新砦遗址曾出土红铜容器残片等。二里头文化第一期发现的铜器尚少，且均为小件器物。第二期开始出现铜铃和嵌绿松石铜牌饰等制作工艺较复杂的青铜器，第三期始有成组的青铜礼容器和兵器等出土。故

五 观潮的断想

就目前的考古材料而言，中原地区进入青铜时代的时间，至多是二里头文化第二期。依最新的系列测年结果，二里头文化第二期的上限不早于公元前1680年[196]。

至于海岱龙山文化和岳石文化中零星发现的用铜遗存，多为小件工具和装饰品，应为中原文化影响所致，尚未在其所处的社会中显现出"显著的重要性"（张光直语），因而难以认为其已进入青铜时代。

就目前的认识，整个东亚大陆多地区大致进入青铜时代的时间，当为公元前1700年前后。第一批进入青铜时代的考古学文化，只有四坝文化、齐家文化晚期、夏家店下层文化和二里头文化。这些最早的青铜时代文化间的交流关系，还有待于进一步探究。

## 谁的青铜时代？

在"青铜时代"这一概念的运用，尤其是探讨其从无到有的过程中，首先有一个内涵界定的问题。大家一般同意，只有"青铜器在人们的生产、生活中占据重要地位"才能算进入"青铜时代"；但在具体操作层面，不少学者仍把零星青铜器甚至小件饰物的发现作为该区域进入青铜时代的标志。在东北地区考古研究的实践中，就不乏将罕有甚至全无用铜遗存的考古学文化划归青铜时代的例子。

其次是主体界定的问题。要明确进入青铜时代的"人们"的主体，即"谁的青铜时代"的问题。进入青铜时代的主体，应是考古学文化背后的社会和特定的人群，是生活于特定区域的特定人群进入了"青铜时代"。如是，就不能把进入"青铜时代"的主体，无限扩大到特定的人群以外那些没有进入青铜时代的人群及他们所处的地域。但在具体操作上，这样的做法是被默认的，甚至占据了主流思维。

在论及黑龙江东部的"青铜时代"考古时，我们能看到这样的论述，"这一地区（松花江、乌苏里江、黑龙江流经的三江地区——引者注）的'青铜时代'与中原地区有些不同。中原地区的青铜时代是以青铜器的制造和使用为标志的，但这样的标准却并不适用于三江地区的实际情况，在中原地区进入青铜时代以后的一个相当长的时间里，包括三江地区在内的一些地区并没有制造青铜制品的能力，因此，这些地区青铜时代的早期阶段仍然是以石器为工具和武器。这一点，从这个地区以至周边地区目前的考古发现中可以得到证明。因此，本文使用的青铜时代概念，只是将其作为一个年代范畴，而并不表明这一地区青铜时代的全部文化都已经具有中原地区青铜时代的典型特征"[197]。这清晰地表述了在无青铜遗存发现的区域使用"青铜时代"概念的思辨逻辑。

上文接着论述到，"黑龙江省东部地区的青铜时代考古学文化，在目前还处于空白状态，其中一个很重要的原因，就在于这个时代，尤其是其早期阶段青铜制品的缺乏，使得判断青铜时代遗存成为一件相当困难的事情，因此，即便已经发现的一些可能属于青铜时代的遗存，也由于种种原因而将这类遗存，或被认作新石器时代，或者被归入铁器时代，从而直接导致人们对新石器时代、铁器时代年代范畴的模糊认识，造成后两者外延的扩大。寻找或从已有的发现中确认青铜时代遗存，已经成为三江地区考古学研究中一个迫切需要解决的问题"。在这里，"青铜时代"是在全无用铜遗存的考古学文化中"寻找"或"确认"出来的。

另有学者在专论图们江流域的"青铜时代"考古时谈及,"至于青铜遗物问题,图们江流域青铜时代文化堆积中均鲜见出土,是否存在青铜遗物不应该被看作是分辨遗存时代的硬性指标"[198]。而在关于吉林省青铜时代考古的研究论文中,通篇也全无对任何青铜制品的分析,也未对"青铜时代"的概念做出界定和阐释。所谓"青铜时代"涉及的时间范畴始于"夏至早商",下限则到"战国至汉初"。文中回顾,"从20世纪50年代开始,对西团山石棺墓地有针对性的发掘,首先将一些广泛使用石器生产工具并已出现青铜器的遗存,从所谓的'石器时代之文化'中分离出来,于此开创了吉林省青铜时代考古的新局面"[199]。再举一例,"黑龙江地区也经历了青铜时代这一发展阶段,基本和中原地区是同步的。但在具体的文化面貌表现上,黑龙江东部、西部地区有明显的差异,这一时期东部地区的考古学文化均未发现具有该时代特征的标志物——青铜器(件),表现了显著的自身区域特点。因此,青铜时代的概念,作为一个年代范畴,黑龙江东西部区域存在着与中原地区不同的文化特征表现"[200]。显然,这些论著所述"青铜时代"是以中原地区的青铜时代为参照系,意指相当于中原地区青铜时代的时段,而无关该区域用铜遗存的有无。

推而广之,"在中国境内的不同地区,金属器(青铜和早期铁器)在出现年代上有早有晚,在地域分布上也不大均衡,甚至各地区因文化传统的不同在应用范围上也各有特色。所以,上述中国青铜时代和早期铁器时代的开始和结束,我们都只能以黄河中下游地区为准"[201]。显然,这是把现中华人民共和国境内全域当作一个叙事单元,对数千年前各地异彩纷呈的史实来展开叙述的。

需指出的是，一个地区没有青铜时代，全然不见或仅见零星铜器而由新石器时代直接进入铁器时代是很正常的，并非所有区域都毫无缺失地经历了所有历史文化发展阶段。在中国考古学乃至历史学领域，为什么一定要在每一个罕有甚至全无青铜制品的区域都划出与中原地区青铜时代大体同时的"青铜时代"呢？中原王朝的影响波及范围以外的区域，有些还有待建立起根植于当地的文化史分期与谱系框架，但即便这个框架建立起来，其阶段划分的话语系统可能仍然不同程度地受到"中原中心"本位的影响。这一学术思维方式及其演变历程，本身就值得深思、值得探究[202]。

目下，学术界已充分地意识到作为研究对象的各地历史文化发展的不平衡性，具体的田野考古与综合研究作业也开始细密化，是时候在学术话语系统上跟进了。这是深化相关研究的必由之路。

## 时空遐思：对二维边界的探究

### 东亚"铜石并用时代"献疑

20世纪80年代，严文明教授正式提出了在中国新石器时代和青铜时代之间存在"铜石并用时代"的概念；并把铜石并用时代再分为两期："仰韶文化的时代或它的晚期属于早期铜石并用时代，而龙山时代属于晚期铜石并用时代"[203]。文中提出"是否一开始出现铜器就应算是进入了铜石并用时代"的问题，回答应是肯定的："如果说仰韶文化早期的铜器暂时还是孤例，而且制造方法还不明了,那么仰韶文化的晚期显然已知道炼铜,至少进入了早期铜石并用时代。"目前,这一划分方案成为学界的主流认识。

另一种划分方案是,"把发现铜器很少,大约处于铜器起源阶段的仰韶文化时期归属新石器时代晚期。可把龙山时代笼统划归为铜石并用时代(目前也称新石器时代末期)"[204]。与此相类的观点是"仅将龙山、客省庄、齐家、石家河、陶寺、造律台、王湾三期、后岗二期及老虎山等龙山时代的考古学文化或文化类型视为铜石并用时代"。其理由是,"我们目前还不能仅据新石器时代晚期的后段所产生的若干新因素去推想当时'可能'或'应该'有了铜器,所以,将一个实际上尚未出现铜器的时期也归并为'铜石并用时代'应该说是名不副实的"[205]。或有稍含蓄的表述,但也倾向于其无法独立分列出来:"仰韶时代的铜器显示当时已经进入铜石并用时代。为方便起见,现在一般仍将铜石并用时代归入新石器时代"[206]。冶金史专家也有类似的表述:"与世界其他主要文明不同,中国没有特别的铜石并用时期,中国的青铜业发展具有自己的特色。"[207] 的确,在第一种方案中,铜石并用时代"早期大约从公元前3500年至前2600年,相当于仰韶文化后期。这时在黄河中游分布着仰韶文化,黄河下游是大汶口文化,黄河上游是马家窑文化。在长江流域,中游的两湖地区主要是大溪文化晚期和屈家岭文化,下游包括太湖流域主要是崧泽文化"。其中,长江流域的大溪文化晚期、屈家岭文化和崧泽文化中尚未发现铜器及冶铜遗存,其他地区"这阶段的铜器还很稀少,仅在个别地点发现了小件铜器或铜器制作痕迹"[208]。而在《中国通史·第二卷》"铜石并用时代早期"一节近70页的叙述中,完全没有对铜器和冶铜遗存的具体介绍。类似情况也见于《中国西北地区先秦时期的自然环境与文化发展》一书,在关于铜石并用时代早期一千年(公元前3500—前2500年)遗存几十页篇幅的叙述中,仅一处提及林家遗址出土的马家窑文化青铜刀[209]。可见这一阶段铜器及冶铜遗存乏善可陈的程度。故学者对此多采取存而不论、一笔带过的处理方式[210]。

在认可"铜石并用时代"存在的观点之外,更有学者认为"其实铜石并用时代(Chalcolithic Age)又称红铜时代(Copper Age),是指介于新石器时代和青铜时代之间的过渡时期,以红铜的使用为标志。西亚在公元前6000年后期进入红铜时代,历经两千余年才进入青铜时代。红铜、砷铜或青铜在距今大约4000年前几乎同时出现在齐家文化中,数以百计的铜器不仅证明齐家文化进入了青铜时代,而且表明中国没有红铜时代或铜石并用时代"[211]。

关于"铜石并用时代"和"红铜时代"的关系,中国考古学家有自己的界定:"过去一般认为,铜石并用时代是已发明和使用红铜器但还不知道制造青铜器的时代,所以有时也称作红铜时代。现在看来,这种理解有些绝对化了。不错,有些地区的铜石并用时代文化中只有红铜器而没有青铜……另一些铜石并用时代的文化则有青铜……中国不但在龙山时代有青铜和黄铜,就是仰韶时代也有青铜和黄铜,这当然与所用原料的成分有关,不能因为有这样一些情况而模糊了铜石并用时代和青铜时代的界限,以至于否认中国有一个铜石并用时代"[212]。

类似的表述是,"无论哪种意见所述铜石并用时代,都不能把它等同于铜石并用时代的概念。即使是目前发现红铜器较多的齐家文化,也并不能纳入单纯的红铜时代。中国早期没有形成一个红铜时代，走了不同于亚欧其他国家的冶铜发展道路"[213]。与此截然相反的认识是，"严文明所谓'铜石并用'其实是一个误导读者的名词，因为在仰韶文化时期与龙山文化时期，铜器在社会中所扮演的角色可谓微乎其微，用'铜石并用'来概括当时的社会极不恰当"[214]。

鉴于上述观点中的冲突，东亚大陆是否存在铜石并用时代？如果存在，是否能早到公元前3500—前2500年这个时期？都是值得进一步探讨的问题。

## 半月形地带与"中国弧"

如果我们站在号称"世界屋脊"的青藏高原上纵目遥望祖国大地，就会发现在高原的东北，有几道山脉连绵向东延伸，这就是青海的祁连山脉、宁夏的贺兰山脉、内蒙古的阴山山脉，直至辽宁、吉林的大兴安岭。而在高原西南部，也有几道山脉向南延伸，这就是由四川西部通向云南西北部的横断山脉。这一北一南两列山脉及其邻近的高地，在地理上如同一双有力的臂膀，屏障着祖国的腹心地区——黄河中下游和长江中下游肥沃的平原和盆地；在文化上，这一地带则自有其渊源，带有显著的特色，构成了古代华夏文明的边缘地带。

尽管这一高地绵延万里，从东北至西南成一半月形环绕着中原大地，但是从新石器时代后期直至铜器时代，活动于这一区域之内的为数众多的民族却留下了若干共同的文化因素，这些文化因素的相似之处是如此地明显，以致难以全部用"偶合"来解释。因此，

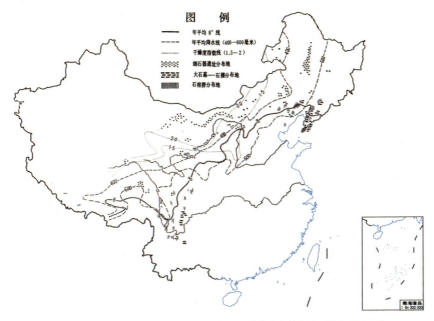

细石器、大石墓—石棚、石棺的分布与自然环境的关系示意
[据童恩正《试论我国从东北至西南的边地半月形文化传播带》文附图改绘,底图审图号:GS(2016)1569号]

我们如果能从头绪纷繁的文化现象中分析出这些共同之点,并且进而探讨产生这些共同性的原因,当有助于我们对于社会文化与生态环境之间的辩证关系的认识,增加我们对于古代边地民族之间的相互关系的了解。

这段优美而富于思想的文字,出自我国著名考古学家、科幻小说作家、四川大学教授童恩正(1935—1997)的笔下。这位才华横溢的学者,在20世纪80年代提出了"边地半月形文化传播带"的

五 观潮的断想

概念，用生态环境相似从而导致文化传播来解释这一地带出现的各种文化相似现象[215]（以下所引童恩正先生论述，皆出自该文，不另注明）。这条传播带上分布着汉藏语系、阿尔泰语系的各族群，面向欧亚草原的宏阔空间，是中国与中亚、西亚、欧洲文化交流的前沿阵地。

除了形状细小的打制石器——细石器、以石为棺的石棺葬和与其相关的大石墓（或称石棚）外，以下几项共同特征主要见于青铜时代的半月形地带。

以铸铜技术而言，在中原地区至少从二里头文化时期开始，青铜铸造业主要使用陶范，铸造以青铜礼器为主的各类器具。以后历商周时期，直至铸铁业开始，情况仍是如此。但在边地半月形文化传播带之内，铸造技术循着另一种传统发展，这就是用石范来铸造简单的工具、兵器或日常用品及装饰品。石范长期、普遍的使用，也应该视为这些边地族群青铜文化的特征之一。

用牛、羊、马等草食家畜来殉葬是这一文化带稍晚出现的一项共同特征，它在距今3700—3500年的二里头时代以后开始在北方各地区流行，西南地区在距今2500年的东周时代以后开始出现，并一直延续到历史时期。

与此相关，喜用马具、兵器与装饰品随葬是另一项稍晚出现的共同文化特征。这种习俗盛行于距今3500年以后，各地出现的时间不一致。马具和兵器是流动的游牧者与战士的标志。小巧便携的装饰品，尤其是有各种动物纹饰的装饰品是游牧族群喜爱的，也符合他们不断迁徙的生活习惯。

在青铜器的器形方面，东北地区、华北长城沿线与西南地区的相似性更加引人注意。国内外学者讨论最多的是青铜动物形纹饰。在我国辽宁西部、河北北部、内蒙古、宁夏沿长城一带，出土了许多以各种动物为主题的饰物或带有此类纹饰的器物，被学术界公认为北方游牧族群之遗存。在西南地区，动物形纹饰也颇盛行。

童恩正先生认为，游牧生业形态是不完整和不稳定的，因此游牧民一方面依赖与定居和农耕的华夏族群交往、贸易，一方面又要进行掠夺。这种状态在古代中国持续了两三千年。历代中原王朝为了抵御北方游牧民的入侵用尽智慧，想出各种办法，汉代曾将长城推进到今蒙古国境内的草原腹地，却始终无法改变这条"由生态文化所构成的环绕中国腹心地区的半月形边地生态文化带"。

童恩正先生还指出，这些现象产生的原因，既有民族的直接迁徙、融合和交往，也有间接的观念的传播，甚至不排除某些因素有两地独立发明的可能性。我们探讨这一半月形地带呈现某种文化同一性的原因时，首先应当考虑的就是与其相近的生态环境。边地半月形文化传播带的位置，恰好从两面环绕了黄河中游的黄土高原。其主要地貌为山地或高原，平均海拔1000—3500米。此外，太阳的平均年度辐射值大致相近，此地带的年平均温度相当接近，农作物及木本植物的生长期接近，降水量大致位于年降水量400毫米及600毫米两条等雨量线之间……总之，这一从东北绵延到西南的半月形地带，其自然景观十分相近。它既非干旱的大漠荒原，又非湿润的丘陵盆地，而是一种基本上由高原灌丛与草原组成的地带。

英国艺术史学者和考古学家、牛津大学教授杰西卡·罗森爵士，正是在童恩正教授的半月形文化传播带的基础上，提出了一个特殊的人文地理学概念，她称之为美丽的"中国弧"[216]。她认为，

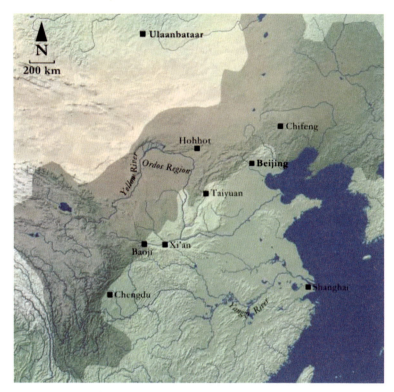

罗森教授的"中国弧"概念

古代中国的版图可以从自然和文化的角度分为三个区域：一是东南的中原地带；二是西北方的草原地带；三是在这两个气候、经济、文化颇为不同的地理区域中间的那个弯弯的、像半月形的区域，就是"中国弧"。

　　罗森教授认为，在"中国弧"的西侧，中国古代文化发展的步伐，和整个欧亚大陆中心地区同步；在"中国弧"的东侧，古代中国则是另一种独特的面貌，与欧亚草原的发展步伐并不一致。而正是这个美丽的"中国弧",成为东西方交流的纽带和桥梁。

对于古代中国与外部世界的关系,罗森教授的核心观点是,自公元前3000年(或前2500年)以来,古代中国的中原地区一直以自己的方式与外部世界发生联系,它的社会与物质系统很早就呈现出了"中国特色"。大凡传入中国的新技术,都会被"本土化"。中国只接受那些可以被本土化的新鲜事物,对难于转变者往往拒绝。比如青铜,原本作为一种武器技术在欧亚间传播,一旦进入中原地带后,很快与本地的祭祀传统融合,于是武器变成了有礼仪功能的炊具和酒器[217]。

一个例子是,西来的权杖和中原地区以鼎、爵为代表的礼器都见于半月形地带或"中国弧"区域,但权杖基本没能进入这一地带所圈围的东亚大陆腹心地区,而鼎、爵等中原王朝文明的礼器,则没能突破这个半月形地带或"中国弧"。

中华文明具有很强大的吸纳力。中原文化在与草原文化的接触过程中,不无智慧地保留了可被自己所用的东西,摒弃了违背自己传统和无法被转化的部分。同时,两种文明中具有自己特色的物质文化面貌,一直被珍视和保持着。罗森教授认为,"中国弧"也是理解欧亚历史长时段效应的一把钥匙,是一个"超稳定结构"。

日本九州大学宫本一夫教授在《讲谈社·中国的历史1》中的总括性认识发人深省:"我们不能用以中原为中心的单一的发展规律和战国时代以后正式成形的中华的概念或者说是中国的概念来看待其后的中国史。""以中华文明为主干的中国史观不过是着眼于一方的区域历史","中国的历史并不只是农业社会的历史"。"商周文化是南方的文化轴,北方青铜器文化是北方的文化轴",两条文化轴的"接触地带才是生成新的社会体系的源泉所在"[218]。更有学者指出,半月形文化带的形成显然与青铜时代全球化的出现有很大关系[219]。种种表述,都颇具启发意义。

英国剑桥大学考古学教授伦福儒指出,"现在,(考古学)已成为世界各国许多人都感兴趣的一个领域。其部分原因是,它使我们每个人都有机会充分地了解本国的历史。但是,如果把注意力只集中于本国,那就是沙文主义。考古学还使我们有可能把每个国家的早期历史看作整个人类更大范围的历史的一部分"[220]。不识庐山真面目,只缘身在此山中。边地半月形文化传播带和"中国弧",就是我们从欧亚大陆文明史的视角解读早期中国的一个重要的切入点。

## 潮余拾贝:器物身世趣话

### 谜一样的兽面铜牌饰

20世纪80—90年代,在地处中原腹地的二里头都邑遗址二里头文化时期的贵族墓葬中,接连发现了数枚镶嵌绿松石的兽面纹青铜牌饰。在古代中国,"吉金"是青铜的美称,而"石之美者"为玉。这批属于中国青铜时代肇始期的镶嵌绿松石铜牌饰,显然是中国最早的"金镶玉"艺术品。

值得注意的是,这类器物仅见于二里头文化时期或稍晚,来去倏忽,存在了二百年左右,身世扑朔迷离,成为千古之谜。

铜牌饰的正面均近圆角长方形，有的呈亚腰状，长15厘米左右，宽一般不足10厘米，并不大。略微拱起的弧形铜胎上铸出兽面纹，再以数百枚细小的绿松石片镶嵌其上。绿松石片被琢磨成各种形状，勾画出神兽奇异的眼、鼻、角和其他部位；神兽虽形态各异，但均以浑圆的绿松石珠为睛。做工精巧，令人叹为观止。铜牌饰作为随葬品，一般放置在墓主人的胸前或腕部附近，两条长边外侧各有两个穿孔的纽，或许是缝缀在衣物或其他介质上的。关于其功用，学界推测有饰品（臂饰）说、马具说、权杖说、护身说、神像说、礼器说、巫具（法器）说等，不一而足。

值得注意的是，出土铜牌饰的墓葬往往还随葬响器铜铃。在当时，铜牌饰和铜铃应呈古铜色，与蓝绿色的绿松石交相辉映，铜铃叮当作响，可以想见持有者生前的气派。随葬这两种重要器物的贵族，他们的身份也很可能与其他贵族有异。那么，他们是些什么人呢？是主持图腾神物祭祀的"御龙氏"，还是乘龙驾云、可以沟通天地的祭师或巫师？研究者的结论大多限于推想的层面。

英、美、日等国的多家著名博物馆、美术馆乃至私人收藏家藏有10余件类似的铜牌饰。科学发掘出土的二里头文化铜牌饰，为这些铜牌饰的年代与文化归属等问题提供了坚实的依据。有的学者甚至认为流散海外的铜牌饰中，相当一部分应当就是早年出土于二里头遗址的[221]。

显然，这些制作精巧、充满神秘色彩的铜牌饰当属礼仪用器。对其功能和寓意，研究者们见仁见智。铜牌饰表现的兽面形象尽管不同，但大体可分为上下两个单元，下部表现兽面，上部则表现肢体或头部的某一部位。那么，铜牌饰表现的究竟是何种动物，是龙

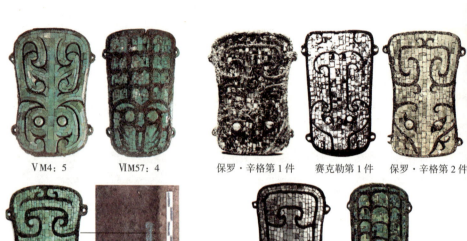

| VM4：5 | VIM57：4 | 保罗·辛格第1件 | 赛克勒第1件 | 保罗·辛格第2件 |

VIM11：7　　VIM11：7出土现场　　1991年伦敦流散品　　日本MIHO藏品

1　　　　　　　　　　　　　　　　2

世界各地的二里头风格铜牌饰
1.二里头出土铜牌饰；2.流散海外的铜牌饰

　　是虎，是鸟是鸮，是鳄是鼋，是狐是熊，是羊是鹿还是犬？学者们也众说纷纭。

　　2002年春，在二里头遗址宫殿区的一座贵族墓中出土了一件大型绿松石龙形器，整器长约70厘米，和铜铃放置于墓主人骨架之上。全器由2000余片各种形状的细小绿松石片组合而成，单片绿松石仅0.2—0.9厘米，厚仅0.1厘米左右。原来应是粘嵌在木、革之类有机物上。

　　绿松石"龙"形体长大，巨头蜷尾，龙身曲伏有致，形象生

146　东亚青铜潮

动。其用工之巨、制作之精、体量之大，在中国早期文物中是十分罕见的。这一精工造就、至少由两种动物形象组合而成、不见于自然界的灵物，当然会诱发人们关于"龙"的丰富联想。

有的学者认为这应是一个在红漆木板上粘嵌绿松石片而形成的"龙牌"，是宗庙管理人员在祭祀场合使用的仪仗器具。有的学者直接叫它"龙杖"，认为它是一种特殊的权杖。有的学者认为这是早期的旌旗，其上装饰升龙的形象。以死者生前所用旌旗覆盖于尸体之上，应是早期旌旗制度的反映。《诗经》中记述周王祭祀于宗庙，有"龙旂阳阳，和铃央央"的场景描写，与该墓中龙牌与铜铃共存的情况，颇为契合。墓主人应是供职于王朝的巫师，其所佩龙旂具有引领亡灵升天的宗教意义[222]。

总体上看，二里头文化正处在东亚大陆早期龙形象由"多元"走向"一体"的奠基与转折的关键时期。随着中原王朝的社会文化整合，本来具有多源性特征的各地新石器时代的龙形象也规范划一，并逐渐抽象化和神秘化，作为兽面纹固定下来，后来成为商周青铜礼器最重要的装饰主题。

在大型绿松石龙形器发现之后，通过比较分析，可以知道二里头遗址出土的镶嵌绿松石兽面纹铜牌饰上的图案，大部分应当是龙，尤其是其头部的简化或抽象表现。

镶嵌绿松石兽面纹铜牌饰的问世虽嫌突兀，但已有学者指出在二里头文化之前的龙山时代晚期，源自海岱地区的龙山文化、晋南地区的陶寺文化等区域文化的动物形象和绿松石镶嵌工艺，都为二里头文化最早的兽面纹"金镶玉"珍品的出现奠定了基础[223]。历史学家李学勤更认为这种传承"不仅是沿用了一种艺术传统，而且

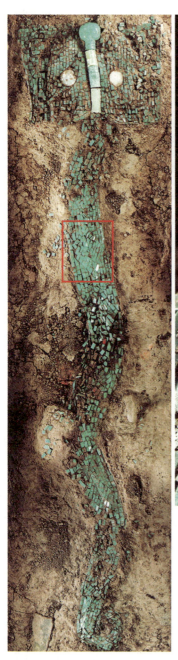

二里头绿松石龙形器及其嵌片

是传承了信仰和神话"。具体而言,二里头遗址出土的嵌绿松石铜牌饰上,"饕餮的两目则趋向商代通行的'臣'字形,只是内眦的样子还不那么典型。这些铜饰上的饕餮纹的面部,很像二里头出土的一件陶片上刻成的双身龙纹的头部……由此可见,铜饰上面的饕餮实质是龙","二里头文化铜饰的花纹是龙山和商代饕餮纹的中间链环,已经是很清楚的了"[224]。

另有学者认为,以青铜制作装饰品是北方族群长期延续的习俗,而不符合中原文化的传统;镶嵌绿松石铜牌饰上的兽面纹应主要表现的是羊和鹿,其起源地应为河西走廊一带齐家文化、四坝文化的分布区,而新疆哈密地区出土的未镶嵌绿松石的青铜牌饰或为其渊源[225]。如是,镶嵌绿松石铜牌饰,就应是青铜时代"全球化"大潮下远程文化交流的产物。其身世之谜,尚有待进一步破解。

无论如何,在烈火中范铸的贵金属青铜镶嵌着本土崇尚的宝玉绿松石问世,正值青铜合金这种当时的高科技产业出现之时,金玉共振,标志着辉煌灿烂的中国青铜时代拉开大幕。

## 巫术之镜,妆容之镜?

中原地区目前出土最早的圆板具纽铜镜,见于安阳殷墟妇好墓等商代晚期遗存中。它们并非当地制造,而带有强烈的内亚草原文化特征[226]。但关于其具体来源,则众说纷纭。甚至,这些早期的具纽或不具纽的圆片状铜器或类似物,究竟是否拥有与后世铜镜相同的照面饰容功能,都存在争议。这里,我们姑且先称之为铜镜。

五 观潮的断想

公元前
-2000

东亚最早的石质镜范

-1700

-1500

西北地区的几处发现,颇令人瞩目。甘肃张掖西城驿遗址出土的石质镜范,属西城驿文化末期,年代在公元前1700年前后[227]。这是东亚地区最早的与铜镜铸造有关的遗物。稍晚的甘肃玉门火烧沟遗址出土了属于四坝文化的铜镜;甘肃广河齐家坪、青海贵南尕马台遗址分别出土了属于齐家文化晚期的铜镜,其绝对年代都在公元前1700—前1500年前后。

此外,类似的圆片状铜器,还有玉门火烧沟遗址出土的铜"镜形饰"、酒泉干骨崖遗址出土的带纽铜"牌饰",以及中原地区的偃师二里头遗址出土的铜"圆形器""圆泡形器"[228]等。

林沄教授较早注意到妇好墓出土铜镜上的几何纹饰"和北方系青铜器刀、剑柄部和战斧上的纹饰属同一类型。这种纹饰的铜镜,在青海尕马台齐家文化遗址中也发现过",进而推测"妇好墓出土的这几面铜镜都是从中国的北方系青铜器分布区传来的"[229]。李学勤、宋新潮等也将其与齐家文化铜镜联系在一起[230]。

新疆哈密天山北路墓地一般被认为不晚于齐家文化,或其上限早于齐家文化晚期。近年有学者将其年代推定在公元前2000—前1500年[231]。刘学堂认为该墓地是目前中国境内圆形铜镜发现最早、最集中的一处墓地,可称为中国早期铜镜的始源地。该墓地墓葬随葬品的绝大多数为铜质装饰品,尤以各种圆形和方形牌饰为大宗,而"所谓的圆形铜镜就包含在了各种圆形铜牌饰中",实际上铜镜与圆形牌饰间并无明确界限,用途也应完全一致。鉴于该墓地常常是一座墓的墓主人骨架上覆盖数件至数十件这类圆形牌饰,类似情况也见于中国西北、北方和中原地区的早期墓葬中,故它们应

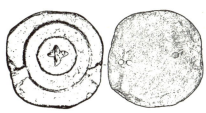

张掖西城驿石镜范（左），贵南尕马台（中）与据传出自临夏（右）的铜镜

是"巫师进行原始宗教活动中使用的法器或巫具"，由新疆经西北或北方传至中原、东北等地[232]。这种对早期铜镜功能的解释，得到了不少学者的认同。

这些铜镜及类似物更早的起源，则被追溯到欧亚草原广泛分布的安德罗诺沃文化，带纽铜镜作为安德罗诺沃文化晚期的一种标志性器物，见于今吉尔吉斯斯坦、哈萨克斯坦、阿尔泰及南西伯利亚及中国新疆等地区[233]。或认为齐家文化、二里头文化所见铜镜及类似物源自中亚地区的巴克特里亚·马尔吉阿纳文明体（BMAC）[234]的农业区。

有趣的是，胡博在上引论文中，径直将二里头遗址出土的嵌绿松石圆形铜片残件称为铜镜。二里头遗址的发掘者也曾推断这类圆片状铜器为镜[235]。近来有学者推断其中形体稍大者可能为某类宗教人物在进行某些仪式性活动时所持的法器，稍小者可能固定在某种木质材料上，或为先民服饰上的系挂之物[236]。

自战国时期始，用于照面饰容的圆板具纽铜镜，才成为中国古代铜镜的主流。

五　观潮的断想

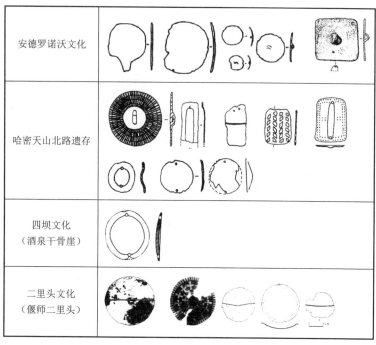

铜镜及类似物可能的源流

## 长身战斧与环首刀

20世纪70年代,二里头遗址的一座贵族墓出土了一件类似钺的长条形青铜兵器。该器长达23.5厘米,宽仅3.1厘米,刃部窄厚。发掘者在简报中先是称之为"戚",在正式报告中又改称"钺"。但显然它与二里岗文化、殷墟文化中所见青铜钺缺乏承继关系。在中原地区,这类器形从未见过,到目前为止还是独此一件。因此,学者在论及商代青铜钺的流变时,并未将其纳入钺的系统,而是认为"目前所发现的青铜钺最早属二里岗上层,二里岗下层和

二里头文化青铜长身战斧（左）与青铜钺（右）

二里头文化时期尚未发现"[237]。另有学者在专论商代兵器时则认为该器为"戚"而非钺[238]。需指出的是，近年在二里头遗址已发现属二里头文化晚期的青铜钺，这是迄今所知中国最早的青铜钺。

诚如林沄教授指出的那样，戚是两侧有装饰性扉棱的钺[239]，他认为二里头遗址出土的这件器物窄刃、身长而厚的特征和早期北方系战斧的斧身很相近。而且在斧身和装柄部之间，有两个向外伸出的尖齿，和一部分早期北方系刀子在刀身和刀柄之间的尖齿形状相同。因此，这实际上是一件北方系的战斧，只是在安柄方式上接受了中原系的影响而改为扁平的内（nà）而已。而从宏观视野看，欧亚大陆草原地带及其毗邻地区有不少年代早于此的青铜文化存在。比如在伊朗，类似的长身窄刃战斧的年代多被定在公元前第二千纪的中期或早期。林沄教授进而推定二里头遗址贵族墓出土的青铜战斧与环首刀等器物，应属于"北方系青铜器或有北方系成分的青铜器"[240]。

如果说长身战斧在二里头和二里岗时代的中原和北方地区属仅见，那么二里头出土的环首刀，就是源流有绪了。刀属于工具类，起源较早，有柄石刀和石刃骨刀等应是铜刀的前身。中原地区常见的铜刀只在有刃的刀身之后加一段无纹饰的装柄部，用以夹入其他质料的柄中，可称为复合柄刀。二里头就出土过这类铜刀，它属于较早的形态。此后中原地区延续这一传统，装柄方式已通过对殷墟出土物的研究得到复原[241]。在早期金文中，象形性很强的刀形符号都与这类铜刀形状一致。而20世纪80年代在二里头遗址发现的这件环首刀，则与众不同。它从有刃的刀身连铸出可以直接把握的铜柄，可称为连柄铜刀，柄部还有镂孔纹饰。除了镂孔和环首外，刀背有凸沿，刀柄厚而刀身薄，柄身之间因厚薄不同而形成明显分界。鉴于上述，林沄教授指出这是早期北方系铜刀习见的特点，而具有上述特点的铜刀广泛分布于我国西北地区、蒙古和俄罗斯的草原地带[242]。

据最新研究，在东亚大陆，最早出现青铜刀的是西北地区。即便甘肃东乡林家青铜复合柄刀属于无后续的孤例，甘肃永登蒋家坪青铜刀也可确认属马厂文化晚期（大约公元前2100—前1900年）。此后的多种合金尝试期晚段或稍晚（约公元前1900—前1500年），分布于河西走廊至陇东的西城驿－齐家共同体、齐家文化晚期和四坝文化遗存中，青铜刀多有发现。总体来看，在这四百年左右，西

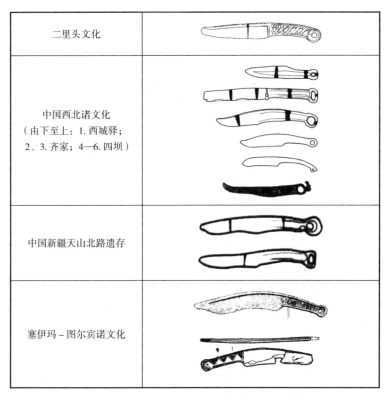

二里头、中国西北及内亚地区的环首铜刀

北地区早期以复合柄刀为主；晚期连柄刀的数量大大超过复合柄刀，又以环首刀数量最多，型式最丰富，成为西北地区铜刀的典型代表。相比之下，中原地区到了相当于二里头文化晚期时，铜刀的数量才有较大的增加，形制开始规整起来，形体变大，以复合柄刀为主，罕见连柄刀。而二里头环首刀应不是中原地区生产的，而是直接从西北地区输入的。在西北地区先进技术的影响下，中原地区才铸造出了有自身特色的环首刀[243]。

有学者认为，中原及周边地区的连柄环首刀可能与齐家文化有关[244]。至于甘肃地区早期青铜刀的来源，学者多指向内亚地区的塞伊玛－图尔宾诺文化[245]。

## 喇叭口耳环与臂钏

以首饰来装点自己可能是人类较早萌发的对美的追求之一，而作为耳饰的玉玦应该是最早的玉质装饰品，在距今约8000年前出现。此后，在新石器时代的东亚大陆，逐渐形成了若干制玉中心，随着社会复杂化，对美玉的拥有和展示也逐渐成为一种炫耀身份或彰显社会地位的手段。用玉制作的首饰几乎覆盖了人体适于装饰和炫耀的所有部位。即便进入青铜时代的早期王朝时期，在人体装饰领域，玉器仍占有无可替代的地位，考古发现中少见精美的金属首饰。

与此形成鲜明对比的是，在中原以北的西北至北方地区，以畜牧为主要生业或半农半牧的人类集团，在首饰的质料选择上与中原等农耕区大相径庭——似乎缺乏用玉的传统。随着金属冶铸技术的出现，尽管这些群团在青铜器的生产、使用上不如中原地区发达，但使用青铜制作人体装饰品的现象却更为普及[246]，成为后来长城沿线一带一道亮丽的风景线。

在金属耳饰中，一端呈喇叭口式的耳环最具特色。这类耳环见于河西走廊的四坝文化、内蒙古中南部的朱开沟文化、燕山南北的夏家店下层文化和东北地区南部的高台山文化中。其源头可向西追溯到分布于西伯利亚和中亚的安德罗诺沃文化，但形制上有所变异，在安德罗诺沃文化中整体为圆形，喇叭口亦为圆形。至中国北方地区，则整体多呈 U 形，喇叭口为椭圆、扁圆及菱形等[247]。除了铜耳饰外，还有金、银质的耳饰。

另有一端宽扁或两端宽扁的金属耳环，有些可能就是从喇叭口式耳环演变简化而来的。与其形制、工艺相近的，还有两端砸扁的金属臂钏。

臂钏，或称臂镯，是古人戴在手臂上的环形装饰物。唐代元稹《估客乐》有"鍮石打臂钏"的诗句，五代牛峤《女冠子》词也有"臂钏透红纱"之句。中国北方地区所见铜质或金质臂钏，见于西北地区的齐家文化、内蒙古中南部的朱开沟甲类遗存和燕山南北的夏家店下层文化。一般两端合围成环，开口，合围处呈扇面状。这种流行于中国北方地区的器物，"虽然被考古文献称为'臂钏'，但是缺少戴于手臂的资料，之后在中原地区没有出现或传播，只能从中亚相似器形的手钏中来思考其源流"[248]。

说到黄金，首饰很可能是黄金应用的第一个领域。河西走廊四坝文化的金鼻环和耳环是中国已知最早的金首饰，金耳环见于齐家文化晚期、夏家店下层文化，金臂钏见于夏家店下层文化。这些黄金饰品的形制和当时的青铜饰品基本相同，应是当地青铜技术的一种延伸。

要之，就首饰的质地而言，在北方地区一直以金属为主，基本不见玉器，形制独特的黄金首饰更成为北方文化集团区别于中原文化的一种标识。而在中原地区，尽管至迟在二里岗至殷墟时代黄金就被认识和应用，但一直到黄金成为财富价值体现的汉代，首饰的制作仍以美玉为主要的材料，黄金这种在今天看来最适于制作首饰

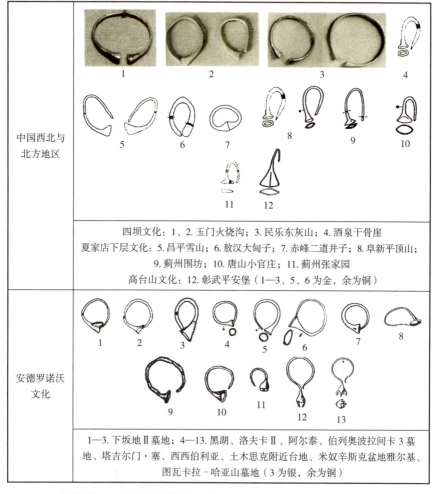

中国西北、北方及邻近区域的金属饰品
（据党郁《北方长城沿线地带金属耳饰初探》图二、五改绘）

的材料，到汉代结束都基本没有出现在人体装饰领域。从更大的视角来看，中亚和更北的西伯利亚始终以黄金为贵，一直流行以黄金来制作首饰，黄金的应用也远早于东亚。"在中国北方诸考古学文化中无论是黄金还是青铜的首饰中都不时能够看到来自西方的影响，所以中国北方文化集团流行使用黄金首饰的观念无疑同它们与西方具有较多的联系有关"[249]。

渐远渐变的倒钩铜矛

1992年，青海西宁沈那遗址出土了一件特殊的器物——阔叶倒钩铜矛，通长62厘米，宽约20厘米，出土时骹内还有木柲残迹。除了器形硕大外，最吸人眼球的是宽大的矛叶与骹管相接的骹壁一侧带有曲状倒钩。我们把这类器物称为阔叶倒钩铜矛。

在最初的简讯中，发掘者称其属于齐家文化，但在随后"中国文物精华展"的图录上，它被标注为"齐家文化至卡约文化（约公元前20—前11世纪）"[250]。就当时乃至现在学界对齐家文化冶金水平的认知，的确不敢相信早在二里头时代甚至更早，西北地区就存在如此体量的青铜器。这种模棱两可的断代引起了学界的怀疑，以致多有争论，不少人认为其属于卡约文化的可能性更大，而卡约文化要晚到约当二里岗文化晚期甚至更晚了。

2008年，4件倒钩铜矛在汉江水系的河南淅川下王岗遗址出土。出土铜矛的灰坑并无同期陶器等共出，被西周时期的地层叠压，又打破龙山文化晚期的地层。可知"淅川矛出土的层位关系并不能为其提供一个精确的相对年代范围"[251]。发掘者推测属于龙山文化末期，但并无确证。

因而，尽管有两处考古发掘所得的铜矛信息，但这类器物的具体年代与身世仍然扑朔迷离。不过这并不能减淡考古学者的探索欲。近年，自20世纪50年代以前零星出土的一批阔叶倒钩铜矛资料开始重新引起中国考古学者的关注。据初步统计，迄今出土的、见于各地博物馆和相关研究机构的采集收藏品不少于15件。从发现地点看，阔叶倒钩铜矛及其相似品分布于青海、陕西、山西、辽宁和河南等地（其中辽宁朝阳征集的一件并无倒钩）[252]。饶有兴味的是，它们较为集中地分布于中原及其西北和以北地区，而且带有浓重的外来气息。

有学者对中国境内散见的阔叶倒钩铜矛进行类型划分，并将其与欧亚草原地区同类器进行类比分析，认为这类器物是甘青地区齐家文化人群与更北的塞伊玛－图尔宾诺文化人群接触交流的结果，但这类铜矛并非异域器物的直接输入，而是制作技术的传入，即它们是齐家文化人群"仿制"欧亚草原地区同类器的产物。淅川下王岗遗址"新近出土者，应系从齐家文化的分布地域甘青地区传入中原地区，并作为一种外来文化因素在二里头文化中得以传承和保存"[253]。

所谓塞伊玛－图尔宾诺文化，又被称为"塞伊玛－图尔宾诺现象"（Seima-Turbino Phenomenon）[254]。这是广泛分布于欧亚草原东部的一种青铜时代考古学文化。其典型器包括弧背刀、套管空首斧、马头刀和倒钩铜矛等。约公元前2100—前1700年，塞伊玛－图尔宾诺文化在阿尔泰山一带异军突起，随后沿森林草原地带的主要河流向西伯利亚平原、乌拉尔山和东欧平原传播，向南则到了中国新疆乃至内地。而上述阔叶倒钩铜矛应该就是该文

| 阿尔泰山北麓塞伊玛-图尔宾诺文化倒钩铜矛 | 乌拉尔地区罗斯托夫卡墓地出土塞伊玛-图尔宾诺文化倒钩铜矛 |

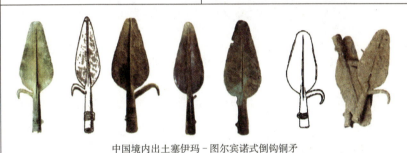

中国境内出土塞伊玛-图尔宾诺式倒钩铜矛

东亚大陆与内亚地区倒钩铜矛的比较
(中华文明探源工程项目执行专家组《中华文明探源工程成果集萃》, 2016)

化南向扩散的余波。

　　学者们通过比较，意识到中国境内发现的倒钩铜矛，虽然与域外塞伊玛-图尔宾诺文化的铜矛有亲缘关系，但长得却不一样，最大的差别就在这阔叶上。前者没有尖锐的矛头和窄小的矛叶，代之以圆弧形钝锋，器形也变得宽大圆钝。显然，塞伊玛-图尔宾诺文化倒钩铜矛显现出作为武器的实用性特征，而中国境内的阔叶铜矛很可能已变为具有仪仗性的礼器。这种变化不是骤然发生的，最新

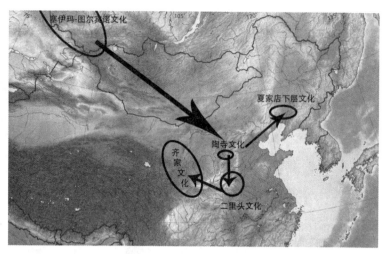

塞伊玛-图尔宾诺式铜矛传播路径示意
（林梅村主编《塞伊玛-图尔宾诺文化与史前丝绸之路》插图 7-7）

的研究表明，在塞伊玛-图尔宾诺文化分布范围内，有銎矛随着时间的推移在形态上已有所变化，器形渐大，逐渐失去实用功能。由跨区域的比较也可知，形态上的差异反映了这种倒钩铜矛并非长距离、跨文化的直接"舶来品"，显然是在青铜文化东向传播过程中加以改造、有所扬弃的本土"仿制品"。

至于前述那两处发掘出土倒钩铜矛的年代，在新发现及这一大的文化传播背景日渐清晰的情况下，也有了较为合理的解释。随着对齐家文化中单耳空首斧、有柄弧背刀以及"勿"字纹、三角纹等具有塞伊玛-图尔宾诺文化风格的铜器和装饰风格的确认，学者们相信西宁沈那铜矛也应该是齐家文化接受塞伊玛-图尔宾诺文化影响的产物。而形制复杂、铸造技术要求高的铜器，集中出现于齐家文化晚期阶段[255]，沈那铜矛也应属此期，其年代如前所述，应

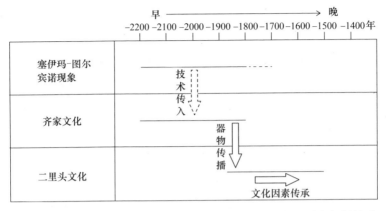

倒钩铜矛的传播与相关青铜文化的年代
(胡保华《试论中国境内散见夹叶阔叶铜矛的年代、性质与相关问题》图八)

不早于公元前 1700 年。而深入中原腹地的淅川下王岗铜矛的年代，亦不应早于此，故认为其为二里头文化时期遗物[256]的推断是有道理的。

权杖受阻于神奇"弧带"

权杖，是古代贵族或掌权者用来彰显自身权力和地位的一种棍杖类器物。其柄部多为易腐的木质，顶端多由石或铜等材质制成，因而得以保存下来。西方学界称之为"权杖头"（macehead）。

与倒钩铜矛一样，在中国，权杖头也集中出土于西北和北方地区，最初被称为"棍棒头""环状石器"，甚至兵器中的"殳"，一般认为起源于本土[257]。李水城教授将北方地区的"棍棒头"与甘肃、赤峰等地区发现的类似器物称为"权杖头"，认为来源于西方，并且此类文化因素沿着近东—中亚—中国西北—长城沿线这一大致相近的经济文化带进行传播扩散[258]。

中国境内发现的最早的权杖头，是甘肃西和县宁家庄出土的彩陶权杖头和秦安大地湾出土的汉白玉权杖头，年代均在公元前约3500—前3000年。从世界范围来看，早在公元前9500—前8800年，安纳托利亚高原就有石权杖头出土。除此之外，两河流域及埃及等地也发现了大量权杖头，年代早于中国出土的权杖头，因此中国的权杖头应来源于近东地区[259]。相对于本土起源说，这一认识是很值得重视的。上述甘肃新石器时代遗址发现最早的两件，宁家庄那件的尺寸远远大于目前能明确判断为权杖头的其他器物，而且还是目前中国所发现唯一的陶质权杖头；大地湾所出，与后世权杖头在形制演变上有较大的缺环。因而"将这两件器物确定为中国发现最早的权杖头，还需要更多的证据"[260]。

经对新石器时代至东周时代权杖头的细致梳理，可知近扁球体的圆形权杖头最为古朴，延续时间长，在前殷墟时代，分布于新疆、甘肃、内蒙古、辽宁、吉林等地。而主体表面有各类装饰的则较为罕见，就前殷墟时代而言，有饰动物状凸起物的，如玉门火烧沟四坝文化的四羊首权杖头；或周边有齿状装饰的，如新石器时代晚期内蒙古南宝力皋吐墓出土的黑煤精石权杖头。

就渊源而言，最早在安纳托利亚高原出现，在埃及、中亚等地区都多有发现的近扁球体的圆形权杖头，从数量和年代上都远超和远远早于中国境内的发现，故其源头就在近东地区，应是可信的。除此之外，从时间上和形态上看，这类权杖头应是最原始、最基本的类型，其他类型的权杖头是在其基础上发展起来的。中国境内发现年代最早的权杖头便属于此类，而且在形制方面与西方的同类权

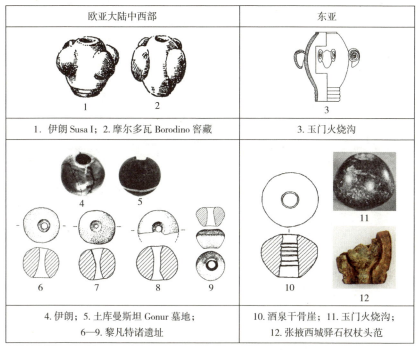

欧亚大陆东西部权杖头比较
（据杨琳等《中国古代权杖头渊源与演变研究》文附图改绘，
12引自甘肃省文物考古研究所等《甘肃张掖市西城驿遗址》）

杖头极其相似，没有产生太多本土化的变化。

主体表面有各类装饰的权杖头，同样能在西方找到相似物。早在公元前四千纪，伊朗地区就有饰椭圆形凸起物的权杖头出现。高加索地区、黑海沿岸、中乌拉尔区域以及南俄罗斯地区，都较流行此类权杖头。甘肃玉门火烧沟四羊首权杖头，不过是将椭圆形凸起物以四个羊首代替，从形态与整体风格来看，仍受到中国境外椭圆形凸起物装饰风格的权杖头的影响。这种变化表面上看是对不同外

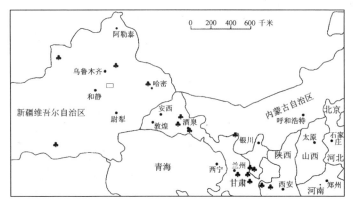

中国西北地区早期权杖头发现地点
(李水城《文化馈赠与文明的成长》图六)

来文化因素的重组和融合，实则更可能是掺入了当地人群理解和意识的一种再造[261]。

　　中国境内新石器时代至青铜时代早期权杖头的分布，自新疆达于东北，出土最为集中的当属甘肃地区的齐家文化和四坝文化。到了殷墟和西周时期，才偶见于陕西、河南的个别地点，譬如殷墟妇好墓和宝鸡西周强国墓地。那么，权杖文化为何没有渗透并扎根于中原腹地呢？现在我们可以说，它是被挡在了那条神奇的"弧带"以外了。如果把上述权杖头的发现放到这样的人文地理大框架中去看，就不难发现权杖头的东渐，基本止于既是交流带又像隔离膜的"半月形地带"或"中国弧"地带。

　　最初，"半月形地带"或"中国弧"地带只是早期中国的边缘地带，后来成了多元大中华的重要组成部分。早期中国形成与初步发展之谜，要靠深入研究这条神奇的"弧带"去破解。

# 附录一　余绪寻踪："重器"纵览

由晚至早列举各区域各时期"高大上"（高科技、大体量、优质上品）的青铜重器，可一窥青铜潮的"潮头"、区域特色及传播路径，以及本书涉及的"前甲骨文时代"之后殷墟时代青铜文明的高度。这些重器最易量化、最能显现其工艺水平高度的一般也是体量，所以这里的"之最"，都是选取该时代体量最大的铜器（含铸范）。而在各区域同时期"重器"的比较中，可以窥见各区域间青铜文明的风格之别、高度之别；对同一区域不同时段"重器"进行比较，则可以感知青铜潮由弱渐强的磅礴气势。

## (一) 中原地区

**司母戊方鼎**
时　代：殷墟（晚商）
尺　寸：口径长116、宽79、高133厘米，
　　　　重832.84千克
出土地：河南安阳殷墟
殷墟文化
有铭文

**妇好三联甗**
时　代：殷墟（晚商）
尺　寸：口径长103.7、宽27、高68厘米
出土地：河南安阳殷墟
殷墟文化
有铭文

**方鼎**（杜岭1号）
时　代：二里岗晚期
尺　寸：口径长62.5、宽61、高100厘米，
　　　　重86.4千克
出土地：河南郑州
二里岗文化

**圆鼎**（向阳回族食品厂H1：1）
时　代：二里岗晚期
尺　寸：口径52、高77.3厘米，重33千克
出土地：河南郑州
二里岗文化

## (一)中原地区(续)

斝(C8M32:1)
时　代：二里岗早期
尺　寸：口径 17.2、高 24.5 厘米
出土地：河南郑州
二里岗文化

斝(84VIM9:1)
时　代：二里头晚期
尺　寸：口径 17—18、高 30.5 厘米
出土地：河南偃师二里头
二里头文化

戈(VIKM3:2)
时　代：二里头晚期
尺　寸：通长 32.5 厘米
出土地：河南偃师二里头
二里头文化

## （一）中原地区（续）

**铃**（02VM3：22）
时　代：二里头早期
尺　寸：通高 8.5 厘米
出土地：河南偃师二里头
二里头文化

**齿轮形器**（01M11：2）
时　代：龙山晚期（公元前 2000—前 1900）
尺　寸：外径 11.4 厘米
出土地：山西襄汾陶寺
陶寺文化

**铃**（M3296：1）
时　代：龙山晚期（公元前 2000—前 1900）
尺　寸：直径 6.3、高 2.65 厘米
出土地：山西襄汾陶寺
陶寺文化

## （二）西北至北方

**实心圆雕马**
时　代：殷墟（晚商）
尺　寸：通长 26.5、高 18.5 厘米
出土地：陕西甘泉阎家沟
李家崖文化
2 件

**曲颈铃首剑**
时　代：殷墟（晚商）
尺　寸：通长 39 厘米
出土地：陕西甘泉阎家沟
李家崖文化

**环首刀**（M1004：3）
时　代：二里岗晚期
尺　寸：通长 34.9 厘米
出土地：内蒙古伊金霍洛旗朱开沟
朱开沟文化

**环首短剑**（M1004：2）
时　代：二里岗晚期
尺　寸：通长 25.4 厘米
出土地：内蒙古伊金霍洛旗朱开沟
朱开沟文化

## （二）西北至北方（续）

**连柄戈**

时　代：二里头末—二里岗早期（公元前 1550—前 1450）
尺　寸：全长 80.2 厘米
出土地：辽宁锦州水手营子
夏家店下层文化
菱格纹＋连珠纹

**杖首**（M43：12）

时　代：二里头时期（公元前 1700—前 1500）
尺　寸：通高 5.4 厘米
出土地：内蒙古敖汉大甸子
夏家店下层文化

**有銎斧**

时　代：二里头时期（公元前 1700—前 1500）
尺　寸：长 15、宽 3.5 厘米
出土地：甘肃广河齐家坪
齐家文化

## （二）西北至北方（续）

**牌饰**
时　代：二里头时期（公元前1700—前1500）
出土地：甘肃广河齐家坪
齐家文化

**七角星纹镜**
时　代：二里头时期（公元前1700—前1500）
尺　寸：直径9厘米
出土地：青海贵南尕马台
齐家文化
七角星＋斜线纹

**阔叶倒钩铜矛**
时　代：二里头时期（公元前1700—前1500）
尺　寸：长62、宽20厘米
出土地：青海西宁沈那
齐家文化

**四羊首权杖头**
时　代：二里头时期（公元前1700—前1500）
尺　寸：腹径5、高8.5厘米
出土地：甘肃玉门火烧沟
四坝文化

## （二）西北至北方（续）

**环首刀**
时　代：二里头时期（公元前1700—前1500）
尺　寸：长21.5厘米
出土地：甘肃酒泉干骨崖
四坝文化

**有銎斧**
时　代：二里头时期（公元前1700—前1500）
尺　寸：长10.1、刃宽3.7、銎孔外径3—4.65厘米
出土地：甘肃酒泉干骨崖
四坝文化

**石权杖头范**
时　代：二里头时期（公元前1700—前1500）
尺　寸：残高6.4厘米
出土地：甘肃张掖西城驿
四坝文化

**环首刀**
时　代：二里头时期（公元前1700—前1500）
尺　寸：长19.5厘米
出土地：甘肃张掖西城驿
四坝文化
环端饰鹰首

## （二）西北至北方（续）

**石镜范**

时　代：龙山晚期（公元前 2000—前 1700）
出土地：甘肃张掖西城驿
西城驿 - 齐家冶金共同体

**刀**

时　代：龙山晚期（公元前 2000—前 1700）
尺　寸：通长 18 厘米
出土地：甘肃武威皇娘娘台
西城驿 - 齐家冶金共同体

## （三）南方地区

### 四羊方尊
时　代：殷墟（晚商）
尺　寸：边长54、高58.3厘米，重34.5千克
出土地：湖南宁乡月山铺
宁乡铜器群

### 象纹兽面纹大铙
时　代：殷墟（晚商）
尺　寸：铙口长69.5、宽48、通高103.5厘米，
　　　　重221.5千克
出土地：湖南宁乡月山铺
宁乡铜器群
地产

### 皿天全方罍
时　代：殷墟（晚商）
尺　寸：通高84.8、器高63.6厘米
出土地：湖南桃源漆家河
宁乡铜器群
有铭文。输入

## （三）南方地区（续）

**大型神树**（K2②：94）
时　代：殷墟（晚商）
尺　寸：底座径 92.4—93.5、通高 386 厘米
出土地：四川广汉三星堆
三星堆文化
地产

**大型立人像**（K2②：149）
时　代：殷墟（晚商）
尺　寸：通高 260.8、人像高 180 厘米
出土地：四川广汉三星堆
三星堆文化
地产

## （三）南方地区（续）

**乳丁纹虎耳方鼎**（XDM：8）
时　代：殷墟（晚商）
尺　寸：口径长58、宽49.3、高97厘米，
　　　　重49千克
出土地：江西新干大洋洲
吴城文化
二里岗末期？

**四足甗**（XDM：38）
时　代：殷墟（晚商）
尺　寸：径61.2、高105厘米，重78.5千克
出土地：江西新干大洋洲
吴城文化

**鼎**（PLZM2：36）
时　代：二里岗晚期
尺　寸：口径31.6、高55厘米
出土地：湖北武汉黄陂盘龙城
二里岗文化盘龙城类型

**甗**（PLZM2：45）
时　代：二里岗晚期
尺　寸：径22、高36厘米，重2.35千克
出土地：湖北武汉黄陂盘龙城
二里岗文化盘龙城类型

## （三）南方地区（续）

斝（PYWM6：4）
时　代：二里岗早期
尺　寸：复原径 14、高 21.5 厘米，残重 0.53 千克
出土地：湖北武汉黄陂盘龙城
二里岗文化盘龙城类型

斝（PCY：084）
时　代：二里头－二里岗过渡期（公元前 1550—前 1500）
尺　寸：径 14.2、高 23.8 厘米
出土地：湖北武汉黄陂盘龙城

刀？
时　代：龙山时代（公元前 2300［？］）
尺　寸：残长 6.6 厘米
出土地：湖北天门邓家湾
石家河文化

# 附录二 东亚大陆使用铜器的考古学文化一览（公元前3000—前1200年）

| 年代（公元前） | 新疆<br>新疆东部 | 西北<br>河西走廊 | 西北<br>河湟—陇东 | 北方<br>内蒙古中南部 | 北方<br>晋陕高原 | 北方<br>冀北—燕山南麓 | 东北<br>内蒙古东—辽西 | 东北<br>辽河平原 | 东北<br>松嫩平原 | 东北<br>辽东半岛 | 中原<br>关中 | 中原<br>晋中南 | 中原<br>郑洛 | 东方<br>海岱 | 东方<br>安徽江淮 | 南方<br>江汉平原 | 南方<br>鄂东南 | 南方<br>湘江—洞庭湖 | 南方<br>赣江—鄱阳湖 | 西南<br>峡江及汉水上游 | 西南<br>成都平原 | 西南<br>云贵高原 | 东南<br>宁镇—皖南 | 东南<br>环太湖—杭州湾 | 岭南 |
|---|---|---|---|---|---|---|---|---|---|---|---|---|---|---|---|---|---|---|---|---|---|---|---|---|---|
| 3000 | | | | | | | | | | | | | 仰韶 | 大汶口 | | | | | | | | | | | |
| 2900 | | | | | | | | | | | | | | | | | | | | | | | | | |
| 2800 | | | 马家窑 | | | | | | | | | | | | | | | | | | | | | | |
| 2700 | | | | | | | | | | | | | | | | | | | | | | | | | |
| 2600 | | | | | | | | | | | | | | | | | | | | | | | | | |
| 2500 | | | | | | | | | | | | | | | | 石家河 | | | | | | | | | |
| 2400 | | | | | | | | | | | | | | | | | | | | | | | | | |
| 2300 | | 马厂 | | | | | | | | | | | 王湾 | | | | | | | | | | | | |
| 2200 | | | | | 老虎山—石峁 | | | | | | | | 陶寺 | 海岱龙山 | | 后石家河 | | | | | | | | | |
| 2100 | | | | | | | | | | | | | | | | | | | | | | | | | |
| 2000 | | | | | | | | | | | | | 三期 | | | | | | | | | | | | |
| 1900 | 小河 | 天山北路 | 西城驿 | 齐家 | | | | | | | | | 新砦二里头 | | 斗鸡台 | | | | | | | | | | |
| 1800 | | | | | | | | | | | | | | | | | | | | | | | | | |
| 1700 | | | 家家 | | | 夏家店下层 | | | | | | 东龙山 | | 岳石 | | 荆南寺 | | | | | 点将台 | | | | |
| 1600 | | | 四坝 | | 朱开沟 | 白燕 | 高马台城山子(早) | 小拉哈 | | | | 东下冯 | | | | | 朝天嘴 | 月亮湾 | | | | | | | |
| 1500 | | 南坝 | 卡约店/寺洼 | | | 燕北 | | | | 北村 | 东下冯 | 二里岗 | 大辛庄 | 盘龙城 | 意生寺 | 皂市铜鼓山 | 斑马嘴 | 万年 | | 石地坝 | 马湖 | | | | |
| 1400 | 湾 | | | | | 燕南 | | | | | | | | | | | | | | | | | | | |
| 1300 | 焉不拉克 | ? | ? | ? | 李家崖 | 围坊三期 | 魏营子 | 高马台城山子(晚) | 白金宝二期 | 双砣子三期 | ? | ? | 殷墟 | 苏埠屯大 | 大城墩 | 周梁玉桥 | 大路铺 | 费家河竹 | 吴城 | 三星堆 | 鸡公山? | | | 浮滨 | |
| 1200 | | | | | | | | | | | | | | | | | | | | | | | | | 熟 |
| 史前结束 | 西汉 | 西汉 | 战国 | 战国 | 春秋 | 西周 | 春秋 | 战国 | 西汉 | 战国 | 晚商 | 西周 | 晚商 | 晚商 | 西周 | 西周 | 西周 | 春秋 | 春秋 | 战国 | 秦汉 | 春秋 | 春秋 | 秦汉 | |

注： 无用铜遗存　少见用铜遗存　进入青铜时代（？）

最后一行为各地史前时代结束的可能时间

# 注 释

1 中国国家博物馆编:《中华文明——〈古代中国〉陈列文物精萃》,中国社会科学出版社,2010年。

2 李维明:《司母戊鼎还有多少待解之谜》,四川人民出版社,2017年。

3 李阳生等主编:《世界遗产·中国——殷墟》,中国对外翻译出版公司,2008年。

4 《司母戊鼎实重新测定》,《中国文物报》1994年12月18日。

5 董亚巍:《从范铸结构看司母戊鼎的范铸工艺(中)》,《文物鉴定与鉴赏》2012年第11期。

6 王学荣等:《安阳殷墟孝民屯遗址的考古新发现及相关认识》,《考古》2007年第1期。彭安保:《司母戊鼎是最大的青铜器吗?》,《中华遗产》2010年第6期。

7 邹衡:《试论殷墟文化分期》,《北京大学学报(人文科学版)》1964年第4、5期。杜迺松:《司母戊鼎年代问题新探》,《文史哲》1980年第1期。

8 以上关于司母戊大鼎的分析叙述,如无特殊注明,均引自李维明:《司母戊鼎还有多少待解之谜》,四川人民出版社,2017年。

9 [德]雷德侯著,张总等译:《万物:中国艺术中的模件化和规模化生产》,生活·读书·新知三联书店,2005年。

10 许宏:《最早的中国》,科学出版社,2009年。

11 李水城:《西北与中原早期冶铜业的区域特征及交互作用》,《考古学报》2005年第3期。

12 A. H. 丹尼等主编:《中亚文明史·第一卷》,中国对外翻译出版公司、联合国教科文组织,2000年。

13　L. I. 米罗什尼科夫：《附录释本书"中亚"一词的含义》，《中亚文明史·第一卷》，中国对外翻译出版公司、联合国教科文组织，2000年。

14　安志敏：《中亚文明史·第一卷》第七、十三章，中国对外翻译出版公司、联合国教科文组织，2000年。

15　董作宾：《甲骨文分期断代研究例》，《庆祝蔡元培先生六十五岁论文集》，商务印书馆，1933年。

16　北京大学历史系考古教研室商周组：《商周考古》，文物出版社，1979年。范毓周：《关于殷墟文化考古分期的几个问题》，《中原文物》2010年第4期。

17　中国社会科学院考古研究所：《中国考古学·夏商卷》，中国社会科学出版社，2003年。岳洪彬等：《洹北花园庄东地商代遗存的认识》，《2004年安阳殷商文明国际学术研讨会论文集》，社会科学文献出版社，2004年。

18　许宏：《都邑变迁与商代考古学的阶段划分》，《二十一世纪的中国考古学》，文物出版社，2006年。

19　夏商周断代工程专家组：《夏商周断代工程1996—2000年阶段成果报告（简本）》，世界图书出版公司，2000年。

20　许宏：《商文明——中国"原史"与"历史"时代的分界点》，《东方考古》第4集，科学出版社，2008年。

21　因体例与容量限制，本书所引主要考古资料见书后的主要考古资料存目，正文仅加注研究论著。

22　滕铭予：《中国早期铜器有关问题的再探讨》，《北方文物》1989年第2期。

23　刘煜等：《河南新密新砦遗址出土铜器分析》，《南方文物》2016年第4期。

24　孙淑云等：《甘肃早期铜器的发现与冶炼、制造技术的研究》，《文物》1997年第7期。

25　严文明：《论中国的铜石并用时代》，《史前研究》1984年第1期。

26　韩建业：《中国西北地区先秦时期的自然环境与文化发展》，文物出版社，2008年。

27　林梅村：《中国青铜文明起源新探》，《塞伊玛-图尔宾诺文化与史前丝绸之路》，上海古籍出版社，2019年。

28 严文明：《论中国的铜石并用时代》，《史前研究》1984 年第 1 期。

29 安志敏：《试论中国的早期铜器》，《考古》1993 年第 12 期。

30 梅建军：《关于中国冶金起源及早期铜器研究的几个问题》，《吐鲁番学研究》2001 年第 2 期。

31 杨虎：《辽西地区新石器—铜石并用时代考古文化序列与分期》，《文物》1994 年第 5 期。

32 苏秉琦主编：《中国通史·第一卷　序言》，上海人民出版社，1994 年。

33 李延祥等：《牛河梁冶铜炉壁残片研究》，《文物》1999 年第 12 期。

34 郭大顺：《赤峰地区早期冶铜考古随想》，《内蒙古文物考古文集》第一辑，中国大百科全书出版社，1994 年。

35 杨虎：《敖汉旗西台新石器时代及青铜时代遗址》，《中国考古学年鉴·1988》，文物出版社，1989 年。

36 安志敏：《试论中国的早期铜器》，《考古》1993 年第 12 期。

37 北京大学：《国家科技支撑计划项目"中华文明探源工程（二）"——3500BC—1500BC 中国文明形成与早期发展阶段的考古学文化谱系年代研究》，中国考古网，2011 年 11 月 24 日。

38 陈树祥等：《湖北新石器时代遗址出土铜矿石与冶炼遗物初析》，《湖北理工学院学报（人文社会科学版）》2015 年第 5 期。

39 姜旭东等：《屈家岭遗址出土铜矿石标本初步研究》，《江汉考古》2019 年第 3 期。

40 严文明：《论中国的铜石并用时代》，《史前研究》1984 年第 1 期。

41 陈国科：《西城驿－齐家冶金共同体——河西走廊地区早期冶金人群及相关问题初探》，《考古与文物》2017 年第 5 期。

42 北京大学：《国家科技支撑计划项目"中华文明探源工程（二）"——3500BC—1500BC 中国文明形成与早期发展阶段的考古学文化谱系年代研究》，中国考古网，2011 年 11 月 24 日。

43 朱凤瀚：《中国青铜器综论》，上海古籍出版社，2009 年。

44 李旻：《重返夏墟：社会记忆与经典的发生》，《考古学报》2017 年第 3 期。

45 黄铭崇：《迈向重器时代——铸铜技术的输入与中国青铜技术的形成》，《"中央研究院"历史语言研究所集刊》第八十五本第四分，2014年。

46 李经汉：《试论夏家店下层文化的分期和类型》，《中国考古学会第一次年会论文集》，文物出版社，1980年。郭大顺：《西辽河流域青铜文化研究的新进展》，《中国考古学会第四次年会论文集》，文物出版社，1985年。

47 徐光冀等：《辽西区古文化（新石器至青铜时代）综论》，《苏秉琦与当代中国考古学》，科学出版社，2001年。

48 中国社会科学院考古研究所：《中国考古学·夏商卷》，中国社会科学出版社，2003年。

49 中国社会科学院考古研究所：《二里头（1999～2006）》第七章，文物出版社，2014年。

50 陈国庆等：《大连地区早期青铜时代考古文化》，《青果集》，知识出版社，1993年。赵宾福：《中国东北地区夏至战国时期的考古学文化研究》，科学出版社，2009年。

51 朱永刚：《东北青铜文化的发展阶段与文化区系》，《考古学报》1998年第2期。

52 郭妍利：《商代青铜兵器研究》，社会科学文献出版社，2014年。

53 中国社会科学院考古研究所：《中国考古学·夏商卷》，中国社会科学出版社，2003年。井中伟：《早期中国青铜戈·戟研究》，科学出版社，2011年。

54 赵宾福：《中国东北地区夏至战国时期的考古学文化研究》，科学出版社，2009年。

55 陈国科等：《西城驿遗址二期遗存文化性质浅析》，《早期丝绸之路暨早期秦文化国际学术研讨会论文集》，文物出版社，2014年。

56 陈国科：《西城驿-齐家冶金共同体——河西走廊地区早期冶金人群及相关问题初探》，《考古与文物》2017年第5期。

57 李水城：《"过渡类型"遗存与西城驿文化》，《早期丝绸之路暨早期秦文化国际学术研讨会论文集》，文物出版社，2014年。

58 陈国科：《西城驿-齐家冶金共同体——河西走廊地区早期冶金人群及相关问题初探》，《考古与文物》2017年第5期。

59 张忠培:《齐家文化研究》,《考古学报》1987年第1、2期。

60 滕铭予:《中国早期铜器有关问题的再探讨》,《北方文物》1989年第2期。

61 韩建业:《中国西北地区先秦时期的自然环境与文化发展》,文物出版社,2008年。

62 仇士华:《$^{14}C$测年与中国考古年代学研究》,中国社会科学出版社,2015年。

63 陈小三:《河西走廊及其邻近地区早期青铜时代遗存研究》,吉林大学博士学位论文,2012年。

64 张雪莲等:《新砦—二里头—二里冈文化考古年代序列的建立与完善》,《考古》2007年第8期。

65 黄铭崇:《迈向重器时代——铸铜技术的输入与中国青铜技术的形成》,"中央研究院"历史语言研究所集刊》第八十五本第四分,2014年。按目前的认识,仰韶时代属新石器时代晚期,龙山时代属新石器时代末期。详见中国社会科学院考古研究所:《中国考古学·新石器时代卷》,中国社会科学出版社,2010年。

66 李水城:《西北与中原早期冶铜业的区域特征及交互作用》,《考古学报》2005年第3期。

67 梅建军:《中国的早期铜器及其区域特征》,《中国史新论 古代文明的形成分册》,"中央研究院"、联经出版事业股份有限公司,2016年。

68 许宏:《商文明——中国"原史"与"历史"时代的分界点》,《东方考古》第4集,科学出版社,2008年。

69 许宏:《何以中国》,生活·读书·新知三联书店,2014年。

70 刘莉:《中国新石器时代和铜器时代早期礼器的生产》,《桃李成蹊集》,香港中文大学中国考古艺术研究中心,2004年。

71 高炜:《龙山时代的礼制》,《庆祝苏秉琦考古五十五年论文集》,文物出版社,1989年。

72 仇士华:《$^{14}C$测年与中国考古年代学研究》,中国社会科学出版社,2015年。

73 许宏:《嵩山南北龙山文化向二里头文化演进过程管窥》,《中原地区文明化进程学术研讨会文集》,科学出版社,2006年。

74 许宏:《"新砦文化"研究历程述评》,《三代考古(二)》,科学出版社,2006 年。

75 中国社会科学院考古研究所编著,许宏、袁靖主编:《二里头考古六十年》,中国社会科学出版社,2019 年。

76 陈国梁:《二里头文化铜器研究》,《中国早期青铜文化》,科学出版社,2008 年。

77 李水城:《西北与中原早期冶铜业的区域特征及交互作用》,《考古学报》2005 年第 3 期。

78 朱凤瀚:《中国青铜器综论》,上海古籍出版社,2009 年。

79 李志鹏:《二里头文化墓葬研究》,《中国早期青铜文化》,科学出版社,2008 年。

80 许宏:《二里头 M3 及随葬绿松石龙形器的考古背景分析》,《古代文明》第 10 卷,上海古籍出版社,2016 年。

81 许宏等:《二里头遗址文化分期再检讨——以出土铜、玉礼器的墓葬为中心》,《南方文物》2010 年第 3 期。

82 许宏:《最早的中国》,科学出版社,2009 年。

83 许宏:《二里头 M3 及随葬绿松石龙形器的考古背景分析》,《古代文明》第 10 卷,上海古籍出版社,2016 年。

84 许宏:《二里头都邑的两次礼制大变革》,《南方文物》2020 年第 2 期。

85 杨锡璋等:《殷代青铜礼器的分期与组合》,《殷墟青铜器》,文物出版社,1985 年。

86 中国社会科学院考古研究所:《中国考古学·夏商卷》,中国社会科学出版社,2003 年。

87 高炜:《龙山时代的礼制》,《庆祝苏秉琦考古五十五年论文集》,文物出版社,1989 年。

88 李志鹏:《二里头文化墓葬研究》,《中国早期青铜文化》,科学出版社,2008 年。

89 许宏:《略论二里头时代》,《2004 年安阳殷商文明国际学术研讨会论文集》,社会科学文献出版社,2004 年。

90 邹衡:《试论夏文化》,《夏商周考古学论文集》,文物出版社,1980 年。张忠培:《客省庄与三里桥文化的单把鬲及其相关问题》,《宿白先生八秩华诞纪念文集》,文物出版社,2002 年。

91 许宏：《先秦城邑考古》，金城出版社、西苑出版社，2017年。

92 西江清高等：《从地域间关系看二里头文化期中原王朝的空间结构》，《二里头遗址与二里头文化研究》，科学出版社，2006年。

93 胡保华：《试论中国境内散见夹叶阔叶铜矛的年代、性质与相关问题》，《江汉考古》2015年第6期。

94 许宏：《都邑变迁与商代考古学的阶段划分》，《二十一世纪的中国考古学》，文物出版社，2006年。

95 李维明：《"商"辨》，《叩问三代》，中国社会科学出版社，2014年。

96 松丸道雄：《補説 7 殷か商か》，《世界歷史大系・中国史・1》，山川出版社（東京），2003年。

97 许宏：《先秦城邑考古》，金城出版社、西苑出版社，2017年。

98 李维明：《郑州商代（城）遗址分布范围与"二十五平方千米"数值检讨》，《中国文物报》2012年5月11日。

99 朱光华：《早商青铜器分期与区域类型研究》，郑州大学博士学位论文，2005年。

100 夏商周断代工程专家组：《夏商周断代工程1996—2000年阶段成果报告（简本）》，世界图书出版公司，2000年。

101 王立新：《早商文化研究》，高等教育出版社，1998年。

102 河南省文物考古研究所：《郑州商城》，文物出版社，2001年。

103 许宏等：《二里头遗址文化分期再检讨》，《南方文物》2010年第3期。上文曾将其中三座墓葬定为四期早段，根据《二里头》（文物出版社，2014年）的分期方案，调整为四期晚段。赵海涛：《二里头遗址二里头文化四期晚段遗存探析》，《南方文物》2016年第4期。

104 朱凤瀚：《中国青铜器综论》，上海古籍出版社，2009年。

105 陈国梁：《二里头文化铜器研究》，《中国早期青铜文化》，科学出版社，2008年。

106 李朝远：《关于二里头文化的青铜斝》，《二里头遗址与二里头文化研究》，科学出版社，2006年。

107 高江涛：《二里头遗址出土青铜鼎及相关问题探讨》，《夏商都邑与文化（二）》，中国社会科学出版社，2014年。

108 袁广阔等：《早商城市文明的形成与发展》，科学出版社，2017年。

109 宫本一夫：《二里头文化青铜彝器的演变及意义》，《二里头遗址与二里头文化研究》，科学出版社，2006年。

110 其中出土于墓葬75VIKM3的曲内戈和长身战斧，应属二里头文化第四期晚段。从形制、纹饰分析，钺也应属第四期晚段。另一件铜戈系采集品，原报告归入第三期，缺乏层位学和类型学依据。详见许宏等《二里头遗址文化分期再检讨》，《南方文物》2010年第3期。

111 郭妍利：《商代青铜兵器研究》，社会科学文献出版社，2014年。

112 器物件数如无特别注明，均为1件，下同。

113 徐昭峰：《试论郑州地区的筒腹鬲》，《中国国家博物馆刊》2014年第3期。

114 朱凤瀚：《中国青铜器综论》，上海古籍出版社，2009年。

115 李朝远：《关于二里头文化的青铜斝》，《二里头遗址与二里头文化研究》，科学出版社，2006年。

116 李朝远：《关于二里头文化的青铜斝》，《二里头遗址与二里头文化研究》，科学出版社，2006年。程露：《也谈肥西大墩孜出土的青铜斝和铃》，《东方博物》第五十二辑，中国书店，2014年。

117 许宏：《先秦城邑考古》，金城出版社、西苑出版社，2017年。下引郑州城聚落演变梳理均出自此书，不另注明。

118 朱凤瀚：《中国青铜器综论》，上海古籍出版社，2009年。

119 夏商周断代工程专家组：《夏商周断代工程1996—2000年阶段成果报告（简本）》，世界图书出版公司，2000年。

120 邹衡：《试论夏文化》，《夏商周考古学论文集》，文物出版社，1980年。

121 张昌平：《盘龙城的性质——一个学术史的回顾》，《商代盘龙城学术研讨会论文集》，科学出版社，2014年。

122 朱凤瀚：《中国青铜器综论》，上海古籍出版社，2009年。

123 王炜：《郑州商城铜器墓研究》，《中国国家博物馆刊》2013年第9期。

124 王立新：《早商文化研究》，高等教育出版社，1998年。

125 杜金鹏：《读〈偃师二里头〉》，《考古》2000年第8期。

126 李朝远：《关于二里头文化的青铜斝》，《二里头遗址与二里头文化研究》，科学出版社，2006年。

127 中国历史博物馆考古部等：《垣曲商城》，科学出版社，1996年。

128 朱凤瀚：《中国青铜器综论》，上海古籍出版社，2009年。

129 张昌平：《盘龙城的性质——一个学术史的回顾》，《商代盘龙城学术研讨会论文集》，科学出版社，2014年。

130 南普恒等：《湖北盘龙城出土部分商代青铜器铸造地的分析》，《文物》2008年第8期；刘瑞良等：《共性、差异与解读：运用牛津研究体系研究早商郑州与盘龙城之间的金属交流》，《江汉考古》2017年第3期。

131 河南省文物考古研究院编：《郑州商城遗址考古研究》，大象出版社，2015年。

132 李维明：《郑州青铜文化研究》，科学出版社，2013年。

133 朱凤瀚：《中国青铜器综论》，上海古籍出版社，2009年。

134 朱凤瀚：《中国青铜器综论》，上海古籍出版社，2009年。

135 曹玮主编：《汉中出土商代青铜器·第一卷》前言，巴蜀书社，2006年。

136 孙卓：《南土经略的转折——商时期中原文化势力从南方的消退》，科学出版社，2019年。

137 朱凤瀚：《中国青铜器综论》，上海古籍出版社，2009年。

138 孙华：《夏商周考古》，《中国考古学年鉴·1991》，文物出版社，1992年。

139 王乐文：《朱开沟遗址出土遗存分析》，《北方文物》2004年第3期。王乐文：《论朱开沟遗址出土的两类遗存》，《边疆考古研究》第3辑，科学出版社，2004年。

140 王立新：《试论长城地带中段青铜时代文化的发展》，《庆祝张忠培先生七十岁论文集》，科学出版社，2004年。

141 李水城等：《四坝文化铜器研究》，《文物》2000年第3期。

142 梅建军等：《塞伊玛-图比诺现象和中国西北地区的早期青铜文化》，《新疆文物》2003年第1期。李水城：《西北与中原早期冶铜业的区域特征及交互作用》，《考古学报》2005年第3期。韩建业：《齐家文化的发展演变：文化互动与欧亚背景》，《文物》2019年第7期。

143 陈国科:《西城驿－齐家冶金共同体——河西走廊地区早期冶金人群及相关问题初探》,《考古与文物》2017 年第 5 期。

144 三宅俊彦:《卡约文化青铜器初步研究》,《考古》2005 年第 5 期。张文立:《也谈卡约文化青铜器的分期问题》,《边疆考古研究》第 20 辑,科学出版社,2016 年。

145 陈平:《夏家店下层文化研究综述》,《北京文物与考古》第五辑,北京燕山出版社,2002 年。

146 李经汉:《试论夏家店下层文化的分期和类型》,《中国考古学会第一次年会论文集 1979》,文物出版社,1980 年。

147 张家口考古队:《蔚县考古纪略》,《考古与文物》1982 年第 4 期。张家口考古队:《蔚县夏商时期考古的主要收获》,《考古与文物》1984 年第 1 期。李伯谦:《论夏家店下层文化》,《纪念北京大学考古专业三十周年论文集》,文物出版社,1990 年。蒋刚:《燕山南麓夏至早商时期考古学文化编年谱系与文化格局》,《公元前 2 千纪的晋陕高原与燕山南北》,科学出版社,2008 年。

148 李伯谦:《论夏家店下层文化》,《纪念北京大学考古专业三十周年论文集》,文物出版社,1990 年。张渭莲等:《中原与北方之间的文化走廊》,文物出版社,2015 年。蒋刚:《燕山南麓夏至早商时期考古学文化编年谱系与文化格局》,《公元前 2 千纪的晋陕高原与燕山南北》,科学出版社,2008 年。张家口考古队:《蔚县考古纪略》,《考古与文物》1982 年第 4 期。张家口考古队:《蔚县夏商时期考古的主要收获》,《考古与文物》1984 年第 1 期。

149 井中伟:《水手营子青铜连柄戈的年代与属性》,《边疆考古研究》第 7 辑,科学出版社,2008 年。

150 杨建华、邵会秋等:《欧亚草原东部的金属之路:丝绸之路与匈奴联盟的孕育过程》,上海古籍出版社,2017 年。

151 赵宾福:《中国东北地区夏至战国时期的考古学文化研究》,科学出版社,2009 年。

152 赵宾福:《中国东北地区夏至战国时期的考古学文化研究》,科学出版社,2009 年。

153 井中伟等:《夏商周考古学》,科学出版社,2013年。

154 赵宾福:《中国东北地区夏至战国时期的考古学文化研究》,科学出版社,2009年。

155 井中伟等:《夏商周考古学》,科学出版社,2013年。

156 赵宾福:《东北青铜时代考古学文化谱系格局的研究》,《边疆考古研究》第12辑,科学出版社,2012年。

157 赵宾福:《中国东北地区夏至战国时期的考古学文化研究》,科学出版社,2009年。

158 张忠培:《序》,《中国东北地区夏至战国时期的考古学文化研究》,科学出版社,2009年。

159 许宏:《关于石峁遗存年代等问题的学术史观察》,《中原文物》2019年第1期。

160 赵宾福:《中国东北地区夏至战国时期的考古学文化研究》,科学出版社,2009年。

161 赵宾福:《古城类型:嫩江流域商代晚期遗存辨识》,《新果集》,科学出版社,2009年。

162 宋玉彬:《图们江流域青铜时代的几个问题》,《北方文物》2002年第4期。李伊萍:《黑龙江东部地区青铜时代遗存初识》,《边疆考古研究》第2辑,科学出版社,2004年。

163 王承礼等:《东北考古的主要收获》,《东北考古与历史(丛刊)》第一辑,文物出版社,1982年。

164 赵宾福:《图们江流域的青铜时代文化研究》,《考古》2008年第6期。

165 赵宾福:《中国东北地区夏至战国时期的考古学文化研究》,科学出版社,2009年。井中伟等:《夏商周考古学》,科学出版社,2013年。

166 王承礼等:《东北考古的主要收获》,《东北考古与历史(丛刊)》第一辑,文物出版社,1982年。

167 黄万里:《黄万里文集》,黄万里文集编辑小组,2001年。

168 张渭莲等:《中原与北方之间的文化走廊》,文物出版社,2015年。

169 杨建华等主编:《公元前2千纪的晋陕高原与燕山南北》,科学出版社,

2008 年。

170 张渭莲等：《中原与北方之间的文化走廊》，文物出版社，2015 年。

171 徐基：《夏时期岳石文化的铜器补遗》，《中原文物》2007 年第 5 期。

172 毕经纬：《问道于器：海岱地区商周青铜器研究》，上海古籍出版社，2019 年。

173 向桃初：《湘江流域商周青铜文化研究》，线装书局，2008 年。

174 李宏飞等：《小双桥遗址的商与夷》，中国社会科学出版社，2018 年。

175 高至喜：《论中国南方出土的商代青铜器》，《中国考古学会第七次年会论文集》，文物出版社，1992 年。向桃初：《湘江流域商周青铜文化研究》，线装书局，2008 年。

176 朱凤瀚：《中国青铜器综论》，上海古籍出版社，2009 年。

177 刘莉等：《中国早期国家的形成——从二里头和二里岗时期的中心和边缘之间的关系谈起》，《古代文明》第 1 卷，文物出版社，2002 年。

178 孙华：《四川盆地的青铜时代》，科学出版社，2000 年。

179 中国社会科学院考古研究所：《中国考古学·夏商卷》，中国社会科学出版社，2003 年。

180 孙华等：《神秘的王国：对三星堆文明的初步理解和解释》，巴蜀书社，2003 年。

181 中国社会科学院考古研究所：《中国考古学·夏商卷》，中国社会科学出版社，2003 年。

182 陈小三：《试论镶嵌绿松石牌饰的起源》，《考古与文物》2013 年第 5 期。

183 施劲松：《三星堆文化的再思考》，《四川文物》2017 年第 4 期。

184 邓淑苹：《万邦玉帛——夏王朝的文化底蕴》，《夏商都邑与文化（二）》，中国社会科学出版社，2014 年。

185 施劲松：《川西石棺墓中的铁器》，《南方民族考古》第 10 辑，科学出版社，2014 年。

186 石兴邦：《中国大百科全书·考古学》"青铜时代"条，中国大百科全书出版社，1986 年。

187 张光直：《中国青铜时代》，生活·读书·新知三联书店，2013 年。

188 蒋晓春:《中国青铜时代起始时间考》,《考古》2010 年第 6 期。

189 井中伟等:《夏商周考古学》,科学出版社,2013 年。

190 李先登:《试论中国古代青铜器的起源》,《史学月刊》1984 年第 1 期。陈戈等:《齐家文化应属青铜时代》,《考古与文物》1990 年第 3 期。

191 张光直:《中国青铜时代》,生活·读书·新知三联书店,1983 年。严文明:《论中国的铜石并用时代》,《史前研究》1984 年第 1 期。石兴邦:《中国大百科全书·考古学》"青铜时代"条,中国大百科全书出版社,1986 年。

192 白云翔:《中国的早期铜器与青铜器的起源》,《东南文化》2002 年第 5 期。

193 韩建业:《中国西北地区先秦时期的自然环境与文化发展》,文物出版社,2008 年。韩建业:《略论中国的"青铜时代革命"》,《西域研究》2012 年第 3 期。

194 陈国科等:《张掖西城驿遗址出土铜器的初步研究》,《考古与文物》2015 年第 2 期。

195 张忠培:《齐家文化研究(下)》,《考古学报》1987 年第 2 期。

196 仇士华:《$^{14}C$ 测年与中国考古年代学研究》图 5-4,中国社会科学出版社,2015 年。

197 李伊萍:《黑龙江东部地区青铜时代遗存初识》,《边疆考古研究》第 2 辑,科学出版社,2004 年。

198 宋玉彬:《图们江流域青铜时代的几个问题》,《北方文物》2002 年第 4 期。

199 朱永刚等:《吉林省青铜时代考古发现与区系研究》,《边疆考古研究》第 17 辑,科学出版社,2015 年。

200 黑龙江省文物考古研究所:《考古·黑龙江》,文物出版社,2011 年。

201 井中伟等:《夏商周考古学》,科学出版社,2013 年。

202 许宏:《论"青铜时代"概念的时空适用性——以中国东北地区为例》,《聚才揽粹著新篇:孟凡人先生八秩华诞颂寿文集》,科学出版社,2019 年。

203 严文明:《论中国的铜石并用时代》,《史前研究》1984 年第 1 期。

204 任式楠:《中国史前铜器综论》,《中国史前考古学研究》,三秦出版社,2003 年。

205 张江凯等:《新石器时代考古》,文物出版社,2004 年。

206 李伯谦主编:《青铜器与中国青铜时代》,中国科学技术大学出版社,2018 年。

207 李亮等主编:《铜与古代科技》,中国科学技术大学出版社,2018年。

208 苏秉琦主编:《中国通史·第二卷 远古时代》,上海人民出版社,1994年。

209 韩建业:《中国西北地区先秦时期的自然环境与文化发展》,文物出版社,2008年。

210 石兴邦:《中国大百科全书·考古学》"青铜时代"条,中国大百科全书出版社,1986年。张海等:《史前青铜冶铸业与中原早期国家形成的关系》,《中原文物》2013年第1期。

211 易华:《从齐家到二里头:夏文化探索》,《夏商都邑与文化(一)》,中国社会科学出版社,2014年。

212 严文明:《论中国的铜石并用时代》,《史前研究》1984年第1期。

213 任式楠:《中国史前铜器综论》,《中国史前考古学研究》,三秦出版社,2003年。

214 黄铭崇:《迈向重器时代——铸铜技术的输入与中国青铜技术的形成》,《"中央研究院"历史语言研究所集刊》第八十五本第四分,2014年。

215 童恩正:《试论我国从东北至西南的边地半月形文化传播地带》,《文物与考古论集》,文物出版社,1987年。

216 Jessica Rawson:"Miniature bronzes from Western Zhou tombs at Baoji in Shaanxi province"(《陕西宝鸡西周墓出土的微型青铜器》),《金玉交辉——商周考古、艺术与文化论文集》,"中央研究院"历史语言研究所,2013年。

217 刘歆益:《沟通东西方的"中国弧"》,《人民日报》2017年6月13日。

218 [日]宫本一夫著,吴菲译:《从神话到历史:神话时代、夏王朝》,广西师范大学出版社,2014年。

219 张弛:《龙山—二里头——中国史前文化格局的改变与青铜时代全球化的形成》,《文物》2017年第6期。

220 科林·伦福儒:《考古有何新成就》,《信使》(联合国教科文组织)总第63期,1985年。

221 王青:《镶嵌铜牌饰的初步研究》,《文物》2004年第5期。王青等:《国外所藏五件镶嵌铜牌的初步认识》,《华夏考古》2007年第1期。

222 杜金鹏等主编:《二里头遗址与二里头文化研究》,科学出版社,2006年。冯时：《二里头文化"常旟"及相关诸问题》，《考古学集刊》第 17 集，科学出版社，2010 年。

223　王青：《镶嵌铜牌饰所见中国早期文明进程问题》，《东方考古》第 1 集，科学出版社，2004 年。陈国梁：《二里头文化嵌绿松石牌饰的来源》，《三代考古（七）》，科学出版社，2017 年。

224　李学勤：《良渚文化玉器与饕餮纹的演变》，《东南文化》1991 年第 5 期。

225　刘学堂：《中国早期青铜文化的起源及其相关问题新探》，《藏学研究》第 3 辑，四川大学出版社，2007 年。陈小三：《试论镶嵌绿松石牌饰的起源》，《考古与文物》2013 年第 5 期。

226　吴晓筠：《商周时期铜镜的出现与使用》，《故宫学术季刊》2017 年第 2 期。

227　陈国科：《西城驿 - 齐家冶金共同体——河西走廊地区早期冶金人群及相关问题初探》，《考古与文物》2017 年第 5 期。

228　贺俊：《试论二里头文化的铜圆形器》，《文物春秋》2018 年第 5 期。

229　林沄：《商文化青铜器与北方地区青铜器关系之再研究》，《考古学文化论集（一）》，文物出版社，1987 年。

230　李学勤：《中国铜镜的起源及传播》《续论中国铜镜的传播》，《比较考古学随笔》，广西师范大学出版社，1997 年。宋新潮：《中国早期铜镜及其相关问题》，《考古学报》1997 年第 2 期。

231　李水城：《西北与中原早期冶铜业的区域特征及交互作用》，《考古学报》2005 年第 3 期。

232　刘学堂：《论中国早期铜镜源于西域》，《新疆师范大学学报（哲学社会科学版）》1999 年第 3 期。

233　[俄]库兹米娜著，[美]梅维恒英文编译，李春长译：《丝绸之路史前史》，科学出版社，2015 年。邵会秋：《新疆地区安德罗诺沃文化相关遗存探析》，《边疆考古研究》第 8 辑，2009 年。吴晓筠：《商周时期铜镜的出现与使用》，《故宫学术季刊》2017 年第 2 期。

234　巴克特里亚 - 马尔吉阿纳文明体（Bactria-Margiana Archaeological Complex，约公元前 2000—前 1800 年）。[美]胡博著，李永迪译：《齐家与二里头：远距离文化互动的讨论》,《远方的时习——〈古代中国〉精选集》,上海古籍出版社,2008 年。

235 中国社会科学院考古研究所:《中国社会科学院考古研究所考古博物馆洛阳分馆》,文化艺术出版社,1998 年。

236 贺俊:《试论二里头文化的铜圆形器》,《文物春秋》2018 年第 5 期。

237 杨锡璋等:《商代的青铜钺》,《中国考古学研究》,文物出版社,1986 年。

238 杨泓:《商代的兵器与战车》,《中国商文化国际学术讨论会论文集》,中国大百科全书出版社,1998 年。

239 林沄:《说戚、我》,《古文字研究》第十七辑,中华书局,1989 年。

240 林沄:《早期北方系青铜器的几个年代问题》,《内蒙古文物考古文集》第一辑,中国大百科全书出版社,1994 年。

241 刘一曼:《殷墟青铜刀》,《考古》1993 年第 2 期。

242 林沄:《早期北方系青铜器的几个年代问题》,《内蒙古文物考古文集》第一辑,中国大百科全书出版社,1994 年。

243 吕学明:《中国北方地区出土的先秦时期铜刀研究》,科学出版社,2010 年。

244 李刚:《中国北方青铜器的欧亚草原文化因素》,文物出版社,2011 年。

245 陈国科:《甘肃早期单刃铜刀初步研究》,《南方文物》2017 年第 2 期。

246 乔梁:《美玉与黄金——中国古代农耕与畜牧集团在首饰材料选取中的差异》,《考古与文物》2007 年第 5 期。

247 林沄:《夏代的中国北方系青铜器》,《边疆考古研究》第 1 辑,科学出版社,2002 年。党郁:《北方长城沿线地带金属耳饰初探》,《草原文物》2018 年第 1 期。

248 黄方悦:《中国早期臂钏研究》,《地方文化研究》2018 年第 3 期。

249 乔梁:《美玉与黄金——中国古代农耕与畜牧集团在首饰材料选取中的差异》,《考古与文物》2007 年第 5 期。

250 《中国文物精华》编辑委员会编:《中国文物精华》,文物出版社,1997 年。

251 胡保华:《试论中国境内散见夹叶阔叶铜矛的年代、性质与相关问题》,《江汉考古》2015 年第 6 期。

252 林梅村主编:《塞伊玛-图尔宾诺文化与史前丝绸之路》,上海古籍出版社,2019年。

253 胡保华:《试论中国境内散见夹叶阔叶铜矛的年代、性质与相关问题》,《江汉考古》2015年第6期。

254 [俄] E. H. 切尔内赫等著,王博等译:《欧亚大陆北部的古代冶金——塞伊玛-图尔宾诺现象》,中华书局,2010年。林梅村:《塞伊玛-图尔宾诺文化与史前丝绸之路》,《文物》2015年第10期。

255 王振:《从齐家文化铜器分析看中国铜器的起源与发展》,《西部考古》第3辑,三秦出版社,2008年。

256 胡保华:《试论中国境内散见夹叶阔叶铜矛的年代、性质与相关问题》,《江汉考古》2015年第6期。

257 杨琳等:《中国古代权杖头渊源与演变研究》,《考古与文物》2017年第3期。

258 李水城:《赤峰及周边地区考古所见权杖头及潜在意义》,《庆祝宿白先生九十华诞文集》,科学出版社,2012年。李水城:《权杖头:古丝绸之路早期文化交流的重要见证》,《正业居学:李水城考古文化论集》,上海古籍出版社,2017年。

259 李水城:《赤峰及周边地区考古所见权杖头及潜在意义》,《庆祝宿白先生九十华诞文集》,科学出版社,2012年。

260 杨琳等:《中国古代权杖头渊源与演变研究》,《考古与文物》2017年第3期。

261 杨琳等:《中国古代权杖头渊源与演变研究》,《考古与文物》2017年第3期。

# 主要考古资料存目

（原则上按地域集中编排，其下以首次引用先后为序）

**西北至北方**

北京钢铁学院冶金史组：《中国早期铜器的初步研究》，《考古学报》1981年第3期。

孙淑云等：《甘肃早期铜器的发现与冶炼、制造技术的研究》，《文物》1997年第7期。

甘肃省文物工作队等：《甘肃东乡林家遗址发掘报告》，《考古学集刊》第4集，中国社会科学出版社，1984年。

甘肃省博物馆：《甘肃省文物考古工作三十年》，《文物考古工作三十年》，文物出版社，1979年。

内蒙古文物考古研究所：《准格尔旗二里半遗址第一次发掘简报》，《内蒙古考古文物论集》，中国大百科全书出版社，1994年。

河北省考古研究所：《河北怀来官庄遗址发掘报告》，《河北省考古文集（二）》，北京燕山出版社，2001年。

甘肃省文物考古研究所等：《河西走廊史前考古调查报告》，文物出版社，2011年。

甘肃省文物考古研究所等：《甘肃张掖市西城驿遗址》，《考古》2014年第7期。

陈国科等：《张掖西城驿遗址出土铜器的初步研究》，《考古与文物》2015年第2期。

李延祥等：《敦煌西土沟遗址冶金遗物研究》，《敦煌研究》2018年第2期。

甘肃省博物馆：《武威皇娘娘台遗址发掘报告》，《考古学报》1960年第2期。

甘肃省博物馆：《武威皇娘娘台遗址第四次发掘》，《考古学报》1978年第4期。

钱耀鹏：《甘肃临潭磨沟齐家文化墓地发掘及主要收获》，《西北大学学报（哲学社会科学版）》2009年第5期。

北京科技大学冶金与材料史研究所等：《火烧沟四坝文化铜器成分分析及制作技术

的研究》,《文物》2003 年第 8 期。

甘肃省文物考古研究所等:《酒泉干骨崖》,文物出版社,2016 年。

甘肃省文物考古研究所等:《民乐东灰山考古》,科学出版社,1998 年。

安志敏:《甘肃山丹四坝滩新石器时代遗址》,《考古学报》1959 年第 3 期。

中国科学院考古研究所甘肃工作队:《甘肃永靖大何庄遗址发掘报告》,《考古学报》1974 年第 2 期。

甘肃省博物馆:《丝绸之路甘肃文物精华》,甘肃省博物馆,1994 年。

张天恩:《天水出土的兽面铜牌饰及有关问题》,《中原文物》2002 年第 1 期。

青海省文物管理处等:《青海同德县宗日遗址发掘简报》,《考古》1998 年第 5 期。

徐建炜等:《青海同德宗日遗址出土铜器的初步科学分析》,《西域研究》2010 年第 2 期。

王国道:《西宁市沈那齐家文化遗址》,《中国考古学年鉴·1993》,文物出版社,1995 年。

青海省文物考古研究所等:《贵南尕马台》,科学出版社,2016 年。

青海省文物考古队:《青海互助土族自治县总寨马厂、齐家、辛店文化墓葬》,《考古》1986 年第 4 期。

赵生琛:《青海西宁发现卡约文化铜鬲》,《考古》1985 年第 7 期。

内蒙古自治区文物考古研究所等:《朱开沟》,文物出版社,2000 年。

陕西省考古研究院等:《陕西神木县石峁城址皇城台地点》,《考古》2017 年第 7 期。

孙周勇等:《石峁遗址:2016 年考古纪事》,《中国文物报》2017 年 6 月 30 日。

神木市石峁文化研究会编:《石峁玉器》,文物出版社,2018 年。

王永刚等:《陕西甘泉县出土晚商青铜器》,《考古与文物》2007 年第 3 期。

吉林大学边疆考古研究中心等:《忻州游邀考古》,科学出版社,2004 年。

## 燕山至东北

北京大学历史系考古教研室商周组:《商周考古》,文物出版社,1979 年。

北京市文物研究所等:《昌平张营》,文物出版社,2007 年。

北京市文物研究所:《镇江营与塔照》,中国大百科全书出版社,1999 年。

北京市文物管理处等：《北京琉璃河夏家店下层文化墓葬》，《考古》1976年第1期。

天津市文物管理处考古队：《天津蓟县围坊遗址发掘报告》，《考古》1983年第10期。

天津市文物管理处：《天津蓟县张家园遗址试掘简报》，《文物资料丛刊（1）》，文物出版社，1977年。

天津历史博物馆考古队：《天津蓟县张家园遗址第三次发掘》，《考古》1993年第4期。

河北省文物管理委员会：《河北唐山大城山遗址发掘报告》，《考古学报》1959年第3期。

河北省文物研究所：《唐山市古冶商代遗址》，《考古》1984年第9期。

天津市文化局考古发掘队：《河北大厂回族自治县大坨头遗址试掘简报》，《考古》1966年第1期。

张渭莲等：《中原与北方之间的文化走廊》，文物出版社，2015年。

河北省考古研究所：《河北怀来官庄遗址发掘报告》，《河北省考古文集（二）》，北京燕山出版社，2001年。

张家口考古队：《蔚县考古纪略》，《考古与文物》1982年第4期。

张家口考古队：《蔚县夏商时期考古的主要收获》，《考古与文物》1984年第1期。

河北省文物研究所：《河北滦南县东庄店遗址调查》，《考古》1983年第9期。

河北省文物研究所：《唐山市古冶商代遗址》，《考古》1984年第9期。

廊坊市文物管理所等：《河北香河县庆功台村夏家店下层文化墓葬》，《文物春秋》1996年第6期。

张家口市文物事业管理所等：《河北宣化李大人庄遗址试掘报告》，《考古》1990年第5期。

杨虎等：《内蒙古敖汉旗红山文化西台类型遗址简述》，《北方文物》2010年第3期。

中国社会科学院考古研究所：《大甸子》，科学出版社，1996年。

中国社会科学院考古研究所内蒙古工作队：《赤峰药王庙、夏家店遗址试掘报告》，《考古学报》1974年第1期。

郝维彬：《内蒙古库伦旗南泡子崖夏家店下层文化遗址调查简报》，《北方文物》1996年第3期。

内蒙古自治区文物工作队：《内蒙古宁城县小榆树林子遗址试掘简报》，《考古》1965年第12期。

辽宁省博物馆等：《内蒙古赤峰县四分地东山咀遗址试掘简报》，《考古》1983年第5期。

辽宁省文物考古研究所：《辽宁北票市康家屯城址发掘简报》，《考古》2001年第8期。

辽宁省文物考古研究所：《辽宁近十年来文物考古新发现》，《文物考古工作十年（1979—1989）》，文物出版社，1991年。

辽宁省文物考古研究所：《朝阳罗锅地夏家店下层文化遗址发掘报告》，《辽宁省道路建设考古报告集》，辽宁民族出版社，2004年。

辽宁省文物考古研究所：《牛河梁红山文化遗址发掘报告》，文物出版社，2012年。

辽宁省文物考古研究所等：《辽宁阜新平顶山石城址发掘报告》，《考古》1992年第5期。

辽宁省文物考古研究所等：《辽宁彰武平安堡遗址》，《考古学报》1992年第4期。

齐亚珍等：《锦县水手营子早期青铜时代墓葬》，《辽海文物学刊》1991年第1期。

大连市文物考古研究所：《大嘴子》，大连出版社，2000年。

赵宾福等：《吉林省地下文化遗产的考古发现与研究》，科学出版社，2017年。

黑龙江省文物考古研究所：《考古·黑龙江》，文物出版社，2011年。

黑龙江省文物考古研究所等：《黑龙江肇源县小拉哈遗址发掘报告》，《考古学报》1998年第1期。

黑龙江省文物考古研究所等：《肇源白金宝》，科学出版社，2009年。

**中原及左近**

西安半坡博物馆等：《姜寨》，文物出版社，1988年。

西安半坡博物馆等：《渭南北刘遗址第二、三次发掘简报》，《史前研究》1986年第1、2期合刊。

和島誠一：《山西榆次源涡鎮遺跡出土の銅渣について》，《資源科学研究所彙報》第58、59号，1962年。

王建平等：《山西周家庄遗址出土龙山时期铜片的初步研究》，《中国国家博物馆馆刊》2013年第8期。

山西省考古研究所：《塔尔山南麓古遗址调查简报》，《文物季刊》1992年第3期。

解希恭主编:《襄汾陶寺遗址研究》,科学出版社,2007年。

中国社会科学院考古研究所等:《襄汾陶寺》,文物出版社,2015年。

中国社会科学院考古研究所等:《中国陶寺遗址出土文物集萃》,天津古籍出版社,2018年。

李京华:《关于中原地区早期冶铜技术及相关问题的几点看法》,《文物》1985年第12期。

河南省文物研究所等:《登封王城岗与阳城》,文物出版社,1992年。

中国社会科学院考古研究所河南二队:《河南临汝煤山遗址发掘报告》,《考古学报》1982年第4期。

河南省文物考古研究所等:《河南新密市古城寨龙山文化城址发掘简报》,《华夏考古》2002年第2期。

北京大学震旦古代文明研究中心等:《新密新砦》,文物出版社,2008年。

刘煜等:《河南新密新砦遗址出土铜器分析》,《南方文物》2016年第4期。

《河南出土商周青铜器》编辑组编:《河南出土商周青铜器(一)》,文物出版社,1981年。

《中国青铜器全集》编辑委员会:《中国青铜器全集·夏商1》,文物出版社,1996年。

中国社会科学院考古研究所:《偃师二里头》,中国大百科全书出版社,1999年。

杜金鹏等主编:《偃师二里头遗址研究》,科学出版社,2005年。

中国社会科学院考古研究所:《二里头(1999—2006)》,文物出版社,2014年。

中国社会科学院考古研究所:《二里头考古六十年》,中国社会科学出版社,2019年。

郑州大学历史文化遗产保护研究中心:《登封南洼》,科学出版社,2014年。

河南省文物考古研究所:《郾城郝家台》,大象出版社,2012年。

河南省文物研究所等:《淅川下王冈》,文物出版社,1989年。

中国社会科学院考古研究所:《淅川下王岗》,科学出版社,2020年。

北京大学历史系洛阳考古实习队:《河南偃师伊河南岸考古调查试掘报告》,《考古》1964年第11期。

考古研究所洛阳发掘队:《1958年洛阳东干沟遗址发掘简报》,《考古》1959年第10期。

中国社会科学院考古研究所：《洛阳发掘报告》，北京燕山出版社，1989年。

郑州市文物考古研究所：《郑州大师姑（2002-2003）》，科学出版社，2004年。

河南省文物研究所：《河南荥阳竖河遗址发掘报告》，《考古学集刊》第10集，地质出版社，1996年。

河南省文物研究所：《郑州洛达庙遗址发掘报告》，《华夏考古》1989年第4期。

高赞岭：《郑州航空港区银河办事处夏商遗址》，《中国考古学年鉴·2013》，文物出版社，2014年。

北京大学考古文博学院：《河南新密曲梁遗址1988年春发掘报告》，《考古学报》2003年第1期。

张小虎：《尉氏县新庄二里头文化遗址》，《中国考古学年鉴·2014》，中国社会科学出版社，2015年。

北京大学考古学系等：《河南方城县八里桥遗址1994年春发掘简报》，《考古》1999年第12期。

北京大学考古学系等：《驻马店杨庄》，科学出版社，1998年。

河南省文物研究所：《陕县西崖村遗址的发掘》，《华夏考古》1989年第1期。

洛阳市文物工作队等：《河南新安县太涧遗址发掘简报》，《考古与文物》1998年第1期。

天津市文化局文物组：《天津市新收集的商周青铜器》，《文物》1964年第9期。

李学勤：《从传出商丘地区的二里头文化铜爵谈起》，《商丘师专学报》1987年第2期。

新郑文化馆：《河南新郑县望京楼出土的铜器和玉器》，《考古》1981年第6期。

郑州市文物考古研究院：《新郑望京楼》，科学出版社，2016年。

河南省文物考古研究所：《郑州商城》，文物出版社，2001年。

河南省文物研究所：《郑州商城考古新发现与研究》，中州古籍出版社，1993年。

河南省文物考古研究所等：《郑州商代铜器窖藏》，科学出版社，1999年。

河南省文物考古研究所：《郑州商城外郭城的调查与试掘》，《考古》2004年第3期。

河南省文物考古研究所：《郑州商城新发现的几座商墓》，《文物》2003年第4期。

郑州市博物馆：《河南荥阳西史村遗址试掘简报》，《文物资料丛刊（5）》，文物出版社，1981年。

陈立信等：《荥阳县高村寺商代遗址调查简报》，《华夏考古》1991 年第 3 期。

中国社会科学院考古研究所：《偃师商城·第一卷》，科学出版社，2013 年。

杜金鹏等主编：《偃师商城遗址研究》，科学出版社，2004 年。

河南省文物考古研究所：《郑州小双桥》，科学出版社，2012 年。

李素婷：《郑州市小双桥商代遗址》，《中国考古学年鉴·2015》，中国社会科学出版社，2016 年。

赵新来：《中牟县黄店、大庄发现商代铜器》，《文物》1980 年第 12 期。

河南省文物研究所：《许昌县大路陈村发现商代墓》，《华夏考古》1988 年第 1 期。

马金：《焦作南朱村发现商代墓》，《华夏考古》1988 年第 1 期。

武陟县文化馆：《河南武陟县宁郭公社大驾大队商墓出土青铜器》，《河南文博通讯》1980 年第 3 期。

临汝县文化馆：《河南临汝县李楼出土商代青铜器》，《考古》1983 年第 9 期。

孟新安：《郾城县出土一批商代青铜器》，《考古》1987 年第 8 期。

朱帜：《北舞渡商代铜鬲》，《考古》1983 年第 9 期。

中国历史博物馆考古部等：《垣曲商城》，科学出版社，1996 年。

中国历史博物馆考古部等：《垣曲商城（二）》，科学出版社，2014 年。

中国国家博物馆考古部：《垣曲盆地聚落考古研究》，科学出版社，2007 年。

卫斯：《平陆县前庄商代遗址出土文物》，《文物季刊》1992 年第 1 期。

陶正刚：《山西平陆前庄商代遗址及青铜方鼎铸造的研究》，《2004 年安阳殷商文明国际学术研讨会论文集》，社会科学文献出版社，2005 年。

中国社会科学院考古研究所等：《夏县东下冯》，文物出版社，1988 年。

北京大学历史系考古专业山西实习组等：《翼城、曲沃考古勘察记》，《考古学研究（一）》，文物出版社，1992 年。

北京大学考古教研室华县报告编写组：《华县、渭南古代遗址调查与试掘》，《考古学报》1980 年第 3 期。

陕西省考古研究院等：《商洛东龙山》，科学出版社，2011 年。

陕西省考古研究所等编：《陕西出土商周青铜器·一》，文物出版社，1979 年。

卢建国：《陕西铜川发现商周青铜器》，《考古》1982 年第 1 期。

王光永：《陕西岐山县发现商代铜器》，《文物》1977年第12期。

西北大学文博学院等编：《城洋青铜器》，科学出版社，2006年。

曹玮主编：《汉中出土商代青铜器·第一卷》，巴蜀书社，2006年。

## 大黄河三角洲

拒马河考古队：《河北易县涞水古遗址试掘报告》，《考古学报》1988年第4期。

河北省文物研究所等：《河北定州市尧方头遗址发掘简报》，《考古》2004年第9期。

河北省文物考古研究所等：《河北省任邱市哑叭庄遗址发掘报告》，《文物春秋》1992年增刊。

德海等：《来函更正（〈河北邯郸涧沟村古遗址发掘简报〉增补）》，《考古》1962年第12期。

河北省文物研究所等：《河北邯郸市峰峰矿区北羊台遗址发掘简报》，《考古》2001年第2期。

河北省文物研究所：《藁城台西商代遗址》，文物出版社，1985年。

河北省文物管理处：《磁县下七垣遗址发掘报告》，《考古学报》1979年第2期。

河南省文物研究所等：《河南淮阳平粮台龙山文化城址试掘简报》，《文物》1983年第3期。

河南省文物考古研究所：《辉县孟庄》，中州古籍出版社，2003年。

中国科学院考古研究所：《辉县发掘报告》，科学出版社，1956年。

中国社会科学院考古研究所：《殷墟发掘报告（1958-1961）》，文物出版社，1987年。

中国社会科学院考古研究所：《殷墟妇好墓》，文物出版社，1980年。

郑州大学文博学院等：《豫东杞县发掘报告》，科学出版社，2000年。

北京大学考古系等：《河南夏邑清凉山遗址发掘报告》，《考古学研究（四）》，科学出版社，2000年。

河南省文物考古研究所：《河南鹿邑栾台遗址发掘简报》，《华夏考古》1989年第1期。

中国社会科学院考古研究所河南一队等：《河南柘城孟庄商代遗址》，《考古学报》1982年第1期。

周口地区文化局等：《河南项城出土商代前期青铜器和刻文陶拍》，《文物》1989年第 9 期。

山东省文物管理处等:《大汶口》,文物出版社,1974 年。

中国社会科学院考古研究所:《胶县三里河》,文物出版社,1988 年。

严文明:《论中国的铜石并用时代》,《史前研究》1984 年第 1 期。

临沂地区文物管理委员会等:《日照尧王城龙山文化遗址试掘简报》,《史前研究》1985 年第 4 期。

山东省文物考古研究所等:《山东栖霞杨家圈遗址发掘简报》,《史前研究》1984 年第 3 期。

山东大学历史系考古教研室:《泗水尹家城》,文物出版社,1990 年。

徐基:《夏时期岳石文化的铜器补遗》,《中原文物》2007 年第 5 期。

吴玉喜:《岳石文化地方类型初探》,《考古学文化论集(三)》,文物出版社,1993 年。

中国社会科学院考古研究所:《山东牟平照格庄遗址》,《考古学报》1986 年第 4 期。

方辉主编:《大辛庄遗址研究》资料卷、研究卷,科学出版社,2013 年。

韩明祥:《山东长清、桓台发现商代青铜器》,《文物》1982 年第 1 期。

南京博物院等:《藤花落》,科学出版社,2014 年。

## 长江中下游

湖北省文物考古研究所等:《湖北石家河罗家柏岭新石器时代遗址》,《考古学报》1994 年第 2 期。

湖北省文物考古研究所等石家河考古队:《邓家湾》,文物出版社,2003 年。

湖北省文物考古研究所等:《阳新大路铺》,文物出版社,2013 年。

张昌平等:《湖北郧县李营发现的铸铜遗存》,《考古》2016 年第 6 期。

湖北省文物考古研究所:《盘龙城》,文物出版社,2001 年。

韩用祥:《盘龙城遗址首次发现铸造遗物及遗迹》,《江汉考古》2016 年第 2 期。

武汉大学历史学院等:《武汉市盘龙城遗址小嘴 2015-2017 年发掘简报》,《考古》2019 年第 6 期。

武汉大学历史学院等:《2012—2017 年盘龙城考古:思路与收获》,《江汉考古》2018 年第 5 期。

荆州市博物馆：《荆州荆南寺》，文物出版社，2009 年。

黄锂等：《近年黄陂出土的几件商周青铜器》，《江汉考古》1998 年第 4 期。

黄冈地区博物馆等：《湖北省黄州市下窑嘴商墓发掘简报》，《文物》1993 年第 1 期。

湖南省文物考古研究所：《岳阳铜鼓山商代遗存及东周墓葬发掘报告》，《湖南考古辑刊》第五集，《求索》杂志社，1989 年。

熊建华：《湖南商周青铜器研究》，岳麓书社，2013 年。

胥卫华：《湖南岳阳市铜鼓山遗址出土商代青铜器》，《考古》2006 年第 7 期。

湖南省文物考古研究所：《湖南石门皂市商代遗存》，《考古学报》1992 年第 2 期。

盛定国等：《宁乡月山铺发现商代大铜铙》，《文物》1986 年第 2 期。

江西省文物考古研究所：《吴城》，科学出版社，2005 年。

彭适凡等：《江西新干县的西周墓葬》，《文物》1983 年第 6 期。

江西省文物考古研究所等：《新干商代大墓》，文物出版社，1997 年。

安徽省文物考古研究所等：《安徽含山大城墩遗址第四次发掘报告》，《考古》1989 年第 2 期。

安徽省博物馆：《遵循毛主席的指示，做好文物博物馆工作》，《文物》1978 年第 8 期。

张爱冰等：《皖南出土商代青铜容器的年代与性质》，《考古》2010 年第 6 期。

张国茂：《安徽铜陵地区先秦青铜文化简论》，《东南文化》1991 年第 2 期。

安徽省文物考古研究所：《安徽铜陵县师姑墩遗址发掘简报》，《考古》2013 年第 6 期。

王开等：《安徽铜陵县师姑墩遗址出土青铜冶铸遗物的相关问题》，《考古》2013 年第 7 期。

邹厚本主编：《江苏考古五十年》，南京出版社，2000 年。

上海市文物管理委员会：《马桥》，上海书画出版社，2002 年。


**川渝藏地区**

重庆市文化局三峡办等三峡考古队：《万州塘坊坪遗址发掘报告》，《重庆库区考古报告集·1998 卷》，科学出版社，2003 年。

四川省文物考古研究所三星堆工作站等：《三星堆遗址真武仓包包祭祀坑调查简报》，《四川考古报告集》，文物出版社，1998 年。

敖天照等:《四川广汉出土商代玉器》,《文物》1980年第9期。

敖天照:《三星堆文化遗址出土的几件商代青铜器》,《文物》2008年第7期。

四川省文物考古研究所编:《三星堆祭祀坑》,文物出版社,1999年。

四川省文物考古研究院等:《四川炉霍县宴尔龙石棺葬墓地发掘简报》,《四川文物》2012年第3期。

中国社会科学院考古研究所等:《拉萨曲贡》,中国大百科全书出版社,1999年。

# 后　记

英国剑桥大学考古学家伦福儒教授说过,"考古学使我们有可能把每个国家的早期历史看作整个人类更大范围的历史的一部分"。串联起人类文明史的发展脉络,找回我们失去的文化记忆,正是考古人的使命所在。本书所力图勾画的,仅是波澜壮阔的东亚大陆青铜文明画卷的卷首。从大历史的视角看,它是中国纳入欧亚大陆青铜贸易与交流的"世界体系"的开端,也是"青铜中国"和王朝中国的肇始。与后世人类文明的壮美相比,书中所展示的最早的金属文明的遗存似乎还缺乏视觉冲击力,但缘起,往往是最迷人的。倘若本书能为全球早期文明的建构起到些许增砖添瓦的作用,我也就至感欣慰了。

如果说《大都无城》是关于"不动产"的盘点,那么本书就是关于新石器时代末期到青铜时代初期最重要的高科技"动产"——青铜器的梳理与整合。重要遗物,必须放到"不动产"这个大的背景关系(context)里,才能使其彰显出应有的价值和原初的辉光。由于有了"不动产"盘点分析的基础,这本书的着笔也就是顺理成章的事了。

但从另一个角度看,坦白地讲,与前几本小书相比,这本写起来又有捉襟见肘之感。因不肯凑合，要捋清全貌，就得补上学界未做、个人视野未及的基础性"功课"。那就是，运用计量史学的方法，尽可能量化梳理考古发现，以期勾画出更确切的轮廓，得出更确切的认识。贪全贪大，小书大做，加之各种杂务，使得书稿一拖再拖。这是我要向关注、期盼此书的读者致以深深的歉意的。

对此书定位的把握，即兼顾好看与好用，是颇费踌躇的事。我很希望这本书在好看的同时，也是一本翔实好用的、具有资料性质的书。它不仅适合于文史爱好者，也能有益于我的年轻同行，因而学术情结和职业习性一直难以放下。

最初交稿时，有500多个注释。经与编辑切磋，考虑到本书并非纯学术专著，且为了使读者阅读流畅，删去了200多个，其中的出处多有将第一手的考古材料改为综述性论著，删去若干报告和论著的副标题及页码、图号等，或干脆删去注释的情况。这实在是忍痛割爱的事儿。作为弥补，我们在书后加设了"主要考古资料存目"，以便读者查阅。如果这本偏于学术的小书尚具有一定的可读性，那相当程度上要归功于责任编辑曹明明女士的把关建言与在编辑工作上的辛勤付出。这是我要特别表示感谢的。

本书中关于青铜器（群）的断代，主要采纳朱凤瀚先生的观点（《中国青铜器综论》，上海古籍出版社，2009年），并参考了最新的发现与研究成果。附录二中周边各区域相关考古学文化及其年代的排定，主要参考了井中伟、王立新先生的意见（《夏商周考古学》，科学出版社2013、2020年）。

书稿写作中，曾得到北京科技大学李延祥教授、陈坤龙教授，甘肃省文物考古研究所陈国科研究员，青海省文物考古研究所乔虹研究员,新疆师范大学刘学堂教授,吉林大学井中伟教授、成璟瑭教授,辽宁师范大学徐昭峰教授,陕西师范大学郭妍利教授、胡保华副教授,山东大学邓聪教授、王青教授,山东省文物考古研究院孙波研究员,湖南省文物考古研究所郭伟民研究员、高成林研究员,国家博物馆李维明研究馆员、戴向明研究馆员、王力之研究馆员、王建平研究馆员,首都师范大学袁广阔教授、陈北辰博士,中国社会科学院民族学与人类学研究所易华研究员,以及我的同事、中国社会科学院考古研究所施劲松研究员、严志斌研究员、刘煜研究员、何努研究员、高江涛研究员、赵海涛副研究员、陈国梁副研究员、常怀颖副研究员,队友赵静玉高级技师和我的研究生贺俊、葛韵、司媛等同学的帮助。从书中所引考古文献可以看出,各区域考古同仁既往全面系统的研究为我们的分析提供了扎实的学术基础。限于篇幅和体例,无法一一加注,在此谨向有益于本书成稿的所有作者、编者和师友,致以诚挚的谢意与敬意。

书稿的最后修订,时值新型冠状病毒肆虐、全球警戒防疫之际。置身"地球村"时代的当下,思考东亚最初纳入"世界体系"的千古往事,抚今追昔,感触良多。天涯路远,见字如面,愿与读者诸君共勉。

许　宏

2020 年仲春

# 最早的中国

## 二里头文明的崛起

Earliest China

许宏 著

生活·讀書·新知 三联书店

Copyright © 2022 by SDX Joint Publishing Company.
All Rights Reserved.
本作品版权由生活·读书·新知三联书店所有。
未经许可，不得翻印。

**图书在版编目（CIP）数据**

解读早期中国：全四册／许宏著．—北京：生活·读书·新知三联书店，2022.1（2023.11 重印）
ISBN 978-7-108-07273-3

Ⅰ.①解… Ⅱ.①许… Ⅲ.①考古学－中国 Ⅳ.① K87

中国版本图书馆 CIP 数据核字（2021）第 193478 号

# 目 录

**引 子**　1

**解题**　"中国"的由来　5
　　"中国"的概念及其流变　7
　　看看文献怎么说　9
　　西周金文把最早的"中国"指向洛阳盆地　10

**开创纪元**　由"多元邦国"到"一体王朝"　13
　　"满天星斗"的英雄时代　15
　　文明时代的三大台阶：邦国、王国与帝国　17
　　"中国"诞生于二里头时代　21
　　一点一面：最早"中国"的两大特质　23

**全球视野**　中国文明兴起的世界背景　27
　　"旧大陆"的大河文明　29
　　还有学者认为，爱琴海也是一大发祥地　31
　　文明古国异同观　32

全球文明史中的中国文明　35
历史清晰度：另一视角的比较　37
为什么早期中国的纪年不确切？　38

**寻梦之旅**　从故纸堆到考古现场　41
文献记载的早期王朝史可信吗？　43
王系的疑窦　44
"古史辨"扫荡传统古史　46
现代考古学在中国应运而生　47
由已知推未知的探索　48
徐旭生寻"夏墟"找到二里头　51
一甲子的巨大收获　53
二里头：究竟姓夏还是姓商　57
研究史的启示　58

**地灵中原**　"第一王都"的诞生背景　61
东方"大两河流域"：农业起源的温床　63
中原：重瓣花朵中的花心　64
四方辐辏的交通战略要地　66
两大农业区的交汇带　68
两大自然和文化板块的接合部　70
洛阳盆地：形胜甲天下的"地理王国"　72
二里头："文化杂交"的硕果　75

## 王都气派　城市规划的先端　77
　　绝妙的都邑选址　79
　　二里头的今昔：聚落演变大势扫描　81
　　人口高度集中的超大型都邑　85
　　都邑的复杂化与功能分区　86
　　中心区的路网系统　89
　　大"十字路口"的发现　90
　　前所未有的城市规划　94

## 建中立极　宫廷礼制的形成　95
　　中国最早的"紫禁城"　97
　　"想"出来的宫城　99
　　中轴线规划的宫室建筑群　101
　　中庭可容万人的朝堂建筑　102
　　规模浩大的"凝聚力工程"　105
　　宏伟的宫城南大门　107
　　东路建筑群：宗庙与祭祖场所？　108
　　宫室建筑的"营造法式"　112
　　早期宫室：最早的多重院落建筑　113
　　"朝廷"与"礼制"的形成　117

## 国之大事　祭祀与战争　121
　　祭祀遗存区的发现　123

礼器：中国青铜时代的徽标　　124
从陶酒器到铜酒器　　125
陶鬶与"鸡彝"　　128
第一青铜酒器爵的发明　　130
从祭玉到礼玉　　132
东风西渐：大型有刃玉礼器群　　134
柄形器之谜　　139
昭示等级秩序的玉器　　141
无乐不成礼：乐器一瞥　　142
有骨无甲的占卜习俗　　145
中国最早的礼兵器　　147
钺·军事统帅权·王权　　148
小箭头的大启示　　150

**都邑社会**　人口构成与层级　　153
大规模的人口动员　　155
族属的复杂化：中国最早的移民城市　　156
从宫殿到半地穴式"窝棚"　　157
金字塔式的墓葬层级　　158
众星捧月：聚落分布格局鸟瞰　　161

**文明气象**　精神世界管窥　　165
二里头有文字吗？　　167
蛛丝马迹：甲骨文、金文中的早期器物　　169

碧龙惊现"第一都"　170
　　超级国宝"难产"问世　171
　　龙牌、龙杖还是龙旗?　175
　　绿松石龙祖型探秘　176
　　诡异的兽面纹铜牌饰　177
　　陶器上的龙形象　180
　　从众龙并起到"饕餮"归一　181

**巧夺天工**　官营手工业的高度　185
　　宫城旁的工城："国家高科技产业基地"　187
　　最早的官营铸铜作坊　188
　　礼制需求刺激冶铸业"黑马"跃起　189
　　独特而复杂的青铜工艺　190
　　陶方鼎透露出的惊人信息　193
　　承上启下的治玉技术　196
　　绿松石制品及作坊的发现　197
　　高超的绿松石镶嵌工艺　199
　　漆器：另一重要的礼器品类　201
　　圆陶片与漆觚的神秘关联　202
　　精制陶器、白陶与原始瓷　205
　　丝麻溢采：纺织品的发现　209

**城市民生**　经济生活举隅　211
　　"五谷"齐备　213

家畜饲养与渔猎　　214
　　烹调用器看庖厨　　216
　　盛食用器看吃法　　218
　　二里头人喜食"烧烤"　　220
　　双轮车辙痕与马车起源之谜　　221

**海纳百川**　对外交流的兴盛　　225
　　江南熏风：硬陶·云雷纹·鸭形器　　227
　　"来路不明"的热带海贝　　230
　　欧亚草原文化的冲击波　　233
　　游牧文明的讯息：战斧与环首刀　　235
　　邻近文化因素的汇聚　　237
　　铜原料来源之谜　　238
　　"金道锡行"：交通网的蠡测　　240

**强势辐射**　"中国"世界的雏形　　245
　　酒器扩散的历史背景　　247
　　长城外惊现二里头式"酒礼"　　247
　　长江上中下游刮起二里头风　　249
　　以牙璋为首的玉器的扩散　　250
　　二里头以外的兽面纹铜牌饰　　254
　　从二里头到二里岗　　256
　　"中国"世界的雏形　　260

最后的问题：何以"中国"　264

注　释　266

主要参考书目　275

感谢的话　279

新版后记　281

由二里头遗址远眺邙山　　"生于苏杭,葬于北邙。"远处逶迤的山岭就是被古代中国人作为人生理想之第一追求的"风水宝地"——邙山。老乡把我们发掘的宫殿区称为"金銮殿",这里的确有中国最早的"金銮殿"

# 引子

"知道'中国'是怎么来的吗？"设想我们在熙熙攘攘的北京王府井大街上随机采访游客，提出这一问题。再设想一下，我们会得到怎样的回答。

时间的阻隔使上古史在我们的记忆里犹如雾中之花。很可能，不少朋友脑海中对早期"中国"的印象，更多来自古代文献的片断记载甚至传说。对于文字产生前或产生之初还没能留下清晰记载的时代而言，考古学是我们探古寻根的一个不可替代的重要手段。

这本小书，就是一个考古人试图通过对无字"地书"的解读，向您讲述的关于"中国"诞生的故事。

二里头，本是一个地处中原腹地洛阳平原的普通村庄的名字。和中国千千万万个村落名一样，她朴素得不能再朴素。但就在她的身后，在绿油油的麦田下，却隐藏着3000多年前华夏族群一段辉煌的历史，这段历史也被其后人遗忘了3000多年，直到60多年前她进入了考古工作者的视野，才从此跻身于中华文明史乃至世界文明史的殿堂。我们也由此知道，在数千年华夏史前文化积淀的基础上，这里产生了最早的"中国"。

# 解题

## 「中国」的由来

## "中国"的概念及其流变

要讲清楚最早的"中国"是怎么来的,先要与大家一起梳理一下"中国"一词的来龙去脉。

在古代中国,"国"字的含义是"城"或"邦"。从字形上可以看出,一个邦国是以都城为中心而与四域的农村结合在一起的,它又是以都城的存在为标志的。"中国"即"中央之城"或"中央之邦"。"中国"一词出现后,仅在古代中国就衍生出多种含义,如王国都城及京畿地区、中原地区、国内或内地、诸夏族居地乃至华夏国家等。"中国"成为具有近代国家概念的正式名称,始于"中华民国",是它的简称,英文为China;现在是"中华人民共和国"的简称。[1]

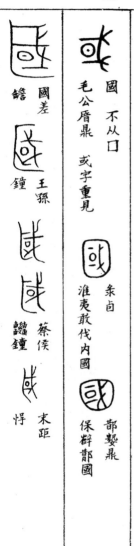

金文中的"国"字(《金文编》) 在金文(青铜器铭文)中,"国"字的原始字形作"戈"加"囗",即"或"字。其中,"戈"是声符,也兼有执戈守城之意,"囗"表示城邑。到了春秋时期,四周又被加上了外廓——"囗",表示国之疆界。最初的"国"并没有明确的疆界,最早的"国"字也忠实地记录了这一特征

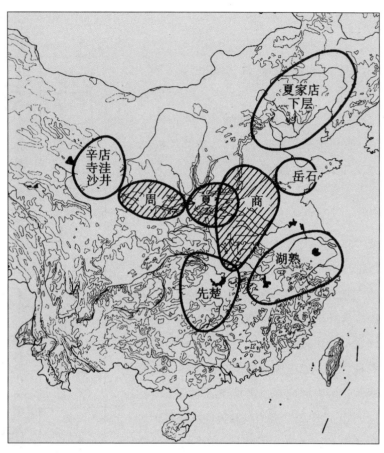

崛起于中原地区的三代王朝（《古代中国考古学》）

其中，最接近"中国"一词本来意义的是"王国都城及京畿地区"，那里是王权国家的权力中心之所在，已形成具有向心力和辐射性的强势文化"磁场"。其地理位置居中，有地利之便，因此又称为"国中""土中"或"中原"。从这个意义讲，"中国"的出现与东亚大陆最早的广域王权国家（或王朝）的形成是同步的。

应当指出的是，早期国家在空间上是由若干"点"而非"面"组成的，[2]这些不同等级的聚居点以中心城市为中心形成统治网络，现代观念中划定边境线的国界的概念，那时还不存在。最早的"中国"也仅指在群雄竞起的过程中兴起的王国都城，以及以都城为中心的社会政治实体所处的地域，尤其是它的中心区域。其后，随着东亚大陆由王国时代进入帝国时代，随着历代王朝政治版图的扩大，"中国"一词作为地域、文化和政治疆域概念，它的内涵也经历了不断扩大和变化的过程。同时，它的由来也逐渐不为人知，人们往往知"中国"而不知最早的"中国"在何处，它是如何崛起的，又有过怎样的辉煌。

## 看看文献怎么说

由上述分析可知，最早的"中国"应当就是最早的王朝都城和它附近的京畿地区。在传世文献中，"中国"一词最早出现于东周时期成书的《尚书》和《诗经》等书中。《尚书·周书·梓材》是周公教导他的弟弟康叔如何治理殷商故地的训告之词。其中"皇天既付中国民越厥疆土于先王"，意即皇天将中国的土地与人民交给周的先王治理。这里的"中国"应指关中至河洛一带的中原地区。而《诗·大雅·民劳》中"惠此中国，以绥四方……惠此京师，以绥四国"的"中国"则与"京师"同义。殷墟甲骨文中也有"中

何尊铭文中的"宅兹中国"铭文记载了周初成王开始营建东都洛邑时,在一次祭典上对宗室子弟宣布的诰命。这是最早出现"中国"字样的出土文献

商""大邑商""天邑商"等带有文化本位色彩的、对本朝王都的自称,其含义应与西周时代的"中国"相当。

## 西周金文把最早的"中国"指向洛阳盆地

在出土文物中,"中国"一词最早见于西周初年的青铜器"何尊"的铭文。这一国宝级重器于1963年出土于陕西宝鸡。长达122字的铭文讲到周武王在灭商之后就有营建东都的重大决策,曾祭告上天说"余其宅兹中国,自之乂民",意欲建都于天下的中心,从这里统治人民。这篇铭文把"中国"的最早地望确指为洛邑所在的洛阳盆地及以其为中心的中原地区。《史记·周本纪》在记述这段

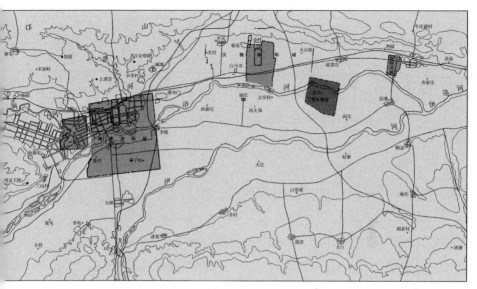

洛阳古代都城形势图（《中国社会科学院考古研究所考古博物馆洛阳分馆》） 今天，在东西绵延30多公里的盆地中心，由西向东排列着东周王城、隋唐洛阳城、汉魏洛阳城、二里头遗址、偃师商城五大都城遗址，被誉为华夏文明腹心地区的五颗明珠

历史时，也引用周公的话，认为洛阳盆地为"天下之中，四方入贡道里均"。

为西周王朝所青睐，被认为是"天下之中"而营建东都的洛阳盆地，在长达2000余年的时间里，先后有十余个王朝建都于此。司马迁的《史记》中即有"三代之居皆在河洛之间"的记载（《史记·封禅书》）；其后，又有东汉、曹魏、西晋、北魏、隋、唐等朝代在此营建都邑。这在世界文明史上也是极为罕见的。其中，二里头遗址就是洛阳盆地这一最早的"中国"区域内最早的一座大型都邑。

# 开创纪元

## 由『多元邦国』到『一体王朝』

## "满天星斗"的英雄时代

在东亚大陆,从大体平等的史前社会到阶层分化、国家形成的文明社会的演进,经历了一个相当长的过程。在被中国古代文献称为"王朝"的夏、商、周三代广域王权国家形成之前,在广袤的黄河、长江流域,各区域文化独立发展,同时又显现出跨地域的共性。这是一个众多相对独立的部族或古国并存且相互竞争的阶段,北京大学的严文明教授,把它称为"龙山时代"(约相当于公元前

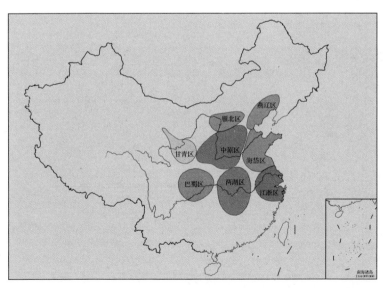

史前时代黄河、长江流域的主要文化区 [《农业发生与文明起源》,底图审图号:GS(2016)1569]

新石器时代至青铜时代早期主要考古学文化的年代与分布

| 年代（公元前） | 长江上游 | 黄河上游 | 黄河中游 | 长江中游 | 黄河下游 | 长江下游 | 西辽河 |
|---|---|---|---|---|---|---|---|
| 3500 | | 马家窑文化→ | 仰韶文化晚期→ | 大溪文化／油子岭文化→ | 大汶口文化中期→ | 崧泽文化→ | 红山文化→ |
| 3000 | | | | 屈家岭文化→ | | 良渚文化早期→ | 小河沿文化→ |
| 2500 | 宝墩文化→ | 齐家文化→ | 庙底沟二期文化→ | 石家河文化→ | 大汶口文化晚期→ | 良渚文化中期→ | |
| 2000 | 三星堆文化→ | 区域青铜文化→ | 中原龙山文化→ / 新砦类遗存→ | 肖家屋脊文化→ | 海岱龙山文化→ | 良渚文化晚期→ | |
| 1500 | | | 二里头文化 / 二里岗文化 | 区域青铜文化 | 岳石文化→ | 广富林文化→ | 夏家店下层文化→ |
| 1000 | 十二桥文化 | | 殷墟文化→ | 西周文化 | 殷墟文化→ | 马桥文化等→ / 区域青铜文化 | 魏营子文化→ |

3000—前2000年）。[3]而根据最新的考古学和年代学研究成果，这一时代的上限约当公元前2800年，下限或可下延至公元前1700年左右，与二里头文化早期相衔接。[4]

这些小的社会组织在古文献中被称为"万邦"（如《尚书·尧典》："百姓昭明，协和万邦"）或"万国"（如《左传·哀公七年》："禹合诸侯于涂山，执玉帛者万国"）。现在有的学者认为它们应当就是早期国家，也有的学者称其为族邦，或认为它们相当于西方学术界所指的"酋邦"（chiefdom），换言之，还到不了国家的水平。[5]这些名实之辩作为学术问题还会持续下去，但它们已属于不平等的复杂社会，却是大家都同意的。那时还没有出现跨越广大地域的强势核心文化，天下形势可以用"群雄竞起"或"满天星斗"来形容，也是一个不争的事实。有人把这一风起云涌的时代形容为中国的英雄时代，那确是一个激动人心的时代。

## 文明时代的三大台阶：邦国、王国与帝国

广域王权国家形成之前众多小的政治实体并存竞争的这个时代，有人称为"邦国时代"，也有人称为"古国时代""万邦时期"等，意思大致相近，指的都是"小国寡民"式的社会组织共存的时代。这一邦国时代，与王国时代（夏、商、周三代王朝）和后来的帝国时代（秦汉以至明清），构成了中国古代文明发展史的三个大的阶段。[6]在这个过程中，国家实体因兼并而从多到少乃至归

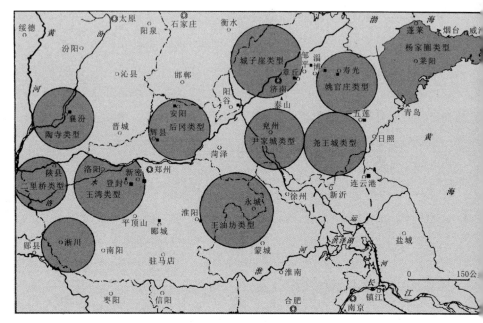

龙山时代的中原地区邦国林立(《中国史前城址与文明起源研究》)

一,而中心王朝的统治与影响范围日益扩大。史载禹时万国,周初三千,春秋八百,战国七雄,至秦汉一统为帝国。与社会组织——国家的由多变少相对应,其权力中心——都邑则由小变大,有一个从中心聚落到小国之都、王国之都直至膨胀为帝国之都的过程。

其中,最具里程碑意义的是中央王国即早期王朝的诞生。这时的社会多个层次并存,既有地处中原的王国,也有周边的邦国(它们与王国有从属、半从属或同盟的关系,有的时服时叛。相对于中央王国,它们或可称为"方国"),还有尚未发展为邦国的酋邦一类"复杂社会",甚至平等的氏族部落社会。从这个意义上讲,作为较

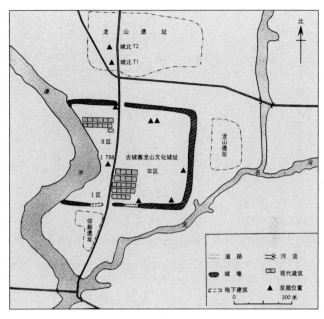

河南新密古城寨龙山时代城址平面图

邦国更高一级的文明形态,王国中可能还包含着邦国(或称为"方国")等政治实体,因此也可以通俗地被形容为"国上之国"。鉴于此,包含"中央""中心""王都""京畿"等含义在内的"中国"的概念,也就不可能上溯到小国寡民的"邦国时代",而应当是与最早的王朝,即"中央王国"同时出现的。

瑞典东方古物博物馆推出的以中国史前彩陶为中心的展览,名为"中国之前的中国"(China before China)。这一展名的含义是"借以展示生活在今日中国这块土地上的远古人们的丰富多彩的文化创造力,这是发生在中国这个国家成立或说定了名称数千年之前

华夏早期国家与都邑形成过程

| 文化分期 | 时期 | 绝对年代（公元前） | 总体聚落形态 | 社会组织 | 聚落防御设施 | 宫城宫殿宗庙 | 古典文献 |
|---|---|---|---|---|---|---|---|
| 新石器时代—史前—原史时代 | 仰韶时代前期 | 约5000—3500 | 大体平等 | 前国家（部族?）社会 | 圆形环壕 | | |
| | 仰韶时代后期至龙山时代前期 | 约3500—2300 | 初步分化，中心聚落与大遗址群出现 | 向国家社会转化（酋邦或邦国） | 环壕为主。夯土城址出现，最早呈圆形 | | |
| | 龙山时代后期至新砦文化期（夏?） | 约2300—1700 | 高度分化，大型中心聚落（初期都邑?）出现 | 纷争加剧，邦国林立 | 环壕普遍化，不甚规则，夯土城址多为矩形 | 大型夯土建筑出现（初期宫庙?） | "执玉帛者万国"（《左传》） |
| 青铜时代/原史—历史时代 | 二里头时代（夏/商?）至西周时代 | 约1700—771 | 分化严重，超大型都邑出现，都邑不断庞大化 | 中原广域王权国家（王朝）出现 | 差序都邑（无外郭城） | 宫殿基址群，宫城出现；宫庙一体，以宫为主 | "凡邑有宗庙先君之主曰都"（《左传》） |
| 铁器时代/历史时代 | 春秋战国时代 | 770—221 | | 诸侯国林立；分立集权的领土国家的出现 | 从内城外到到城郭分立 | 宫庙分离，以宫为主（战国始） | "筑城以卫君，造郭以守民"（《吴越春秋》） |
| | 秦汉时代 | 221— | | 帝国兴起 | 帝都突破城郭限制，形成首都圈 | | |

的事"[7]。这与我们对"中国"的理解是一致的。

从考古发现看,属于"邦国时代"的龙山时代,城址林立。据初步统计,在后来以二里头文化为先导的中原王朝兴起的黄河中游地区,已发现的龙山时代城址即达10余座,面积一般在数万至数十万平方米。但至二里头时代,随着面积逾300万平方米的超大型都邑——二里头的崛起,各地的城址相继废毁,退出了历史舞台。[8]这应是中原地区从邦国时代迈入王国时代的真实写照。

## "中国"诞生于二里头时代

二里头遗址位于洛阳盆地东部的偃师市境内,遗址上最为丰富的文化遗存属二里头文化,其时代约为距今3800—3500年,相当于古代文献中的夏、商王朝时期。著名的"二里头文化"即由此而得名。

随着二里头都邑与二里头文化的崛起,华夏文明由"多元的邦国"时期进入了"一体的王朝"时期。龙山时代并存共立、光灿一时的各区域文化先后走向衰败或停滞,与其后高度繁荣的二里头文化形成了较为强烈的反差。我们称其为中国早期文明"连续"发展过程中的"断裂"现象。[9]值得注意的是,这一"断裂"现象在中原腹地的嵩山周围虽然也存在却不甚明显,二里头文化恰恰是在这一地区孕育发展,最后以全新的面貌横空出世,成为中国乃至东亚历史上最早出现的核心文化——王朝文化。这匹一鸣惊人的黑马的

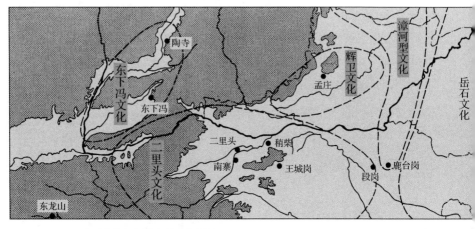

二里头时代的中原(《论辉卫文化》) 二里头文化的直接分布范围并不太大,它以河南中西部中原龙山文化分布区域为根据地,以洛阳盆地的二里头王都为中心,其直接控制范围应在直径200公里以内,它的周围还分布着其他拥有独立势力的集团

出现,就此改变了东亚大陆的文化格局。

当然,这并不是说"满天星斗"般的多中心状况就此宣告终结,二里头时代也呈现出多元的文化态势。但二里头文化的社会与文化发达程度,以及前所未有的强势辐射态势,使其当之无愧地成为这一时代的标志性文化。由于二里头文化开创性的历史意义,我们称它所处的时代为"二里头时代"(目前的考古学与文献史学研究的进展,尚不足以支持以夏王朝的史迹为核心内容的"夏文化"以及"夏代"的最终确立。这里仍暂时依照考古学的惯例,用具有典型性的考古学文化来命名这一时代)。[10]二里头时代的二里头都邑,就是当时的"中央之邦";二里头文化所处的洛阳盆地乃至中原地区,就是最早的"中国"。

作为世界几大原生文明发祥地之一的东亚大陆,到了二里头时代,才正式拥有了可以与其他文明古国相提并论的文明实体。二里头文化与后来的商周文明一道,构成华夏早期文明的主流,确立了以礼乐文化为根本的华夏文明的基本特质。因此可以说,二里头时代的出现在中华文明发展史上具有划时代的历史意义。

## 一点一面:最早"中国"的两大特质

以二里头遗址和二里头文化为代表的最早的"中国"这一文明实体,显现出东亚大陆人类发展史上史无前例的两大特质。这两大特质,可以用一"点"一"面"来概括。一"点",是指其都邑中心的庞大化与复杂化,堪称"华夏第一王都";一"面",是指其大范围的文化辐射,形成中国乃至东亚地区最早的强势"核心文化"。

### "华夏第一王都"的中国之最

我们不妨先列举二里头遗址的若干重要发现,从中可以窥知它作为王朝都邑的高度发达与复杂程度,这在中国历史上都是前所未有的。

这里发现了——

最早的城市干道网;

最早的宫城(后世宫城直至明清"紫禁城"的源头);

最早的中轴线布局的宫室建筑群(建筑上的王权表征);

最早的大型多进院落和"四合院"宫室建筑;

最早的青铜礼器群（含容器与兵器，华夏青铜文明之肇始）；

最早的大型围垣官营作坊区；

最早的青铜礼器铸造作坊；

最早的绿松石器作坊。

这里是——

公元前二千纪前半叶最大的中心性城市（现存面积约300万平方米），

最早的具有明确城市规划的大型都邑。

此外，玉质礼器、各类龙形象文物、白陶和原始瓷的发现，以及骨卜的习俗、鼎鬲文化的合流等，都是"中国"元素的大汇聚。

东亚最早的"核心文化"

与早于它的众多史前文化相比，二里头文化的分布范围首次突破了地理单元的制约，几乎分布于整个黄河中游地区。其文化因素向四围辐射的范围更远大于此，北达燕山以北，南至由东南沿海到成都平原的整个长江流域，东及豫鲁交界，西到甘青高原一带。

鉴于上述，我们可以说，二里头遗址是迄今所知中国最早的广域王权国家的都城；而在当时文化发展程度最高的二里头文化，则成为东亚地区各族团在走向社会复杂化进程中第一支遥遥领先的核心文化。

从事物发展演变的规律上看，量变的积蓄是绝对的，质变不过是人们从哲学或史学高度进行的宏观而抽象的概括定性。正如一些学者指出的那样，文明的演进是一段路途而不是一道门槛，是一个历史过程而不是一个历史事件。但这一演进过程也不是匀速的，还

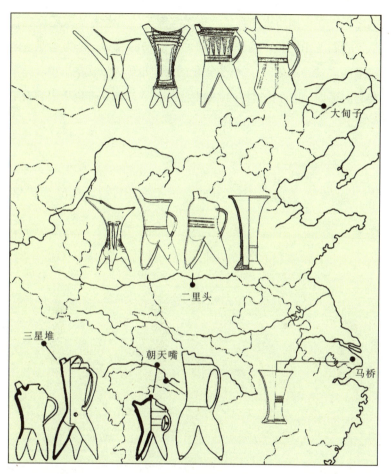

二里头式陶酒器的分布(《夏王朝—王權誕生の考古學》) 具有二里头文化风格的陶酒器盉（或鬶）、爵、觚等，在二里头文化的兴盛期已到达了距中原相当远的地域

真的有一些跳跃性的节点，可以称为"突变"或"巨变"，让考古学家们精神为之一振。譬如上面谈及的二里头遗址出土的众多的中国之最，在中国历史上都是"史无前例"的，考古学家还没有在早于它的龙山时代中找到其直接的、顺畅的源头。作为东亚地区最早的"核心文化"，二里头文化的崛起也给人以横空出世、异军突起的感觉。也许，这样的关键性节点就可以叫作开创历史的新纪元吧。

# 全球视野

## 中国文明兴起的世界背景

## "旧大陆"的大河文明

从全球文明史的角度看，分布于大部分地区的若干人类社会都大体在公元前10000年至公元前8000年前后跨越了人类历史上一个大的分水岭，即进入新石器时代，发生了"农业革命"。"这一革命促使底格里斯河和幼发拉底河流域、尼罗河流域、印度河流域以及黄河流域得以发展出古代的大河流域文明。古代文明始于大约公元前3500年并一直延续到公元前的第二个千年。"[11]依时代先后，这四大文明分别是美索不达米亚文明（两河流域文明）、埃及文明、印度河文明（哈拉帕文明）和中国文明（以黄河和长江流域为中心）。

这些文明发祥地基本上位于北回归线至北纬40度线之间的暖温带和亚热带，其共通之处是河川及其两岸都有肥沃的冲积平原，这些平原都孕育出了发达的农耕社会。各个农耕社会的兴起及其内涵存在着地域、发展阶段和演变过程等诸多的差异，同时也存在着某些共性。这些文明中心都有高度发达的农业，积蓄了丰富的剩余农产品，从而促进了人口的增长和聚落的扩大、贸易的增加和分工的细化。一般认为，在这些大河流域，治水和灌溉需要大规模的共同作业，因而产生了强有力的权力中心和统率者。但也有学者认为，大河流域的人工灌溉，是在建立了文明和国家之后才得以真正实现的，应该说是文明的结果而不是文明的原因。无论如何，以王

**全球主要文明发祥地的历程**

| 公元前 | 埃及文明 | 爱琴文明 | 美索不达米亚文明 南部 | 美索不达米亚文明 北部 | 印度河文明 | 中国文明 |
|---|---|---|---|---|---|---|
| 3500 | 前王朝 地区性小国 | | 乌鲁克时期 | | | |
| 3000 | 早王朝 | | 杰姆代特 奈斯尔时期 苏美尔早王朝 | | | |
| | | | | | 前哈拉帕文化 | |
| 2500 | 古王国 金字塔始建 | | | | | |
| | | 王宫以前 | 阿卡德王朝 新苏美尔 | | 哈拉帕文化 | 龙山时代 诸文化 |
| 2000 | 第一中间期 中王国 | 旧王宫 | 古巴比伦 重新统一 汉谟拉比在位 赫梯 | 古亚述 | | 新砦类遗存 二里头文化 |
| | 第二中间期 | 新王宫 | | | | |
| 1500 | 新王国 | 迈锡尼 | | 中亚述 | | 二里岗文化 殷墟文化 |
| 1000 | | | | | | 西周文化 |

权为中心的古代国家的出现是大河文明发展的共同结果。

## 还有学者认为，爱琴海也是一大发祥地

除了这些"大河文明"，在号称"蓝色星球"的地球上，当然还有若干以岛屿为据点的独特的"海洋文明"。追根溯源，它们应是大河文明先驱扩展的结果，同时又具有较强的独立性，表现出不同于大河流域文明的特色。有的甚至被认为也属于文明的发祥地，如爱琴海上的克里特文明。

约公元前1900年，地中海东部爱琴海区域的克里特岛上发展出了克里特文明，又称米诺斯文明。"米诺斯文明"一名，来自古希腊神话中的克里特贤王米诺斯。克里特文明，属于该地青铜时代的中晚期。它是欧洲最早的古代文明，也是希腊古典文明的前驱。以精美的王宫建筑、壁画及陶器、工艺品等著称于世。一般认为，它是在对外贸易中受到美索不达米亚文明和埃及文明的影响。如建筑模式、数学以及线文字等，都可能模仿自埃及文明。政治结构也与埃及和美索不达米亚相似。有的学者将其形容为具有华丽的"王宫文化"的，纤细优美、个性丰富的女性化文明。

这一文明终结于公元前1450年左右，此后的克里特为迈锡尼人所占领。克里特文明的兴盛期，与二里头文化大体相当。

## 文明古国异同观

学者们在对各大文明古国的比较研究中,经常用形象的语言高度概括它们的特色。这些分析,有助于我们从总体上把握它们的本质特征。

如相对于上面提到的克里特文明的华丽而纤细的女性美,美索不达米亚文明则被认为极具睿智而充满男性的雄浑。它与埃及文明相比,活力四射但又具有不稳定性,政治经常以区域性的城市国家为基础发生变动,充满荣枯盛衰,因而可被称为经受了血与火的洗礼的动态文明。这支巨大的文明因其地理上呈开放之势而有文化上"杂交"的优势。这与中原文明是颇为相近的。

埃及文明由于地缘的原因,与外界的交流处于从属地位,可以称为相对稳定的静态文明,像这支文明惯常使用的重要材质"石料"一样。尼罗河水流稳定,以洪水的可预知性著称,被视为让人感恩的永不枯竭、慷慨好施的源泉,而不像美索不达米亚的河流那样被看作带来洪灾的罪魁祸首。

从这一点上看,中国文明与后者接近,黄河母亲虽孕育出了华夏文明,但在历史上,它基本上是作为"害河"而出现的。治水与救灾,是贯穿古代中国史的一条重要的主线。

在埃及,社会稳定、政治集权和对安然之死的追求(来世观念)之间存在着内在的联系。是这些因素促成了大型墓葬纪念物和木乃伊的保存方式的产生,因而有学者称其为"墓葬文化"。强大

**美索不达米亚文明** 美索不达米亚文明以极具特色的楔形文字泥版、宏大的神殿建筑等"黏土"来表现自我,巨大的"庙塔"是这一文明的标志性建筑
1 乌尔城址中的神庙;2 苏美尔的象形文字泥版;3 乌尔王军旗;4 拉伽斯城邦的石雕像;5 阿卡德帝国萨尔贡面具

**埃及文明** 埃及文明以象形文字和包括金字塔在内的巨大石造建筑为象征,这支文明惯常使用的重要材质则是"石料"
1 吉萨金字塔群(公元前三千纪中叶);2 医学纸草文书(公元前1600年前后);3 法老孟考拉与女神雕像(公元前2500年前后);4 贵族墓壁画:涅巴蒙捕鸟图(公元前二千纪下半叶)

的政治结构和谨慎的墓葬安排之间的联系在中国文明中也存在，尽管二者在具体的宗教信仰方面差别很大。

## 全球文明史中的中国文明

就社会复杂化和文明兴起的时间而言，美索不达米亚文明和埃及文明在公元前3500年左右即已出现了国家，产生了文字、作为权力中心的城市以及复杂的社会结构等大多数后世文明所具有的特征。受美索不达米亚文明影响的印度河流域文明大约兴起于公元前2700年或稍晚。再向东，从乌拉尔山脉一线到印度洋以东的广大地区，因地理的阻隔而很少受到西方文明的刺激。公元前3000年左右，在黄河和长江流域已出现了若干社会复杂化程度较高的、可以被称为"邦国"的政治实体，如大汶口文化（中晚期）、良渚文化等。这种"万邦"林立的状况持续了一千多年，才出现了相当于美索不达米亚文明的苏美尔早王朝、埃及文明的早王朝和印度河文明的哈拉帕文化那样的较大规模的王权国家——以二里头文化为先导的中原王朝文明。可以说，作为文明诞生前提的定居与农耕发生的时间，中国与其他文明发祥地不相上下，只是充分发展的时代来得晚了一些。就现有材料而言，这批东亚最早的青铜文明的兴起，应与欧亚大陆青铜文化的东传有密切的关联。

中国地理环境的基本特点是自成独立的地理单元，并且有一种天然的多元向心结构。相对于今天，在交通不发达的史前，很难同

位于世界东方的中国(《世界地图集》) 中国的地形很像一个大座椅,背对欧亚大陆而面向海洋。它的四周有高山、大河、草原、沙漠和海洋的阻隔,从而形成一个相对独立的地理单元

外界发生经常性的文化交流;即便受到外界的影响,其力度也大打折扣。因而,中国史前文化及早期文明基本上是在相对封闭的地理条件下发展起来的。但与此同时,我们也不能忽视其在产生和发展的过程中所接受的外来文化因素的影响。

在全球古代文明发祥地中,中国文明数千年间大致连续演进,独具特色,而其他几支文明在经历了各自的辉煌后,都相继退出了历史舞台,以致今天的考古学家和历史学家对这几支文明创造者的族属和来去行踪等,仍然没有准确的把握。相比之下,我们对中国古代文明的探索有着得天独厚的有利条件。

## 历史清晰度：另一视角的比较

读上述几大文明发祥地的历史书，你会觉得其信息含量和叙述的细致程度，超出我们对中国早期文明史的了解。原因何在？关键取决于文字文献材料的丰富程度。美索不达米亚文明早在公元前3500年前后，即发明了象形文字，后来发展出一套系统的表音符号，其文字是刻于泥版上的楔形文字。到公元前2000年前后，苏美尔人就写下了世界最古老的故事《吉尔伽美什史诗》。与二里头文化同时代的古巴比伦，已有了著名的刻于石碑上的《汉谟拉比法典》。

埃及文明使用象形文字，写于莎草纸上或刻在石头上，留下了大量带有丰富历史信息的文字材料。此外，这些文明中心还保存下来为数众多的显现生活细节的图像。考古学家凭借这些文字和图像，可以进行详细的编年，复原当时人们的日常生活，甚至深及人们的思想意识和宗教活动。

爱琴海的克里特文明使用的线形文字，据研究，系源于埃及的象形文字，这支文明也有保持大规模文献记录的传统。

在印度河文明中，虽然也发现了不少铭刻在石、陶、象牙上的字符，出土的印章上保存了一套复杂的文字系统，但至今仍无法解读，所以考古学家对这支文明的了解远不如美索不达米亚文明和埃及文明。这与早期中国的情况是相近的。

## 为什么早期中国的纪年不确切？

与其他文明发祥地发现了丰富的早期出土文献相比，在中国，最早的包含大量历史信息的出土文献——甲骨文，属于高度发达的商王朝晚期（约公元前1300—前1046年），它本身并没有明确的纪年材料。其后的西周时代的铜器铭文，能够推定王年的也寥寥无几。根据《史记》的记载，确凿的中国历史纪年只能追溯到西周共和元年，即公元前841年。再往前，只能是仁者见仁、智者见智的推算了。

我们先看看西周王朝的始年，也就是著名的武王伐纣这一重大历史事件的准确年代吧。据"夏商周断代工程"的统计，两千多年来，中外学者根据各自对文献和西周历法的理解推算，形成了至少44种结论。最早的是公元前1130年，最晚的是公元前1018年，前后相差112年。那么再往前推算，商王朝的第一代君王商汤起兵灭掉夏桀，以及大禹的儿子夏启建立夏王朝，都是在哪一年呢？各种文献说法不一。比如商王朝的存在时间，有的说458年，有的说496年，也有说500多年、600多年的，最长的是629年。又如夏王朝的存在时间，有的说431年或432年，有的说471年或472年。由于采用不同的说法，从西周初年开始的计算累计误差，各种结果相差就超过200年。[12]

所以，以往中国历史年表上关于夏代的存在年代只能含糊地写着上限为公元前22世纪或公元前21世纪，夏商之交为公元前17世

### 夏（公元前 2070—前 1600 年）

| | | | |
|---|---|---|---|
| 禹<br>启<br>太　康<br>仲　康<br>相 | 少　康<br>予<br>槐<br>芒<br>泄 | 不　降<br>扃<br>廑<br>孔　甲<br>皋 | 发<br>癸 |

### 商前期（公元前 1600—前 1300 年）

| | | | |
|---|---|---|---|
| 汤<br>太　丁<br>外　丙<br>中　壬<br>太　甲 | 沃　丁<br>太　庚<br>小　甲<br>雍　己<br>太　戊 | 中　丁<br>外　壬<br>河亶甲<br>祖　乙<br>祖　辛 | 沃　甲<br>祖　丁<br>南　庚<br>阳　甲<br>盘庚（迁殷前） |

### 商后期（公元前 1300—前 1046 年）

| 王 | 年代（公元前） | 年数 |
|---|---|---|
| 盘庚（迁殷后）<br>小辛<br>小乙 | 1300—1251 | 50 |
| 武丁 | 1250—1192 | 59 |
| 祖庚<br>祖甲<br>廪辛<br>康丁 | 1191—1148 | 44 |
| 武乙 | 1147—1113 | 35 |
| 文丁 | 1112—1102 | 11 |
| 帝乙 | 1101—1076 | 26 |
| 帝辛（纣） | 1075—1046 | 30 |

### 西周（公元前 1046—前 771 年）

| 王 | 年代（公元前） | 年数 |
|---|---|---|
| 武　王 | 1046—1043 | 4 |
| 成　王 | 1042—1021 | 22 |
| 康　王 | 1020—996 | 25 |
| 昭　王 | 995—977 | 19 |
| 穆　王 | 976—922 | 55（共王当年改元） |
| 共　王 | 922—900 | 23 |
| 懿　王 | 899—892 | 8 |
| 孝　王 | 891—886 | 6 |
| 夷　王 | 885—878 | 8 |
| 厉　王 | 877—841 | 37（共和当年改元） |
| 共　和 | 841—828 | 14 |
| 宣　王 | 827—782 | 46 |
| 幽　王 | 781—771 | 11 |

夏商周年表　国家级重大科研项目"夏商周断代工程"公布的年表，将夏、商、周王朝建立的年代分别定为公元前2070年、前1600年和前1046年，也只能看作一种说法而已

纪,后面时常再打上个问号以示慎重和留有余地。即使在今天看来,这也是合适的。在"夏商周断代工程"启动之初,有学者曾推断说,几年后,或许会把上述诸多说法统一为一种说法,或许会再增添一种或数种新说法。现在看来,"工程"是通过验证讨论、斟酌比较,在以前的众多说法中选出了一个专家们心目中的最优解,专家们自己也没有说这是唯一解。这是一种科学的态度,探索是没有止境的。

"定论""正确""错误"一类倾向于绝对定性的词,似乎并不适用于早期历史与考古研究领域。出土文字材料的匮乏、传世文献的不确定性,导致我们对早期中国的纪年只能做粗略的把握。"疑则疑之"既出于不得已,也是一种科学的态度。

# 寻梦之旅
## 从故纸堆到考古现场

## 文献记载的早期王朝史可信吗？

中国历史源远流长，有丰富的文献典籍流传于世。它的厚重、连贯和详尽历来是我们民族引以为豪的。但有关早期王朝历史的文献掺杂传说，且经数千年的口传手抄，甚至人为篡改，究竟能否一概被视为信史，历来都有学者提出质疑。

中国的早期王朝国家形成于何时？西汉太史公司马迁在中国最早的通史巨著《史记》中，记有夏、商（殷）、周三个相继崛起的王朝。最后的周王朝因有详细的记载并有出土青铜器铭文和甲骨文的印证，自西周末期的公元前841年之后更有确切的纪年，已经可以确证。但司马迁所处的汉代，已距夏、商千年有余，相当于我们现在写唐宋史。谁能证明太史公描绘的夏、商时期发生的种种事件，以及历代夏王、商王的传承谱系是完全可靠的呢？甚至历史上究竟有没有过夏、商王朝存在，从现代史学的角度看，都是值得怀疑的。

清代以后，学者们逐渐考证清楚，即使公认的最早的文献《尚书》，其中谈论上古史的《虞夏书》，包括《尧典》《皋陶谟》《禹贡》等名篇，也大都是战国时代的作品，保留古意最多的《商书》之《盘庚》，也经周人改写过。进入战国时代，随着周王王权式微，谋求重新统一的各诸侯国相互征战，各国的君主都自诩本国为中国之正宗，因此都把祖先谱系上溯至传说中的圣王，其中伪造圣王传说的例子也不少。

关于夏、商王朝的制度，到春秋时代已说不清楚了。孔子即曾慨叹道："夏礼，吾能言之，杞不足征也；殷礼，吾能言之，宋不足征也。文献不足故也。"（《论语·八佾》）作为夏人、商人后代的杞国和宋国，都没有留下关于王朝制度的充足证据。连夏、商王朝的追忆都变得十分模糊，更不必说它们以前的尧、舜时代了。况且，流传下来的这些文献记载比孔子的时代还晚，即便夏王朝曾经存在过，要想从古文献中得知它的确切状况也是相当困难的。

## 王系的疑窦

据《竹书纪年》《左传》《史记·夏本纪》的记载，夏王朝自禹至桀共十七王。其中，除了外敌入侵导致太康迁都之际，以及第十一、十二代王时两度兄弟相继外，王位继承上都是采取非常安定的父子相继的传位法。然而，这与以兄弟相继为主的商的王系相比，确实给人以不太自然的感觉。因为从王位继承法的演化进程看，兄弟相继较父子相继是较为原始的、容易产生动乱的方式。当然不能排除这样的可能性，即商人有兄弟相继的习俗，相反夏人则有父子相继的相对进步的习俗。因族属的不同而有不同的社会习俗，是很正常的。然而，如果以父子相继为准则，那么未成年的王和昏庸的王即位，王权的不稳定就是无法避免的，所以必须确立稳定的国家制度。夏王朝是否已确立了这样的体制，就是个问题。

依王国维的考证，《史记·殷本纪》所记载的商王的系谱，与

> 夏王世系与商先公世系的比较
> 
> 夏—启—○—相　—○—○—槐—芒—○—不降……履癸
> ‖　‖　　‖　　　　　　　↘ ↙　　‖　　　　　‖
> 喾—契—○—相土—○—○—冥—亥———王恒……示癸

由殷墟甲骨文中复原出的王系大体一致。包括商先公（前王朝时代的统治者）在内的王系能被确切地传承下来，与商王朝及其后代举行定期的祖先祭祀的传统有关。不过，兄弟相继的情况，见于开国之君汤（大乙）至第二十七代王庚（康）丁；总计十四代先公以及庚（康）丁至第三十一代帝辛（纣）的五代商王则是父子相继。商代末期这五代父子相继的商王统治时期，显示出稳定的王权的确立。问题是商先公即前王朝时代的父子相继。

如果把兄弟、从兄弟等同代人作为一代加以统计，那么夏王朝从禹到桀（履癸）共十四代十七王。与其同时代的商先公帝喾到示癸也恰好是十四代，其中七人的名号也与夏王的名号相类。这一点早已由著名学者陈梦家先生指出。

十四代中有半数的人名如此相似，这恐怕难以看作偶然的一致。何况夏王朝与商的先公时代在时间上是重合的，而且都是父子相继。鉴于此，陈梦家推断夏与商本属同族，而后才有了将夏和商在系谱上一分为二的作伪行为。[13]

其实关于夏世系中的王名，清代学者崔述已有怀疑，顾颉刚先生等对其非真实性更有进一步的考辨。[14]有学者进而将传世文献中的夏世系分为传说、过渡、现世三个阶段，指出其中"太康—中康—相—少康"四位夏后是连接传说阶段与现世阶段的人为虚构的过渡阶段世系，是商代中期"太戊—仲丁—外壬—河亶甲—祖乙"五位商王事迹的史影。由此可知传世文献中的"夏世系"并不完全可信，而诸如"自禹至桀十七世……用岁四百七十一年"(《竹书纪年》)之类关于"夏年"的记载也就随之失去了可信度。[15]

## "古史辨"扫荡传统古史

20世纪初，一批热心追寻真理的知识分子，受西方现代治学方法的熏陶，以"离经叛道"的反传统精神，开始对国史典籍进行全面的梳理和检讨，从而搅动了以"信古"为主流的中国学界的一潭死水。

代表人物顾颉刚，在1923年提出了著名的"层累地造成的中国古史"的论点。他尖锐地指出，"时代愈后，传说的古史期愈长"，"时代愈后，传说中的中心人物愈放愈大"。例如周人只谈论过禹，孔子至多提到尧、舜，战国时开始谈论黄帝、神农，到汉代才加上盘古。所以，我们"即不能知道某一件事的真确的状况，但可以知道某一件事在传说中的最早的状况"。此后，以他为首的一批学者发表文章，对先秦古史的主要说法予以逐条批驳，认为被后人奉为金科玉律的那些传统古史的说法，大都是出于儒生们的伪造。[16]这导致史学界围绕古代史料真伪问题展开了一场大论战。

"古史辨"运动让传统史学彻底摆脱了儒家"经学"框架的沉重束缚，动摇了历代相传的三皇五帝体系，在客观上引起人们对用现代科学的眼光重新考察中国文明起源和进程的兴趣，推动了中国

**顾颉刚与《古史辨》** 从1926年起,顾颉刚等学者把当时持各种观点的论文陆续结集出版,这就是著名的《古史辨》。到1941年,共出版了七大册。"古史辨",成为20世纪上半叶中国史学界乃至知识界一个最大的亮点

早期历史的研究。正如顾颉刚先生自己总结的那样,这场古史之辨"对于今日研究古史的人们,在审查材料和提出问题上给予了许多的方便,同时也可给读者一种崭新的历史观念"。

与此同时,由盲目信古到全盘否定式的疑古,也颇受矫枉过正、"疑古过头"之讥。但正如有的学者指出的那样,也许对于沉疴太重的中国传统史学,不下此烈药不足以使其猛醒。也许正是借助这场有点儿不分青红皂白的扫荡,后来的学者才有足够的空间对古史做比较从容、比较客观的剖析,真正做到择其善者而从之。[17]

## 现代考古学在中国应运而生

疑古思潮在20世纪上半叶达于极盛。"上古茫昧无稽"(康有

为语）是从学界到公众社会的共同感慨。

客观地看，对于古籍，我们既不能无条件地尽信，也没有充分的证据认为其全系伪造。对其辨伪或证实工作，只能就事论事，逐一搞清，而无法举一反三，从某书或某事之可信推定其他的书或其他的事也都可信。既不能证实又不能证伪者，肯定不在少数，权且存疑，也不失为科学的态度。

"古史辨"运动留给后人的最大遗产，在于其疑古精神。无"疑"则无现代之学问。

在这样的学术背景下，源于西方的现代考古学在中国应运而生。与世界其他文明发祥地不同，中国考古学在诞生伊始，就以本国学者而非西方学者作为研究主力。中国考古学家与其研究对象间的亲缘关系，决定了中国考古学的探索不同于西方学者对其他文明的所谓"客观研究"。通过考古学这一现代学问寻根问祖，重建中国上古史，探索中国文化和文明的本源，成为中国考古学自诞生伊始直至今日最大的学术目标。

## 由已知推未知的探索

20世纪初叶，甲骨文的发现与释读，证明《史记·殷本纪》所记载的商王朝的事迹为信史。这给了中国学术界以极大的鼓舞。王国维先生本人即颇为乐观地推论："由殷周世系之确实，因之推想夏后氏世系之确实，此又当然之事也。"[18]由《史记·殷本纪》

20世纪30年代安阳殷墟发掘　安阳殷墟的发掘，确认这里是商王朝的晚期都城遗址，从而在考古学上确立了高度发达的殷商文明。这就给探索中国早期文明提供了一个可靠的时间和文化特征上的基点。（左）王陵区商王大墓的发掘（右）小屯宫庙区的发掘

被证明为信史，推断《史记·夏本纪》及先秦文献中关于夏王朝的记载也应属史实，进而相信夏王朝的存在。这一推论成为国内学术界的基本共识，也是夏文化探索的前提之所在。

丰富的文献典籍理所当然地成为中国第一代考古学家开展最初的田野工作的问路石。

中国学者最早独立进行的田野考古活动，是1926年李济在山西夏县西阴村的发掘，其契机是循着文献记载寻找夏王朝的遗迹。由中国政府出资和组织的第一次大规模发掘，是始于1928年的河南安阳殷墟发掘，其目的是循着文献记载与甲骨文确认商王朝的遗迹。[19]

殷墟发掘的主持人、被称为"中国考古学之父"的李济先生在20世纪30年代即指出："殷商以前仰韶以后黄河流域一定尚有一种青铜文化，等于欧洲青铜文化的早中二期，即中国传统历史的夏及

"中国考古学之父"李济

郑州商城的发现　面积巨大的夯土城圈及青铜重器等重要遗存的出土,表明这是一处大型都邑,一般认为是商代前期的商王朝都城。东城墙至今仍高耸于地面

商的前期。这个文化埋藏在什么地方,固然尚待考古学家的发现;但对于它的存在,我们根据我们考虑各方面事实的结果,却可以抱十分的信心。"[20]这一预言在20年后果真应验了。

以商王朝都城殷墟为基点,循着由已知推未知的思路,考古学家又继续探索商王朝前期乃至夏王朝的遗迹。20世纪50年代在河

古史学家徐旭生

南郑州发现了早于殷墟文化又与其一脉相承的新的考古学文化,即二里岗文化。至此,考古学上的商文化被上推至二里岗期。受到这一发现与研究进展的鼓舞,中国学者又制定了一项矢志追求的重要学术目标,即结合古代文献,从考古学上寻找夏族和夏王朝的文化遗存,进而恢复夏代历史的本来面貌。

## 徐旭生寻"夏墟"找到二里头

说来有趣,中国考古学上的许多重大发现,都出于偶然的机遇,而不是按照既定的学术目的探察所得。然而,二里头遗址的发现却恰恰属于后者,它是历史学家与考古学家在踏查传说中的"夏墟"时发现的。

1959年刊布的"夏墟"调查简报　对于二里头遗址,徐旭生在调查报告中感叹,"如果乡人所说不虚,那在当时实为一大都会"。二里头终于进入慧眼识珠的学者的视野

徐旭生先生是20世纪前半叶活跃于学界的著名古史学家,国学功底深厚,兼有留学法国的背景,学术视野开阔。他的代表作《中国古史的传说时代》初版于1943年,在学界产生了重要的影响,该书在其后的数十年中多次重印。[21]进入50年代,为从考古学上探索夏王朝,身为中国科学院考古研究所（现属中国社会科学院）研究员的徐旭生,先把成书较早、可信度较高的上古文献中关于夏王朝都城和主要活动地域的记载加以排比梳理,指出最有可能找到夏文化遗存的两个区域:"第一是河南中部的洛阳平原及其附近……第二是山西西南部汾水下游一带。"以此为线索,1959年夏,他以70多岁的高龄率队寻找"夏墟",踏查了河南省登封、禹州、巩义、偃师等地的数处遗址。偃师二里头遗址的发现就是这次调查最重要的收获。[22]

鉴于二里头遗址出土物丰富、面积广大，且位于史籍记载的商王朝的第一座都城"西亳"所在地，徐旭生认为该遗址"为商汤都城的可能性很不小"，于是引起学术界的极大关注。当年秋季，河南省文化局文物工作队和中国科学院考古研究所分别进驻二里头遗址进行发掘，其后发掘工作由后者独立承担。

徐旭生凭传世文献"摸"到二里头，其中一个最大的启示是：文献中关于古史的传说并非全是无稽之谈；经过系统梳理考证的文献，可以作为我们探索中国早期文明的有益线索。

# 一甲子的巨大收获

自1959年秋季以来的60年里，二里头遗址的田野工作持续不断，累计发掘面积达4万多平方米，取得了一系列重要的成果。考古人薪火相传，赵芝荃（1928—2016）、郑光（1940—　）、许宏（1963—　）三任考古队长先后主持发掘工作，参与田野工作的人员达数百人。

考古工作者在这里发现了大面积的宫殿建筑基址群和宫城城垣，以及纵横交错的道路遗迹；发掘了大中型宫室建筑基址10余座，大型青铜冶铸作坊1处，绿松石器制造作坊1处以及其外围的围垣设施，与制陶、制骨有关的遗迹若干处，与宗教祭祀有关的建筑遗迹若干处，以及中小型墓葬400多座，其中包括出土成组青铜礼器和玉器的贵族墓葬。此外，还发现并发掘了大量中小型房址、

20世纪60年代的发掘现场

窖穴、水井、灰坑等遗迹,获取了大量陶、石、骨、蚌、铜、玉、漆器和铸铜陶范等遗物。[23]

  作为中国文明与早期国家形成期的大型都邑遗存,二里头遗址的重要学术地位得到了国内外学术界的公认。同时,二里头遗址地处古代文献所记载的夏王朝的中心区域,二里头文化的年代也大体在夏王朝的纪年范围内。因此,二里头遗址理所当然地成为探索夏文化和夏商王朝分界的关键性遗址。学者们在夏文化的探索上倾注了极大的热情,呈现出百家争鸣的盛况,其参与人数和发表学说之多,历时之长,讨论之热烈,都远超其他学术课题,为海内外学术界所瞩目。[24]

20世纪70年代揭露的2号宫殿基址南门与南庑

传为盗墓者发明的"洛阳铲"在考古勘查中仍发挥着重要的作用

2002年宫殿区东部建筑群发掘场景

"非典"中抱了个大金娃娃:发现中国最早的"紫禁城"

# 二里头：究竟姓夏还是姓商

如前所述，二里头遗址是在探索"夏墟"和夏文化的过程中被发现的。如此巨大、辉煌的一座都邑，使得严谨而保守的学者们也禁不住感叹它所透出的浓重的"王气"。大家都同意它已进入了文明时代，但这到底是谁留下的都城呢？中国考古学家对此抱有浓厚的兴趣。

自发现以来，有关二里头遗址与夏文化的争论持续不断。二里头早于郑州商城，但它究竟是夏都还是商都，抑或是前夏后商，学者们长期以来聚讼纷纭，争议不休。徐旭生先生本来是在踏查"夏墟"的过程中发现二里头遗址的。但他根据文献记载，以及50年代当时对相关文化遗存的认识，仍推测二里头遗址"为商汤都城的可能性很不小"。此后这一意见在学术界占据主流地位达20年之久。20世纪70年代后期，北京大学邹衡教授独自提出"二里头遗址为夏都"说，学界遂群起而攻之。此后，各类观点层出不穷。从作为先行文化的中原龙山文化晚期到二里头一、二、三、四期，直至二里岗文化初期，每两者之间都有人尝试着切上一刀，作为夏、商文化的分界，而且都有各自的道理。三十年河东，三十年河西，到了世纪之交，学界又一边倒地形成了以邹衡先生的观点为中心的共识。近年，这一共识又有所摇摆，人们开始认可二里头文化只是夏文化的一部分的观点。

说到这里，有人会问，"主流观点"和"共识"就更接近历史的真实或者真理吗?那么在原来的"主流观点"和现在的"共识"之间,哪一个更接近史实或者真理呢?而且,别忘了还有一句老话叫"真理往往掌握在少数人手里"。夏商周考古学的大家邹衡教授,正是凭着这样的信念特立独行,坚持己见,才迎来了以他的观点为中心的学界的"共识"。然而这句老话是否又过时了呢?

可以这样讲,专家学者提出的每一种观点都有其道理和依据,而几乎每一种观点所依凭的证据又都能找出例外和反证来。你在读了本书和其他相关论著,了解了关于夏商之争的来龙去脉和焦点后,也可以提出自己的观点来。只不过所有提法都只是可备一说,代表一种可能性,你说服不了对方,对方也辩不倒你而已。用一句稍显正规的说法就是,这一问题暂时还不具有可验证性。由于迄今为止没有发现像甲骨文那样可以确证考古学文化主人身份的当时的文字材料,二里头的王朝归属问题仍旧是待解之谜。

## 研究史的启示

说到底,不会说话的考古遗存、后代的追述性文献、并不"绝对"的测年数据,以及整合各种手段的综合研究,都无法彻底解决信史时代之前人群的族属与王朝归属问题。以往的相关讨论研究都还仅限于推论和假说的范畴。二里头都邑王朝归属之谜的最终廓清,仍有待于包含丰富历史信息的直接文字材料的发现和解读。

众所周知,碳十四测年技术这一物理学的测定方法,给考古学年代框架的确立带来了革命性的变化。它使缺乏直接文字材料的早期历史，尤其是史前时代和原史时代的研究，开始有了"绝对年代"的概念。但既有的研究表明，无法消除一定误差的测定值，能否满足偏于晚近、要求精确年代的夏商周时代的研究需求，仍是学术界关注的话题。

应当指出的是，在考古学家致力解决的一长串学术问题中，把考古学文化所代表的人群与历史文献中的国族或者王朝归属对号入座的研究，并不一定是最重要的。暂时不知道二里头姓夏还是姓商，丝毫不影响我们对它在中国文明发展史上的地位和分量的认知。说句实在话，这也不是考古学家最擅长的。考古学家最拿手的，是对历史文化发展的长程观察；同时，尽管怀抱"由物见人"的理想，但说到底考古学家还是最擅长研究"物"的。对王朝更替这类带有明确时间概念的、个别事件的把握，肯定不是考古学家的强项。如果扬短避长，结果可想而知。回顾一下研究史，问题不言自明。

话说回来，目前掌握的各方面的材料，也确实不足以彻底解决这类问题，换句话说条件还不成熟。那就不妨把它放一放，作为一个待解之谜，让它吊着考古学家和历史学家的胃口，引诱着他们去发现更多的奥秘，大家拭目以待，肯定还会有令人振奋的发现。

# 地灵中原

## 「第一王都」的诞生背景

## 东方"大两河流域":农业起源的温床

东亚大陆这个巨大的地理单元,又可以再划分为三个自然地理区域,即青藏高寒区、西北干旱区和东方季风区。前两区的自然环境较差,人口稀少,文化发展相对滞后。后者又可分为东北、华北、华中和华南四个地区,其中东北地区纬度较高,气候寒冷,不可能成为农业起源的地区,文化发展也受到一定的阻碍;华南地区气候炎热多雨,食物资源非常丰富,在史前时期没有发展农业的迫切需要,从而也影响到史前文化的发展。

在东方季风区中,华北和华中的自然条件最好。华北地处黄河流域中下游,属于暖温带季风气候,年降水量多在400—500毫米,为半干旱和半湿润地区。华中基本上属于长江流域,为亚热带季风气候,年降水量达1000—1500毫米,而且水热同步,四季分明,是全球同纬度地区气候条件最好的地方。这两个地区都有漫长的冬季,食物比较匮乏,需要寻找能够长期储藏的食物资源以弥补冬季食物的不足。能够满足这个条件的只有某些可以栽培的野生谷物,华北有狗尾草和野生黍,可以培植为粟和黍;华中有普通野生稻,可以培植为栽培稻。因而这两个地区便成为旱地粟作农业和水田稻作农业起源的大温床。这两大农耕区的分界,大致在秦岭与淮河一线,延续至今。在新石器时代,这里逐步形成两大农业体系,聚落众多,人口稠密,这就为日后中国文明的起源打下了坚实的基础。

鉴于此,著名考古学家严文明把孕育出中国文明的这两大流域称为东方的"大两河流域";[25]而中国古代文明,实际上是东方的"两河流域文明",它是一个比美索不达米亚要大得多的两河流域文明。

## 中原:重瓣花朵中的花心

由于黄河、长江流域的自然环境优越,地理位置适中,又是最早进入文明的地区,所以在往后的发展中总是处在领先的地位,成为东亚地区经济文化发展的核心地区。而在这个核心地区之中的中原地区,又由于地理位置优越,能够博采周围各区域的文化成就而加以融合发展,从而在一定时期形成核心之中的核心,自二里头文化开始成为中国文明发展的中心。华夏文明就是从这里发生,以后又扩展到更大范围的。各地史前文化相互作用,此消彼长,逐渐从多元一体走向以中原为核心、以黄河和长江这"大两河流域"为主体的多元一统的格局,再把周围地区也带动起来。

这种重瓣花朵式的结构既是一种超稳定性的结构,又是保持多样性因而充满自身活力的结构。由于这种结构本身所具有的凝聚与向心的作用,因而在文明产生以后的发展过程中,相邻与相近的文化逐步融合,从而使文化的统一性越来越强,具体表现为花心部分

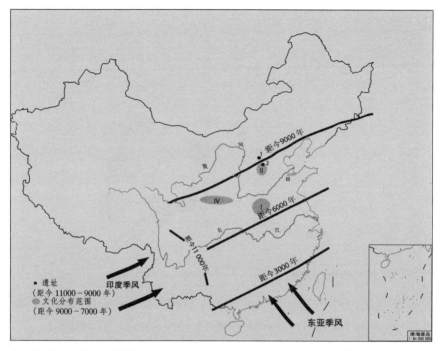

东亚季风前沿及其变化趋势[《中国新石器时代:迈向早期国家之路》,底图审图号GS (2016) 1569] 近年来,有学者指出,与降水量密切相关的东亚季风对中国的古气候和古环境起着支配性作用。它不仅是影响湖泊水位、植被、洪水等环境状况的最重要因素,也极大地影响着人类在这一地区为适应生态环境采取的行为方式

越来越大。中国文明的历史之所以几千年连绵不断,是与这样一种多元一体的重瓣花朵式的文化结构与民族结构的形成与发展分不开的。26

当然,关于这一重瓣花朵中中原"花心"地位形成的时间,究竟是始自仰韶文化极盛期,还是仰韶时代晚期、龙山时代,抑或二里头时代,学术界还有不同的意见。27

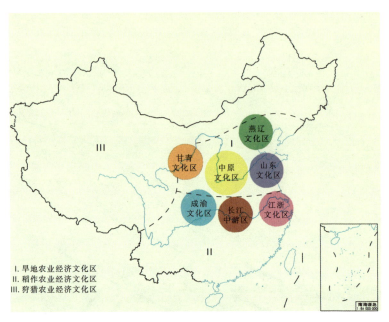

东亚"大两河流域"史前文化圈的分布(《中国史前文化的统一性与多样性》)
严文明教授把整个中国的古代文化形容为一个重瓣的花朵:中原是花心,周围的各文化中心好比是里圈花瓣,再外围的一些文化中心则是外圈花瓣。这种结构的产生是以中国自然地理这一客观条件为前提的

## 四方辐辏的交通战略要地

从水系上看,处于华北和华中地区的有黄河、淮河和长江三大水系。而邻近黄河主干道的洛阳至郑州一带当然属于黄河流域。这些中原城市,给人的印象都是与黄河邻近的城市,但其以南直接就是南方的大水系。指出这一点是相当重要的,具有两方面的意义。其一,它是连接中原与南方各地的交通孔道,中原在南北交通上

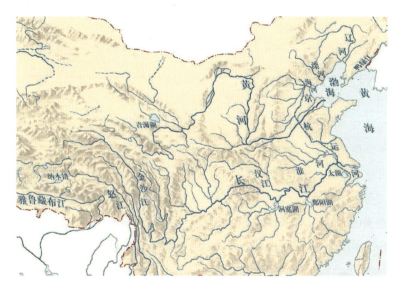

**黄河、长江及其周边水系** 我们看看这张图就可以得知：由洛阳盆地向南越过嵩山，即可到达淮河的支流颍河和汝河的上游，从而进入淮河水系。再南下至南阳盆地，即可到达汉江的支流白河，进入长江水系。由颍河、汝河入淮河向下，则很容易地进入长江下游；由白河入汉江向下，则达于长江中游的城市武汉

处于极为重要的枢纽地位；其二，与南方水系相关联的生态环境，和与黄土地带所代表的黄河水系的生态环境，在嵩山南北一带相交错。

再看看洛阳至郑州一带与黄河以北地域的关系。即使在整个黄河流域，洛阳至郑州一带也是屈指可数的可以安全地渡过黄河、维持安定的南北间交通的适宜之地。而且，在黄河以北，连绵的太行山脉由南至北纵向隔断华北地区，就中原与黄河以北的交通而言，有沿太行山脉东侧连接燕山南北一带的通道、沿其西侧的晋中盆地连接鄂尔多斯和内蒙古中南部的通道。中原恰好位于这两大通道的南端，是两者的交汇之地。

以黄河冲积平原相隔，中原也正位于以西的关中平原和以东的海岱地区之间，是与东西双方保持紧密交通联系的重要孔道。向东由黄河、古济水、淮河可达黄河下游，向西由黄河、涧河河谷过三门峡、函谷关可达关中甚至更西的地区。

可知，中原正处于东亚大陆东西、南北间交通中枢的位置上。如后所述，在二里头时代，带有二里头文化因素的遗物，在燕山南北、鄂尔多斯、甘青一带、四川盆地、长江中游、长江下游以及华南等地，即上述交通要道终点所在的远方都有发现。二里头文化横跨嵩山北侧的洛阳盆地与嵩山南侧的颍河、汝河流域，二里头文化所代表的社会，也整合为跨黄河流域和淮河流域的政治实体，更将其势力扩展至黄河以北，形成东亚大陆前所未有的地域关系的中心点。

## 两大农业区的交汇带

另一方面，中原又是东亚大陆东西、南北生态地理条件各异的诸地域的交叉区。在新石器时代，这里就是粟作农业区和稻作农业区的交汇地带。二里头文化的社会即建立在以粟作农耕和稻作农耕为主的多元农业的基础上。

史前时期多数地域性文化所代表的社会组织，往往因适应单一的环境而建立在单一的农业基础之上，如长江下游地区良渚文化建基于稻作农业之上。有学者研究指出，这类文化适应当地生态环境和进化的程度越深，就越容易走进进化的"死胡同"。假如环境变

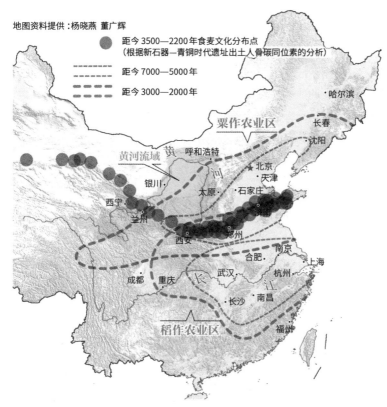

中国史前粟作与稻作分布区(《小米、大米和麦子最早混种于黄河流域》) 中原地区恰是史前粟作和稻作农业的交汇区

迁或其他原因导致其基础发生动摇，这种社会就难以找到新的发展方向，也就极有可能因其脆弱性而走向衰退甚至崩溃。[28]二里头的崛起与飞速发展，与这种模式恰好形成鲜明的对比，旱地作物与水田作物的互补，可以使其更大程度地适应自然环境的变化，从而因具有相对稳定的生业基础而大大增强了生命力。

地灵中原 "第一王都"的诞生背景　69

## 两大自然和文化板块的接合部

如果您面前有一张彩色的中国地形图，您会很自然地发现前述中国三个自然地理区域基本上是由三个大的色调来表现的，即青藏高寒区大体呈褐色，西北干旱区大体呈黄色，而东方季风区则大体呈绿色。其中，后二者的交界线由东北绵延斜下而至西南，划分出面向内陆和面向海洋的两大地理板块。著名的"胡焕庸线"——中国人口地理分界线与其大致相合。

中国著名考古学家苏秉琦教授指出：东亚大陆面向内陆的部分，多出彩陶和细石器；面向海洋的部分则主要是黑陶、几何印纹陶、有段和有肩石器的分布区域，民俗方面还有拔牙的习俗。我在早年梳理中国史前时期瓮棺葬的材料时，也发现面向内陆的部分，瓮棺葬较多见；而面向海洋的部分，瓮棺葬则极罕见。[29]

美国学者吉德炜教授也把中国新石器时代文化划分为两个大的文化共同体，即中国西北部和中原地区的西部为一个共同体，东部沿海和中原地区的东部为另一个共同体。他把这两个文化共同体称为西北部文化圈和东部沿海（或东部）文化圈，认为两大文化圈之间在技术和审美的若干方面表现出极大的差异，并指出两个大文化共同体的相互影响具有重要意义。[30]

无论从地理还是文化上看，中原都处于两大板块的交汇地带。

新石器时代的东亚大陆广大地域，曾普遍使用过两种三足炊器，即实足的鼎和空足的鬲。因而曾有学者把中国古文化称为"鼎鬲文化"。鼎分布于海岱地区、长江中下游，以及中原地区的东部

洛阳盆地地势图　洛阳盆地四面环山,其北、西分别以秦岭山系崤山支脉的邙山和周山为屏,东南、南临嵩山及其余脉万安山。其中邙山是黄河与洛河的分水岭,嵩山是洛河与汝河、颍河等淮河水系的分水岭。洛阳盆地在地质学上属拗陷盆地,盆地内有伊、洛、瀍、涧诸河流纵横其间,其中洛河及其支流伊河横贯盆地,在盆地东部汇合为伊洛河,最后注入黄河。既相对独立,又四通八达,地理形势相当优越

和南部;鬲则分布于整个华北西北部、中原地区的北部和西部。[31] 从宏观上看,两者的交错区域正好位于洛阳至郑州一带,这也正是东亚大陆面向内陆和面向海洋两大文化系统的交汇地。二里头文化先盛行用鼎,后亦用鬲,鼎鬲共存,暗寓着面向内陆的鬲文化和面向海洋的鼎文化的碰撞与融合。高度兴盛的王朝文明正是这种碰撞和融合的产物。苏秉琦教授把黄河中游以汾、渭、伊、洛流域为中心的中原地区,称作"在中华民族形成过程中起到最重要的凝聚作用的一个熔炉"[32]。

作为王朝文明之先导的二里头文化，形成于新石器时代两大文化板块的交汇地带。其后的商周王朝时期，伴随着中原王朝势力圈的扩大，属于华北系统的鬲扩散到长江流域和海岱地区。同时，东南系统的鼎在早期王朝时代的中原，作为陶器器类之一种走向衰退，却作为中原王朝青铜礼器的代表性器物而得到重用，成为商周王朝礼仪用器的核心。兴起于中原王朝的、作为青铜礼器之制造基础的陶范制作技术，实际上是新石器时代后期兴盛于华北文化系统的制模技术与东南文化系统中发达的快轮技术相互融合的产物。因此，在新石器时代文化系统间的相互关系中，可以窥见中国文明形成的文化史的源流。

## 洛阳盆地：形胜甲天下的"地理王国"

洛阳盆地地处黄河中游的河南省西部，属中原腹地。从东西方向看，这里正处于黄土高原的东南缘，中国地势的第二阶梯和第三阶梯的过渡地带。

该区域的地貌大体可分为山地、丘陵、平原三大类型。盆地内南北高，中间低，略呈槽形。北部为邙山黄土丘陵，中部是呈三级阶地的伊、洛河冲积平原，南部为万安山低山丘陵和山前洪积冲积坡地。盆地呈东西狭长的椭圆形，地势自东向西倾斜，盆地内西部海拔150米左右，向东逐渐降至110余米。整个盆地的总面积逾1000平方公里。[33]

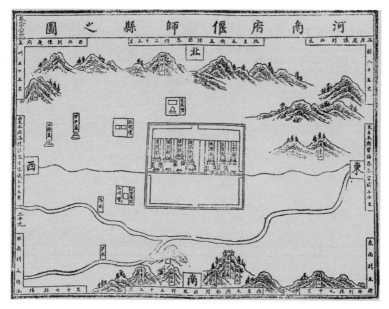

《永乐大典·河南府志》中的偃师县图

  盆地内是广袤的平原，地势平坦开阔，交通便利；气候温暖，物产丰茂。肥沃的冲积平原保证了农业生产的丰收，使之能够养活密集的人口。相对封闭的自然环境显然也有利于军事防卫，盆地周围山峦相交处的交通孔道上，历代设有多处关隘要塞，号称东有轘辕之险，西有崤函之固。因此，洛阳盆地历来为兵家必争之地，帝王建都之所。

  有学者从生态环境的角度论述了洛阳盆地所具有的多重过渡性特征：气候方面，这里处于北亚热带向暖温带的过渡带；地形方面，这里处于二级阶梯向三级阶梯的过渡带；纬度方面，这里处于中纬度向高纬度的过渡带；经济文化类型方面，这里处于粟作农业

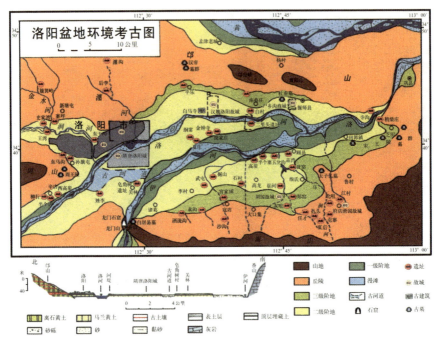

洛阳盆地环境考古图(《洛阳皂角树》)

和稻作农业的过渡带;文化传统方面,这里则是四方文化的辐辏之地。这些过渡性特征及其所具有的多重边缘效应(edge effect),使洛阳盆地不仅具有多重的生态适宜性,而且具有很强的环境承载力,从而成为早期王朝建国立都的理想生境。**34**

建于盆地内的都邑如二里头遗址、偃师商城、周王城、汉魏洛阳故城、隋唐洛阳城都分布在盆地北侧宽广的二级阶地上,显现出以盆地周边山脉为屏障,以整个盆地为"大郭"的气势。中国古代以水之北、山之南为"阳"。上述几大都邑,都位于古洛河的北岸

（隋唐洛阳城虽跨河而建，但其重心仍在洛北），是为"洛阳"。而二里头遗址是其中最早的一处，因此可说是最早的洛阳。

## 二里头："文化杂交"的硕果

有学者引进生态学上交会带（ecotone）和边缘效应的概念原理，指出在这样的地理和文化背景下，中原文化区系才能从四面八方吸收各地优良文化因子与本身文化融合为一，从而产生了杂种优势文化。而中国古代文明的基础就是以中原文化为主体与四周文化所产生的杂种优势文化。[35]这一概念颇具启发性。

读世界文明史，常常会感觉良渚文明与埃及文明何其相似：单一的经济，较为封闭的地理环境，极少的对外交往，内部封闭而高度发达的祭祀政治。汤因比认为，埃及文明的悲剧就在于它的纯洁性，正是这种纯洁性使得埃及文明很早就丧失了发展的动力，正是因为缺乏"文化杂交"，它很早就成了文明进化道路上的"木乃伊"。[36]从这一点上看，二里头文明则颇像两河流域的美索不达米亚文明，接受四方冲击的洗礼，在血与火中"涅槃"升华；同时也得四方之赐，东西南北文化因素的融合，成就其高度的发展和政治（处理共同体内外人与人之间的关系）的成熟。只有具备了这种"杂交"之利，经历冲突、磨合和阵痛，才容易达致文明的高度。

二里头的这种"杂交"融合的特征，表现在多个方面，如农耕社会与畜牧型农耕社会的交流融合,粟作农业与稻作农业的融合,建基于两大农业体系的不同信仰祭祀系统的融合,以及鼎文化与鬲文化的融合,青铜文化与玉文化的融合,等等。这些内容都将在下文中逐步展开。

# 王都气派

## 城市规划的先端

## 绝妙的都邑选址

就都邑的选址而言，二里头的地理位置极其优越。其地处洛阳盆地东部，背依邙山，南望嵩岳，坐落于古伊洛河（古代伊河和洛河在二里头上游即已汇合，因此从严格的意义上讲应称为古伊洛河而非古洛河）北岸的微高地上。勘查结果表明，遗址东西最长约2400米，南北最宽约1900米，现存面积约300万平方米

二里头都邑创建之初，洛阳平原一带的风光远不是今人站在当地能想象得出来的。那是一片被绿色覆盖着的大地。从那个时期的遗址中出土的植物花粉和动植物遗存看，山上是郁郁葱葱的森林，平原上的湿地随处可见。

现在流经二里头遗址北部的洛河河段，是始于汉魏时期"堰洛通槽"的水利工程使洛河故道逐渐淤塞而改道的。[37]遗址现存范围的东缘、南缘、西缘大体接近于原始边缘，仅其北部遭到洛河河床的切割破坏。[38]据现有资料分析，其北缘最大可能位于现洛河河床内，估计原聚落面积应在400万平方米左右。

从微地貌上看，二里头遗址似乎地处地势低下的河流下游近旁。查《偃师县志》，二里头遗址所在的伊、洛河间的"夹河"地区，历朝历代，洪涝灾害不断，[39]按说并非理想的建都之地。到过二里头遗址的人，如果仅是参观了位于二里头村南的考古研究所二里头工作队驻地和宫殿区一带，也都认为它不过坐落于平展的洛

二里头遗址的地貌　现在遗址南缘偏东临古河道处仍有高差在2—3米的断崖

阳平原之上而已。但如果你站在遗址南面的伊洛河故道内眺望紧临河道的遗址,是可以用"仰望"来形容的。遗址范围内海拔119米左右,形成凸起的台地,以东南部和东部最高。遗址外围海拔117—118米。据了解,整个遗址中心区的高地在20世纪后半叶历年平整土地的过程中,至少被削掉1米以上,说明以前遗址的海拔应当更高。

前些年,我们在二里头遗址发掘时,曾听当地的村民讲:1982年夏,伊河、洛河流域大水,整个"夹河"地区全部被淹(据《偃师县志》记载,此次洪灾中伊、洛河出现特大洪峰,多处决堤,受灾严重),唯有二里头、圪当头、四角楼、北许四村间这片高地在水面之上。这片高地,正是考古工作者探明的二里头都邑所在地!经核实,当时的水位线在海拔118米左右,与我们确认的遗址现存边缘线基本吻合。这从一个侧面反映了二里头遗址微地貌的优越性,颇合于《管子》中"高毋近旱而水用足,下毋近水而沟防省"的择都原则。

## 二里头的今昔:聚落演变大势扫描

近年二里头遗址的考古勘查与发掘,使我们对遗址空间布局及其演变过程有了更多的了解。

最早出现于二里头的,是仰韶文化晚期和随后的中原龙山文化早期的几个小聚落,它们仅沿古伊洛河北岸零星分布。在龙山文化聚落废毁后数百年,才有新的人群即二里头文化的秉持者(也可以把他们称为二里头人),于公元前1800年前后来此安营扎寨。在被考古学家称为二里头一期的初期阶段,聚落面积就超过了100万平方米,似乎已发展成伊洛地区乃至更大区域的中心。如此迅速的人口集中只能解释为来自周边地区的人口迁徙。这一时期的出土遗物包括不少贵族用器,如白陶、象牙和绿松石制品,以及青铜工具,但由于晚期遗存对该期堆积的严重破坏,聚落的布局尚不清楚。

从第二期开始,聚落的面积已有300万平方米以上,宫殿区(约12万平方米)出现纵横交错的大路,兴建起了大型宫室建筑。宫殿区以南有围垣手工业作坊区,铸铜作坊和绿松石器作坊可能都已开始生产贵族用奢侈品。这表明二里头都邑从二期开始进入全盛期,其城市规划的大的格局已基本完成。

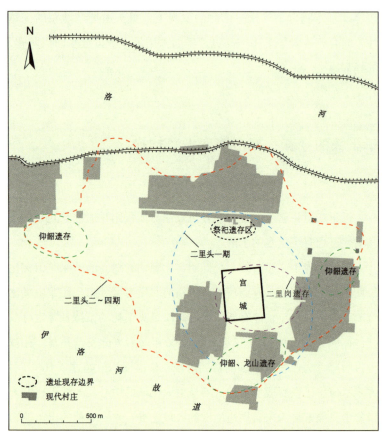

二里头遗址各期遗存分布范围示意

　　至考古学家称之为第三期的二里头文化晚期，这处都邑持续兴盛，由宫殿区、铸铜作坊及围垣作坊区等构成的总体城市布局一仍其旧。同时，也有若干新的变化。首先，沿四条大路内侧修筑起了面积达10.8万平方米的宫城。其次，宫城内新建起了两组带有明确中轴线规划的大型宫殿建筑群。这一布局昭示了更为严整的宫室制

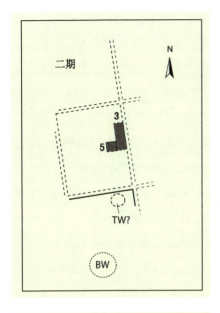
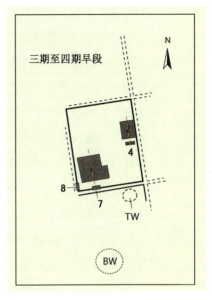
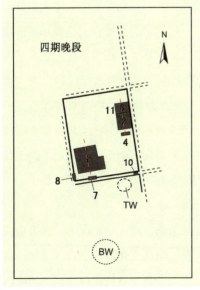

TW　绿松石器作坊
BW　铸铜作坊
1~11　大中型建筑基址
::: 　道路
──　夯土墙
－－　中轴线

二里头中心区布局的演变

王都气派　城市规划的先端

度的形成。此外，铸铜作坊开始生产作为礼器的青铜容器。

所有建于第三期的宫室建筑与宫城、绿松石器作坊、铸铜作坊及其外的围垣设施，以及四条垂直相交的大路都沿用到了二里头文化第四期，而且这一时期还在兴建新的大型建筑物。出土于第四期墓葬中的铜礼器在数量、种类和质量上都超过了以往。

没有证据表明二里头都邑毁于火灾或战争，但具体的衰败原因与过程尚不得而知。这一庞大的中心城市最终在二里岗文化晚期沦为一般聚落，遗存仅见小型房址、灰坑、墓葬等，它们叠压或打破了二里头文化的宫室基址。此后，聚落彻底废毁。

据花粉分析的结果，作为都邑的二里头遗址的环境经历了由森林与湿地较多向干燥的草原变化的过程。这应当与伴随王都建设、人口激增而带来的人为的环境破坏有一定的关联。

至东汉时期，这里是京郊的墓地（当时的都城在二里头遗址以西的汉魏洛阳城）与居住区，这一时期的文化堆积、墓葬和其他遗迹给二里头时期的遗存造成了很大的破坏。现在耸立在二里头考古队门前的高大的坟丘，现残高仍达10余米，当地村民称之为"大冢"，是遗址区内的制高点，它是东汉时期的一座高级贵族墓，地下尚保存有陵园建筑的基础。二里头到圪当头村之间几个稍小的坟丘直到新中国成立后才被平毁而彻底消失。此后，这里成了周围几个村庄的耕地。2005年，偃师市政府在"大冢"旁建了广场，立起"华夏等一王都"的碑。

如前所述，遗址的中心区地势最高，在一般情况下，这里也应是后代村落选址的理想地点。但在二里岗文化时期之后，这里一直未有大的聚落叠压于二里头都邑之上，直至现代。目前遗址边缘地带的三四个村落的地势都较宫殿区低，20世纪80年代以前的二里头村和北许村都在遗址中心区所处高地的北侧，以东的圪当头村宁可填平低地也基本上未向宫殿区发展。圪当头村村民中流传着村西高地一带是神鬼的居处，不能侵入的说法。究其原因，应与这里在东汉一带成为大型墓地有关。后代村落因忌讳而避开了古代墓地，可能是二里头都邑得以较完整保存下来的主要原因。今天我们了解到了这些情况，不禁感叹二里头遗址能较完好地保存到今天，实属万幸。

## 人口高度集中的超大型都邑

已有学者对二里头遗址二里头文化繁盛时期的人口进行了估算。有的学者推测当时人口有6200户以上，总人数当在31000人以上；也有学者推测当时人口为22500—28000人；还有学者估算二里头时代人均占地面积为148平方米，可推算二里头遗址当时人口约20300人。[40]

古代人口问题极为复杂，每人所持推算标准也不尽相同，有待进一步探讨。但值得注意的是，上述学者以不同的方法对二里头遗址当时人口数所做推算，并无太大的差异。如是，则二里头都邑当时的人口至少应在20000人以上。

与此形成鲜明对比的是，据学者的研究成果，史前时期大型聚落的人口一般不超过5000人，与二里头同时期普通聚落的人口一般不超过1000人。人口如此高度集中于中心聚落（都邑）及近畿

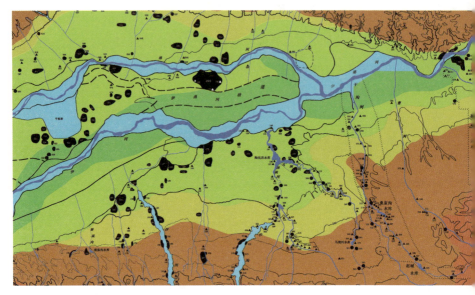

洛阳盆地二里头时代的聚落分布　从聚落形态的演变过程看,二里头遗址所在的洛阳盆地在史前时期一直属人口密集分布区,但仰韶文化和龙山文化时期最大遗址的面积仅60余万平方米,这与二里头遗址形成了鲜明的对比

地区,在东亚地区尚属首见。人口的增长是社会复杂化与国家出现的重要契机,而人口集中的程度又从一个侧面反映出国家社会的成熟度。

## 都邑的复杂化与功能分区

我们可以根据已知的材料粗略地勾画出二里头都邑的布局和总体结构。

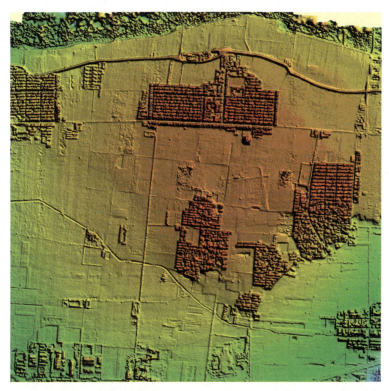

二里头遗址数字高程图像（刘建国制作）　从地形地势上看，遗址略呈西北—东南向，地势由西北向东南逐渐抬升，以中部至东南部隆起的高地位置最为优越。聚落的中心区就位于中部至东南部的微高地上，一般居住活动区则位于地势偏低的遗址西部和北部区域

　　整个遗址可以分为中心区和一般居住活动区两大部分。

　　中心区由宫殿区、围垣作坊区、祭祀活动区和若干贵族聚居区组成。

　　宫殿区的面积不小于12万平方米，其外围有垂直相交的大道，晚期筑有宫城。大型宫殿建筑基址仅见于这一区域。

　　贵族聚居区位于宫城周围。中小型夯土建筑基址和贵族墓葬主

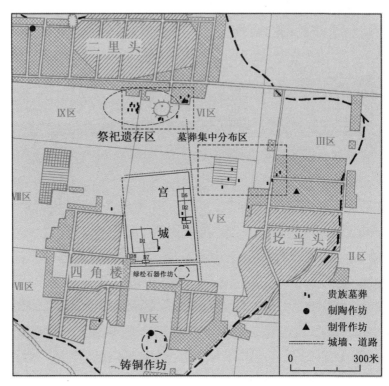

二里头中心区重要遗存的分布　宫殿区居中，祭祀区在其北，官营手工业作坊区在其南，三个最重要的功能区南北一线排开，形成纵贯都邑中心区的一条大中轴线，显现出了宏大的规模和庄重的气势

要发现于这些区域。其中宫城东北和宫城以北，是贵族墓葬最为集中的两个区域。这一带还曾发现与制作骨器的作坊有关的遗存。

绿松石器制造作坊和铸铜作坊都位于宫殿区以南。目前已发现了可能把它们圈围起来的夯土墙。这一有围墙圈护的作坊区应是二里头都邑的官营手工业区。

祭祀活动区位于宫殿区以北和西北一带。这里集中分布着一些可能与宗教祭祀有关的建筑、墓葬和其他遗迹。就目前已经掌握的情况看，其东西连绵300余米。

一般居住活动区常见小型地面式和半地穴式房基以及随葬品以陶器为主的小型墓葬。

## 中心区的路网系统

无论古今中外，道路都是城市的骨架和动脉，且常常具有区划的功能。鉴于此，考古学家往往以道路为切入点来探究古代城市遗址的布局框架。在对二里头都邑布局的探索中，我们也深切地意识到中心区主干道的意义，因此对主干道的探寻就成为田野工作的重中之重。

新世纪以来，我们通过勘探发掘，在位于中心区的宫殿区的外围，找到了纵横交错的二里头都邑的主干道网。已发现的四条大路垂直相交，宽阔整洁。其走向与1、2号宫殿基址围墙的方向基本一致，东西向者约东偏北6度，南北向者约南偏东6度。这种方向定位在二里头都邑具有高度的一致性，发掘的同仁们将其概括为"二里头方向"。四条大路略呈井字形，显现出方正规矩的布局。保存最好的宫殿区东侧大路当时已知长度近700米，近年配合遗址公园的建设，已确认其长度逾千米。大路一般宽10余米，最宽处达20米。参加工作的同仁戏称其已达到现代公路四车道的标准。由发掘可知，这几条大道的使用时间均较长，由二里头文化早期沿用

路面经长期踩踏,像千层饼一样

至最晚期。这一道路网既是交通孔道,又起着分割城市功能区的作用。如宫殿区与其南侧的官营作坊区即以东西向大路相隔。

这是迄今所知我国最早的城市道路网,它的布局与方位观念显现了二里头都邑极强的规划性,这是作为权力中心的"政治性城市"的显著特征。

## 大"十字路口"的发现

二里头都邑中心区路网的发现,说起来是一件饶有兴味的事。

大家都知道,考古学家最主要的工作是发掘。发掘又分为两种:一种是野外工作中对古代遗存的直接发掘;一种则是在前人已有的成果中进行再"发掘",发现那些对今后的工作有益的线索。宫殿区的大路就是我们在二里头工作队以往的勘查记录中"发掘"出来的。

根据勘探记录,我队在20世纪70年代勘探发现2号宫殿基址的同时,就在其东侧探明了一条南北向大路,当时已追探出200余米,因麦田浇水而中止。20余年后,我在已经发黄的记录和图纸中找到这一线索时,兴奋之情难以抑制,预感到这条大路是揭开二里头都邑宫殿区布局的一把钥匙。

新世纪之初,我们循此线索继续追探,短短的几天里不断向南北推进,最终确认这条大路的长度接近700米,路的北端被晚期堆积打断,向南伸进村庄。这一纵贯遗址中心区的大路给宫殿区布局的探索带来了曙光。在我们钻探的过程中,有老乡告知他家的地里小麦长得不好。根据田野考古的常识,这最有可能是因为地下有质地致密的夯土建筑基址,导致土壤结构异常所致。钻探结果又令我们大喜过望。阻碍地下水下渗的遗迹不是夯土建筑,而是坚实的路土,顺藤摸瓜地追探,居然是一条东西向的大路,向东延伸,与宫殿区东侧的南北向大路垂直交叉,主干道的"十字路口"找到了!最后,确认这条位于宫殿区北侧的大路长度达300余米。

这两条大路把早年发掘的1、2号两座大型宫殿基址,以及钻探发现的几处规模较大的夯土建筑都围于其内,显然具有区划的作用。此后,我们乘胜追击,把探索宫殿区南侧大路的目光移到了1号宫殿基址以南,又找到了围绕宫殿区的第三条大路,以及宫殿区东南部的大"十字路口"。最后,在1号宫殿基址西墙外,确认了宫殿区西侧大路的存在。

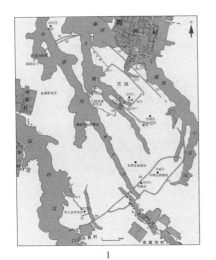
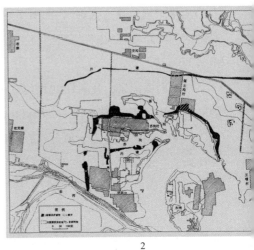

3

92 最早的中国

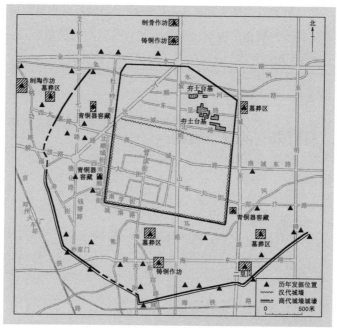

4

## 二里头与早期中心聚落（都邑）布局的比较

如果我们把视野再移向二里头时代以前，可知即便像山西襄汾陶寺、河南新砦遗址这样的超大型聚落，其城垣的建造无不因地制宜，不求方正。迄今尚未发现集中而排列有序的大型夯土基址群及环绕它们的规矩方正的宫城。

相比之下，二里头都邑的聚落形态与陶寺、新砦等超大型聚落间有着飞跃性的变化，而与稍后的郑州商城、偃师商城及后世中国古代都城的面貌更为接近
1 陶寺遗址；2 新砦遗址；3 二里头遗址；4 郑州商城；5 偃师商城

5

至此，二里头都邑中心区纵横交错的井字形道路网重见天日。同时，它的初步探明也为进一步探寻宫殿区的防御设施提供了重要的线索。

## 前所未有的城市规划

二里头都邑的中心区分布着宫城和大型宫室建筑群，其外围有主干道网连接交通，同时分割出不同的功能区。制造贵族奢侈品的官营手工业作坊区位于宫殿区的近旁，祭祀区、贵族聚居区都拱卫在其周围。这些无不显示出王都所特有的气派。由上述发现可知，二里头遗址是一处经缜密规划、布局严整的大型都邑。

已有的研究表明，作为权力中心的中国早期都城属于政治性城市，可以没有城墙，但绝不能没有规划性。规划性是中国古代城市的一个重要特征。二里头遗址在华夏早期文明形成过程中承前启后，二里头都邑规划性的判明，对于探索中国文明的源流具有重要的标尺性意义。就目前的认识而言，延续了三千多年的中国古代王朝都城的营建规制，是发端于二里头遗址的。

因此可以说，二里头遗址是迄今可以确认的最早的具有明确规划的都邑，后世中国古代都城的营建规制与其一脉相承。从这个意义上讲，二里头都邑的布局开中国古代都城规划制度的先河。

# 建中立极

## 宫廷礼制的形成

# 中国最早的"紫禁城"

我们在新世纪之初对二里头都邑的进一步探索中，确认了二里头遗址宫城城墙的存在。至此，一座总面积近11万平方米的宫城重见天日，这是迄今所知中国古代都城中最早的宫城遗存。这一重要发现因而被评为2004年度"中国十大考古新发现"之一。

宫城围墙系用夯土版筑而成。宫城东北角保存完好，东、北城墙呈直角相交。宫城东墙上已发现门道2处。跨建于宫城南墙上的7号建筑可能是宫城正门的门塾遗迹。宫城始建于二里头文化早晚期之交，一直沿用至二里头文化最末期。

此前可确认的我国最早的宫城或类似的遗迹，见于二里头遗址以东约6公里的偃师商城遗址，面积约4万平方米。二里头遗址宫

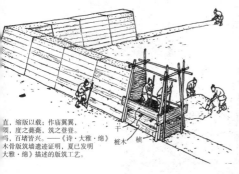

直，缩版以载；作庙翼翼，
颀，度之薨薨，筑之登登。
马，百堵皆兴。——《诗·大雅·绵》
木骨版筑墙遗迹证明，夏已发明
《大雅·绵》描述的版筑工艺。

**具有"中国特色"的版筑工艺**　在夹板中填入泥土夯实的建筑方法，颇具中国特色，现在北方农村仍在使用（左）版筑工艺示意；（右）当地村民正在用版筑的方法建造夯土墙

二里头都邑中心区 二里头宫城平面呈纵长方形。东、西墙的复原长度在360米左右，南、北墙的复原长度为290余米。墙宽在2米左右

城,则较其又提早了一个阶段。这座始建于距今约3600年以前的宫城方正规整,方向接近磁北,形制布局与后世宫城最为接近,它和它所圈围起的大型宫室建筑,构成整个都邑的核心。

著名汉学家、德国学者雷德侯教授指出,中国都城绝对理性的平面布局,与古罗马城在七座山头上延展的平面形成强烈的对比。即使在今天,来到北京的游客无论身处城中何地,总能辨明方位,分清南北,因而不难领会都城规划者的意图,那便是使生活显得稳定有序。[41]而就目前所知,这种理念是奠基于二里头都邑的。

## "想"出来的宫城

统观中国早期都邑的考古学资料,可以得出这样的结论:具有

二里头宫城城墙　　到了2003年春夏之交,这道夯土墙可确认的长度已近300米,可以肯定属宫城城垣无疑。此为揭露出的宫城东北角

建中立极　宫廷礼制的形成　　99

权力中心功能的早期都邑,其外围城垣的有无取决于多种因素,自二里头始,殷墟、周原、丰镐、洛邑和秦咸阳、西汉长安城以及东汉洛阳城遗址都没有发现外郭城,是谓"大都无城"。[42]但作为统治中枢、王室禁地的宫殿区却不应是开放的,一般都拥有防御设施,形成封闭的空间。在二里头遗址的考古工作中,我们也相信其宫殿区外围应该有防御设施。正是在这样的信念和工作思路下,通过对已掌握的遗迹线索的综合分析和勘查发掘,我们最终发现了中国最早的宫城。

著名的二里头1、2号基址,是20世纪六七十年代发掘的两座大型宫殿基址。通过分析,我们认为位于宫殿区东部的2号宫殿一带最有可能搞清防御设施的有无。勘探结果表明,2号宫殿东墙外侧紧临大路,大路以外只见有中小型建筑基址,因此可以肯定2号东墙及其外的大路即是宫殿区的东部边界。而二者之间已不可能有墙、壕之类防御设施存在。鉴于此,我当时做出了这样的推测:如果宫殿区围以垣墙,那么早已发现的2号宫殿基址的东墙有可能就是宫城城墙。

在二里头遗址这样持续兴盛数百年且遭后世严重破坏的大遗址上,用洛阳铲进行的钻孔勘探仅能提供些微线索,而无法摸清地下遗存的详细情况。验证上述推断最简单的方法是,先揭开2号基址东北角,看看2米宽的宫殿东墙夯土是否继续向北延伸。

2003年春季,正当肆虐全国的"非典"来临之际,发掘工作按这一思路开始实施。当在新揭露的探方中,与2号宫殿东墙完全一致的条状夯土果真像上述推想的那样向北笔直地延伸时,你可以想见一个考古工作者的暗喜。为什么只能暗喜呢?因为还不能排除它是2号基址以北又一处院落的围墙。那就要看它在2号宫殿东南角以外是否也向南延伸。于是我又安排揭开2号基址东南角及其以南区域。当确认同样是2米宽的夯土墙继续向南延伸的时候，欣喜之情才溢于言表。

于是，我们又乘胜追击，向北向南分头追探，并开探沟解剖加以确认，一举发现了保存完好的宫城东北角。至此，这座中国最早的宫城被揭露出来。

由是想起早年苏秉琦教授在一次讲座中谈到的一句话，我记得苏先生话的大意是：在考古工作中，你只有想到了什么，才能遇到什么。这让当时还是学生的我百思不得其解，觉得这好像有点"唯心"，在以实证为特征的考古学研究中尤其讲不通。在经历了多年的考古实践后，我逐渐意识到了这句话的分量和真谛之所在。机遇属于有准备者。从这个意义上讲，二里头宫城，不是我们幸运地碰上的，而是通过学术设计"想"出来并且验证到的。

## 中轴线规划的宫室建筑群

到目前为止，我们已探明二里头遗址宫殿区内存在着数十座大中型夯土建筑基址。其中，在晚期宫城内已确认了两组大型建筑基址群，它们分别以1、2号大型宫殿基址为核心纵向分布，都有明确的中轴线。这里，我们不妨把它们称为西路建筑群和东路建筑群。坐落于宫城西南部的1号宫殿基址，与位于其南大门正前方的7号建筑（可能为宫城正门门塾），共享同一中轴线，构成宫城西路建筑群。坐落于宫城东部的2号宫殿基址，与位于其南大门正前方的4号基址，以及增筑于二里头文化末期、位于其北的6号基址，构成宫城东路建筑群。这两组南北有序排列的宫室建筑群的绵延长度都近200米。

这是迄今所知中国最早的中轴线规划的大型宫室建筑群。中国古代宫室建筑，在数千年的发展过程中，形成了一系列因地制宜、具有自身特色的建筑风格。如土木建筑、封闭式结构、坐北朝南、中轴对称等要素。其中，中轴线规划，是王权至上的政治性城市"建中立极"思想的最明确体现。《吕氏春秋·慎势》中有古代国家"择天下之中而立国，择国之中而立宫，择宫之中而立庙"的说法。看来，这一理念，伴随着最早的"中国"王朝的崛起，在二里头时代已经出现。中国古代宫室建筑发展到明清紫禁城达到了极致，而其源头则一直可上推到二里头的大型宫殿建筑群。

## 中庭可容万人的朝堂建筑

在已发掘的10余座大中型建筑中，1号宫殿基址是面积最大的一座。它是宫城西路建筑群的核心建筑，使用时间基本和宫城相始终，也是二里头文化晚期。

这是一座建立于大型夯土台基之上的复合建筑。建筑由主体殿堂、四围廊庑和围墙、宽阔的庭院和正门门塾等单元组成，规模宏大，结构复杂，布局谨严，主次分明。

如果你对1万平方米这个数据没有一个形象的概念，那么可以把它和一个足球场的面积比较一下。国际标准足球场的长度是105米，宽度为68米，总面积才7140平方米！当中国历史上史无前例的、如此大体量的建筑凸现于东亚大陆的地平线上，它的出现背景和象征意义，是可以想见的。

1号宫殿基址主体殿堂位于台基北部正中，凸出于台基面之上，基座东西长36米，南北宽25米，面积900平方米。殿堂坐北朝南，这是中国古代建筑最惯常的格局。它应当出于实际功用和象征意义两方面的原因。这样可以使建筑物最大限度地暴露在北半球明亮、温暖的阳光下。统治者面朝南方接受臣民的觐见，正符合孔子把有道之君比作北极星的政治理念（《论语·为政》："为政以德，譬如北辰，居其所而众星共之"）。

主殿南距大门约70米，堂前是平整宽阔的庭院，面积约5000平方米，可以容纳数千人甚至上万人。[43]从院内向矗立在高高的台基上的主殿望去，想必会生发出一种敬畏的感觉。这样的设计，让人想到萧何为汉高祖刘邦建造未央宫时的思路，其理念是"天子四海为家，非壮丽无以重威，且无令后世有以加也"（《史记·高祖本纪》）。

1号宫殿正门在南庑的中部，对应主体殿堂。门址上残存的建筑遗迹有柱础和墙基，纵贯建筑有3条门道，宽2.5—3米，门道上发现有安门的遗迹。门道外的路面向南倾斜延伸。3条门道将宫门建筑分为4部分，每部分各应有房间，古代称"塾"，即现在所谓

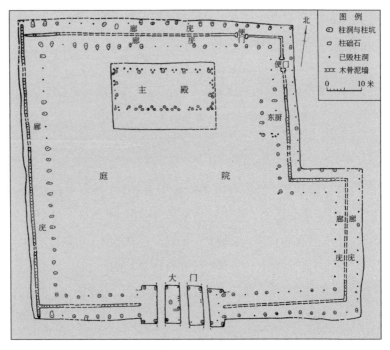

1号宫殿基址　台基平面略呈正方形，仅东北部向内凹进一角。整个台基东西长107米，南北宽约99米，面积约1万平方米。发掘时台基仍高出周围地面将近1米

之"门房"。

宫殿外围是廊庑与围墙。其中北、东、南三面廊庑都有内、外廊，中间以木骨墙相隔，墙内外各有成排的廊柱，形成宽约3米的廊道。西庑则只有内廊而无外廊，廊道宽约6米。廊柱间距均为3米余。四周廊庑都可复原为两面坡的带顶回廊。

1号宫殿院内发现有若干埋葬着人牲和兽牲的祭祀坑。其中位于主殿后面的一个祭祀坑最为令人瞩目，坑的周围埋葬3人，死者

或肢骨脱位，或下肢做折跪状，或俯身似被捆绑状。主殿西侧和东南也各埋有1人，上肢被捆绑或被斩掉手足。这些应都是祭祀时的人牲遗骸。

一般认为，1号宫殿应是统治者进行祭祀活动、发布政令的礼仪性建筑，但究竟属宗庙还是"朝堂"，抑或别的重要建筑，则众说纷纭。用主殿、门塾和廊庑构成一个封闭的四合院，主体殿堂坐北朝南，前临广庭的格局，为此后中国历代宫室建筑所承继。其建筑规制在中国文明史和中国建筑史上都具有划时代的意义。

## 规模浩大的"凝聚力工程"

整个1号宫殿台基夯筑质量极佳，用工量巨大。其建造程序是：先整治地基，挖掉台基下面的灰土和虚土，直至原生土，等于是挖了一个1万多平方米的大坑，有的地方深3米以上；然后将所有低洼地块用成捆的木棍逐层（每层仅厚5—8厘米）填土夯实，平整地面；最后夯筑出高出地面的台基。

有学者推测，面积达1万平方米的1号宫殿基址，其夯土的土方总量达2万立方米以上。仅就夯筑这一项计算，如果每人每天夯筑0.1立方米的话，需要20万个劳动日。也就是说，如果每天安排1000个劳力，也要200天才能完成。它的建筑工程应包括从设计、测量到下挖基槽、取土、运土、人工夯筑、垫石、筑墙到盖房等多种工序，再加上管理和后勤保障等多个环节，其所需劳动日当以数

1号宫殿基址及其主殿复原(《偃师二里头遗址一号宫殿基址再认识》) 依照主殿上残存的立柱遗迹,有的学者将殿堂复原为面阔8间、进深3间、周围有回廊的木构建筑;也有学者认为应是有四围墙壁而无堂室分隔的敞亮殿堂。至于屋顶,一般认为可能为四面坡式。这是一座体量庞大、巍峨壮观的高台建筑。面阔8间的偶数开间数,表明它的前门也应为偶数,最可能是两座。专家推测1号宫殿的正门应是一座高大的、带有门塾的穿堂式大门。"一门三道"的格局,奠定了后世宫门乃至其他重要门塾建筑的基本规制,直至清代晚期

十万乃至百万计。[44]这标志着资源集中、人力控制和行政组织的复杂化,是构成国家的重要条件。

  1号宫殿的基础处理工程规模如此浩大、如此注重建筑质量,令人叹为观止。那么,如从建筑力学的角度考虑,花费这样的功夫,是否有其实际的需要呢?我曾就此问题请教一位建筑考古学家,他的回答是:1号宫殿的主体殿堂不过是"茅茨土阶",用句通俗点的

1号宫殿基址的基础结构
现存台基夯土厚1—4米。主殿台基基座底部还特意铺垫有三层鹅卵石，用以加固基础

话讲就是几间木骨泥墙加茅草顶的大屋，大部分是露天的庭院，如果仅为保证建筑的稳固，是完全没有必要花费如此气力来处理地基的。这样一个兴师动众的大工程居然没有实际上的必要性，那么，它背后的社会政治和宗教机制就是颇为发人深省的问题。用现在的话说，它应当是一个国家级的"形象工程"和"凝聚力工程"。

## 宏伟的宫城南大门

前已述及，在1号宫殿和2号宫殿南大门的正前方，各有一座同时期的建筑，组成两组拥有共同中轴线的建筑群。

其中7号基址位于宫城南墙之上，恰好坐落于1号宫殿正前方，二者相距30余米。它与1号宫殿的主殿、南大门共享同一中轴线，构成宫城西路建筑群。有的学者推测它应是宫城南门的门塾遗迹，而且最有可能是宫城正门，[45]相当于明清紫禁城的午门。

## 东路建筑群：宗庙与祭祖场所？

东路建筑群的核心建筑2号宫殿，位于宫城东部偏北，它依托宫城东墙而建。使用时间与宫城和1号宫殿大体同时。

主体殿堂位于2号宫殿庭院的北部正中，殿堂基址东西长约33米，南北宽约13米，较当时庭院地面略高。其上残留有木骨墙和廊柱柱础遗迹，可复原为面阔3间、四周有回廊的木构建筑。殿堂前有上下出入用的台阶或坡道。殿旁有两个较大的烧土坑，可能与"燎祭"（用火烧燎牺牲、贡品的祭祀行为）或"庭燎"（燃柴照明）有关。主殿前庭院的面积近2000平方米。

庭院内发现有两处地下排水设施。一处位于庭院东北部，由11节陶水管连接而成，安装在预先挖好的沟槽内。另一处位于庭院的东南部，是一条用石板砌成的地下排水沟。

宫殿正门在南庑偏东处。根据其遗迹现象可复原为面阔3间、带有回廊、四坡屋顶的门塾建筑。门道从中间穿堂而过，发现有用于安门的柱坑和柱础石。两侧的房间大概是门卫的值班室。

**建于宫城南墙上的7号基址** 可能是宫城南大门的7号基址长31米余，宽11米左右，面积约340平方米。上部已遭严重破坏，仅残存基础槽的底部。依据地下基础部分的残迹，可推断其单排柱础数应为8个，柱础间距约4米，其上的建筑应是面阔7间。可以想见，这也是一座相当宏伟的建筑

东、西墙内均有成排的廊柱，形成面向庭院的内廊。南庑则由中间木骨墙及内、外廊组成，可复原为中间起脊的两面坡式的屋顶。廊道宽3米左右。

2号宫殿规模虽不足1号宫殿的一半，但布局方正规整，注重对称，功能上或与1号宫殿有所不同，学者一般认为它应属宗庙建筑。[46]它与1号宫殿同为二里头都邑宫室建筑的典型代表。

4号基址位于宫城东部、2号宫殿正前方。该基址可复原为一座由主殿、东西庑及庭院组成，宽逾50米的大型建筑。主殿建在夯

建中立极　宫廷礼制的形成　109

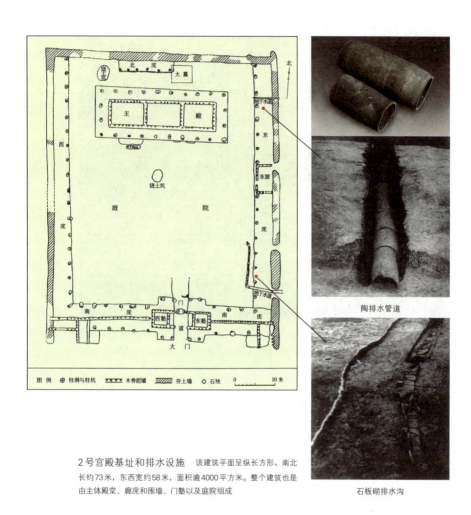

2号宫殿基址和排水设施 该建筑平面呈纵长方形,南北长约73米,东西宽约58米,面积逾4000平方米。整个建筑也是由主体殿堂、廊庑和围墙、门塾以及庭院组成

陶排水管道

石板砌排水沟

土台基上面,东西长36米余,南北宽12.6—13.1米,面积达460多平方米。台基南北两侧边缘各发现一排共13个柱础,基本上南北对应。其中南排为单柱,北排为双柱,后者可能是夯土木骨墙的墙柱。在台基北侧中部还发现有向北倾斜的土筑踏步遗迹。东庑建于主殿

4号基址的发掘　主体殿堂

台基和宫城东墙之间。已知长度20余米，仍向南延伸。已发现呈曲尺状的木骨墙墙槽和其内的若干柱础，可复原为北面和东面筑墙、带有内廊的有顶建筑。[47]

4号基址，有学者认为可能是专门举行某些特殊祭祖典礼的场所。

我们又在2号宫殿以北，发现了布局上与其有密切关系的另一座大型庭院式建筑——6号基址。这座建筑由北殿，西庑和东、南围墙及庭院组成。它增建于二里头文化末期。与2号宫殿一样，它也是依托宫城东墙建成的。

6号基址与2号基址东西跨度相近，方向相同，二者西庑柱础

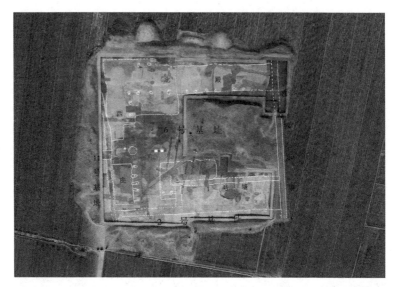

6号基址发掘现场俯瞰　整个基址略呈横长方形，东西长50余米，南北宽40、50米不等，总面积2500多平方米

成南北一线，同属东路建筑群。但它的结构不具有中轴对称的特征，是二里头遗址宫室建筑的又一类型。

## 宫室建筑的"营造法式"

当我们比较上述5个大的夯土建筑台基即1号基址主殿和南门，2、4号基址主殿，以及7号基址的尺寸，就会发现它们有大体相近的长宽比例，柱子的间距也都在3—4米。这是否暗示着当时的宫室建筑工程,已经有了类似于宋代《营造法式》(中国现存时代最早、内容最丰富的建筑学著作)中所描述的、明确的营造规制呢?答案应当是肯定的。

二里头文化晚期大型建筑基本数据比较

| 建筑编号 | 长×宽(米) | 面积(平方米) | 单排柱础数 |
| --- | --- | --- | --- |
| 1号基址主殿 | 30.4×11.4 | 约360 | 9 |
| 1号基址南门 | 28×13 | 364 | 8 |
| 7号基址(宫城南门?) | 31.5×(10.5—11) | 约340 | 8(?) |
| 2号基址主殿 | (32.6—32.75)×(12.4—12.75) | 约400 | 10 |
| 4号基址主殿 | 36.4×(12.6—13.1) | 460余 | 13 |

其中,4号基址主殿台基的面积和柱础数均大于或多于其他建筑,建筑气势恢宏,暗示着该建筑的重要性。

## 早期宫室:最早的多重院落建筑

上面我们介绍的,都是和宫城大体同时、兴建于二里头文化晚期的宫室建筑。那么,它们是二里头遗址最早的宫室建筑吗?不是的。早在20世纪70年代2号宫殿基址的发掘中,就发现了压在它下面更早的大面积夯土遗存。我们循着这一线索又加以勘查,确认了二里头文化早期大型宫室建筑群的存在。

现已查明,在宫殿区东中部,宫城城墙兴建之前的二里头文化

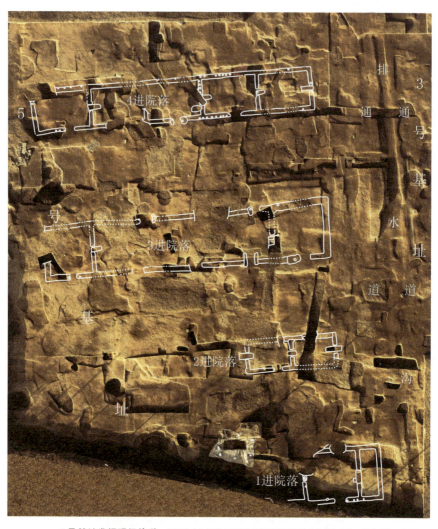

**5号基址发掘现场俯瞰** 二里头文化早期大型宫室建筑群建筑结构的复杂程度甚至超过晚期,这些发现大大地冲击着我们既有的认识

**随葬绿松石龙形器的贵族墓** 这座出土著名的大型绿松石龙形器的墓,是最接近3号基址中轴线的一座,墓主人应属高级贵族

早期，就已存在大规模的建筑群。其中3号基址长150米以上，宽50米左右，该宫殿至少由3进院落组成。中院主殿台基宽6米余，其上发现连间房屋和前廊遗迹；已发掘的各庭院的西庑经统一规划。中院和南院内发现有成组的贵族墓和石砌渗水井等遗迹。

贵族墓呈东西向成排分布。墓室均为南北向竖穴，多数铺撒朱砂（一种红色矿物质，一般认为应与宗教信仰有关，同时也是身份等级的标志物），使用木棺，出有铜器、玉器、漆器、白陶器、原始瓷器、绿松石器、陶器和成组蚌饰、海贝等。成组高规格贵族墓埋葬于宫殿院内的现象，对探明这一建筑的性质和二里头文化的葬俗具有重要的意义。

在3号基址以西，还有一座二里头文化早期的大型建筑——5号基址。整个建筑建于夯土台基上，最上层夯土面积逾2700平方米，基坑中夯土最厚达3.8米。台基上发现有4组东西向的多室排房，由北向南大致呈等距平行排列，间距9—10米，形成并不封闭的四进"院落"。院落内也发现了若干同时期的贵族墓。[48]

3号和5号基址之间以宽约3米的通道相隔，东西并列。通道的路土下发现有长逾百米的木结构排水暗渠。暗渠内的木质立柱和盖板均已腐朽成灰，但痕迹仍清晰可辨。

3号基址被2、4号基址所叠压，不能全面揭露发掘，5号基址也受后期破坏严重，因而难以知其全貌。它们早于二里头文化晚期的1、2号宫殿，但结构却相对复杂，这是迄今为止可确认的中国最早的多重院落的大型建筑，开后世多重院落宫室建筑的先河。

二里头都邑早、晚期宫室建筑的格局，从一体化的多重院落布局,演变为以大"四合院"建筑为中心的复数单体建筑中轴纵向排列,其背后的动因,令人瞩目。

## "朝廷"与"礼制"的形成

如前所述,带有明确中轴线的建筑群格局,以及大型宫室建筑的规模和结构,都显现出王都中枢所特有的气势。宫室建筑上巨大的用工量,昭示着政治和宗教权力的高度集中。

在古代中国,"祭""政"不分,或者可以说是祭政一体、政教合一。这样的王权体制在古代东亚是长期存在的。它的规范就是"礼"。"礼"本来写作"禮",表示用"醴(酒)"来举行仪式。依《周礼·大宗伯》的记载,礼仪分为吉(与祭祀有关的礼)、凶(与丧葬有关的礼)、宾(与王和贵族会面有关的礼)、军(与军旅有关的礼)、嘉(与婚冠、宴会等有关的礼)五种。礼是各个族团以血缘秩序为基础,为了保护自身权益而整合出的社会规范。这种礼当然不会把庶民包括在内,也就是说,礼与贵族的社会生活相关联,用礼来建立并维系贵族社会的秩序。

举行这种礼仪的场所就是宫室。前已述及,关于二里头遗址大型宫室建筑的性质问题,众说不一。中国古代的宫室,由王侯贵族等日常生活的居室、从事政务和礼仪的宫殿,以及祭祀祖先的宗庙三部分组成。但由于没有当时的文字材料出土,它们是否存在具体的功能或空间的明确划分,其布局结构的发达程度如何,目前还无

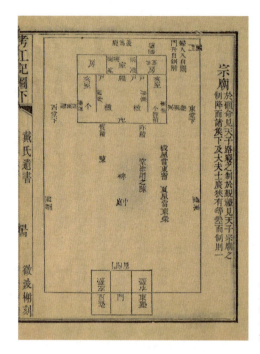

先秦礼书所见宗庙示意（《考工记图》） 二里头1、2号宫殿由正殿、中庭和门等组合而成，其布局结构，与西周时代青铜器铭文和《尚书·顾命》《仪礼·觐礼》所提及的建筑结构基本一致

法搞清楚。古代中国人的观念是"事死如事生"，祖先亡灵所处宗庙与在世王者所处宫殿的建筑规制在早期可能是完全一致的。文献资料与考古材料表明，先秦时期的宫室建筑基本上是宫庙一体、以庙为主的。宫室之前殿、朝堂也称为庙，"庙""宫"通用之例屡见于先秦文献。后世以"庙堂""廊庙"指代王臣议政的朝廷，也是宫庙一体这一先秦古制的遗痕。这时的宗庙不仅是祭祀祖先的场所，而且也是举行各种重大礼仪活动的场所。[49]无论如何，二里头都邑大型宫室建筑具有至高无上的国家政权的象征意义，是君王召集下属处理各种政务、举行各种宫廷礼仪的"朝廷"之所在。

由考古发现与礼书记载的相似性，可知西周时代成熟的礼仪制度应即起源于此。而这套在象征君王无上权威的雄伟的宫殿中，定期召集臣下以强化从属关系的仪式，一直延续到了20世纪初叶，正如我们在充斥于荧屏的清宫戏中所看到的那样。

要之，中国传统的宫廷礼仪，最早是显现于二里头的宫室建筑和礼仪用器的，它的出现昭示着中国王朝的开端。作为维护社会秩序之规范的"礼制"，萌芽于龙山时代，肇始于二里头时代，在其后的商周时代得到整备，战国至西汉时期又作为儒家经典而被集成于礼书。随着儒家思想成为"国教"，这套礼制也被历代王朝所继承。

# 国之大事

祭祀与战争

## 祭祀遗存区的发现

除了上述规模宏大的宗庙宫殿建筑外,在二里头宫殿区以北区域,还集中分布着一些可能与宗教祭祀有关的建筑和其他遗迹。这一祭祀遗存集中分布区与其南的宫殿区、官营作坊区南北一线排列,构成二里头都邑中心区最重要的内涵。

建筑遗迹主要包括高出地表的圆形建筑和低于地面的长方形建筑。其中,高出地表的圆形建筑基址,可能是古代文献中记载的祭祀设施"坛"。坛面和坛下有经踩踏形成的路土,坛的周围是平整干净的场地。低于地面的长方形建筑属于半地穴建筑,可能是古代文献中的祭祀设施"墠"(音禅)。这类建筑系在浅穴内铺垫层层净土,几乎每层垫土上都有因踩踏而形成的路土面,往往还有成片的烧土面。一般不见柱子的痕迹,应是没有屋顶的"场地"。[50]

在"坛"旁和"墠"内还经常发现有随葬铜、玉礼器的贵族墓。目前已知这类祭祀遗迹的分布范围东西连绵300余米。这一带也是贵族墓分布最为集中的区域之一。

此外,在二里头宫殿区的东北部,还发现了一处面积达2200平方米的巨型坑。该坑一般深度超过4米,形成时间不晚于二里头文化第二期,最初或为解决大型建筑用土的取土坑,后又在其内进行过祭祀、居住等活动,以后逐渐淤积、填充,到二里头文化第四期基本填满。二里头文化第二期遗存是坑内的主要堆积,在面积极为

祭祀遗存区的"祭坛"　坛的上面布列着一圈或两圈圆形"土墩"（在坛体上挖出圆坑，填充不同于坛体颜色的土）

有限的解剖沟中，即发现了属于此期的多处以幼猪为祭品的祭祀遗迹，幼猪摆放整齐集中，姿势一致。巨型坑外围近旁铺垫料姜石块，也显现了一定的特殊性，应是宫殿区内一处曾用于祭祀的场所。[51]

## 礼器：中国青铜时代的徽标

19世纪，丹麦学者汤姆森根据历史上各阶段以生产工具为主的遗物材质，将古代史分为三个大的时代，即石器时代、青铜时代和铁器时代。这一著名的时代划分法至今仍为学界所普遍采用。其后，英国学者约翰·卢伯克将石器时代细分为旧石器时代和新石器时代。也有学者认为在某些地区，从石器时代向青铜时代转化的过程中，还存在着"铜石并用"的过渡阶段。[52]

北京大学严文明教授,主张仰韶时代后期至龙山时代,因已有零星的小件铜工具、装饰品等出现而可以称为中国的铜石并用时代。[53]这一时代也正是东亚大陆多个区域迈向社会复杂化的时代。因这一阶段红铜、砷铜、青铜和黄铜制品并存,合金铸造技术原始,铜器尚未发挥较大的社会作用,大多尚不具有权力身份标志物的意义,所以一般认为还未达到进入青铜时代的程度。[54]

随着二里头文化在中原的崛起,这支唯一使用复杂的合范技术生产青铜容器(礼器)的先进文化,成为跃入中国青铜时代的第一匹黑马。值得注意的是,这些青铜礼器只随葬于二里头都邑社会上层的墓葬中,在这个金字塔式的等级社会中,青铜礼器的使用成为处于塔尖的统治阶层身份地位的标志。这些最新问世的祭祀与宫廷礼仪用青铜酒器、乐器,仪仗用青铜武器,以及传统的玉礼器,构成独具中国特色的青铜礼乐文明。它不同于以工具、武器和装饰品为主的其他青铜文明,显现了以礼制立国的中原王朝的特质。

作为统治阶层身份地位的象征,以酒器为中心的礼器群,成为中国最早的青铜礼器群。从这里,我们可以看出中国古代文明主要是建立在社会关系的巨变(在等级秩序下人际关系的大调整)而非人与自然关系巨变的基础上的。

## 从陶酒器到铜酒器

酒的麻醉致幻作用,使得世界上不少古代人群都把它当作通神

各式陶酒器　在二里头文化中，陶质酒器有温酒和注酒的鬶、盉、爵，以及饮酒用的觚等

的手段。在号称"礼仪之邦"的古代中国，酒文化源远流长，所谓"礼以酒成"，无酒不成礼。如前所述，"礼（禮）"字的本义就是以"醴（酒）"举行的仪式。古代的社交礼仪中一定要伴有饮酒礼，酒就像维持社会机器正常运转的润滑剂。所以有学者把肇始于龙山时代、兴盛于夏商时代的礼制概括为"酒礼"。

当时的酒是谷物发酵而制成的酿造酒，属黏稠的浊酒，可以加入香草提味，一般是加热后饮用。

有酒则必有酒器，酒器是酒文化乃至它背后的礼仪制度的重要载体。在二里头文化中，陶制酒器有温酒和注酒用的盉、鬶、爵，以及饮酒用的觚等。这些酒器当用于神圣的祭祀仪式，因此都是用经过淘洗的黏土精心制作而成，有些用少见的白陶或黑陶。它们很少出土于日常生活的场所，大多随葬于墓中。

与酒相关的陶器，还有可能用于酿酒和贮酒的大口尊。这是二里头文化所独创的代表性器种之一。器高大多超过30厘米，形体较大。

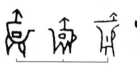    

甲骨文"爵"　　　金文"爵"　甲骨文"酒"　甲骨文"尊"　甲骨文"歓"　甲骨文"隋"

大口尊，以及甲骨文、金文中与"尊"相关的象形字　"酒"字去掉"氵"后的"酉"字，在甲骨文中就是以大口尊为原型的象形字。"尊"字是以两手捧着大口尊的形象，而"尊"与"奠"通用，表示的是祭祀时献上的酒以及献酒礼仪

此后，大口尊又为二里岗文化所继承并进一步盛行。自二里头文化到二里岗文化时期，大口尊的口沿内侧常见有烧成后刻划的简单符号。这一时期的陶文主要见于大口尊。虽然把这些刻符都看作文字的观点有待探讨，但大口尊在制作或使用时被刻上符号这一现象本身，表明它应是一种受到重视的特殊的器物。

青铜酒器出现于二里头文化晚期，最先制作的是仿陶器的小型酒器爵，后来出现了温酒器斝和盉等。与身材瘦小的爵相比，盉、斝器高一般超过20厘米，容量较大，因而还应有盛放储存的功能。这批最早的青铜容器数量极少，只有一部分高级贵族能够使用。除了王公贵族对酒器的重视外，就酒的加热而言，铜器还具有极好的传导性。

青铜爵　迄今为止二里头遗址出土的10余件青铜容器中，除了一件鼎，均为仿造陶器形制作而成的酒器，构成以酒器为主的青铜礼器群

在中原腹心地区的人们掌握了复杂的铸造技术后，青铜这种具有美丽的光泽又富于延展性的贵金属，首先被用来制作酒器而不是别的物件，足见酒器在当时王朝礼制中的崇高地位。

## 陶鬶与"鸡彝"

以成套酒器入葬来表现墓主人身份地位的随葬习俗，最早见于黄河下游的大汶口-龙山文化。二里头文化中的鬶、盉、斝、爵都可以溯源自这一文化系统中盛行的陶酒器——鬶。与此形成对比的是，二里头文化的烹饪饮食等日常生活用器基本上继承了中原腹心地带当地龙山文化的风格。因为与祭祀或礼仪相关联，在王朝祭礼的形成与整合的过程中，各种酒器也就被作为新的礼器而加以采用。

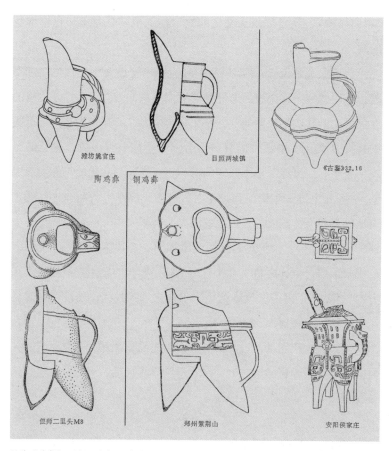

从陶"鸡彝"到铜"鸡彝"(《试论夏文化》) 二里头文化酒器中与山东史前文化关系最为密切的，是早期的陶鬹，二里头文化的陶鬹也是中原地区同类器的最后形态。自二里头文化晚期始，敞口敞流的鬹逐渐为更具保温和防尘功能的封口筒流盉所取代。后者显然是由前者演变而来的

　　《礼记》记载三代用于祭祀的酒器，"夏后氏以鸡夷，殷以斝，周以黄目"。夷读为彝，彝器即礼器。其中提到的三种祭器究竟为何物，斝比较明确，但对于鸡夷（彝）和黄目，自汉代以后即歧说纷纭，不乏望文附会者。邹衡教授经过比照研究，认为

国之大事　祭祀与战争　129

"鸡夷（彝）"就是二里头文化的封口盉,也就是龙山文化中常见的陶鬶。[55]

他形象地解说道:"如果我们看看山东龙山文化中常见的红陶鬶,不用解释,就会想到这件陶器活像一只伸颈昂首、伫立将鸣的红色雄鸡。其实不独鬶如此,夏文化(引者注:邹先生认为二里头文化即夏文化)中常见的封口盉又何尝不像一只黑色或灰色的雄鸡!原来它们可能都是由共同的祖型——大汶口文化的鸡彝发展来的。"邹先生进一步论证到,正因为它产生在东方,而在古代的东夷地区又曾经特别流行,因此它同时又有了"夷"的名。而金文中"彝"字的字形,像将鸡翅膀用绳索捆缚,左边落下血滴,表示宰后用双手捧送供神之状。古代有用杀鸡来盟誓的,用鸡祭祀更是东方的风俗。"正因为红色雄鸡是用于祭祀的牺牲品,而红色陶鬶是用于祭祀的'彝器'。"

这一将古代文献、古文字与考古出土品相比照,来复原当时礼器的递嬗传播源流的尝试,一时被传为学界佳话。当然,这还只是一种推测。

## 第一青铜酒器爵的发明

爵是一种小型温酒和注酒器。关于爵的起源,从整体形制和用途看,它与鬶或盉似乎有关,但大小、把手的位置和足的形状都不相同,应该为二里头文化所独创。我们在古装戏中经常可以看到王公贵族们举爵干杯的场面,但爵是否直接用来饮酒,却仍存疑问。陶爵中一直有夹砂陶(为使受火器物不致爆裂而在陶器胎土中羼入砂粒,是炊器的主要特征)存在,且在有些陶爵的底部发现烟炱的痕迹,说明它具有温酒的功能。把温好的酒由爵倒入觚中饮用,可能是较为合理的解释。

铜爵应是模仿陶爵制成,器高在10—20厘米,这是二里头都邑最先制造出的一种青铜酒器。在二里头遗址,青铜爵迄今已出土了10余件,都属二里头文化晚期。铜爵在二里岗文化时期得到进一步的发展,它与觚组成的酒器组合具有代表性,一直延续至西周时代。

有的学者注意到爵造型的不对称性。与鬶、盉不同,爵的把手与器流不在一线上,而是垂直于流口,且位于其右侧。二里头出土的唯一一件有纹饰的铜爵(腰部饰带状联珠纹),以及二里岗至殷墟时期饰有兽面纹的铜爵,都是把纹饰施于把手的另一侧,可知有纹饰的一侧为正面,把手所在的一侧为背面。三足中之一足在把手的正下方,另两足则在正面的两侧。这一造型原则被毫无例外地严格遵守着。

用这种不对称的器物倒酒,自然是右手持把手,正面面向对方,使爵体左倾。如果是用左手,只能用手握住爵身,这势必就挡住了纹饰,而使带把手的背面朝向对方。这对生来习惯用左手的"左撇子"来说,实在是不公平的。指出这一点的日本京都大学冈村秀典教授[56]和我都是"左撇子",因而对此更有深切的感触。

在始于周代的爵位中,"公爵""伯爵"等都用了"爵"字(这里的"爵"应是酒杯的总称,并不一定专指我们所谈论的酒器爵),至少表明在王朝的礼仪中饮酒是极为重要的,而二里头文化在饮酒

**陶爵与铜爵** 爵所体现的这种不对称的特殊制器原则,无视"左撇子"群体的存在,居然被严格遵守达千年以上,直到西周时代才退出历史舞台。从特定的手持和倒酒方式,可以窥见礼仪实施的精微之处

礼仪的发展过程中则具有划时代的意义。铸造铜爵等造型复杂的酒器,至少需要精确地组合起内模和3件以上的外范,即当时已采用了先进的复合范工艺。而克服其中的种种困难,最终铸造出青铜礼器的内在动力,应当就是这一时期新兴王权对宫廷礼仪的整饬。

## 从祭玉到礼玉

最初,人们把质地温润、色泽赏心悦目的玉石当作装饰品,又逐渐赋予其神秘的色彩,把玉石看作具有神性的灵物。中国最早的玉器见于公元前7000多年的黑龙江饶河小南山遗址。随着公元前3000年左右社会复杂化程度的加深，在东亚大陆多个史前文化中，先是出现了在祭祀活动中用作神灵替代物的"祭玉"；在国家产生后的宫廷礼仪中，玉器又作为社交礼仪中的"礼玉"而受到特别的重视。

在古典文献中，舜把"玉圭"赐给治水成功的禹，西周时代的册命（赏赐任命）仪式也使用玉器。而在即位仪式或朝见仪式上，

后代的宫廷用玉圭与笏　作为贵族权威的象征物，宫廷礼仪中所用"玉圭"或"笏"之类的玉器，可以称为"礼玉"
1 战国谷纹玉圭；2 唐内侍持笏图（陕西乾县懿德太子墓壁画）

国之大事　祭祀与战争　133

诸侯要献上"玉圭"。依王、诸侯及其他贵族身份的不同,其手持玉器也分为多个类别,《周礼》中就有"六瑞"之说。作为昭示君臣关系的礼仪,这种通过宫廷和玉器所表现的授受行为,在王权的维持上起着极为重要的作用。[57]

据《礼记》记载,诸侯朝见天子时或大夫访问他国时,以及举行射礼时,都必须手持细长的板状物"笏"。依持有者身份的不同,它的形状、大小和材质都有差别,分别用美玉、象牙和带有不同装饰的竹制成。"笏"的形状和使用它的一套程序,与"玉圭"极为相似,很有可能是由玉圭转化而成的。

## 东风西渐:大型有刃玉礼器群

二里头所在的嵩山周围、洛阳盆地一带,在龙山时代并无使用大型玉器的传统。这与二里头都邑出现成组大型玉礼器,形成了鲜明的对比。

二里头遗址出土的玉礼器(有些属石质,学术界也把其看作文化意义上的"玉"),可以分为两大类。一是大型有刃器如钺、刀、牙璋、圭(或称铲)和戈,二是小型棒状的柄形玉器。其中,钺、牙璋、刀和圭应都源自海岱地区的大汶口–龙山文化,到以后的二里岗文化趋于衰退;与此形成对比的是,柄形玉器和玉戈在此后得以传承。

石质的钺类器最早见于长江下游太湖地区的史前文化,后来逐

**钺与戚** 在二里头遗址，钺在墓葬以外的文化堆积中也有发现，与牙璋、圭等手持的礼仪用器不同，这类钺应当属于装柄的实用器，用于战争或仪仗等场合。而作为随葬品的玉钺、戚（两侧边缘有扉齿的钺），则应当是用于宫廷礼仪的

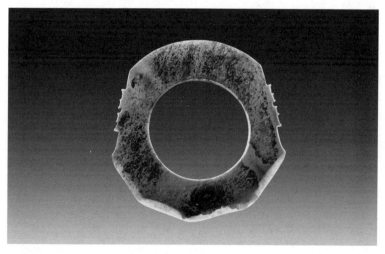

**璧戚** 璧戚整体近圆，中有大孔，齿状外弧刃，更富装饰意味而不适于装柄，因此也应是祭祀或礼仪活动中手持的礼玉

玉石刀　二里头遗址出土的刀一般长逾50厘米，直刃，近背部有多个钻孔，最多达7个

渐成为东亚大陆东方地区新石器时代玉石器的一种重要器形。二里头的玉石钺，也具有显著的东方和东南方的传统。譬如在钺身上穿双孔和用绿松石圆片镶嵌其中一孔的装饰手法，就见于海岱地区的大汶口-龙山文化。

在二里头文化中，一种两侧边缘有扉齿的钺更为常见。这种钺一般称为戚。玉戚中又有一种璧形戚，或称为璧戚。璧戚始见于二里头文化，至二里岗文化已极罕见。

二里头文化玉器两侧装饰对称的扉齿，以及玉戚上所见齿状弧刃的做法，都可以上溯到黄河下游海岱地区大汶口-龙山文化的同类装饰工艺。[58]

横长的梯形多孔大玉刀，系采用较薄的玉石材料制成，一般认为是由谷物收割工具石刀演化而来。但没有使用痕迹，显然并非实用器。此类石刀最早出现于长江下游的薛家岗文化，作为随葬品见于黄河中下游的大汶口-山东龙山文化和陶寺文化的墓葬中，在陕北一带的石峁文化中也有发现。

玉石牙璋　二里头遗址出土的牙璋长达50厘米左右，阑部有二至四组对称的扉齿，扉齿之间阴刻细平行线，制作极为精细

被称为牙璋的玉器，一般认为是铲（或耜）形松土工具的仿制品。全器由器身和柄部以及两者之间的阑组成，器身前端有微斜而内凹的刃。柄部及其上的圆孔都没有装柄的痕迹，从形制上看也不适于装柄。

这类器物最早见于大汶口文化末期至山东龙山文化早期的海岱地区，在陕北一带的龙山时代晚期至二里头时代的石峁文化遗存中也有发现。石峁文化和二里头文化出土牙璋显现出较山东龙山文化的同类器更强的装饰意味，以及思维的进一步复杂化。相比之下，

**牙璋的使用方式** 四川三星堆遗址出土两手持牙璋跪坐的铜人像,很像在祭祀或礼仪场所持"笏"的情形。三星堆遗址还出土过刻有图像的牙璋,图像中牙璋立于山边,横列的人物也应是在祭祀场合之中

海岱地区出土牙璋的形态偏于原始,阑部扉齿较简单,器体也较短小,其间应存在着源流关系。[59]

玉石戈和铜戈均始见于二里头文化晚期,为其后的二里岗文化所承继。玉石圭、戈都应同牙璋、刀等一样,也是社交礼仪中贵族手持的"礼玉"。

台湾学者邓淑苹研究员把二里头文化大型有刃玉礼器群,归为"华西系统玉器",认为其与龙山时代的陕北玉器群关系密切,[60] 是有道理的。但考虑到后者多缺乏明确的层位关系,年代跨度较大,而上限不早于龙山时代,玉器总体器形和在器缘加饰扉齿的装饰作

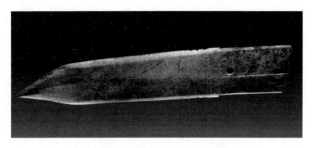

玉石圭、戈　圭比牙璋、刀要小，一般长20厘米左右，上部有一或两个孔。戈本来是一种有柄的勾兵，但玉石戈上钻孔的位置已不适宜于缚绳装柄

风等多显现出东方文化因素，其远源恐怕仍可追溯至海岱地区的大汶口-龙山系统文化。而器表阴刻成组线纹的装饰作风，则是面向内陆的诸文化在玉器制作上一个晚出的风格。这也正契合了前述二里头文化属于华东华西两大系统"文化杂交"之硕果的推论。

## 柄形器之谜

与上述大型有刃玉器形成对比的，是常见于二里头贵族墓的小型柄形玉器。这类呈扁平或棒状的玉器一般长20厘米以下，最早零星地见于黄河和长江流域的一些区域。自二里头文化早期开始在二里头遗址出现，又为二里岗文化和殷墟文化所继承。在西周时代的一些墓葬中，柄形器的末端一般有短小的榫和玉石片粘嵌而成的附饰，可知它是与其他器物组合使用的。到东周时期，这类器物就基本上不见了。

在二里头和二里岗时期，玉柄形器仅见于随葬品丰富的贵族墓。到商代晚期时，有些仅随葬陶器的小型墓也有出土。但总体上看，直到西周时期，制作精良的柄形器还是集中见于规格较高的贵族墓，因此，可以肯定它是贵族的专用品。

安阳殷墟遗址曾在几座小墓中出土了一批石柄形器，值得注意的是，其上分别朱书祖先的名字，表明这种器物应是用于祭祀先人的礼仪用品，属于礼器的范畴。[61]以往的一件传世玉柄形器上阴刻有11字，记载这件器物是商王赏赐给作为臣下的器物持有者的，也显示了玉柄形器的重要性。

学界对这类器物的定名与功能性质分析五花八门，不一而足。有的说是用来弹琴的，因此称为"琴拨"；有的说是用来束发的头饰，因此称为"簪形器"；也有的认为是作为兵器的铜剑的剑柄；还有的认为是人身上的佩饰。鉴于其上发现有文字，更有人推测是用来祭祀祖先神灵的"石主"，相当于后世的牌位。日本著名学者林巳奈夫教授则认为应是一种礼器瓒的把柄，文献中称为"大圭"，因属贵重之器，只给有资格参加仪式者佩戴。[62]目前学界多认为它属于礼器，但其具体的功用与象征意义，则仍是待解之谜。

近来，有学者通过对墓葬中器物组合的分析，指出这类玉柄形器就是瓒，它是由良渚文化的玉锥形器演变而来的，其使用方式都是榫接于木棒上置于酒器觚中以祼酒（祼，音灌，古代以酒灌地的祭礼）。[63]可以认为，这是目前最接近实际的推论。

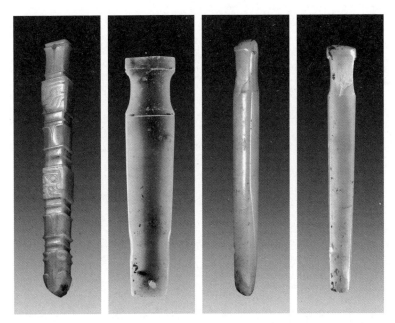

二里头出土的各类玉柄形器　柄形器多为素面，但20世纪70年代一座贵族墓中出土的一件柄形器（左），其上用浅刻和浮雕的方法雕刻出三组兽面纹，每组之间器身束腰并雕出类似花瓣的纹样，极其精美

## 昭示等级秩序的玉器

　　如上所述，大型有刃玉器都应是贵族手持之物，从其宽片状的形制看，应相当于日后的"玉圭"，即衣冠束带的贵族在朝廷上所持的"笏"。玉器的种类，可能昭示着持有者的出身与职位的差异，其中详情已不得而知。但它们都属于宫廷礼仪所用礼玉，则是可以肯定的。值得注意的是，在二里头文化玉器中，有刃器受到高度的重视。

从出土玉器的墓葬中随葬品组合情况看，大型有刃器中的玉钺见于所有的墓，玉刀也较多。较大的墓中都随葬三件有刃器，但各自的组合不一致。小型柄形器的使用则较为普遍，可知身份较高的贵族墓中，柄形器是不可或缺的，如前所述，推测其属于祭器是有道理的。

在二里头文化的玉器中，装饰品极少，二期开始出现柄形器，三期则有各类大型有刃礼器出现。这些带刃的礼玉，都与其本来的装柄方式和用途无关，而是表现贵族的权威，作为在宫廷上昭示君臣关系的"玉圭"或"笏"来使用的。[64]在二里头都邑，这些玉礼器与宫城、大型宫殿建筑群的出现大体同步，表明王权以及用以维持王权的宫廷礼仪已大体完备。

## 无乐不成礼：乐器一瞥

在古代中国，贵族在举行祭祀和其他礼仪活动时，往往离不开乐器。所以常有学者以礼乐文明来概括中国早期文明的特征，确是一语中的。

乐器与等级身份相关联的例子，在龙山时代的考古发现中即有所见。晋南陶寺文化超大型中心聚落陶寺遗址的墓地中，鼍鼓（以鳄鱼皮作鼓面的鼓）和打制的石磬两种乐器，仅见于最高规格的墓葬。[65]这类墓葬规模较大，都有丰富的随葬品，墓主人应当是处于金字塔塔尖的社会上层人物。与作为礼器的彩绘陶器和漆木器一

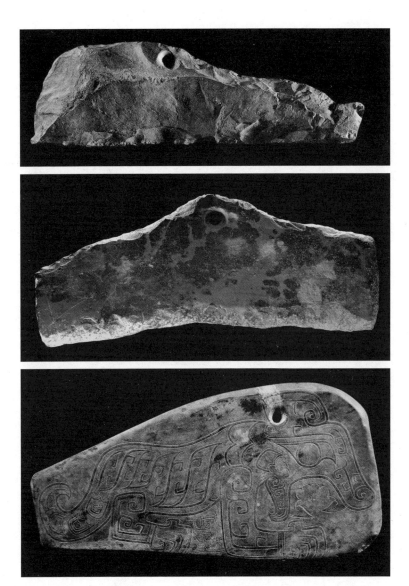

陶寺、二里头、殷墟磬之比较　陶寺的打制石磬、二里头琢磨制的石磬、殷墟的磨光虎纹大磬，都是周代礼仪用打击乐器——编磬的祖型。这从一个侧面昭示了以"礼乐"为中心的礼制的形成与早期发展的轨迹

样,这些乐器也是彰显其权威的标志物。

在二里头遗址的一座贵族墓中也发现了一件石磬。磬体略呈折曲状,顶部有一悬孔以穿绳。形体较大而厚重,长50多厘米,厚近5厘米。正面磨制较精,其余保留有打制和琢制的痕迹。

铜铃是二里头文化青铜器中富有特色的器种,不少介绍中国古代乐器的书都把它收进去,作为乐器的一种。但它的真实功能仍是个谜。无论如何,它是一种可以发出悦耳声音的响器。陶铃在龙山时代的多处地域都有发现,二里头遗址也有所见。早于二里头文化的唯一一件铜铃系红铜制品,见于山西襄汾陶寺遗址。它出土于一座墓葬中,位于墓主人的腰部。二里头文化的青铜铃都见于贵族墓,共出的随葬品较为丰富。与陶寺遗址所见相同,一般也放置于墓主人的腰部或手部,多见以纺织品包裹的情况。

值得注意的是,在二里头遗址的贵族墓中,铜铃往往与嵌绿松石铜牌饰共出,或与大型绿松石龙形器共出,表明这类墓的墓主人具有特殊的身份,同时也暗示着铜铃与祭祀礼仪相关联的功能。

陶寺、二里头的铜铃　二里头青铜铃之铃体较陶寺铜铃要大,为扁圆体,顶部有钮,一侧有扉,器身常饰有凸弦纹,一般配有玉质的管状铃舌

陶埙和陶鼓形壶　鼓形壶扁圆体，其周缘有三周表现鼓钉的小泥饼。鼓体下附二足，与殷墟甲骨文中的"鼓"字颇为相似

二里头遗址的贵族墓中还曾出土过一件漆鼓。鼓为束腰长筒状，施朱红漆，通长50余厘米。遗址上又曾出土陶鼓形壶一件。

此外，二里头遗址还出土有陶埙。

## 有骨无甲的占卜习俗

把动物骨骼的某一部分加以烧灼，使其产生龟裂从而占卜吉凶的习俗，从公元前3000多年开始出现，到商代达于极盛。这一习俗最早可能起源于西北地区，在龙山时代分布于长城地带及与其邻近的华北地区，二里头时代扩展至黄河中游和辽西地区。从占卜未来的行为看，它应当属于一种祭祀活动，而且与家畜养殖和畜牧生

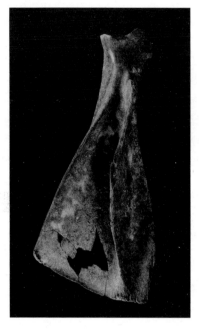

二里头出土的卜骨　因为在占卜用的甲骨上刻有文字，商王朝的实际存在才得以确认。与殷墟文化时期占卜时兽骨和龟甲并用的情况不同，二里头时代只有骨卜而无龟卜，而且只有灼痕，未发现见于殷墟甲骨上的钻、凿现象，也没有在卜骨上发现文字

活有密切的关系。

据研究，"卜"字的字形就是模仿占卜时的裂痕，读音也是从爆裂时的声响而来。占卜时用的兽骨，主要是肩胛骨。这个部位有既宽且薄的平面，受火后容易爆裂，最适合做占卜的材料。[66]但一只动物只有前肩上的两块肩胛骨，不杀掉则无法得到，所以也来之不易。它作为传达神意的媒介被人们精心选出，而供奉给神作为牺牲的动物当然在优先考虑之列。晚商时期的殷墟王都主要是用牛的肩胛骨和龟甲；据文献记载，西北的畜牧游牧族群用羊，东夷则用牛或鹿。二里头文化中牛、羊、猪兼用。

## 中国最早的礼兵器

为维持与扩大王权、对抗外敌,保有相应的军事力量是必不可少的。在中国古代王朝文明形成中,青铜兵器的出现及其普及起着重要的作用。在二里头时代,青铜兵器的出现,远射用武器镞(箭头)的激增,暴力加害的人殉和人牲的多见,都暗寓着当时社会集团之间战争的频发与激化,构成了王朝形成期社会矛盾加剧所特有的图景。

二里头文化出土的青铜兵器有戈、钺、斧和镞等。其中,属于近战兵器的戈、钺、斧总共出土了4件,应当都是墓葬的随葬品。从铜钺的材质成分及刃部较钝等特征分析,应非实用性兵器,而属于礼仪用器,另外几件的情况也大致相似。可知这类兵器并非用于实战,而应是用来表现权威的仪仗用器,或可称为礼兵器,它们在当时并未普遍使用。这是迄今所知中国最早的青铜礼兵器。

以双翼镞、有内钺、直内和曲内戈为代表的二里头文化青铜兵器,奠定了中国古代兵器的基本格局。戈、钺在随后的二里岗时代继续使用,成为中国古代最具特色的武器。长条状的斧则仅见于二里头文化,有学者认为应属北方系战斧或其仿制品[67]。其中,戈的出现意义尤其重大,啄击兼勾杀的威力使其极利于近战,成为日后中国冷兵器中的主宰器种。二里岗时期以戈、钺、镞为主的铜兵系统得到光大,形成了以戈为中心的兵器组合。

在中国,最早的马拉战车见于商代晚期的殷墟遗址,车战也应

二里头出土的青铜近战兵器　这类兵器均应装柄使用，在其刃部的相对处都有大小不一的孔，用于缚绳装柄

是从那时开始的，骑兵则更要晚到东周时代才出现。商代晚期以前，战争的主角是步兵。

## 钺·军事统帅权·王权

二里头遗址发现的青铜钺，是迄今所知中国最早的青铜钺。它的前身石钺应是从斧类生产工具演变而来，最初也被称为"有孔石斧"。后来作为武器使用，并逐渐演变为象征军事权威的仪仗用器，也是一种用于"大辟之刑"的刑具。在西周金文和《尚书》《左传》《史记》等文献中，分别记载商周时期的君王以弓、矢、斧、钺赐予大臣或诸侯，以此象征授予其征伐大权。其中，钺又是最受重视的。它作为仪仗用器，代表着持有者生杀予夺的权力。这应当反映了对传承已久的某种制度的继承。

对于古文字中"王"字的字源本义，历来有不同的观点。其中，认为"王"字象斧钺之形[68]，应较接近本义。早于甲骨文时代数百年的二里头都城中出土的玉石钺和迄今所知中国最早的青铜钺，就应是已出现的"王权"的又一个重要象征。换言之，钺的礼仪化是中国王朝文明形成与早期发展的一个缩影。

二里头的青铜钺和金文中的"王"字　金文中"王"字的字形，像横置的钺。"王"字在最初应指代秉持斧钺之人，即有军事统帅权的首领，随着早期国家的出现，逐渐成为握有最高权力的统治者的称号

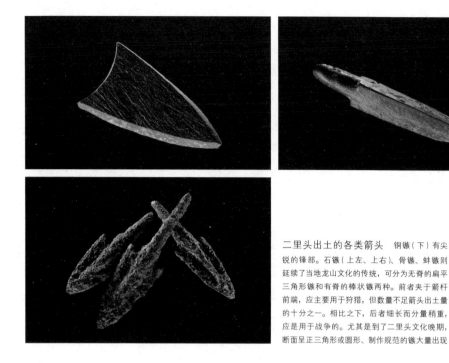

二里头出土的各类箭头　铜镞（下）有尖锐的锋部。石镞（上左、上右）、骨镞、蚌镞则延续了当地龙山文化的传统，可分为无脊的扁平三角形镞和有脊的棒状镞两种。前者夹于箭杆前端，应主要用于狩猎，但数量不足箭头出土量的十分之一。相比之下，后者细长而分量稍重，应是用于战争的。尤其是到了二里头文化晚期，断面呈正三角形或圆形、制作规范的镞大量出现

## 小箭头的大启示

弓箭本来是狩猎工具，在箭杆前端安有石质或骨、蚌质的镞。在二里头文化崛起"前夜"的龙山时代，各个地域不同群团间的战争日益激烈，镞的数量也急剧增多。为增强杀伤力，镞也在不断地变大变重。原来的镞两翼较宽，呈扁平状，分量轻而射程较远，适于狩猎；现在则变得重而细长，能达到深刺的效果，

杀伤力大幅度增强。[69]

二里头遗址出土有铜、石、骨、蚌等多种质料的镞，基本上出土于生活区，此外还见有箭头刺入人骨的例子，说明它们应是实战用器。

这些制作规范的镞，后端往往有细窄的铤，使用时需将镞铤插入箭杆。有的学者注意到，大致以河西走廊为界，以东地区基本上为有铤镞，以西地区则基本为镞底或铤部带銎孔者，可以将箭杆插入銎孔内。这一空间差异或许与箭杆的选材有关。中原或周边地区大概多以竹为箭杆，竹中空，利于将镞铤插入以固定（当然也可以把木杆劈裂，插入镞铤再以绳绑缚）；而西北地处无竹的高寒地带，箭杆可能多为木质，有銎孔的镞就便于固定。这都是因地制宜的举措，最终形成了各自的传统。

箭头属不可回收品，以铜来制作，除了表明战争日益受到重视外，还意味着当时珍稀的铜料来源已得到了初步的保障，青铜器生产的程度日益加深。

# 都邑社会

## 人口构成与层级

## 大规模的人口动员

作为进入王朝阶段的发达的国家社会,王都与宫殿的建筑工程都需要大量的人口与劳力。如前所述,仅建造二里头都邑的1号宫殿,就需要20多万个劳动日。其他的土木建筑工程、各种手工业生产,以及对外战争等,都要经常性地驱使大量的人力。这样的人力需求,仅凭王都内部的居民恐怕是远远不够的,还要广泛地动员周边聚落的人口。为劳力提供的粮食大概也要从更广大的区域来获取。这种以松散的纽带联系起来的诸社会集团,就逐渐在人力和物力上整合为以二里头王都为中心的更为复杂的社会组织——广域王权国家。

龙山时代也有过大规模的劳动动员,例如夯土城垣的修建。但即便是规模达280万平方米的襄汾陶寺城址,它夯土城垣的保卫对象也应当是包括一般庶民在内的。此外,随葬大量器物的大墓与一贫如洗的小墓在陶寺共处于同一墓地。因此,它的劳动动员似乎也是以超越身份差异的共同性为基础的。这与二里头都邑的营建旨趣、功能分区以及人口构成可能都有较大的差别。至于像登封王城岗那样面积仅30余万平方米的城邑,其筑城工程只需要周边十几个聚落组成的小聚落集团即可完成。[70] 可知就人口动员的规模和性质而言,二里头都邑与此前龙山时代的中心聚落之间也不可同日而语。作为统治者的贵族阶层、受盘剥的庶民以及被剥夺了人身自由的人构成了金字塔式的社会层级,从而也确立了国家权力的基础。

## 族属的复杂化：中国最早的移民城市

二里头遗址罕见统一安排死者的公共墓地。遗址发掘中出土单独的墓葬或由若干成排墓葬组成的小型墓群。这些墓葬遍布遗址各处，见于宫室建筑的院内、一般居址近旁、房基和路面以下。这表明那时的人对死者并不"敬而远之"，并不把生与死严格地对立开来。曾经的居住区又被用来埋葬死者，这些墓葬分布点似乎也都没有被作为墓地长期使用，墓葬和房屋建筑往往相互叠压。人类学家主张，一个为死者专有的、界限明确的规划区域，表明这是一个具有直系血亲体系的社会共同体。值得注意的是，在早于二里头时代的许多新石器时代遗址和安阳晚商都城殷墟都发现了明确的宗族墓地。二里头遗址的埋葬形态与中国古代长期延续的这一丧葬传统形成了鲜明的对比。因此，二里头遗址罕见有组织的、经正式规划的埋葬区域，可能暗寓着这里的居民彼此间缺乏直接的血缘关系。

二里头的这种松散的埋葬状况，似乎与这一中心都邑的人口构成相关联。如果考虑到二里头文化是中国历史上第一个跨越自然地理单元、涵盖不同农业区的强势"核心文化"，而二里头都邑是最早集聚了周边人口的中心城市，也就不难理解这些早期移民是来自众多不同的小型血缘集团，而在它们的上面并没有连接所有都邑社会成员的血亲纽带。缺乏稳定的墓地和同一空间内墓葬与房屋的不断更迭，暗示着人口的频繁移动。二里头都邑的人口应当是由众多小规模的、彼此不相关联的血亲族群所组成,同时它们又集聚并且受控于一个城市集合体。[71]从某种意义上讲,二里头是中国最早的大规模移民城市。

都邑人口构成的复杂化,是社会复杂化和日益频繁的文化交流的必然结果,是文明带来的新生事物。然而,这些二里头的人类群团究竟在多大程度上从事农业生产或特殊的手工业专门化生产尚不清楚。进一步的发掘和研究将能提供更多的、有助于解答这些问题的信息。

## 从宫殿到半地穴式"窝棚"

自新石器时代开始,黄河流域的住宅建筑经历了从半穴居到地面居,再到高台居的发展过程。住宅作为社会文化的产物,也一直从一个侧面显示着社会进步的趋势。在穴居住宅依然存在的龙山时代乃至其后的三代,突出于地面的高台建筑的出现,既与夯筑技术的成熟有关,又反映着事实上日益扩大的社会分裂。

如前所述,像二里头1号宫殿那样的大型夯土高台建筑的建造需要庞大的用工量,又因为它们首先成为至高无上的宫殿宗庙之所在,而具有权力的象征意义。可以说,大型高台建筑的出现,既是人们居住生活史上的一次大的革命,也昭示着国家社会和文明时代的到来。

面积达数百至数千平方米的大型建筑基址,都位于宫殿区及后

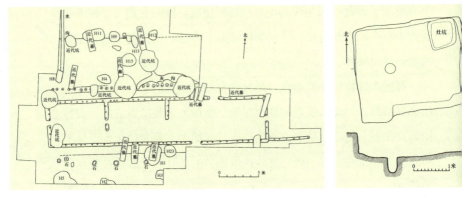

都邑内多层次建筑并存　在二里头遗址,各种层次的建筑物共存。从雄伟壮观的大型宫殿(宗庙)建筑,到地面起建的单间或多间贵族住宅(左),再到半地穴式"窝棚"(右),构成了二里头都邑特有的建筑图景

来的宫城城墙范围内,前文已述。围绕这一王室禁地,分布着众多的中型夯土台基或地面式建筑。这些建筑面积在数十到上百平方米,宽敞且较为考究,附近发现有随葬品丰富的墓葬,显然应是贵族的居所。

与此形成鲜明对比的是,遗址上常见阴暗潮湿的半地穴式建筑,非常简陋,应是生活在社会底层者的栖身之地。

## 金字塔式的墓葬层级

迄今为止,二里头遗址已发掘的二里头时代的墓葬有400余座。墓葬一般为土坑竖穴墓,单人葬,墓穴多为南北向。墓主人仰身直肢,大部分头向北下葬。虽不见集中而长期使用的墓地,但多数墓葬是分区分片的,同一区域的墓葬一般东西排列成行。

出土有铜器、玉器、漆器和陶礼器的贵族墓葬,主要分布在宫殿区的周围,而以东北部最为集中。

在二里头遗址尚未发现与规模宏大的宫室建筑相应的、可以认定为"王墓"或"王陵"的大型墓葬。[72]根据墓葬规模、葬具之有无及随葬品的种类与数量,可将已发现的墓葬分为以下几个层级。

随葬有铜、玉礼器的墓。随葬青铜酒器爵、盉、斝等,大型玉器牙璋、刀、圭、钺、戈以及柄形器等,一般还伴出漆、陶礼器(含白陶器)等随葬品。这类墓有木棺,铺朱砂,墓坑面积在2平方米左右。这类墓只发现了10余座。在宫殿区内发现的随葬绿松石龙形器等珍罕品的贵族墓应是其中规格较高者。

随葬有陶礼器的墓。随葬陶酒器爵、盉(鬶)、觚等,其中不乏白陶器。一般还伴出陶质的食器和盛贮器,以及漆器、小件玉器和铜铃等。有的有木棺或朱砂,墓坑面积在1平方米左右。这类墓占正常墓葬的一少半。

随葬少量日用陶器或没有随葬品的墓。一般不见棺木,无朱砂。墓坑面积在0.8平方米以下。这类墓占正常墓葬的一半以上。

非正常埋葬。被用作人牲而埋葬在祭祀场所,或被随意掩埋、抛弃在灰坑、灰层中。有的尸骨不全,有的手脚被捆绑,做挣扎状。

上述墓葬等级与数量的关系成反比,应是当时金字塔式的社会结构的一种反映。

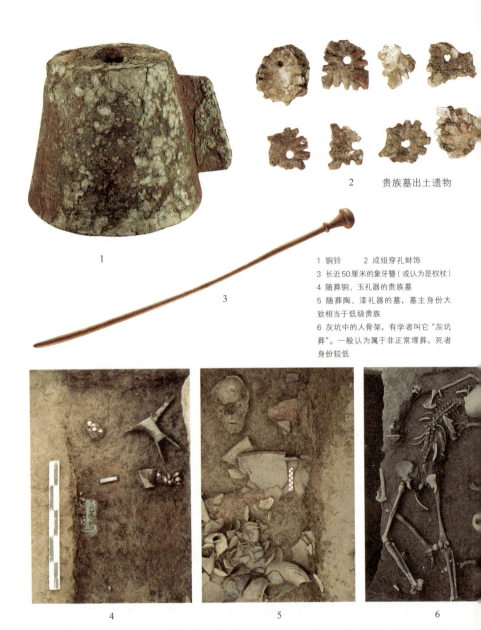

2 贵族墓出土遗物

1 铜铃　　2 成组穿孔蚌饰
3 长近50厘米的象牙簪（或认为是权杖）
4 随葬铜、玉礼器的贵族墓
5 随葬陶、漆礼器的墓，墓主身份大致相当于低级贵族
6 灰坑中的人骨架，有学者叫它"灰坑葬"。一般认为属于非正常埋葬，死者身份较低

各等级墓葬墓室规模与随葬品的比较　　值得注意的是，在二里头文化墓葬中，是否拥有以酒器为主的礼器，是显现墓主身份和地位的重要指标。这与山东大汶口－龙山文化墓地的情况是一致的。而青铜器与漆器、陶器共同组成酒（礼）器群，是处于青铜时代初始阶段的二里头文化埋葬制度乃至礼器制度的一个重要特征

## 众星捧月：聚落分布格局鸟瞰

日本东京大学名誉教授松丸道雄，经对甲骨文和金文资料的缜密分析，提出商周时代存在着由王朝都城"大邑"、从属于大邑的"族邑"及其下众多小的"属邑"组成的金字塔式的层累的聚落关系和社会结构，认为这种国家类型可以称为"邑制国家"。[73]从这一视点看，二里头时代已进入了所谓"邑制国家"的阶段，已存在着古文献所载的"国""野"之别，也即城乡之别。

如前所述，二里头遗址规模巨大，有极强的规划性，功能分区明确，其中宫殿区与宫城、大型礼仪建筑群、祭祀区和官营手工业作坊等重要遗存都属仅见。二里头文化礼器产品的使用范围也主要限于二里头都邑的贵族。据初步统计，在已发掘的500余座二里头文化墓葬中，出土青铜器和玉器（或仅其中一种）的中型墓葬仅20余座，其中除3座外，均发现于二里头遗址。除了二里头文化最末期以外的大部分时间里，出有青铜礼器的贵族墓只见于二里头遗址。[74]也就是说，二里头都邑不仅垄断了青铜礼器的生产，也独占了青铜礼器的"消费"，即使用权。

考古发现表明，随着二里头大型都邑的出现，在其所处的洛阳盆地的中心地带出现了不少新的聚落，以二里头遗址为中心，较大型的遗址相隔一定的距离均匀分布，总体呈现出大的网状结构。[75]其中面积达60万平方米的巩义稍柴遗址地处洛阳盆地东向与外界交往的交通要道之所在，除了作为次级中心外，应该还具有拱卫首

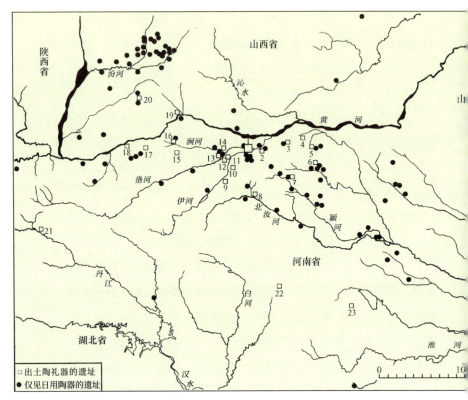

二里头文化重要遗址的分布(《从地域间关系看二里头文化期中原王朝的空间结构》) 自二里头文化早期偏晚阶段开始,这支文化向北越过黄河,向东、西方向也有所推进,而向南推进的力度最大。分布于外围的若干具有较多二里头文化因素的聚落,有可能是二里头王朝为获取青铜合金和盐等重要资源所设立的战略据点

都、资源中转等重要功能。

再向外,发现贵族墓葬,出有白陶或精制陶酒(礼)器的20多处遗址(面积多为10万—30万平方米),主要集中于嵩山周围的郑州至洛阳一带,颍河、汝河流域至三门峡一带,都是所在小流域或盆地内的大中型聚落,应属中原王朝中心区各区域的中心性聚

落,它们的分布可能与以二里头王都为中心的中原王朝的政治势力范围接近。位于二里头遗址以东约70公里的荥阳大师姑城址(面积51万平方米),则可能是二里头都邑设置在东境的军事重镇或方国之都。

有的学者把二里头文化的分布区,分为畿内地域和次级地域(或直接称为畿内、畿外)两大区域。前者指的是二里头文化中心区所处之嵩山南北一带,推测可能属于王朝直接控制区;后者指的是二里头文化的外围区域,或属王朝间接控制区。[76]

从二里头文化的聚落分布大势中可以看出,其社会由数百万平方米的王都(大邑)、数十万平方米的区域性中心聚落(大族邑)、数万至十数万平方米的次级中心聚落(小族邑)及众多更小的村落(属邑)组成,形成金字塔式的聚落结构和众星捧月式的聚落空间分布格局。这与龙山时代以城址为主的中心聚落林立、相互竞争的状况,形成了鲜明的对比。

# 文明气象

精神世界管窥

## 二里头有文字吗？

　　文字是人类进入文明时代的重要标志之一。汉字则是世界上最古老的文字之一，是曾经生活在中国文明核心地区的各族群精英之间交流的主要工具。中国文明源远流长，得以延续至今，汉字的发明、使用与普及功莫大焉。它增强了各族群间的文化认同，维护和增强了中国文明的凝聚力和持久的生命力。那么，汉字又是什么时候出现的，二里头时代是否就有了成熟的文字呢？这是学术界讨论已久的话题。

　　在二里头都邑，被认为可能与文字有关的刻划符号，仅见于陶器和骨器。到目前为止，二里头遗址陶器上发现的刻符，共达数十例。对于它们究竟是不是文字，学者们见仁见智，尚无法形成统一的意见。而众所周知的是，殷墟出土的甲骨文已是较为成熟完善的文字系统，有理由相信在它之前，应该还有一个较长的发展过程。因此，即便是不同意上述刻符属于文字的学者，在二里头人已经掌握了文字这一点上也是持肯定态度的，只是认为能够代表当时文字发展水平的、真正的文字和成篇文书还没有被发现而已。当时的文字应当只为少数人所掌握和控制，使用范围较小。同时，受文字载体质料及埋藏环境的限制，如果当时的文书写在竹木或帛类等有机质材料上，便很难保存下来。加上考古工作的或然性，这就决定了发现当时文字的概率很低，应当说是可遇而不可求的。

二里头出土的陶器、骨器刻符　二里头文化陶器上的刻符,见于大口尊和卷沿盆的口沿上,系陶器烧成后用锐器刻划而成。在一件骨片上发现了鱼形刻符(左)

针对二里头文化陶器口沿上的刻符,有学者考虑到这些刻符所在的器种和位置,推测其中有些应起着标记的作用,如在公共场合使用时便于相互区分;但有些很可能就是早期文字,分别表现数字、植物、建筑、器具以及自然现象等。有的学者指出这些刻符与后来的甲骨文有十分密切的渊源关系,进而释出"矢""井""皿""丰""道""行"和"來"(小麦),以及女阴和鞭子等的象形字。[77]但无论如何,它们还无法代表当时文字的发达程度。

可以说,即便日后在二里头遗址发现了更为丰富的、足以改写中国文字发展史和早期王朝史的文字材料,那也不足为奇,是意料之中的事。

二里头陶壶与甲骨文、金文、小篆中的"壶"字

## 蛛丝马迹：甲骨文、金文中的早期器物

前文曾提及甲骨文和金文中"酒"字中的"酉"应是对大口尊这一实物的摹写。我们知道，象形字的创造者只能是模仿他们亲眼看见、在日常生活中实际使用的器物形态。甲骨文和金文中"酉"字所描绘的肩部突出的大口尊，只流行于二里头文化和二里岗文化早期，到殷墟时期已完全绝迹。"爵"字所摹写的器形，显然也与二里头至二里岗时期流行的爵相近，而不见于商代晚期。从甲骨文到小篆中的"壶"字，也与二里头文化的陶壶形状相近。

因此，这些字很可能是在二里头时代就被创造出来，而一直延续至后代。甲骨文和金文虽出自晚商甚至其后的人之手，却为我们留下了汉字初步发展时期的物证。

## 碧龙惊现"第一都"

2002年春,我们在宫殿区的一座早期大型建筑——3号基址的院内发现了成组的贵族墓,已如前述。这是二里头遗址发现与发掘以来首次在宫殿区内发现的成组贵族墓。最令人瞩目的是,其中的一座墓(编为3号墓)中出土了1件大型绿松石器。

3号墓的长宽分别超过了2米和1米,也就是说面积有2平方米多。可不要小看了这墓的规模,如果与后世达官显贵的墓葬相比,它实在是小得可怜,但在二里头时代,它可是属于迄今已发现的最高等级的墓。这座墓又是宫殿院内这些贵族墓中最接近建筑中轴线的一座,它的面积和位置已表明其规格之高。

墓主人是一名成年男子,30—35岁。墓内出土了丰富的随葬品,包括铜器、玉器、绿松石器、白陶器、漆器、陶器和海贝等,总数达上百件。

绿松石龙形器放置于墓主人骨架之上,由肩部至胯骨处。全器由2000余片各种形状的绿松石片组合而成,每片绿松石的大小仅有0.2—0.9厘米,厚度仅0.1厘米左右。绿松石原来应是粘嵌在木、革之类的有机物上,其所依托的有机物已腐朽无存。这件龙形器应是被斜放于墓主人右臂之上,呈拥揽状,一件铜铃置于龙身之上,原应放在墓主人手边或者系于腕上。

龙头隆起于托座上,略呈浅浮雕状,扁圆形巨首,吻部略微突出。以三节实心半圆形的青、白玉柱组成额面中脊和鼻梁,绿松石质蒜头状鼻端硕大醒目。两侧弧切出对称的眼眶轮廓,梭形眼,轮廓线富于动感,以顶面弧凸的圆饼形白玉为睛。

龙身略呈波状曲伏,中部出脊。由绿松石片组成的菱形主纹象征鳞纹,连续分布于全身。龙身近尾部渐变为圆弧隆起,因此更为逼真,尾尖内蜷,若游动状,跃然欲生。

距绿松石龙尾端3厘米余,还有一件绿松石条形饰,与龙体近于垂直。二者之间有红色漆痕相连,推测与龙身所依附的有机质物体原应为一体。条形饰由几何形和连续的似勾云纹的图案组合而成。由龙首至条形饰总长超过70厘米。

## 超级国宝"难产"问世

在2004年度"中国十大考古新发现"评选汇报会上,这件两年多以前出土的大型绿松石龙形器引起了与会专家和公众的极大兴趣。那么,这条碧龙是如何出土的,又为什么迟至2004年才"浮出水面"呢?

在3号墓的清理过程中,墓主人的骨骼显露之前,已经有一些细小的绿松石片开始露头。我们对此并不惊奇,根据以往的经验,它应该是嵌绿松石牌饰的组件。但随着揭露面积的扩大,我们开始意识到"遭遇"了前所未有的发现。

绿松石片从墓主人的肩部开始,直到胯部一带,断续分布,总长超过70厘米。要知道,迄今为止在二里头遗址及中原周边地区

绿松石龙形器　　绿松石龙形器体长而大，巨头蜷尾，龙身曲伏有致，形象生动，色彩绚丽。龙身长约65厘米

发掘出土或收集到的，以及藏于世界各大博物馆和私人收藏家手中的镶嵌牌饰仅10余件，其绝大部分长度都在15厘米左右，最大的一件异形器的长度也只有20余厘米，而且它们一般都有铜质背托。3号墓的绿松石片则分布面积大，且没有铜质背托。绿松石器相对保存较好，有些还能看出由不同形状的绿松石片拼合而成的图案。这颇令我们激动，以往在龙山时代到二里头时代的贵族墓葬中就曾有大量的绿松石片集中出土，这些绿松石片原来都应是粘嵌于木、皮革或织物等有机物上的，但出土时大多散乱而无法复原其全貌。因此，3号墓的这一发现弥足珍贵。但绿松石片很细小，清理起来

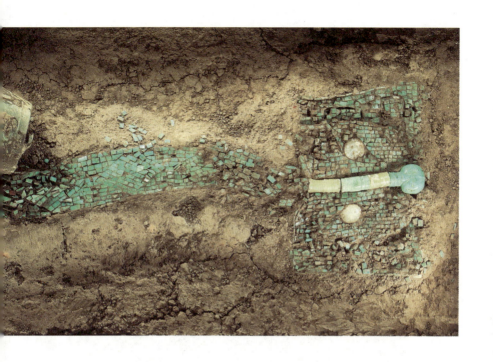

极为困难,稍不留意,甚至用嘴吹去其上和周围的土屑都可能使绿松石片移位。而一旦有较大面积的移位,将使以后对原器的复原成为不可能。

在这种情况下,清理得越细越不利于今后的保护和复原。于是我们紧急向我所(中国社会科学院考古研究所)科技中心求援。负责文物修复和保护的技师建议先整体起取,运回室内,再按部就班地清理。于是我们改变战略,停止对大型绿松石器在考古现场的细部清理。在获取了墓葬的基本数据材料后,整体起取了大型绿松石器,并于当年夏天派专车押运回北京。

绿松石龙形器室内清理　从小心翼翼地剔凿去石膏，一直到总体轮廓出来，再剔出细部，颇为不易

我所科技中心的工作千头万绪，文保技师答应尽快处理我们的"宝贝"。但随后就是2003年春的"非典"，盛装绿松石器的大木箱也就一直静静地躺在那里，等待着这件国宝重见天日。

2004年夏，大型绿松石器终于开始揭箱清理。当看到我们为之付出了艰辛努力而保留下来的这件宝贝，居然是一条保存相当完好的大龙，顿感此前一切丰富的想象与推断都变得黯然失色。当你从上面俯视这条龙时，你感觉它分明正在游动；当你贴近它硕大的头与其对视时，它那嵌以白玉的双眼分明也在瞪着你，仿佛催你读出它的身份。就这样，一件大型绿松石龙形器逐渐"浮出水面"，学者们将其誉为"超级国宝"。

## 龙牌、龙杖还是龙旗？

有学者认为这应是一个在红漆木板上粘嵌绿松石片而形成的"龙牌"，它色彩艳丽，对比强烈，富有视觉冲击效果。龙牌上的龙图像，表现的是龙的俯视图。而随葬绿松石龙形器的高级贵族，应系宗庙管理人员，"龙牌"则应是祭祀场合使用的仪仗器具。[78]日本《朝日新闻》的记者和日本学者直接把它称为"龙杖"或"龙形杖"，一种特殊的权杖。的确，在此后的殷墟和西周时代，用绿松石镶嵌龙图案的器具，也都是罕见的珍品，而绝非一般人可以享用的普通器物。

有学者则认为这是早期的旌旗，其上装饰升龙的形象。以死者生前所用旌旗覆盖于尸体之上，应是早期旌旗制度的反映。《诗经》中记述周王祭祀于宗庙，有"龙旗阳阳，和铃央央"的场景描写，其中"龙旗"与"铃"并列对举，与该墓中龙牌与铜铃共存的情况，颇为契合。墓主人应是供职于王朝的巫师，其所佩龙旌具有引领亡灵升天的宗教意义。[79]

　　这一绿松石龙形器的发现弥足珍贵。其用工之巨、制作之精、体量之大，在中国早期龙形象文物中都是十分罕见的。有的学者认为，绿松石龙的出土，为中华民族的龙图腾找到了最直接、最正统的根源。这一出土于"最早的中国""华夏第一王都"的碧龙，才是真正的"中国龙"。

## 绿松石龙祖型探秘

　　早于二里头，且与这件龙形器有密切关系的纹饰主题，见于河南新密市新砦遗址出土的一件陶器盖上的刻划兽面纹，发掘者称之为饕餮纹[80]。

　　新砦陶器盖上的兽面纹与绿松石龙之间的相似性，还有更深一层意义。目前学术界普遍认为以新砦遗址为代表的遗存，是由中原龙山文化向二里头文化演进的过渡期文化，可以看作二里头文化的前身。当然这一认识主要来源于以陶器为主的文化因素的比较。而陶器盖上的兽面纹与绿松石龙表现手法的高度一致，则从宗教信仰

看它们像不像——新砦兽面纹与绿松石龙头　这一兽面面部的轮廓线、梭形眼、蒜头鼻子,甚至相同的三节鼻梁,都与绿松石龙形器的头部如出一辙!最具启发性的是从新砦兽面伸出的卷曲的须鬓,让人联想到二里头龙形器头部托座上那一条条由龙头伸出的凹下的弧线,展现的也许是用绿松石难以表现的龙须或龙鬓的形象,也许是某类神秘的云气纹

和意识形态上彰显了二者密切的亲缘关系。也可以说给绿松石龙找到了最直接的渊源与祖型。

## 诡异的兽面纹铜牌饰

嵌绿松石兽面纹铜牌饰,是一种极具二里头文化特色的艺术品,也属于礼器的范畴。以青铜铸出的圆角凹腰状的牌体正面弧凸,其上铸出兽面纹,再以细小的绿松石片镶嵌其中。目前已出土

二里头出土兽面纹铜牌饰　使用时，铜铃和铜牌应呈古铜色，与蓝绿色的绿松石交相辉映，可以想见牌饰和铜铃持有者的气派

了3件，都是贵族墓的随葬品。这类器物一般出土于墓主人的胸腹部附近，两侧各有两个穿孔的纽，或许是缝于衣服上的。

兽面纹铜牌饰表现的究竟是何种动物，是龙，是虎，是鸟，是狐，是熊，还是犬，学者们众说纷纭，不一而足。[81]在大型绿松石龙形器发现之后，通过比较分析，可以知道嵌绿松石兽面纹铜牌饰上的图案，大部分应当是龙，尤其是其头部的简化或抽象表现；其中一件铜牌饰上还装饰有鳞纹。而位于宫殿区内、最接近所在建筑的中轴线，且出土大型绿松石龙形器的3号墓的墓主人，其地位应当高于随葬铜牌饰的贵族。

值得注意的是，绿松石龙形器或嵌绿松石铜牌饰都与铜铃共出，随葬这两种重要器物的贵族，他们的身份很可能与其他贵族有异。

1 浮雕龙(蛇)纹的透底器　宫殿区以东出土的两件透底陶器的肩腹部,都立体雕塑有数条小蛇,呈昂首游动状,身上饰菱形花纹
2 鱼龙(蛇)纹大陶盆　宫城外侧出土的这件通体磨光、制作精致的大型陶盆,最引人注目之处是盆口内侧绕盆沿一周浮雕了一条或两条长蛇,昂首卷尾,生动逼真。蛇身上方的盆口上还阴刻了一周鱼纹,笔法相当写实
3 阴刻龙纹陶片　这条龙龙体呈弯曲游走状,线条纤细流畅。龙为梭形目,圆睛,龙身有外卷的鳍或鬃毛类装饰,近头部有爪,爪有四趾,弯钩锋利。在它的旁边还刻绘有双首一身的蛇形龙纹
4 一首双身龙纹陶片　这件透底器上用粗阴线表现的龙则一首双身,其额头饰菱形纹,鼻吻凸出,也是梭目圆睛,与绿松石龙颇为相近。龙身自颈部开始分为左右伸展的双身,龙身细线阴刻不规则菱形花纹和双曲线。阴线内涂有朱砂,眼眶内则涂成翠绿色。龙身上下还饰有勾云纹和兔纹,线条飘逸圆润

文明气象　精神世界管窥　179

那么,他们又是些什么人呢?是主持图腾神物祭祀的"御龙氏",还是乘龙驾云、可以沟通天地的巫师?考古学家和历史学家有种种的看法,但也仅是猜测而已,这还是一个饶有趣味的待解之谜。

## 陶器上的龙形象

龙形象文物在二里头遗址中多有发现,除了大型绿松石龙形器、嵌绿松石兽面纹铜牌饰,还有陶塑龙(蛇)、刻划在陶器上的龙图像以及陶器上图案化的龙纹装饰等。这些蛇纹装饰,有学者认为表现的就是龙的形象。祭祀遗存区一带还出土有陶塑龙头,额部刻菱形纹,应是某种器物上的装饰部件。

刻划于陶器上的龙图像,最生动的要算遗址中心区出土的两件陶透底器残片上的阴刻龙纹。类似的刻于陶器上的龙形象还有不少。

值得注意的是,上述龙形象大多饰于透底器上,这种器物造型奇异,广肩直腹平底,底部有中空的圆孔,因而可以肯定它们不是容器。在二里头遗址尚没有发现完整器,洛阳皂角树遗址二里头文化陶器中曾出土有类似的器形,其上部有高高的捉手。[82]联系到这类器物器身常饰有龙(蛇)图案,它属于祭祀用器的可能性极大。

从出土地点看,这些装饰有龙形象的器物,基本上仅见于二里头遗址,且都发现于二里头都邑的宫殿区或其周围的重要地点,如祭祀遗存区、贵族墓地和官营作坊区等处。这表明龙形象器物为社会上层所专有,地位崇高。

## 从众龙并起到"饕餮"归一

中原地区龙山时代末期新砦文化刻于陶器盖上的"饕餮纹",包括笔者在内的不少学者指出它与二里头文化的龙形象有着直接的渊源关系,已如前述;陶寺文化绘于陶盘上的彩绘蛇形蟠龙纹,早已享誉中外,也有学者指出其形态特征与二里头文化的同类龙纹相类。而玉柄形器和铜牌饰所见兽面纹,应与山东地区的龙山文化、长江中游的肖家屋脊文化(后石家河文化)的神祖面纹有关,其渊源甚至可上溯至东南沿海地区的良渚文化。[83]

显然,二里头文化所见以龙为主的神秘动物形象较此前的龙山时代诸文化要复杂得多,龙的形象也被增添了更多想象或虚拟的成分,呈现出多个系统的文化因素整合的态势。这类由其他区域引进的信仰与祭祀方式,有可能暗示了与上述史前文化相同的神权崇拜理念被吸纳进来,成为二里头贵族精神世界的一部分。这种现象,也从一个侧面反映了二里头作为大型移民城市,乃至跨地

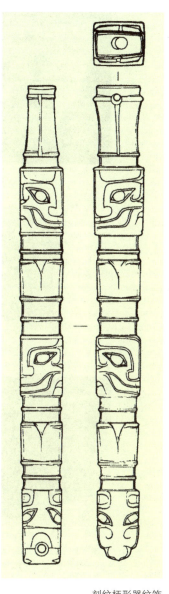

刻纹柄形器纹饰

良渚、海岱龙山、二里头、二里岗、殷墟文化兽面纹比较

可以显见，二里头正处在龙形象由"多元"走向"一体"的奠基与转折的关键时期。前所述及的二里头龙形象的诸多要素如整体面部特征、梭形目（或称臣形目）、额上的菱形装饰、龙身的连续鳞纹和菱形纹乃至一首双身的形体特征等，都为二里岗至殷墟期商王朝文化所继承并进一步发展

1 良渚文化玉牌饰；2 海岱龙山文化玉圭纹饰；3 二里头嵌绿松石铜牌饰；4 二里头陶器上的龙形象；
5 二里岗文化铜构件；6 殷墟文化铜器装饰

域的广域王权国家——中国最早的王朝都城的兴起过程。

不少学者把二里头出土的龙形象文物,与文献中种种关于夏人龙崇拜的记载联系在一起考察。但龙作为后来中华民族神圣的图腾,在其出现的早期阶段并不专属于某一族系,其后的商王朝社会生活中的龙形象愈益兴盛。因此,尽管文献中有不少夏人与龙关系密切的记载,但它们的出土还是无法让我们把二里头文化与夏文化直接挂上钩。

众所周知,盛行于商周时代青铜器上的主题纹样,长期以来被称为"饕餮纹"。但也有不少学者质疑这种铸于国家重要祭器上的纹样是否就是以狞厉、贪婪著称的怪兽"饕餮",因而以较为平实的"兽面纹"一词取而代之。更有学者指出这些纹样主题的大部分,应即龙纹。[84]随着早期王朝的社会文化整合,逐渐臻于全盛,本来具有多源性特征的龙形象也规范划一,并逐渐抽象化和神秘化,作为"饕餮纹"固定下来,成为最重要的装饰主题。而以嵌绿松石铜牌饰为代表的二里头所见兽面纹,开创了商周青铜器上兽面母题的先河。

另外,二里头遗址出土的陶大口尊和漆器上还见有兽面纹和几何纹等纹样组成的花纹带,与作为二里岗至殷墟期青铜器上的兽面纹相近,应属于图案化的龙纹。换言之,以青铜器为主的商王朝贵族用器的纹样主题,有许多可以在二里头文化中找到祖型。

# 巧夺天工
## 官营手工业的高度

## 宫城旁的工城:"国家高科技产业基地"

前已述及,在宫殿区以南,还发现一处始建于二里头文化早期的大型围垣设施。目前已查明其北半部的围墙。

就已发现的情况而言,这一围垣设施规模巨大,宽度应与宫城一致,因此已不能用院落来形容它。在其北墙以内发现了制造绿松石器的作坊,其南又分布着铸铜作坊。这一围垣设施的东墙与宫城东墙呈一直线,已知长度达80余米;北墙与宫城南墙隔路相望,已确认长度达160余米。墙宽1米余。至二里头文化末期,北墙中西段又加以增筑,墙宽达2米左右,夯筑质量极佳。尽管我们还没有找到它的西墙和南墙,但从墙垣的走向和遗迹分布情况看,夯土围墙很可能将南部的铸铜作坊也全部围起。这一区域紧邻宫殿区,产品及其生产都为王室贵族所垄断,其性质应属官营作坊区,是当时的"国家高科技产业基地"。有学者将其称为与二里头宫城并列的"工城",[85]确是言简意赅。这是迄今所知中国最早的官营手工业作坊。

在围垣作坊区的西北部,曾发现一座规模较大的平台。在"工城"围墙发现之前,学者们多认为这一位于1号宫殿以南的大平台应当与1号宫殿的祭祀宴饮活动有关。现在看来,它应是与官营作坊区内的相关活动有关。平台呈长方形,东西长14米,南北宽7米,面积约100平方米。上面有人工构筑的地面,平台上分布着9个灶坑,灶坑经反复使用,灶内还残留有较多被烧过的兽骨。如此众多的烧灶集中在一起，应与大规模的集体宴饮甚至共同的祭祀活动有关。值得注意的是，前述两件刻划龙纹的陶透底器残片就出土于这一区域。

## 最早的官营铸铜作坊

在官营作坊区南部靠近古伊洛河的高地上，发现并发掘了一处大型青铜器冶铸作坊遗址。遗址的面积约1.5万—2万平方米，使用时间自二里头文化早期直至最末期。这是迄今所知中国最早的青铜器铸造作坊。

有学者推测，统治者把铸铜作坊安排在都邑中心区的最南部，一则是因为这里靠近伊洛河故道，可以为青铜器生产提供充足的水源；二则可以避免冶铸行为对宫殿区造成的污染。

遗迹主要包括浇铸工场、陶范烘烤工房和陶窑等。浇铸工场还发现若干墓葬，死者可能是铸铜工匠，或铸器过程中举行某种仪式的牺牲。作坊遗址内发现的与青铜冶铸有关的遗物有陶范、石范、坩埚（用耐火材料做的熔化器皿）、炉壁、炼渣、铜矿石、铅片、木炭和小件铜器。数量最多的是陶范，多为铸器后废弃的破碎外范，其内表光洁，有的还有兽面纹等花纹。从残范的内壁看，所铸铜器多为圆形，直径最大者可达30厘米以上。

二里头遗址的铸铜作坊规模庞大、结构复杂且长期使用。综合已有的资料，可知在二里头时代能够铸造青铜礼器的作坊仅此一处。有证据表明，在二里头都邑衰微后，这处在当时唯一能够

动物纹陶范　这件陶外范的内壁上刻有动物纹，有学者认为应是龙的形象，龙口大张，尖齿外露，前肢粗短，有利爪。到目前为止，我们还没有在二里头文化的青铜器上发现动物的形象，因此，不管它是不是龙纹，这件陶范所折射的青铜器装饰风格的信息都是极为重要的

制作礼器的铸铜作坊应被迁于郑州商城，在其后的二里岗时代，国家的统治者仍然保持着对青铜礼器的独占。这种对关涉国家命脉的礼器生产与消费的绝对占有，显示了早期国家对礼制的一元化管理以及权力中心的唯一性。

## 礼制需求刺激冶铸业"黑马"跃起

人工合金技术的掌握，是人类文明史上的重大突破。在东亚大陆，铸铜技术及铜器的使用可上溯到仰韶-龙山时代，主要分布于黄河流域及其邻近地区，所见只有刀、锥之类小型工具和装饰品等。从更广阔的时空角度看，西亚及中亚地区在更早的阶段即已掌握了青铜器制造技术，东亚大陆的早期铜器也以与其邻近的西北甘青地区及新疆东部较为集中，且年代较早，黄河中游和下游地区铜器的出现要晚到龙山时代。鉴于此，大部分学者认为东亚地区的青铜和纯铜制造技术，应是通过欧亚大陆的文化交流自西向东传播而来。[86]现在看来，这种可能性是很大的。

但上述青铜器制造技术，限于锻造或石范铸造的范畴，这也就决定了这类青铜文化的主人只能制作一些简单工具、兵器、小件乐器和装饰品等。这与始见于二里头时代，用泥（陶）质复合范制造复杂的青铜容器的高度铸造技术形成鲜明的对比。因此很少有学者怀疑，这种高度发达的铸造技术，是诞生于中原这块热土的。至少从二里头文化早期开始，在二里头都邑的铸铜作坊，石范这种有很大局限性的模具开始淡出，而工艺上极具灵活性、技术含量高的泥（陶）范模具被创造出来。这一变化极大地提升了中原地区金属冶铸业的水平。

有学者指出，从社会需求的角度考虑，这种新工艺在很大程度上是为了迎合和满足社会上层对某些专门礼仪用具的需求而创新的技术。换言之，以礼乐文化为内核的礼制的需要是以青铜容器和兵器为代表的青铜礼器出现的原动力。随着一系列"高科技"的出现，二里头文化在铸造技术上将其他地区远远地甩在了身后，一跃而跻身于当时世界金属铸造业的前列，并为日后商周青铜文明的高度发达打下了坚实的基础。

## 独特而复杂的青铜工艺

在中国以外的世界其他地区，青铜时代的大多数器物是用锤揲法锻造或用失蜡法铸造而成的。二里头文化青铜容器的铸造，需要内范和外范合成的复合范。即在泥质阴文范中放入型芯，再将铜汁灌入外范与型芯之间的空隙。只是到了这一阶段，中国青铜时代才真正发端，显现出原创性与独特性。在世界青铜器文化中，中国古代青铜容器的铸造堪称一枝奇葩。

二里头遗址已发现的青铜器逾250件，包括容器、兵器、乐器、礼仪性饰品和工具等。青铜容器有爵、斝、盉、鼎，兵器有戈、钺、斧、刀、镞等，响器（乐器？）有铃，礼仪性饰品有嵌绿松石兽面纹牌饰、圆形牌饰，工具则有锛、凿、刀、锥和鱼钩等。其中青铜容器，是迄今为止所发现的中国最早的成组青铜礼器。以容器为主的器群特征，与长城地带及邻近地区盛行青铜武器和装饰品的风格迥然有异。

这些青铜器属于铜与锡、铅的合金。铜器造型已比较复杂，需要由多块内、外范拼合才能铸出整器。器壁一般很薄，装饰有各种花纹以及镂空，因此内、外范的制作与拼合，更具难度。这种合范铸造技术的出现在中国金属冶铸史上具有划时代的意义。兽面纹铜牌饰和圆形牌饰上用绿松石镶嵌成动物或几何图案，显示出极高的工艺水平。

德国著名汉学家雷德侯教授指出，用分为多块的外范合围成反转的形体，要求创造一种规范化的体系。器范的尺寸、形状、纹饰都要相互关联。在青铜时代，世界上其他地区都没有发明出这种将设计与铸造工艺融为一体的完整成熟的体系。而标准化、协作性和可预见性是这种生产体系的基本特征。[87]复杂的技术与工序，造就了中国青铜器制造过程中高超的控制与管理水平。

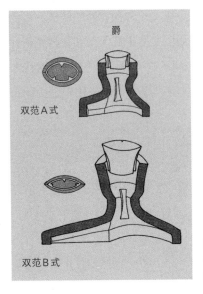

青铜容器铸造的复合范技术（《二里头文化青铜彝器的演变及意义》） 铸造一件铜爵，至少需要1件内模和2—3件外范

总体上看，二里头文化的青铜冶铸技术虽较龙山时代有了突飞猛进的发展，但仍有一定的原始性。这时的器物一般还较轻薄，体量也较小，最高的也不足30厘米。铜器铸成后往往也不经仔细打磨和清理。器表多为素面，仅见有较为简单的几何花纹如乳丁纹、圆圈纹和网格纹等。合金比例的掌握也还处于较原始的阶段。

但可不要小瞧了这群青铜器，它们虽其貌不扬，却开启了中国青铜时代的先河。可以说，没有作为"先祖"的二里头青铜器，也就没有殷墟妇好墓青铜器的洋洋大观和司母戊大方鼎的雄浑霸气，没有其后中国青铜文明的鼎盛与辉煌！

二里头陶方鼎（左、中）和郑州铜方鼎（右） 在中国青铜时代的礼器群中，方形器的规格要高于圆形器。相信在二里头遗址今后的发掘中，可能还会有包括方鼎在内的更令人惊叹的青铜精品出土

## 陶方鼎透露出的惊人信息

在二里头遗址出土有数件小型陶方鼎。它们都是口稍大于底，方体深腹，四足。其中一件还饰有弦纹和曲折纹，并有铆钉形的装饰。这与郑州商城出土的二里岗期大型铜方鼎在形制上非常相近。它本身可能是模型或玩具，但这种有悖于快轮制陶原则的造型，最大的可能是在模仿铜方鼎。[88]那么我们也就有理由相信这一时期应当已经有铜方鼎存在了。

在铸铜作坊发现的容器陶范中，有的还刻着精美的花纹；所铸圆形铜器直径最大者可达30厘米以上。这都是我们在目前出土的

1

2

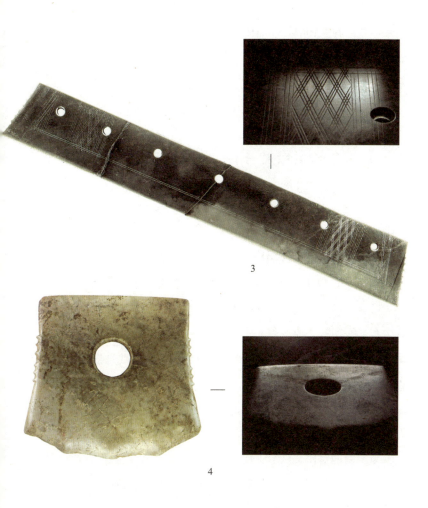

二里头文化玉石器集萃
大型、片状、有刃,以及制作意念的复杂化,构成了二里头文化玉器的主体风格
1 圭;2 牙璋;3 刀;4 戚

铜器中还没有看到的。如前所述，出土这些青铜礼器的墓葬的规模都不大，我们也没有发现王陵级的大墓。因而，可以相信二里头文化青铜铸造技术的发达程度，远较我们现在知道的高得多。

## 承上启下的治玉技术

玉器和玉文化的兴盛，是中国古代文明的一大特征，古代中国也因此而被称为"玉的国度"。敬玉和爱玉，成了玉石工业发展的内在动力。在数千年的实践中，先民们摸索出了一系列的治玉经验，形成了高度发达的治玉传统。据研究，玉石原料的开片技术，就包含了线切割、片切割和砣切割三种技术手段。其中线切割和片切割技术，最早出现于距今9000—8000多年前东北地区的小南山和兴隆洼文化。

在王朝礼制整合的过程中，二里头文化选择了海岱地区起源的大型有刃玉礼器群，它们与以琮、璧、璜等为代表的良渚系玉器形成较为鲜明的对比。从治玉技术上看，二里头文化也同时继承了兴盛于龙山时代海岱地区的片切割工艺，而有别于达到线切割技术高峰的良渚文化的治玉风格。[89]

二里头遗址出土的玉器以礼器和装饰品为主，其种类主要有刀、牙璋、钺、璧戚、圭、戈、柄形器和铃舌等，其中不乏大型器和雕刻有精美花纹的玉器。贵族墓中出土的大型刀长达60多厘米，牙璋器高在50厘米左右，戈也长达40多厘米。这些大型玉石器，气势恢宏，前所未见。以片切割技术剖割巨大玉料和使大型玉石器规整、光洁，以及线刻花纹、钻孔镶嵌和扉齿等装饰，都需要相当高的工艺水平。而前述贵族墓中出土的分节兽面花瓣纹玉柄形器，综合了研磨切削、勾线、阴刻、阳刻浮雕、钻孔、抛光等多种技法，工艺极其精湛。正是治玉技术所达到的如此高度，奠定了日后中国玉器文化走向辉煌的坚实基础。

## 绿松石制品及作坊的发现

绿松石，一般以蓝、绿两色为基调，有蜡状光泽。因色彩艳丽，古今中外多被用作装饰品。在学术界，绿松石一直被作为文化意义上的"玉"而受到关注。在二里头时代，它也的确与玉器一样，作为高端消费品为贵族阶层所使用，具有身份象征的意义。

二里头遗址绿松石制品可以分为两大类，其一是小型管、珠之类的人体装饰品，如耳饰和项饰等；其二是用于玉器、漆木器和铜器上的镶嵌。镶嵌绿松石使得这些贵族奢侈品作为礼器的功能得到进一步的增强。即使是装饰用的绿松石制品，在二里头文化中也仅见于贵族墓，而与殷墟时期普通人即可随意佩戴绿松石饰品的情况有所不同。可见在二里头时代，无论是技术含量较高的各类镶嵌制品，还是工艺相对简单的装饰品，绿松石制品的使用范围只限于贵族阶层。

新世纪之初，我们又在宫殿区以南的官营作坊区内发现了一处绿松石器制造作坊，发掘了一处二里头文化晚期的绿松石料坑。料

绿松石成品及作坊区出土的绿松石料　这批石料，提供了绿松石器工艺分析的绝好标本，可以从中获知原石开采后从打击劈裂、切割、研磨到穿孔、抛光、镶嵌和拼合等一系列的技术细节和工艺流程

坑内出土绿松石块粒达数千枚，相当一部分带有切割琢磨的痕迹，包括绿松石原料、毛坯、破损品和废料。经钻探发掘得知，料坑附近及以南不小于1000平方米的范围内集中见有绿松石料。由此推测，这里应是一处绿松石器制造作坊。从现有出土遗物看，该作坊的主要产品是绿松石管、珠及嵌片之类的装饰品。

值得注意的是，这处绿松石器作坊紧邻宫殿区，在其南的铸铜作坊一带以及宫城内的某些区域也发现有小件绿松石成品、半成品、石料和废料等，有可能还存在着其他的绿松石作坊。这些情况都表明绿松石器的生产可能是在王室的直接控制下进行的。

镶嵌绿松石的圆形铜牌饰及其X光照片　　上面这件铜器正面周缘镶嵌着61块长方形绿松石片,形似钟表刻度,中间用绿松石片镶嵌成两周共26个"十"字形图案。该器出土时为六层纺织品所包裹

## 高超的绿松石镶嵌工艺

在骨器、象牙器和玉器上镶嵌绿松石的技法,在黄河下游的大汶口–龙山文化中就较为流行;在玉器上镶嵌绿松石的做法,也见于晋南地区的陶寺文化。上述两地也都发现了拼嵌或粘嵌绿松石于

有机质物品之上的线索。二里头文化不仅有镶嵌绿松石的玉器，更有镶嵌绿松石的铜器和粘嵌在漆木类有机质托架上的大型绿松石龙形器，工艺精湛，已如前述。从其表现主题和技术传统上看，可能更多地继承了黄河下游龙山文化的作风。

二里头遗址贵族墓中出土了多件圆形铜牌饰，大多镶嵌着绿松石。这类器物，有的学者认为属于早期铜镜，有的认为可能是与占日或律历有关的"星盘"，或为某种法器，似以彰显墓主人身份地位的特殊礼器的推测更切实际。[90]

前文述及遗址中出土的3件圆角长方形铜牌饰，分别用200—300片形状各异的绿松石镶拼成兽面纹的图案，向人们展示了二里头时代高超的玉石工艺水平。那些小小的绿松石片，被切割成各种形状，长宽只有几毫米，厚仅1—2毫米，且抛磨光洁，殊为不易。其中一件只有铜铸的兽形框架，绿松石片原应是粘嵌在有机质的背托上，出土时背托已腐朽无存，而绿松石片尚原样未动地悬空排列在铜牌上，保持着原来的图案。前述大型绿松石龙形器所用绿松石片，较铜牌饰所用石片更小，且背托为立体，多有精细的凹凸之处，其粘贴镶嵌技术之高超，则更令人叹为观止。

作为社会上层身份地位标志的特殊绿松石镶嵌制品，在龙山时代还见于城址或大型聚落，但到了二里头时代，却只见于二里头都邑。其他同时期遗址，即便是具有相当规模的聚落和城址，都仅有少量制作简单的小型绿松石饰品。象征社会等级的奢侈品的生产与消费集中于二里头遗址，反映了二里头都邑核心化程度急剧增强的趋势。

墓葬出土漆器的起取　因仅残存漆皮，漆器的起取、清理和保护颇为不易

## 漆器：另一重要的礼器品类

顾名思义，漆器是用漆涂在器物表面制成的物品。东亚大陆使用漆器的历史，至少可以上溯到距今7000多年以前。龙山时代黄河和长江流域的考古学文化中，都有漆器出土。由于北方土壤干燥而偏碱性，所以漆器的保存状况往往较差。

二里头文化的漆器主要出土于二里头遗址的墓葬中，已发现了数十件。其中器形明确者以觚最多，另外还有匜、豆、盒、钵、匕、勺、瓢状器，以及漆鼓和漆棺。漆器上髹红、黑、褐、白四色漆，而以红色最为多见。

圆陶片出土状况

出土漆器的10余座墓葬，绝大部分是规格较高的墓。漆器一般与铜、玉、陶礼器等共存，且数量和器类组合一般与墓葬等级相对应。作为酒器的漆觚，多与铜（陶）爵、陶盉相配，形成完整的礼器组合。有的漆觚在朱红地上饰有赭色"饕餮纹"，图案繁复，线条流畅，色彩艳丽。

## 圆陶片与漆觚的神秘关联

说到漆觚，我们再聊聊一种有趣的现象。在历年清理的二里头遗址墓葬中，除了成组的陶质容器外，还经常出土圆陶片。这

二里头墓葬出土漆器

些圆陶片由器底或陶片磨成,大部分留有纹饰和内壁的麻点,并不十分精致,但表面往往涂红。其直径多在3厘米余,大者为5.3—7.3厘米。

20世纪80—90年代,发掘者和研究者已注意到二里头文化的墓葬中规格较高者往往伴出圆陶片这种小物件。小型墓偏重的均为日用盛食器,贵族墓则突出各种质料的礼器和圆陶片,这是个非常值得重视的现象。随后的系统研究表明,二里头文化墓葬中"圆陶片的数量一般与墓葬随葬品的丰富程度成正比";到了二里头文化晚期,"圆陶片基本成为铜器墓必出的器物,而且其数量多寡一般与随葬品的丰富程度和墓葬等级高低有着对应关系","因此圆陶片数量的多寡可能代表着铜器墓内部等级的区分";但"圆陶片主要是一种身份象征物,很难界定为礼器"。[91]

一种与墓室规模、铜玉礼器等同为墓葬等级划分标志物的随葬品，又"很难界定为礼器"，这是非常不合情理的。一种普通陶容器残片的简单改制品，如何能成为"身份象征物"？显然，这种不起眼的"小件"不应是以独立的身份而出现的，它是否有可能与铃舌一样，属于某种高等级器物的附件或组成部分？多年来对二里头文化墓葬的发掘与研究，都没能给出令人满意的答案。

出土绿松石龙形器的3号墓的发现，为圆陶片功用问题的探索提供了重要的线索。我们在发掘简报中描述到：漆器种类和数量较多，见于墓内四周，而以近东壁处最为集中，有的漆器如觚的底部垫有一枚圆陶片。已有学者注意到这一信息并加以分析："值得注意的是，M3为了以漆成形带圈足的觚，圈足部分必须以陶器成形，显出以漆、陶合作，以罕见材质成形特有漆类的努力。"[92]

梳理既往圆陶片出土情况的材料，我们注意到，圆陶片与漆器的关联性，早有蛛丝马迹。在出有圆陶片的22座墓中，有10座出土了漆器，其中又有半数确认有漆觚。其余12座未发现漆器的墓葬，大多遭到不同程度的破坏，提供的信息不全。报告和简报中所谓圆陶片大多"涂硃（朱）""表面粘有朱砂""有朱砂红痕迹""大部分一面涂一层红彩"，或与漆器的表面着色有关。

这些圆陶片在墓葬中往往分布范围较为集中。1987年发掘的一座墓中出土的5件圆陶片，有3件靠近墓室东壁，而恰恰"在墓坑的东壁上发现朱红漆皮，形似觚"。同时，未见摞放一起的现象，在比较明确的描述和墓葬平面图中可以看出均单置各处。如果说圆陶片的性质可能与单件的某类漆器相对应或者就是某类漆器成形的组成部分，墓葬中的圆陶片不应该摞放在一起，而且彼此之间当有一定的间隔。从目前的考古发现来看，上述推断至少与考古现象并无矛盾处，而且可以看出圆陶片确实与漆器尤其是觚有一定的关联性。[93]

本书"国之大事"一章曾提到严志斌研究员推断玉柄形器应是榫接于木棒上置于酒器觚中以裸酒，而玉柄形器和漆觚、圆陶片往往共出。他进而指出夏商周时期墓葬中常见的圆陶片（陶圆饼）是制作漆觚时用来堵塞剜制过程中形成的孔腔使用的隔断。因圆陶片便于保存，可以将它视为漆觚的标示物来判断漆觚存在，从而重估墓葬随葬品的组合。[94]上挂下联，问题进一步明晰起来，这是考古"探案"的一个佳例。

## 精制陶器、白陶与原始瓷

中国古代的陶器，从陶色上可以分为红陶、黑陶、灰陶和白陶等。无论哪类陶器都需要放入窑内，在1000℃左右的高温下烧制而成。在最后的阶段将窑温缓慢降下，胎土中所含铁的成分氧化可以烧成红陶；将陶窑加以密封从而阻止氧气外泄，铁被还原，就烧成了灰陶；用一定的方式渗碳，则可以烧成黑陶。

与上述三种用普通黏土烧成的陶器不同，白陶是用富含氧化铝

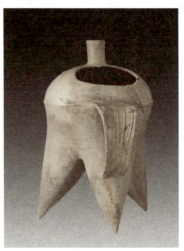

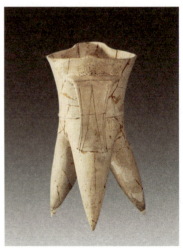

**二里头文化陶器撷英**

二里头遗址出土的陶器数量巨大,种类繁多,已复原者数千件。大体可分为酒器、食器、炊器、盛贮器、汲水器、食品加工器和杂器数种。陶器装饰运用了磨光、滚压、拍印、刻划、堆塑等手法

二里头出土的原始瓷器　二里头文化的这类器物已经基本具备或至少接近了瓷器产生的三大主要条件：瓷土作胎，表面施高温钙釉，烧造温度为1200℃

而铁的成分较少的高岭土（或瓷土）烧制而成。高岭土中铁的成分越少，器物越显得白净，因而成为日后陶瓷器的原料，备受青睐。二里头所在的洛阳盆地以东的巩义，就是高岭土的重要产地，著名的唐三彩的原料即开采于此，二里头的白陶所用高岭土很可能也来自巩义。

二里头陶器以酒器和食器的制作最为精致，它们往往被随葬于贵族墓中，成为显示身份与地位的礼器群的组成部分。作为酒礼器的陶鬶，流行用白陶制作，因含铁量不同，有的色微泛红或泛黄，器壁厚薄均匀，造型规整优雅。陶盉顶部利用流、口和泥钉，做成兽面的样子，颇具艺术性。陶爵一般胎薄体轻，流、尾修长，器壁经反复刮削，腹部刻划纹饰。此外还有一些尊、壶类器具，也做工精致，造型优美。

值得一提的是，二里头遗址还发现了少量相当于二里头文化早期的印纹硬陶和原始瓷残片，它们基本上仅见于作为酒器的长流平底盉（也称"象鼻盉"）一种器形。薄胎呈紫褐色或青灰色，坚硬致密，吸水性弱；器表往往施透明釉。器身饰弦纹和云雷纹等拍印的几何花纹。该类器物中子活化分析显示胎土成分与白陶相近，是研究由陶向瓷转化过程的重要标本。

中国以"瓷的国度"而著称，英文的"瓷器"即因产于中国而称为china。在"最早的中国"二里头，发现了最早的原始瓷器，确是一件饶有兴味的事。

前述的连续几何形印纹装饰，也往往见于一些精制陶器如尊、罐类器。这类装饰数量少，集中出土于二里头遗址和等级较高的聚落如荥阳大师姑城址等。其中云雷纹最为学界所关注。这类纹饰制作精致，沿用时间长，更重要的是它们同其后商周青铜器上的云雷纹之间有着清晰的渊源关系。

## 丝麻溢采：纺织品的发现

在二里头时代以前，纺织品已有较悠久的历史。

二里头遗址屡屡发现纺织品的实物或痕迹，主要见于贵族墓中出土的铜器和玉器上，由此可知当时有用纺织品包裹铜、玉器下葬的习俗，最多的包有6层纺织品，厚达数毫米。

据鉴定，这些纺织品绝大部分是平纹织物（绢），个别织物是斜纹，似为"绞经"织法。组织纤维较粗的可能为麻布，较细的应

铜铃上的纺织品印痕

属丝织品。麻布每平方厘米的经纬线在8根×8根至10根×10根之间,丝织品每平方厘米的经纬线有30—50根。

# 城市民生
## 经济生活举隅

## "五谷"齐备

农业经济的发展是古代文明形成的必要前提之一。在东亚大陆多元的农业体系中，以粟和黍两种小米为主的旱地农业是中原地区的主要生业。粟富含蛋白质和脂肪，且易于消化。在现代中国北方，妇女怀孕生产期间，以及人们每天的早餐，都还经常喝小米粥。黍（脱壳后称黄米）有黏性，营养价值高，在中国古代多用于酿酒。粟和黍也是二里头时代最主要的两种农作物。

二里头遗址出土的谷物收割工具有石刀、石镰和蚌镰等，未见铜制农具。可见在王都还生活着不少从事农业生产的农民。

在包括二里头遗址在内的中原地区多个遗址的二里头时代堆积中发现了水稻、小麦和大豆。其中二里头遗址炭化稻谷的数量约占出土农作物总数的三分之一，仅次于炭化粟粒的数量，说明稻谷在当时人们生活中的地位日益重要。小麦可能是由西亚经中亚传入中国的，在龙山时代的黄河流域即有发现，二里头时代则已传入中原地区的核心地带。野生大豆在公元前6000多年的河南舞阳贾湖遗址就有发现，到二里头时代，已经历了数千年的栽培驯化。大豆等豆科植物，这时应已成为粟、黍以外的另一主要栽培作物。[95]

多品种农作物种植制度的意义不仅在于提高农业的总体产量，而且还能够降低单系粮食种植的风险系数，是古代农业发展

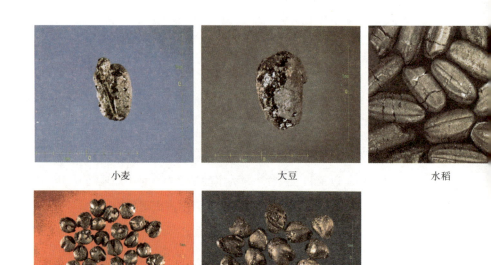

| 小麦 | 大豆 | 水稻 |

| 粟 | 黍 |

二里头出土的"五谷"　中原地区到了二里头时代,后世所谓的"五谷"——粟、黍、稻、麦、豆已基本齐备

水平的一个重要标志。有的学者甚至认为这时已能够在同一块耕地上加以轮作。

## 家畜饲养与渔猎

　　遗址出土的动物种属鉴定表明,二里头人获取的肉食资源以家畜为主,其中家猪一直占大宗,绵羊和黄牛从早期到晚期有大致增

祭祀坑中的黄牛

贵族墓中的猪蹄

多的趋势，狗则始终保持着一定的比例。其中，家犬和家猪的饲养可以上溯到公元前六七千年前，而中原地区家养黄牛和绵羊的起源时间则大致为公元前2500—前2000年。由于公元前3000年以前甘青地区的史前文化遗址里已发现了家养的绵羊，因此家养绵羊随后出现在中原地区，很可能与文化的传播有关。[96]

　　考虑到家养黄牛和绵羊在当时和日后的宗教活动中扮演着重要的角色，人们为何驯养这两种动物就十分耐人寻味。在龙山时代的遗址中就发现有将数头牛整齐摆放、将绵羊捆绑后埋葬的现象。这些很可能都是与宗教相关的活动留下的遗迹。在二里头时代的遗址中，也发现有在兽坑内埋葬多头完整牛、羊的情况，或与祭祀有关。此后的二里岗时期，用牛和羊祭祀的实例时有发现。到了商代晚期，牛和羊成了祭祀活动中使用的主要动物，甚至被赋予了区分王与卿大夫在祭礼中的等级地位的作用。

城市民生　经济生活举隅　215

## 烹调用器看庖厨

粟、黍和稻等作物，都需要脱粒和精碾，然后将粒状的米或煮或蒸，才能食用。与小麦加工成粉状然后做成面包、馒头、面条等"面食"不同，它是呈粒状时就被直接做成米饭或粥，所以称为"粒食"。用于蒸煮的器具是陶器。

为提高烹调用器的耐火性，要在胎土中羼入砂粒，考古学上称这类器物为夹砂陶，基本上可以看作炊器的代名词。炊器一般要做得薄些，以便热量传导。由于每天都要使用，所以炊器比盛物用的食器或盛贮器皿更易于破碎，因此生产量比较大。在二里头遗址，炊器占出土陶器的三分之一甚至二分之一左右。

日本学者冈村秀典教授对二里头文化的炊食器有较深入的研究，这里列举一下他的分析。

二里头文化的炊器主要是圜底罐和鼎。罐在从当地龙山文化发展而来的过程中，由平底变为圜底。圜底罐底部陶胎变薄，热传导效能高，但无法放置于平面，因此一般要与灶配合使用。灶内置罐，其下以火加热，这与从罐的侧面加热的方法相比，热能的传导速度和利用率都有大幅度的提高。这种圜底罐在二里岗文化时期得到了继承，但逐渐小型化，不久即为容量更小的鬲所取代。现代人类学的研究结果表明，随着肉类等副食的不断丰富，人类主食的消费量反而减少。随着文明化的进程，上古先民的饮食生活得到改善，有可能是导致炊器变小的重要原因。[97]

骨镞

陶网坠

**二里头的渔猎工具** 二里头遗址出土有不少铜、骨箭头,既可充作兵器,也可用于狩猎。此外还发现捕鱼用的骨、蚌、铜质鱼钩,骨鱼镖和陶网坠等,表明都邑的居民还在郊外从事一定的渔猎活动。遗址中大量野生动物骨骸的发现也印证了这一点

拥有三个袋形足的鬲,最早出现于龙山时代的黄土高原,随后向周边地域扩散。进入二里头时代,鬲在黄河以北的晋南(东下冯文化)和豫北冀南(下七垣文化)地区较为盛行。在二里头文化的核心区域,除了少量输入品外,基本上不用鬲。因此,学术界有一种观点认为,用罐、鼎和用鬲两种不同的炊事习惯,可以把夏人和其他族群区分开来。二里岗文化的鬲继承了下七垣文化同类器的形制,随着商人灭夏、商王朝的势力范围不断扩大,鬲的使用在空间上也大范围地扩展,成为最具中国特色的炊器。[98]

蒸食物用的甑与公元前3000年左右中国各地的酒器大体同时盛行,因此有学者推测它可能是用来蒸酿酒用的米。中原龙山文化甑的底部有许多小孔,二里头文化继承了其形制,但底部一般仅有3—5个较大的孔。孔的数量由早期至晚期逐渐减少。为避免米从孔中流下,甑底还应当铺有竹木编的屉帘。

另外还应提到一种粮食加工工具——刻槽盆。这种器物呈钵形,口沿上大多有流。内壁刻有沟槽,往往呈放射线状。可以将芋

城市民生 经济生活举隅 217

头或红薯等块根类食物磨碎食用。这种器物也继承自中原龙山文化，多见于黄河以南地区，到二里岗文化时期，由于饮食生活的变化而衰落。

## 盛食用器看吃法

吃喝行为都属"进口"活动，因此饮、食用器也应当一起谈才是。饮器尤其是其中居于大宗的酒器，在前文我们讲了不少，这里就不赘述了。二里头都邑的人进餐时，盛饭菜的器皿有盆、盘和豆等，都用质地细密的黏土制成，表面经过精心打磨。与烹调用器一样，二里头这类器具大多由当地龙山文化的同类器演化而来。

在中国，桌椅的使用要晚到唐代以后，此前进餐都是席地而坐。筷子的普及是汉代以后的事，汉代以前则以手进食。食物和器皿分别使用的分餐制也是汉代以后才出现的，所以在家都是全家一起吃饭，所用食器也与此相应。《礼记·曲礼上》言及共餐时用一个大器皿盛菜着大家分食，教人用手抓饭时手指要并拢以防米粒掉下，吃肉干时不能用牙撕咬，等等。以现在的感觉看，虽吃相有些不雅，但大家一团和气，由此可以想见那时进餐时的有趣景象。[99]

盆分为深腹圜底和浅腹平底两种，形体都较大，口径在30厘米左右。像今天中国菜使用的大盘一样，当时也应当是全家共享的餐具。也有口径在10厘米多的小盆，但出土数量较少，与其说是分餐时各人用的餐具，更可能是用来盛小菜的公用器皿。

二里头的盛食用具　随葬品的组合情况,或许反映了日常生活用器的组合
1 豆；2 三足盘；3 一座贵族墓随葬的陶器"全家福"

二里头文化中富有特色的三足盘（或称三足皿），应源于山东龙山文化，到二里岗文化时期则基本不见。这种器物也是以口径30厘米左右的大型器居多，大概也是公用器皿。

豆在新石器时代的山东大汶口文化和长江中游的大溪文化中即已出现，龙山时代则见于众多的区域。"豆"的字形应当是仿豆这类器物的正面形状，古典文献中有在木质的豆中装上供品献祭于神的记载。二里头时代盛行喇叭状高柄豆，到了二里岗文化时期，器形变小，以粗矮柄豆为主。

二里头文化墓葬中，随葬品均为实用器，一般不随葬烹调用器，但常见饮食用器。随葬品中豆的出土频率最高，应与豆用于祭祀等特殊场合有关。在二里头文化墓葬中，豆、盆的组合较为多见，也有豆、三足盘，或豆、盆、三足盘的组合。各种器物一般只有一件，最多两件。

## 二里头人喜食"烧烤"

大家知道，在几十万年前的旧石器时代，东亚大陆上的先民就开始用火，烤肉恐怕是学会用火以来最早的食肉方法。陶器发明以后，人们可能学会把肉煮着吃。日本学者冈村秀典教授认为，到了二里头时代，烤肉仍然比较盛行。在二里头遗址以及二里头文化的其他遗址，都发现了不少烧焦了的兽骨，猪骨和牛骨居多，构成其食文化的一大特征。位于郑州以西的荥阳竖河遗址中，被烧过的动物骨头以猪骨和牛骨居多。据统计，龙山文化时期的烧骨约占总数的三分之一，而二里头时代则占总数的五分之一。烧烤时把骨头都烤焦的情况应当比较少，所以当时烤肉的比例恐怕还要高些。可知那时无论王都还是农村，烤肉和煮肉一样，是一种较普遍的食用方法。

到了稍后的二里岗文化时期，被烧过的兽骨的数量大幅度减少。商周时代，用来煮肉的铜鼎成为最重要的礼器之一。除了把作为牺牲的动物整只放在柴堆上烧烤的"燎祭"外，贵族们用于祭祀和食用的基本上是生肉、干肉和用鼎煮的肉，烤肉则一般不用了。此后，在汉代的画像石上还可以见到烤肉串的情景，但那是受了西域文化的影响。在传统的中国菜中，把肉放在火上直接烧烤的做法基本上不见了。可以说，在中国的食文化中，随着二里头都邑的衰落，烤肉的传统也中断了很久。[100]

## 双轮车辙痕与马车起源之谜

在二里头宫殿区南侧的大路上，我们发现了两道大体平行的车辙痕。两辙间的距离约为1米。它的时代相当于二里头文化早期。这是当时所知中国最早的双轮车的使用痕迹（据报道，近来在河南淮阳平粮台遗址，发现了龙山时代的车辙痕[101]）。无独有偶，20世纪90年代，在二里头遗址的西北部也曾发现过相当于二里头文化晚期的车辙痕，辙距为1.2米。稍晚于此的，还有偃师商城发现的二里岗文化时期的车辙，辙距也为1.2米。在偃师商城和郑州商城还分别发现了小型的青铜车軎（轴头）及铸造车軎的陶范。[102]但这些是马车的蛛丝马迹吗？回答应当是否定的。

到目前为止，中国最早的马车见于商代晚期的安阳殷墟遗址，其轨距一般为2.2—2.4米。[103]而二里头和偃师商城遗址车辙的轨

**发现于宫殿区南侧大路上的车辙** 使用双轮车的传统肯定会便于东亚先民在商代晚期接受外来文化的影响,最终形成具有自身特色的车马文化

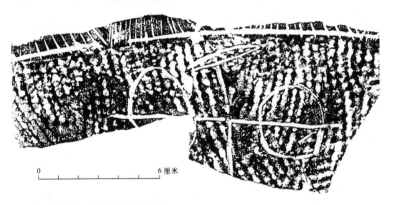

**洛阳皂角树出土二里头文化陶器刻符**
有学者认为这应当就是目前所见最早的"车"字

安阳殷墟商代晚期的车马坑

距仅为1—1.2米，显然比马车的车体窄得多。因此基本上可以肯定它不是马车，而是具有某种特殊功用的车子。至于是用人力还是其他畜力来拉动，就不得而知了。

在中国古代文献中，人们认为舟、车的发明是圣人所为。舟、车的发明，是文明进程中的重要创造，是人类认识和利用自然的重大成就。两河流域的苏美尔人至晚在公元前2500年便有了用于运输和战争的板轮车。公元前第二千纪初，中亚草原上已出现了马拉战车。始见于商代晚期的马车究竟是本土起源还是受西亚文明或欧亚大陆游牧民族的影响而产生，这一问题在学术界还有很大的争议。

持本土起源观点的学者可以举出不少古代文献中关于晚商以前马拉战车的记载，甚至认为中国养马、驯马和用马的历史可以早到龙山文化时期。但近年动物考古学的研究表明，在二里头、二里岗时代甚至殷墟前期的遗址中都未发现马骨，可以肯定中原地区在前殷墟时代没有家马存在的证据。西北地区的齐家文化和四坝文化发现有驯化的马，其来源可能与欧亚草原文化交流有关。[104]殷墟后期才有家马与马拉战车的突然大量出现，且战车结构完善、工艺复杂。目前还找不到它本土起源的线索。

鉴于上述，关于家马和马车起源的问题，应该说基本上清楚了。考古发现尤其是动物考古学家的参与是解决问题的关键。本无家马和马车的龙山时代至商代前期，在后世文献中却被描绘得车马飞扬，极为热闹。这倒提供了一个有趣的例证，即它们的记述并非全都如实地反映史实，而是掺杂了作者所属时代——东周至汉代乃至更晚时期才有的事物与理念。

# 海纳百川

## 对外交流的兴盛

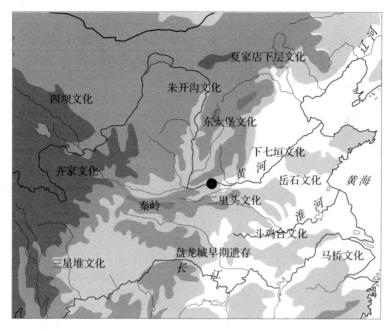

二里头时代东亚大陆青铜文化的分布

## 江南熏风：硬陶·云雷纹·鸭形器

前已述及，二里头文化中存在少量的印纹硬陶和原始瓷，这类器物及其制造技术与南方的印纹陶有密切的关系，是学界所普遍认同的。但学术界对两地间究竟哪处是最初的发源地还有不同的看法。即便是认同江浙地区为始源地，二里头遗址中的这类器物是直

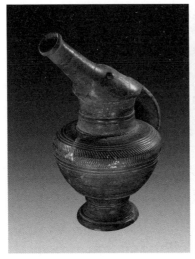 

二里头（左）与闽北（右）出土的长流盉　　与二里头遗址长流平底盉相近的器物，在浙江南部、福建北部一带也有发现。两地出土的这类器物有很多共性，如均制作精致，为泥质磨光陶、硬陶和原始瓷，多饰印纹，整体形制上管状长流、有鋬、束颈鼓腹和假圈足的特征也都基本相同，表明二里头文化和浙闽地区的这类盉应是同源的

接来自东南，还是受东南同期文化的影响仿制而成，还有待于进一步的研究。对硬陶与原始瓷的成分分析结果表明，二里头文化这类器物胎土中氧化硅含量较高，氧化铝含量较低，与我国南方硬陶、原始瓷的组成特征相同，而且其组成点与浙江、上海和江苏的硬陶及部分原始瓷胎比较接近。因此，二里头文化硬陶和原始瓷的产地在南方的可能性较大。

二里头文化的几何印纹大多装饰在上述精制陶、硬陶和原始瓷器上，数量极少，主要见于二里头遗址。其中最具典型性的纹样是云雷纹。它最早出现于南方地区。江苏金坛三星村出土的一件陶豆（约距今5500年）上就有采用凿刻技法制作的云雷纹。良渚文化陶

二里头文化（上）与马桥文化（下）几何印纹比较　流行于长江下游马桥文化的云雷纹，其纹样风格与二里头文化非常相似，但普及程度要比二里头文化高得多

器也有刻制的云雷纹，云雷纹也是良渚文化玉器神像的基本构图元素。以印制方法制作的云雷纹陶器出现于二里头时代以前江南地区的多处遗址中；稍后，在与二里头文化大体同时的马桥文化中十分流行。因此，有学者认为南方应是云雷纹的原生地，二里头文化的云雷纹以及其他一些文化要素是在南方文化的影响下产生的。[105]

二里头文化（左）与马桥文化（右）的鸭形壶

二里头文化早期墓葬中出土的鸭形壶,在江浙地区有较多的发现,曾出于上海马桥和浙江长兴上莘桥等遗址,这类造型的陶器很可能源于江南地区。相比之下,二里头文化的鸭形壶极为罕见,应是从南方输入的产品或仿制品。

## "来路不明"的热带海贝

史前时代的黄河上游青海马家窑文化遗址中,就发现有隆背具齿的海贝(或称"货贝""子安贝""宝贝"等)及其石、骨质仿制品。在早于二里头文化的龙山时代陶寺文化中,也出土有海贝。分布于黄河上游,与二里头文化大体同时或稍早的齐家文化中,发现有骨贝。物以稀为贵。显然,作为外来品,海贝及其仿制品是这些区域社会中的贵重品。在此后的商周时代,海贝又被用来作为原始货币大量而广泛地使用,汉代以后逐渐淡出社会生活。

二里头遗址出土的海贝,主要用作贵族墓中的随葬品。前述随葬大型绿松石龙形器的男性贵族的颈上,就戴着海贝项饰,总数达90余枚。海贝绝不属于王畿本地出产,一般认为应是自远方交换而来,也可能是由近海之方国进贡而来。它从一个侧面反映了当时的交通、远程贸易或朝贡的情况。《禹贡》"扬州"章记"岛夷卉服,厥篚织贝"。有学者认为"织贝"为一动宾式合成词,指把海贝(或贝制品)串联组织在一起的一种贡品。

二里头出土的海贝
用于随葬的贝上有穿孔，可用丝绳穿起来，戴于颈上、胸前。墓葬规格越高，用贝越多

关于东亚大陆海贝的来源，以往众说不一，可分为北方沿海来源说、山东半岛沿海来源说以及东南沿海来源说三种，但都认为来自中国大陆沿海地区。据学者近年的研究，海贝属暖水种，其分布于印度洋和中国南海的热带海域，而绝不见于古代东海及其以北沿海。同时，从考古材料上看，海贝及各类质地的仿制贝，都以中国西北部腹地为最早，而盛行于青铜时代。秦汉以前海贝的使用地域限于长江以北，海贝的使用有自西、西北向东、东南传播的轨迹。且从渤海到南海的中国古代滨海遗址，都没有发现使用海贝的现象。这样就提出了一个问题，即如果说海贝自中国南海向北传播，那么在跨越东南各地时竟没有留下任何考古学迹象，这是不符合逻辑的。

鉴于此，有学者提出了中国古代海贝不是从东南向西北传播，而有可能是从印度洋到土库曼地区，再经欧亚草原、蒙古草原到达中国青海东部或长城地带，进而输入中原地区的。他们还注意到，使用海贝的史前至早期王朝阶段的遗址基本上都有铜器的使用，即海贝的出现、繁盛和衰亡与青铜文化的发生、发展和消逝是大体吻合的。[106]而在海贝使用的渐衰期和海贝在汉文化系统中消失后，

海纳百川　对外交流的兴盛

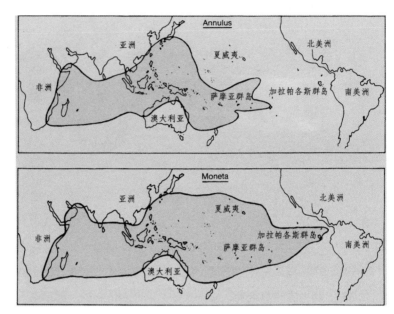

两种子安贝的现存分布（《古代中国考古学》） 海贝属于暖水种，就东亚及邻近地区而言，它主要分布于印度洋和中国南海的热带海域

中国北方游牧民族如匈奴和鲜卑等依然保持着使用海贝的传统，这实际上为海贝的来源提供了某种暗示。大量海贝经由连接欧亚的北方草原地带向中国中原地区输入的过程中，北方畜牧和游牧族群充当了传播的载体。

这的确是一个充满魅力、令人产生无尽遐想的话题，产于热带海洋的海贝，居然是骑马民族翻山越岭，经欧亚大草原带来的！如果我们把眼界放宽一些，就有理由相信，这应当不是天方夜谭。

## 欧亚草原文化的冲击波

读中国古代史,我们知道农耕与游牧两大文化系统的交融与折冲,构成了壮阔的中国古代史的一条重要主线。甚至可以说,如果抛开西北与北方草原地带,完整的中国古代史就无从谈起。从这个意义上讲,真正的中国北方应是草原及其邻近地区,而黄河流域一带则是中国的中部。如前所述,"中国"的形成,与中部的粟作与南方的稻作农业文化的整合密切相关;它是否也与农耕与畜牧(游牧)这两大板块的碰撞与交流这一历史大势有关,则是我们所特别关心的。

从全球范围看,西亚是冶金术最早出现的地区,最早的铜制品可以上溯到公元前7000年前。在此后的数千年间,随着西亚文化的扩散,冶金术随之外传,进入东南欧的多瑙河中游、高加索和中亚的广大地区,乃至欧亚交界的乌拉尔一带,并继续东渐,进入新疆和河西走廊一带。[107]

上文我们提及东亚大陆可以分为面向海洋和面向内陆的两大板块。两大板块在气候、生态环境等方面都存在着相当大的差异。面向内陆的一块包括长城沿线及以外地区,这里与黄河流域毗邻,处于中原文明与内亚文明之间。其居民与黄河流域有着千丝万缕的血脉和文化联系,对外部世界持开放的态度并具有较强的文化兼容性,使这一地区成为东西方文化交流的重要孔道和不同文化碰撞与接触的敏感地带。这一区域是欧亚大草原的外缘,存在着复杂多样

欧亚大陆腹地的青铜时代遗址（蒙古国西部）　在西亚青铜文化向外扩散的过程中，中亚及北亚大草原的畜牧或游牧族群通过大范围的活动给予周边地区以强大的文化辐射，其力量不可低估

的古代文化。骑马的流动牧人纵横驰骋，使这一广大区域内的文化交流比其他地区更快，文化交融现象更为突出。多种考古学文化中的青铜器具有较大的共性，就是颇为突出的交融现象。

在仰韶和龙山时代，西北地区的文化无疑落后于中原，但其冶金术的发展却表现出超乎寻常的进步。这该如何解释呢？有理由相信，中国西北地区早期冶铜业的发达，是以与内亚地区保持文化互动为前提的。对于中原地区来说，又不排除在二里头文化向西扩展并接触到西北地区土著文化如齐家文化等的同时，也从后者汲取了所需要的养分，而冶金术方面的信息交流和技术层面的沟通，可能就是其中最重要的内容之一。[108]

当然，这种来自欧亚大陆内地的文化影响力经过接力式的传播、改造，本来就不断地被弱化；加之中原地区处于上述两大板块的交汇地带，从气候、生态到文化传统、经济类型乃至风俗习惯，与和它毗邻的西北及长城地带也不相同，文化互动中的选择性更强。到了二里头时代，中原地区的冶金术才真正崛起并形成独立的华夏风格。

鉴于此，学术界愈益认识到，即便二里头文化高度发达的青铜铸造技术孕育于当地，它也有着更深广的发生学背景，而探讨中原地区青铜冶金的起源和早期发展则必须有更为宽阔的时空视野。

## 游牧文明的讯息：战斧与环首刀

林沄教授指出，二里头遗址贵族墓出土的青铜战斧与环首刀，应属于早期北方系青铜器。[109]这里的北方，指的是草原地带及其邻近地区。

二里头出土的一件长身窄厚刃的青铜兵器，由于在中原地区从未见过这样的器形，学者们称呼起来就五花八门。发掘者就先后称其为"戚"和"钺"，其他学者在论及这件兵器时，也都从其中一说。林沄教授认为，戚是两侧有装饰性扉齿的钺，而这件器物窄刃长身的特征，和早期北方系战斧的斧身很相近。而且在斧身和装柄部之间，有两个向外伸出的尖齿，和一部分早期北方系刀子在刀身

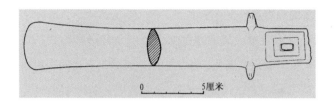

二里头出土的青铜战斧（线图）、环首刀　从世界考古学的角度来看，欧亚大陆草原地带及其毗邻地区有不少年代早于二里头文化的青铜文化存在。因此，从二里头遗址中出土的个别北方系青铜器或有北方系成分的青铜器，应是传达了这个最早崛起于农耕地区的高度的青铜文明，直接或间接地与欧亚草原文化有着某种程度的交流

和刀柄之间的尖齿形状相同。因此，这实际上是一件北方系的战斧，只是在安柄方式上接受了中原系的影响而改为扁平的内（音纳）而已。在伊朗，类似的长身窄刃战斧的年代多被定在公元前第二千纪的中期或早期。

至于二里头出土的唯一一件柄部有镂孔纹饰的环首刀，林沄教授认为它也属于北方系青铜器。因为中原起源的铜刀子本来只在有刃的刀身之后加一段无纹饰的装柄部，用以夹入其他质料的柄中，二里头就出土过这类刀子。在早期金文中，象形性很强的刀形符号都与这类刀子形状一致。而这件环首刀连铸出可以直接把握的铜柄，柄上有纹饰和镂孔，刀背有凸沿，刀柄厚而刀身薄，这是早期北方系铜刀习见的特点。具有上述特点的刀子广布于我国西北地区、蒙古国和俄罗斯的草原地带。

还有的学者认为，二里头文化中的嵌绿松石十字图案圆形铜牌饰、兽面纹铜牌饰甚至铜爵、斝等容器器形,也可能与中亚地区古代文化有着一定的关联。[110]

## 邻近文化因素的汇聚

前文我们已经提到,从二里头文化陶礼器的渊源看,用于饮酒礼仪的鬶、盉甚至爵都应是以大汶口-山东龙山文化的鬶为原型创造出来的。大型有刃玉礼器如牙璋、刀和钺等也源自山东龙山文化。[111]

二里头遗址出土的器物中,有的具有鲜明的同时代邻近地区其他文化的特征。如器表带有篦状刮痕的夹砂褐陶器,以及半月形双孔石刀等,都与二里头文化传统器物风格迥异,而同海岱地区岳石文化的同类遗物相似。对带有岳石文化风格的陶器胎土所做的中子活化分析表明,它们应是受岳石文化影响而生产于二里头当地的。二里头文化出土的罐类器口沿上常饰有捺压的花边装饰。这种装饰作风最早见于龙山时代晚期中原以西以北的黄土高原地带,在与二里头同时代的朱开沟文化(分布于内蒙古中南部一带)中有较为集中的发现。有学者认为二里头遗址所见这类花边器应是受到了朱开沟文化的影响。二里头文化的陶器群中,还有不少来自豫北、冀南地区的文化因素,甚至还能看到关中地区瘪裆鬲的影子。[112]

二里头遗址贵族墓出土的玉鸟形饰,与嵩山东南麓禹州瓦店龙山时代墓葬中所出同类器相近,也颇类于长江中游肖家屋脊文化的

**二里头出土具有邻近文化因素的器物**
1 西北高原土著风格的花边罐；2 岳石文化风格的陶斝；3 下七垣文化风格的束颈盆；4 肖家屋脊文化风格的玉器

鹰纹玉笄。有的学者甚至认为二里头遗址贵族墓所出玉鸟形饰以及某些玉柄形器，都应是长江中游的"舶来品"。

## 铜原料来源之谜

用于冶铸青铜器的铜、锡等原料在中国各地分布普遍。在二里头文化的周边,从河南北部到山西南部就分布着铜矿,尤其是山西最南部的中条山一带,是历史上有名的高产量铜产地。此外,中条山北麓运城盆地的河东盐池自古以来盛产食盐,供应内陆相当大区域内的人民用盐。位于中条山南麓、黄河北岸的垣曲盆地,就是二里头文化的直接分布区,这里与二里头遗址的直线距离仅100多公里。有学者认为二里头文化因素的陶器越过黄河向这一地区扩散,应与二里头人来此获取早期国家所必需的重要青铜原料和食盐有关。[113]

长江中下游地区的湖北和江西一带,是中国铜矿储藏量最为丰富的地区。这里已发现含有二里头文化因素的遗存,有的学者甚至认为这一带应当已是二里头文化分布区的最南端,而二里头文化在该地区的出现,显示了二里头国家获取长江流域铜矿资源的最初冲动。但目前的材料还不足以说明二里头国家在何种程度上控制了该地区的铜矿资源。

但从青铜器的铅同位素分析结果看,二里头遗址青铜器的铜原料,似乎并非取自一直以来学界所认定的中条山,而可能来自中原的东方(山东)或东北方(内蒙古东部至辽宁西部)。或认为二里头文化晚期出土铜器的铅矿来源,可能来自山东半岛地区。当然,对这类分析推论,学者还大都持审慎的态度,认为需要更多的证据来检核。

内蒙古东部至辽宁西部,在二里头时代是夏家店下层文化的分布区,这是与二里头文化有一定的交流关系的一支青铜文化。在夏家店下层文化分布区的内蒙古东部和辽西一带,就分布有较多的铜矿和铅矿。有学者推测,从这一文化的大甸子遗址贵族墓随葬有二

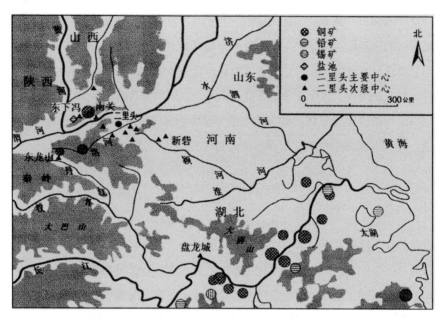

二里头文化遗址与周边自然资源的分布（《中国新石器时代：迈向早期国家之路》）

里头文化风格的陶酒器看，在这里采掘的铜原料，有可能通过贵族阶层间的交易传入二里头都邑。

## "金道锡行"：交通网的蠡测

水运是中国古代重要的交通手段。黄河、济水、泗河、淮河等河流，为中原和周围地区的交流提供了重要的通道。但早期王朝时代的河流走向与今天有所不同。在西汉以前，黄河于河南武陟转向

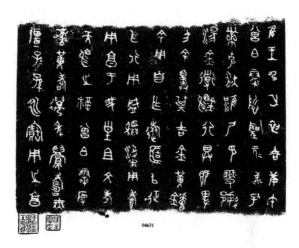

曾伯霖簠铭文

东北，经河北平原，最后在天津附近注入渤海。而作为黄河重要支流的济水，原本是大致沿着现在的黄河下游及小清河流入渤海的。鲁西南的泗河，曾经南北连通淮河与济水。

在东周时期一件铜器上长达近90字的铭文中，曾记载周代为了得到铸造青铜器所需合金原料，开辟了通往淮河下游的金（铜）锡之路，即所谓"金道锡行"。（曾伯霖簠铭文："克逊淮夷，印燮繁汤，金道锡行。"）这条道路经过繁汤（繁阳，今河南东南部新蔡县境内），是连接南北的交通要道。繁汤似乎是通往铜矿资源的重要据点，因此在东周时期铜器铭文中反复出现。这一区域有数条河流或北连淮河，或南达长江，这些河流和沿河道路可能极大地便利了南北交流。位于淮河支流汝河沿岸的繁汤，正处于南北交通的重要孔道上。

在学者梳理出的三条连通中原与长江中下游地区的交通主干线

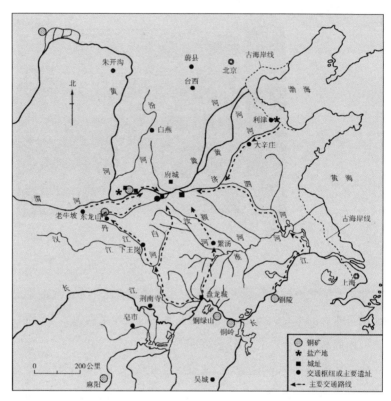

早期王朝时代的水陆交通（《中国早期国家的形成》） 有学者根据《尚书·禹贡》等文献记载和青铜器铭文，把连接中原都城和长江中下游地区的主要交通路线分为东、西、中三路。他们进而推测这几路"金道锡行"的历史可能较周代还要早得多

中，上述经过繁汤的一条被称为中路。东路由长江下游的扬州，穿过长江、淮河和泗河经济水、黄河，到达中原。西路则从长江中游的荆州经过长江、汉江、丹江、洛河，到达中原。[114]

在中路和西路沿线，已发现了属于二里头文化或含有二里头文化因素的遗址，文化遗存兼具南北混合的特征，似乎支持古代文献的记载。豫南地区的驻马店杨庄遗址围以环壕，出土建筑饰件以及大量石矛、石镞等兵器，暗示其具有殖民据点的性质，而农业经济上则以水稻耕作为主。位于汉江支流丹江上游的陕西商州东龙山遗址，在相当于二里头文化早期时还使用具有浓厚的当地特色的陶器群，到了二里头文化晚期时，已与二里头王都的陶器群极为相近，表明此时这里可能已被纳入二里头文化的控制范围。值得注意的是，这一带的山区本身就富含各种自然资源。而从遗址稍向北，即可到达黄河水系的洛河上游。这或可说明连接中原腹心地区和长江中下游地区的交通线，早在二里头时代即已开通。

由晋南河东盐池，有数条通道可以把盐运往周围地区。黄河、渭河以及许多其他河流在古代都应曾被用作连接京畿与东西部地区的交通要道。其中的不少线路，在二里头时代也可能已经开通。

# 强势辐射

## 「中国」世界的雏形

## 酒器扩散的历史背景

从二里头文化因素的波及范围看，它已不限于与邻近地域的松散交流，而是大范围地向外扩散。例如，盉（鬶）、爵等二里头风格的陶礼器向北见于燕山南北的夏家店下层文化，南及由浙江到四川的长江流域一带，西达黄河上游的甘肃、青海一带。[115]

有学者指出，这些陶礼器分布的疏密程度，并非与距中原的空间距离成反比。其出土地点，多位于距二里头文化区颇远的分布范围最大界限附近。这与日用陶器的传播方式不同，暗示着这些礼器连接各区域社会的中心据点，超越空间距离，传布于当地的社会上层之间。这表明来自中原王朝的礼器作为权力地位的象征物被接受，而中原王朝与某些区域的社会上层之间，甚至有可能已出现了程度不同的政治结盟。[116]

## 长城外惊现二里头式"酒礼"

一个较为典型的例子，见于内蒙古敖汉旗大甸子遗址夏家店下层文化墓地。这是一处地处长城以外辽河流域的农耕聚落，夯土城垣外分布着公共墓地。

内蒙古敖汉旗大甸子墓地出土的陶爵、鬶和彩绘陶器　大甸子墓随葬的陶器，很多都是在具有当地风格的鬲和罐上施以彩绘，而源于二里头文化的酒器则数量极少。由于它们基本上都随葬于最高等级的墓中，可知大甸子的权力阶层垄断了与二里头文化的交流

　　这里的墓葬中出土陶器，大体可以分为风格迥异的两群，一群以筒腹鬲和彩绘陶器为代表，主要体现了当地土著文化的风格，另一群则是与二里头文化关系密切的陶爵、鬶、盉，属于外来文化因素。在大甸子墓地已发掘的800多座墓葬中，陶爵、鬶、盉只见于13座规模较大、规格较高的贵族墓中，墓主多为男性。它们相对集中于墓地北部的四个家族茔域内。在大甸子墓地出土的彩绘陶礼器中，以兽面纹器最珍贵，共见于16座墓中，其中15座是规模较

大的高等级墓葬。而这些高等级的墓葬,有一半与随葬陶爵、鬶、盉的墓葬分布在同一家族茔域内,出土的海贝也最多。由此可见,陶爵、鬶和兽面纹彩绘陶器,是只有当地某些上层人物才能拥有的特殊礼器。彩绘陶器上的兽面纹,与二里头文化的兽面纹十分相似。[117]总体上看,二里头式的各类酒器齐备,形制和尺寸也相当接近。有理由相信,通过酒器来完成的饮酒礼仪,可能被相当完整地直接"照搬"过来。

## 长江上中下游刮起二里头风

公元前第二千纪,马桥文化出现于长江下游的东南沿海地区。马桥文化陶器的来源颇为复杂。其中,浙江和上海等地出土的陶酒器如管流鬶和盉显然是受二里头文化影响而出现的器物。这是该文化选择性地接受外来文化因素的结果。在安徽境内的江淮地区也曾发现过具有二里头文化因素的青铜器如铜斝、铜铃,陶礼器如爵、鬶、盉等。

大体与此同时,在长江中游的湖北境内江汉和峡江地区也发现了具有二里头文化因素的陶礼器如盉、鬶、盉等。盉、鬶的数量较少,形制也发生了一定的变化,器身细长,应是以二里头酒器为原型在当地制成的"仿品"。

长江上游的四川盆地,在闻名于世的三星堆文化中,源于二里头文化的数种玉器、嵌绿松石铜牌饰以及陶酒器盉,与大量富有当

长江流域出土的含有二里头文化因素的风格器物
1 安徽出土的铜斝;2 上海马桥出土的陶觚;3 四川三星堆出土的陶盉

地特色的陶器共存。陶盉较长江中游所见同类器更为细长。

值得注意的是,与大甸子墓地不同,上述二里头文化风格的陶酒器都出土于生活区的文化层中,而非随葬于贵族墓。有学者指出,这似乎表明在夏家店下层文化的大甸子墓地,作为身份地位象征的饮酒礼仪是被权力阶层主动地从二里头文化"引进"的;而在长江流域,这些酒器则应是作为庶民生活用器的一部分而被吸纳的。

## 以牙璋为首的玉器的扩散

在二里头文化出现前夜的龙山时代,起源于海岱地区龙山文化的数种大型有刃玉石器如牙璋、斧、刀等向西传播。在地处黄土高原的陕北地区大量出现,又从那儿扩散至黄河上游。进入二里头时

四川三星堆（左）和越南北部（右）出土的玉石牙璋

代，牙璋又从中原地区向长江中上游，甚至岭南一带传播。

　　始见于龙山时代、持续兴盛至二里头时代的牙璋，可以大体上分为两类。一类因最早见于龙山时代的海岱地区而被命名为龙山式，一般器形简单、无纹饰，有一组（一对）对称的扉齿或扉齿低矮；一类习见于二里头文化晚期，器形和纹饰趋于复杂，一般有多组扉齿，刻有细线纹（平行线纹和网格纹），这类牙璋被命名为二里头式。从考古发现的情况看，由龙山式演变为二里头式的时间，大概在二里头文化的早、晚期之际。[118]

强势辐射　"中国"世界的雏形　251

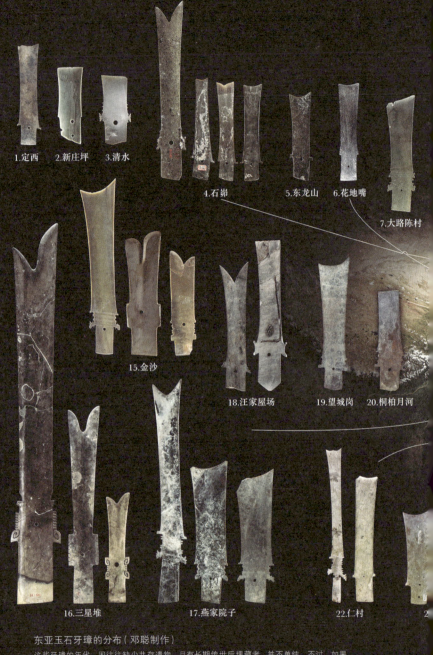

1.定西　2.新庄坪　3.清水　4.石峁　5.东龙山　6.花地嘴　7.大路陈村　15.金沙　16.三星堆　17.燕家院子　18.汪家屋场　19.望城岗　20.桐柏月河　22.仁村

东亚玉石牙璋的分布（邓聪制作）

这些牙璋的年代，因往往缺少共存遗物，且有长期传世后埋藏者，并不单纯。不过，如果把这些相距甚远的出土地点联系起来看，可知位于其分布中心的二里头遗址应是其扩散的起点或者中介点

前述地处南北要冲的陕南商州东龙山二里头时代遗址，在一座相当于二里头文化早期的墓葬中，出土有玉（石）牙璋、钺、斧三件有刃器和圆形的璧，有刃器的组合与二里头遗址略同。牙璋为龙山式，以黑玉制成，应是从外地输入的。

　　地处河南南部的南阳盆地，以至再由此南下即可到达的长江中游湖北、湖南一带，龙山式牙璋和二里头式牙璋互见，有的形制上有所变化。在一些遗址，龙山式、二里头式牙璋与陶盉共出，表明它们是同时使用的。此外还见有二里头文化所特有的璧戚。

　　从长江中游再向南，在东南沿海的福建、广东、香港，乃至越南北部，龙山式和二里头式牙璋都有发现。其中也有龙山式和二里头式牙璋同出于一处的例子，这应是长江中游的牙璋组合向南扩散的结果。长江上游四川盆地三星堆文化的牙璋基本上属二里头式，有的端部演变为戈形，属于新见的形制。这些牙璋显然都是模仿二里头式牙璋在当地制作的。它们承继了长江中游牙璋的风格，与陶盉一道延续至商后期。同出的还有玉圭、玉戈以及玉璧等。

　　要之，南传的牙璋，应当与陶盉（鬶）一样，都是以二里头文化兴盛期文化因素的扩散为契机的。

## 二里头以外的兽面纹铜牌饰

　　如前所述，嵌绿松石兽面纹铜牌饰，是具有极高工艺水平和审美价值的铜嵌玉珍品。目前见于世界各地的博物馆者，总计达十余件。经发掘出土的这类铜牌饰，仅见于二里头遗址的几座贵族墓，而不见于二里头文化的其他遗址。可见它与二里头文化的铜容器一样，也是为二里头都邑的贵族所独占的宝物。

在四川盆地三星堆文化的中心聚落三星堆遗址发现的一处祭祀坑中，出土了3件铜牌饰，与其共出的还有大量玉石器。3件牌饰中有一件系在变形的兽面纹铜牌上镶嵌绿松石，另外两件是饰有镂空的变形藤蔓纹的铜牌。在三星堆遗址西北10公里处，也采集到了变形的兽面纹铜牌饰。[119]一般认为，三星堆文化的铜牌饰是以二里头文化的同类器为原型仿制而成。[120]但也有学者认为，从形制、镂孔、穿孔方式等方面看，成都平原的铜牌饰与新疆哈密出土的未嵌绿松石铜牌饰联系更为紧密。[121]

另外，在黄河支流渭河流域的甘肃省天水市，也采集到了一件兽面纹铜牌饰，与二里头遗址出土铜牌饰相类。铜牌饰上部的一对外卷的云纹，有学者认为应是与西北地区土著文化密切相关的"羊首纹"[122]。甘肃东部的齐家文化遗址中曾出土二里头式的陶盉或其仿制品，兽面纹铜牌饰的发现，为探索二里头文化与西北地区古代文化的关系提供了实物资料。

需指出的是，目前各地所见二里头文化因素较为复杂，时间上也有早晚之别。有的可能与二里头文化大体同时，有的则要晚到二里岗文化甚至属于商代晚期的殷墟文化时期。有的大概属于早年的"传世品"，有的则可能是模仿二里头文化的器物而制作于当地，因而加入了若干当地的文化因素。四川三星堆遗址出土的多件牙璋和铜牌饰，其器物间的制器作风与时代就有很大的不同。有的文化因素还可能是经多次"接力"而间接向外传播的。由于传播距离的遥

甘肃天水和四川三星堆所见铜牌饰
1 甘肃天水采集；2 四川广汉三星堆出土

远,器物形制和装饰风格在不断变化,年代上也会大大晚于二里头时代。

## 从二里头到二里岗

如果不考虑考古学并不擅长的族属国别问题,仅从文化面貌上看,设若二里岗文化是商王朝的早期阶段,那么二里头文化就应当是最大、最主要的"先商文化"了。换言之,二里头文化是二里岗文化的直接前身,二者在礼制文化的内涵与王朝社会政治结构乃至控制区域上都一脉相承,且续有发展。

二里岗期和殷墟期商王朝继承发展了二里头文化以来的社会统御方式,吸纳了更广大的区域内的宗教祭祀形式,从而确立了具有

| | 细体觚 | 粗体觚 | 爵 | 鸡彝斝盉 |
|---|---|---|---|---|
| 西周中期 | 陕西长安普渡村长甶墓 | | | |
| 早商文化晚期 | 河南郑州白家庄M3 | | | |
| 夏文化晚期 | 河南偃师二里头M8 | | | |
| 大汶口文化中期 | 山东滕县岗上M1 | | | |

三代青铜礼器的传承与演变(《夏商周考古学论文集》) 从大汶口-龙山文化的陶酒器起步,到二里头最早的青铜酒器和青铜鼎,礼器制度得到不断的规范和完善。爵和斝成为商王朝青铜礼器群的核心,而鼎的地位则大幅度提升

强势辐射 "中国"世界的雏形

华夏文明特色的礼制。这包括宫室制度、墓葬制度和以青铜礼器为核心的器用制度的整合，因祭祀祖先而盛行的动物殉牲和人殉、人牲，王权在神的名义下实施的占卜行为，以及记录占卜结果的文字的出现，等等。仅就青铜礼器而言，器物组合所标示的等级制度进一步明确，占有鼎和其他青铜礼器与否以及数量的多寡，成为贵族身份地位的重要表征。

鉴于此，美国汉学家艾兰教授指出，从二里头到周代的整个中国青铜文明，由礼器、礼仪（祭祖）活动到礼书上的"礼"，无论器用层面还是其中所显示的贵族文化的底蕴，都是一以贯之的。礼器模仿的背景，是社会政治理念的共享和趋同，也是中国之所以为"中国"的核心之所在。而二里头则可以当之无愧地被看作"中国文明"的早期形态。[123]

我们还可以陶器生产为例，窥见国家对手工业管理力度的不断增强。经过对二里头文化与二里岗文化炊煮用陶器的口径与容量等指标的比较研究，可知与二里头文化的陶器相比，二里岗文化陶器的尺寸较为均一，表明当时的陶器制作已存在着一定的标准化要求。就器类而言，也有减少和统一的趋势。鉴于此，有学者推测二里头文化的陶器，可能还是业余工匠各自烧制而成；到了二里岗文化时期，应当已是越来越少的生产者掌控日益固定化的陶器类型，有专业工匠对陶器进行"标准化"的批量生产。从这个意义上讲，城市化的陶器生产可能是肇始于二里岗文化时期的。[124]

到了这一阶段，超越了地域社会架构的国家组织，在政治上的统合度进一步增强，控制范围进一步扩大。商王朝在畿内地区二里头时代的区域性中心聚落增筑城垣，在畿外修筑城址作为资源集散据点，派驻人员进行管理控制。

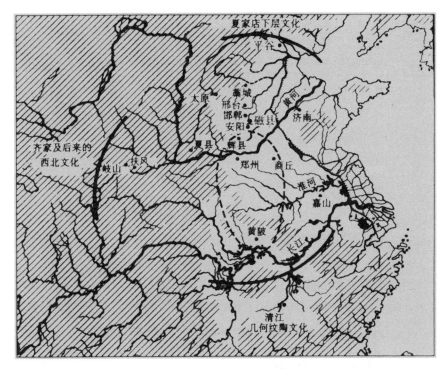

二里岗期商文明的扩张(《古代中国考古学》) 商王朝二里岗期,将下七垣文化(一般认为属二里岗文化的前身)的分布区,即太行山东麓的豫北冀南地区,和原属于二里头文化分布区的郑州和洛阳一带,都纳入商王朝的畿内地区。位于其外围的晋中南、冀北、鲁西、长江中游北岸、陕西关中平原东部,大致属于间接控制的畿外地区

　　研究表明,商王朝资源物资向王都集中的模式,可以概括为纳贡和再分配的互酬制度。即资源和物资向王纳贡,而由王将作为身份地位标志的青铜礼器向下再分配,从而确立了对王朝的一元化的纳贡制度。[125]然而,在青铜礼器集中于王都的二里头时代,它们是居于王都的王及统治阶层所独占的宝器,是权力和地位的象征物;而以赐予的形式扩散到各地的应主要是陶礼器。不过赐予青铜

强势辐射 "中国"世界的雏形　259

礼器的制度或可上溯至二里头时代。进入二里头文化末期，在二里头遗址以外也发现有青铜礼器，如河南郑州、荥阳西史村、高村寺、新郑望京楼，以及河南洛宁和安徽肥西（采集）。这表明青铜礼器的使用阶层在空间上有所扩大。以二里头为中心的畿内地区以外的地域集团，可能也被纳入以青铜礼器为核心的等级秩序范围内，从而形成更广阔的统治结构。

要之，相当于商王朝的二里岗期和殷墟期，以商文明为主干，在东亚大两河流域形成更大的地域性青铜文化的交流网。这一文化交流网络的扩展，构成此后以周王朝为代表的中国青铜文明的进一步拓展，乃至秦汉帝国版图形成的前提。可以说，二里头时代以二里头文化为核心的社会整合与制度建设，通过商周王朝的扩展与分封达到普世化，奠定了古代"中国"的基础。

## "中国"世界的雏形

二里头文化影响的大幅度扩展，首先与其自身的扩张密切相关。这种扩张应当是中原王朝政治意图的外在体现，除了军事目的以外，或许还与获得关系王朝命脉的重要资源，以及确保广大地域内政治经济联系网的畅通有关。另外的一个重要因素是，"由于文明带来力量与昌盛，在其他文明受其影响或者有意模仿其成就的时候，文明有向外扩展的倾向"[126]。考古学研究表明，在东亚大陆，秦汉帝国问世前的春秋战国时代，中原式直刃青铜剑的分布基本上

东周中原式青铜剑的分布(《中国の考古学》) 如果我们将此与二里头时代前后玉石牙璋的分布相比较，就可以得出这样的结论：或许，"中国"世界的空间轮廓，早在公元前二千纪前叶的二里头时代，就已显现出了它最早的雏形

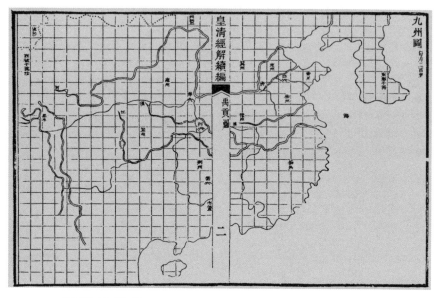

《禹贡》"九州"图

可代表文化意义上"中国"的扩展范围。其北、南、西界分别及于长城、岭南和四川成都平原。这一范围,与上述二里头文化陶、玉礼器的分布范围大体相合,意味深长。[127]

这一范围,甚至突破了《尚书·禹贡》所载"九州"的范围。

已有学者通过对中国各地考古学材料与古文献的整合研究,指出《禹贡》中的"九州"既不是中国古代的行政区划,也不是战国时的托古假设,而是自公元前两千年前后就实际存在的、源远流长的、自然形成的人文地理区系。公元前第二千纪,以中原为中心的文化区系先后建立起凌驾于其他区系之上的中央王国,成为三代京畿之地。中央王国以军事、政治的纽带把已经自然形成的中华两河流域文化圈进一步联结在自己的周围,迫使各区进贡其文化精华,并予以消化、提炼,再创造出更高层次的文明成果,从而迅速地发展壮大了自身,并以这些成果"赐予"、传播至周围各区,加速了各区文明发展的进程,同时也削弱了它们的独立性,从而产生了具有双重来源或多源的(各区之间亦有交往)商代方国文化、周代侯国文化。[128]

古文字学家指出,商业的"商"字本来就是赏赐的"赏",交易的"易"就是赏赐的"赐",不同层级的社会组织之间正是通过送礼,通过赏赐和纳贡来实现交换的关系。这种进贡与反馈的双向、多向文化交流形成了中国古代文明发展的复杂进程。因此,以中华大两河流域为基地的中国古代文明既是多源的,又是以中原为中心的。

## 最后的问题：何以"中国"

著名历史学家黄仁宇指出：地理条件和历史的发展极有关系，尤其是当我们把地理的范围放宽、历史的眼光延长时，更是如此。易于耕种的纤细黄土、能带来丰沛雨量的季候风和时而润泽大地时而泛滥成灾的黄河，是影响中国命运的三大因素。它们直接或间接地促使中国要采取中央集权式的、农业形态的官僚体系。天候—地理—人事，赈灾—治水—边防，构成了数千年跌宕起伏的中国历史的主线。[129] 换言之，中国的团结出于自然力量的驱使，地理大势决定了古代中国的走向。这些着眼于历史时期的论述，在早期王朝形成的探索中应当也具有重要的启发意义。

自万年左右原始农业产生以来，广袤的东亚大陆上的先民们，上演了一幕幕具有连续进化特色的历史剧。其中国家社会产生前的史前时期所占的时间超过了一半，秦汉帝国以来两千余年文明时代的演变轨迹，应当继承了早期王朝乃至更早时期深厚的文化基因。在早期历史的研究中，积极地将考古成果转换为可供当代社会应用的知识体系，深入发掘"中国"之所以为"中国"的环境与文化底蕴，无疑会更全面地澄清我国统一的多民族国家形成的历史轨迹。对中国历史的长程观察有助于了解最早的"中国"何以诞生。

肇始于二里头文化，以祖先崇拜为内核、重世俗功利、重王权而把宗教置于适当位置的中原礼乐文明，何以能在严酷的社会竞争和人与自然的竞争中脱颖而出，发展壮大，最终成为华夏文明的主流；而巫术色彩浓厚的其他非礼乐系统文化为何在其光灿一时的同时又具有脆弱性和短命的一面，终致社会畸形发展而相继退出历史舞台？其中的深层原因，仍是今后需要深入探究的重要课题。

　　通观我们从考古学的角度探索早期中国的历程，可以说，新的考古发现在不断地提供解决问题的线索，同时又提出更多新的问题，引发我们不断地去思考、去探索。而这，正是考古学的魅力之所在。在对早期中国的探索中，还有许多谜团有待破解。有志青年不妨再踏着我们的足迹，去继续追寻祖先远去的身影。

# 注 释

1 邱永君：《汉语"中国"一词由来考》，《学习时报》2007年10月26日。
2 王玉哲：《殷商疆域史中的一个重要问题——"点"和"面"的概念》，《郑州大学学报（哲学社会科学版）》1982年第2期。
3 严文明最早提出"龙山时代"的概念，将其大致框定在约公元前2600—前2000年。详见严文明：《龙山文化和龙山时代》，《文物》1981年第6期。此后，严先生接受了更多学者的意见，也主张将庙底沟二期文化及各区域与其大体同时的诸考古学文化"划归龙山时代的早期"，这样，龙山时代的上限就由公元前2600年左右上溯至前3000年左右。详见严文明：《龙山时代考古新发现的思考》，《纪念城子崖遗址发掘60周年国际学术讨论会文集》，齐鲁书社，1993年。
4 许宏：《先秦城邑考古》，金城出版社、西苑出版社，2017年。
5 李学勤主编：《中国古代文明与国家形成研究》，云南人民出版社，1997年。中国社会科学院考古研究所、中国社会科学院古代文明研究中心：《中国文明起源研究要览》，文物出版社，2003年。
6 王震中：《中国古代国家的起源与王权的形成》，中国社会科学出版社，2013年。
7 沈辰：《安特生与丁文江的早期中外考古合作及其影响——读〈中国之前的中国〉》，《华夏考古》2007年第3期。
8 许宏：《先秦城邑考古》，金城出版社、西苑出版社，2017年。
9 许宏：《"连续"中的"断裂"——关于中国文明与早期国家形成过程的思考》，《文物》2001年第2期。
10 许宏：《略论二里头时代》，《2004年安阳殷商文明国际学术研讨会论文集》，社会科学文献出版社，2004年。

11　[美]斯塔夫里阿诺斯（L. S. Stavrianos）著，吴象婴等译：《全球通史：从史前史到21世纪》(第7版修订版)，北京大学出版社，2006年。

12　夏商周断代工程专家组：《夏商周断代工程1996—2000年阶段成果报告（简本）》，世界图书出版公司，2000年。

13　陈梦家：《商代的神话与巫术》，《陈梦家学术论文集》，中华书局，2016年。

14　（清）崔述撰著，顾颉刚编订：《崔东壁遗书》，上海古籍出版社，1983年。顾颉刚、童书业：《夏史三论》，《古史辨》第七册下，上海古籍出版社，1982年。

15　李宏飞：《夏商世系探索》，《甲骨学110年：回顾与展望》，中国社会科学出版社，2009年。

16　顾颉刚等编著：《古史辨》(全七册)，上海古籍出版社，1982年。

17　李季：《千秋索隐　百年寻觅——中国文明的起源》，四川教育出版社，1998年。

18　王国维：《观堂集林》，中华书局，1959年。

19　李济：《安阳》，上海人民出版社，2007年。

20　李济：《殷虚铜器五种及其相关之问题》，《蔡子民先生六十五岁纪念论文集》，中央研究院历史语言研究所，1935年。

21　徐旭生：《中国古史的传说时代》（增订本），文物出版社，1985年。

22　徐旭生：《1959年夏豫西调查"夏墟"的初步报告》，《考古》1959年第11期。

23　中国社会科学院考古研究所编著，许宏、袁靖主编：《二里头考古六十年》，中国社会科学出版社，2019年。

24　河南省考古学会、河南省博物馆：《夏文化论文选集》，中州古籍出版社，1985年。郑杰祥编：《夏文化论集》，文物出版社，2002年。

25　严文明：《东方文明的摇篮》，《农业发生与文明起源》，科学出版社，2000年。

26　严文明：《中国史前文化的统一性与多样性》，《文物》1987年第3期。

27　赵辉：《以中原为中心的历史趋势的形成》，《文物》2000年第1期。赵辉：《中国的史前基础——再论以中原为中心的历史趋势》，《文物》2006年第8期。许宏：《二里头与中原中心的形成》，《历史研究》2020年第5期。

28　赵辉：《良渚文化的若干特殊性——论一处中国史前文明的衰落原因》，《良渚文化研究——纪念良渚文化发现六十周年国际学术讨论会文集》，科学出版社，1999年。

29  苏秉琦、殷玮璋：《关于考古学文化的区系类型问题》，《文物》1981年第5期。许宏：《略论我国史前时期瓮棺葬》，《考古》1989年第4期。

30  [美]吉德炜著，陈星灿译：《考古学与思想状态——中国的创建》，《华夏考古》1993年第1期。

31  严文明：《中国古代文化三系统说——兼论赤峰地区在中国古代文化发展中的地位》，《中国北方古代文化国际学术研讨会论文集》，中国文史出版社，1995年。

32  苏秉琦：《中国文明起源新探》，生活·读书·新知三联书店，1999年。

33  黎承贤、韩忠厚等：《洛阳》，中国建筑工业出版社，1990年。河南省地方史志编纂委员会：《河南省志·地貌山河志》，河南人民出版社，1994年。

34  宋豫秦、韩玉玲等：《中国文明起源的人地关系简论》，科学出版社，2002年。

35  陈良佐：《从生态学的交会带（ecotone）、边缘效应（edge effect）试论史前中原核心文明的形成》，《中国考古学与历史学之整合研究》，"中央研究院"历史语言研究所（台北），1997年。

36  [英]阿诺德·汤因比著，郭小凌等译：《历史研究》，上海人民出版社，2010年。

37  段鹏琦：《汉魏洛阳城与自然河流的开发和利用》，《庆祝苏秉琦考古五十五年论文集》，文物出版社，1989年。中国社会科学院考古研究所洛阳汉魏城工作队：《北魏洛阳外郭城和水道的勘查》，《考古》1993年第7期。

38  中国社会科学院考古研究所：《偃师二里头（1959年~1978年考古发掘报告）》，中国大百科全书出版社，1999年。杜金鹏、许宏主编：《偃师二里头遗址研究》，科学出版社，2005年。中国社会科学院考古研究所：《二里头（1999~2006）》，文物出版社，2014年。中国社会科学院考古研究所编著，许宏、袁靖主编：《二里头考古六十年》，中国社会科学出版社，2019年。本书所引二里头遗址的考古资料主要出自上引书，一般不另注明。

39  偃师县志编纂委员会：《偃师县志》，生活·读书·新知三联书店，1992年。

40  宋镇豪：《夏商社会生活史》（增订本），中国社会科学出版社，2005年。王妙发：《黄河流域聚落论稿：从史前聚落到早期城市》，知识出版社，1999年。王建华：《黄河中下游地区史前人口研究》，科学出版社，2011年。

41 ［德］雷德侯著，张总等译：《万物：中国艺术中的模件化和规模化生产》，生活·读书·新知三联书店，2005年。

42 许宏：《大都无城——中国古都的动态解读》，生活·读书·新知三联书店，2016年。

43 邹衡：《试论夏文化》，《夏商周考古学论文集》，文物出版社，1980年。

44 北京大学历史系考古教研室商周组：《商周考古》，文物出版社，1979年。

45 ［日］飯島武次：《中国夏王朝考古学研究》，同成社（東京），2012年。

46 杜金鹏、许宏主编：《偃师二里头遗址研究》，科学出版社，2005年。

47 杜金鹏：《偃师二里头遗址4号宫殿基址研究》，《文物》2005年第6期。

48 中国社会科学院考古研究所二里头工作队：《河南偃师市二里头遗址宫殿区5号基址发掘简报》，《考古》2020年第1期。

49 杜正胜：《宫室、礼制与伦理》，《古代社会与国家》，允晨文化实业股份有限公司，1992年。

50 中国社会科学院考古研究所：《中国考古学·夏商卷》，中国社会科学出版社，2003年。

51 中国社会科学院考古研究所二里头工作队：《河南偃师市二里头遗址宫殿区1号巨型坑的勘探与发掘》，《考古》2015年第12期。

52 ［英］格林·丹尼尔著，黄其煦译：《考古学一百五十年》，文物出版社，1987年。

53 严文明：《论中国的铜石并用时代》，《史前研究》1984年第1期。

54 许宏：《何以中国——公元前2000年的中原图景》，生活·读书·新知三联书店，2014、2016年。

55 邹衡：《试论夏文化》，《夏商周考古学论文集》，文物出版社，1980年。

56 ［日］岡村秀典：《夏王朝——王權誕生の考古學》，講談社（東京），2003年。

57 ［日］岡村秀典：《夏王朝——王權誕生の考古學》，講談社（東京），2003年。

58 栾丰实：《二里头遗址出土玉礼器中的东方因素》，《中原地区文明化进程学术研讨会文集》，科学出版社，2006年。

59 邓聪、栾丰实等：《东亚最早的牙璋——山东龙山式牙璋初论》，《玉润东方：

大汶口—龙山·良渚玉器文化展》，文物出版社，2014年

60　邓淑苹：《也谈华西系统的玉器》，《故宫文物月刊》第125—130期，1993年8月—1994年1月。

61　中国社会科学院考古研究所安阳工作队：《1991年安阳后冈殷墓的发掘》，《考古》1993年第10期。

62　［日］林巳奈夫：《中国古代の祭玉、瑞玉》，《東方学報》（京都）第40册，1969年。

63　严志斌：《漆觚、圆陶片与柄形器》，《中国国家博物馆馆刊》2020年第1期。

64　［日］冈村秀典：《夏王朝——王權誕生の考古學》，講談社（東京），2003年。

65　中国社会科学院考古研究所、山西省临汾市文物局：《襄汾陶寺——1978—1985年发掘报告》，文物出版社，2015年。

66　李学勤：《古文字学初阶》，中华书局，2006年。

67　林沄：《夏代的中国北方系青铜器》，《边疆考古研究》第1辑，科学出版社，2002年。

68　林沄：《说"王"》，《考古》1965年第6期。

69　［日］冈村秀典：《中国文明：農業と礼制の考古学》，京都大学学術出版会（京都），2008年。

70　北京大学考古文博学院、河南省文物考古研究所：《登封王城岗考古发现与研究（2002—2005）》，大象出版社，2007年。

71　许宏、刘莉：《关于二里头遗址的省思》，《文物》2008年第1期。

72　许宏：《二里头遗址"1号大墓"学案综理》，《中原文物》2017年第5期。

73　［日］松丸道雄：《殷周國家の構造》，《岩波講座世界歷史4 古代4 東アジア世界の形成Ⅰ》，岩波書店（東京），1970年。［日］松丸道雄、池田温等编：《世界歷史大系：中国史1——先史～後漢——》，山川出版社（東京），2003年。

74　李志鹏：《二里头文化墓葬研究》，《中国早期青铜文化——二里头文化专题研究》，科学出版社，2008年。

75　中国社会科学院考古研究所、中澳美伊洛河流域联合考古队：《洛阳盆地中东部先秦时期遗址：1997—2007年区域系统调查报告》，科学出版社，2019年。

76　［日］西江清高、久慈大介：《从地域间关系看二里头文化期中原王朝的空间结

构》,《二里头遗址与二里头文化研究》,科学出版社,2006年。

77 中国社会科学院考古研究所:《中国考古学·夏商卷》,中国社会科学出版社,2003年。

78 杜金鹏:《中国龙 华夏魂——试论偃师二里头遗址"龙文物"》,《二里头遗址与二里头文化研究》,科学出版社,2006年。

79 冯时:《二里头文化"常䖒"及相关诸问题》,《考古学集刊》第17集,科学出版社,2010年。

80 顾万发:《试论新砦陶器盖上的饕餮纹》,《华夏考古》2000年第4期。

81 王青:《二里头遗址出土镶嵌绿松石牌饰的初步研究》,《夏商都邑与文化(二)》,中国社会科学出版社,2014年。

82 洛阳市文物工作队:《洛阳皂角树(1992—1993年洛阳皂角树二里头文化聚落遗址发掘报告)》,科学出版社,2002年。

83 邓淑苹:《万邦玉帛——夏王朝的文化底蕴》,《夏商都邑与文化(二)》,中国社会科学出版社,2014年。

84 王震中:《"饕餮纹"一名质疑及其宗教意义新探》,《文博》1985年第3期。

85 杜金鹏:《偃师二里头遗址都邑制度研究》,《夏商周考古学研究》,科学出版社,2007年。

86 梅建军:《关于中国冶金起源及早期铜器研究的几个问题》,《吐鲁番学研究》2001年第2期。李水城:《西北与中原早期冶铜业的区域特征及交互作用》,《考古学报》2005年第3期。黄铭崇:《迈向重器时代——铸铜技术的输入与中国青铜技术的形成》,《"中央研究院"历史语言研究所集刊》第八十五本第四分册,2014年。杨建华、邵会秋等:《欧亚草原东部的金属之路:丝绸之路与匈奴联盟的孕育过程》,上海古籍出版社,2016年。

87 [德]雷德侯著,张总等译:《万物:中国艺术中的模件化和规模化生产》,生活·读书·新知三联书店,2005年。

88 邹衡:《试论夏文化》,《夏商周考古学论文集》,文物出版社,1980年。

89 邓聪:《中国玉器素材的开片三部曲——谈二里头玉器开片技术》,《二里头遗址与二里头文化研究》,科学出版社,2006年。

90　贺俊：《试论二里头文化的铜圆形器》，《文物春秋》2018年第5期。

91　李志鹏：《二里头文化墓葬研究》，《中国早期青铜文化——二里头文化专题研究》，科学出版社，2008年。

92　陈芳妹：《二里头M3——社会艺术史研究的新线索》，《二里头遗址与二里头文化研究》，科学出版社，2006年。

93　许宏：《二里头M3及随葬绿松石龙形器的考古背景分析》，《古代文明》第10卷，上海古籍出版社，2016年。

94　严志斌：《漆觚、圆陶片与柄形器》，《中国国家博物馆馆刊》2020年第1期。

95　赵志军：《公元前2500年～公元前1500年中原地区植物考古学研究》，《科技考古》第二辑，科学出版社，2007年。

96　袁靖、黄蕴平等：《公元前2500年～公元前1500年中原地区动物考古学研究——以陶寺、王城岗、新砦和二里头遗址为例》，《科技考古》第二辑，科学出版社，2007年。

97　[日]岡村秀典：《夏王朝——王権誕生の考古学》，講談社（東京），2003年。

98　故宫博物院编，杨晶主编：《中国陶鬲谱系研究》，故宫出版社，2014年。

99　[日]岡村秀典：《夏王朝——王権誕生の考古学》，講談社（東京），2003年。

100　[日]岡村秀典：《夏王朝——王権誕生の考古学》，講談社（東京），2003年。

101　秦岭、曹艳朋：《平粮台古城遗迹发掘研究的重要成果》，《中国文物报》2020年5月5日。

102　王学荣：《商代早期车辙与双轮车在中国的出现》，《三代文明研究（一）》，科学出版社，1999年。

103　中国社会科学院考古研究所：《殷墟的发现与研究》，方志出版社，2007年。

104　刘羽阳：《中国古代家马研究的回顾与展望》，《南方文物》2014年第1期。

105　宋建：《二里头文化中的南方因素》，《二里头遗址与二里头文化研究》，科学出版社，2006年。

106　彭柯、朱岩石：《中国古代所用海贝来源新探》，《考古学集刊》第12集，中国大百科全书出版社，1999年。

107　杨建华：《两河流域：从农业村落到城邦国家》，文物出版社，2014年。杨建华、邵会秋等：《欧亚草原东部的金属之路：丝绸之路与匈奴联盟的孕育过程》，上海古籍出版社，2016年。

108 李水城：《西北与中原早期冶铜业的区域特征及交互作用》，《考古学报》2005年第3期。

109 林沄：《夏代的中国北方系青铜器》，《边疆考古研究》第1辑，科学出版社，2002年。

110 ［美］胡博：《齐家与二里头：远距离文化互动的讨论》，《远方的时习——〈古代中国〉精选集》，上海古籍出版社，2008年。李学勤：《谈伊朗沙赫达德出土的红铜爵、觚形器》，《欧亚学刊》第一辑，中华书局，1999年。黄铭崇：《迈向重器时代——铸铜技术的输入与中国青铜技术的形成》，《"中央研究院"历史语言研究所集刊》第八十五本第四分，2014年。

111 栾丰实：《东夷考古》，山东大学出版社，1996年。

112 中国社会科学院考古研究所：《中国考古学·夏商卷》，中国社会科学出版社，2003年。

113 刘莉、陈星灿：《中国早期国家的形成——从二里头和二里岗时期的中心和边缘之间的关系谈起》，《古代文明》第1卷，文物出版社，2002年。

114 刘莉、陈星灿：《中国早期国家的形成——从二里头和二里岗时期的中心和边缘之间的关系谈起》，《古代文明》第1卷，文物出版社，2002年。

115 中国社会科学院考古研究所：《中国考古学·夏商卷》，中国社会科学出版社，2003年。

116 ［日］冈村秀典：《夏王朝——王権誕生の考古学》，講談社（東京），2003年。

117 中国社会科学院考古研究所：《大甸子：夏家店下层文化遗址与墓地发掘报告》，科学出版社，1996年。

118 邓聪编：《南中国及邻近地区古文化研究》，香港中文大学出版社，1994年。郑州市文物考古研究院、香港中文大学中国考古艺术研究中心编：《牙璋与国家起源：牙璋图录及论集》，科学出版社，2018年。

119 四川省文物考古研究所三星堆工作站、广汉市文物管理所：《三星堆遗址真武仓包包祭祀坑调查简报》，《四川考古报告集》，文物出版社，1998年。敖天照、王有鹏：《四川广汉出土商代玉器》，《文物》1980年第9期。

120 中国社会科学院考古研究所：《中国考古学·夏商卷》，中国社会科学出版社，2003年。

121 陈小三：《试论镶嵌绿松石牌饰的起源》，《考古与文物》2013年第5期。

122 张天恩：《天水出土的兽面铜牌饰及有关问题》，《中原文物》2002年第1期。

123 ［美］艾兰：《二里头与中华文明的形成：一种新的范式》，《早期中国历史、思想与文化（增订版）》，商务印书馆，2011年。

124 袁广阔、秦小丽：《早商城市文明的形成与发展》，科学出版社，2017年。

125 王宇信、徐义华：《商代史·卷四　商代国家与社会》，中国社会科学出版社，2011年。

126 ［美］皮特·N. 斯特恩斯等著，赵铁峰等译：《全球文明史》（第三版），中华书局，2006年。

127 ［日］西江清高：《"中国"的文化领域の原型と"地域"文化》，《文化人类学》第8号，1990年。［日］小澤正人、谷豐信等：《中国の考古学》，同成社（東京），1999年。

128 邵望平：《〈禹贡〉"九州"的考古学研究》，《考古学文化论集（二）》，文物出版社，1989年。

129 黄仁宇：《赫逊河畔谈中国历史》，生活·读书·新知三联书店，1992年。
黄仁宇：《中国大历史》，生活·读书·新知三联书店，2007年。

# 主要参考书目
（以作者姓名汉语拼音为序）

［美］艾兰著，杨民译：《早期中国历史、思想与文化（增订版）》，商务印书馆，2011年。

北京大学历史系考古教研室商周组：《商周考古》，文物出版社，1979年。

本书编辑委员会：《中国大百科全书·考古学》，中国大百科全书出版社，1992年。

［加］布鲁斯·G.崔格尔著，徐坚译：《理解早期文明：比较研究》，北京大学出版社，2014年。

邓聪编：《南中国及邻近地区古文化研究》，香港中文大学出版社，1994年。

杜金鹏、许宏主编：《偃师二里头遗址研究》，科学出版社，2005年。

杜金鹏、许宏主编：《二里头遗址与二里头文化研究：中国·二里头遗址与二里头文化国际学术研讨会论文集》，科学出版社，2006年。

［俄］E.H.切尔内赫、C.B.库兹明内赫著，王博等译：《欧亚大陆北部的古代冶金：塞伊玛－图尔宾诺现象》，中华书局，2010年。

［日］饭岛武次：《中国夏王朝考古学研究》，同成社（東京），2012年。

傅熹年：《中国科学技术史·建筑卷》，科学出版社，2008年。

［日］冈村秀典：《夏王朝——王權誕生の考古學》，講談社（東京），2003年。

［日］冈村秀典：《中国文明：農業と礼制の考古学》，京都大学学術出版会（京都），2008年。中文版见，冈村秀典著，陈馨译：《中国文明：农业与礼制的考古学》，上海古籍出版社，2020年。

高明：《古文字类编》，中华书局，1980年。

［英］格林·丹尼尔著，黄其煦译：《考古学一百五十年》，文物出版社，1987年。

葛剑雄：《统一与分裂：中国历史的启示》，生活·读书·新知三联书店，1994年。

［日］宫本一夫著，吴菲译：《从神话到历史：神话时代　夏王朝》（中国的历史01），广西师范大学出版社，2014年。

顾颉刚等编著：《古史辨》（全七册），上海古籍出版社，1982年。

河南省地方史志编纂委员会：《河南省志·地貌山河志》，河南人民出版社，1994年。

黄仁宇：《赫逊河畔谈中国历史》，生活·读书·新知三联书店，1992年。

黄仁宇：《中国大历史》，生活·读书·新知三联书店，2007年。

井中伟、王立新编著：《夏商周考古学》，科学出版社，2013年，2020年（第二版）。

［德］雷德侯著，张总等译：《万物：中国艺术中的模件化和规模化生产》，生活·读书·新知三联书店，2005年。

黎承贤、韩忠厚等：《洛阳》，中国建筑工业出版社，1990年。

李伯谦：《中国青铜文化结构体系研究》，科学出版社，1998年。

李济：《安阳》，上海人民出版社，2007年。

李济：《中国文明的开始》，江苏教育出版社，2005年。

李季：《千秋索隐　百年寻觅——中国文明的起源》，四川教育出版社，1998年。

李孝聪：《中国区域历史地理》，北京大学出版社，2004年。

［英］理查德·奥弗里等编著，毛昭晰等译：《泰晤士世界历史》，希望出版社、新世纪出版社，2011年。

林沄：《林沄文集》，上海古籍出版社，2019年。

刘莉著，陈星灿等译：《中国新石器时代：迈向早期国家之路》，文物出版社，2007年。

刘莉、陈星灿：《中国考古学：旧石器时代晚期到早期青铜时代》，生活·读书·新知三联书店，2017年。

栾丰实：《东夷考古》，山东大学出版社，1996年。

［美］皮特·N.斯特恩斯等著，赵轶峰等译：《全球文明史》（第三版），中华书局，2006年。

容庚编著：《金文编》，中华书局，1985年。

（清）阮元校刻：《十三经注疏》，中华书局，1980年。

［美］斯塔夫里阿诺斯著，吴象婴等译：《全球通史：从史前史到21世纪》（第7版修

订版 )，北京大学出版社，2006 年。

宋镇豪：《夏商社会生活史》( 增订本 )，中国社会科学出版社，2005 年。

宋镇豪主编：《商代史》( 全十卷 )，中国社会科学出版社，2010—2011 年。

苏秉琦主编：《中国通史·第二卷·远古时代》，上海人民出版社，1994 年。

苏秉琦：《中国文明起源新探》，生活·读书·新知三联书店，1999 年。

王国维：《观堂集林》，中华书局，1959 年。

王震中：《中国古代国家的起源与王权的形成》，中国社会科学出版社，2013 年。

夏商周断代工程专家组：《夏商周断代工程 1996—2000 年阶段成果报告 ( 简本 )》，世界图书出版公司，2000 年。

［日］小澤正人、谷豐信等：《中国の考古学》，同成社 ( 東京 )，1999 年。

［日］松丸道雄、池田温等编：《世界歷史大系：中国史1——先史～後漢——》，山川出版社 ( 東京 )，2003 年。

徐旭生：《中国古史的传说时代》( 增订本 )，文物出版社，1985 年。

许宏：《先秦城邑考古》，金城出版社、西苑出版社，2017 年。

许倬云：《万古江河：中国历史文化的转折与开展》，上海文艺出版社，2006 年。

严文明：《农业发生与文明起源》，科学出版社，2000 年。

偃师县志编纂委员会：《偃师县志》，生活·读书·新知三联书店，1992 年。

杨建华、邵会秋等：《欧亚草原东部的金属之路——丝绸之路与匈奴联盟的孕育过程》，上海古籍出版社，2017 年。

杨鸿勋：《宫殿考古通论》，紫禁城出版社，2001 年。

［日］伊東俊太郎：《文明の誕生》，講談社 ( 東京 )，1988 年。

张光直：《中国青铜时代》，生活·读书·新知三联书店，1999 年修订版。

张光直著，印群译：《古代中国考古学》，生活·读书·新知三联书店，2013 年。

张光直著，张良仁等译：《商文明》，生活·读书·新知三联书店，2013 年。

张芝联、刘学荣主编：《世界历史地图集》，中国地图出版社，2001 年。

郑杰祥编：《夏文化论集》，文物出版社，2002 年。

郑州市文物考古研究院、香港中文大学中国考古艺术研究中心编：《牙璋与国家起源：牙璋图录及论集》，科学出版社，2018 年。

中国青铜器全集编辑委员会:《中国青铜器全集: 夏、商(一)》,文物出版社,1996年。

中国社会科学院考古研究所:《考古精华》,科学出版社,1993年。

中国社会科学院考古研究所:《二里头陶器集粹》,中国社会科学出版社,1995年。

中国社会科学院考古研究所:《中国社会科学院考古研究所考古博物馆洛阳分馆》,文化艺术出版社,1995年。

中国社会科学院考古研究所:《偃师二里头(1959年~1978年考古发掘报告)》,中国大百科全书出版社,1999年。

中国社会科学院考古研究所:《中国考古学·夏商卷》,中国社会科学出版社,2003年。

中国社会科学院考古研究所编:《中国早期青铜文化——二里头文化专题研究》,科学出版社,2008年。

中国社会科学院考古研究所:《二里头(1999~2006)》,文物出版社,2014年。

中国社会科学院考古研究所、中澳美伊洛河流域联合考古队:《洛阳盆地中东部先秦时期遗址:1997—2007年区域系统调查报告》,科学出版社,2019年。

中国社会科学院考古研究所编著,许宏、袁靖主编:《二里头考古六十年》,中国社会科学出版社,2019年。

邹衡:《夏商周考古学论文集》,文物出版社,1980年。

# 感谢的话

为文之道，有如烹饪。原料乃至半成品，大部出自他人之手，最显厨师个人特色之处，在于搭配。本书就是采撷众多学者专家研究成果的结晶，当然配料方案，即从这样的视角以这样的方式成文，是我要文责自负的。

由于本书内容和体例的限制，无法一一列出引用的大量考古与文献资料和研究论著。这里仅对有惠于此书的学界师友致以诚挚的敬意与谢意！

除了有限的注释中列举的已刊布资料和论著的作者和编者外，我还得到了多方的支持与协助。山东大学邓聪教授、王青教授，我所杜金鹏研究员、赵志军研究员、刘建国研究员，甘肃省文物考古研究所郎树德研究员等提供了重要的照片和图，尤其是邓聪教授及其团队拍摄的精美照片，使本书大为增色。在收集资料的过程中，还得到了中国社会科学院世界历史研究所的刘健研究员、徐建新研究员，清华大学温静博士，我所严志斌研究员以及资料信息中心诸同仁的大力协助。

尤应提及的是，二里头遗址的巨大收获，是几代考古人前赴后继、共同努力的结果，在此谨向在二里头遗址工作过的所有前辈和同仁致敬。其中，新世纪以来的田野工作的进展，得益于我们这个团队的齐心协力。我的队友赵海涛、陈国梁，以及技师王宏章、王法成、王丛苗、郭淑嫩、赵静玉等，都是我要感念的。

同时，限于学力，涉及材料与研究成果时肯定有表述不确之处，敬请方家指正。对给予这本小书以中肯的意见和建议的诸位师友，这里一并表示感谢！

这本小书的问世，更离不开科学出版社文物考古分社闫向东社长与责任编辑曹明明女士的努力和辛勤投入。

# 新版后记

转眼,距《最早的中国》初版问世,已有12个年头了。这是我面向公众的第一本小书,我当然对它怀有特别的感情,一本小书的诞生与流布的历史,咀嚼起来,也是回味无穷的。

回想起来,这本小书,是被科学出版社文物考古分社闫向东社长,在2006年初冬用一份午餐盒饭及此后的不断激励"哄"出来和"逼"出来的,是闫向东社长这样的优秀出版人,唤起了我作为考古人的社会责任感。后来沉浸在思考和写作的兴奋与快乐之际,书稿最终杀青之际,直到现在新版即将问世,我都是怀着一份深深的感激之情的。没有这样的契机,这些耕耘思考的灵感和收获就很难被梳理出来与大家分享。之后一印再印,是对我们致力公众考古探索的最大的肯定。

当十余年前越来越浓重的社会责任感被激发起来时,当我以此为契机开始全面梳理前辈和我们这个团队的探索历程,开始从比较文明史的宏阔视角来看二里头乃至它所代表的"最早的中国",开始试图发掘一件件文物背后蕴含的丰富的历史信息时,我已经不把这本书的写作看作学者的一项副业,它已经成为我治学的一个重要组成部分。

继本书出版之后，我又相继写了《何以中国——公元前2000年的中原图景》《大都无城——中国古都的动态解读》，与本书新版大致同时，《东亚青铜潮——前甲骨文时代的千年变局》也将面世。此次《最早的中国》再版，增加了副标题"二里头文明的崛起"，使得它的立意更为明确。且无论内容、题目抑或设计，都达成了一个系列。至此，我的"解读早期中国"系列作品（一套四册）可以较完整地呈献在公众面前。

各书成书的过程，当然有不少机缘的成分在里面。但"后见之明"的分析，居然可以把这四本小书的成书捋出一个内在的逻辑关联来。如果说《最早的中国》写的是自己长期主持田野工作的二里头王都这一个点，讲的是"二里头文明的崛起"故事，那么《何以中国》则展开了一个扇面，试图从对"公元前2000年的中原图景"的描绘，上推二里头文明这个"最早的中国"的由来。这就从"微观"上升到"中观"的范畴。《大都无城》则以二里头为起点，在对"中国古都的动态解读"中，纵览整个华夏古代文明的流变了。而《东亚青铜潮》，则已不限于中国文明的腹心地区，而是对整个东亚大陆"前甲骨文时代的千年变局"做了鸟瞰式的扫描。这后二书，可谓"宏观"和"大宏观"的视角。

《最早的中国》初版之际，是我接手二里头遗址考古工作的第十个年头。此后的十年间，我们的集体成果大型考古报告《二里头（1999~2006）》《洛阳盆地中东部先秦时期遗址：1997—2007年区域系统调查报告》和集成性专著《二里头考古六十年》以及其他科研成果相继刊布于世。在接任第20个年头的2019年结束领队工作，我随即用这些最新的成果来充实、完善新版《最早的中国》，这是我作为一名资深考古人所至感欣慰的。

尤应提及的是,二里头遗址的巨大收获,是几代考古人前赴后继、共同努力的结果,在此谨向在二里头遗址工作过的所有前辈和同仁致敬。其中,新世纪以来的田野工作的进展,得益于我们这个团队的齐心协力。所有同甘共苦的队友,我都感念于心。本书也是采撷众多学者专家研究成果的结晶,但由于体量和体例的限制,还是无法一一列出引用的大量考古与文献资料和研究论著,谨对所有有惠于此书的学界师友致以诚挚的敬意与谢意。

任何对历史的阐述都包含了当代社会的需求。这本小书,也不过是我作为二里头遗址的发掘者,对二里头都邑及其所代表的文明的一种解读而已。换句话说,它展现的仅是我眼中的二里头,一个使我兴奋的"最早的中国"的存在。这里没有定论,不是权威发布,唯愿读者诸君能从中有所收获、有所启发,进而有所思考。

该书从初版到新版的问世,离不开科学出版社与三联书店领导的关切和努力,以及责任编辑曹明明女士由始至终的辛勤投入。我与明明女士因此书而结缘,新版的编辑修订,是又一次愉快的合作。

借新版修订之机,作者和责编订正了初版中的错谬之处,增补了部分文字和照片,标注了文献出处。诚望大家继续指正,希望它更"好读",更"好用"。愿与诸君共勉——让我们做更好的书,读更好的书,做更好的自己。

2020年7月

# 大都无城

## 中国古都的动态解读

Early Form of the Capitals of Ancient China

许宏 著

生活·讀書·新知 三联书店

Copyright © 2022 by SDX Joint Publishing Company.
All Rights Reserved.
本作品版权由生活·读书·新知三联书店所有。
未经许可,不得翻印。

**图书在版编目(CIP)数据**

解读早期中国:全四册/许宏著. —北京:生活·读书·新知三联书店,2022.1(2023.11重印)
ISBN 978 – 7 – 108 – 07273 – 3

Ⅰ.①解⋯　Ⅱ.①许⋯　Ⅲ.①考古学–中国　Ⅳ.①K87

中国版本图书馆 CIP 数据核字(2021)第 193478 号

# 目 录

引 子　1
　　不是"无邑不城"吗？　3
　　不得不辨的城郭名实　6
　　　　城与城址　6
　　　　城市与都城　7
　　　　城与郭（小大城、内外城）　8
　　　　宫城与皇城　9
　　大家都曾怎么说　10
　　　　俞伟超：合东周两汉为一大阶段　11
　　　　徐苹芳：秦汉都城是划时代变革　12
　　　　杨宽：两汉都城无外郭城说　13
　　　　刘庆柱：秦汉都城形制滞后说　14
　　城郭形态千年观　15
　　文献的视角：大邑无城墉　18

一　魏晋以降　城郭里坊　23
　　魏晋至隋唐　25

宋元明清　29

二　秦汉京畿　帝国霸气　39
　　西汉长安：城郭之辩　41
　　　是城还是郭　41
　　　城外有无郭区　45
　　　东西两市究何在　50
　　　朝向与轴线　53
　　　设计思想探源　58
　　秦都咸阳：有城还是无城　60
　　东汉洛阳：最后的无郭之都　67

三　东周城郭　乱世独作　71
　　内城外郭话春秋　74
　　　鲁都曲阜　75
　　　齐都临淄　78
　　　郑都新郑　81
　　城郭并立惟战国　85
　　　齐都临淄　86
　　　赵都邯郸　89
　　　鲁都曲阜　94
　　　韩都新郑　95
　　　燕下都　100
　　　东周王城与成周　108

楚都纪南城　　115

　　　西土模式看雍城　　119

四　三代大都　王国孔武　　123

　　春秋："大都无城"的孑遗　　125

　　　东周王城　　125

　　　晋都新田　　129

　　　楚都纪南城　　135

　　　秦都雍城　　137

　　西周："守在四夷"的自信　　140

　　　周原　　140

　　　丰镐　　147

　　　洛邑　　150

　　　曲阜与临淄　　153

　　殷墟：重启数百年"无城"时代　　155

　　　洹北城（方壕）　　160

　　　洹南大邑　　164

　　二里岗：城郭"帝国"二百年　　169

　　　郑州城　　173

　　　小双桥　　180

　　　偃师城　　184

　　　周边城邑　　191

　　二里头："大都无城"的肇始　　205

　　　二里头　　206

从围垣到环壕　211

**余论：晚出的大中轴线**　217

**后　记**　249

# 引子

## 不是"无邑不城"吗？

在人类历史上，大概没有哪个地域、哪个族群的人，比生活在华夏大地上的诸族群更喜欢筑城了。"无邑不城"，只要人扎堆的地方就得围起来。卷帙浩繁的古典文献中，充斥着关于城与筑城的记载；广袤的神州大地上，也随处可见至今仍耸立于地面之上的斑驳的古城墙。至于湮没于地下，为考古工作者发现而重见天日者，更是比比皆是。可以说，城是这块战乱频仍的土地上的一大"特产"。

其中，让人印象深刻的是那些大都——庞大的都城，城墙高耸，壁垒森严。令人记忆犹新的是半个多世纪前还在的明清北京城，至今还断续可见的明南京城、元大都，淹埋于黄土下的北宋汴梁城，被考古学家移到纸面上的棋盘格似的隋唐首都长安城和东都洛阳城，等等。鳞次栉比的里坊或胡同，以及将它们圈围起来的高大城郭，构成了中古以后帝国都城最鲜明的物化表征。

不惟公众，学术界一般也把"无邑不城"作为中国古代都城的一个显著特色来加以强调："城墙是构成都城的基本政治要素，没有'城墙'的都城实际上是不存在的。"[1]"对于古代都城而言，城郭不是有无问题，都城的城郭是其标志性建筑，这是古代'礼制'所限定的。"[2]但细加分析，就不难发现这一特征并非贯串中国古代都城发展的始末，而是有鲜明的阶段性。经历了数十年的田野工作与研究，学术界取得的大体共识是，拥有南北向长距离的都城大中

北京城内城西城墙、马面、垛口,远处为西直门(《中国城墙》)

轴线、城郭里坊齐备的古都布局,可以上溯到北魏洛阳城和曹魏都城邺北城。再往前追溯,如东汉洛阳城、西汉长安城乃至更早的先秦时期的都城,就不是那么形制规范、要素齐备了。中国古代都城的早期阶段有着怎样的发展轨迹?城郭齐备的状态源远流长吗?是

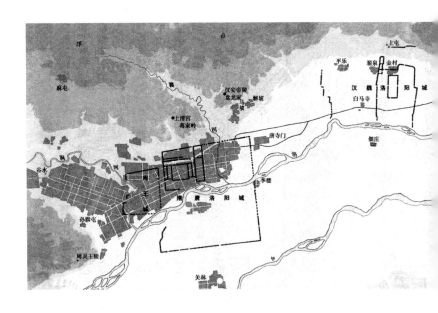

单线平缓"进化",还是有重大"变异"和波动?背后的动因又如何?何为城,何为郭?都城究竟朝哪个方向?如此种种,看似细碎,其实都是关涉中国古代都城甚至古代社会发展进程的大问题,因而成为学术界关注的焦点。学者间观点的严重分歧、激烈的论战,首先聚焦于汉代这一中国古代都城发展的关键时期。

如果我们说,在中国最早的广域王权国家——二里头国家(夏王朝后期或商王朝前期?)诞生,到汉代的两千余年间,居然绝大部分时间里都城是没有大城的,甚至可以说这一千多年是不设防的时代,您相信吗?"大都无城",就是我们对汉代及其以前中国古代都城形态的概括。要讲清这个问题,就必须对整个中国古代都城做一个大场景的"巡礼"。而在这之前,先把上文中提到的令人眼晕的几个概念捋一捋。

洛阳盆地的五大都邑(《中国社会科学院考古研究所考古博物馆洛阳分馆》)

## 不得不辨的城郭名实

上文中不经意间出现了"城""城墙""都城""城郭"这几个相关联的概念。对它们的解释,学者们持不同的意见。为便于问题的展开,对本书用到的概念,先要进行较明确的界定。

### 城与城址

城,在现代汉语中有多种含义。《现代汉语词典(汉英双语)》列出三种:一是"城墙(city wall)",二是"城墙以内的地方(within the city wall)",三是"城市(跟'乡'相对)(town, city, urban area, metropolis)"。第一种含义属于具体事物现象,"大都无城"的"城",就是这个含义:大型都城大多不设防,没有城墙;第二种含义是从聚落形态上看的,"长安城""北京城"的"城",都是这个意思;第三种含义则是从社会发展的角度给出的定义,当代汉语中的"城乡接合部""城乡差别"中的"城",就是这个含义。

显然,与考古学关系最为密切的,是第二种含义。由于考古学的研究对象是遗址,故一般以"城址"一词称呼这类带有围墙的聚落遗址。其实,广义的"城"指人们在聚落上构筑的区隔性设施(以防御性为主)及拥有这种设施的聚落。这种设施一般为墙垣,但也包含其他构筑物如壕沟、栅栏等,以及部分利用自然之险形成的防御系统。

这里还有必要对"聚落"一词略加解释。在词典中它也有两种释义,一是"人聚居的地方(settlement)",一是"村落(village)"。在人类学、民族学和考古学界,一般用第一种含义,表示人类居住方式的一个大的范畴。因此,一般所说的"聚落",包含城市和村落两种大的居住形态。学界常用的"聚落形态""聚落考古"等词组中的"聚落",都是这一含义。

城市与都城

城市是一种区别于乡村的聚落形态。它相对晚出,仅见于人类社会发展的高级阶段,即国家产生后的阶段。其本质特征是,较大规模的聚居、居民构成复杂化、往往是区域或社会组织的中心。这样的表述,应该可以涵盖古今中外的所有城市。

以商业为主体的城市要晚到宋代以后才兴起[3],中国古代城市尤其是早期城市具有浓厚的政治中心的色彩,是"政治领域中的工具"[4]。作为国家权力中心的都城,当然是这类城市的重中之重。

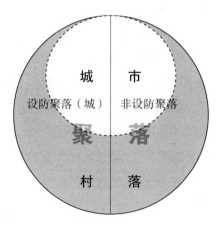

相关概念界定示意

值得注意的是，从前述"城"的第三种含义，可以显见中国古代城市与防御设施（城垣）的密切联系。但在我们所列举的城市本质特征中，却没有包含这一点。这是因为，考古学所观察到的现象是，在中国城市发展的早期阶段，并非所有的城市都有防御设施（城垣）；同样，也并非所有的拥有防御设施的聚落（城）都是城市。"大都无城"概念的提出，也正是出于这样的观察。

城与郭（小大城、内外城）

郭，《现代汉语词典》释义为"在城的外围加筑的一道城墙"。从聚落形态上看，郭是圈围起整个聚落的防御设施。在郭出现之后，郭虽有大城、郭城、外城、外郭城等不同的称呼，但其意甚明。相对于外郭，城又被称为小城、内城，指的是被圈围起的聚落的一部分空间。

既然郭的存在以城为前提，没有（内）城，郭则无从谈起，圈围起整个聚落的防御设施也就只能称为"城"。从城郭的视角看，本书所提出的"大都无城"之"城"，指的就是这种聚落外围的城垣，即后来的外郭城。

这里还有必要对另一个重要概念——"郭区"加以强调。我曾在拙著《先秦城市考古学研究》（北京燕山出版社，2000年）中指出，夏商西周时期都邑的布局已初具内城外郭的雏形，但罕见郭城城垣。当时的都邑遗址大都由宫庙基址群及周围的广大郭区（含一般居民区、手工业作坊和墓地等）组成。早期城市中有松散的郭区而无外郭城城垣的现象，在文献中也有迹可寻。

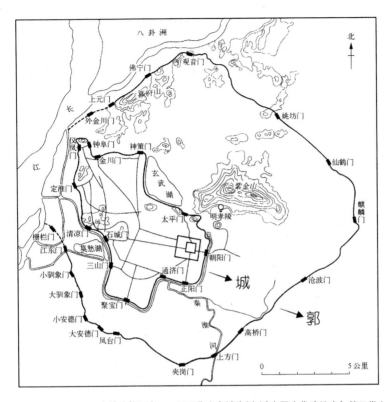

内城外郭示意——以明代南京城为例(《中国古代建筑史》第四卷)

## 宫城与皇城

那些被圈起的部分聚落空间,也被称为小城或内城,这些区域往往具有特殊的功用。在早期都城遗址中,它们多为贵族或统治者所有,属于一般意义的宫殿区,故这类区域也往往被称作宫城。

小城、内城之类的名称,是从规模或空间位置的角度给出的命名,虽然模糊,但具有很大的包容性;而宫城的命名,则是从属性的角度给出的,意义明确但具有较强的排他性,使用时反而容易引发异议。如果一定要用宫城这一概念,就要考虑到它应有广义、狭义之分。广义的宫城即小城或内城,它包含了与宫室有关的各种建筑、手工业作坊等附属设施、贵族府第,甚至一般居民点和空地(苑囿)等;狭义的宫城则是指用宫墙围起的、含有宫殿区内主体建筑(一般为宗庙寝殿所在)的大的院落。

小城、内城、宫城在称谓上的混乱,由来已久且持续至今。在下面述及的"杨(宽)刘(庆柱)之辩"[5]中,杨宽认为西汉长安城是具有内城性质的宫城,不同于后世只建皇宫的宫城;刘庆柱则坚称历代宫城中都是没有一般居民的"里"夹在其中的。显然,杨宽所言是广义的宫城,刘庆柱所言是狭义的宫城。

如果稍加整合,内城(小城)可以定义为等于或包含宫城。相当于广义的宫城即内城的区域,在汉魏之后逐渐具有皇城的性质。至隋唐时期,以宫廷服务机构和朝廷办事机构为主的皇城区域正式被明确下来。

## 大家都曾怎么说

作为国家权力中心的都城,在数千年的演进过程中,随着社会历史的跌宕起伏,城、郭布局又有着怎样的变化脉络呢?这正是中国考古学诞生以来,数代学者孜孜以求、企望得到正解的。

1980年代,历经数十年的探索,学术界对中国古代都城的特点和发展规律有了初步的认识。在此引述几位著名学者的见解,看看他们如何勾画都城发展的轮廓,尤其是如何看待中国古代都城特别是先秦到汉代都城制度演变的。

### 俞伟超:合东周两汉为一大阶段

俞伟超认为,无论从生产力水平还是遗址形态看,黄河中游及其附近地区在龙山时代应当已经出现了最初的城市。商和西周都城遗址内各种活动区的分散存在、东周至两汉都城的密封式规划、从曹魏邺北城到隋唐两京城的棋盘格形封闭式规划、北宋汴梁至明清北京的开放式街道布局,分别是中国古代都城规划发展的几个阶段性的形态[6]。

具体而言,他指出商代至西周的都城,属于中国古代都城发展史上的最初阶段。它们往往没有城墙,或仅宫城有墙,宫殿、宗庙、贵族和平民住地、各种手工业区都分散存在。这种看不到整齐规划的都城布局,是由城乡刚刚分化、王权已经确立而氏族仍然林立的社会历史条件所决定的。到了春秋时期,以往都城中分散的居民点在某些都城发展成若干分散的小土城;战国时,则又集中为一个大郭城。战国时期都城主要由宫城和郭城两大部分组成。这种密封式城市规划形成的重要原因,是东周时期,特别是春秋晚期以后大大强化的专制主义政治体制。而曹魏至隋唐时期的都城规划,既保留了过去那种封闭式形态,又更严格地按等级贵贱来划分居民区。在具体形式上,森严的、多层的等级观念,会使人们追求方正的格局,再加上《考工记·匠人》设计思想的传统影响,导致一种对称均匀的、有中轴线的城市规划的诞生。

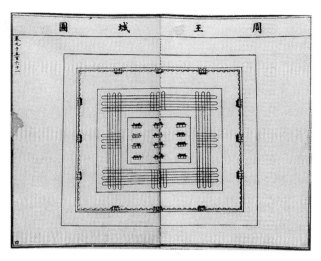

《永乐大典》中的周王城图

我们注意到，在俞伟超的叙述中，秦至两汉帝国这一重要阶段的都城形态被一带而过，它与东周一起被归为"密封式规划"的第二阶段。在以战国时期都城为例概括了这一阶段的特点后，作者仅提到两汉都城规划的基本特点也差不多，只不过宫殿区更为集中而已。

## 徐苹芳：秦汉都城是划时代变革

徐苹芳也将中国古代城市的发展分为四个阶段，其中后两个阶段即魏晋南北朝和宋元明清的划分与俞伟超相同，前两个阶段则为先秦和秦汉。他认为，先秦城市中商和西周时代的都城是以帝王的宫殿和祖先的宗庙为主体的城市；而东周时期宫城加郭城"两城制"的城市规划则是商和西周向秦汉城市过渡的一种形式[7]。

徐苹芳指出，秦汉城市在中国城市发展史上以新的面貌出现，它直接反映着从东周到秦汉社会历史的剧变。秦咸阳以宫殿为主，立国短暂，未见筑城遗迹。汉以长安为都，先在秦旧宫上修建长乐宫，同时建未央宫和北宫；惠帝时才围绕各宫修筑长安城。城市中以宫为主是商周以来的传统，沿至两汉。东汉洛阳虽较西汉长安宫苑占地稍小，但以宫殿为主的城市结构仍很突出。

他进而指出，汉长安城废除了东周列国都城的"两城制"，把不同阶层的居民纳入一城之中，这是一个很大的变化。《周礼·考工记》所载"左祖右社"之制，与商周以来宫庙一体的制度完全不合。自秦汉以来，都城中以皇帝宫殿为全城规划之中心的设计思想已经确立，这在中国都城发展史上是一个划时代的变革。就城市规划而言，秦咸阳无规划可言。汉长安城是宫殿的组合体，全城如果说有中心的话，便是未央宫，但全城没有一条类似中轴线的设计。至于东汉洛阳，就全城而言，中轴线的设计思想并不明确。

显然，就东周与秦汉城市的关系而言，徐苹芳更为强调秦汉都城的"划时代的变革"。

### 杨宽：两汉都城无外郭城说

杨宽把中国都城制度发展史分为前后两大阶段：前一阶段为先秦到唐代，是封闭式都城制度时期；后一阶段为北宋到明清，是开放式都城制度时期。前一阶段按城郭联结的不同布局可划分为三个时期：商代是有城无郭的时期，从西周到西汉是西城联结东郭的时期，从东汉到唐代是东、西、南三面郭区环抱中央北部城区的时期。他还提出，在西汉、东汉之际，都城制度发生了一次重大变化,整个都城的朝向由"坐西朝东"变为"坐北朝南"[8]。

他认为商代都城全城以东北部为重心,而西周初期的东都成周开创了西面小城连接东面大郭的布局。这种西城东郭的制度,是以西方为上位而东向的"坐西朝东"礼制在都城规划上的反映,后来不但被春秋战国时代中原各诸侯国先后采用,而且也被秦都咸阳和西汉都城长安沿袭下来。

他强调指出,长安城属于内城性质,原为保卫宫室、官署、仓库以及贵族官吏的住宅而建,城内只能容纳小规模的市区。当时长安大规模的市区和居民住宅区,都分布在城外北面和东北面的郭区。早期的郭,只是利用原有山川加以联结用作屏障。西汉长安的北郭显然利用渭水及其堤防作为屏障,东郭利用新开的漕渠及其堤防作为屏障;东汉洛阳乃至北魏洛阳都是利用邙山、洛水、漕渠以及其他沟渠作为外郭的屏障的。

杨宽的观点,在1980年代甫一提出,就引起了学界的极大关注,甚至引发了一场持续数年的学术论战。我们随后的话题,也将从针对汉长安城布局形态的这场论辩展开。

## 刘庆柱:秦汉都城形制滞后说

依刘庆柱的界定,前王国时代的"邦国"还没有都城。随着王国的出现,都城也就产生了,它是王国、帝国的政治中心。"都城"是从"城"发展而来的,"城"又是从史前聚落发展而来的。关于城郭形态的演变,刘庆柱提出了从"单城制"(具有宫城性质)到"双城制"(宫城与郭城)再到"三城制"(宫城、内城或皇城、外郭城)的演化模式,这三种模式,分别对应于史前时代的方国或邦国、夏商周王国时代以及秦汉至明清的帝国时代的社会形态[9]。

　　针对这种都城与社会发展同步说与实际考古现象不甚符合的情况，刘庆柱又提出了"'物质文化'相对'政治文化'变化的'滞后性'"的观点。他推测，作为"双城制"阶段都城的二里头和殷墟都应有外郭城，或未发现，或已被毁无存，而前者即便不存在外郭城，也只是因为这种"滞后性"。与之类似的是秦咸阳城，作为经历了从王国发展为帝国的同一都城，其布局形制基本保持着战国时代的特点，并未发生重大变化，它与当时社会形态的变化相比，显现出都城建筑作为"文化"变化上的"滞后性"。而汉长安城作为"大城"或"郭城"，其郭城之中包括宫城的形态，还是属于"双城制"都城，也是这种"滞后性"的表现。而帝国政治中心的都城，直到北魏洛阳城才真正形成了"三城制"都城。

## 城郭形态千年观

　　依上述相关概念的界定，通过对以先秦至秦汉时期为中心的都城发展历程的初步考察，我们认为整个中国古代都城史可以依城郭形态的不同，划分为两个大的阶段，即实用性城郭阶段和礼仪性城郭阶段。城郭形态在这两大阶段有明显的变化，从中可观察到其主流特征。

## 中国古代都邑城郭形态一览表

| 阶段 | 朝代 | 宫城+郭区 | 宫城+郭城 内城外郭 | 宫城+郭城 城郭并立 | 都城存废时间 |
|---|---|---|---|---|---|
| 实用性城郭时代 | 夏、商？ | 二里头 | | | 1700 BC～1500 BC |
| | 商 | | 郑州城 偃师城 | | 1500 BC～1350 BC |
| | 商 | 小双桥 洹北城 殷墟 | | | 1350 BC～1000 BC |
| | 西周 | 丰镐 岐邑 洛邑 齐都临淄 鲁都曲阜 | | | 1000 BC～771 BC |
| | 春秋 | 洛阳王城 晋都新田 秦雍城 楚郢都 | 齐都临淄 鲁都曲阜 郑都新郑 | | 770 BC～403 BC |
| | 战国 | 秦都咸阳（350BC～221BC） | | 洛阳王城 齐都临淄 鲁都曲阜 韩都新郑 赵都邯郸 楚郢都 燕下都 | 403 BC～221 BC |
| | 秦 | 咸阳 | | | 221 BC～207 BC |
| | 西汉—新莽 | 长安 | | | 202 BC～23 AD |
| | 东汉 | 洛阳 | | | 25～190 AD |

续表

| 阶段 | 朝代 | 宫城+郭区 | 宫城+郭城 | | 都城存废时间 |
| --- | --- | --- | --- | --- | --- |
| | | | 内城外郭 | 城郭并立 | |
| 礼仪性城郭时代 | 曹魏—北齐 | | 邺城 | | 204～577 AD |
| | 北魏 | | 洛阳城 | | 494～534 AD |
| | 隋唐 | | 隋大兴城<br>唐长安城 | | 582～904 AD |
| | | | 东都洛阳城 | | 605～907 AD |
| | 北宋 | | 汴梁城 | | 960～1127 AD |
| | 金 | | 中都城 | | 1153～1214 AD |
| | 元 | | 大都城 | | 1267～1368 AD |
| | 明清 | | 北京城 | | 1421～1911 AD |

这揭示了中国早期都城发展史上的几个重要现象。

第一，在最早的广域王权国家都邑二里头至曹魏邺北城之前近两千年的时间里，"宫城+郭区"而非"宫城+郭城"的布局，是都城空间构造的主流，这一现象可以概括为"大都无城"。这与广域王权国家强盛的国势及军事、外交优势，作为"移民城市"的居民成分复杂化，对都城所处自然条件的充分利用，甚至当时的"天下""宇内"思想等，都有一定的关联。

第二，其间只有商代二里岗期和春秋战国这两个时期为城郭布局的兴盛期，二者都有特殊的历史背景，军事局势的高度紧张是共性。

第三，战国时期城郭并立的布局，是社会矛盾尖锐、列国对峙兼并这一特定历史时期的产物，前无古人后无来者，并非像以往认为的那样，属于一脉相承的中国古代都城史上一个承前启后的环节。

第四，处于都城发展史早期阶段的防御性城郭的实用性，导致城郭的有无取决于政治、军事、地理等诸多因素，"大都无城"的聚落形态应是这一历史背景的产物；而后起的、带有贯穿全城的大中轴线的礼仪性城郭，因同时具有权力层级的象征意义，才开启了汉代以后城、郭兼备的都城发展的新纪元。

## 文献的视角：大邑无城墉

三代王朝"大都无城"的聚落形态，在文献中亦有迹可循。

据研究，三代时期"邑"与城郭的概念区别严格。古文字"邑"作"㕣"，上为围邑的象形文，下为人踞坐而居之形，所以"邑"本指人居之邑。而城郭的象形文"郭"（墉）本作"𩫏"，省作"𩫖"，则象城垣而四方各设门亭。通过对"郭"（墉）与"邑"的比较可以明显看出，二字的重要区别在于，"郭"（墉）是建有城垣之城郭，而"邑"则是没有城垣的居邑。甲骨文有"作邑"与"作郭（墉）"的不同卜事，"作郭（墉）"意为军事目的筑城，而"作邑"则是兴建没有城垣的居邑[10]。

冯时进一步指出，"邑"与"郭"（墉）除建筑方法不同外，更重要的一点是在夏、商及西周文明中，作为王朝的中心聚落，也就是君王所在的京师之地，都是以"邑"的形式出现的。"邑"本象人居邑之形，而古文字"国"本以"囗"为意符，为指事字，字形是在象征中央邑的"口"符的四外添加了四个指事符号，以明

"国"之所指本即中央邑周围的区域。这恰好表现了三代政治体制的基本格局。商代甲骨文显示,商王朝的政治中心为大邑商,而大邑商之外的地区则为商王同姓子弟和异姓贵族分封的"国",因此,商代实际至少是由位居中央的作为内服的大邑商的"邑"和邑外作为外服的同姓和异姓贵族所封的"国"共同组成的政治实体。又史称汤都亳,然而亳都称"邑"却无明文记载。而清华大学藏战国竹书《尹诰》中的"亳中邑",使我们知道亳都为邑;而《尹诰》《尹至》两文对读,又可知汤居之亳于灭夏前但名曰"亳",夏亡商兴之后则称"亳中邑"。这一事实的澄清对于研究三代都邑制度的形成与演变具有极为重要的价值"。

邑(臣卿鼎,西周早期)

墉(伯庸父盉,西周中期)

国(保卣,西周早期)

《左传·昭公二十三年》载有楚大夫沈尹戌的一段话:"古者,天子守在四夷。天子卑,守在诸侯。诸侯守在四邻。诸侯卑,守在四竟。慎其四竟,结其四援,民狎其野,三务成功,民无内忧,而又无外惧,国焉用城?"这段话明确地表述了楚国及其同时代的诸国长期以来坚持的"慎其四竟(境)"的外线作战思想和大国气度,是对西周时代及其以前"大都无城"状态的一个极好的诠释。我们现在把军队比喻为钢铁长城,就是出于同样的考虑。

冯时据此认为,居于中心的王都由于有诸侯的藩屏,实际已无须再建筑高大的城垣。除诸侯负有拱卫王室的责任之外,早期国家特殊的政治结构以及君王内治而重文教的传统,也使王都必须呈现为不具城垣的邑的形制。《易·象传》云:"告自邑,不利即戎,所尚乃穷也。利有攸往,刚长乃终也。"邑为宣王命之所,所以这里说"告自邑";"即戎"即言兵事;"攸往"为教命流布之意。古之君王重文德教命,而邑无城垣,虽不利战事,但利于教命远播,"即戎"不合文教,故曰"所尚乃穷";邑无城垣之阻,宜于教命远达,故曰"刚长乃终"。卦辞显示,王于邑告命,故不能以深沟高垒将王与诸侯彼此分隔,这样将会影响王命的传布;相反,宣命之所应以破除城垣的邑为形制,如此方可加强内外服的联系,使教命宣达于四方。

那么,三代都邑的外围又是怎样的形态呢?《周礼·夏官·掌固》:"掌固掌修城郭、沟池、树渠之固,……若造都邑,则治其固,与其守法。凡国都之竟有沟树之固,……若有山川,则因之。"可知三代都邑皆有"沟树之固"。段玉裁《说文解字注》释"邑"所从之"囗"为"封域",应为壕沟或封域的象形。即都邑外围或有壕沟，挖壕之土堆于其外为"封"，又设篱笆荆棘等以为防护。如有山川之险，则利用自然地势形成屏障。尽管都邑也有"沟树之固"，但沟树的作用与城垣适于军事的目的大为不同，而只具有防避兽害及规划疆界的意义。因此，王都采用无城之邑的形制，其实正有使教命流布畅达的象征意义，这些观念都应是早期王都以邑为制度的重要原因[12]。

一　魏晋以降　城郭里坊

本书论述的重点是早期中国古都，对于汉代以后礼仪性城郭阶段都邑的特征，仅做概括性的扫描，以便读者参照比较。

总体上看，从魏晋到明清时代的中国古代都城，具备了下列三个重要特征：城郭兼备的总体布局，全城大中轴的设计理念，里坊街巷的统一规划。这三者互为表里，大体同步。

## 魏晋至隋唐

魏晋南北朝时期，社会动荡，城市经济衰落，此后才进一步复苏。庄园经济和新的等级制度在都城规划上留下了明显的烙印。对曹魏邺北城、北魏洛阳城、东魏北齐邺南城、隋大兴城和唐长安城等城址的发掘与研究，表明以都城为代表的中国古代城市至此逐步发展成为布局严整、中轴对称的封闭式里坊制城市。

三国时期的曹魏都城邺北城，开始出现方正的布局，连接东西两大城门的大道将全城分为南北两大部分。北区为宫殿、苑囿、官署和贵族居住区（"戚里"），宫城建于城的北部中央，官署集中于宫城前的司马门外。南区为一般衙署和里坊等。北区大于南区。位于全城中部、由外朝前殿文昌殿南伸的南北向大道，经宫城南门，直通南垣中央城门中阳门，形成全城的中轴线[13]。至此，中国古代早期都城中分散的宫殿区布局被中轴对称的规划格局所取代，曹魏邺北城的这种平面规划，对后世中国古代城市的发展产生了深远的影响。

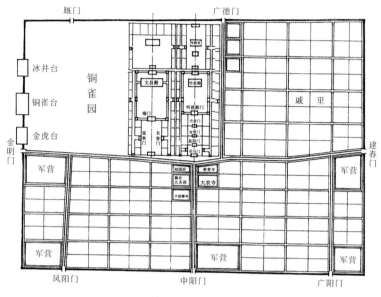

曹魏邺城平面示意（《中国古代建筑史》第二卷）

北魏洛阳城的主要部分仍沿用东汉至西晋的洛阳旧城，仿照邺北城的规划格局，宫室北移。正对外朝主殿太极殿、由宫城南门阊阖门南伸至南垣城门宣阳门的铜驼街，形成了一条明确的南北中轴线。铜驼街的两侧分布着中央官署和太庙、太社，使中轴线的设计更为突出。城的北半部被宫殿区、太仓、武库、官署和苑囿区所占，南半部则有九寺七里，都是中央官署、高官显贵的宅第和寺院区。因佛教兴盛而寺院林立，是北魏洛阳城的一个显著特点。至此城内部分几被占尽。于是在旧城外围新筑外郭城。外郭城范围广大，其内规划了 320 个坊，每坊一里，四围筑墙，开四门，封闭式坊制至少在这一时期已开始出现。相应地，作为工商业区的三个

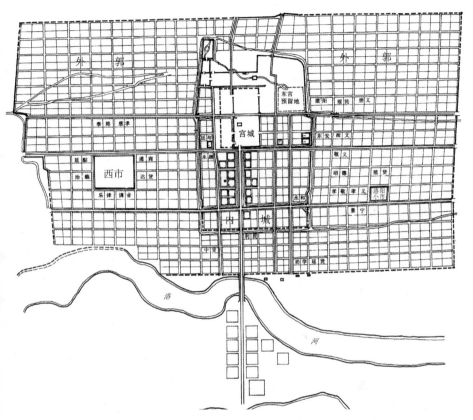

北魏洛阳城平面示意（《中国古代建筑史》第二卷）

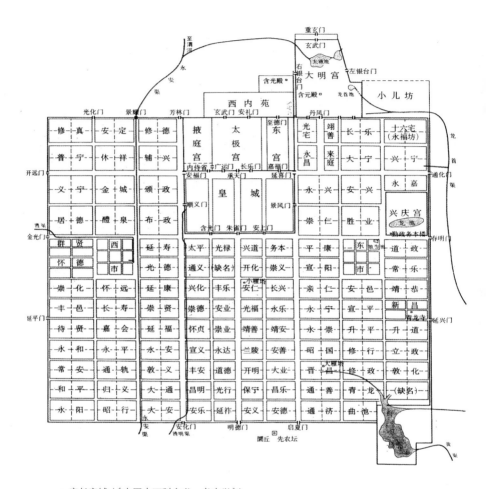

唐长安城(《中国大百科全书·考古学》)

"市"也设置在外郭城中[14]。

这一阶段的城市规划，到隋唐时期发展至顶峰。隋大兴城和唐长安城，是中国中古时期封闭式里坊制城市的典范。长安城面积达 84 平方公里。宫城位于全城北部正中，后来扩建的大明宫和兴庆宫，也分别位于地势高亢的北墙外和城的北部偏东，便于控制全城。宫城之南设有皇城，是中央高级衙署和太庙、社稷所在。全城以对准宫城、皇城及外郭城正南门的朱雀大街为中轴线。在外郭城范围内，以 25 条纵横交错的大街，将全城划分为 109 个坊和东、西两市。这种方格网式的规划，使整个城的平面如同棋盘。坊之四周筑有坊墙，开四门，坊内设十字街，十字街和更小的十字巷将全坊划分为 16 区。坊内实行严格的管理和督察制度。商业交易活动，则被限制于呈封闭状态的东、西两市之内。隋唐东都洛阳城，除因地形关系将宫城和皇城设在郭城西北部外，格局与长安城大体一致。其大部分坊的面积相同或相近，约 0.5 平方公里。这种将宫城和衙署区置于城的西北隅，采取整齐方正的里坊布局的规划，成为当时甚至后世地方州县城效法的蓝本[15]。

## 宋元明清

随着社会商品经济的发展和工商业的日趋繁盛，从唐代末期至北宋前期，封闭式的坊市制逐渐被开放式的街巷制所取代。考古及文献材料表明，北宋中期开始出现的新的城市规划及与之相

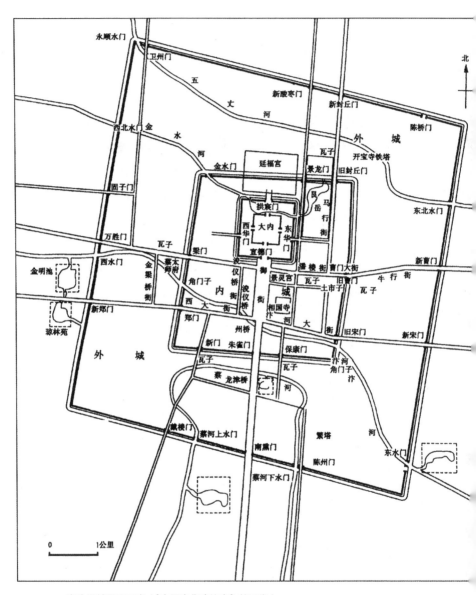

宋汴梁城平面示意(《中国古代建筑史》第三卷)

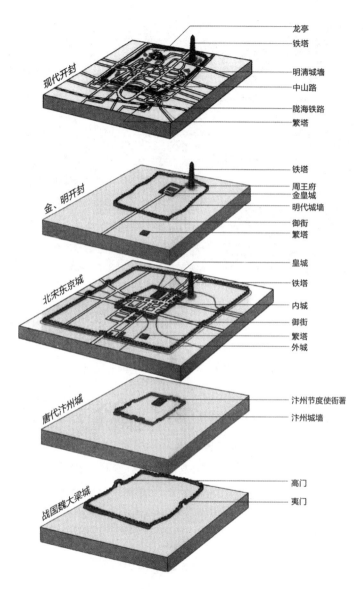

开封城变迁示意(《中原古代文明之光》)

应的管理制度,是人身依附关系和等级制度大为松弛这一历史大趋势的产物。此后的元、明、清各代的城市规划及制度,均采用这种开放的形态,并有所发展。宋元明清时期,是中国古代城市发展的成熟阶段。

北宋都城汴梁和南宋都城临安,都是在唐代旧城基础上改建扩建而成的。在街道布局上虽不甚规整,但在城市布局的科学性和合理性方面有了长足的发展。汴梁全城有内外城墙三层。中间一层为内城,主要分布着中央各官署,内城中部又有宫城,即大内[16]。这种宫城居中、布局方正的重城式平面规划,对后来金中都、元大都乃至明清北京城都有很大的影响。而同前代相比变化最大的当属坊墙拆除,临街房舍店铺及娱乐场所的出现。如果说汴梁和临安新的城市规划因受旧城约束还无法充分地表

《清明上河图》中的开放式街巷
（局部，明·仇英绢本）

现出来，那么平地起建的元大都则可以说是开放式街巷制城市的典型。

元大都平面呈矩形，由宫城、皇城、外郭城三重城套合组成。其中皇城建于城内南部中央，四面包围宫城和皇家苑囿区。元大都中轴线的规划更为明确，自南垣中央城门丽正门经皇城、宫城正门、正殿，直至全城中心点万宁寺之中心阁。礼制性建筑太庙和社稷坛分列宫城之左右，最大的市场建于宫城之北，城内的九条纵街和九条横街构成了全城的主干街道。据此，元大都的总体布局与《周礼·考工记》所载"营国"制度最为符合。在城内南北向主干街道之间分布着数百个胡同（时称"火巷"），宽度在6米左右，多呈东西向排列，今天北京城内的许多胡同就是元代火巷胡同的残迹。大片民居住宅之间，混杂着寺庙、衙署和商

一 魏晋以降 城郭里坊

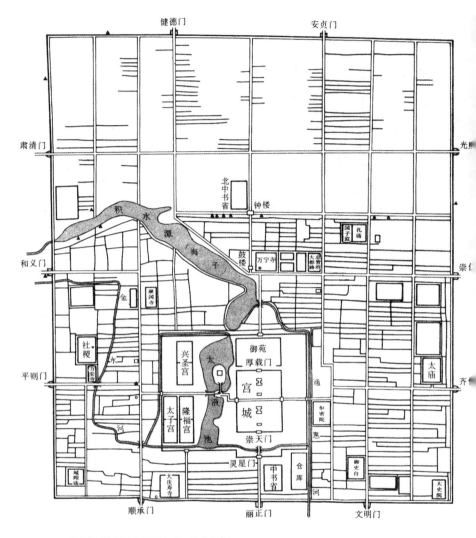

元大都(《中国大百科全书·考古学》)

店等。全城以街道划分为50个坊,但周围已无围墙相隔,呈开放之势。元大都的城市规划是中国王朝时代后期开放式街巷制的典型,这一新的城建规制为后来的明、清所继承[17]。

明永乐年间立为都城的北京城(内城)是在元大都的基础上缩北展南,改建而成的。内城的街巷,基本上沿用元代旧制。大小干道两旁散布着各种手工业作坊和商行店铺,胡同小巷则是市民居住区。嘉靖年间,又在城南加筑一外城,实际上是尚未完工的环城外郭城的南部。外城内除了东西并列的天坛和先农坛外,主要是手工业区和商业区。皇城位于内城的中部偏南,其内偏东为宫城,即紫禁城。此外还分布有禁苑、庙社、寺观、衙署和宅第等。中轴线仍沿元大都之旧,更为加长,由外城的永定门经内城正门、紫禁城直至鼓楼和钟楼。所有城内宫殿及其他重要建筑都沿着这条南北向的中轴线展开。皇城和宫城占据全城的中央部分,以帝王为中心的"建中立极"的都城规划思想在这里得到了最充分的体现。清定都北京后,基本上袭用明的都城和宫殿,此外又开辟了西郊的皇家林苑[18]。

可见,只是在先秦秦汉"大都无城"时代之后的魏晋至明清时期,中国才进入了"无邑不城"的时代。至近代,失去了防御和礼仪双重意义的城墙也就逐渐退出了历史舞台。极少数保留至今的,无疑都成为重要的文化遗产。

下面,拟以"倒叙"的形式,从处于中国古代都城发展的关键期,而学术观点又分歧严重、论辩激烈的秦汉都城入手,逐渐向前追溯,谈谈我们对中国早期都城城郭形态的这一新认识。

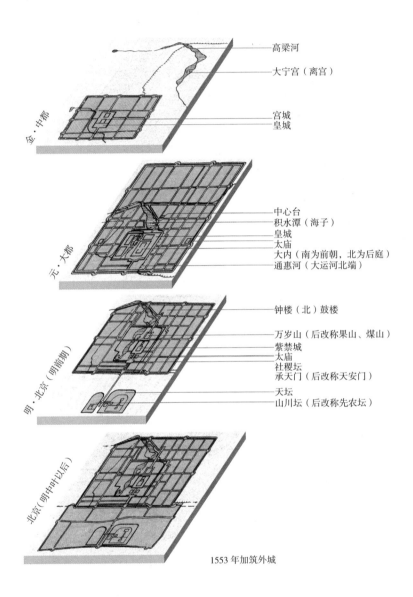

北京旧城城址变迁示意

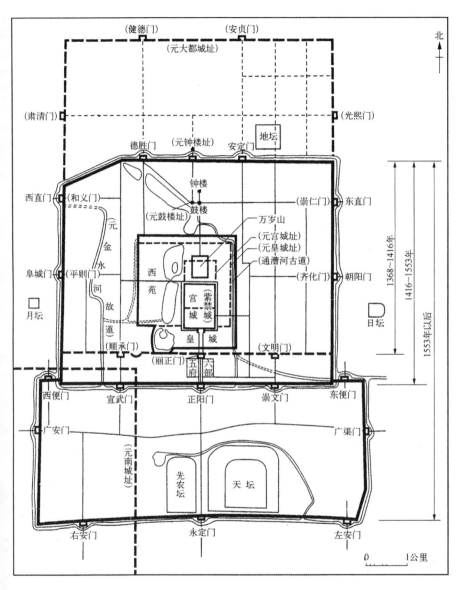

金、元、明都城位置变迁（《中国古代建筑史》第四卷）

一 魏晋以降 城郭里坊

# 二　秦汉京畿　帝国霸气

## 西汉长安：城郭之辩

### 是城还是郭

位于现西安市西北郊的汉长安城，是西汉王朝和新莽王朝的都城。其立都时间在公元前202年，历时二百余年。1956年以来大规模的系统调查、钻探与发掘，使得这座都邑的面貌不断清晰起来[19]。

汉长安城南倚龙首原，北滨渭河，周围地势开阔，由南向北缓缓倾斜，城垣圈围起的面积约34.4平方公里[20]（原测量数据为约36平方公里）。到了1980年代，汉长安城的发掘者从田野考古收获中归纳出了一些概括性的认识："皇帝的宫殿和官僚的甲第，密布于城内的中部和南部，约占全城的三分之二，西北部主要是官府手工业作坊；一般居民麇集于城内东北隅。"[21] 依最新的估算结果，汉长安城中宫室建筑的面积近17平方公里，仍"占据了整个城市面积的近二分之一"[22]。

据文献记载，城垣是汉惠帝时围绕着先期已建好的长乐宫、未央宫及武库、太仓等重要建筑而兴建的，且西、北方向迁就河流走向，故城址的形状不甚规则。汉武帝时国力兴盛，除在城内修建了北宫、桂宫和明光宫等宫室建筑，还在城西兴建了规模宏大的建章宫，在城西南整修扩建了上林苑等离宫苑囿。西汉末年和新莽时期，又在城南郊修建了"九庙"和明堂辟雍等礼制建筑。

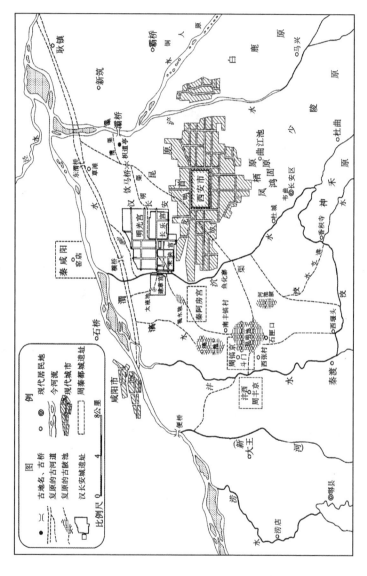

汉代长安八水示意(《三辅黄图校注》)

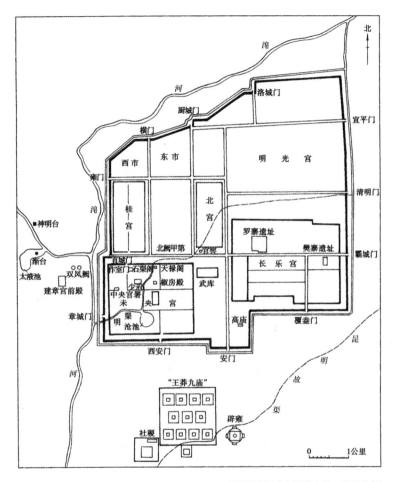

汉长安城(《中国考古学·秦汉卷》)

二 秦汉京畿 帝国霸气

就是这样一座长安城，却引起了巨大的争议。争议的最大焦点是：用城垣围起的长安城，究竟是城还是郭？

汉长安城的城址面积小于早它一千多年的商代晚期都城安阳殷墟遗址群（约36平方公里），略大于战国时代城址面积最大的诸侯国都城——燕下都（约32平方公里）。可见，假若城址就是作为一代帝都的汉长安的外郭城即全部都邑的范围，它真的并不算大。

针对汉长安城发现以来的主流观点——30多平方公里的城址就是汉长安城的外郭城，杨宽提出了不同的意见。他认为汉长安城很明显属于宫城（即内城）的性质，长安城内主要由皇宫、官署、附属机构以及达官贵人、诸侯王、列侯、郡守的邸第所占据，一般居民的"里"所占面积不大，而且从长安城的发展过程来看，它就是由宫城扩展而成的[23]。

对此，主持长安城田野考古工作的刘庆柱认为，确认汉长安城为宫城的论点是不能成立的。因为历代宫城中都没有一般居民的"里"夹在其中。就此而言，如果承认汉长安城中有一般居民"闾里"的话，那么它就不可能是宫城。因为宫城是围绕皇宫（或王宫）修筑的城[24]。杨宽则申论道，这种宫城不同于后世只建皇宫的宫城。若以后世的都城制度来衡量，这种宫城就具有内城的性质[25]。

二者对宫城概念的不同解释，差异在于杨宽取的是广义，而刘庆柱取的是狭义，已如前述。其实，内城、小城、宫城本不易做明确的划分。譬如坚决不同意汉长安城有宫城或内城性质的刘庆柱，在论及郑州商城时也认为，"考古发现表明，内城之中应为商代奴隶主和贵族的活动场所，平民居址极少发现，内城东北部发现了大面积的宫室夯土建筑基址。郑州商城已发现的内城可理解为'小城'或'宫城'"[26]。可见,小城、内城、宫城在一定情况下通用,应是有其合理性的。

其实,从关于长安城的几种经典性论著中,可以窥见学界对这座帝都形态认识上的变化。在1984年出版的《新中国的考古发现和研究》一书中,对汉长安城的介绍基本上限于城墙、城门及其内的街道、宫殿和武库,这也是此前田野考古工作的重点。编写者当时即指出"整个长安城主要是作为帝王与贵族官僚的专用城市而存在的",同时把城南郊和东郊的礼制建筑遗址作为长安城的组成部分加以介绍。随后出版的《中国大百科全书·考古学》"汉长安城遗址"条中,还提及了上林苑和昆明池。但二书所附的长安城平面图,都仅限于对城圈及其内遗迹的交代。

而2003年出版的《汉长安城》一书和2010年出版的《中国考古学·秦汉卷》"汉长安城遗址"一节所附"汉长安城遗址平面图",则包括了城西建章宫一带的离宫苑囿和南郊礼制建筑群。《汉长安城》所述,除了城圈以内的遗迹外,还包括礼制建筑、离宫和苑囿以及汉长安城附近的诸陵邑。看来,即便坚持认为汉长安城的城圈即郭城的学者,也不否认上述城圈以外的部分,属于汉长安城的重要组成部分。

## 城外有无郭区

杨宽认为整个长安都城应该包括内城和外廓(同"郭",以下均写作郭)。张衡《西京赋》中描绘的长安"经城洫,营郭郛",说明当年经营的长安,不仅有城洫,而且有郭郛[27]。

二 秦汉京畿 帝国霸气

具体而言，长安城外有较大的郭区，其中北郭和东郭面积较大。当时，渭水位于北城墙以北约1.5公里以外，"实际上就具有北郭以外大城濠的作用。当时北郭的市区和居民区，就分布在北城墙以北、渭水以南的三华里范围之内。向东延伸到宣平门（东墙北门）以外广大地区，向西延伸到雍门（西墙北门）以外地区。有不少居民的'里'，就分布在这些郭区"。杨宽认为，长安的东郭则是利用漕渠作为防御的城濠的，漕渠就是《水经注》中的昆明故渠，它以长安西南的昆明池作为水源，引渠经长安城东南，折而斜向东北进入渭水，正好经过长安城东城墙的霸城门、清明门和宣平门外，因而可以利用它作为东郭的屏障。

杨宽梳理了传世文献对汉长安城城郭上"门"的称呼，指出"内城的门称为城门。凡是城门以一个字为名的，每多加上'城'

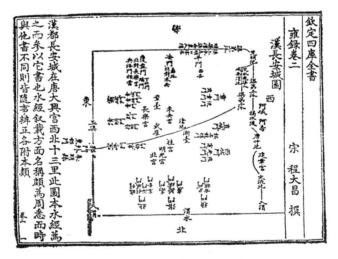

《雍录》中的汉长安城图（《中国古代都城制度史研究》）

字,称为城门。如覆城门(疑为霸城门之误。——引者注)、章城门、洛城门、厨城门之类,外郭的门就称为都门"。如"北郭在横门以北有都门,东郭在宣平门以东有东都门"[28]。

关于先秦至汉代的郭区,杨宽明言"利用天然的山水加以联结,用作外郭的屏障,原是西周春秋以来流行的办法。兼用漕运的河流作为外郭的屏障,是西汉长安所开创的办法"[29],并未说当时筑有郭城城垣。所以以"没有关于修筑所谓汉长安城的外郭城之记载"和"城外还未发现郭城或北郭和东郭的墙垣遗迹"为据的驳议,恐怕就属无的放矢之论了。而不认同汉长安城有"大郭"的刘庆柱也承认,"西汉中期,汉武帝修筑漕渠……形成了汉长安城以东的一条屏障,西汉中期以后,人们也就把这条渠与宣平门以东的祖道交汇处称为'东郭门'(即东都门)。……所谓东都门不过是座象征郭门的建筑"[30]。尽管关于"祖道"名称,东都门是否仅为一座桥和象征性建筑,其究竟在漕渠上还是漕渠外等细节上,杨、刘二位还有不同的意见,但在东郭门的存在、时人习惯于把长安城和漕渠之间视为"东郭"的问题上,二者的观点已大致趋同。

或许,汉长安城的城郭布局和人们的认同,有一个动态发展的过程。如按前述刘瑞的分析,城内宫室建筑等的比重在二分之一左右[31],那么惠帝筑城时是先以城池为郭,及至武帝时国力强盛,人口剧增,遂"以城中为小"(《汉书·东方朔传》),在城外兴筑建章宫、扩展上林苑等,城外亦多居民,时人遂以渭河和漕渠为郭,这应当是可能的。刘运勇推测长安城"横门外夹横桥大道的市,当属汉朝臻于极盛时,长安城内工商业高度发展,为城市布局所限制,不得不向外蔓延的产物"[32]。呼林贵根据考古发现,推断覆盎门外

汉长安城东城门之一霸城门遗址(《中国考古学·秦汉卷》)

厨城门一号桥桥桩与石构件(《考古》2014年第7期)

文景帝至新莽时期的墓葬区很可能是整个长安规划中的一个组成部分[33]。如是，可以认为汉长安城的"郭"有一个扩大的过程，并从延续战国时代大立郭城的传统，转变为内城加郭区的"大都无城"的状态，进一步彰显出巍巍帝都的气势。

汉长安城外的考古发现，也支持这一推想。《中国文物地图集·陕西分册》介绍，在汉长安城北的厨城门外发现唐家村制陶作坊遗址（有夯土墙），城东的清明门外分别发现了郭家村铸钱遗址（发现窑址和大量钱范）、刘家村钱范窖藏（发现"五铢"钱模）[34]。说明城外以北以东区域，并非像以往认为的那样均为墓地[35]，实际上甚至分布着较重要的遗存。

至于汉长安城的"一百六十闾里"究竟是有相当一部分分布于城外，还是均位于城内北部，持不同意见的学者分歧更大[36]，有待于进一步的考古发现与研究。如果再放开视野，可知汉王朝继承了秦代的京畿制度，改秦"内史"为"三辅"；又在京畿地区建置陵邑，"徙齐诸田，楚昭、屈、景及诸功臣家于长陵。后世世徙吏二千石、高訾富人及豪杰并兼之家于诸陵"（《汉书·地理志》）。从广义上讲，这些陵邑也是西汉京师行政区和经济区的组成部分。于是才有像班固《西都赋》所描述的"南望杜霸，北眺五陵，名都对郭，邑居相承"（《后汉书·班固传》）的繁华壮观的景象。关于西汉长安居民的分布问题，王子今的观点具有相当的代表性："西汉长安城内有限的平民居地集中'口二十四万六千二百'，就当时的居住习惯而言，居民的生存空间显然过于狭小。然而通过'乡'的设置，推想有部分长安户籍资料统计的民众居住在城外的可能。而长安作为大都市，其诸多其他功能的实现，有诸陵邑的补充。西汉长安周围的诸陵邑在某种意义上已经成为

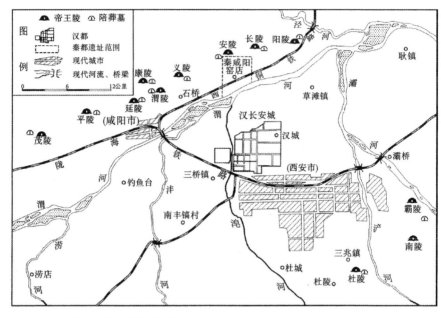

西汉帝陵分布（《三辅黄图校注》）

长安的卫星城。……'诸陵'不仅有拱卫长安的作用，在经济生活和文化生活方面，对于政治中心长安更多有补益。"[37]

### 东西两市究何在

与长安城外是否有郭区相关的是长安诸市，尤其是著名的东市、西市的具体位置。阎文儒、佐藤武敏、马先醒、陈直、杨宽、佐原康夫、孟凡人等都曾推测汉长安城的市或均位于城外郭中，或至少有部分在城外[38]。

1980年代，汉长安城的早期发掘者王仲殊提出了"可以肯定长安城内有九市"的观点[39]。其列举的文献和考古依据是,"《三辅旧事》记述九市的位置在突门(雍门)附近、横桥大道(应即横门大街)的两侧,因而可以进一步判断它们是在城的西北部。在城的西北部一带,有的地方发现地面上散布着许多陶俑和钱范,说明这里是手工业作坊的所在,也可以作为上述判断的一种依据"。

从行文即可知这只是一种"判断"。显然,手工业作坊之所在并不必然为市场。同时,市场不易留下确切的痕迹,故在考古发掘中较难辨识[40]。1980年代中期在城内西北部一带发现的围墙,发掘者断言"发现两个'市'的遗址,二市四周夯筑'市墙',此即文献所载之'东市'与'西市'"[41],恐怕也只能看作是推断。就具体内涵看,"西市之内有大面积的手工业作坊遗址","西市中的一些手工业生产是直属中央管辖的,如铸币业、属于东园秘器的陶俑制造业等。西市偏居于长安城西北隅,环境封闭,便于官府对重要手工业的控制"[42]。这样的一处带有独占、封闭色彩之所在,与对外开放、与贸易有关的"市",似乎难以挂起钩来,其属于官营手工业作坊区的专门用地也未可知。

至于对文献中城门和道路的具体解释,学者们也尚未达成共识。杨宽认为"所谓'道',是指城门通向郭区的大道。西汉长安城内的道路叫'街',只有城外郭内的道路叫'道'",因而位于"横桥大道"两侧的市也就应在城外北郭的大道旁了[43]。而"无论《三辅黄图》所引的《庙记》,班固《西都赋》李善注所引的《汉宫阙疏》和《太平御览》卷一九一引的《宫阙记》,一致都说长安有九市,'六市在道西,三市在道东'"[44],这与考古发现横门内大路两侧院落西小东大(面积分别为0.2、0.5平方公里余)的情况不甚

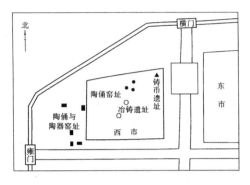

汉长安城西市与手工业作坊分布
(《中国考古学·秦汉卷》)

符合。论及东西二市之不在城内，杨宽指出班固《西都赋》讲到长安"九市开场……旗城溢郭"，"说明当年长安的'九市'，不但'阛城'，而且'溢郭'……'郭'更是'市'的重要发展地区"[45]；他还引用《汉书·百官公卿表》指出"长安市令是京兆尹的属官，而东西二市的令署不属京兆尹而由三辅都尉掌管，也可见东西二市如同城西的柳市一样，不在城内"[46]。对此，刘庆柱则认为"'长安九市'之说不确。这里的'九'应为约数"[47]，并以"(阛城溢郭)属于汉赋中常常使用的骈偶词句……这里阛与溢，城与郭实际同意"[48]加以否定〔值得注意的是，该文在收入《古代都城与帝陵考古学研究》文集（科学出版社，2000年）时，删去了这段论述〕；对于负责东西二市的官员身份问题，则未作驳议。

总之，这两处围墙圈围起的区域，是否就是文献中记载的东市、西市或孝里市等，尚存疑问。汉长安城"市"的状况，应同"一百六十闾里"的具体分布和布局形制一样，目前还不甚清楚，有待于今后通过考古工作来究明。

退一步讲，即便这两处汉长安城内的围垣遗址属于官营手工业和"集中市制"的商业用地，甚至就是东、西市，也无人否认汉长安城的城外还分布着其他市场，并有居民点分布，已如前述。汉长安城的发掘者也不否认从文献上看，"城郊附近还有不少市，如便桥旁的交道亭市、渭城的孝里市、昆明池南的柳市、长安太学附近的会市等等"[49]。市的存在，进一步旁证了京郊居民区的存在。

### 朝向与轴线

汉长安城究竟朝哪个方向？有无轴线？这两个问题很重要，但在1980年代出版的集考古成果之大成的《新中国的考古发现和研究》《中国大百科全书·考古学》，以及此前对汉长安城的叙述讨论中，还都没有涉及。

杨宽在1983年赴日本东京参加"第三十一届亚洲北非人文科学国际会议"所做的报告中，最早提出了汉长安城的布局坐西朝东的观点。理由是"只有东城墙的城门两侧设有门阙"，"城内主要皇宫长乐宫和未央宫，也都是坐西朝东的。长乐宫虽然四面有门，只是东门和西门有阙。未央宫则设有东阙和北阙"[50]。

在两轮"杨刘之辩"中，刘庆柱没有论及汉长安城的中轴线问题。杨宽则在两次论辩中修正了自己的观点，即"西汉长安是东向与北向的"，"无论宫门、城门和郭门，都以东门与北门为正门"[51]；"由未央宫北阙一直向北有大街通过横门，再由横门一直向北有大道通到横桥，设有都门（即北郭门），形成一条由朝宫向北直贯城区与郭区的中轴线"[52]。

其后，刘庆柱认可了杨宽提出的南北中轴线方案，认为"在汉长安城中……宫城（未央宫）中的大朝正殿（前殿）位置'择中'，宫城轴线居中，宫城与都城轴线重合"；"未央宫轴线向北连接横门大街……向南至西安门，出西安门，宗庙在其左，社稷在其右。这条由横门至西安门的南北线应为汉长安城的轴线"[53]。

此后，多数学者不同意杨宽的意见，认为汉长安城为南北向。其中有人认为该城坐北朝南（如史念海、徐为民）；有人认为该城坐南朝北，没有明显的中轴线（如周长山）；或与刘庆柱相同，仅认为其为南北向，而未明确朝南还是朝北，以西安门—未央宫前殿—横门为轴线（如王社教）；另有人认为应以安门大街为轴线（如刘运勇、贺业钜、孟凡人）；韩国河等则认为汉长安城保持南北向规划中轴线，但早期以安门大街为轴线，到晚期西移至以西安门—横门大街一线为轴线。只有杨东晨赞成汉长安城坐西朝东的观点[54]。

以上论述，多把汉长安城由兴建到新莽时期的最终建设利用当作一个整体来分析，也就是说，基本上是"总平面图式"的研究。刘瑞则从城市动态发展的角度加以解读，提出了汉长安城"首先是一座朝东的城市，然后才变为朝南"的观点[55]。

与杨宽一样，刘瑞非常重视都城建筑中城阙与宫阙的重要性，认为阙作为"具有特殊礼仪性质的标志性建筑，它所在的位置和规模大小可揭示出其所附着建筑的方向和等级"。通观文献记载和考古发现中中国古代都城的营建规制，可知"宫城方向、阙方向和城市方向三者高度一致"。其结论是"汉长安城东侧三门外均施双阙，未央宫建东阙、北阙，长乐宫、建章宫均建东阙的现象就清晰地表明，整体上汉长安城以东向为上"，"汉长安城城阙、宫阙所反映出的城市方向也应为朝东而非朝南"。

刘瑞还通过对考古材料的重新梳理，指出在原来复原的"长乐宫"范围内发现的宽逾45米、东西向的三股大道，即霸城门内大街，"应该属于城内的骨干大街，而不是一般的宫内道路"；"原来复原的长乐宫范围内包括了几座宫城"。由是可知"汉长安城不仅在东门外建设了双阙，而且在东门内都修建了全城最宽的规格最高的大街，城市东西向的大街都是城中最宽阔的街道，整个城市东西向的框架骤然鲜明起来"。

除了文献材料，刘瑞的旁证材料还涉及了西汉帝陵的朝向，即按照"事死如事生"的理念，帝陵是仿造生前的居所来规划建设的，而汉长安城附近帝陵的方向均朝东[56]。其实，发掘者已指出未央宫是以东门为正门的[57]；从霸城门—直城门大街的规格看，"未见宫城之中有这样规模和形制的道路"，因而它应该是城内的大街[58]；另外，"汉长安城东面3座城门与其他三面的9座城门，形制有所不同，即前者在门址外侧，向外有凸出的夯土基址，颇似'阙'类建筑遗存"[59]。可见，尽管发掘者坚持汉长安城的中轴线为南北向，但其所提供的资料，在相当程度上支持都城朝向东、中轴线为东西向的观点。

刘瑞所做新分析的启示在于，同任何考古资料的属性一样，目前汉长安城考古资料也仅可当作"文本"来看待，是需要加以补充完善、做深度解读的；同时，关于都城朝向和轴线的研究，应最大限度迫近当时人的理念认识，而不能囿于研究者对平面图的印象甚至想象（如刘瑞对"斗城"法天说的分析[60]）；最重要的是，应把都城的空间布局放在一个发展的框架中去做动态解读。

基于这样的认识，刘瑞提出了汉长安城的东向时代和南向时代的概念。

汉长安城未央宫椒房殿遗址（《中国考古学·秦汉卷》）

"汉长安城在建设规划之初是以东向（朝东）为正方向。从汉武帝时期修建建章宫时仍然以东阙为正门看，武帝延续了以东为上的城市布局传统"，即"从汉初到汉代中期汉长安城均是朝东的城市"。"汉长安城由东向转为南向的标志，大体是汉长安城南郊礼制建筑的日渐营造，而这个过程又经历了很长的时间"。到西汉晚期，祭祀系统与宗庙制度得到大规模的整理，西汉早期泛神化的芜杂祭祀最终被罢弃，此时已明确地将都城南北方向作为祭祀系统中的主方向。在王莽的主持下，于短时间内在南郊建设了一套基本完整的新的宗庙祭祀系统，如辟雍、九庙和官社、官稷等。"汉长安城从原来的东向转变为南向"。

至于汉长安城的轴线，刘瑞认为朝东时代最主要的轴线为霸城门—直城门大街，西安门—未央宫前殿—横门大街轴线则属于次轴线。到了朝南时代，西安门—未央宫前殿—横门大街—横门一线及其南向延长线作为城市轴线正式形成，原来的霸城门—直城门轴线变为从属轴线。"在朝东时代，霸城门是汉长安城的主城门；在朝南时代，西安门是汉长安城的主城门"。而"这种将轴线正方向端城门扩大以显雄壮威严的建筑模式，在后代都城建设中被普遍采用"。

可见，在都城方向变化的原因取决于礼制的变化这一点上，刘瑞和杨宽的意见是一致的，二者的不同之处在于杨宽认为这种转变在西汉长安城与东汉洛阳城之间，而刘瑞则认为都城方向的这种剧烈转变并非突然发生，它是经过西汉后期至王莽时期结束的多次反复才翻转过来的，"东汉只是延承其绪而已，并非初创"。

就目前的考古资料看，这一分析是中肯的。

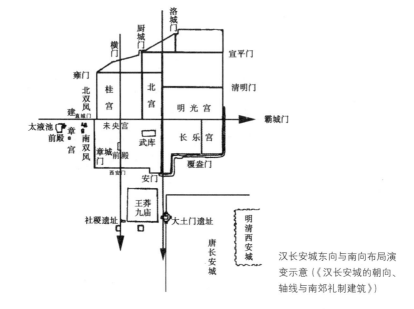

汉长安城东向与南向布局演变示意（《汉长安城的朝向、轴线与南郊礼制建筑》）

## 设计思想探源

说到西汉长安的"源"，问题也就开始复杂起来了。

张衡《西京赋》评价汉长安城"乃览秦制，跨周法"。薛综注："跨，越也。因秦制，故曰览。比周胜，故曰跨之也。"（萧统《文选》）学者对此多有引用，但具体解释则有所不同。

杨宽认为，"西汉长安城的布局结构不是凭空设计出来的，还是从战国和秦代都城模式的基础上形成的。战国时代中原各国的都城，有一个共同的特点，就是整个布局，是由西边的小城和东边的大郭相互联结而成"，"秦国都城咸阳，同样是以西边宫城联结东边大郭的布局"[61]。刘庆柱则指出"杨宽先生这种论断与目前已经取得的东周时代（包括战国时代）考古资料有较大出入"，"如果说东周时代的列国都城布局结构有什么共同点的话，那就是它们大多由宫城和外郭城组成，而外郭城或在宫城外围，或在宫城近旁"。而秦咸阳城的"宫城（或宫殿区）在大城的北部，手工业作坊区、商业区和一般市民里居则在大城西部与西南部，大城东部为皇室池苑"。"显然，汉长安城的布局结构与杨宽先生所说的那种战国都城及秦咸阳城的模式差异很大，把汉长安城的设计思想溯源于那种模式是难于成立的"[62]。

  刘庆柱的驳议基本上全面否定了杨宽的论断。目前看来，杨宽关于战国中原诸侯国都城及秦都咸阳城"西边小城联结东边大郭"的城郭布局模式，的确难以得到考古学材料的支持。但似乎不能认为汉长安城的布局与先秦时期的都城规划思想没有任何关联。刘瑞即指出，"汉长安城整体朝向的变化和轴线交替……受到先秦两汉时期思想文化发展的直接影响"。"汉长安城建设初期选择朝向的直接基础，是在先秦时期许多地域流行并实施的尚东和尊右的思想"。"东向布局也可能是战国时期逐渐流行阴阳五行学说在汉代的反映。汉长安城在西汉晚期出现的城市南向布局，可能主要是在周礼等被后世奉为经典的古礼等儒家思想的主持下进行"[63]。

  杨宽把"西边小城联结东边大郭"的城郭布局模式，上溯到了西周时代的洛阳成周。这一论断，更缺乏考古学的证据，因而未能得到学界的认可。但从社会形态上看，秦汉帝国与西周王朝，是以强势的王权和兴盛的国力为共同特征的。这里的"跨周法"，或许应是对"大都无城"的西周王朝都城制度（详后）的继承和发展，而非对礼崩乐坏、乱世争防的东周城郭形态的模仿，正如孔子所谓

"周监于二代，郁郁乎文哉！吾从周"（《论语·八佾》）。此时的郭区已成为观念上的郭区，即一般以都城所处大的地理环境为郭。秦汉时代的这种都城规划思想，是与当时大一统的、繁盛的中央帝国的国情相一致的，因此其都城建制也远非战乱频仍时代筑城郭以自守的诸侯国的都城所能比拟。从这个意义上讲，汉长安城"跨周法"的最大特征，也许正是显现出帝王之都宏大气魄的"大都无城"。

作为前后相继的帝国都城，秦都咸阳和汉长安城在布局和设计思想上存在内在的关联，也是可以想见的，不少学者参与过讨论。杨宽"西汉长安的设计规划，确是沿用秦制，以秦都咸阳为模式而有所发展的"[64]的论断，应当说是有道理的。但秦都咸阳究竟是怎样一种设计规划模式，汉长安城又在哪些方面对其继承并有所发展，至今莫衷一是，需要做深入的探讨。

## 秦都咸阳：有城还是无城

在对秦国都城的研究中，韩国河等学者提出了"非城郭制"的概念[65]。持这种观点的学者指出，与兴盛于东方列国的"两城制"的城郭形态不同，"从雍城到咸阳，秦国都城一直采用了一种'非城郭制'的格局，并对汉代国都的城市布局产生了深远的影响"[66]。的确，在战国时期城郭布局盛行的大势中，秦都咸阳尤其给人以"异类"之感。

秦都咸阳是战国中晚期秦国及秦王朝的都城。遗址地处关中平原中部的咸阳原上、渭水两岸。秦孝公十二年（公元前350年），"作为筑冀阙宫庭于咸阳，秦自雍徙都之"（《史记·商君列传》）。至秦二世三年（公元前207年）秦亡，秦以咸阳为都凡140余年。《史记·秦本纪》又有秦献公二年（公元前383年）"城栎阳"的记载，有学者据此认为秦曾以栎阳为都。笔者同意栎阳应非秦之主都的观点[67]。在最新确认的战国栎阳城的位置上，也并未发现城墙与城壕等设施[68]。

秦咸阳城的考古工作开始于1950年代末期，虽然发现了大量与秦都咸阳密切相关的各类遗存，但迄今尚未发现大城城垣，都城的形制布局也不甚清楚[69]。

秦都咸阳所处地势北高南低，由渭河北岸的咸阳原向渭河河谷逐渐低下。在地势高敞的咸阳原上，已发现了由20多处夯土建筑基址组成的庞大的宫室基址群。在这一范围内大体居中的位置，还探明了一处东西向、长方形的夯土围垣设施，其北墙长843米，南垣长902米，西垣长576米，东垣保存较差。围墙修筑于战国时期，发掘者认为应是秦咸阳的宫城——咸阳宫遗迹[70]。

学者们一般认为秦都咸阳的宫城是存在的，至于究竟是单一宫城还是由多组宫殿建筑组成的集群，甚至连宫城的具体位置，尚存争议[71]。对此，学者们提出了不同的观点。针对刘庆柱提出的宫城在大城北部的推断，杨宽同意王丕忠的意见，认为"秦的咸阳宫与兴乐宫（即汉长乐宫）仅一水（渭水）之隔，建有横桥连通……咸阳宫不可能远在北边的咸阳原上"。上述建筑基址，应是咸阳城旁的宫观，并非咸阳宫[72]。王学理也认为"把发掘出的西阙建筑遗址看作'咸阳宫'还缺乏有力的证据"[73]。

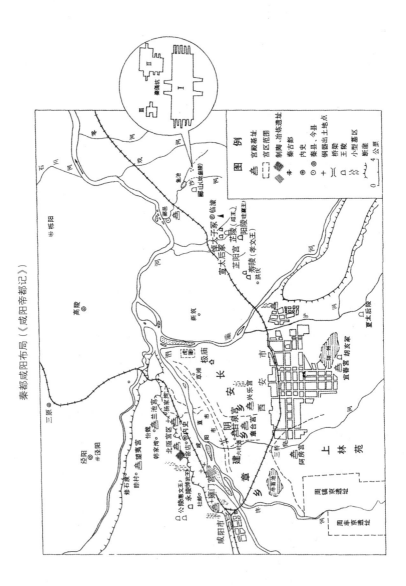

秦都咸阳布局（《咸阳帝都记》）

阿房宫前殿遗址(《中国考古学·秦汉卷》)

咸阳宫第一号宫殿遗址(《中国考古学·秦汉卷》)

如何解释秦都咸阳遗址不见外郭城垣的考古现状,学者们意见殊异。长期从事调查发掘的王学理将诸多观点归纳为"有城说"和"无城说"两大类,"有城说"又包括以下几种不同的解释[74]。

一是"水毁说",倾向于城址全毁于渭河的冲决。如武伯纶认为"由于渭水的冲刷,咸阳古城遗址已很难究寻";杨宽也认为"因为渭水不断北移,故城遗址受到冲决,目前已经看不到城址的踪迹";持此观点的还有王丕忠等[75]。

二是"临水说",也可以说是"半毁说"。此说的代表人物是刘庆柱。他认为秦咸阳的主要部分——宫殿区在咸阳原上。尽管渭河北移,但其主要部分并未被冲掉。"秦咸阳城的范围东自柏家嘴村,西至长陵车站附近,北起成国渠故道,南到汉长安城遗址以北约3275米(因渭河北移……估计原来秦都咸阳城南部,约有南北3225米宽的地段已被河水冲毁)。推断秦咸阳城东西约7200米,南北约6700米"[76]。

三是"水郭说",即推测在长陵车站一带存在一个没有城墙、"四面环水"的郭城[77]。

"无城说"的代表人物则是王学理。他指出,秦咸阳实际是个有范围而无轴心,有宫城而无大郭城的城市,在布局上呈散点分布的交错状态,作为政治中枢的中心建筑也未定型,这一状况的出现,是由于秦国处于特定的历史条件。针对"半毁说",王学理指出,"如果渭水北移冲去咸阳的一部分,势必在今北岸的地层中留下两处墙基断岔。但迄今在这一带没有发现有关城的任何痕迹","几十年来考古工作者的多人多次勘查竟未获得蛛丝马迹的线索,不能不说是一个重要的信息"。他注意到"有关咸阳的文献记载,多是详宫而略城的","宫自为城,长作稳定。阿房后起,取代必然。多设宫城,卫星点点,再加上首都地域辽阔,就未必更筑咸阳大城(外郭城)"[78]。

支持"无城说"的学者呈增多的趋势,他们大体一致的意见是,秦都咸阳是一个缺乏统一规划思想指导的不断扩展的开放性城市,其范围从渭北逐步扩大到渭水以南,最终形成了横跨渭水两岸的规模[79]。梁云更论证秦咸阳的外郭无垣,除了战时"无暇作长治久安式的全景规划",还应与统治者心中的"天下""宇内"思想的成熟有关[80]。

看来,关于秦都咸阳的布局结构,还有待进一步探究。

从文献记载和考古发现看,随着秦的国势渐强和兼并战争的不断深入,约当战国中晚期之交,秦都咸阳开始向渭河以南扩展,多处宫室苑囿应始建于此时。就目前的材料看,秦咸阳外郭城城墙尚无考古线索可寻。在渭河两岸几十平方公里的范围内,各类遗存分布广泛,取开放之势。秦始皇时更积极向渭南发展,"营作朝宫渭南上林苑中。先作前殿阿房,……周驰为阁道,自殿下直抵南山。表南山之颠以为阙。为复道,自阿房渡渭,属之咸阳,以象天极阁道绝汉抵营室也"(《史记·秦始皇本纪》)。分布于咸阳城周边的这些离宫别馆是整个都城的有机组成部分。可以说,直至秦末,秦都一直处于建设中,范围不断扩大,整个城市的重心也有南移的趋势。

同时,秦王朝还划都城所在地区为"内史",建立以咸阳城为中心的京畿,并"徙天下豪富于咸阳十二万户"(《史记·秦始皇本纪》)以充实之,形成更大规模的首都圈。都城总体规划取开放之

二 秦汉京畿 帝国霸气

关中秦宫分布（《咸阳帝都记》）

势，充分显现了一代帝都旷古未有的威严与壮观。从某种意义上讲，秦都咸阳是一座未完成的城市。

## 东汉洛阳：最后的无郭之都

由上可知，尽管对汉长安城的布局结构诸问题有较大的争议，但学者们对紧随汉长安城之后兴建的东汉洛阳城却有相当的共识。

第一，东汉洛阳城的都城朝向无疑已坐北朝南，规划性比扩建而成的汉长安城稍强。

东汉洛阳城南垣的平城门与南宫相连，已成为全城最重要的城门。但北宫与南宫占据城内大部，位置略有参差，就全城而言，中轴线的规划思想也并不鲜明。魏晋以降都城中普遍存在的中轴线布局，特点是以从宫城正门南伸的南北向长距离主干大道为轴线，对称布置整个城区。一般认为，这种规划尚未见于秦汉都城，首开这种规划制度先河的是曹魏邺城。

第二，东汉洛阳城城圈属于内城，城内宫殿区的面积仍然较大，仍处于以宫室为主体的都城布局阶段。

宫殿区规模的巨大化是从战国到东汉时期都城布局的一个显著特点。与叙述东汉洛阳城仅限于城圈的观点[81]相左，杨宽认为"洛阳城依然属于内城性质。南宫和北宫不仅面积很大，而且占据城中主要部位……宫殿、仓库、官署，和西汉长安一样，布满整个都城之内"，"洛阳整个城属于'皇城'（内城）性质"[82]。的确，总体上看，东汉洛阳城内宫苑面积达全城总面积的二分之一左右，仍处于

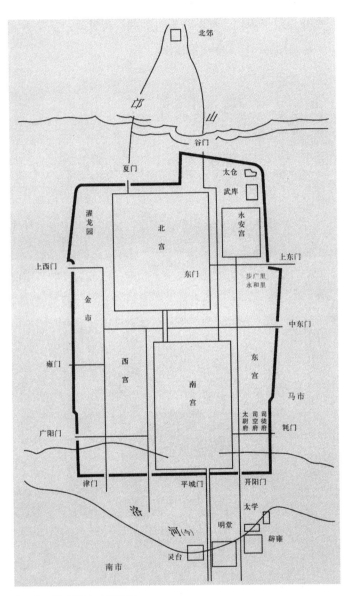

东汉洛阳城(《洛阳大遗址》)

以宫室为主体的都城布局阶段。相比之下，对居民里间与商市的安排则处于从属地位。一般居民多居于城外，三处著名工商业区中的南市和马市也都位于城外[83]。

第三，东汉洛阳城虽有较大的郭区，但并无具有实际防御作用的郭城城垣。

据《洛阳伽蓝记》卷四载，洛阳东郭以新开漕渠（阳渠）作为屏障，在上东门以东七里的漕渠上建有桥梁，称为七里桥，并在桥东一里建有"门开三道"的东郭门。洛阳西郭以"南临洛水，北达邙山"的张方沟作为屏障，在上西门以西七里的张方沟上建有张方桥，东汉称为夕阳亭，是上西门的外郭亭所在。夕阳亭又叫洛阳都亭，具有郭门性质。杨宽据此指出，洛阳的南郭就是南城墙与洛水之间东西宽六里、南北长四里的地区。汉魏洛阳与西汉长安一样，"以天然河流与新开漕渠作郭区的屏障，同样以桥梁与郭门作为郭区的门户，或者以桥梁与外郭亭作为郭区的关口"，而"汉魏洛阳之所以会有与西汉长安如此相同的结构，该是东汉都城的建设沿用了西汉的制度"[84]。

在"杨刘之辩"中，尽管刘庆柱不同意杨宽关于汉长安城外有"大郭"的观点，但也认可在西汉中期后，人们把汉武帝时修建的漕渠与宣平门以东大道交汇处称为东郭门，正像汉魏洛阳城以张方沟上的张方桥为西郭门一样[85]。这表明论辩双方在西汉长安城和东汉洛阳城均存在观念上的郭区的认识是一致的。

《中国考古学·秦汉卷》对洛阳城外的遗存做了较详细的介绍："据文献记载，当时在洛阳城周围，最高统治者同样精心营造了为数众多的宫、观、亭、苑，近城地带，更是各种重要礼制建筑

汉魏洛阳城城垣（《中原古代文明之光》）

的所在地和人口较为密集的居民区。""洛阳三市中金市以外的马市和南市，分别设于城东和城南。"此外，还有白马寺、汉大将军梁冀所筑皇女台及私家园林等。其中北郊兆域，南郊圜丘、灵台、明堂、辟雍等遗址，都经调查、勘探和重点发掘。"历年来勘察实践显示，当时的手工业遗址主要分布于城外。"[86] 显然，上述种种，构成了郭区的内涵。东汉洛阳城城圈的内城性质、郭区的内涵与结构，对解读西汉长安城的形态具有重要的参考意义。

由前述分析可知，秦汉都城的都邑布局具有一定的延续性，总体上显现出大都无防的格局和宏大的气势，与其进入帝国时代的社会发展进程是相适应的。

三　东周城郭　乱世独作

与秦汉时代形成鲜明对比的，是此前长达五百余年的春秋战国时代（公元前770～前221年）。这一波澜壮阔的时代，政治上列国分立，各自立都，多元竞争；经济上手工业兴盛，贸易繁荣；思想文化上百家争鸣；军事上兼并战争频繁，筑城扩城运动大规模展开，"千丈之城，万家之邑相望"（《战国策·赵策三》）。

在这一历史背景下，突显防御功能的城郭布局，在诸国之都应运而生。徐苹芳将其概括为宫城加郭城的"两城制"形态[87]。如果说内城外郭的格局是春秋时期"卫君"的最佳设防，那么随着社会矛盾的日益尖锐，各国统治者竭力使自己的栖身之所脱离居民区的包围，并满足其恣意扩建宫室的奢欲，似乎就成为战国时期各国都城新格局出现的主要原因。而军事、国防设施等的长足进步，也使宫城单独设防成为可能。

以往关于中国古代都城发展史的论述，大都认为春秋战国这一阶段的都城形态是承上启下、一脉相承的。如前所述，杨宽和刘庆

春秋、战国时代的诸国（《中国の考古学》）

三　东周城郭　乱世独作

柱两位先生尽管就中国古代都城的发展模式有过多轮不同意见的交锋，但在这一问题上却有着一致的看法。杨宽认为"从西周到西汉是西城联结东郭的时期"，这种西城东郭的制度，是礼制在都城规划上的反映，它"不但为春秋战国时代中原各诸侯国先后采用，而且也为秦都咸阳和西汉都城长安所沿袭"[88]。刘庆柱则提出了从史前时代方国或邦国的"单城制"，到夏商周王国时代的"双城制"，再到秦汉至明清帝国时代的"三城制"的演化模式[89]。通过以上对秦汉时代都邑的分析，我们知道春秋战国时期城郭布局的兴盛和形态变化，在中国古代都城发展史上，是前无古人后无来者的。它似乎只是特定历史时期的产物，并非都邑单线进化史上一个必然的链条。

## 内城外郭话春秋

战国时期城址大规模的增筑和改建，使许多春秋时期的城址遭到破坏，因此我们对春秋时期主要诸侯国都邑面貌的认识较之战国都邑要薄弱得多。有的学者主要依据文献资料对春秋战国时期的城郭布局进行了复原，认为将宫城置于郭城之中即"内城外郭"是这一时期城郭布局的正体。"内为之城，城外为之郭"（《管子·度地》），是春秋都城布局的基本模式。与此形成鲜明对比的是，凡战国时期新建或改建的都城，格局都为之一变，出现了将宫城迁至郭外或割取郭城的一部分为宫城的新布局[90]。这一趋势，在考古发现上亦有迹可循。

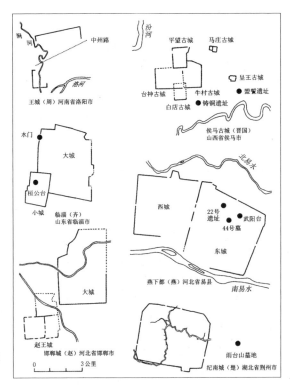

东周时代的列国都城
(《中国の考古学》)

## 鲁都曲阜

据《左传》《史记》等文献记载,周初,周公长子伯禽代父受封于鲁,一般认为建都于曲阜。还有一种说法是鲁国的第三代国君、伯禽之子"炀公徙鲁"(《史记·鲁周公世家》集解引《世本》言),时间上较伯禽受封晚50年左右,约当西周康王时期。鲁国历西周至战国时期,一直以曲阜为都,至鲁顷公二十四年(公元前249年)楚灭鲁,鲁国以曲阜为都约700余年。

曲阜鲁城位于山东省曲阜市城区及其附近。1942～1943年，日本学者关野雄、驹井和爱等在该遗址进行了初步调查和发掘[91]。此后陆续有零星的周代文物出土。1961年被国务院公布为全国重点文物保护单位。1977～1978年，山东省博物馆等单位对整个城址进行了全面勘探与试掘，随后出版了《曲阜鲁国故城》[92]，这是第一部有关周代都城遗址较为系统全面的田野报告专集。通过钻探和试掘，初步查明了曲阜鲁国故城的年代、形制和基本布局，为深入研究这座周代诸侯国都城，解决相关的诸历史问题提供了重要的依据。

考古资料表明，鲁都曲阜在整个西周时期并没有建造外郭城墙，最早的可确认城垣的建筑年代，约当两周之交或略晚[93]。所以，我们论及鲁都曲阜的城郭布局，限于春秋战国时期。

城垣平面呈不规则长方形。除南垣较直外，其余三面均有弧曲，四角呈圆角。东西最长处约3700米，南北最宽处约2700米，总面积约10平方公里。北垣和西垣沿洙水修筑，南、东两面则挖有护城壕与洙水相连。共发现城门11座，东、西、北三面各有城门3座，南垣有2座。近年在对南东门的发掘中，发现了门道两侧有两大夯土台基，应属墙体外的附属建筑基址，或为"阙台"基址[94]。城内已探出东西和南北交叉的道路各5条，都通向城门和重要遗迹。城内北部和西部发现了周代冶铜、制骨、制陶和冶铁作坊遗址共10处。城外东北部发现有制陶遗址1处。大型夯筑基址则较为集中地分布于城的中部和中南部。在城内西部还发掘出100多座两周时期的墓葬，分属于数处墓地。城南1.5公里许有"舞雩台"夯土台基。

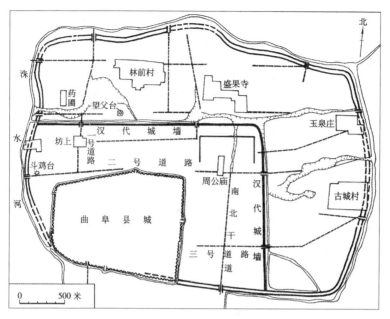

曲阜鲁故城（《先秦城市考古学研究》）

曲阜鲁国故城占地10平方公里的外郭城垣[95]在春秋时期已建成，但是否存在宫城，具体范围如何，还不甚明确。据称，城内中部略偏东北的周公庙高地的边缘地带，1970年代曾发现了断续分布的窄夯土墙（宽约2.5米），夯土墙圈围起的面积约25万平方米。发掘者认为应属宫城城垣，但与其他东周都城中的宫城相比，这个围垣设施与外郭城面积之比相差悬殊，面积与墙宽都显得过于窄小，更像是宫庙区内的一个大的庭院，可能即鲁国宫室的宗庙之所在[96]。近年在周公庙建筑群周围又发现了夯土墙和壕沟。夯土墙一般宽14～23米，壕沟宽7～20米。夯土墙圈围起的范围东西最长约460米，南北最宽约260米，城内面积约11万平方米，墙、壕基本围绕在台地四周。在西部发现一门道。对其中大型夯土建筑基址和水井等遗存的发掘,表明其建筑与使用年代在春秋晚期至战国中期[97]。

《春秋》中提及鲁国曾于成公九年(公元前582年)和定公六年(公元前504年)先后两次"城中城",这里的"中城",一般认为应即鲁都的内城[98]。曲英杰更推断周公庙高地及周公庙村一带约千米见方的区域,应是鲁国的宫城之所在,这当然还有待于考古学上的证明。但由考古与文献材料,推断春秋时期鲁都的内城(宫城)位于外郭城之中,是大致可信的。

## 齐都临淄

据《史记·齐太公世家》记载,周武王灭商后,封姜尚为齐侯,都营丘,后又徙都薄姑。自齐献公元年(公元前859年)由薄姑迁都于临淄直至齐王建四十四年(公元前221年)秦灭齐,临淄作为姜齐与田齐的国都历600余年。

齐国都城临淄城,位于山东省淄博市临淄区齐都镇。1930年,中央研究院历史语言研究所曾派李济、吴金鼎到临淄实地考察。随后,山东省图书馆王献唐考察临淄封泥出土地点,并对齐故城的形制进行了初步研究和考证。1940~1941年,日本学者关野雄连续到临淄调查,对齐故城城垣进行了测量,并对临淄齐故城的形制进行了复原研究[99]。1957年,山东省文物管理处对该遗址做了初步的调查、钻探与试掘。1961年,国务院公布其为全国重点文物保护单位。1964年夏至1970年代初,山东省文化主管部门会同中国历史博物馆、北京大学、中国科学院考古研究所(后隶属中国社会科学院）等单位，对城址进行了系统的勘探和重点试掘，大体探明了城址的范围、形制和城垣的保存状况，初步了解了城内的文化堆积、交通干道、排水系统、手工业作坊、宫殿建筑和墓葬等遗存的分布情况[100]。1976年至80年代，又在城内的多处地点以及大城北墙、大城西墙（含排水涵道）、小城北墙等处进行了发掘。20世纪八九十年代，在临淄城的周围又发现并发掘了大批中小型墓葬和若干大型墓，初步建立起了临淄地区齐墓的年代分期序列[101]。

齐都临淄由大、小两城组成。其中位于大城西南，部分嵌入大城西南角的小城，始建年代约当战国早中期，极有可能是田氏代齐后始建的新宫城；而西周时期的遗存，仅分布于大城的东北部，只在大城北墙的东段发现了夯土城墙的线索。

据分析，在小城兴建前，春秋时期扩建而成的大城大体呈纵长方形，占据了后起小城的东北部区域。其东西约3500米，南北约4100米，总面积约14平方公里。值得注意的是，发掘者指出，大城西区和东南区，主要是战国和汉代的文化遗存，也发现了春秋晚期的遗存；而大城西墙经解剖，确认最早的墙垣始建年代不早于春秋晚期，或为战国早期[102]。所以，目前所知大城的始建年代及大城区域被普遍利用的年代，只能上溯至春秋晚期。

与西周时期的城垣一样，早至春秋早中期的夯土城垣，也仅见于大城北墙东段一处。而春秋时期大部分时段文化遗存的分布范围，似乎也仅限于西周时期开始兴盛的东北部。临淄大城内文化堆积最为丰厚、遗迹最为复杂的地带是东北部，尤其是河崖头村西南和阚家寨村东北一带的"韩信岭"高地，文化堆积厚3~4米，发现了夯土遗迹。1960年代在河崖头一带探明大、中型墓20余座和

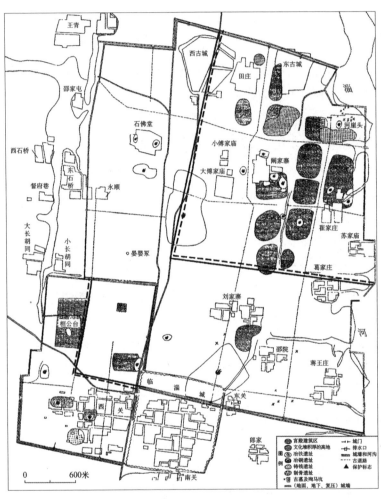

===== 西周城西墙南墙示意   ===== 春秋城西南角复原示意

临淄齐故城扩展推测示意(《临淄齐故城》)

大型殉马坑多座，有的大墓带有墓道；在河崖头村西清理的几座大、中型墓均棺椁齐备，墓室内积石、积炭，有单墓道，残存铜车马器、乐器和兵器，以及玉器、石磬等，墓主应属上层贵族，墓葬年代在春秋中晚期。1970年代清理的5号东周墓是一座春秋晚期的"甲"字形石椁大墓，在墓室的东、西、北三面有连成一体的大型殉马坑，已清理的部分出有殉马228匹，根据密度推算，全部殉马当在600匹左右。发掘者推测这一带应属姜齐的贵族墓地即"公墓"所在。这和春秋时期其他诸侯国都城中"公墓"置于郭城内的布局状况是一致的。

根据《左传》《史记》中围城焚郭等事件所提供的线索，可知春秋姜齐都城郭内有宫城，且宫城位于中心地带[103]。因此大城东北部西周春秋时期文化遗存集中分布的这一区域，有可能就是姜齐所都临淄城之所在。在对勘察报告的检核中，我们注意到，上述大城中部南北向干道，在与大城北部东西向干道交汇后西折约100米，到与大城中部东西向干道交汇处又向东折回100米左右。根据城市遗址复原的经验，出现这种情况的最大可能是该处有无法拆移的重要建筑物，后形成的干道只能避开它而沿其西缘继续南行。这一现象使我们有理由做出这样的推断：在上述两条东西向干道和向西折曲的南北向干道围起的阚家寨一带，极有可能是姜齐的宫城之所在。

### 郑都新郑

据《左传》《国语》《史记》等文献记载，西周末年至春秋初年，郑国自郑（今陕西省华县）东迁，建都于今河南新郑一带，时称"郑城"。至公元前375年韩哀侯灭郑，郑国以此为都近400年。为区别于旧都之"郑",后人称此地为"新郑"。其后,韩国由阳翟(今河南禹州)徙都于郑,至公元前230年秦灭韩,韩又都此凡146年。

郑韩故城的地理位置,在《水经注·洧水》中有较为确切的记述。城址位于河南省新郑市城区及其外围,地处双洎河和黄水河交汇处的三角地带,城垣保存较好,大部分保留于地面以上[104]。1923年,地处城址内的李家楼春秋晚期大墓被盗,发现了大量青铜器和玉器,翌年,北京大学马衡先生前往调查,推断其为"郑伯之墓"[105]。1950年代以来,通过考古调查和试掘,确认该城即历史上的"郑城"。这个先后作为郑国和韩国都城的遗址,现通称郑韩故城遗址。1961年,国务院公布其为全国重点文物保护单位。1964~1975年,河南省博物馆在城址内进行了比较全面的钻探工作,初步了解了各种遗存的分布状况,并在此基础上进行了重点试掘[106]。1980年代以来,郑韩故城遗址的发掘工作持续不断[107],对该城址的认识也随之不断加深。但郑都和韩都两城叠压,在都邑布局上的继承和变异之处,颇难究明。

城垣依双洎河和黄水河而筑,曲折不齐。城址分东、西两城,中有南北向的夯土隔墙。东西长约5000米,南北宽约4500米。西城平面略呈长方形,北墙保存较好,长约2400米,东墙(即隔墙)长约4300米。在北墙中部、东墙北部和中部各发现城门一座及路基遗迹。西墙和南墙可能被双洎河冲毁。东城平面不甚规则,北墙长约1800米;东墙中部折曲,发现城门一座,南段沿黄水河西岸修筑,全长约5100米;南墙筑于双洎河南岸,长约2900米。城垣始建于春秋早期,春秋和战国时期续有修补。

西城的中部和北部分布有密集的夯土建筑基址,有的面积达

郑韩故城（上：《中原古代文明之光》，下：《新郑郑国祭祀遗址》）

六七千平方米，夯土基址间相互叠压的层位关系，表明这里应是郑、韩两国的宫殿区所在。西城中部又有一小城，东西长约500米，南北宽约320米，已发现了北门和西门的遗迹。小城内的中部偏北发现有大型夯土建筑台基。这一小城可能是宫城遗址。其西北现存一座俗称"梳妆台"的夯土台基，南北长约135米，东西宽约80米，高约8米，台上发现有陶井圈构筑的水井和埋入地下的陶排水管道。

东城内最重要的发现当属近年来出土的多座青铜礼乐器坑等遗存。1993～1996年，在东城中部、中南部和西南部等处接连发现

郑国祭祀遗址乐器坑清理
(《新郑郑国祭祀遗址》)

了春秋时期的青铜礼乐器坑 19 座,殉马坑 80 座左右,出土成组青铜礼器和乐器共 300 余件。这些青铜礼乐器坑和殉马坑大体呈东西排列,分布有序,周围未发现墓葬,坑内的礼乐器组合与同时期贵族墓中随葬品的组合基本相同,可能与祭祀有关[108]。这几批青铜器数量之丰富,组合之完整,工艺之精美,在整个东周考古发现中亦属罕见,对于研究春秋时期礼乐制度的演变,尤其是当时颇负盛名的"郑卫之音"的内涵,都具有重要的价值。

　　以往的研究多基于总平面图,无法做进一步的动态解读。在考古材料不充分的情况下,出现了不少推想。如杨宽认为西"城"的建筑较早,而东"郭"的城墙是后来修筑的;虽然文献中有春秋前期"郛"或"郭"的记载,但都应是利用洧水和黄水等自然沟壑作为防御[109]。史念海更认为东城是韩灭郑后修建的郭城[110]。

郑韩故城的发掘主持人马俊才梳理历年的考古资料,并结合文献记载,对郑都和韩都平面布局的变化做了综合分析,值得重视。由考古发现可知,新郑郑都城垣圈围起的面积,居然大于韩都,其南垣的大部分,将洧水包裹于城内,使其穿城而过。郑都和韩都在布局上最大的不同,是中间尚无隔墙,因而并未形成东西分立的城郭布局。按马俊才的复原,太庙、宫殿区、社稷等祭祀遗存、仓廪区,以及郑公墓区,都在城内中部一带[111]。

虽然尚未发现郑都的宫城,但据《左传》等文献记载,郑都是有内城或宫城的,因此春秋时期郑都内城外郭的布局,大致可以得到肯定。

郑韩故城的内外均分布着春秋战国时期的墓地。其中,西城内东南部的李家楼、东城内南部的后端湾至仓城一带是春秋时期的贵族墓地。春秋战国时期的一般墓葬区则多分布于城外。

## 城郭并立惟战国

城郭布局由春秋到战国的变化,似乎还可以更为简洁地概括为从"内城外郭"变为"城郭并立"。这一观察结果在对相关城址的深入分析中也得到了验证。就城、郭的相对位置而言,战国时期的列国都城大体可分为两类:一是宫城在郭城之外,如临淄齐故城、邯郸赵故城等；二是割取郭城的一部分为宫城，如曲阜鲁故城、新郑韩故城、易县燕下都（东城利用河道分割宫城与郭城，西城则为附郭），洛阳东周王城、楚都纪南城似乎也可归入此类。

## 齐都临淄

战国齐都临淄城的城垣建于淄河与系水之间，由大、小两城组成，总面积约16平方公里。大城的始建年代不早于春秋晚期，平面略呈长方形，南北长约4000米，东西宽约4500米。东墙因沿淄河修筑，曲折不齐。南、北墙外有护城壕，东、西两面则以淄河和系水为天然城壕。已探出东、西门各1座，南、北门各2座，连同小城所见共发现城门11座。

小城位于大城西南，部分嵌入大城西南角，始建年代约当战国早中期。平面略呈长方形，南北长约2200米，东西宽约1400米，面积约3平方公里。共发现5座城门，其中南门2座，东、西、北门各1座。城垣外有护城壕。一般认为，小城应是宫殿区所在，即田氏代齐后的宫城。其北部分布着大片夯土建筑基址，中心建筑为一平面呈椭圆形的夯土台基，俗称"桓公台"，台高14米，东西长约70米，南北长约86米。"桓公台"基址分上、下两层，下层属战国时期，上层属汉代。小城内的东、西部有铁器作坊遗址，南部有铸铜和制造"齐法化"刀币的铸钱遗址，应为直属中央官府的手工业作坊遗存。

战国齐故城的城内有全城性的排水系统，小城和大城均发现排水道。在大城西北隅的城墙处，有用大石块垒砌出的外宽内窄的涵洞。在小城探出3条干道，大城内探出7条，都与城门相通，把全

齐都临淄大城石砌排水道(《临淄齐故城》)

城分隔成10多个棋盘格式的区域。

在齐故城周围分布着大量有封土的东周墓葬和高台建筑基址。战国时期田齐的王陵区则位于城东南约11.5公里的牛山一带,共有六陵,东西并列,占地广阔。皆因山造墓,故现今犹存高大的封土堆,冢下还有若干较小的冢墓。自牛山至齐故城之间的大片地段,又有多处东周墓地,当是国人墓地即"邦墓"之所在[112]。

梁云据考古发现推测,田氏代齐后,可能夷毁了原姜齐的宫殿,辟为手工业区。他注意到,在大城东北部分布着大面积的冶铁遗址,在"韩信岭"还发现冶铜遗址,可知这里也是主要的手工业区。这一带本来应是西周至春秋时期姜齐的宫殿区,而商周城市布局中绝无宫殿区和主要的手工业区同处一地的道理。那么如何解释考古勘察中发现的这一矛盾现象呢?他的解释是,铁器

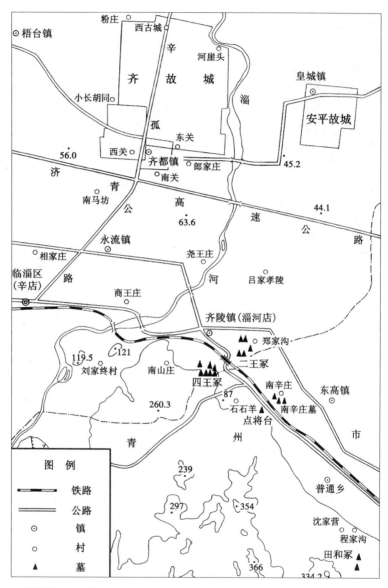

齐都临淄与田齐王陵（《临淄齐墓（第一集）》）

在春秋时期还很稀少，战国后冶铁业才得以迅猛发展，这些冶铁遗址应主要是在战国以后形成的，与姜齐宫殿并不共时，是在后者废弃后才开辟成手工业区的[113]。这一推想是有道理的，当然还有待日后考古工作的证明。

如前所述，目前探明的临淄齐都大、小城的布局，形成于战国时期，其中小城始建于战国早中期，与田氏代齐立为诸侯的时间基本相合，很可能是田氏代齐后始建的新宫城。齐国都城由"内城外郭"到"城郭并立"的发展轨迹是非常显著的。

另一个值得注意的现象是，小城北墙（宽55米余）明显宽于小城西墙（宽20~30米），东墙和北墙外的城壕（25米左右）明显宽于小城南墙和西墙外的城壕（宽13米左右）；小城的东北角特别宽大，似有角楼之类建筑[114]。另外，东门和北门两侧的墙体构造异常复杂，门道表现出"窄而长"的鲜明特征。这表明小城建造时对与大城相连的东、北两面的防御设施给予了充分的关注，"防内重于防外"，反映了齐国内部社会政治局势的紧张，应是田氏代齐特殊历史背景下的产物[115]。从后文叙述的城郭分立的情势看，这种紧张关系在战国时期的诸国是具有普遍性的。

## 赵都邯郸

《史记·赵世家》《汉书·地理志》均载，赵敬侯元年（公元前386年），赵自中牟（今河南汤阴）迁都于邯郸，至赵王迁八年（公元前228年）被秦攻破，邯郸作为赵国都城共150余年。其年代处于战国中晚期，布局具有鲜明的战国时代"两城制"的特征。

赵国故城邯郸位于河北省邯郸市区及其外围。考古学上对邯郸故城的认识,有一个过程。目前可知,全城总面积约17.19平方公里[116](原测量数据为近19平方公里),分为"赵王城"和"大北城"两大部分,彼此不相连接。然而,在"大北城"发现之前,一般多以"赵王城"为邯郸故城。1940年,日本学者驹井和爱、关野雄等曾在这一带做过考古调查和局部发掘,所得结论也是如此,并认为战国至汉代的邯郸城是由南向北发展的[117]。1950年代以来,河北省文物管理处等单位对赵王城进行了全面的钻探调查,确认了由3座小城组成的"赵王城"的范围和布局,并发现了"大北城"遗址,钻探出了部分城垣并对其内的部分遗存进行了发掘清理。1961年,国务院公布其为全国重点文物保护单位。但直到1970年代后期,仍指认"赵王城"为邯郸故城,而其与"大北城"的关系则"尚未弄清"[118]。1980年代初期发表的调查简报和报告,正式提出了整个邯郸故城包括"赵王城"和"大北城"两部分,"赵王城"是赵都王宫所在地,而"大北城"是邯郸的古城,也是赵都的居民城和手工业区。作为宫城的"赵王城"始建于战国时期,兴建年代约在赵都迁入邯郸前后;而作为郭城的"大北城"可能略早[119],很可能是在春秋晚期赵氏封邑的基础上扩展而成的[120]。

"赵王城"由平面略呈"品"字形的3座小城组成,每个小城长宽各1000米左右,3座小城的总面积约5平方公里。从赵王城内夯土台基的长宽比和地势看,作为宫城的赵王城的总体布局应是坐西朝东的[121]。西城近正方形,有多处城门遗迹。其中部偏南处的"龙台",为一大型夯土建筑台基,东西宽265米,南北长296米,残高19米,是迄今所见战国时期最大的夯土台基。城的北半部还有夯土台5座,最大的两个与"龙台"处于同一条中轴线上。此外,在

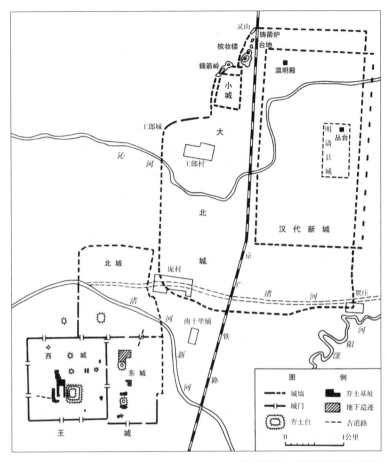

赵都邯郸城（《赵都邯郸城研究》）

"龙台"的西部和西北部钻探出了大面积的夯土建筑基址，城内其他地点也有零星发现。东城略小，近西垣处有 2 座大型夯土台基，在两台基附近还发现有数处夯土基址和 1 座较小的夯土台基。北城西垣内外有两座大夯土台基东西对峙，中部近南垣处也有 1 座较小的夯土台基。各台基周围均堆积着大量的瓦片、瓦当等建筑遗物。

三 东周城郭 乱世独作

赵王城"龙台"鸟瞰（《赵都邯郸城研究》）

"大北城"位于"赵王城"东北部，其城垣西南角与"赵王城"北城的东北角相距约80米。城址平面略呈长方形，西北隅曲折不齐。南北最长处为4880米，东西最宽处为3240米，面积约13.8平方公里。城垣保存状况较差，部分城垣尚未找到，但西北隅的插箭岭、梳妆楼、铸箭炉、灵山诸夯土台基与城垣遗迹仍高出地面，这些台基遗址应是战国至汉代的一个建筑群。在这一建筑群之东南、大城的西北角还发现一座小城，小城的西垣北段及北垣即曲折不齐的"大北城"的西垣，小城平面略呈梯形，南北长约700米，东西宽290～400米。"大北城"东北部的丛台也是一处战国时代的夯土建筑基址。大城内发现有战国至汉代的冶铁作坊遗址3处、铸铜作坊遗址1处、制陶作坊遗址5处、制骨作坊遗址1处和石器作坊遗址1处,大都集中分布在中部偏东一带。

邯郸城郊外的遗址和墓地,主要发现于西郊及西南郊区一带。赵国贵族墓地集中于城西郊和西北郊区沁河两岸的岗坡上。城西北10公里以外的今邯郸市与永年县交界处的丘陵地带,已发现了5座赵王陵园。陵园中各有陵台,周围有陵园围墙,台上有台基遗迹,应属"享堂"类建筑遗存。四周还分布着若干属陪葬墓性质的中、小型墓葬[122]。

关于邯郸故城的布局,有的学者提出了不同的意见,认为赵都邯郸故城应指今大北城,而处于制高点的大北城西北部的夯土建筑基址群和小城一带,有可能是宫城所在地,赵王城只不过是一处重要的离宫而已[123]。大城西北部诸台基和小城的确切年代与性质,的确是探索邯郸故城布局的一个关键所在,但目前的考古材料尚不充分,问题的最终解决还有待于今后的工作。

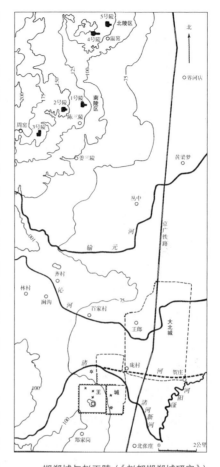

邯郸城与赵王陵(《赵都邯郸城研究》)

三 东周城郭 乱世独作

## 鲁都曲阜

在战国时代诸侯国的都城中,争议最大的是鲁都曲阜的布局。由于发掘者认为该城大圈套小圈的城郭布局不同于东周城址,可能反映了西周城市的特点,而整个都邑的布局由西周初年一直延续到战国时代鲁国被灭,"贯串两周始终"[124],所以鲁都曲阜也就成了一个特例,它的不变,迥异于急剧变化的同时代其他诸侯国都城,予人以深刻的印象。

但实际情况可能并非如此。梳理该城的考古材料,可以认为,如果说西周鲁都"无城"、春秋鲁都内城外郭,那么战国鲁都又毫无例外地"与时俱进"——出现了城郭并立的新格局[125]。

发掘者推断割取城址西南部的城址始建于西汉晚期,其西、南两墙分别利用了鲁城的西、南垣,东、北两面则为新筑[126]。我们注意到,鲁城内发现的东周时期9处大型夯土建筑基址,有8处位于"汉城"城墙之内,沿汉城北墙、东墙排列,无一逾出城墙。其中周公庙建筑基址位于汉城东北角,5处东西并列的夯筑基址紧贴汉城北墙。东周时期的建筑基址均位于汉城以内且沿汉城城垣排列,这大概不是偶然的巧合。这使人有理由推测:至少在战国时期,大致在现存的汉城城垣的位置上或其近旁,是否就已有割取大城西南部的城垣存在呢?

据报告,"汉城"城垣的夯层中发现了两种夯具的痕迹:圆形平底的金属夯窝和圆形圜底夯窝。在鲁城的其他发掘地点尚未发现同一时期共用两种夯具的现象,城南的"舞雩台"遗址更发现了上述两种夯窝直接叠压的层位关系:圆形圜底夯窝见于上层夯土,时代属西汉；圆形平底夯窝，见于其下的中层夯土，属战国时期[127]。

因而，这座汉城的墙基是否可做详细的分期，是需要通过进一步的工作来解决的问题。从目前的情况看，该城的城垣极有可能始建于战国时期。

另外，鲁城内所发现的5处墓地中，两处位于汉城内，即斗鸡台墓地和县城西北角墓地，墓葬年代属西周至春秋时期。汉城内迄今尚无战国墓发现。而汉城北墙外的望父台墓地则分布有战国时期的大、中型墓。该墓地应是具有"公墓"性质的贵族族葬墓地。战国时各国"公墓"一般已移出城外，极少数位于城内者也均在宫城以外的郭城之内。这种情况也可旁证战国时已有小城存在。

如果这座汉城城垣的始建年代可上溯至战国，或在其近旁战国时已有城垣，则战国鲁城的布局就与燕下都较为接近，即都割取郭城的一部为宫城，而与居民区、公墓区相隔绝。战国宫城一般面积较大，包容全部（至少是绝大部分）宫殿基址和多种遗存甚或空地，鲁城西南部的这座小城，正大体符合上述情况。

## 韩都新郑

新郑郑韩故城是东周时期唯一一座经武力征伐而经历了改朝换代的都城，这在考古遗存上也留下了鲜明的印记。

按马俊才的复原，韩国对郑都进行了较大幅度的改扩建[128]。首先，韩人放弃了难以防守的双洎河南区域，而以双洎河与黄水河的宽深河谷为天然屏障，沿双洎河北岸另筑了一道城墙；同时加宽、加高了郑都的北、东城垣，沿城墙内侧修筑道路，形成"环涂"，并在西城北垣修筑了4个马面。如此种种，都凸显了强烈的军事防御色彩。

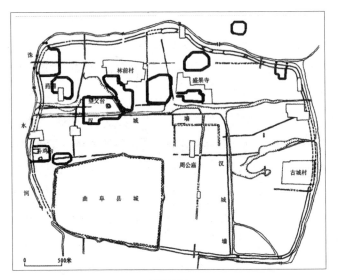

西周遗迹

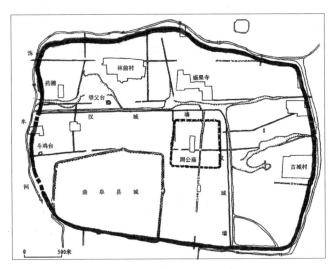

春秋城垣

鲁都曲阜布局演变示意（含右页图）

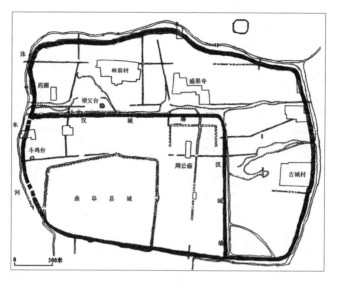

战国城郭

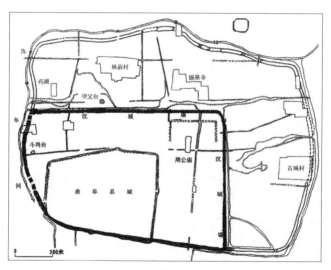

汉代城垣

三 东周城郭 乱世独作 97

春秋郑都

春秋郑都到战国韩都布局演变示意（含右页图）
（《中国历史地理论丛》1999年第2辑，马俊才文）

  另一项改变都城布局的大动作，是在城址中部筑起一道南北向隔墙，将原郑城分为东、西两城，隔墙东侧有宽10余米的内壕，城壕强化了西城的防御，正式形成了韩都西宫城、东郭城的格局。西城内分布着宫殿区、国朝（或太庙）、官署等重要建筑，东城分布有屯兵区、各种手工业作坊（如铸铜、纺织、铸铁、铸钱、制骨、制玉等）、仓廪区、居民区等[129]。城内各功能区的规划进一步明确。为了容纳尽可能多的人口，城内不再设置墓葬

战国韩都

区，韩王陵墓及大的墓葬区均迁出城外。

新建的南北隔墙拦断了郑国的公墓区，两处冶铁遗址叠压在郑国的贵族墓地和社稷遗址上。宫殿基址等重要遗存，也都是在韩灭郑后废弃的，反映了古代灭国"焚其宗庙，徙其重器"的强烈意识。

目前，郑韩故城以外已探明数十座战国时期的大型墓葬，周围还发现数百座陪葬墓（或车马坑）。其中包括11处王陵区和高级贵族墓葬，分布于城址以西、以南的广大区域。绝大部分陵区都发现

新郑胡庄韩王陵发掘现场(《考古河南》)

了2座或2座以上的大墓,应为王、后异穴合葬墓,周围往往有陪葬墓和陪葬坑[130]。

## 燕下都

据《世本》记载,春秋时期燕国曾以临易(今河北省雄县)为都。战国时燕还都于蓟(今北京市附近),后世称燕上都,至战国中晚期又营建下都武阳(《水经注》)。此时燕有二都,而非迁都于下都武阳[131],但从燕下都故城遗存的发现情况看,该地无疑是战国中晚期燕国的政治、经济、军事和文化中心。

城址位于河北省易县东南,地处北易水和中易水之间。据方志文献记载，该地自清代以来屡有文物出土。1929年，马衡等调查了燕下都故城。次年，北京大学考古学会、北平研究院史学研究会等单位联合组成燕下都考古团，马衡任团长，对燕下都遗址进行了小规模发掘[132]。这是中国考古发现与研究史上对东周城市遗址进行田野考古工作的发端。1957～1958年，河北省文物管理委员会和文化部、文物局先后组织力量对燕下都进行了较为全面的调查、钻探和试掘。1961年，国务院公布其为全国重点文物保护单位。1961～1962年，河北省文化局文物工作队又对城址进行了有目的的全面勘察，并对部分遗址和建筑遗存做了重点发掘，基本上弄清了该城址的概貌[133]。此后直至1980年代初期，燕下都遗址的考古工作持续进行，积累了丰富的田野资料[134]。

城址平面略呈不规则长方形，东西长约8000米，南北宽4000～6000米，总面积为30余平方公里，是战国都城中面积最大的一座。中部有一条古河道（相传为"运粮河"）纵贯南北，其东侧还有一与之平行的城垣，二者一道将燕下都分为东、西两城。依勘察发掘报告，东城的始建年代不晚于战国中期；西城稍晚于东城，约营建于战国中期前后。

东城内文化遗存丰富，是燕下都的主体部分。城垣平面略呈"凸"字形，东西约4500米，南北约4000米。已于东、西、北三面各发现1座城门，并发现古道路3条。南垣外以中易水为天然城壕，东、西两垣外则有人工挖掘的护城壕，北城墙1000米以外的北易水也起着城壕的作用。东城中间偏北处有一道横贯东西的隔墙和一条自西垣外古河道中引出的分为南、北两支的古河道。古河道的南段以北，包括北城墙外的大片地段分布着众多的大型夯土高台

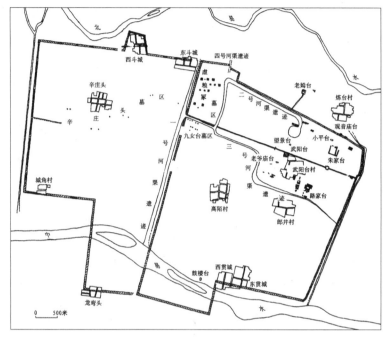

燕下都（《先秦城市考古学研究》）

建筑址，应是燕下都的宫殿区所在。这些高台建筑址以位于隔墙南侧的武阳台规模最大，其东西长约 140 米，南北宽约 110 米，高 11 米，分为上下两层。以武阳台为中心，在其以北约 1400 多米的中轴线上，依次排列着望景台、张公台、老姆台等夯土台基。坐落于北城墙外的老姆台长宽各 95 米，高约 10 米，是燕下都的第二大夯土台基。此外，在武阳台的东北、东南和西南还钻探出 3 组夯土建筑基址群。古河道北支东端为蓄水池，这条河道应主要是为解决宫殿区内用水的需要而开挖的。在隔墙和东城垣北段及北城垣上，各发现 1 座突出于城垣的建筑基址，当属保护宫殿区的防御设施。宫殿区内有制造铁器的作坊遗址 2 处、兵器和骨器作坊遗址各 1 处，都集中分布在西北部。

在古河道南支以南直至南城垣的东城南部，分布着 17 处面积较大、堆积较厚、出土遗物丰富的遗址，这一带应系一般居民区，相当于其他东周都城中的郭城。在靠近古河道南支的东城中部一带，发现有制铁、兵器、铸钱和制陶作坊遗址各 1 处，形成一较为集中的手工业作坊区。

在东城的西北隅有 23 座带高大封土堆的墓葬，以隔墙和古河道为界分为两个墓区。以北的"虚粮冢"墓区由分作 4 排的 13 座墓葬组成；以南的"九女台"墓区由分作 2 排的 10 座墓葬组成。规模最大的封土堆长宽均在 55 米左右，高 11 米多。已发掘的墓葬尽管被盗严重，但仍出土了大量成组的仿铜陶礼乐器等遗物。这两

燕下都西城南垣城墙（《燕下都》）

个墓区应属燕国王室贵族的"公墓"区,其时代则约当战国早期至战国晚期。

西城之南、西、北三面有城垣,东西约3500米,南北约3700米,仅在西垣中部发现1座城门及与其相连的道路。城内的文化遗存较少,可能是为了屯兵和加强东城的安全而增建的具有防御性质的附郭城。

除老姆台建筑群及其附属遗迹外,在城外还发现了若干处建筑遗存、作坊遗址和墓葬。如东垣外发现有规模较大的制陶作坊遗址,东城北、东南、东北分别发现6座可能具有防御性质的夯土建筑基址;城南则发现若干处墓群及人头骨丛葬遗迹。上述遗存也是燕下都遗址的重要组成部分。

关于燕下都的营建年代,学界尚有不同的看法。一般多从《水经注》之说,认为燕下都系战国中晚期之交的燕昭王所建[135];也有

燕下都宫室建筑夯土台基——小平台(《燕下都》)

学者认为该地作为燕之下都,约始建于战国中期伊始[136];还有学者主张燕下都应始建于春秋晚期[137]。另外,以往学界论及燕下都之布局,都是将其作为大体同时的遗存来看待的。但综观已有的考古材料,燕下都的布局并非在其成为都城之初就全部形成,而是有一个发展演进的过程。

通过对各时期遗存在数量、内涵和分布范围上演变情况的梳理分析,可知燕下都遗址春秋时期遗存仅发现于东城西南部和中部一带,战国早期遗存的分布有所扩大,但也仅限于东城的南部和西城东南部一隅。这一时期遗存均为一般性居住址和小型墓葬,遗址的性质应属普通聚落。到了战国中期,遗存遍及隔墙以南的东城范围内,开始出现与都城规格相应的各种重要遗存,包括大型夯土建筑基址、作为"公墓"的九女台墓区和规模较大的重要手工业作坊如铸币作坊等,东城城垣也极有可能始建于此期。鉴于此,可以认为,作为都城的燕下都始建于战国中期之初的观点是较为恰切的。战国晚期遗存的分布范围进一步扩展,东城隔墙以北的区域兴建的一系列大型夯土建筑基址及虚粮冢墓区都属于这一时期。这一区域内还分布着若干重要的手工业作坊如制造兵器、铸铁、铸铜和制骨作坊等。该区域很有可能是战国晚期都城扩建过程中新辟出的宫城与公墓用地。战国晚期遗存的分布范围向北已逾出东城城垣以外。随着武阳台—望景台—张公台—老姆台中轴线的出现,东城北部作为都城之中枢的格局愈益鲜明,燕下都的总体城市布局只是到了此时才最后宣告确立[138]。

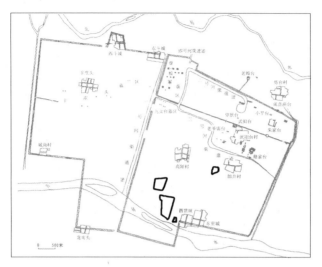

春秋时期，普通聚落

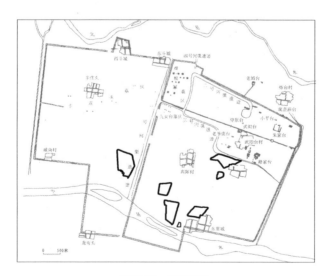

战国早期，普通聚落

燕下都布局演变示意（含右页图）

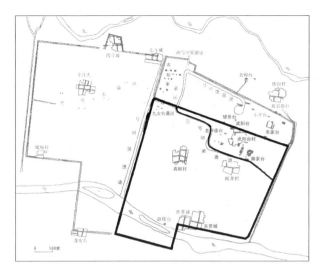

战国中期,始营下都,规格提高,功能分区

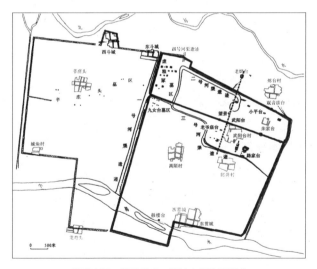

战国晚期,增建扩建,都城中枢格局形成

## 东周王城与成周

洛阳是东周时期的王畿所在地。一般认为，周自周平王东迁（公元前770年）至周景王止，以王城为都凡十二世。周敬王时为避王子朝之乱，曾迁都于成周（公元前519年），此后，王城与成周并存。战国时期，王畿内又分置为西周和东周两个小的公国。战国时期的王城应主要是西周公国的都城。战国晚期的周赧王时，东、西周分治，原居于巩的东周君迁居成周，周赧王无居处，只好又迁回王城（公元前314年）。至公元前249年，"秦庄襄王灭东周，东西周皆入于秦"（《史记·周本纪》），周亡。依此，周居王城和成周凡500余年。

东周王城城址位于中原腹地洛阳盆地内涧河和洛河交汇处。1950年代进行了较大规模的勘探和发掘。这一跨涧河而建的东周城址，由于文献记载与考古发现的互证，可以确认其即为东周王城。东周时期的成周城，一般认为应是1980年代在现汉魏洛阳城下发现的周代城址。

### 王城与西周公国都邑

发掘者根据地层关系和出土遗物，推断东周王城的城墙约始建于春秋中期以前，战国时代至秦汉之际曾迭加修补和增筑[139]。新的考古发现表明，只是到了战国时期，东周王城区域才修建起了外郭城垣。关于战国早期东周王城始筑城垣的历史背景，有学者推测系公元前440年"（周）考王封其弟于河南"（《史记·周本纪》），建立西周公国时所为，郭城东墙将春秋时期的王陵区一分为二的做法,只能是东周王城早已东迁成周,而西周公国建立时才能发生的事[140]。如是,则战国时期的王城,主要是西周公国的领地和都邑。

依据1955~1960年的发掘报告,东周王城外围城圈平面近方形,不甚规则。除东南部因地势低洼未发现城墙遗迹外,其余部分基本上保存完好。北墙全长2890米,城外有护城壕。西墙北部在涧河东岸,南部在涧河西岸,南北两端相距约3200米。南墙残存800余米,东墙则残存约1800米。位于涧水以西的西墙南段向外凸出,在结构上似另成一范围,发掘者早年即判断其为战国时期所筑[141]。后来在涧水西岸发现王城的北垣西段,筑建年代也约当战国时期[142]。西墙多处城垣内侧保存完好而外侧因外力侵蚀而受损[143],关于城址西城垣的原筑面貌和增筑情况及其与古涧水的相对方位关系,尚有待于进一步究明。21世纪以来,对东周王城东城墙的多处解剖发掘,确认其始筑年代为战国早中期,至战国中晚期又经修补、增筑[144]。2013年,国务院公布其为全国重点文物保护单位。

由多年的考古发现可知,东周王城的宫殿区,应位于城址西南部的瞿家屯一带,遗存的年代可上溯至春秋时期。战国时期宫殿区的结构和布局情况更为清楚。这一区域东起仓窖区东侧的河道,西至古涧河,南至瞿家屯东周王城南城墙一带。至于宫殿区的北缘,也有线索可循。在北距汉河南县城约150米处,曾发现一处战国时期的大型夯土建筑基址。在其北侧,有一条与基址平行,宽3.5米、东西长达数百米的墙垣,墙外有深达7米以上的沟渠,推测可能为护城壕。该城壕向东应与仓窖区东侧的南北向古河道相通。如是,东周王城的宫殿区就形成了以郭城南墙及其

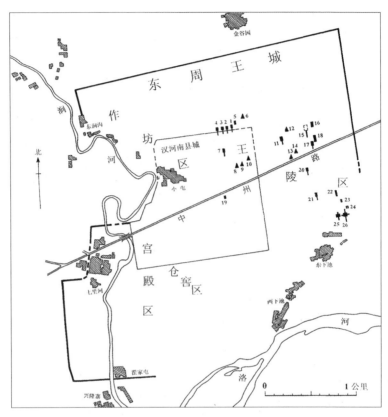

洛阳东周王城（《洛阳大遗址》）

外的洛河、西侧的涧河故道、北侧的城垣和沟壕、东侧的古河道圈围的相对封闭的防御体系，或可称为宫城[145]。巫鸿曾依据1950年代的报告，指出战国时代反映设防趋势的双城结构，在当时的东周王城也不例外。王城现存的城垣似乎属于两个相互关联的长方形：一个定位更为明确的小城圈建于主城墙的西南角[146]。这一意见是中肯的。

洛阳瞿家屯大型建筑基址（《洛阳瞿家屯发掘报告》）

最近十余年来，在这一相对封闭的区域内，发现了大面积的春秋战国时期的夯土建筑基址以及与建筑有关的遗存。总体上看，战国时期的宫殿区与春秋时期略同，惟后者南延至城墙以外的洛河北岸。春秋时期的宫殿区内广泛分布着宫室建筑基址，而战国时期则把东部区隔为仓窖区，成为宫殿区的一个重要组成部分。在12万平方米的范围内，已探出粮仓74座，排列较为整齐，已发掘的数座属战国中晚期[147]。

2004～2005年，在东周王城郭城南墙以南、涧河东岸、洛河以北的台地上，发现了战国中晚期的大型院落式夯土建筑基址群、给排水设施、池苑、暗渠、窖藏坑、水井和陶窑等遗迹，以及大量建筑材料与其他遗物。始建和使用年代约当战国中晚期之交至战国

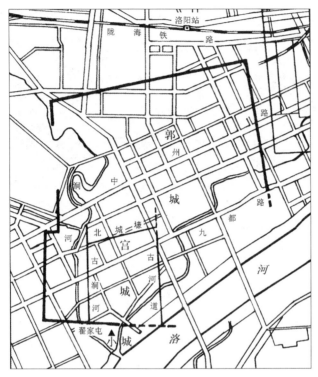

东周王城的宫城、郭城及西南部小城示意（《考古》2011 年第 5 期，徐昭峰文）

晚期[148]。发掘者认为这一区域的遗存规模大、规格高，规划严整，布局讲究，中部为具有王宫性质的封闭院落，东、西两侧有同样呈院落布局的附属建筑群，这一介于南城墙、涧河、洛河和古河道之间的封闭区域，或为战国晚期迁回王城的周赧王之居所[149]，或为西周君宫殿之所在[150]。

东周王城城址中部被汉河南县城叠压，原有遗迹遭到破坏，

在该区域还发现有专门烧造冶铁用的坩埚的窑址。上述仓窖区附近可能也是铸造等手工业作坊的集中区。城址北部发现有制陶、制骨、制玉石和铸铜作坊的遗存。其中尤以城内西北部战国时代的制陶窑场面积最大，内涵丰富。此外，城内还发现有多处居住址和排水设施等[151]。

1950年代，在城中部中州路一带发掘了260座东周墓葬。时代自春秋初期至战国晚期，纵贯整个东周时代[152]。迄今为止，在王城的东部、东北部及其附近发现和发掘了数千座东周时期的墓葬、车马坑等。其中东北部发现的墓葬中随葬青铜礼器和铜剑的墓比例较大，可知城址的东北部是王城内的一处重要墓葬区。与城址隔河相望的涧水西岸地区也发现了集中分布的上千座东周墓葬，这一带可能为周人墓地。

在上述宫殿区东北一带，屡次发现东周时期带墓道的大型墓葬和车马坑、殉葬坑。研究者认为，这些大墓均分布于东周王城的东半部，分布规律是东南部属春秋早期，中部属春秋中晚期，北部则属战国时期；带墓道特大型墓葬的主人当为东周国君或其直系亲属，而该区域应属东周王畿地区三个陵区中的王城陵区[153]。其中洛阳西郊第1～4号"甲"字形大墓及车马坑、陪葬坑等，时代约当战国中期至晚期前段，或属西周君陵区[154]。

## 成周与东周公国都邑

1984年，在汉魏洛阳故城城垣的解剖发掘中，发现了始筑于西周时期，修补增筑、扩建于春秋晚期、战国末期的早期城垣遗迹[155]。根据考古遗址以小地名命名的通则，我们称其为韩旗城址[156]。其中

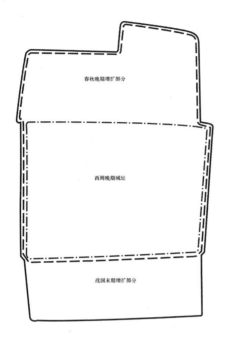

韩旗周城沿革示意(《考古学报》1998年第3期)

西周城址位于汉晋洛阳城的中部,面积逾4平方公里,呈横长方形。至春秋晚期,在修补、增筑西周城址的基础上,又在其北部加以增扩,城圈面积扩大到7平方公里余。到了战国末期至秦代,又向南扩大,达到汉晋时期洛阳城的规模与形制。

这一春秋晚期增筑的城址,一般认为应是周敬王为避子朝之乱迁居于此地时所筑。《左传·昭公二十六年》记,王子朝奔楚后"天王入于成周",这是东周成周之名最早见于史籍的记录。昭公三十二年(公元前516年),又"合诸侯之大夫于狄泉,寻盟,且令城成周"。至于战国末期至秦代的扩建,发掘者认为应是《读史方舆纪要》引陆机《洛阳记》所载"秦封吕不韦为洛阳十万户侯,大其城"的营缮和增扩活动。

东周时期王畿内的王陵区,一般认为分属三处,除王城陵区外,还有王城西南的周山陵区和王城以东的金村陵区(或称成周陵区、下都陵区)[157]。其中周山陵区位于东周王城西南约5公里,在山丘上分布着4座带有宽大墓道的封土墓。据考证应为春秋晚期至战国早期的周灵王、景王、悼王和敬王之墓。

金村陵区位于东周成周城内北部偏西,1920年代曾在此发现有战国时期的大型墓葬,墓内许多精美文物已被盗掘。据记述,该地共发现8座有较长墓道的"甲"字形大墓,分为南北两列。其中3座墓的墓道两侧各有殉葬的马坑。出土的许多铜器上有铭文,有一些显然属周王室用器。时代纵跨战国时期,应为周王室的墓葬,可能包括周王及附葬臣属[158]。

## 楚都纪南城

据《史记·楚世家》记载,楚文王元年(公元前689年),楚自丹阳迁都于郢[159],至楚顷襄王二十一年(公元前278年)秦将白起拔郢,楚都北迁于陈(今河南淮阳)。依此,楚国以郢为都逾400年。

荆州纪南城遗址位于长江北岸,因在纪山之南,故后人称之为纪南城。1950年代,该城经多次田野勘察,被推定为楚郢都遗址。1961年,国务院公布其为全国重点文物保护单位。湖北省文物部门随即设立了考古工作站,调查与发掘工作全面铺开。首先对城外的数处墓地及遗址进行了清理。1963~1966年,工作重点转向城内,开始进行系统勘探与重点发掘。同时又在城外发掘了一大批楚

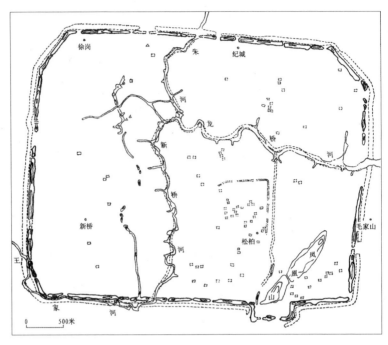

荆州纪南城(《先秦城市考古学研究》)

墓,一系列重要发现推进了楚文化的研究。1975~1979年,为配合城址范围内的农田基本建设,湖北省文物部门又会同全国各地的多所大学及文博单位的考古工作者,对纪南城遗址展开了大规模的考古发掘和全面钻探。至此,城址的文化内涵和布局等基本廓清[160]。1980年代以来,湖北省文物考古研究所继续在城址内外开展考古工作,对该城址的认识也随之不断深入[161]。

纪南城城址平面略呈长方形,东西长约4500米,南北宽约3500米,总面积约16平方公里。除东南角外的其他三处城角均呈切角,南垣东部有一外突部分。已发现城门7座,东墙尚存1座,其他三面各有2座，其中北墙东门及南墙西门为水门。城外四面围有护城河。城内已探明4条古河道，其中3条同现今河流的位置和走向基本一致，与上述水门和护城河相通。

城内已发现东周夯土建筑基址达80余处，大多包含着战国时期的遗存，以城的中部偏东南处最为密集。在这一夯土基址密集分布区的东部和北部发现有夯土围墙遗迹，东墙残长约750米，北墙残长约690米，一般认为可能属宫城城垣。但从已发现的迹象看，这一小城面积较小，并未包容进大部分夯土建筑基址，除小城城垣附近外，在凤凰山以东的城东南角夯土基址也有密集的分布。我们注意到，在新桥河以东、龙桥河以南的整个城址的东南部（松柏区）夯土建筑基址分布均较为集中，超过60处，占总数的70%以上，是否这一以河道为界、割取全城之一部而形成的相对独立的区域均属宫殿区，是颇值得注意的。如是，纪南城的布局与前述战国时期曲阜鲁国故城的情况则较为相近。

城内东北部的纪城区也分布着若干规模较大的夯土基址，或为楚都的另一重要宫室建筑群所在。城内西南部的陈家台清理了铸炉2座及残台基1座，发现有铜、锡炼渣、陶范和鼓风管等，表明这里应是一处金属铸造作坊遗址。全城发现有水井400眼以上，而以中部的龙桥河两侧最多。此外，在龙桥河两侧还发现有不少陶窑址，这一带应为制陶作坊区。城内仅发现两处春秋墓地，都位于西北部。

纪南城周围的文化遗存也极为丰富。城东的毛家山发现有制陶作坊遗址；城南分布有若干夯土台基，可能与祭祀或都城守卫有关；城西和城北则是密集的居住遗址。在城周围三四十公里的范围内分布着十分密集的楚墓,已发现有 25 处墓区,探明楚墓数千座。这类墓群应是实行"族坟墓"制度的楚国的"邦墓",即国人墓地。而在离城稍远的城西八岭山、望山,城北的纪山,城东的长湖一带,则发现了数百座有封土堆的大中型楚墓。其中的大型楚墓应是楚国国君或王室贵族的墓,这一带很可能是楚国的"公墓"所在[162]。

由对纪南城西垣北门和南垣水门的发掘,可知纪南城城垣的修筑不早于春秋晚期[163];对纪南城南垣最新的发掘成果则表明,城垣的始筑年代不早于战国早期[164]。城周围已发掘的楚墓的时代绝大多数也为春秋晚期至战国中晚期之交。一般认为,这大体表明了该城的繁荣时间,但城垣的始建年代及作为都城的年代上限仍有待于进一步探究。同时,楚以郢为都长达 400 年,但郢都是否一直在纪南城,也尚存异议。

梁云通过梳理,指出在经历了春秋中晚期遗存短暂的废弃后,到了春、战之交或战国早期,郢都内又有大型夯土台基开始建造,文化遗迹也扩展到徐岗区、新桥区和纪城区。纪南城的大城垣也兴建于此时,并沿用至战国中期晚段[165]。与此同时,有学者认为无论从考古发现还是文献记载看,纪南城都不应是春秋时期的楚郢都。王光镐据纪南城遗址的分期,更推定楚城只存在于战国中期晚段至战国晚期之际[166]。尹弘兵则认为纪南城作为楚都和楚国核心区的上限,至少应比其最繁盛的战国中期晚段要早,定在战国中期早段或早中期之际为宜。纪南城应是战国中、晚期的楚郢都[167]。无论如何,带有外郭城的纪南城属于战国时期,是没有问题的。

## 西土模式看雍城

前面已有学者指出,东周秦国乃至秦代都邑具有较为鲜明的特色,它们"采取的不是城郭分工的宫城、郭城制,而是非宫城、郭城制布局",即"非城郭制"布局[168]。而秦都雍城则是"非城郭制"都邑的典型标本。

据《史记·秦本纪》载,秦自"德公元年(公元前677年),初居雍城大郑宫",至秦孝公十二年(公元前350年),"作为筑冀阙宫庭于咸阳,秦自雍徙都之"(《史记·商君列传》)。据此,秦以雍城为都长达327年。

春秋至战国早期的秦国都城雍城遗址,位于陕西省凤翔县城南,地处关中平原西部的渭水北岸。早在1930年代,北平研究院史学研究会考古组在徐旭生的率领下,就踏察过这一带的周秦文化遗存[169]。1959年,陕西省社会科学院考古研究所凤翔队成立,开始对雍城遗址进行勘查。1960年代的田野工作中,勘查发现了夯土城垣。1976年,陕西省雍城考古队成立,开始对雍城遗址进行大规模的调查、钻探和发掘。1988年,国务院公布其为全国重点文物保护单位。50余年来雍城遗址的田野考古工作成果,不仅使我们对这一早期秦都有了较为全面的了解,也大大推进了秦文化的研究[170]。21世纪以来又对整个雍城遗址做了全面调查,在都邑布局的认识上取得了更大的进展。

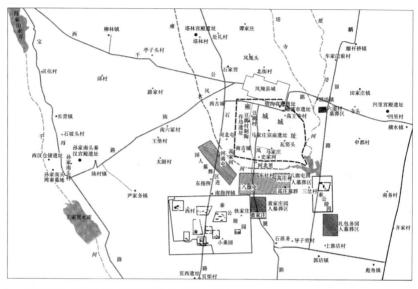

秦都雍城（《秦雍城豆腐村战国制陶作坊遗址》）

  战国时期构筑的城址平面呈不规则梯形。东西约 3200 米，南北约 3300 米，总面积约 11 平方公里。其中东、南两面分别依纸坊河和雍水河构筑城垣，蜿蜒曲折。北垣大部为现今县城所压，仅在今凤翔县城内发现部分墙体残迹。城的东、西、南三门均发现有城门遗迹。据称，城内发现南北向和东西向大道各 4 条，纵横相交[171]。但不同时期道路的早晚关系有待进一步究明，新的发掘确认了东周时期雍城城址内北部东西向大道的存在。发掘者进而指出，因城市布局"顺河而建，沿河而居"的特点，道路也往往形成"顺河而设"的走向与格局，同时各功能区间还有道路相通[172]。

  在瓦窑头、马家庄春秋时期宫室建筑遗址以北的铁丰、高王寺一带也发现有带夯土围墙的院落和夯土基址遗迹，出土有铜器窖藏等，主要遗存属战国中晚期。

据此，发掘者从三处宫室建筑区的早晚关系出发，推定瓦窑头一带系目前雍城营建最早的宫区，之后是位于其西北方向的马家庄宫区，最后则是位于城址北端的铁丰—高王寺宫区。总体上看，雍城的都邑规模是从东南部逐渐向北部、西北部扩大的。只是到了最后的阶段，约11平方公里的区域才被城垣圈围了起来。

雍城城址内外发现各种手工业作坊多处，如在史家河、马家庄和今凤翔县城北街一带发现了青铜作坊的线索；炼铁作坊见于史家河、东社、高庄一带；制陶作坊发现于城内豆腐村、铁丰、瓦窑头以及雍城城外的姚家小村、八旗屯等地；陶制生活用器则发现于邓家崖东岗子一带。作坊一般分布于四周城墙的内侧。

从作坊遗存的分布，可以窥见城墙修筑前后聚落布局的变化。在城墙外侧至河道的城边一带，曾发现多处平民墓地，如邓家崖、瓦窑头等处。这一带的墓葬往往打破作坊遗址，作坊存在时的河道内侧应为城内，而后世修筑城墙时则将边缘区域置于墙外，作坊随之弃用，而改作城墙外侧的墓地。与此相反，城址北区如雷家台、翟家寺等地小型秦墓的时代却早于建筑遗存，推断这里之前也为城外，墓葬区在都邑扩大、修建城墙之前业已形成[173]。

要之，雍城目前仅发现一道城垣，年代要晚至战国时期。城内的大部分区域都发现有大中型建筑基址，一般被推定为宫室建筑。而"南郊雍水河对岸即为密集的墓葬区……决定了在城外不可能有更大的城圈。宫殿区分布范围很大，几乎占据了城内的大部分

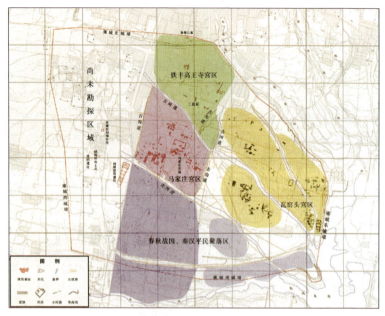

秦都雍城功能分区示意（《考古与文物》2014年第2期）

空间，决定了在城内不可能专门再修筑东方国都那种集合了诸多宫殿区的'小城'"[174]。这构成了秦国"非城郭制"都邑的主要特点。而战国时期短暂的"非城郭制"布局，似乎也开启了秦咸阳重回"大都无城"状态的先河。

四 三代大都　王国孔武

再往前追溯，我们知道春秋战国时代的城郭布局，并没有源远流长、一以贯之的传统。在整个二里头时代（夏或早商？）至西周时代，都邑布局的主流仍是"大都无城"，而这与当时迥异于东周时代的社会结构是密切相关的。这一历史现象，甚至残留到了周王朝后期的春秋时代。

## 春秋："大都无城"的孑遗

春秋时期的若干都邑，还保留着西周时代"大都无城"的形态，并未构筑起外郭城的城墙。

### 东周王城

关于郭城城垣究竟建于春秋时期还是战国时期，尚有不同的意见。发掘者关于东周王城城垣春秋始筑说的推论依据是，"夯土中包含的陶片从晚殷到春秋的都有，但没有晚于春秋的"；"直接压在城墙夯土'二层台'或打破夯土'二层台'的东周文化层或灰坑，其出土遗物有属东周中期或早期的，因此，原筑城墙的时间或可能早到春秋时代"[175]。参与发掘的徐昭峰指出，夯土内的包含物没有晚于春秋时期的，则可确定夯土的时代应不早于春秋时期。而据分析，上述打破城墙夯土的灰坑和叠压城墙夯土的文化层，都出有战国时期的遗物，应为战国时期遗存。"综合起来说，东周王城城墙的始筑年代不早于春秋时期，也不晚于战国时期"[176]。

与此同时，检核历年来东周王城遗址的考古发现，以战国时期的遗存最为丰富，包括夯土建筑基址、道路、粮仓、窑场、居住址、水井、灰坑和墓葬等。早年参与发掘工作的学者已指出该城的繁荣时期当在战国[177]。尤为重要的是，21世纪以来对东周王城东城墙的多次解剖发掘，都证明其始筑年代已入战国时期，战国中晚期又进行了增筑[178]。徐昭峰进而推论，作为完整的防御设施，其余三面城墙因与东墙一体，所以始筑年代也应相同，即东周王城的城墙始筑年代是战国时期。从春秋遗存的分布上看，平王东迁之王城也应在遗址范围内，只不过春秋时期的王城没有郭城[179]。

城内的西南部今瞿家屯一带地势较高，经钻探发现了两组面积较大的夯土建筑基址。北组建筑的四周有夯土围墙环绕，平面呈长方形，东西长约344米，南北宽约182米。其内中部偏北和西部有长方形的大型夯土建筑基址。南组建筑由夯土墙分成东、西两部分，其内未发现大面积的夯土基址，可能是北组建筑的附属建筑。在上述夯土基址的东部还探出一条南北向大道，已知长900余米，宽约20米。基址附近出土有大量东周时期的筒瓦、板瓦和瓦当，由此推断该处应为城内的重要建筑之所在。联系到《国语·周语》中"谷、洛斗，将毁王宫"的记载，邻近谷（涧水）洛（洛水）交汇处的这一区域，很可能是王城的宫殿区[180]。2005年，在瞿家屯村东南涧河入洛水的三角地带、东周王城南城墙以南，发现大量破坏春秋文化层而早于战国时期的冲积沟，应是"谷、洛斗，将毁王宫"之事在考古遗存上的反映[181]。

总体上看，春秋时期宫殿区所在区域与战国时期略同并稍大。上述南北两组建筑西侧的夯土墙，并非规则的南北走向，而是沿涧河故道的走势向南延伸。不排除这道夯土墙在南组建筑以南继续延伸的可能性。宫殿区以北，有一条连通涧河故道的东西向"河道"，不排除其属人工壕沟的可能，向东则极有可能连通战国时期仓窖区东侧的河道。仓窖区发现的大道和大量夯土遗存，应属春秋时期[182]。如是，则春秋时期夯土建筑向东的分布范围也较战国时期为大，已存在以自然河道和人工壕沟构成的防御体系。而由瞿家屯东周王城南城墙以外发现的春秋时期地层堆积和作坊遗址，知春秋时

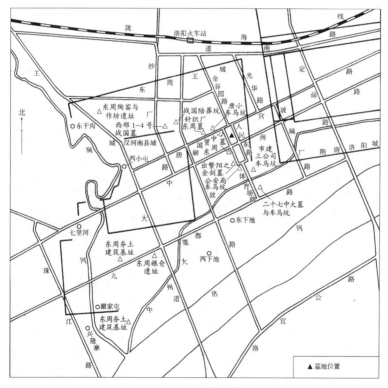

东周王城的墓葬分布（《洛阳王城广场东周墓》）

期的宫殿区向南可至洛河,也即在东周王城遗址南部,春秋时期遗存的分布也超出了战国时期城圈的范围。

前已述及,宫殿区东北一带分布着东周时期带墓道的大型墓葬和车马坑、殉葬坑,应属东周王城三个陵区中的王城陵区。春秋早期的大墓集中于东南部,春秋中晚期的大墓集中于中部。其中,春秋早期的一座"亚"字形大墓和两座"中"字形大墓及周围的车坑和马坑,位于东周王城东城墙以外。而其西200余米的东城墙以内,也发现了春秋早中期的车马坑和春秋晚期的"甲"字形大墓。显然,东周王城东城墙内外春秋时期的高等级墓葬和车马坑连为一体,这一带都应是春秋时期王陵区的组成部分[183]。值得注意的是,上述现象,暗示着战国时期筑建郭城城垣时,已无视春秋时期高等

"天子驾六"车马坑(《中原古代文明之光》)

级墓地甚至王陵区的存在,而将其拦腰截断。

此外,在东周王城区域内,还发现了春秋时期的大路、陶窑和刑徒墓等重要遗存。

春秋时期,至少在名义上延续周王朝国祚的周王城,在聚落形态上也延续了西周王朝都邑"大都无城"的布局传统,非常耐人寻味。


晋都新田

《左传·成公六年》记载,公元前585年,晋景公迁都新田,至公元前376年"魏、韩、赵共灭晋,分其地"(《史记·赵世家》)。但实际上早在公元前403年,魏、赵、韩三家即已列为诸侯,晋国公室名存实亡。学术界多以这一年作为晋都新田的终结,新田作为晋国晚期都城共182年。

新田遗址位于山西省侯马市市区附近,地处汾河与浍河交汇处的平原上。遗址发现于1952年。1955年,在山西省文物管理委员会组织的文物普查中,又发现了大面积的东周时期的文化遗存。1956年,文化部文物局会同山西省文物部门在此进行了更为详细的调查,初步认定该地是"晋国当时极重要的都市"[184]。同年,山西省文物管理委员会侯马工作站成立。1961年,国务院公布其为全国重点文物保护单位。自1950年代以来,以该遗址为中心进行的考古调查发掘和研究工作一直未曾间断,六十余年的田野考古工作取得了丰硕的成果。

1956~1965年的十年间,探明了牛村、平望、台神、马庄、北坞和呈王六座城址及部分城址内的夯土台基,并对以牛村古城为

侯马铸铜作坊发掘现场（《侯马白店铸铜遗址》）

主的部分遗存做了发掘[185]。在以往的资料中还提及白店古城。据在该遗址从事田野工作的学者称，1980年代所做复查工作中并没有发现城墙[186]。此外，还发现了若干手工业作坊遗址、祭祀遗址和墓地。在其间的1960～1963年，文化部文物局在该遗址组织了两次全国性的考古大会战，发现并发掘了著名的侯马铸铜遗址，发掘面积近4000平方米，对遗址的内涵、布局与性质有了初步的了解和认定[187]。

1965～1966年，在位于呈王古城东南的浍河北岸发现了著名的侯马盟誓遗址，发掘埋牲祭祀坑300余座，出土盟书5000余件[188]。盟书的发现引起了学术界的广泛关注，学者们一般认为这些盟书是晋国世卿赵鞅同卿大夫间举行盟誓的约信文书。盟书的发现确证了侯马即晋都新田的所在地，同时也是研究晋国历史和古文字演变的珍贵资料。

1960年代后期至1970年代，侯马遗址的考古工作以墓地为重点，对上马墓地进行了全面钻探和大规模发掘。到1987年结束，共发掘墓葬1300余座，揭露面积占墓地总面积的93％以上，由此确立了侯马晋都遗址年代学和文化属性的标尺，为探索其居民的社会结构等问题提供了全面系统的资料。1979年，在侯马市西南的新绛县西柳泉发现了一处包含若干大中型墓的墓地，并发掘了其中的数座墓葬，大致确认该墓地应为晋国晚期晋公陵墓区之所在[189]。

1980年代以来，对北坞古城和呈王古城进行了全面的钻探和重点发掘，对牛村古城的城垣进行了解剖，从而确认了其建筑和使用年代。另外，在呈王古城以东的呈王路发现并发掘了大型夯土建筑群和大量祭祀坑，这是继盟誓遗址之后有关晋国祭祀遗存的又一重大发现[190]。

六十余年的田野考古工作，使我们对侯马晋都的布局及内涵有了较为全面的认识。整个新田遗址在东西9公里、南北7公里（实际面积在40平方公里以上）的范围内分布着数座小城及宫殿基址，盟誓、祭祀遗址，铸铜、制陶、制骨、石圭等手工业作坊遗址，居住遗址和墓地等大量遗存，时代约当春秋中期至战国早期。整个都邑遗址没有外郭城，浍河和汾河在都邑以西交汇，形成天然屏障[191]。

在侯马晋都范围内，共发现7座城址，即平望、台神、牛村、马庄、呈王、北坞和北郭马古城[192]。前三者集中分布于遗址西部，面积较大，相互连接，呈"品"字形。牛村古城平面略呈梯形，南北长1070～1390米，东西宽955～1070米。南城墙有两座城门，城外有护城壕。该城的使用年代大体上相当于公元前6世纪下半叶

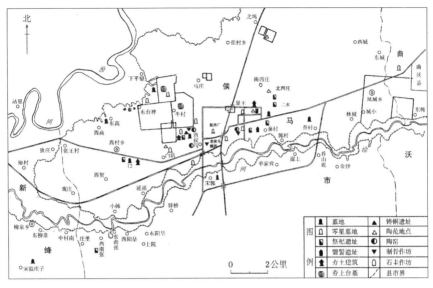

晋都新田遗址（《战国时代的东西差别》）

至公元前 5 世纪下半叶。平望和台神二城均略呈长方形，前者面积约 900 米×250 米，后者面积约 1700 米×1250 米。牛村、平望两城内及台神古城外西北都发现了大小不等的夯土建筑台基，保存较好的可看出由下到上的分级结构，都发现了建筑物的坍塌堆积和瓦的残片。关于三座城址的年代，有人认为平望古城晚于其他两座[193]，或认为在三座城址中平望古城最早，其余两座为扩建晋都时增筑的城圈[194]。现有的材料尚不足以确证三座城址的年代关系，今后应在三城相接处进行重点发掘，以最终解决这些问题。从现在所掌握的三城的平面布局上看，这三座城址的四面城垣均大体平行，台神、牛村两城的南垣，以及台神古城北垣和平望古城南垣都基本在同一直线上。因此，这三城虽建筑年代可能略有早晚，但大体上属修补、增建后同时使用的三座城址。从规模和内涵上看，应为当时晋国公室的宫城所在。

位于其东的马庄、呈王、北坞、北郭马四座城址规模都较小，均由相连或并列的两座小城组成。最小的呈王古城南城的面积仅2万多平方米，最大的北坞古城东城则为20余万平方米。这四处城址中均发现夯土建筑基址。这类小城的主人当属拥有相当权势的卿大夫一类。

在遗址东南部浍河北岸约2平方公里的范围内分布有包括盟誓遗址（盟书出土地）在内的5处祭祀遗址。其正北约1公里处的呈王路大型夯土建筑基址群，在12万平方米的范围内已探明形制规整的建筑基址70余处，最大者面积达3000平方米，此外还发现了大量祭祀坑。这一建筑基址群的使用年代约当公元前550~前480年，属新田遗址早期阶段[195]。在其余3处祭祀遗址中共发现祭祀坑400多座。此外，牛村古城南也曾发现东、北、西三面环绕以围墙的夯土建筑基址和祭祀坑。该基址处于牛村古城南城墙上两座城门的中间位置，主体建筑坐北朝南，南部空旷地带分布有数十座祭祀坑。使用年代约当公元前450~前420年，即新田遗址中晚期之交[196]。发掘者认为这两处大型建筑基址群应分别属新田晋都早期和晚期阶段的宗庙建筑遗存。

在上述城址以南的浍河岸边，发现有分布范围较广的各种手工业作坊遗址。铸铜遗址位于牛村古城南，面积在5万平方米以上，其规模之大、出土陶范数量之多、制范工艺水平之高在已发现的各地同类遗址中都是较为罕见的[197]。此外，在牛村古城以南和东南还分布着制陶（含建筑用瓦）作坊、制骨作坊和石圭作坊遗址若干处。

文化堆积在整个遗址范围内分布广泛，几无空白之处，其中应

侯马铸铜作坊出土兽头陶模
(《中国文明的形成》)

包含大量一般居住址。遗址范围内发现多处墓地。规模最大的上马墓地位于浍河南岸,西北距牛村、平望、台神三城约3公里,墓地总面积逾10万平方米。年代上起西周晚期,下至春秋战国之际。在平望、台神古城以西的下平望和东高村附近及牛村古城南还发现3处墓地,年代均为春秋晚期到战国中期。这4处墓地均距城址较近,除上马墓地的个别墓葬规格稍高外,都以小型铜器墓和陶器墓为主,4处墓地可能均具"邦墓"的性质。此外,在盟誓遗址东北的秦村村北一带发现400多座"排葬墓",可能为阵亡战士之墓或与祭祀用人有关[198]。该墓地与上述几处"邦墓"墓地的性质完全不同,未见于同时期的其他诸侯国。

另外,位于侯马市西南15公里的浍河南岸峨嵋岭北麓的新绛县柳泉大型墓地,面积约15平方公里,由数组大墓及陪葬于周围的中、小型墓组成,时代大体属春秋中期到战国中期,与侯马晋国遗址时代一致。调查发掘者推测该墓地应为晋公陵墓区。

要之，平望、台神、牛村三座城址的出现，标志着新田作为都城的开始。与三城同时兴起的还有呈王路建筑基址和石圭作坊遗址。随后，三大城以东的几座小城开始兴建。进入都邑发展的中期阶段，牛村古城南开始兴建新的祭祀中心，盟誓活动至迟在春秋晚期已开始进行；铸铜遗址也进入繁荣期。最后，铸铜遗址和呈王、北坞等东部小城的废弃，标志着晋都新田时代的结束[199]。

田建文把晋都新田的布局概括为：无郭城，"品"字形宫城是晋公直接控制区；北、西、南有汾、浍河流经，东面的小城应属晋卿所筑的"卿城"，足起郭的作用；宫城东、南是手工业作坊区；有多处祭祀场所，礼制建筑采取"左祖右社"的格局，整个都城坐北向南；宫城东南为邦墓，晋公陵园则在更远的城西南峨嵋岭下。他还指出新田宫城"品"字形的布局对后来的邯郸赵王城等影响很大，从而提出"新田模式"的概念[200]。

俞伟超在论述东周城市布局的总体特点时指出："居民区从分散的状态到集中在一个大郭城内，看来是经过了一个逐步变化的过程。"而晋都新田应是从西周的分散状态到战国时城郭并举的都邑发展的一个中间环节，"也许，商代至西周都城分散的居民点，到此时在某些都城已发展成分散的几个小土城；战国时，又集中为一个大郭城"[201]。可知晋都新田在西周时代的"大都无城"和东周时代的城郭盛行之间，具有承上启下的历史地位。

## 楚都纪南城

据考古材料，荆州纪南城总面积约16平方公里，城垣的始

楚都纪南城出土彩绘凤纹石磬（《礼乐中国——湖北省博物馆馆藏商周青铜器》）

建年代不早于春秋晚期，城周围已发掘的楚墓的时代绝大多数也为春秋晚期至战国中晚期之交[202]，这大体上表明了该城的繁荣时间。从文献及考古材料看，纪南城应即楚文王始都郢之所在，不过始都的规模当不会有现存规模这么大，现有都城范围应是逐步扩大而成的[203]。

文献记载表明春秋时期的郢都可能在一段时间内并无郭城，郭城城垣工程的完成有一个不断扩建增修的过程。关于楚国"城郢"的记载数见于《左传》，如楚大夫沈尹戌曾忆及楚国"至于武、文，土不过同，慎其四竟，犹不城郢"（昭公二十三年），似乎表明楚国迁郢之初并未筑城。楚庄王元年（公元前613年），楚公子燮与子仪在郢都作乱，"城郢"（文公十四年），但直至楚康王元年（公元前559年），"楚子囊还自伐吴，卒。将死，遗言谓子庚：'必城郢'"（襄公十四年），说明这时郢都仍无完全闭合可以御敌的城垣。至四十年后的楚平王十年（公元前519年），"楚囊瓦为令尹，城郢"（昭公二十三年)。杜预也认为早期郢都是没有城的(《左传·昭公十四年》杜预注:"楚徙都郢,未有城郭。")。可见伴随着频繁的国内政治斗争,楚国都城城垣的建筑大概也经历了较为曲折的过程;现存郢都城城垣则是随着楚国国势的日益强盛而不断扩展增筑的结果。

梁云由分期入手,对楚都纪南城做了动态解读[204]。由此可知,春秋中晚期的遗存,集中分布于新桥河以东、龙桥河以南,3号、4号古河道以西的松柏村区范围。小城(或宫城)内是早期遗址的中心区域。当时在小城外可能没有或很少有宫殿分布。手工业遗址主要分布在小城外直到龙桥河及新桥河附近。郢都在春秋时期并无大城。而楚都纪南城现存的城垣与遗存布局,反映的是战国时期楚都的情况。

## 秦都雍城

现知整个雍城遗址由城址、秦公陵区、平民墓地和郊外建筑基址等遗存组成,分布范围约51平方公里[205]。最新的考古发现表明,秦国在以雍城为都近200年之后的战国时期才开始构筑城墙。初期雍城外围分别以四周的雍水河、纸坊河、塔寺河以及凤凰泉河为界,自然河流成为主要城防设施。这种情形与甘肃礼县大堡子山、圆顶子山早期秦国邑聚的防御体系相似,应是文献所载"城堑河濒"(《史记·六国年表·秦表》),即以水围城,并将临水的河谷挖深,使河堤陡直、河岸增高以加强城防安全[206]。

雍城遗址发现多处大型建筑基址,时代上有早晚之别。位于后来城内中部的马家庄大型建筑遗址,是以围墙环绕的全封闭式建筑群,时代约当春秋中晚期。南北复原长84米,东西宽90米,面积 7500 多平方米。建筑群坐北朝南，由门塾、围墙、中庭和三组呈"品"字形排列的主体建筑组成，布局规整，左右对称。三组建筑各自绕以回廊。在中庭等处，发现各类祭祀坑 181 座，多数坑内有牛、羊或人骨，另有车坑 2 座。这些祭祀坑或在踩踏面以下，或打破建筑基址及室内外地面，相互存在打破关系，说明时间上有早晚之别，应分属建筑落成、使用时及废弃后的祭祀遗存，而其中多数应是建筑使用时的遗迹[207]。一般认为，这是目前经考古发掘确认的、保存完好且与先秦文献记载相吻合的礼制建筑[208]。另外，在马家庄宗庙遗址以东、以西都钻探出面积较大的夯土建筑基址、墙基等遗迹。位于其西的姚家岗一带，先后发现 3 批 64 件铜质建筑构件，清理发掘了大型宫室建筑基址 1 处和可藏冰 190 多立方米的"凌阴"（冰窖）遗址 1 处[209]。

近年来，在城址区的东南瓦窑头村一带，又发现了一处多进院落结构的大型宫室建筑，该建筑残长 186 米，与马家庄大型建筑外形相似，但结构更复杂。从地层关系和出土遗物看，该组建筑应早于马家庄建筑群，属雍城早期的宫室建筑。

在城址区范围内，各聚落之间形成广阔的空隙，其间除道路遗迹外，没有发现雍城为都邑时期的居址、作坊或其他活动遗迹，发掘者推断当为农田区域。这表明都邑的布局是偏于松散的。

在雍城南郊的雍水南岸一带，数十平方公里的范围内发现有大批春秋战国时期的小型秦墓，应是主要的国人墓地。而城址周边的其他区域也发现了小规模的平民墓地。城址西南 10 公里的三畤塬，是秦公陵园区所在。陵区范围东西长约 7 公里，南北宽近 3 公里，总面积达 21 平方公里[210]。其北、西和南面有长达 7000 余米的围沟，

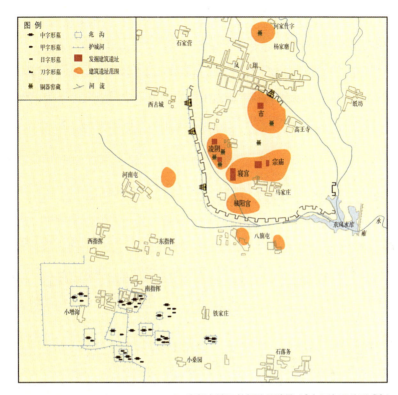

秦都雍城及其郊外的陵域（《中国文明的形成》）

即"兆沟"或"隍壕"。已探明的 14 座分陵园占地面积 200 万平方米，发现大墓及车马坑、祭祀坑等 50 余座，其中带有两条墓道的"中"字形大墓 21 座。分陵园也往往发现围沟。已发掘的秦公 1 号大墓全长 300 米，总面积达 5300 余平方米，是已发掘的先秦墓葬中最大的一座，初步确认大墓的墓主人应为春秋晚期的秦景公[211]。

由上述分析可知，国势相对强盛的二里头时代至西周时代"大都无城"的状态,并未随着战乱频仍的春秋时代的到来戛然而止,而因其历史惯性有所残留,这显然是我们深入认识春秋时代社会的又一个重要线索。如前所述,到了兼并战争更为惨烈的战国时代,"大都无城"的现象才基本退出了历史舞台。中国历史进入了一个"无邑不城"的新的发展阶段,与春秋时代又不可同日而语。

## 西周:"守在四夷"的自信

终西周之世,在西周王朝的三大都邑周原、丰镐和洛邑,都未发现外郭城城垣遗迹。当时的大国鲁国和齐国的都邑,大城城垣也基本无踪迹可寻。

### 周 原

周原位于陕西关中西部,有广义和狭义之别。广义的周原指关中平原西部,岐山之南、渭河以北的狭长区域,包括今凤翔、岐山、扶风、武功四县之大部和宝鸡、眉县、乾县的一小部分,东西绵延70余公里,南北宽20余公里[212]。岐山、扶风两县的北部是中心地区,也就是狭义的周原,东西长约6公里,南北宽约5公里,总面积30余平方公里。

这里古称岐邑,系周人早期活动的根据地。据《诗经》《史记·周本纪》等文献记载,周人于古公亶父时(约公元前12世纪末或前11世纪初)迁至此地,开始营建宫室,作为都邑。公元前

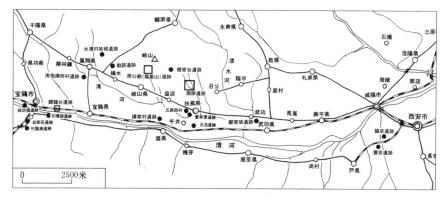

大周原的位置与遗迹分布(《中国渭河流域における西周時代遺跡の調査研究》)

11世纪后半叶周文王迁都于丰京后,这里仍是周人的重要政治中心,西周初年曾为周公和召公的采邑。终西周王朝,这里一直是周人祖庙之所在,也是王朝诸多贵族的重要聚居地[213]。至西周末年,由于戎人的入侵而废弃。关于其性质,则有周城、非姬姓贵族聚居地和都城(也即金文中的"周")等不同的看法[214]。

1942年,中央研究院历史语言研究所石璋如在周原进行过踏查[215]。1960~1970年代,曾多次进行调查和小规模发掘,发现若干墓葬和铜器窖藏等。1976~1978年,陕西省文物管理部门与北京大学、西北大学合组陕西周原考古队,对周原遗址进行了大规模的发掘,成果丰硕。其中包括岐山凤雏村西周甲组建筑基址、扶风召陈村西周建筑群、扶风云塘村西周制骨作坊和墓葬、扶风庄白村西周铜器窖藏、岐山贺家村西周墓葬的发掘等。1982年,国务院公布其为全国重点文物保护单位。1986~1990年,陕西省考古研究所等单位又利用遥感、物探技术,对周原遗址进行了大范围的地下埋藏情况调查[216]。

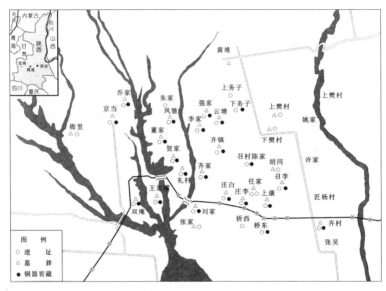

周原重要遗存分布(《大宗维翰:周原青铜器特展》)

　　1999 年始,北京大学、陕西省考古研究所、中国社会科学院考古研究所合组周原考古队,再次对周原遗址进行大规模的考古工作。发掘主要集中在扶风齐家、云塘和岐山县的王家咀、贺家等地点,在解决考古学年代、分期,了解遗址文化内涵的基础上,对云塘、齐镇一带西周大型建筑群的揭露和道路的发现,为深入探索周原遗址的布局和聚落结构提供了重要线索。此外对若干铸铜和玉石器作坊遗址也进行了发掘,并对若干小流域做了区域系统调查[217]。2013~2014 年,陕西省考古研究院又与北京大学等单位合作,采取踏查、勘探、航拍和寻访等方式,对周原遗址进行了迄今为止最为全面系统的一次调查,获得了丰富的商周时期聚落布局资料[218]。

　　在最新的调查中,确认周原遗址存在西周时期墓地 56 处,在

周原西周晚期聚落功能区分布态势（《大宗维翰：周原青铜器特展》）

7处墓地中发现了9座带墓道的大墓。发现并记录手工业作坊50多处，包括制作铜器、骨角器、玉石器、蚌器、漆木器和陶器的作坊。其中齐家沟东岸分布着上述6类的6个作坊，形成一个面积约1.1平方公里的手工业区，年代从西周早期一直延续到西周晚期。

在以往发现数十处大型夯土建筑遗存的基础上，确认130多处单体夯土建筑，分布于43个功能区之中。其中集中分布的有3处：一是召陈至云塘一带，面积近80万平方米；二是云塘、齐镇一带，面积近30万平方米，区内发现有南北贯穿的石铺道路；三是凤雏建筑基址区。确认出土青铜器等遗物的窖藏32座，基本上都位于大型夯土建筑区内或单体建筑旁。通过航拍资料分析与勘查判断，在凤雏建筑基址区一带发现一座西周晚期城址，东西长约

凤雏甲组基址复原（《中国科学技术史·建筑卷》）

1510米，南北宽约640米，面积近90万平方米。城内已发现10处大型夯土建筑院落。早年发掘的岐山凤雏的甲组建筑基址正位于该城的中心。

凤雏甲组基址坐落在南北长45.2米、东西宽32.5米的夯土台基上，总面积1400多平方米。以门道、前堂和过廊为中轴，东西配置厢房各8间，并有回廊相连接，形成一前后两进、东西对称的封闭性院落。在该基址西厢房的一个窖穴中出土了17000多片西周早期甲骨，绝大多数为卜甲，200多片卜甲上有刻辞。从出土陶瓷器、建筑用瓦的形制风格上看，该基址最终废毁于西周晚期，始建年代尚不清楚。周围还有若干建筑基址，形成较大的建筑群[219]。

北距凤雏甲组基址约40米的凤雏三号基址，主体形状呈"回"字形，建筑由北面的主体台基、东西两侧台基、南面门塾台基组成，中间为长方形的庭院，南北残长46～48米，东西宽56～58.5米，总面积2810平方米。这是迄今所知西周时期规模最大的单体建筑。该基址的建造时间在西周早期，废弃于西周晚期。最令人瞩目的是庭院中有立石和铺石的遗迹，立石通高1.89米，地面以上现存的部分高0.41米，原本应更高。发掘者推测，立石和铺石遗迹应分别为文献记载中的社主和社坛，而凤雏三号基址应属社宫，是目前所见商周时期国家形态社祀最明确的实物证据[220]。

最新的调查还发现了若干池渠壕沟，其中大面积水池4处，沟渠遗存40余条，多为引水渠，干渠与水池相连，由此构成了以水池为中心的四大水系，形成聚落的给排水系统。有些沟渠则可能是聚落或居址区的环壕。此外，新发现13条道路[221]。

据分析，周原遗址群中的黄堆、贺家墓地规格较高，应为周人墓地；而云塘、齐家、庄白、刘家、李家等墓地，特征多类于晚商时期的商人墓，其主人应是广义的殷遗民[222]。墓葬与居址往往混杂一处，尤其是工匠或参与手工业生产人员这一特定的人群，其聚族生活之地与聚族埋葬之地应皆处在一个相对狭小的区域内[223]。

在扶风召陈建筑基址群内现已发掘了15处夯土基址，其中3座基址规模较大，保存较好。最大的3号夯土台基长24米，宽15米，其上有成排成行的柱础及两道隔墙，将台基分隔为三部分。与凤雏建筑基址相比，该建筑群的建筑布局不按中轴对称，也没有自成院落，因此各个建筑基址之间的关系难以确定。但其总体规模和建筑技术之复杂程度都超过了凤雏建筑基址。从地层关系和出土陶器判断，该建筑基址群的大部分建筑兴建于西周中期，废弃于西周晚期。

在凤雏和召陈之间的云塘和齐镇一带，也发现了两组平面呈"品"字形、东西并列的大型建筑，二者相距约50米，已发掘9座。其中云塘基址群F1平面整体呈"凹"字形，属台式建筑，台基东西总长23米余。建筑的柱网结构、台阶、散水和石子路等遗迹都保存较好。建筑的使用年代相当于西周晚期。其"品"字形对称结构、围墙、U字形石子路等布局结构特征不同于凤雏和召陈大型建筑，为西周时期的建筑样式增添了新的材料。

关于这些大型建筑基址的性质，目前尚存在不同的认识。有学者认为岐山凤雏甲组建筑基址应为宗庙，或属大型王宫遗址，也有人认为属贵族宅院或生活居住之所。至于云塘、齐镇的大型建筑，发掘者认为应属宫庙遗存，也有学者认为证据不足，以存疑为妥[224]。

周原遗址在数十年的考古工作中也一直没有发现外郭城城垣的迹象。从文献上看，《诗经·大雅》只说古公亶父率周人在周原建筑"室家"，建筑宗庙与宫门宫墙，并未言及建筑城郭，可能是一旁证。有学者认为这是不同于夯土围城的另一种城的类型，即"因自然山水地形地貌加以堑修（挖掘）而成的河沟台地堑城"。它的北边是岐山山麓，东边是贺家沟、齐家沟，西边是祁家沟，南边是三沟汇聚的三岔河。一面背水三面环水，这正是"作堑"的绝佳地形。而长安丰镐和洛阳洛邑遗址，也应类同[225]。

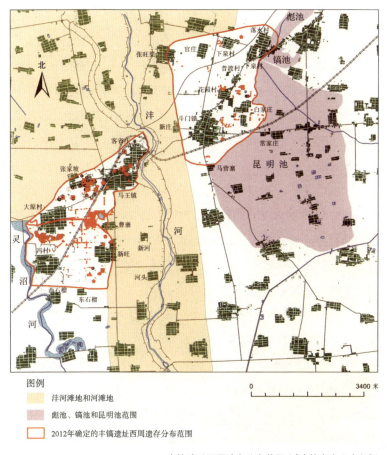

丰镐遗址西周遗存分布范围（《丰镐考古八十年》）

# 丰　镐

西周王朝的都城丰京和镐京遗址，地处西安市西南沣河两岸。据《诗·大雅·文王有声》的记载，周文王"作邑于丰"，又命其子发——武王营建镐京。丰京在沣河以西，镐京则在沣河以东，两者隔河相望。文献和考古材料表明，武王继位后虽迁都于镐京，但丰京并未放弃，整个西周时期，丰京和镐京同为周王朝的政治、经济和文化中心，实际上是一座都城的两个区域。至西周末年，由于戎人入侵，周平王被迫东迁洛邑，丰镐二京遂被废弃。

1933年，北平研究院史学研究会徐旭生等在沣河沿岸进行周秦遗址的调查，在调查报告中提及对丰镐位置的看法。1943年，中央研究院历史语言研究所石璋如为寻找文献记载的周代都城，又对丰镐遗址进行了第二次调查[226]。

1951年和1953年，中国科学院考古研究所两度派员，在长安丰镐一带进行考古调查。此后，经多次实地调查，根据西周以来文化遗存的分布状况及文献记载与河道变迁情况，丰镐二京的位置得以大体确定；通过在丰镐地区展开的多地点、大规模发掘，初步建立起了西周考古的断代标尺。1950年代以后，在周都丰镐二京分别发现并发掘了若干贵族墓葬、车马坑和大型夯土基址等重要遗存[227]。近年来开展的丰镐遗址范围确认及地下遗存分布状况考古调查勘探项目，确定了遗址的范围和四至，同时全面收集梳理了丰镐遗址历年的考古成果，初步建立了考古地理信息系统框架。这些都为重新认识和研究丰京遗址聚落布局演变过程提供了重要线索[228]。

据最新的勘查结果，丰京遗址范围东至沣河西滩地，西至古灵沼河，北至郿坞岭北缘，南至冯村南到新旺村南一线，总面积约8.6平方公里。丰京遗址中部紧邻沣河西岸，新发现一处面积逾3万平方米的水域，即曹寨水面。通过发掘发现曹寨水面有专门从沣河引水的水道，因而推断其应系人工水域。新近又发现了横贯遗址中部的曹寨—大原村河道，可能为人工挖建。据最新的调查，镐京遗址面积近 11 平方公里,其西界为斗门镇西新庄村至张旺渠村一线;北界大致在张旺渠村以东至丰镐村一线。与此同时,在马营寨东、白家庄东、普渡村东一线,还发现了一条大体呈西南—东北向的壕沟,已知长度达 4200 米。壕沟西侧,包括墓葬、车马坑在内的西周时期遗存分布较为密集,以东则不见同时期遗存,推测这条大型壕沟应是镐京遗址的东界和南界[229]。

在丰京遗址北部的马王村和客省庄一带曾发现西周时期的夯土基址建筑群,夯土基址成组分布,已发掘和探明了 14 座。其中最大的 4 号基址平面呈 T 字形,面积达 1800 多平方米。在附近还发现了用陶质水管铺设的排水设施和残瓦。此外,在夯土基址群所在区域内还钻探出一条宽 10 余米的大路,已探明的长度约 200 多米[230]。镐京遗址的宫室建筑及贵族居所,沿鄗坞岭走向分布在滈河(故道)南岸高地上。如斗门镇官庄村、花园村一带,也曾发现大面积的夯土建筑基址群,在东西长 3 公里、南北宽 2 公里的范围内,已发现西周时期的夯土建筑基址 11 座。最大的 5 号宫殿基址坐落在面积为 3300 多平方米的夯土台基上,从墙基和柱穴的分布情况看,宫室面向东南,平面呈"工"字形,主体建筑居中,两端为左右两翼对称的附属建筑,建筑总面积为 2800 余平方米[231]。上述大型夯土建筑基址群的发现,分别为探索丰京和镐京的中心区域提供了线索。

此外,在丰京区域的张家坡、马王村、新旺村等地发现多处铜器窖藏。在张家坡、客省庄和普渡村等地则发现了分布较为集中的西周墓葬及附葬的车马坑、马坑和牛坑等。位于丰京西北部的张家坡高岗地带是一处大规模的西周墓地,在 20 多万平方米的范围内已探明西周各个时期的大、中、小型墓葬 3000 多座。这处墓地由许多面积不等的小墓区组成，每区又以若干座大、中型墓为中心，附近排列着成群的小墓。在一些较大的墓葬附近多陪葬有马坑或车马坑[232]。镐京贵族和平民墓葬区，主要分布在斗门镇东、花园村西南、普渡村东南等地。

整个丰镐遗址范围内散布着众多的一般居住址和中小型墓葬，居址附近常有窖穴和水井发现。洛水村、张家坡、新旺村、普渡村、冯村等处则发现有制陶和制骨作坊遗址，一些遗址还出有铸造铜器的外范和内模。

在丰镐遗址范围内，也未发现夯土城垣或围壕等防御设施。在丰京遗址，河流以及新发现的面积广大的自然水面或沼泽地构成了天然的屏障，已如前述。至于镐京外围，"南有洨水，东界潏水，西至丰水，丰水在马王村出折向东流，构成镐京的北界。三水……形成了护卫镐京外围的天然界河和堑沟"[233]。

## 洛 邑

西周初年，周王朝就着手在洛阳营建东都洛邑，以此作为经营东方、巩固政权的重要基地。西周时期的洛邑究竟是一城，还是分为王城和成周两个城邑，其具体位置何在，长期以来莫衷一是。越来越多的学者倾向于认为成周即洛邑，而西周时期并无"王城"[234]。

据《尚书·洛诰》记载，周公营建洛邑前召公曾来洛相宅，"我乃卜涧水东、瀍水西，惟洛食；我又卜瀍水东，亦惟洛食"。即所卜地望在涧水以东至瀍水之东、西两岸而近于洛水者皆吉。鉴于此，洛邑应建于瀍、涧二水之间至瀍水两岸一带。

如前所述，1950年代初，郭宝钧等依据文献提供的线索，在涧河东岸的涧、洛二水交汇处的三角地带发现了东周王城遗址和汉河南县城遗址。但长期以来的田野考古工作中，却未能在这一带找到西周的城址，同期的其他遗存也较为少见。而在其东的瀍河两岸一带，60多年来却不断有西周时期的遗存被发现[235]。

从考古发现上看，西周文化遗存集中分布在今瀍河两岸一带，这一区域东起瀍河以东1公里的焦枝铁路一带，西至瀍、涧二水之间的史家沟，北到陇海线以北的北窑村，南达洛水北岸的洛阳老城南关一带。东西长约3公里，南北宽约2公里，总面积达6平方公里左右。贵族墓地、车马坑、祭祀坑、大型铸铜作坊遗址、一般居

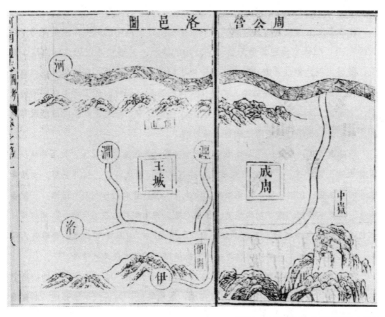

《河南通志图考》中的成周与王城

住址、平民墓地、窑址、大型道路等充斥其间，瀍河以东的塔湾村一带则分布有殷人墓区[236]。鉴于上述情况，学者提出了西周洛邑一城说的观点，认为据文献记载和考古发现，自西周以来瀍水并无改道的历史，因而，瀍河两岸这一西周遗存的集中分布区与《尚书》等文献所载洛邑的位置是相吻合的[237]。总体上看，上述文化遗存兴盛于西周早、中期，到西周晚期已衰落，这里应即金文和传世文献中的成周（洛邑）[238]。

但在瀍河两岸一带迄今并未发现夯土城垣。所以有学者认为《逸周书·作雒》中所谓"郛方七十里，南系于洛水，北因于郏山"的"郛"应并非指城郭，而是周围的自然山川[239]。

与瀍河两岸的衰落形成对比，其西的涧河两岸的遗存，从西周晚期才开始丰富起来。其东汉魏洛阳城下发现的西周时期的韩旗城址，面积逾4平方公里，略呈横长方形。发掘者推断其具体年代"不晚于西周中晚期"，不排除系西周初年周公所筑成周城[240]。上述推断的依据是，东垣解剖探沟中最早的夯土（夯1）及其下的灰坑H1中都出土有西周中、晚期的遗物。但诚如有学者指出的那样，"既然H1出土有西周中、晚期的器物，依考古学的基本理论，则H1与夯1的时代当不早于西周中、晚期，而非发掘者所言不晚于西周中、晚期"[241]。另有学者对报告公布的H1出土器物进行了对比研究，认为H1的包含物均属西周晚期[242]，则H1与夯1的时代当不早于西周晚期。因此多位学者认为其时代属西周晚期，因而不可能是周初兴建的成周[243]。

至于西周晚期在成周旧地以东地势更为宽阔的汉魏洛阳城一带筑城，或认为应是出于"淮夷入寇"形势下的军事原因，因

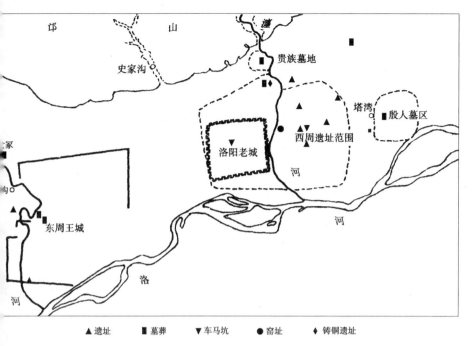

洛阳附近西周遗存分布与洛邑遗址的推定（据《华夏考古》1991年第2期叶万松等文、《考古学研究（五）》饭岛武次文改绘）

而瀍河两岸的西周成周，与汉魏洛阳城内的西周城应具有承继关系[244]。更有学者认为汉魏洛阳城下夯土城垣建造的上限应在两周之际或春秋早期，其始建年代与涧滨的东周王城同时，或与平王东迁有关[245]。

## 曲阜与临淄

一般认为，曲阜鲁国故城作为周代主要诸侯国都城，其基本格局同已知的其他先秦都城有着显著的不同：平面上呈回字形方正规整的布局，宫城居中，最早采用中轴线规划，而这种格局基本上同《周礼·考工记·匠人》所载"左祖右社，面朝后世"的营国制度相吻合。由于发掘者断定其建城时间在西周初年，因而学界普遍认可曲阜鲁城在中国都城发展史上开风气之先的地位，很可能是《周礼·考工记·匠人》所载营国制度之蓝本；其城郭布局也由西周时期基本未变地保留至东周时期，成为彼时城郭布局中的一大类型[246]。

仔细梳理考古材料，可知鲁城中缺乏殷末周初的遗迹，最早的遗存约当西周中期前半，与"炀公徙鲁"（《史记·鲁周公世家》集解引《世本》言）的记载在年代上大致相合，西周初年分封伊始的鲁国都城似不在曲阜。同时，根据现有资料可确认的鲁城最早的城垣大致属两周之交或稍晚，表明鲁国在定都曲阜后至两周之交的较长一段时间内并未筑建城垣[247]。

临淄齐故城一带西周时期遗存相对较集中，分布范围不大。总体上看，西周时期遗存仅限于大城东北部的阚家寨、河崖头一带，文化堆积较丰厚，时代可早到西周早期，河崖头一带还发现有西周中期的铜器墓。大城北墙东段探沟中，发现了不晚于西周中期的夯土城垣，在西周晚期又加以增筑，但揭露面积较小，破坏较甚，且仅为孤例，城垣的性质尚难以遽断。发掘者推测西周时期临淄城的基本范围是，北以大城北墙为界，东以大城东墙北段为界，东西约2100米，南北约2640米，总面积约554万平方米[248]。但在西周遗存的东、南、西部边缘外尚未发现确切的同时期的城垣。因此，这一范围，还仅能看作把握西周时期遗存分布区域的一个参考。据《史记·齐太公世家》等文献记载，齐国始都临淄的时间在齐献公元年（公元前859年），临淄齐国故城范围内西周晚期遗存的发现与此大致吻合。更早的遗存是否属齐都营丘,尚待探索。

由是可知,如曲阜鲁都、临淄齐都这样的西周时代的"大都",其都邑布局与周原、丰镐和洛邑的王朝都城保持着某种程度上的一致性。"大都无城"应是其最显著的特征。

## 殷墟:重启数百年"无城"时代

再往前上溯,就是著名的殷墟时代,一般认为相当于商王朝的晚期阶段。与商代都邑相关的遗址,目前已知有4处,即郑(州)洛(阳)地区的郑州城、偃师城、小双桥遗址和安阳地区的殷墟遗址群,后者包括洹北城与洹南殷墟。作为都邑的殷墟遗址群始于以洹北城为重心的时期,由洹北向洹南的转移是都邑内活动重心的变化而非正式的迁都行为。无论从遗物演变还是聚落分布上看,洹北城时期都应属于殷墟文化的初期阶段。以郑洛到安阳这一大的都邑迁徙活动为契机,有商一代的总体文化态势发生了重大变化[249]。我们先看看豫北安阳地区殷墟时代的都邑状况。

1928~1937年,中央研究院历史语言研究所考古组在安阳殷墟遗址持续发掘,总计15次,发掘面积达46000平方米。主要工作集中在小屯北地、侯家庄西北冈和后冈三地。在小屯村东北发掘了3组53座夯土基址;在西北冈王陵区发掘了11座大墓及1200余座小墓和祭祀坑。历次发掘出土了大量晚商时期遗物,包

1937年殷墟第十五次发掘现场(《殷墟发掘照片选辑(1928~1937)》)

括24000余片甲骨以及数以万计的青铜器、玉器、陶器、石器、骨器及角牙蚌器等[250]。发掘工作因抗日战争爆发而中断。

　　1950年,中国科学院考古研究所成立,恢复了殷墟遗址群的发掘工作。当年春,发掘了洹北王陵区东区的一座大墓、20余座祭祀坑以及洹南的若干地点。此后发掘工作断续进行。1958年,考古所成立安阳工作队,开始对殷墟进行长期全面的发掘和研究工作。同时,安阳市文物部门在殷墟外围也做了一些发掘工作。

1961年,殷墟被列为第一批全国重点文物保护单位,划定了重点保护区和一般保护区范围,面积约24平方公里。此时的发掘地点除小屯、侯家庄、后冈等地之外,扩大到洹河两岸近20个自然村。在小屯宫殿宗庙区一带发现作为防御设施的大灰沟。除清理各类房址、窖穴、灰坑外,还发掘了一批手工业作坊遗址,包括铸铜作坊、制骨作坊、制玉石场所和陶窑等。先后于小屯西地、南地和花园庄东地发现殷代甲骨埋藏坑,出土刻辞甲骨6500多片。清理晚商墓葬7000座以上,其中数十座为带墓道的大型墓;清理车马坑30余座、祭祀坑200余座。20世纪80年代到90年代中期,确认殷墟遗址群的面积达30平方公里,对遗址群的布局也有了总体的了解[251]。

20世纪60年代到80年代,洹河北岸王陵区东北的三家庄及邻近区域即发现商代墓葬和其他遗迹,并先后出土过略早于已知的殷墟期遗存的铜器。1980年代后期,发掘者将小屯与三家庄发现的年代稍早的墓葬定为殷墟文化第一期的偏早阶段,在论及殷墟遗址群的范围时已囊括三家庄一带,指出"该遗址的发现为了解殷墟早期的范围提供了新线索"[252]。

1996年,为配合"夏商周断代工程"的研究,考古所安阳工作队开始在发现过"殷墟一期偏早阶段"遗存的三家庄至花园庄一带进行钻探;1997~1999年,在花园庄村西、村东做了重点发掘,获取了殷墟初期阶段的重要遗存材料。1998年开始在上述地区进行较大范围的钻探,发现了夯土建筑基址。1999年底,发现了大型城址,定名为洹北商城。随后开始在城内进行系统钻探,于中南部发现了大型夯土建筑基址群,已确认夯土基址30余处,并在其

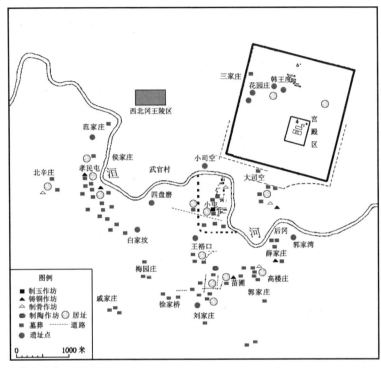

殷墟遗址群（葛韵制图）

外围发现了宫城[253]。至此，对殷墟这处晚商都城初始阶段的遗存状况有了系统的了解。

随着以郑州城及其郊外的重要遗存小双桥遗址为典型代表的二里岗文化的衰落，以洹北城为中心的洹河两岸一带作为商王朝的都邑崛起于豫北。这表明商王朝的政治中心由郑洛地区北移至豫北地区；在考古学文化上，二里岗文化演变为殷墟文化。殷墟遗址群开始走向繁荣，殷墟文化也自此发端，成为商代后期文化的典型代表[254]。

1960年代，考古所安阳工作队和邹衡分别提出了系统的殷墟文化分期方案[255]。其中，后者所分的第一期在前者的分期中是没有的。80年代，安阳工作队的发掘者将三家庄和小屯墓葬等早于原定第一期的遗存定为殷墟文化第一期的偏早阶段[256]。至此，二者除在第一、二期对应王世的认识上小有差异外，基本相同。其共同之处是均将洹北花园庄期（后来发现的洹北城阶段）纳入殷墟文化的范畴。后来邹衡又将其原定的殷墟文化一期归入早商文化晚期[257]。这里根据殷墟遗址群中洹北城等新的考古发现，大致采纳夏商周断代工程的分期方案，以下述分期框架阐述殷墟遗址群的演化过程。

  洹北花园庄期：至少其晚期约当盘庚、小辛、小乙时期（？）。
  殷墟文化第一期：约当武丁早期。
  殷墟文化第二期：约当武丁晚期至祖庚、祖甲时期。
  殷墟文化第三期：约当廪辛、康丁、武乙、文丁时期。
  殷墟文化第四期：约当帝乙、帝辛时期，该期晚段或可进入西周初年。

《夏商周断代工程1996～2000阶段成果报告（简本）》中推定盘庚至帝辛的年代为公元前1300～前1046年，殷墟文化的年代与此大致吻合[258]。由于发掘资料较少，对于洹北花园庄早期遗存的性质，尚无法做出确切的判断。

## 洹北城（方壕）

就殷墟遗址群的总体分布看，殷墟从建都伊始就是跨洹河两岸的，其内部格局在殷墟文化的不同阶段有所变化。建都初期，其城市重心在洹北。以洹北城为中心，开始营建以大规模的夯土建筑基址群为主体的宫殿区和面积约41万平方米的宫城，在宫城内已发掘了1号、2号两座大型建筑基址。大片宫殿建筑在兴建不久即被火焚毁，在聚落周围挖建了圈围面积达4.7平方公里的方形环壕[259]，是为洹北城（发掘者称方壕"基槽的夯筑时间晚于宫殿区内大部分基址的年代"[260]）。方壕内北部则分布有密集的居民点，附近常发现墓葬。

位于洹河南岸的小屯一带属于此期都邑的西南郊。这一带分布着相当于这一时期的较丰富的遗存，包括具有相当规模的夯土建筑基址群（规模最大的甲十一基址甚至安置有罕见的铜础）、出有甲骨卜辞的灰坑（窖穴）、随葬成组青铜礼器的墓葬（出土青铜器规格之高，在目前洹北城内外所出同期同类遗存中令人瞩目），甚至还有铸铜作坊。鉴于此，有研究者认为，"小屯宫殿宗庙区的所谓宫殿建筑遗存有一部分很可能是洹北商城的外围居民点"[261]。实际上，上述遗存远非都城外围的普通居民点所能拥有，它们应是洹北花园庄期殷墟都邑的重要组成部分。

有学者指出，"由于殷墟的甲组基址是殷墟最早期的遗迹，理应称为'殷墟早期'的遗迹。因此与其同时期的'洹北商城'当然也是'殷墟早期'遗迹"[262]。说到1930年代发掘的甲组基址，它与原殷墟期的其他夯土基址相互独立，并未发现被原殷墟期的遗存叠压或破坏的现象[263]。因此，即便其始建于洹北花园庄时期，它也极可能延续使用至以洹南为中心的殷墟文化期；而以往认为其与乙组、丙组基址属大体同时而功能不同的宫室建筑的观点也就不能被轻易否定。这种延续性，恰恰昭示了殷墟文化不同发展阶段遗存间密切的承继关系。

此外，位于洹北城方壕以西的西北冈王陵区也发现了可能属于此期的高等级墓葬（对于王陵区中哪些墓葬的年代早于原殷墟期，研究者中尚存不同意见[264]），果如是，则西北冈王陵区的使用上限可早至洹北花园庄期。

至本期晚段，出于我们还不知道的原因，刚刚挖就的方壕随即被草草回填，南壕甚至未加夯填，都城的重心即移到了洹南。

为什么说洹北城的"城墙"是方壕而不是城墙呢？这里有必要稍作梳理分析。

关于洹北城的"城墙"，早有学者提出疑问。殷墟考古队老队长、妇好墓的发掘者郑振香指出："在此遗址的东、西、北三面都发现明显的沟槽，槽宽约7米，但就所发掘的剖面观察，尚不能确定为城址基槽，还存在某些疑点。"[265]嗣后，参与或亲历发掘的安阳考古队成员披露了他们的意见："我们推测，在早期时洹北商城的四面城基槽实际上就是濠沟，呈环濠状，根本就没有城墙"，"洹北商城目前所见的四面城基槽之外没有见到同时期的护城濠沟，因此，我们推测洹北商城建造初期，四面仅有方形环濠状护城河，挖濠沟的土可能都被运至城中用于夯土建筑，而没有夯筑城墙，目前所见的四面城濠中的内、外槽是在某种特殊情况下仓促填垫或夯筑'至当时地面，不过，均未见夯起的墙体'

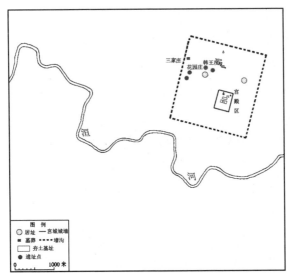

洹北早期

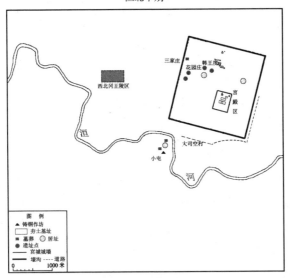

洹北晚期

殷墟都邑布局的演变过程（一）（葛韵制图）

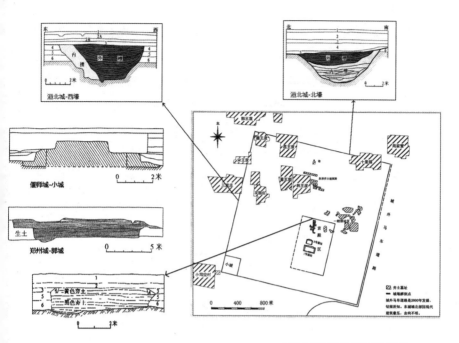

洹北方壕与其他城垣剖面比较

（2003年《简报》语——引者注）"。作者还披露了2003年《简报》中只字未提的"南城墙"探沟的情况："南面城基槽共进行了三次解剖，填垫方式与其他三面完全不同，不但没有内、外槽之分，而且槽内填土……土质松软，未见夯筑迹象，甚至在某些局部仍呈濠沟状，沟内均为淤土层。这一发现有力地支持了我们上述濠沟说。"[266]

的确，在洹北城的考古简报中，发掘者认为已发现的"夯土遗迹实为封闭的方形夯土城墙的基槽"，但"城墙基槽的外围未见护城河（沟）遗迹"[267]。这与此前的郑州城、偃师城等夯土城址城、壕并存的情况完全不类,当然也不符合就近取土筑城、扩大高差以增强防御性能的工程学常识。

发掘者认为属城墙基槽的一个重要理由是基槽已被"夯筑填实"。"东、北、西城墙基槽上的4条解剖沟的剖面均观察到'内、外双槽相叠'的现象,即城墙基槽分两次垫起:先垫内侧(即城内一侧),垫土未经夯打"。既然"未经夯打",土质疏松,则起不到基础的作用。至于夯土夯层倾斜下凹,"有的夯打略松",下部的几层居然"未经夯打,含较多水分",显然系填壕行为。众所周知,商代夯土城垣工程的典型工艺是:倒梯形平底基槽,梯形墙体,夯层平直,夯窝清晰[268]。而洹北方壕圜底、填土倾斜疏松等种种特征,都迥异于郑州城、偃师城和洹北宫城所见商代夯土城垣工程的典型工艺。因此,可以排除这一遗迹属于已开始夯筑的城墙基槽的可能性。

## 洹南大邑

洹南都邑的存在年代相当于殷墟文化的第一至四期。

殷墟文化第一、二期,洹南小屯一带开始出现大型夯土建筑群,一般认为属宫殿宗庙区。自殷墟一期开始,居址和墓葬以小屯为中心分布。苗圃北地的铸铜作坊始建于此期。都邑的重心已移至洹南,遗址群的总面积约为12平方公里。本期晚段,遗址群范围有所扩大。至少在殷墟文化第二期时,宫殿宗庙区的西、南两面开掘了大型取土沟,部分连通洹河,应具有划区标识作用。取土沟围起的面积达70万平方米左右。其内有兴建于此期的夯土建筑基址,也有王室贵族的墓葬,如妇好墓、花园庄东地墓葬等。苗圃北地的铸铜作坊此时继续使用，其东北的薛家庄和小屯西北的孝民屯西地又各发现铸铜作坊一处。在大司空村东南新出现制骨作坊一处。小屯以外，居民点的数量和范围均有较大规模的扩增。南到刘家庄、梅园庄，西至孝民屯，都发现了此期的居址。遗址群的总面积扩大至20平方公里以上。侯家庄西北冈一带的王陵区已经建起。一般家族墓地数量显著增多。殷墟西区的"族墓地"也形成于此期。

殷墟文化第三、四期，遗址群的范围扩大至30平方公里左右。小屯及其附近仍为宫殿宗庙区。其外围取土沟已废弃，开始填埋。但宫殿区的范围很可能扩至更西的四盘磨村东一带，那里已发现了沟状遗存的线索[269]。洹河北岸西北冈一带的王陵区也不断扩大。这时的手工业作坊进入一个大的发展阶段。苗圃北地铸铜遗址的规模扩大了约一倍。孝民屯、薛家庄铸铜作坊及大司空村东南地制骨作坊一直沿用并都相应扩大。遗址群最西端的北辛庄附近，自第三期始又新建了一座制骨作坊。小屯西北地于第四期时新建了一处玉石器制造场。随着人口的增多，原有的居民点和墓地迅速膨胀[270]。

从考古发现的材料看，以小屯为中心的殷墟遗址群的主体遗存是自武丁开始的，因此，有的学者提出殷墟始迁于武丁[271]。而较之稍早的洹北城，应处于文献记载"殷"的范围内，因此，"盘庚迁殷的地点，最初可能是在安阳洹河北岸今京广铁路两侧。至武丁即位，国力隆盛，方迁到现在所知的以小屯为中心的殷墟"[272]。也有学者推断洹北城为河亶甲所迁"相"[273]。还有学者认为"无法排除'河亶甲居相'，也不能否定'盘庚迁殷'，甚至还有'先后续存'的可能"[274]。

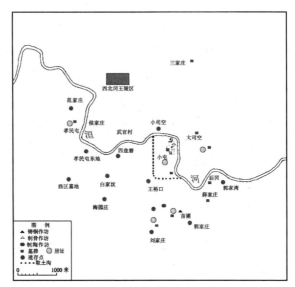

殷墟一期

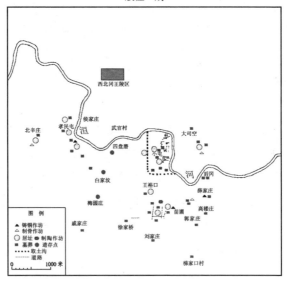

殷墟二期

殷墟都邑布局的演变过程（二）（葛韵制图）（含右页图）

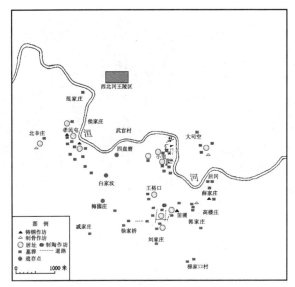

殷墟三期

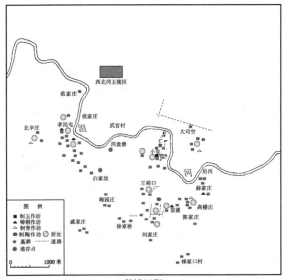

殷墟四期

四 三代大都 王国孔武

殷墟宫庙复原区鸟瞰（《考古中华》）

以洹南小屯宫殿宗庙区和洹北西北冈王陵区为中心的 200 余年的时间里，随着人口的增多和社会的繁荣，殷墟都邑经历了规模由小到大、结构逐渐复杂的过程，聚落总面积达 36 平方公里（由对殷墟边缘区的勘查可知，较之早年划定的 24 平方公里的保护范围，殷墟遗址群向南有大规模的延伸[275]）。宫殿区的范围可能不限于取土沟与洹河围起的 70 万平方米的区域，而是向西延伸，以人工或自然沟壑为界[276]。但在 80 余年的田野考古工作中同样未发现外郭城的迹象。

如果说以郑州城、偃师城为代表的商代前期的都邑布局（宫城＋郭城），与商代后期以洹南为中心的安阳殷墟有较大差异的话，那么洹北城可能正处于这两大模式的转折期。在承继了郑州城、偃师城的某些布局特征的同时，洹北城似乎又具有开洹南殷墟模式先河的意义，"正是吸取了（洹北）疏于防火的深刻教训，小屯宫殿才临河而建，并精心设计，处处防火。而由于洹河边特殊的地理位置，已无法满足再建城墙的需要。这可能是殷墟没有城墙的最主要的原因"[277]。当然，关于洹南殷墟未筑城的原因，学界还多有推想。最具典型性的推论是，"殷墟这一大邑聚落是通过星罗棋布式的小族邑簇拥着王族城邑而构成的。王族城邑是殷墟大邑商的中心，是都城的心脏，在王族城邑周围，在30平方公里王畿范围内向心式地分布着层层族邑，这层层族邑的沟通联结，形成了似无实有的聚落人墙，起到了聚落屏障或城墙的作用。加上殷墟文化时期的国力强盛和王权的强大威慑力，故殷墟都城很可能是没有外郭城墙设施的"[278]。作者把这类都邑布局称为"族邑模式"，认为"殷墟这种大邑都城形态，可能也直接影响了西周丰、镐京城的形态"。

无论如何，在相隔了约200年军事攻防色彩浓烈的二里岗时代后，殷墟的聚落形态又呈现出与二里头都邑相近的状况，并正式进入了直到西周王朝结束近500年"大都无城"的阶段。

## 二里岗：城郭"帝国"二百年

关于王朝时期商文化的上限，究竟可上溯至二里头时代还是始于二里岗文化，尚存争议。目前多数学者倾向于后一种意见，认为二里岗文化和殷墟文化构成商代考古学的主体[279]。到了二里岗文化时期或曰二里岗时代，二里岗文化不仅迅速覆盖了二里头文化的分布区，而且分布范围进一步扩大，聚落形态和社会结构

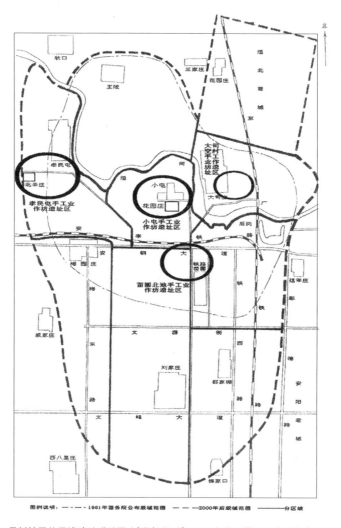

最新披露的殷墟遗址群总图(《殷都学刊》2014年第4期,孟宪武等文)

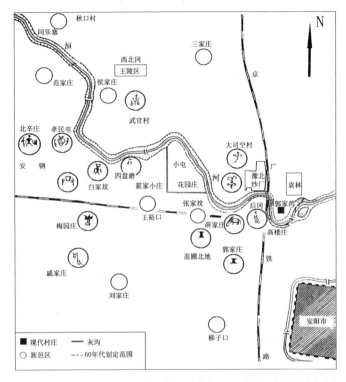

殷墟"大邑商"族邑分布示意（《中原文物》1995年第3期，郑若葵文）

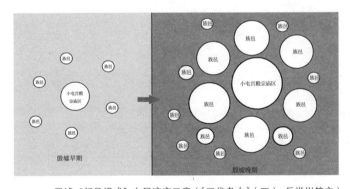

殷墟"都邑模式"布局演变示意（《三代考古》（四），岳洪彬等文）

都有极大的飞跃。

关于二里岗国家的膨胀性态势,学者多有论述。如认为二里岗文化时期是中国先秦历史上的一个特殊的时期,"从某种程度上来说,这个时期中央王朝的国力可能超过了商代晚期和西周早期"[280]。正是在这个时期,以郑州城为中心的二里岗文化急剧向周围扩展,先前黄河中下游地区存在的二里头文化、下七垣文化和岳石文化鼎足而立的文化格局被打破。在东至海岱、西达关中、北抵冀中、南逾江淮的广大区域内,人们都使用着一套共同的日常生活用陶器,

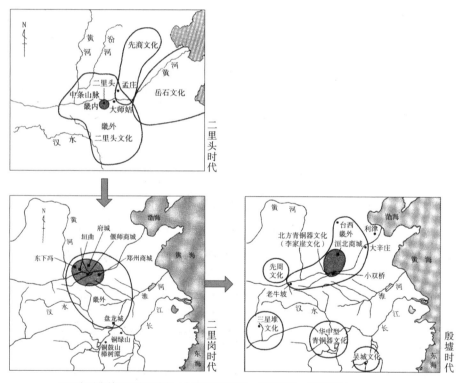

二里岗时代前后的文化态势(《从神话到历史:神话时代、夏王朝》)

形成了分布范围相当广阔的二里岗文化圈[281]。制作工艺简单而不便携带的日用陶器，往往具有极强的地域性特点和文化传统上的保守性，如非人群迁徙和政治性强势干预等因素，很难达到广大地域内风格的高度一致。而对二里岗时代陶器的地域分布的研究表明，"二里岗时代，在中心地陶器组合扩散的同时，各地的地方要素急剧减少甚至灭亡。在比较短的时间内，即被伊洛·郑州系陶器一元化"[282]。有的学者在对全球早期文明进行比较分析的基础上，甚至认为二里岗文明的扩张可以看作中国历史上第一个"帝国"的出现[283]。二里岗文明的上述特征及学界的相关思考，都有助于我们理解城郭形态在二里岗时代出现的历史背景。

在二里岗时代，具有都邑性质的郑州城和偃师城都围以城郭，有极强的防御性，而其近旁及外围又分布着若干城邑，都应是出于政治、经济和军事目的而有计划设置的。

### 郑州城

商代二里岗期的郑州城，地处现郑州市区的东部，坐落于西、南部黄土丘陵高地和东、北部湖沼平原相交接的地带，从地形大势上看，由西南向东北倾斜。此地自古以来就是东西、南北交通的咽喉要道，素为兵家必争之地。

1950年秋，当地一位小学教师在郑州旧城外东南约1公里的二里岗一带发现了陶片和石器等古代遗物，随后，文物部门对二里岗及其周围地区展开调查，发现了丰富的遗存。1952年秋试掘，次年开始较大规模的发掘[284]。由于郑州商代遗址的最早发现、发掘地点都在二里岗一带，依考古学文化命名的惯例，郑州新发现的早于安阳殷墟的商文化,被称为"商代二里岗期"文化。

除二里岗遗址以外,1952~1955年,考古工作者还先后发掘了南关外、白家庄、铭功路西侧、紫荆山北和人民公园等遗址。在南关外和紫荆山北发现了两处铸铜作坊遗址,在铭功路西侧发现了制陶作坊遗址,在紫荆山北发现了与制骨作坊相关的遗存,在白家庄、北二七路和杨庄发掘了多座随葬青铜器和玉器的墓葬,在人民公园则发现了二里岗文化与殷墟文化堆积的层位关系,从而确认了二里岗文化早于殷墟文化的发展序列[285]。发掘者因而推断"郑州在商代当不是一般的小村落,很可能是一个人口密集的大城邑"[286]。

1955年秋,白家庄一带首次发现二里岗文化时期的条状夯土,这引起了发掘者的注意,他们开始意识到它可能是商代的夯土墙。从1956年开始有计划地沿夯土的走向进行了较全面的钻探,发现这条夯土墙向东南和西北延伸后分别折而向西、向南,与"郑县旧城"的西垣、东垣及南垣重合,围成一个接近长方形的夯土城垣。同时开始有计划地对四面城垣采用开挖横截探沟的方法进行解剖性发掘。1972~1973年,又对东、西、南三面城垣进行了钻探复查。通过前后两次工作,对郑州城的范围有了更为全面的了解,在四面城垣上发现了大小11处缺口,其中有些可能与城门有关。1956~1974年,在四面城垣上共开挖横截城垣的探沟22条,获得了一批可靠资料。至此,郑州城的建造年代得以确认[287]。

1973~1978年,在城内进行钻探与发掘,发现了东北部的夯土建筑基址群,确认为与城垣大致同时兴建的宫殿区。之后,又在这一范围内的多处地点发现了夯土基址并进行了重点发掘,为研究宫殿区的范围、布局等提供了新的重要资料[288]。

郑州向阳回民食品厂青铜器窖藏发掘现场(《郑州商城——1953~1985年考古发掘报告》)

1996年在郑州南顺城街出土一组12件青铜器(《中原古代文明之光》)

1974~1996年,先后在郑州城西墙外的杜岭张寨南街、南顺城街、商城东南城角外向阳回民食品厂发现了三处铜器窖藏,共出土28件青铜器[289]。这些窖藏坑的发现,对研究郑州城的性质与年代具有重要意义。

　　1953~1954年发掘二里岗时,曾经发现一段长约2100米、宽约25米的夯土墙。1955年又在今郑州东站北侧发现了夯土墙。限于层位关系的缺乏和认识的局限,这一发现在当时并未引起足够的重视。1980年代以后,又陆续在郑州城的西城垣外700~900米处和南城垣外900~1200米处发现夯土墙基,可与二里岗一带曾发现的夯土相连接,形成围绕郑州城西、南侧的又一道防御设施,其建造年代与已发现的郑州城城垣大体相同[290]。

　　种种发现表明,二里岗文化阶段,郑州开始出现大型都邑,中心区兴建起了周长近7公里的夯土城垣,现已究明其属于内城,城圈面积达3平方公里。其内除了东北部分布着较集中的宫室建筑群外,多为空地,故不少学者认为"郑州商城已发现的内城可理解为'小城'或'宫城'"[291]。在内城南墙和西墙外600~1100米外,又发现了外城城垣,由西南至东北,对内城形成环抱之势,外城加东北部沼泽水域围起的面积逾10平方公里[292],或说超过13平方公里[293]。城址周围手工业作坊、祭祀遗存、墓葬区等重要遗存的分布范围达15平方公里。在其周边,还分布有众多小型遗址,应属郑州城的"卫星"聚落。二里岗文化遗址相对集中分布范围约160平方公里[294]。

　　关于郑州城的分期,早在1950年代,《郑州二里岗》即依据二里岗遗址的发掘资料进行了初步的期别划分,提出了"二里岗期下

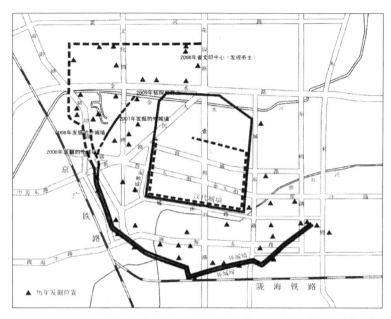

郑州城(《郑州大学学报(哲社版)》2010年第3期,刘彦锋等文)

层"和"二里岗期上层"前后两大期的概念。此后,考古界通常以"二里岗下层"和"二里岗上层"来指称郑州城商文化的早、晚期。1980年代初,邹衡把二里岗下、上层又各分为两组,并将白家庄遗址上层作为更晚的一组,重新整理为前后相继的三段五组(先商末期至早商)。稍后,长期主持郑州城田野工作的安金槐也发表了自己对二里岗文化再分期的结果,将二里岗文化细分为四个小期,即二里岗下层一期、二期和二里岗上层一期、二期(白家庄期)[295]。这一四分法的分期意见得到不少学者的赞同,并为夏商周断代工程所采纳[296]。鉴于历史原因导致的考古学文化及期别定名的不规范,下文用二里岗文化早期、晚期(其下又各分为早、晚段)来替代二里岗下层、上层及其下小期的提法。

约当二里头文化晚期阶段，郑州一带既已存在具有相当规模的聚落群。二里岗文化早期早段，内城的四面城垣及外城城垣的多处地段均已开始建筑；在城内东北部分布有少量夯土基址和夯土墙基。城内东部，城北的紫荆山北，城西的铭功路西侧，人民公园和城南的二里岗一带均发现有此期的小型房址、墓葬等遗存。这一时期是郑州城的始建期。

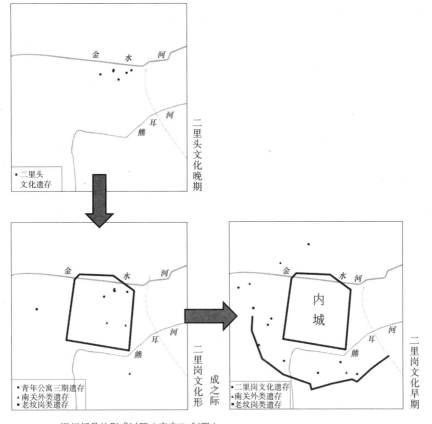

郑州都邑的形成过程（李宏飞 制图）

二里岗文化早期晚段，内城和外城筑好并投入使用；城内东北部的宫殿区夯土台基增多，出现多座大型夯土建筑基址；位于内城以南、内外城之间的南关外铸铜作坊，内城以北的紫荆山北制骨作坊以及内城以西的铭功路制陶作坊也已开始使用；同时，这一时期开始出现铜器墓。遗存的分布遍布内城和内外城之间，表明此时城市人口急剧增加。郑州城自此期开始进入繁荣期。

　　关于内、外城的始建年代，目前尚有分歧。或认为均始建于二里岗文化早期晚段；或认为内城始建于二里岗文化早期早段，而外城始建于二里岗文化早期晚段；或认为内城的始建接近二里头文化晚期阶段的洛达庙期，而外城的始建年代应接近或略早于二里岗文化早期早段[297]。

　　二里岗文化晚期早段，郑州城城垣继续使用，早期的夯土建筑仍在使用，在城内东北部又新建、改建了多处大型夯土建筑，宫殿区的面积进一步扩大；宫殿区内还建有大型石砌蓄水池、石砌供水管道、木结构框架的水井等，形成完备的供水系统。原有的铸铜、制陶和制骨作坊继续使用，并在北城垣外的紫荆山新建了一座铸铜作坊；同时，在内城的内外多个地点发现铜器墓，并在内城西垣北段外的张寨南街和东南城角外的向阳回民食品厂发现了铜器窖藏坑。此期应是郑州城的鼎盛期。

　　二里岗文化晚期晚段，内城的宫殿区还有夯土建筑遗存，并发掘出一段东西向的夯土墙，已知长度逾百米。在内城西垣南段外侧发现有此期的铜器窖藏坑，内城外的白家庄、铭功路、北二七路等地则发现有这一时期的铜器墓。可知此期的聚落应仍作为都邑存在，有商王室和贵族在此活动，但已开始趋于衰落。两处铸铜作坊至迟在此期偏晚阶段废弃。

相当于殷墟文化早期阶段，已人烟稀少，人民公园等处曾发现有小型聚落址。

1950年代以来郑州城的一系列重要发现，使人们确信它应是商王朝的一座都城遗址。只是对各类遗存的存灭时间，以及与之相关的立都时间和它与偃师城的具体历史归属与定位的认识，尚存异议。学者们推断其应为商代中期仲丁所迁之隞都，或为商王朝初期成汤始居之亳都等[298]。

## 小双桥

郑州城的郊外，多见中小型聚落址，并偶有城址发现，规格较高的超大型遗址仅见于西北郊的小双桥一带。

小双桥遗址位于郑州城西北20公里许的索须河畔，地处邙山向南延伸的余脉尽头，东北部有古荥泽。1980年代，曾在这一带先后发现青铜建筑构件。1990年，对该遗址进行了调查和试掘。1995年以来，又多次对该遗址进行了全面调查和大规模发掘，确认遗址群的面积达100余万平方米，发现多处夯土基址、青铜冶铸遗迹和众多的祭祀遗迹等[299]。正式发掘报告称其面积"不少于144万平方米"；据称实际范围或可达400万平方米左右。该聚落延续时间较短，遗存主要属二里岗文化的最后阶段即晚期晚段（也称白家庄期）。

小双桥遗址发现了面积约2000平方米的大型夯土台基，其原高至少应在9米以上。在遗址的中心区，已揭露数处大规模的夯土建筑基址，包括牲祭坑、人祭坑在内的20余处祭祀遗存及与青铜

小双桥遗址鸟瞰（《郑州小双桥——1990~2000年考古发掘报告》）

冶铸有关的遗存。祭祀坑可分为综合祭祀坑、牛头坑、牛角坑、牛头（角）器物坑和器物坑等多种。遗址中还发现了较多的与冶铸有关的灰坑，其中有粘附铜汁的熔炉壁残块、孔雀石、铜炼渣、烧土颗粒和陶外范残块等。大型夯土台基西侧附近的壕沟内曾发现大型青铜建筑饰件，显示出不凡的规格。出土遗物十分丰富，包括铜器、玉石器、原始瓷器、金箔、卜骨等珍品。铜器除建筑饰件外，还有爵、斝等容器和镞等兵器。石器有磬和方孔器等，后者可能与山东及其附近地区的岳石文化有关。出土遗物中与殷墟朱书文字和甲骨文一脉相承的朱书陶文尤为引人注目，这是目前发现的商代最早的书写文字[300]。

关于小双桥遗址的性质问题，有的学者鉴于该遗址范围较大，规格较高，内涵丰富，在年代上与郑州城的衰落年代相当而早于安

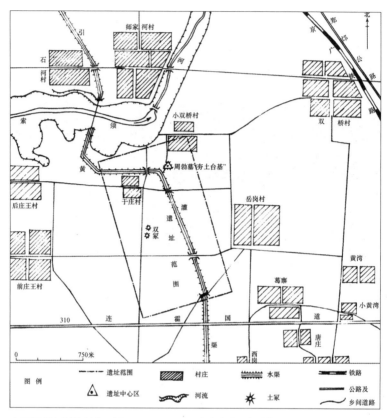

小双桥遗址（《郑州小双桥——1990～2000年考古发掘报告》）

阳殿墟，认为应是商王仲丁所迁隞都[301]。也有学者认为，小双桥遗址距郑州颇近，存在大量的祭祀坑和祭祀用品，但缺乏王都所应有的其他生活遗存；且白家庄期郑州商城仍有宫殿建筑等重要遗存，它和小双桥遗址之间并无明显的替代关系，应属郑州商城的离宫别馆、宗庙遗址，或郑州商城使用期后段商王室的祭祀场所[302]。就现有材料而言，小双桥遗址面积较郑州城显然尚小，郑州城在其存在

小双桥遗址宫殿区的夯土台基（《郑州小双桥——1990~2000年考古发掘报告》）

小双桥出土的青铜建筑构件（《郑州小双桥——1990~2000年考古发掘报告》）

时期也并未完全废弃,因而是否可确认其为商王朝的都邑,尚难遽断。对小双桥遗址性质的最终确认,尚有待于今后的田野考古和研究工作的进展。

到目前为止,还没有在遗址范围内发现有城垣遗存。这一二里岗时代末期高规格的都邑性聚落,或许已揭开肇始于殷墟时代的"大都无城"的序幕。

### 偃师城

偃师城遗址坐落于洛阳盆地东部,现河南省偃师市城区西部。遗址南临洛河,北依邙山。西南距二里头遗址约 6 公里,西距洛阳市约 30 公里,东距郑州城约 110 公里。

在国务院 1988 年公布的第三批全国重点文物保护单位名单中,该城定名为"尸乡沟商城",这一称谓到目前为止仍多见于学术论著和各类读物中。"尸乡沟"一词最早见于偃师城发掘者的文章中,其中援引《汉书·地理志》河南郡偃师下班固自注"尸乡,殷汤所都",而"城址中部有一条东西向的低凹地带,穿城而过,老乡世代相传称之为尸乡沟或尸乡洼",这"与文献记载如此符合,绝非偶然之巧合。据此,我们认为这座城址即商汤所都的西亳,殆无疑义"[303]。后有学者经调查指出,此或为发掘者证史心切,而将当地老乡所言"石羊沟"(该地曾有古墓前安置的石刻的羊等动物像)解译为发音相似的"尸乡沟"[304]。一个旁证是人们讲究吉祥寓意,而当代汉语中"尸"为不祥之词,因而不应见于地名之中。由于"尸乡沟"并非当地正在使用的小地名,不符合考古遗址的定名标准,因而我们不使用"尸乡沟商城"一词。

1983年春季，为配合首阳山电厂选址，中国社会科学院考古研究所洛阳汉魏故城工作队钻探发现该城并进行了试掘。是年秋季，考古所组建河南第二工作队负责偃师城的勘探和发掘。此后一系列的田野工作，为建立该城址的考古编年序列，探究城址以及宫殿区的布局、建筑结构及其演变过程，乃至进一步探究该城的性质，提供了丰富系统的资料[305]。

　　与郑州城大体同时的偃师城，最初建有圈围面积约86万平方米的小城圈，而后北、东两面外扩（城外东南部已探明有水泊遗迹，东城垣南段很可能为避开该水泊而向西拐折），总面积约1.9平方公里（城内面积）。宫殿区位于城址的南部。以被称为"宫城"的第Ⅰ号建筑基址群为中心，包括两处可能为府库的围垣建筑群及其他建筑基址。大城城垣墙体顶部残宽16~18米，基部宽18~19米。城墙上已发现6座城门，已发掘的5座城门均为单门道，门道宽度仅2~3米，两侧皆有木骨夯土墙，推测门道上方原应有建筑。城垣宽厚且有意设计出多处拐折，城门狭小，以及城内府库类建筑的设置，都体现了较浓厚的战备色彩。

　　发掘者依据遗址自身的陶器编年序列，将偃师城商文化遗存分为前后相继的三个时期[306]。第一、二期各分为两段，第三期包括早、中、晚三段。第一期遗存的年代同郑州二里岗文化早期早段和二里头遗址二里头文化第四期（至迟其晚段）遗存相当；第二期相当于二里岗文化早期晚段；第三期早、中段相当于二里岗文化早期至晚期遗存的过渡期至二里岗文化晚期早段，第三期晚段相当于郑州二里岗文化晚期晚段（白家庄期）。

　　该城址经历了由兴至废的全过程，其间的布局结构也随时间的推移而有所变化。

第一期，偃师城的始建和初步使用时期。主要遗迹有早期宫城及其内东、西两组建筑，宫城北部的祭祀场和小城城垣。宫城内西组建筑中始建于此期的有第七号、九号（其附属建筑编为一号）、十号夯土基址，东组建筑有四号基址。此外，还有被认为属于府库的第Ⅱ号建筑群基址之下层建筑以及位于城外东北部的青铜冶铸作坊遗存。至本期晚段，偃师城已粗具规模。

第二期，偃师城的大规模扩建时期。在小城基础上修筑了大城城垣，城址北部和东北部外扩，规模增至近2平方公里。宫城内的布局也发生了很大变化：东组建筑中的四号基址继续使用，新建了六号基址（原《简报》称"五号下层宫殿"）[307]；西组建筑新建了八号基址，九号基址扩建为二号基址，向西延展，宫城西垣之一部

偃师城鸟瞰（《偃师商城（第一卷）》）

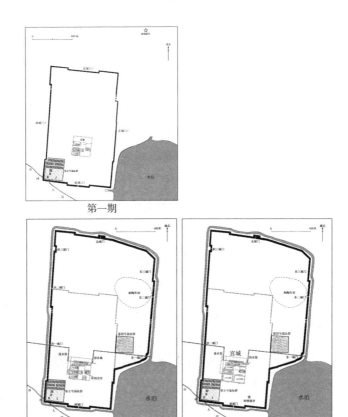

偃师城布局的演变过程(《三代考古》(六),陈国梁文)

也相应西移;祭祀场进一步扩大为三个区域;挖建了宫城北部的水池,引活水入池,石砌水道贯通大城东西。宫城内由南向北形成宫殿区、祭祀区和池苑区并存的格局,并出现铸铜活动。第Ⅱ号建筑群在原基址上经过全面翻修、改建,形成该建筑群中层基址,性质相同或相近的第Ⅲ号建筑群可能始建于此期。

第三期，偃师城的继续使用和衰败、废弃时期。本期早段是偃师城由盛转衰的过渡时期。大城城垣有修补迹象；第Ⅱ号建筑群局部得到修缮；久已废弃的小城北部城垣被夷为平地[308]。宫城的格局发生了显著的变化：在六号、七号基址上兴建起规模更大的五号、三号基址（也有学者认为三号基址始建于第二期[309]），突破了宫城西、南墙的范围，使得第Ⅰ号建筑群的面积进一步扩大至约 4.5 万平方米。其以西的院落和建筑也极有可能兴建于此期[310]。与此同时，若干建筑基址已废毁，宫城北部的水池逐渐淤塞废弃。陶器已开制作粗糙之风。

进入第三期中段，宫城范围内的建筑基址和主要祭祀场以及作为府库的第Ⅱ、Ⅲ号建筑群已基本废毁[311]。"另外，迄今未发现在第三期中段及其后新建的大型建筑基址"[312]。鉴于此，偃师城作为都城的下限应是第三期早段，即二里岗文化晚期早段或稍早。

第三期晚段的遗存很少，仅见零星灰坑。此时城址应已完全废弃，沦为一般聚落。

关于偃师商城的绝对年代，根据"夏商周断代工程"提供的系列测年数据，其始建年代被推定为约公元前 1600 年（此后有专家认为"两个商城最早的年代均不早于公元前 1580～公元前 1560 年"[313]）；偃师商城第三期早段的年代被推定为公元前 1400 年前后[314]，则这座城址由兴到废经历了约 200 年时间。

归纳起来，围绕郑州城与偃师城两座城址的年代、性质及相互关系问题，主要有三种意见：一种意见认为偃师商城是汤都西亳，郑州商城是仲丁所迁隞都[315]；一种意见认为郑州商城是成汤始居之亳都，偃师商城是大体同时或稍晚的太甲"桐宫"、别（陪）都或

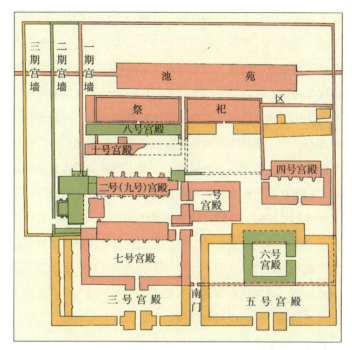

偃师城宫城的扩建过程（据《考古》2015年第12期简报改绘）

军事重镇[316]；一种意见倾向于二者同为商代早期的国都，惟重点使用时间有交错，这种两都或多都并存的现象多见于后世，郑州、偃师二城或为其肇始[317]。"夏商周断代工程"则做出了调和折中的表述："郑州商城和偃师商城基本同时或略有先后，是商代最早的两处具有都邑规模的遗址，推断其分别为汤所居之亳和汤灭夏后在下洛之阳所建之'宫邑'亦即'西亳'的意见具有较强的说服力"[318]。

近年的发掘与研究，使我们对两座城址的兴废年代和过程有了较清晰的认识。以最早的宫殿和宫城的营建为标志,两城始建年代接近,都约当二里岗文化早期早段。二者的兴盛期大体并存,或有交错。由小城的修建、宫殿基址群的改扩建、府库的营建和大城的出现等现象看,偃师城最主要的使用时间是二里岗文化早期,至二里岗文化晚期早段时虽有夯土建筑的兴建,但已开始衰落,不久即告废弃,至二里岗文化晚期晚段已沦为一般聚落[319]。郑州城宫殿区大型夯土基址群和内、外城垣,以及大型铸铜作坊和多处墓地的出现,表明在二里岗文化早期晚段时,该城已进入兴盛阶段;二里岗文化晚期早段时,该城持续繁荣并达到鼎盛[320],而此时恰值偃师城开始走向衰落的时期;至二里岗文化晚期晚段时,偃师城已彻底荒废,而郑州城内一些夯土建筑和两处铸铜作坊在本期的一段时间内继续使用,且发现有青铜器窖藏坑,说明该城至少在此期仍有王室或贵族活动[321],仍应属都邑级的遗址。可知郑州城与偃师城大体同时兴起,而后者的废弃时间要早于前者。

从考古学层面看,可以肯定郑州城和偃师城是大体同时的两座二里岗文化时期的都邑级遗址。就遗存分布范围而言,郑州城为10平方公里以上,偃师城则基本上限于大城城垣以内(约1.9平方公里)。从城址规模上看,郑州城在建城之初即建有3平方公里的内城和规模逾10平方公里的外城;偃师城早期小城约0.86平方公里,后来扩建的大城不足2平方公里。郑州城发现了为数众多的出土青铜礼器的墓葬和青铜器窖藏坑,以及铸造青铜礼器的作坊;偃师城则仅见有个别随葬少量青铜礼器的墓葬。偃师城几乎平地起建,城垣宽厚且有意设计出多处拐折,城门狭小,以及城内府库类建筑的设置,都显现出较浓厚的战备色彩;这与郑州城的全面繁盛

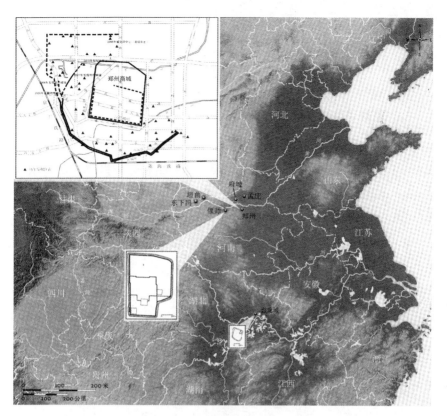

二里岗文化的城邑分布与规模比较（据 *Art and Archaeology of the Erligang Civilization* 附图改绘）

也形成较鲜明的对比。总体上看，这两座城址在聚落层级上的差异是显而易见的；同时，二者的城市功能也很可能有较大的不同。鉴于此，郑州城为主都，偃师城是军事色彩浓厚且具有仓储转运功能的次级中心或辅都的意见[322]应是较为妥当的。

### 周边城邑

随着郑州城和偃师城的兴起与兴盛，在二里岗王朝的中心区域郑洛地区及其附近，以及二里岗文化分布的边缘地区，较为集中地出现了若干城址。

**新郑望京楼**

望京楼城址位于河南省新郑市望京楼水库东，古溱水（今黄水河）东岸，北距郑州市35公里。该遗址早在20世纪六七十年代，即出土有二里头文化晚期至二里岗文化时期的青铜器和玉器等遗物。在最新的调查勘探中发现了二里头文化城址和二里岗文化城址各一处。

二里岗文化城址略作方形，方向为北偏东15°。其中东城墙长约590米，北城墙长约602米，南城墙长约630米，西城墙长约560米，面积约为37万平方米。在东城墙上发现两处缺口，南城墙上发现一处，应为城门[323]。已发掘的东一城门平面呈"凹"字形，且门前有附属建筑设施，或具有瓮城的性质[324]。除毗邻黄水河的西城墙外，其他三面城墙的外侧有护城壕。城内发现东西和南北向的道路共四条。城址中南部发现一处大型夯土建筑遗存。

北城墙以北约300米以外，发现一条人工开凿的壕沟，东西连通自然河流黄沟水和黄水河。壕沟长1100米，宽10～25米。因该城址西、南临黄水河，此壕沟应与黄水河和黄沟水形成一个封闭的空间。在人工壕沟与黄沟水交界处的东北部内侧，发现曲尺状夯土残迹。在北城墙及外壕之间发现大量灰坑、陶窑、墓葬等遗迹。由此推定遗址的总面积达168万平方米。

新的考古工作初步确认二里岗文化城址始建于二里岗文化早期，在二里岗文化晚期曾做过修补，废弃于二里岗文化末期或稍晚。发掘者根据城址规模，城墙、城门和护城壕所显现出的浓重的

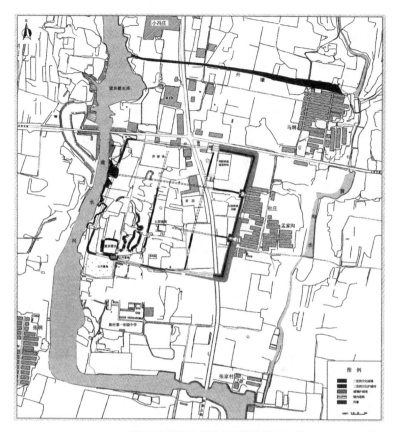

新郑望京楼城址(《中国国家博物馆馆刊》2011年第10期)

军事色彩,推测望京楼二里岗文化城址可能是郑州商城南部的一座军事重镇[325]。

二里头文化城址位于二里岗文化城址之外,保存较差,已发现东城墙及东南、东北拐角处。东城墙长625米,城墙外也有壕沟。城墙基槽被二里岗文化下层一期城址的护城壕打破[326]。

### 荥阳大师姑

大师姑遗址位于郑州市西北22公里处,西距二里头遗址约70公里。二里头文化时期,这里建造了面积达51万平方米的夯土城址,城外有环壕。到了二里岗文化早期,又在二里头文化城圈和环壕之间清淤和开挖了新的环壕。壕沟口部较宽,宽13~15米,沟壁较缓,中下部陡直内收,底部较平,残深4~7米。与二里头文化时期的壕沟相比,较为规整。依发掘报告所披露的材料,尚无迹象表明二里头文化的夯土城垣在二里岗文化早期遭到严重破坏,发掘者推测"城址此时可能还在续用"。同时,环壕和城址内分布着

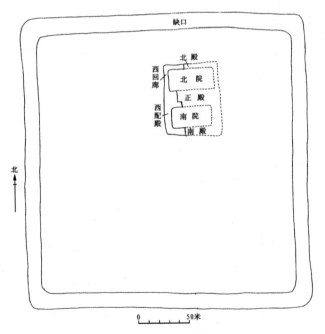

焦作府城城址(《考古学报》2000年第4期)

丰富的二里岗文化时期的遗存，其分布范围甚至扩大到了城址以东约 400 米的范围内。环壕到了二里岗文化晚期基本淤平[327]。这表明此期的大师姑遗址，仍是郑州城左近一处重要的聚落。

## 焦作府城

城址位于河南省焦作市区西南，地处太行山南麓、黄河以北的山前平原上[328]。北城墙外有小河自西向东流过。其平面略呈方形，边长 280 米余，面积约 8 万平方米。城墙夯筑而成，底宽 4～8 米，东、南城墙基槽的宽度在 15 米左右。西、北部城墙保存较好，南墙仅存基槽部分。

城内北部偏东共发现 4 处夯土基址，相互有叠压打破关系。其中 1 号基址最大，平面形状为长方形，南北长 70 米，东西宽约 55 米，面积约 3500 余平方米。分为南、北两个院落，两个院落之间应为正殿，东西有回廊或配殿。城垣与夯土基址的方向均为北偏东 4°左右。

以往的调查发现，城东部有路土、夯土、烧土和灰坑等遗迹，似为生活区。此外还发现一处小面积的石块和半成品石器集中堆放的区域，似为石器作坊。遗迹、遗物仅局限于城内，城内曾出土有二里岗文化晚期的铜戈。

城墙与城内夯土基址都应始建于二里岗文化早期，部分基址和城墙延续使用至二里岗文化末期的白家庄期，至其晚段最后废弃。

## 垣曲古城南关

城址位于山西省垣曲县古城镇南关，坐落于中条山脉之中的小盆地内,黄河北岸的阶地上。城址修建之前,这里曾是二里头文化晚期的环壕聚落[329]。

城垣平面略呈梯形,南北长约400米,东西长约350米,总面积约13万平方米。其中北、东城墙为单墙,现存宽度6～15米。西、南城墙由内外两道夹墙构成。西墙中部偏北处有缺口一,应为门道,缺口以北有东西向横墙连接内外墙,门道以南为双道夹墙,两墙相距7～10米,形成一条窄长的通道。西墙外还有一条与之平行的护城壕,南端直通台地南缘的冲沟中。南墙西段的双道夹墙相距4～14米。其外墙西端与西城墙之外墙不相连,其间有宽16米的缺口。南墙中部依地形向内微微折曲。除西墙外,南墙和北墙上也发现有缺口,有可能是城门之所在。城垣的东南部分由于河水的冲刷而无存。

城内中部偏东的宫殿区,是以南北并列的两座大型夯土台基为中心、四周有整齐的夯土墙相围的一组建筑。宫殿区南北长约88米,东西宽约50米,面积达4500平方米。自西城墙门道,有一条宽12米左右的主干道横贯城内中部,直通宫殿区。城内东南隅为一般居住区,面积约3万平方米,文化层堆积较厚,房址、窖穴、沟壕、墓葬和陶窑等遗迹十分丰富。在居住区以西,即城址南半部发现了数座保存较好的陶窑,这一区域有可能是制陶作坊区。城南发现随葬铜器的墓葬,应属规格略高的贵族墓。

由城址的地层关系可知,该城始建于二里岗文化早期晚段并延续使用到二里岗文化晚期。区域聚落研究表明,二里岗文化时期的聚落分布没有二里头文化聚落密集,且仅集中于垣曲盆地的南部,以垣曲古城南关城址为中心的聚落群,分布范围约60平方公里。

这座城址地理位置险要，防御坚固，军事色彩浓厚，而物质文化面貌又与郑洛地区二里岗文化中心区保持着一致性，因此很可能是商王朝设在晋南黄河北岸的军事重镇，同时又起到了控制铜矿产地和其他资源，保证开采运输，抵御外来掠夺的作用[330]。

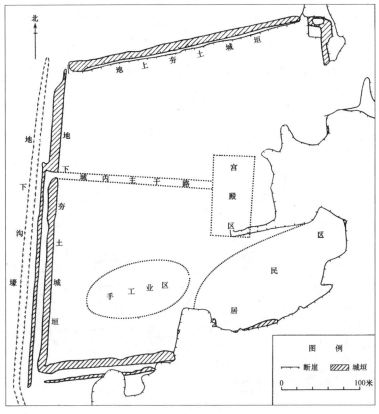

垣曲古城南关城址（《垣曲盆地聚落考古研究》）

**夏县东下冯**

遗址位于山西夏县县城东北，坐落于运城盆地内的青龙河两岸台地上。总面积约 25 万平方米[331]。在河南岸发现夯土城址一座，目前仅大体查明了南城垣和东、西城垣的南段。东城墙残长 52 米，西城墙残长 140 米，东西两墙之间相距约 370 米。南城墙总长 440 米，中部折进 75 米，使东南部城垣形成缺角。城址面积应在 10 万平方米左右。城墙宽约 8 米，内外两侧均有夯筑护坡。城墙外侧绕以护城壕，与城墙底部的夯土斜坡基本相连。

城址的年代约当二里岗文化早期，二里岗文化晚期废弃。

城的东部集中出土小件铜工具、武器、铜渣和石范等，表明这

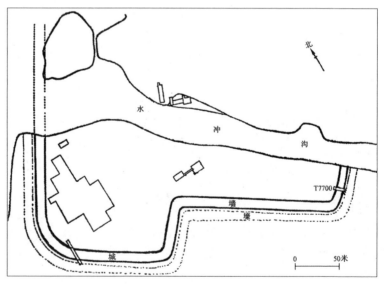

夏县东下冯城址（《夏县东下冯》）

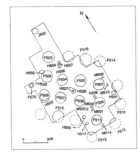

东下冯的圆形建筑与《天工开物》中古代盐仓对比

一带可能是铸铜作坊。城内西南角发现了与城垣同时期的 20 座圆形建筑基址，钻探结果显示，该基址群至少由 7 排组成，总数大概有 40~50 座。这些圆形建筑的直径为 8.5~9.5 米，均坐落于略高出当时地面的夯土台基上，基址面上都有柱洞。基址周围则发现有路土。有学者推断为仓储遗址甚至确指为粮仓[332]，另有学者指出这些建筑与《天工开物》中描绘的古代盐仓也十分相似[333]。最近的科学检测，证实它们应是储盐的窖藏坑[334]。

东下冯遗址地处中条山北麓，距河东盐池仅 30 多公里，因而有可能是盐道上的一处重要据点，同时也应是包括采矿铸铜、制陶等功能在内的区域性手工业生产中心[335]。

## 武汉盘龙城

盘龙城遗址位于湖北省武汉市黄陂区盘龙湖畔，地处长江支流

四　三代大都　王国孔武　199

武汉盘龙城城址（上:《礼乐中国——湖北省博物馆藏商周青铜器》，下:《文物》1976年第2期）

府河北岸的高地上。整个遗址群由夯土城址及其周围矮丘和湖汊间台地上的若干一般遗址组成，总面积逾1平方公里[336]。

城址坐落在遗址群东南部的一小山丘上，城墙随地势之起伏而修筑，残宽20～40余米，为版筑而成，应是长江流域最早的版筑城垣。城址平面略呈平行四边形，南北约290米，东西约260米，面积约7.5万平方米（城内面积约6万平方米）。城垣四面中部各有一缺口，可能即城门。城外挖有护城壕。

城内东北部发现面积约6000平方米的人工土筑台基，宫殿建筑群即分布于其上，已发现大型建筑基址3处。其中1号基址面阔38.2米，进深11米，根据柱穴与墙基的结构，可知该建筑的主体为四间横列的居室，隔以木骨泥墙，四周则绕以回廊。有学者将其复原为一座"茅茨土阶"、四坡顶重檐的大型木构建筑物。其与2号基址前后平行排列，具有共同的中轴线。未经发掘的3号基址，或也属于这一建筑群的组成部分，构成三进院落[337]。在基址的西侧还发现有由相互连接的陶质水管组成的排水设施。

城址内的西南部为低洼地，当时可能为池塘。此外并无其他遗迹发现。发掘者推测该城址具有宫城的性质，是合适的。

要之，盘龙城城址与宫室建筑，无论从结构布局和建筑技术上看，都与二里岗文化保持高度的一致性。至于约2.5平方公里的"外城"城垣[338]，由于未经发掘确认，暂存疑。

在城南的王家嘴、城北的杨家湾、城西的楼子湾和城东的李家嘴等地，都发现有文化堆积，但不见大型建筑基址，当为一般居民区和手工业作坊区。后三个地点有许多二里岗文化时期的墓葬，李

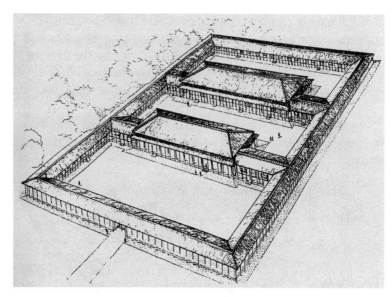

盘龙城大型建筑群复原示意（《宫殿考古通论》）

家嘴一带集中发现有随葬青铜器的贵族墓。尽管在青铜礼器的产地问题上尚有不同的意见，但盘龙城青铜器群属于中原文化系统，应是可以肯定的。

遗址中最早的遗存约当二里头文化晚期（发掘者认为约当二里头文化第二、三期，但不少学者认为失之偏早[339]），尚属一般聚落。至于城垣的营筑及使用年代，发掘者认为"上限相当于二里岗上层一期偏晚……下限在二里岗上层二期晚段（即商代白家庄期），之后城址即已荒废"[340]。《中国考古学·夏商卷》则认为城址始建于二里岗下层（二里岗文化早期）晚段，而最晚阶段遗存的年代可至所谓中商二期[341]，即殷墟文化的最初阶段。无论如何，二里岗文化晚期是该城址的兴盛期，城内的宫殿基址即修筑于此期。

盘龙城遗址在城墙的夯筑技术、宫室的建筑手法、埋葬习俗及遗物特征等方面，都同二里岗文化有着明显的一致性。因而，一般认为，盘龙城遗存是以一支南下的中原商文化为主体，融合本地及江南文化因素而形成一个商文化的边地类型——盘龙城类型[342]。

有学者认为盘龙城遗址最晚的遗存相当于殷墟文化的洹北花园庄晚期。而盘龙城遗址的废弃实际上带动了荆南寺、铜鼓山等遗址的废弃以及此后商文化因素在江汉平原西部、澧水上游流域、洞庭湖流域等地区的急剧退缩[343]。

在距盘龙城不远的云梦王家山也发现了一处小城堡[344]。遗址主要部位是一个西南—东北向的角锥形土台。西南端较宽，80余米，土台西南至东北最长距离约180米。城垣的走向基本上是围绕着土台边缘的。发掘结果表明，这座城址的建造和使用年代为二里岗文化晚期，城墙经过三次修筑。另外，在遗址中还发现了同时期的小型土坑墓。王家山城址的规模远不及盘龙城大，很可能是为了保障矿产资源运输线的畅通而建立的次一级的军事据点。

总结起来，上述城址有如下特点：

一、存在时间高度集中，大都始建于二里岗文化早期，废弃于二里岗文化末期的白家庄期前后，也即郑州城与小双桥此衰彼兴，甚至洹北城兴建之际。

二、这些城址大都处于水陆交通的要冲，同时在筑城技术和布局上注重军事防御能力。

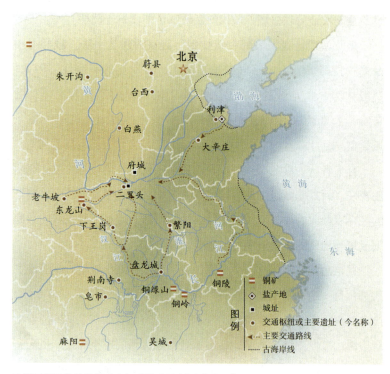

早期王朝时代的资源分布与重要遗址(《古代文明》第1卷,刘莉等文;《中华遗产》改绘)

三、二里岗文化边缘地区的城址,同时也是铜锡等金属矿藏和食盐之类重要资源的分布区,"在资源丰富的地区建城也许是早期国家为控制和获得资源以保障中心都城而建立的供给网络中的重要部分"[345],因而,它们可能兼具军事据点和区域性生产中心的功能。

四、尽管这些城址规模都很小,但大多仿效中原王朝都城,形成了以大型建筑区为中心的分布格局。

五、几乎所有二里岗文化的城址，都建立在二里头文化时期聚落的旧址上。对此，一般的解释是扩张领土、统御夏民。但这种现象究竟是王朝更替过程的反映，还是显现了二里头文化与二里岗文化所代表的集团发展中的某种连续性，还有待于进一步探究。

　　由大规模城邑的出现，以及对晋南和长江中游等地的扩张和据点建设，有学者认为商周王朝"战士国家"的特质，在这一时期就已显露无遗[346]。另有学者指出，"二里岗期商文化区中心周边的城址跟随着中心城址废弃的现象，说明了这些城址不具备政治上的相对独立性，它们是当时商王朝直接控制的地方政权的城邑，而不是间接控制的诸侯国（习惯上称商代的这些国家为"方国"）的城邑"[347]。甚至可以说，"商代晚期以安阳为中心的政体显示出商王室政治影响力复苏，但始终无法获得像二里岗时期那样的霸权地位"[348]。

## 二里头："大都无城"的肇始

　　公元前1700年前后，伴随着区域性文明中心的先后衰落，中国乃至东亚地区最早的具有明确城市规划的大型都邑——二里头出现于中原腹地的洛阳盆地。二里头文化与二里头都邑的出现，表明当时的社会由若干相互竞争的政治实体并存的局面，进入到广域王权国家阶段[349]。

四　三代大都　王国孔武　205

## 二里头

1959年夏，著名古史学家徐旭生在率队调查"夏墟"的过程中踏查该遗址，随即发表了调查报告[350]。鉴于遗址出土物丰富、面积广大，且位于史籍记载的商都"西亳"所在地，徐旭生认为该遗址"为商汤都城的可能性很不小"，引起学术界的极大关注。当年秋季，河南省文化局文物工作队和中国科学院考古研究所（后隶属中国社会科学院）洛阳发掘队分别进行发掘，后来发掘工作由考古所独立承担。

1959～1960年，最初的试掘发现了从龙山文化晚期至"洛达庙类型商文化"（后被命名为"二里头类型文化"和"二里头文化"[351]）连续发展的层位关系，划分出早、中、晚三期遗存（相当于二里头文化一、二、三至四期）；通过发掘了解以陶器为中心的文化面貌，初步建立了遗址分期框架。推测遗址范围东西2～2.5公里，南北约1.5公里。1960年秋季钻探发现并确认大型夯土基址（1号宫殿基址）。

1961～1978年，主要发掘1号、2号宫殿基址。在此期间，钻探出夯土基址30余处；发掘出与铸铜、制陶有关的遗存和出土玉器、铜器等的贵族墓葬若干；确认了二里头文化第四期遗存的存在。1980～1997年，又发掘了铸铜作坊遗址，中小型房址，与祭祀、制骨、制陶有关的遗存和墓葬等。

遗址在发现之初、试掘之前，就因面积广大而被推定为"一大都会"，很可能是"商汤都城"[352]。但可以说直到面积达数千至1万平方米的1号、2号大型建筑基址被全面揭露，才从考古学上初步把握了它与都邑相称的遗存性质。

至1990年代后期，二里头遗址发掘和研究工作的重点集中于两个大的方面并取得了丰硕的成果。第一，长时间、大面积的发掘积累了丰富的资料，以陶器研究为中心建立起了可靠的文化分期框架，二里头文化一至四期的演变序列得到学术界的普遍认可。这是都城遗址研究的重要基础。第二，1号、2号宫殿基址，铸铜作坊遗址，中型墓葬等重要遗存的发掘，以及青铜礼器、玉器、漆器、白陶器、绿松石器、海贝等奢侈品或远程输入品的出土，都进一步显现了二里头遗址不同于一般聚落的都邑文化的重要内涵，确立了二里头遗址作为迄今可确认的中国最早的广域王权国家都城的重要学术地位。

1999年以来，为解决遗址的结构、布局问题，对遗址展开了全面的钻探与发掘。首先，搞清了遗址的现存范围，发现了作为遗址东界的沟状堆积。又通过大规模钻探，初步查明了宫殿区周围的道路分布状况。同时，在宫殿区展开了大规模的发掘，揭露出中轴线布局的、成组分布的大型夯土基址群，基本上搞清了东、西两个区域宫室建筑的布局及其演变过程。而后，从作为城市"骨架"的道路网络系统入手，在夯土基址群的外围发现了宫城，在宫城以南发现了作坊区的围垣，其内发现绿松石器作坊遗存等。

到目前为止，钻探发掘工作已历经半个多世纪，除"文革"期间中断了数年外，田野工作持续不断，累计发掘面积达4万余平方米，取得了重要成果。发现大面积的夯土建筑基址群和宫城城垣，以及纵横交错的道路遗迹；发掘了大型宫殿建筑基址数座，发现了大型围垣作坊区（含青铜冶铸作坊和绿松石器制造作坊），与制陶、

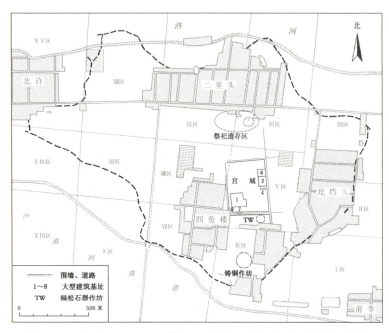

二里头遗址

制骨有关的遗迹若干处,与宗教祭祀有关的建筑遗迹若干处,以及中小型墓葬400余座,包括出土成组青铜礼器和玉器的墓葬。此外还发现并发掘了大量中小型房址、窖穴、水井、灰坑等。出土大量陶、石、骨、蚌、铜、玉、漆器和铸铜陶范等[353]。

新世纪以来的钻探与发掘结果表明,二里头遗址沿古伊洛河北岸呈西北—东南向分布,东西最长约2400米,南北最宽约1900米,北部被今洛河冲毁,现存面积约300万平方米,估计原聚落面积应在400万平方米左右。其中心区位于遗址东南部的微高地,分布着宫殿区和宫城(晚期)、祭祀区、围垣作坊区和若干贵族聚居区等重要遗存;西部地势略低,为一般性居住活动区,常见小型房址以及随葬品以陶器为主的小型墓葬[354]。

公元前1750年前后,二里头文化的居民开始在此营建大型聚落。二里头文化第一期时的聚落面积就超过了100万平方米,似乎已发展成伊洛地区乃至更大区域的中心。如此迅速的人口集中只能解释为来自周边地区的人口迁徙。这一时期的出土遗物包括不少贵族用器,如白陶、象牙和绿松石制品,此外还有青铜工具,但由于晚期遗存对该期堆积的严重破坏,聚落的布局尚不清楚。

二里头都邑从第二期开始(约公元前1700年或稍晚)进入全盛期,其城市规划的总体格局已基本完成。

中心区由宫殿区、围垣作坊区、祭祀活动区和若干贵族聚居区组成。宫殿区的面积不小于12万平方米,其外围有垂直相交的大道,晚期筑有宫城。大型宫殿建筑基址仅见于这一区域。贵族聚居区位于宫城周围。中小型夯土建筑基址和贵族墓葬主要发现于这些区域。其中宫城东北和宫城以北,是贵族墓葬最为集中的两个区

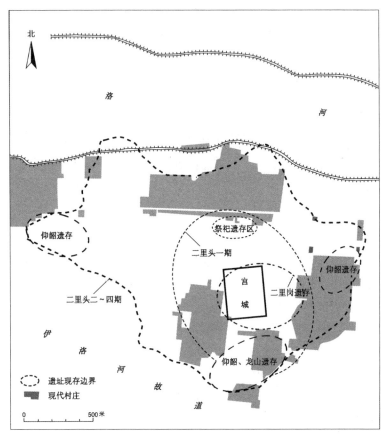

二里头遗址的聚落变迁

域。绿松石器制造作坊和铸铜作坊都位于宫殿区以南,目前已发现了可能把它们圈围起来的夯土墙。这一围垣作坊区应是二里头都邑的官营手工业区。祭祀活动区位于宫殿区以北和西北一带,东西连绵二三百米。这里集中分布着一些可能与宗教祭祀有关的建筑、墓葬和其他遗迹。

都邑主干道网位于宫殿区的外围。已发现的四条大路垂直相交，略呈"井"字形，显现出方正规矩的布局。保存最好的宫殿区东侧大路已知长度近700米。大路一般宽10余米，最宽处达20米。这几条大道的使用时间均较长，由二里头文化早期沿用至最晚期。这是迄今所知中国最早的城市道路网。

但在逾半世纪的田野工作中，却一直没有发现圈围起整个二里头都邑聚落的防御设施，仅知在边缘地带分布着不相连属的沟状遗迹，应具有区划的作用。

这一庞大的中心城市最终在二里岗文化晚期沦为一般聚落，遗存仅见小型房址、灰坑和墓葬等，它们叠压或打破了二里头文化的宫殿基址。此后，聚落彻底废毁[355]。

二里头都邑的中心区分布着宫城和大型宫殿建筑群，其外围有主干道网连接交通，同时分割出不同的功能区。制造贵族奢侈品的官营手工业作坊区位于宫殿区的近旁；祭祀区、贵族聚居区都拱卫在其周围。上述种种，无不显示出王都所特有的气派。由上述发现可知，二里头遗址是迄今可以确认的中国最早的具有明确规划的都邑。就目前的认识而言，二里头遗址的布局开中国古代都城规划制度的先河[356]。

## 从围垣到环壕

如果再往前追溯，在二里头都邑所处的中原腹地，公元前1900年前后河南新密新砦大邑的崛起，具有里程碑意义。新砦大邑走向兴盛时，其他龙山城邑已经衰落甚至废弃；至其全盛时，后者已全部退出历史舞台。可以说，新砦大型设防聚落的出现，给数

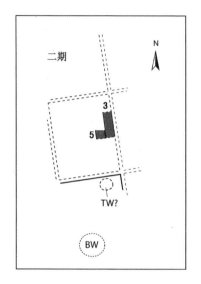
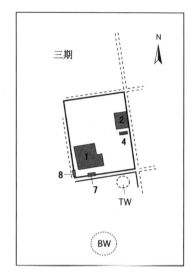
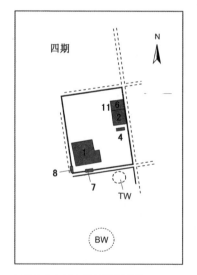

二里头中心区布局的演变过程

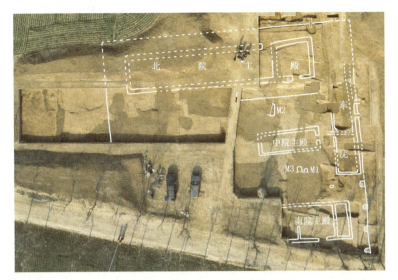

新发现的多进院落大型建筑——二里头 5 号基址

百年来中原地区城邑林立的争斗史画上了一个句号，表明较大范围内社会集团间的整合历程已拉开序幕。我们倾向于把新砦集团的崛起，作为二里头时代的开端[357]。

值得注意的是，二里头时代聚落形态上最大的变化，一是中心聚落面积的大幅度提升，由龙山时代的 10 余万至 30 余万平方米扩大到 100 万～300 万平方米；二是基本摒弃了龙山时代普遍筑城的传统，代之而起的环壕，成为这一时代的主流防御设施。

新砦聚落的中心区约 6 万平方米的区域由环壕（内壕）圈围起来，其内分布有大型建筑等重要遗存。再外是 70 万平方米的"城墙"及其外的中壕围起的"城址"，外围又有 100 万平方米的外壕围起的空间[358]。与龙山时代的城邑相比，新砦大邑抛却了方正的城

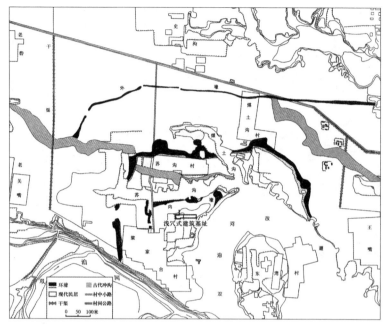

新砦环壕聚落（《考古》2009年第2期）

垣规制，而以并不规则的壕沟连通自然河道、冲沟形成防御体系，这构成了其较为鲜明的聚落形态上的特色。应指出的是，迄今为止，还没有证据表明新砦遗址有高出地面的城墙存在。中壕内侧的所谓城墙之有无尚无法遽断，从远远低于当时的地面，夯层多向外倾斜的情况看，这应是为防止环壕壁坍塌所实施的加固工程。就现有的材料看，当时的新砦遗址或为一处"台城"式的环壕聚落。

此外，这一时期的环壕聚落还有同属"新砦类遗存"的河南巩义花地嘴遗址，该聚落发现有内外两重（四条）壕沟，与伊洛河及其支流共同构成防御体系。稍晚，二里头文化时期的河南平

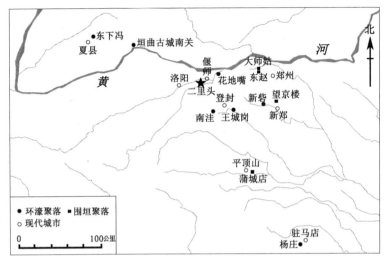

二里头时代的城邑分布（李宏飞制图）

顶山蒲城店、驻马店杨庄、荥阳大师姑、登封王城岗、登封南洼及山西夏县东下冯等遗址中都发现了环壕[359]。据梳理分析，这些设防聚落一改龙山时代城垣辅以宽壕（宽10米左右或以上）的传统，在聚落内部流行窄环壕（宽5米左右）以明确功能分区，聚落外围则流行宽环壕。"窄环壕实际上是聚落内部不同社会阶层居民之间的界限，因此并不需要沿袭龙山时代城墙和宽壕的组合作为防御设施……相对和平稳定的社会秩序或许是二里头时代居民多选择开挖环壕而少筑造城墙的原因"[360]。而这一阶段少量的城址，一般出现于军事前沿地区，如地处二里头文化东部边缘地带的荥阳大师姑城址、郑州东赵城址、新郑望京楼城址和地处南部边缘地带的平顶山蒲城店城址[361]。这些设防聚落的存在，或许正是构

四 三代大都 王国孔武 215

成了二里头都邑"大都无城"的保障。

可知，进入二里头时代，聚落内部社会层级间的区隔得到强化，与此同时，对外防御设施则相对弱化，这与龙山时代城址林立的状况形成鲜明的对比。从聚落形态的角度看，二里头都邑是"大都无城"的一个最早的典范。究其原因，不能不考虑到都邑内的居民。二里头可能是最早集聚了周边人口的中心城市，其人口由众多小规模的、彼此不相关联的血亲集团所组成[362]，这种特征又与其后的殷墟和西周时代的都邑颇为相近，已如前述。而广域王权国家则是从二里头时代至西周时代社会结构上的共性。以"大都无城"为主要特征的都邑聚落形态与早期王朝阶段社会结构上的关联性，值得进一步探究。

# 余论：晚出的大中轴线

二里头至西周时代的绝大部分时间里，都邑规划的总体指导思想，是因地制宜，不求方正，实际布局则是以"大都无城"为主流。可以理解的是，如果不是城郭兼备而且内城外郭，则全城中轴线基本上无从谈起。有学者认为二里头都邑"手工业区（工城）、宫殿区（宫城）、祭祀区，南北一线构成遗址的主体文化带"，属于"中轴线现象"[363]，可备一说。在符合城郭兼备、内城外郭条件的商王朝二里岗期和春秋时期，扩建前的偃师城和春秋鲁都，可能略具全城中轴规划的意匠。但由于考古发现的局限，宫城与郭城城门是否大致对应，还难以廓清，所以类似的例子，只能看作中轴线规划的雏形而已。

如果论单体建筑之中轴，可以认为仰韶时代既已萌芽，如甘肃秦安大地湾大型房址F901，已略具中轴对称的格局，被称为"原始殿堂"[364]；宫室建筑群之中轴，迄今可以确认的例子是二里头宫城的两组大型建筑基址；而真正意义上的全城中轴线的出现，已如前述，则要晚到曹魏邺城和魏晋洛阳城了。

另外，这类"类中轴线布局"也并未成为当时都邑布局的主流。商王朝二里岗期不必说，东周时期的主体建筑虽已多有按中轴线布置的意向，但大多还是着眼于宫殿区局部，如邯郸赵王城以龙台为核心的宫殿区中轴线布局、燕下都以武阳台为中心的宫殿中轴规划等，对于宫殿区以外的建筑并无严格的规划和安排。秦汉都城仍沿袭东周以来城市建设因地制宜的传统，也未形成如后世那样具有明确中轴线的、方正规整的布局模式。如前所述，秦咸阳总体布局不清，长安城城垣筑于长乐、未央二宫建成之后，缺乏事先统一的规划和安排。东汉洛阳城的规划性稍强，南垣的平城门与南宫相

邯郸城宫城的中轴线——赵王城全景（《赵都邯郸城研究》）

连，已成为全城最重要的城门。但新建之北宫与南宫占据城内大部，位置略有参差，就全城而言，中轴线的规划思想也并不鲜明。

要之，全城大中轴线，只能是"后大都无城"时代的产物。与此相应的是，旨在强化对都市居民统一管理的严格意义上的里坊制，也大体与城郭兼备、内城外郭、具有全城大中轴线的都邑格局同步出现。

[注　释]

1　刘庆柱：《中国古代都城考古学史述论》,《考古学集刊》第16集,科学出版社,2006年。

2　刘庆柱：《秦咸阳城遗址考古发现的回顾及其研究的再思考》,《里耶古城·秦简与秦文化研究》,科学出版社,2009年。

3　杜正胜：《周秦城市——中国第二次"城市革命"》,《古代社会与国家》第722页,允晨文化实业股份有限公司（台北）,1992年。

4　张光直：《关于中国初期"城市"这个概念》,《文物》1978年第2期。

5　有关二人的学术观点,可参阅下列论著。杨宽：《西汉长安布局结构的探讨》,《文博》1984年创刊号。刘庆柱：《汉长安城布局结构辨析——与杨宽先生商榷》,《考古》1987年第10期。杨宽：《西汉长安布局结构的再探讨》,《考古》1989年第4期。刘庆柱：《再论汉长安城布局结构及其相关问题——答杨宽先生》,《考古》1992年第7期。杨宽：《三论西汉长安的布局结构问题》,《中国古代都城制度史研究》附录,上海古籍出版社,1993年。

6　俞伟超：《中国古代都城规划的发展阶段性》,《文物》1985年第2期。

7　徐苹芳：《中国古代城市考古与古史研究》,《中国历史考古学论丛》,允晨文化实业股份有限公司（台北）,1995年。

8　杨宽：《中国古代都城制度史研究》,上海古籍出版社,1993年。

9　刘庆柱：《中国古代都城遗址布局形制的考古发现所反映的社会形态变化研究》,《考古学报》2006年第3期。

10　彭邦炯：《卜辞"作邑"蠡测》,《甲骨探史录》,生活·读书·新知三联书店,1982年。冯时：《夏社考》,《21世纪中国考古学与世界考古学》,中国社会科学出版社，2002 年。

11　冯时：《"文邑"考》，《考古学报》2008 年第 3 期。冯时：《"亳中邑"考》，《"出土文献与中国古代文明"国际学术研讨会论文》，北京，2013 年。

12　冯时：《"文邑"考》，《考古学报》2008 年第 3 期。

13　徐光冀：《曹魏邺城的平面复原研究》，《中国考古学论丛》，科学出版社，1993 年。

14　宿白：《北魏洛阳城和北邙陵墓》，《文物》1978 年第 7 期。段鹏琦：《汉魏洛阳城的几个问题》，《中国考古学研究》，文物出版社，1986 年。

15　宿白：《隋唐长安城与洛阳城》，《考古》1978 年第 6 期。马得志：《唐代长安与洛阳》，《考古》1982 年第 6 期。徐苹芳：《唐代两京的政治、经济和文化生活》，《考古》1982 年第 6 期。

16　丘刚：《北宋东京三城的营建和发展》，《中原文物》1990 年第 4 期。

17　徐苹芳：《元大都在中国古代都城史上的地位》，《北京社会科学》1988 年第 1 期。

18　徐苹芳：《古代北京的城市规划》，《环境变迁研究》第一辑，海洋出版社，1984 年。

19　刘庆柱等：《汉长安城》，文物出版社，2003 年。中国社会科学院考古研究所：《中国考古学·秦汉卷》，中国社会科学出版社，2010 年。

20　董鸿闻等：《汉长安城遗址测绘研究获得的新信息》，《考古与文物》2000 年第 5 期。

21　黄展岳：《汉长安城的发掘》，《新中国的考古发现和研究》，文物出版社，1984 年。

22　刘瑞：《汉长安城的朝向、轴线与南郊礼制建筑》第 253 页，中国社会科学出版社，2011 年。

23　杨宽：《西汉长安布局结构的探讨》，《文博》1984 年创刊号。杨宽：《中国古代都城制度史研究》第 573-574 页，上海古籍出版社，1993 年。

24　刘庆柱：《汉长安城布局结构辨析——与杨宽先生商榷》，《考古》1987 年第 10 期。

25　杨宽：《中国古代都城制度史研究》第 575 页，上海古籍出版社，1993 年。

26 刘庆柱：《中国古代都城考古学研究的几个问题》，《考古》2000 年第 7 期。

27 杨宽：《西汉长安布局结构的探讨》，《文博》1984 年创刊号。杨宽：《中国古代都城制度史研究》第 577 页，上海古籍出版社，1993 年。

28 杨宽：《西汉长安布局结构的探讨》，《文博》1984 年创刊号。

29 杨宽：《西汉长安布局结构的探讨》，《文博》1984 年创刊号。

30 刘庆柱：《再论汉长安城布局结构及其相关问题——答杨宽先生》，《考古》1992 年第 7 期。

31 刘瑞：《汉长安城的朝向、轴线与南郊礼制建筑》第 253 页，中国社会科学出版社，2011 年。

32 刘运勇：《再论西汉长安布局及形成原因》，《考古》1992 年第 7 期。

33 呼林贵：《汉长安城东南郊》，《文博》1986 年第 2 期。

34 国家文物局编：《中国文物地图集·陕西分册》第 49、53、58 页，西安地图出版社，2001 年。

35 刘庆柱：《汉长安城布局结构辨析——与杨宽先生商榷》，《考古》1987 年第 10 期。

36 刘瑞：《汉长安城的闾里问题》，《汉长安城的朝向、轴线与南郊礼制建筑》附录一，中国社会科学出版社，2011 年。

37 王子今：《西汉长安居民的生存空间》，《人文杂志》2007 年第 2 期。

38 这些学者的学术观点，可参阅下列论著。阎文儒：《金中都》，《文物》1959 年第 9 期。佐藤武敏：《漢代長安の市》，《中国古代史研究》2，吉川弘文館（东京），1965 年。马先醒：《汉简与汉代城市》，简牍社（台北），1976 年。陈直：《三辅黄图校证》，陕西人民出版社，1980 年。杨宽：《西汉长安布局结构的探讨》，《文博》1984 年创刊号。杨宽：《中国古代都城制度史研究》，上海古籍出版社，1993 年。佐原康夫：《漢代の市について》，《史林》（京都）第 68 卷 5 号，1985 年。孟凡人：《汉长安城形制布局中的几个问题》，《汉唐与边疆考古研究》第一辑，科学出版社，1994 年。

39 王仲殊：《汉代考古学概说》第 8 页，中华书局，1984 年。

40 许宏：《先秦城市考古学研究》第 131 页，北京燕山出版社，2000 年。

41 刘庆柱：《汉长安城的考古发现及相关问题研究》，《考古》1996年第10期。

42 刘庆柱等：《汉长安城》第164-165页，文物出版社，2003年。

43 杨宽：《中国古代都城制度史研究》第605页，上海古籍出版社，1993年。

44 杨宽：《中国古代都城制度史研究》第605-606页，上海古籍出版社，1993年。

45 杨宽：《西汉长安布局结构的探讨》，《文博》1984年创刊号。

46 杨宽：《中国古代都城制度史研究》第584页，上海古籍出版社，1993年。

47 刘庆柱：《再论汉长安城布局结构及其相关问题——答杨宽先生》，《考古》1992年第7期。

48 刘庆柱：《汉长安城布局结构辨析——与杨宽先生商榷》，《考古》1987年第10期。

49 刘庆柱、李毓芳：《汉长安城的宫城和市里布局形制述论》，《考古学研究》，三秦出版社，1993年。

50 杨宽：《西汉长安布局结构的探讨》，《文博》1984年创刊号。

51 杨宽：《中国古代都城制度史研究》第600页，上海古籍出版社，1993年。

52 杨宽：《中国古代都城制度史研究》第589页，上海古籍出版社，1993年。

53 刘庆柱：《汉长安城的考古发现及相关问题研究》，《考古》1996年第10期。

54 这些学者的学术观点，可参阅下列论著。史念海：《汉代长安城的营建规模》，《中国历史地理论丛》1998年第2辑。徐为民：《论秦西汉都城的面向——兼与杨宽先生商榷》，《秦文化论丛》（六），西北大学出版社，1998年。周长山：《汉代城市研究》第80页，人民出版社，2001年。王社教：《论汉长安城形制布局中的几个问题》，《中国历史地理论丛》1999年第2辑。刘运勇：《西汉长安》第35页，中华书局，1982年。贺业钜：《论长安城市规划》，《建筑历史研究》，中国建筑工业出版社，1992年。孟凡人：《汉长安城形制布局中的几个问题》，《汉唐与边疆考古研究》第一辑，科学出版社，1994年。韩国河等：《试论秦汉都城规划模式的基本形成》，《纪念陈直先生文集》，西北大学出版社，1992年。杨东晨：《论汉都长安城对秦都咸阳的继承和发展》，《陕西历史博物馆馆刊》（六），陕西人民出版社，1999年。

55 刘瑞：《汉长安城的朝向、轴线与南郊礼制建筑》第2-45页，中国社会科学出版社，2011 年。

56　刘庆柱等：《西汉十一陵》，陕西人民出版社，1987 年。

57　中国社会科学院考古研究所：《汉长安城未央宫：1980～1989 年考古发掘报告》结语，中国大百科全书出版社，1996 年。

58　刘庆柱等：《汉长安城》第 109 页，文物出版社，2003 年。

59　刘庆柱：《汉长安城的考古发现及相关问题研究》，《考古》1996 年第 10 期。

60　刘瑞：《汉长安城的朝向、轴线与南郊礼制建筑》第 49-53 页，中国社会科学出版社，2011 年。

61　杨宽：《西汉长安布局结构的探讨》，《文博》1984 年创刊号。

62　刘庆柱：《汉长安城布局结构辨析——与杨宽先生商榷》，《考古》1987 年第 10 期。

63　刘瑞：《汉长安的朝向、轴线与南郊礼制建筑》第 64-65 页，中国社会科学出版社，2011 年。

64　杨宽：《西汉长安布局结构的探讨》，《文博》1984 年创刊号。

65　韩国河等：《论秦汉都城规划基本模式的形成》，《陈直先生纪念文集》，西北大学出版社，1992 年。

66　梁云：《战国都城形态的东西差别》，《中国历史地理论丛》2006 年第 4 辑。

67　王子今：《秦献公都栎阳说质疑》，《考古与文物》1982 年第 5 期；《栎阳非秦都辨》，《考古与文物》1990 年第 3 期。

68　阿房宫与上林苑考古队：《西安秦汉栎阳城考古新发现确定战国栎阳城位置并发现汉唐白渠》，《中国文物报》2015 年 9 月 11 日。

69　王学理：《咸阳帝都记》第 123-173 页，三秦出版社，1999 年。陕西省考古研究所：《秦都咸阳考古报告》第 9-12 页，科学出版社，2004 年。

70　陈国英：《秦都咸阳考古工作三十年》，《考古与文物》1988 年第 5、6 期合刊。刘庆柱：《论秦咸阳城布局形制及其相关问题》，《文博》1990 年第 5 期。

71　杨宽：《中国古代都城制度史研究》第 588、108 页，上海古籍出版社，1993 年。王学理：《秦都咸阳》第 72 页，陕西人民出版社，1985 年。

72　杨宽：《中国古代都城制度史研究》第 588、108 页，上海古籍出版社，1993 年。

73 王学理:《秦都咸阳》第 72 页,陕西人民出版社,1985 年。

74 王学理:《咸阳帝都记》第 126-129 页,三秦出版社,1999 年。

75 武伯纶:《西安历史述略》第 88 页,陕西人民出版社,1979 年。杨宽:《西汉长安布局结构的探讨》,《文博》1984 年创刊号。王丕忠:《秦咸阳宫位置的推测及其他问题》,《中国史研究》1982 年第 4 期。

76 刘庆柱:《秦都咸阳几个问题的初探》,《文物》1976 年第 11 期。刘庆柱:《论秦咸阳城布局形制及其相关问题》,《文博》1990 年第 5 期。

77 孙德润:《秦都咸阳故城形制》,《泾渭稽古》1995 年第 1 期。

78 王学理:《秦都咸阳》第 206 页,陕西人民出版社,1985 年。王学理:《咸阳帝都记》第 127、129 页,三秦出版社,1999 年。

79 韩国河等:《论秦汉都城规划基本模式的形成》,《陈直先生纪念文集》,西北大学出版社,1992 年。李令福:《秦都咸阳若干问题的探索》,《中国历史地理论丛》1998 年增刊。徐卫民:《秦都城研究》第 145-149 页,陕西人民教育出版社,2000 年。韩建华:《秦咸阳城郭形态的再探讨》,《文博》2002 年第 4 期。

80 梁云:《"汉承秦制"的考古学观察》,《远望集》,陕西人民出版社,1998 年。

81 王仲殊:《汉代考古学概说》第 17-21 页,中华书局,1984 年。

82 杨宽:《中国古代都城制度史研究》第 138 页,上海古籍出版社,1993 年。

83 王仲殊:《汉代考古学概说》第 21 页,中华书局,1984 年。

84 杨宽:《中国古代都城制度史研究》第 600-601 页,上海古籍出版社,1993 年。

85 刘庆柱:《汉长安城布局结构辨析——与杨宽先生商榷》,《考古》1987 年第 10 期。

86 中国社会科学院考古研究所:《中国考古学·秦汉卷》第 236-237 页,中国社会科学出版社,2010 年。中国社会科学院考古研究所:《汉魏洛阳故城南郊礼制建筑遗址——1962~1992 年考古发掘报告》,文物出版社,2010 年。

87 徐苹芳:《中国古代城市考古与古史研究》,《中国历史考古学论丛》,允晨文化实业股份有限公司(台北),1995 年。

88 杨宽:《中国古代都城制度史研究》序言,上海古籍出版社,1993 年。

89 刘庆柱:《中国古代都城遗址布局形制的考古发现所反映的社会形态变化研

究》,《考古学报》2006 年第 3 期。

90  马良民:《试论战国都城的变化》,《山东大学学报(哲学社会科学版)》1988 年第 3 期。

91  驹井和爱:《曲阜鲁城の遗迹》,《考古学研究》第二册,1951 年。

92  山东省文物考古研究所等:《曲阜鲁国故城》,齐鲁书社,1982 年。

93  许宏:《曲阜鲁国故城之再研究》,《先秦城市考古学研究》附录,北京燕山出版社,2000 年。

94  高明奎等:《曲阜市鲁故城南东门遗址》,《中国考古学年鉴(2013)》,文物出版社,2014 年。

95  山东省文物考古研究所等:《曲阜鲁国故城》第 4-7 页,齐鲁书社,1982 年。

96  曲英杰:《先秦都城复原研究》第 276-281 页,黑龙江人民出版社,1991 年。

97  刘延常等:《曲阜市鲁故城周公庙建筑群基址考古勘探》《曲阜市鲁故城周公庙建筑群基址》,《中国考古学年鉴(2013)》,文物出版社,2014 年。

98  杨伯峻:《春秋左传注(修订本)》第 842、1555 页,中华书局,2009 年。

99  李济:《城子崖·叙二》,《城子崖:山东历城县龙山镇之黑陶文化遗址》,中央研究院历史语言研究所,1934 年。王献唐:《临淄封泥文字叙目》,山东省立图书馆,1936 年。関野雄:《齊都臨淄の調查》,《考古学雜誌》第 32 卷 11 号,1942 年。

100 山东省文物管理处:《山东临淄齐故城试掘简报》,《考古》1961 年第 6 期。群力:《临淄齐国故城勘探纪要》,《文物》1972 年第 5 期。

101 山东省文物考古研究所:《临淄齐故城》,文物出版社,2013 年。山东省文物考古研究所:《临淄齐墓(第一集)》,文物出版社,2007 年。

102 山东省文物考古研究所:《临淄齐故城》第 533、541 页,文物出版社,2013 年。

103 马良民:《试论战国都城的变化》,《山东大学学报(哲学社会科学版)》1988 年第 3 期。曲英杰:《先秦都城复原研究》第 237-238 页,黑龙江人民出版社,1991 年。

104 河南省博物馆新郑工作站等:《河南新郑郑韩故城的钻探和试掘》,《文物资料论丛》(3),1980 年。马世之:《郑韩故城》,中州书画社,1981 年。

105 王幼侨辑录：《新郑古器发见记》一卷，附录一卷，开封河南教育厅，1924 年。河南博物院等：《新郑郑公大墓青铜器》，大象出版社，2001 年。

106 河南省博物馆新郑工作站等：《河南新郑郑韩故城的钻探和试掘》，《文物资料丛刊》（3），文物出版社，1980 年。

107 马世之：《郑韩故城》，中州书画社，1981 年。蔡全法：《郑韩故城的发现与研究》，《华夏都城之源》，河南人民出版社，2012 年。

108 河南省文物考古研究所：《新郑郑国祭祀遗址》，大象出版社，2006 年。

109 杨宽：《中国古代都城制度史研究》第 72 页，上海古籍出版社，1993 年。

110 史念海：《郑韩故城溯源》，《燕京学报》新七期，北京大学出版社，1999 年。

111 马俊才：《郑、韩两都平面布局初论》，《中国历史地理论丛》1999 年第 2 辑。

112 张学海：《田齐六陵考》，《文物》1984 年第 9 期。山东省文物考古研究所：《临淄齐墓（第一集）》，文物出版社，2007 年。

113 梁云：《战国时代的东西差别——考古学的视野》第 184 页，文物出版社，2008 年。

114 山东省文物考古研究所：《临淄齐故城》第 65-87 页，文物出版社，2013 年。

115 徐团辉：《战国都城防御的考古学观察》，《中原文物》2015 年第 2 期。

116 段宏振：《赵都邯郸城研究》第 86 页，文物出版社，2009 年。

117 驹井和爱等：《邯郸——戰國時代趙都城址的發掘》，東亞考古學會，1954 年。

118 河北省文物管理处：《河北省三十年来的考古工作》，《文物考古工作三十年（1949～1979）》，文物出版社，1979 年。

119 邯郸市文物保管所：《河北邯郸市区古遗址调查简报》，《考古》1980 年第 2 期。河北省文物管理处等：《赵都邯郸故城调查报告》，《考古学集刊》第 4 集，1984 年。

120 侯仁之：《邯郸城址的演变和城市兴衰的地理背景》，《历史地理学的理论与实践》，上海人民出版社，1979 年。杨宽：《中国古代都城制度史研究》第 93-94 页，上海古籍出版社，1993 年。

121 罗平：《对赵王城内外建筑布局的探讨》，《文物春秋》1996 年第 2 期。段宏振：《赵邯郸城研究》第 109-110 页，文物出版社，2009 年。

122 河北省文管处等:《河北邯郸赵王陵》,《考古》1982年第6期。段宏振:《赵都邯郸城研究》第128-148页,文物出版社,2009年。

123 赵树文等:《赵都考古探索》第128-132页,当代中国出版社,1993年。

124 山东省文物考古研究所等:《曲阜鲁国故城》第214、216页,齐鲁书社,1982年。

125 许宏:《曲阜鲁国故城之再研究》,《先秦城市考古学研究》附录,北京燕山出版社,2000年。

126 山东省文物考古研究所等:《曲阜鲁国故城》第191-194页,齐鲁书社,1982年。

127 山东省文物考古研究所等:《曲阜鲁国故城》第15页,齐鲁书社,1982年。

128 马俊才:《郑、韩两都平面布局初论》,《中国历史地理论丛》1999年第2辑。

129 马世之:《郑韩故城》,中州书画社,1981年。李宏:《新郑郑韩故城考古概述》,《新郑郑公大墓青铜器》,大象出版社,2001年。马俊才:《郑韩故城近年来的重要考古发现》,《楚文化研究论集》第六集,湖北教育出版社,2005年。

130 新郑市文物管理局:《新郑市文物志》第94-101页,中国文史出版社,2005年。河南省文物考古研究所:《河南新郑胡庄韩王陵考古发现概述》,《华夏考古》2009年第3期。

131 李学勤:《东周与秦代文明》第88页,文物出版社,1984年。

132 傅振伦:《燕下都发掘报告》,《国学季刊》第3卷1期,1932年。

133 中国历史博物馆考古组:《燕下都城址调查报告》,《考古》1962年第1期。河北省文化局文物工作队:《河北易县燕下都故城勘察和试掘》,《考古学报》1965年第1期。

134 河北省文物研究所:《燕下都》,文物出版社,1996年。石永士:《燕下都抢救清理1号人头骨丛葬遗迹》,《中国文物报》1996年2月4日。

135 李学勤:《东周与秦代文明》第88页,文物出版社,1984年。

136 瓯燕:《试论燕下都城址的年代》,《考古》1988年第7期。

137 石永士:《姬燕国号的由来及其都城的变迁》,《北京建城3040年暨燕文明国际学术研讨会会议专辑》,北京燕山出版社,1997年。

138 许宏：《燕下都营建过程的考古学考察》，《考古》1999年第4期。

139 中国科学院考古研究所洛阳发掘队：《洛阳涧滨东周城址发掘报告》，《考古学报》1959年第2期。中国社会科学院考古研究所：《洛阳发掘报告（1955~1960年洛阳涧滨考古发掘资料）》第122-124页，北京燕山出版社，1989年。

140 徐昭峰：《试论东周王城的城郭布局及其演变》，《考古》2011年第5期。

141 中国社会科学院考古研究所：《洛阳发掘报告（1955~1960年洛阳涧滨考古发掘资料）》第120页，北京燕山出版社，1989年。

142 叶万松等：《洛阳市东周王城城墙遗迹》，《中国考古学年鉴（1987）》，文物出版社，1988年。

143 曹岳森：《洛阳东周王城新发现的一点思考——兼及城址考古中的环境信息分析》，《中国古都研究》第十九辑，四川大学出版社，2004年。

144 郑州大学历史学院等：《洛阳东周王城东城墙遗址2004年度发掘简报》，《文物》2008年第8期。徐昭峰：《试论东周王城的城郭布局及其演变》，《考古》2011年第5期。洛阳市文物工作队：《历程——洛阳市文物工作队三十年》第47-49页，文物出版社，2011年。

145 徐昭峰：《试论东周王城的城郭布局及其演变》，《考古》2011年第5期。

146 巫鸿著，许宏译：《战国城市研究中的方法问题》，《礼仪中的美术——巫鸿中国古代美术史文编》，生活·读书·新知三联书店，2005年。

147 洛阳博物馆：《洛阳战国粮仓试掘纪略》，《文物》1981年第11期。

148 洛阳市文物工作队：《洛阳瞿家屯发掘报告》，文物出版社，2010年。

149 徐昭峰等：《洛阳瞿家屯东周大型夯土建筑基址的初步研究》，《文物》2007年第9期。

150 潘付生等：《洛阳瞿家屯大型夯土基址的性质分析》，《中国文物报》2006年3月31日。

151 中国社会科学院考古研究所：《洛阳发掘报告（1955~1960年洛阳涧滨考古发掘资料）》第107-138页，北京燕山出版社，1989年。河南省文物考古研究所：《河南考古四十年》第228、230页，河南人民出版社，1994年。

152 中国科学院考古研究所：《洛阳中州路（西工段）》，科学出版社，1959 年。

153 李德方：《东周王陵分区考辨》，《中原文物》特刊，1987 年。吴迪等：《东周王城内外大墓与东周王陵》，《中国古都研究》第二十三辑，三秦出版社，2008 年。

154 潘付生等：《洛阳西周君陵墓位置探析》，《中原文物》2011 年第 6 期。徐昭峰：《西周君陵区考辨》，《华夏考古》2012 年第 3 期。

155 中国社会科学院考古研究所洛阳汉魏城队：《汉魏洛阳城城垣试掘》，《考古学报》1998 年第 3 期。

156 中国社会科学院考古研究所二里头工作队：《河南洛阳盆地 2001～2003 年考古调查简报》，《考古》2005 年第 5 期。

157 黄明兰：《洛阳历代皇陵》，《中原文物》特刊，1987 年。李德方：《东周王陵分区考辨》，《中原文物》特刊，1987 年。

158 李学勤：《东周与秦代文明》第 24-30 页，文物出版社，1984 年。

159 也有楚武王迁郢之说。石泉：《楚何时迁郢》，《古代荆楚地理新探》第 352、353 页，武汉大学出版社，1988 年。

160 湖北省博物馆：《楚都纪南城的勘查与发掘》，《考古学报》1982 年第 3、4 期。

161 郭德维：《楚都纪南城复原研究》，文物出版社，1999 年。谭维四：《楚都纪南城考古记》，《荆州重要考古发现》，文物出版社，2009 年。

162 郭德维：《楚系墓葬研究》，湖北教育出版社，1995 年。

163 湖北省博物馆：《楚都纪南城的勘查与发掘》，《考古学报》1982 年第 3、4 期。

164 湖北省文物考古研究所：《荆州纪南城烽火台遗址及其西侧城垣试掘简报》，《江汉考古》2014 年第 2 期。

165 梁云：《战国时代的东西差别——考古学的视野》第 178-179 页，文物出版社，2008 年。

166 王光镐：《楚文化源流新证》第 440-449、456 页，武汉大学出版社，1988 年。

167 尹弘兵：《纪南城与楚郢都》，《考古》2010 年第 9 期。

168 韩国河等：《试论秦汉都城规划模式的基本形成》，《纪念陈直先生文集》，西北大学出版社，1992 年。

169　徐炳昶等：《陕西调查古迹报告》，《国立北平研究院院务汇报》第 4 卷 6 期，1933 年。

170　陕西省考古研究院秦汉研究部：《陕西秦汉考古工作五十年综述》，《考古与文物》2008 年第 6 期。田亚岐：《秦雍城考古工作回顾与展望》，《秦始皇帝陵博物院院刊》总第贰辑，三秦出版社，2012 年。陕西省考古研究院等：《秦雍城豆腐村战国制陶作坊遗址》，科学出版社，2013 年。

171　陕西省雍城考古队：《秦都雍城钻探试掘简报》，《考古与文物》1985 年第 2 期。

172　田亚岐：《秦雍城城内道路系统考古工作》，《2011 中国重要考古发现》，文物出版社，2012 年。

173　田亚岐：《秦都雍城布局研究》，《考古与文物》2013 年第 5 期。

174　梁云：《战国时代的东西差别——考古学的视野》第 200 页，文物出版社，2008 年。

175　中国社会科学院考古研究所：《洛阳发掘报告（1955~1960 年洛阳涧滨考古发掘资料）》第 113、124 页，北京燕山出版社，1989 年。

176　徐昭峰：《成周与王城考略》，《考古》2007 年第 11 期。

177　周永珍：《关于洛阳周城》，《洛阳考古四十年》，科学出版社，1996 年。

178　郑州大学历史学院等：《洛阳东周王城东城墙遗址 2004 年度发掘简报》，《文物》2008 年第 8 期。徐昭峰：《试论东周王城的城郭布局及其演变》，《考古》2011 年第 5 期。

179　徐昭峰：《成周与王城考略》，《考古》2007 年第 11 期。

180　中国科学院考古研究所洛阳发掘队：《洛阳涧滨东周城址发掘报告》，《考古学报》1959 年第 2 期。中国社会科学院考古研究所：《新中国的考古发现和研究》第 271 页，文物出版社，1984 年。

181　洛阳市文物工作队：《洛阳瞿家屯发掘报告》第 214 页，文物出版社，2010 年。

182　徐昭峰：《试论东周王城的城郭布局及其演变》，《考古》2011 年第 5 期。

183　洛阳市文物工作队：《洛阳王城广场东周墓》第 518-519 页，文物出版社，2009 年。

184　顾铁符：《晋南——文物的宝库》，《文物参考资料》1956 年第 10 期。

185 山西省考古研究所侯马工作站：《新田晋都古城》，《晋都新田》，山西人民出版社，1996 年。

186 田建文：《"新田模式"——侯马晋国都城遗址研究》，《山西省考古学会论文集》（二），山西人民出版社，1994 年。

187 山西省考古研究所：《侯马铸铜遗址》，文物出版社，1993 年。

188 山西省文物工作委员会：《侯马盟书》，文物出版社，1976 年。

189 山西省考古研究所：《上马墓地》，文物出版社，1994 年。山西省考古研究所侯马工作站：《新绛柳泉墓地调查、发掘报告》，《晋都新田》，山西人民出版社，1996 年。

190 这些发现，可参阅下列简报。山西省考古研究所：《侯马北坞古城勘探发掘简报》，《三晋考古》第一辑，山西人民出版社，1994 年。山西省考古研究所侯马工作站：《侯马呈王路建筑群遗址发掘简报》，《考古》1987 年第 12 期。山西省考古研究所侯马工作站：《山西侯马晋国遗址牛村古城的试掘》，《考古与文物》1988 年第 1 期。山西省考古研究所侯马工作站：《山西侯马呈王古城》，《文物》1988 年第 3 期。

191 山西省考古研究所侯马工作站：《晋都新田》第 1-22 页，山西人民出版社，1996 年。

192 王金平：《侯马市北郭马古城》，《中国考古学年鉴（2001）》，文物出版社，2002 年。

193 北京大学历史系考古教研室商周组：《商周考古》第 242 页，文物出版社，1979 年。

194 田建文：《"新田模式"——侯马晋国都城遗址研究》，《山西省考古学会论文集》（二），山西人民出版社，1994 年。

195 山西省考古研究所侯马工作站：《侯马呈王路建筑群遗址发掘简报》，《考古》1987 年第 12 期。

196 山西省考古研究所侯马工作站：《山西侯马牛村古城晋国祭祀建筑遗址》，《考古》1988 年第 10 期。

197 山西省考古研究所：《侯马铸铜遗址》，文物出版社，1993 年。

198 山西省考古研究所侯马工作站：《侯马排葬墓发掘报告》，《晋都新田》，山西人民出版社，1996年。

199 梁云：《战国时代的东西差别——考古学的视野》第154-156页，文物出版社，2008年。

200 田建文：《"新田模式"——侯马晋国都城遗址研究》，《山西省考古学会论文集》（二），山西人民出版社，1994年。

201 俞伟超：《中国古代都城规划的发展阶段性》，《文物》1985年第2期。

202 湖北省博物馆：《楚都纪南城的勘查与发掘》，《考古学报》1982年第3、4期。

203 俞伟超：《关于楚文化发展的新探索》，《江汉考古》1980年第1期。

204 梁云：《战国时代的东西差别——考古学的视野》第174-179页，文物出版社，2008年。

205 田亚岐：《秦都雍城布局研究》，《考古与文物》2013年第5期。

206 田亚岐：《秦雍城城址东区考古调查取得重要收获》，《2012中国重要考古发现》，文物出版社，2013年。

207 陕西省雍城考古队：《凤翔马家庄一号建筑群遗址发掘简报》，《文物》1985年第2期。尚志儒：《〈凤翔马家庄一号建筑群遗址发掘简报〉补正》，《文博》1986年第1期。

208 韩伟：《马家庄秦宗庙建筑制度研究》，《文物》1985年第2期。徐杨杰：《马家庄秦宗庙遗址的文献学意义》，《文博》1990年第5期。滕铭予：《秦雍城马家庄宗庙遗址祭祀遗存的再探讨》，《华夏考古》2003年第3期。

209 凤翔县文化馆等：《凤翔先秦宫殿试掘及其铜质建筑构件》，《考古》1976年第2期。陕西省雍城考古队：《陕西凤翔春秋秦国凌阴遗址发掘简报》，《文物》1978年第3期。

210 陕西省雍城考古队：《凤翔秦公陵园钻探与试掘简报》，《文物》1983年第7期。陕西省雍城考古队：《凤翔秦公陵园第二次钻探简报》，《文物》1987年第5期。田亚岐等：《雍城秦公陵园2009年考古勘探新发现》，《2009中国重要考古发现》，文物出版社，2010年。

211 宝鸡先秦陵园博物馆：《雍城秦公一号大墓》，作家出版社，2010年。

212 史念海:《周原的变迁》,《陕西师范大学学报(社科版)》1976年第3期。

213 徐天进:《西周王朝的发祥之地——周原——周原考古综述》,《考古学研究》(五),科学出版社,2003年。

214 学者们的不同观点,可参阅下列论著。李学勤:《青铜器与周原遗址》,《西北大学学报(哲学社会科学版)》1981年第2期。朱凤瀚:《从周原出土青铜器看西周贵族家族》,《南开学报(哲学社会科学版)》1988年第4期。曹玮:《周原的非姬姓家族与虢氏家族》,《陕西历史博物馆馆刊》第7辑,三秦出版社,2000年。尹盛平:《周原文化与西周文明》,江苏教育出版社,2005年。

215 石璋如:《传说中周都的实地考察》,《中央研究院历史语言研究所集刊》第20本下册,1948年。

216 陈全方:《周原与周文化》,上海人民出版社,1988年。尹盛平:《周原文化与西周文明》,江苏教育出版社,2005年。陈全方等:《周原》,文物出版社,2007年。

217 徐天进:《西周王朝的发祥之地——周原——周原考古综述》,《考古学研究》(五),科学出版社,2003年。

218 陕西省考古研究院:《2013年陕西省考古研究院考古发掘调查新收获》,《考古与文物》2014年第2期。雷兴山等:《周原遗址商周时期聚落新识》,《大宗维翰:周原青铜器特展》,文物出版社,2014年。

219 陈全方:《周原与周文化》,上海人民出版社,1988年。

220 周原考古队:《周原遗址凤雏三号基址2014年发掘简报》,《中国国家博物馆馆刊》2015年第7期。曹大志等:《凤雏三号基址初步研究》,《中国国家博物馆馆刊》2015年第7期。

221 陕西省考古研究院:《2013年陕西省考古研究院考古发掘调查新收获》,《考古与文物》2014年第2期。

222 马赛:《周原遗址西周时期人群构成情况研究——以墓葬材料为中心》,《古代文明》第8卷,文物出版社,2010年。

223 雷兴山:《论周原遗址西周时期手工业者的居与葬——兼谈特殊器物在聚落结构研究中的作用》,《华夏考古》2009年第4期。

224 学者们的不同观点，可参阅下列简报和论著。陕西周原考古队：《陕西岐山凤雏村西周建筑基址发掘简报》，《文物》1979年第10期。王恩田：《岐山凤雏村西周建筑群基址的有关问题》，《文物》1981年第1期。尹盛平：《周原西周宫室制度初探》，《文物》1981年第9期。丁乙：《周原的建筑遗存与铜器窖藏》，《考古》1982年第4期。徐良高等：《陕西扶风云塘西周建筑基址的初步认识》，《考古》2002年第9期。刘瑞：《陕西扶风云塘、齐镇发现的周代建筑基址研究》，《考古与文物》2007年第3期。郭明：《周原凤雏甲组建筑"宗庙说"质疑》，《中国国家博物馆馆刊》2013年第11期。

225 彭曦：《西周都城无城郭？——西周考古中的一个未解之谜》，《考古与文物》增刊·先秦考古，2002年。

226 徐炳昶等：《陕西调查古迹报告》，《国立北平研究院院务汇报》第4卷6期，1933年。石璋如：《传说中周都的实地考察》，《中央研究院历史语言研究所集刊》第20本下册，1948年。

227 中国科学院考古研究所：《沣西发掘报告》，文物出版社，1962年。胡谦盈：《丰镐地区诸水道的踏察——兼论周都丰镐位置》，《考古》1963年第4期。胡谦盈：《三代都址考古纪实——丰、镐周都的发掘与研究》，中国社会科学出版社，2009年。

228 中国社会科学院考古研究所等：《丰镐考古八十年》，科学出版社，2016年。

229 阿房宫与上林苑考古队：《西安市汉唐昆明池遗址区西周遗存的重要考古发现》，《考古》2013年第11期。

230 中国科学院考古研究所：《沣西发掘报告》，文物出版社，1962年。中国社会科学院考古研究所沣西发掘队：《1976～1978年长安沣西发掘简报》，《考古》1981年第1期。中国社会科学院考古研究所沣西发掘队：《陕西长安沣西客省庄西周夯土基址发掘报告》，《考古》1987年第8期。

231 陕西省考古研究所：《镐京西周宫室》，西北大学出版社，1995年。

232 中国社会科学院考古研究所沣西发掘队：《1967年长安张家坡西周墓葬的发掘》，《考古学报》1980年第4期。中国社会科学院考古研究所：《张家坡西周墓地》，中国大百科全书出版社，1999年。

233 卢连成：《西周丰镐两京考》，《中国历史地理论丛》1988年第3辑。

234 李民：《说洛邑、成周与王城》，《郑州大学学报（哲社版）》1982年第1期。陈公柔：《西周金文中的新邑、成周与王城》，《庆祝苏秉琦考古五十五年论文集》，文物出版社，1989年。王人聪：《令彝铭文释读与王城问题》，《文物》1997年第6期。梁云：《成周与王城考辨》，《考古与文物》2002年第5期。

235 张剑：《洛阳两周考古概述》，《洛阳考古四十年》，科学出版社，1996年。[日]饭岛武次：《洛阳西周时代的遗址与成周、王城》，《考古学研究》（五），科学出版社，2003年。

236 张剑：《洛阳两周考古概述》，《洛阳考古四十年》，科学出版社，1996年。洛阳市文物工作队：《洛阳北窑西周墓》，文物出版社，1999年。洛阳市文物工作队：《洛阳北窑西周车马坑发掘简报》，《文物》2011年第8期。

237 叶万松等：《西周洛邑城址考》，《华夏考古》1991年第2期。

238 刘富良：《洛阳西周陶器墓研究》，《考古与文物》1999年第3期。刘富良等：《西周早期的成周与王城》，《安金槐先生纪念文集》，大象出版社，2005年。

239 杨宽：《中国古代都城制度史研究》第47页，上海古籍出版社，1993年。

240 中国社会科学院考古研究所洛阳汉魏城队：《汉魏洛阳城城垣试掘》，《考古学报》1998年第3期。

241 徐昭峰：《成周与王城考略》，《考古》2007年第11期。

242 梁云：《战国时代的东西差别——考古学的视野》第149页，文物出版社，2008年。

243 刘富良等：《西周早期的成周与王城》，《安金槐先生纪念文集》，大象出版社，2005年。徐昭峰：《成周与王城考略》，《考古》2007年第11期。

244 徐昭峰：《成周与王城考略》，《考古》2007年第11期。

245 梁云：《战国时代的东西差别——考古学的视野》第150-151页，文物出版社，2008年。

246 俞伟超：《东周都城遗址》，《中国大百科全书·考古学》第100页，中国大百科全书出版社，1986年。

247 许宏：《曲阜鲁国故城之再研究》，《先秦城市考古学研究》附录，北京燕山出版社，2000 年。

248　山东省文物考古研究所：《临淄齐故城》第 214-216 页，图一六七、一六八，第 538-539 页，文物出版社，2013 年。

249　许宏：《都邑变迁与商代考古学的阶段划分》，《二十一世纪的中国考古学》，文物出版社，2006 年。

250　胡厚宣：《殷墟发掘》，学习生活出版社，1955 年。Li Chi, *Anyang*, Seattle: University of Washington Press, 1977. 中文版见李济著，苏秀菊等译：《安阳——殷商古都发现、发掘、复原记》，中国社会科学出版社，1990 年。

251　中国社会科学院考古研究所：《殷墟的发现与研究》，科学出版社，1994 年。杨锡璋等：《1980 年以来殷墟发掘的主要收获》，《中国商文化国际学术讨论会论文集》，中国大百科全书出版社，1998 年。

252　中国社会科学院考古研究所：《殷墟的发现与研究》第 23、32-33、40-41、47 页，科学出版社，1994 年。

253　中国社会科学院考古研究所安阳工作队：《河南安阳市洹北商城的勘察试掘》，《考古》2003 年第 5 期。中国社会科学院考古研究所安阳工作队：《河南安阳市洹北商城宫殿区 1 号基址发掘简报》，《考古》2003 年第 5 期。中国社会科学院考古研究所安阳工作队等：《河南安阳市洹北商城遗址 2005～2007 年勘察简报》，《考古》2010 年第 1 期。中国社会科学院考古研究所安阳工作队：《河南安阳市洹北商城宫殿区二号基址发掘简报》，《考古》2010 年第 1 期。

254　许宏：《都邑变迁与商代考古学的阶段划分》，《二十一世纪的中国考古学》，文物出版社，2006 年。

255　中国社会科学院考古研究所安阳发掘队：《1962 年安阳大司空村发掘简报》，《考古》1964 年第 8 期。邹衡：《试论殷墟文化分期》，《北京大学学报（人文科学版）》1964 年第 4 期。

256　郑振香：《论殷墟文化分期及其相关问题》，《中国考古学研究》（一），文物出版社，1986 年。中国社会科学院考古研究所：《殷墟的发现与研究》第 32-33 页，科学出版社，1994 年。

257　北京大学历史系考古教研室商周组：《商周考古》第 32-36 页，文物出版社，

1979年。

258 夏商周断代工程专家组:《夏商周断代工程1996~2000年阶段成果报告(简本)》,世界图书出版公司,2000年。

259 何毓灵等:《洹北商城十年之回顾》,《中国国家博物馆刊》2011年第12期。

260 中国社会科学院考古研究所安阳工作队:《河南安阳市洹北商城的勘察试掘》,《考古》2003年第5期。

261 中国社会科学院考古研究所安阳工作队:《河南安阳市洹北商城的勘察试掘》,《考古》2003年第5期。唐际根:《安阳殷墟宫庙区简论》,《桃李成蹊集:庆祝安志敏先生八十寿辰》,香港中文大学中国考古艺术研究中心,2004年。

262 成家彻郎:《商代史における洹北商城の位置付け》,《東方》(东京)第288期,2005年。

263 石璋如:《小屯第一本·遗址的发现与发掘·乙编·殷墟建筑遗存》,"中研院"历史语言研究所,台北,1959年。

264 邹衡:《试论殷墟文化分期》,《夏商周考古学论文集》,文物出版社,1980年。张光直:《殷礼中的二分现象》,《中国青铜时代》,生活·读书·新知三联书店,1983年。唐际根:《洹北商城的发现及其对商代考古研究的影响》,《中国考古学》第四号,日本中国考古学会(福冈),2004年。

265 郑振香:《安阳殷墟布局及其相关问题》,《21世纪中国考古学与世界考古学》,中国社会科学出版社,2002年。

266 岳洪彬等:《殷墟都邑布局研究中的几个问题》,《三代考古》(四),科学出版社,2011年。

267 中国社会科学院考古研究所安阳工作队:《河南安阳市洹北商城的勘察与试掘》,《考古》2003年第5期。

268 袁广阔等:《从城墙夯筑技术看早商诸城址的相对年代问题》,《文物》2007年第12期。中国社会科学院考古研究所安阳工作队等:《河南安阳市洹北商城遗址2005~2007年勘察简报》,《考古》2010年第1期。

269 岳洪彬等:《殷墟都邑布局研究中的几个问题》,《三代考古》(四),科学出版社,2011年。

270 中国社会科学院考古研究所:《殷墟的发现与研究》第40-48页,科学出版社,1994年。

271 杨锡璋:《安阳殷墟西北冈大墓的分期及有关问题》,《中原文物》1981年第3期。彭金章等:《殷墟为武丁以来殷之旧都说》,《中国考古学会第五次年会论文集》,文物出版社,1988年。

272 杨锡璋等:《盘庚迁殷地点蠡测》,《中原文物》2000年第1期。

273 文雨:《洹北花园庄遗址与河亶甲居相》,《中国文物报》1998年11月25日。

274 唐际根等:《洹北花园庄遗址与盘庚迁殷问题》,《中国文物报》1999年4月14日。

275 孟宪武:《安阳殷墟边缘区考古概述》,《安阳殷墟考古研究》,中州古籍出版社,2003年。孟宪武等:《殷墟都城遗址中国家掌控下的手工业作坊》,《殷都学刊》2014年第4期。

276 中国社会科学院考古研究所:《殷墟的发现与研究》第40-48页,科学出版社,1994年。岳洪彬:《殷墟都邑布局研究中的几个问题》,《三代考古》(四),科学出版社,2011年。

277 何毓灵等:《洹北商城十年之回顾》,《中国国家博物馆馆刊》2011年第12期。

278 郑若葵:《殷墟"大邑商"族邑布局初探》,《中原文物》1995年第3期。

279 夏商周断代工程专家组:《夏商周断代工程1996~2000年阶段成果报告(简本)》第73页,世界图书出版公司,2000年。

280 孙华:《商代前期的国家政体——从二里岗文化城址和宫室建筑基址的角度》,《多维视域——商王朝与中国早期文明研究》,科学出版社,2009年。

281 王立新:《早商文化研究》,高等教育出版社,1998年。

282 秦小丽:《中国初期王朝国家形成过程中的地域关系——二里头、二里岗时代陶器动态研究》,《古代文明》第2卷,文物出版社,2003年。

283 Robert Bagley. "Chapter3:Shang Archaeology".*The Cambridge History of Ancient China:From the Origins of Civilization to 221B.C.* Cambridge University Press,1999. Wang Haicheng. "China's first empire? Interpreting the material record of the Erligang expansion". *Art and archaeology of the Erligang civilization*,

Tang Center for East Asian art, Department of art and archaeology, Princeton University, 2014.

284 河南省文化局文物工作队:《郑州二里岗》,科学出版社,1959年。河南省文物考古研究所:《郑州商城——1953~1985年考古发掘报告》,文物出版社,2001年。

285 河南省文化局文物工作队第一队:《郑州商代遗址的发掘》,《考古学报》1957年第1期。

286 河南省文化局文物工作队:《郑州二里岗》,科学出版社,1959年。

287 河南省博物馆等:《郑州商代城遗址发掘报告》,《文物资料丛刊》(1),文物出版社,1977年。

288 河南省文物研究所:《郑州商代城内宫殿遗址区第一次发掘报告》,《文物》1983年第4期。宋国定:《1985~1992年郑州商城考古发现综述》,《郑州商城考古新发现与研究(1985~1992)》,中州古籍出版社,1993年。

289 河南省文物考古研究所:《郑州商代铜器窖藏》,科学出版社,1999年。

290 河南省文化局文物工作队:《郑州二里岗》,科学出版社,1959年。宋国定:《1985~1992年郑州商城考古发现综述》,《郑州商城考古新发现与研究(1985~1992)》,中州古籍出版社,1993年。河南省文物考古研究所:《郑州商城外夯土墙基的调查与试掘》,《中原文物》1991年第1期。河南省文物考古研究所:《郑州商城外郭城的调查与试掘》,《考古》2004年第3期。刘彦锋等:《郑州商城布局及外廓城墙走向新探》,《郑州大学学报(哲学社会科学版)》第43卷3期,2010年。

291 刘庆柱:《中国古代都城考古学研究的几个问题》,《考古》2000年第7期。许宏:《先秦城市考古学研究》第83页,北京燕山出版社,2000年。张国硕:《夏商时代都城制度研究》第138页,河南人民出版社,2001年。刘莉:《中国早期国家政治格局的变化》,《多维视域——商王朝与中国早期文明研究》,科学出版社,2009年。

292 河南省文物考古研究所:《郑州商城——1953~1985年考古发掘报告》第1-2页,文物出版社,2001年。

293 秦文生等:《郑州商城遗址的考古发现与研究述评》,《郑州商城遗址考古研究》,大象出版社,2015年。

294 李维明:《郑州商代(城)遗址分布范围与"二十五平方公里"数值检讨》,《中国文物报》2012年5月11日。

295 河南省文化局文物工作队:《郑州二里岗》,科学出版社,1959年。邹衡:《试论夏文化》,《夏商周考古学论文集》,文物出版社,1980年。安金槐:《关于郑州商代二里岗期陶器分期问题的再探讨》,《华夏考古》1988年第4期。

296 夏商周断代工程专家组:《夏商周断代工程1996~2000年阶段成果报告(简本)》,世界图书出版公司,2000年。

297 这些学者的学术观点,可参阅下列论著。河南省文物考古研究所:《郑州商城——1953~1985年考古发掘报告》,文物出版社,2001年。杨育彬:《再论郑州商城的年代、性质及相关问题》,《华夏考古》2004年第3期。袁广阔等:《论郑州商城内城和外郭城的关系》,《考古》2004年第3期。

298 学者们对于郑州商城性质的推断,可参阅下列论著。邹衡:《试论郑州新发现的殷商文化遗址》,《考古学报》1956年第3期。安金槐:《试论郑州商代城址——隞都》,《文物》1961年第4、5期。邹衡:《郑州商城即汤都亳说》,《文物》1978年第2期。

299 河南省文物研究所:《郑州小双桥遗址的调查与试掘》,《郑州商城考古新发现与研究(1985~1992)》,中州古籍出版社,1993年。河南省文物考古研究所:《郑州小双桥——1990~2000年考古发掘报告》,科学出版社,2012年。

300 宋国定:《郑州小双桥遗址出土陶器上的朱书》,《文物》2003年第5期。

301 陈旭:《商代隞都探寻》,《郑州大学学报》1991年第5期。

302 张国硕:《小双桥商代遗址的性质》,《殷都学刊》1992年第4期。裴明相:《论郑州市小双桥商代前期祭祀遗址》,《中原文物》1996年第2期。杨育彬等:《郑州小双桥商代遗址的发掘及相关问题》,《殷都学刊》1998年第2期。

303 赵芝荃等:《河南偃师商城西亳说》,《全国商史学会讨论会论文集》,《殷都学刊》增刊,1985年。

304 王学荣:《河南偃师"尸乡沟"小议》,《中国文物报》1996年9月22日。

305 中国社会科学院考古研究所:《偃师商城(第一卷)》,科学出版社,2013年。杜金鹏等主编:《偃师商城遗址研究》,科学出版社,2004年。中国社会科学院考古研究所河南第二工作队:《河南偃师商城西城墙2007与2008年勘探发掘报告》,《考古学报》2011年第3期。

306 杜金鹏:《偃师商城与"夏商周断代工程"》,《偃师商城初探》,中国社会科学出版社,2003年。

307 王学荣:《偃师商城"宫城"之新认识》,《中国商文化国际学术讨论会论文集》,中国大百科全书出版社,1998年。

308 王学荣:《偃师商城布局的探索和思考》,《考古》1999年第2期。

309 杜金鹏:《偃师商城与"夏商周断代工程"》,《偃师商城初探》,中国社会科学出版社,2003年。

310 中国社会科学院考古研究所:《中国考古学·夏商卷》,中国社会科学出版社,2003年。

311 杜金鹏:《偃师商城初探》,中国社会科学出版社,2003年。中国社会科学院考古研究所河南第二工作队:《偃师商城第Ⅱ号建筑群遗址发掘简报》,《考古》1995年第11期。

312 中国社会科学院考古研究所:《中国考古学·夏商卷》,中国社会科学出版社,2003年。

313 张雪莲等:《关于夏商周碳十四年代框架》,《华夏考古》2001年第3期。

314 夏商周断代工程专家组:《夏商周断代工程1996~2000年阶段成果报告(简本)》第62-73页,世界图书出版公司,2000年。

315 赵芝荃等:《河南偃师商城西亳说》,《全国商史学术讨论会论文集》,《殷都学刊》增刊,1985年。安金槐等:《偃师商城若干问题的再探讨》,《考古》1998年第6期。

316 邹衡:《论汤都郑亳及其前后的迁徙》,《夏商周考古学论文集》,文物出版社,1980年。邹衡:《偃师商城即太甲桐宫说》,《北京大学学报(哲学社会科学版)》1984年第4期。郑杰祥:《关于偃师商城的年代和性质问题》,《中原文物》1984年第4期。陈旭:《关于偃师商城与郑州商城的年代问题》,《郑州大学学报（哲社版）》1985年第4期。李伯谦：《二里头类型的文化性质与族属问题》，《文物》1986年第6期。

317 张文军等：《关于偃师尸乡沟商城的考古学年代及相关问题》，《青果集》，知识出版社，1993年。许顺湛：《中国最早的"两京制"——郑亳与西亳》，《中原文物》1996年第2期。张国硕：《郑州商城与偃师商城并为亳都说》，《考古与文物》1996年第1期。

318 夏商周断代工程专家组：《夏商周断代工程1996~2000年阶段成果报告（简本）》，世界图书出版公司，2000年。

319 杜金鹏：《偃师商城初探》，中国社会科学出版社，2003年。中国社会科学院考古研究所：《中国考古学·夏商卷》第205页，中国社会科学出版社，2003年。

320 河南省文物考古研究所：《郑州商城——1953~1985年考古发掘报告》，文物出版社，2001年。

321 河南省文物考古研究所等：《郑州商代铜器窖藏》，科学出版社，1999年。

322 Li Liu and Xingcan Chen, 2003, *State Formation in Early China.* Gerald Duckworth and Co. Ltd., London, p. 101. 张国硕：《夏商时代都城制度研究》第76-78页，河南人民出版社，2001年。

323 郑州市文物考古研究院：《望京楼二里岗文化城址初步勘探和发掘简报》，《中国国家博物馆馆刊》2011年第10期。

324 郑州市文物考古研究院：《河南新郑望京楼二里岗文化城址东一城门发掘简报》，《文物》2012年第9期。

325 郑州市文物考古研究院：《河南新郑望京楼二里岗文化城址东一城门发掘简报》，《文物》2012年第9期。

326 吴倩等：《望京楼夏商城址考古新发现》，《华夏都城之源》，河南人民出版社，2012年。

327 郑州市文物考古研究所：《郑州大师姑（2002~2003）》，科学出版社，2004年。

328 杨贵金等：《焦作市府城古城遗址调查报告》，《华夏考古》1994年第1期。袁广阔等：《河南焦作府城遗址发掘报告》，《考古学报》2000年第4期。

329 中国历史博物馆考古部等：《垣曲商城（1985~1986年度勘察报告）》，科学出版社，1996年。中国国家博物馆考古部：《垣曲盆地聚落考古研究》，科学出版社，2007年。佟伟华：《垣曲商城兴衰始末》，《考古学研究》(十)，科学出版社，2012年。

330 佟伟华：《商代前期垣曲盆地的统治中心——垣曲商城》，《中国历史博物馆馆刊》1998年第1期。

331 中国社会科学院考古研究所等：《夏县东下冯》，文物出版社，1988年。

332 杭侃：《夏县东下冯的圆形建筑浅析》，《中国文物报》1996年6月2日。程平山等：《东下冯商城内圆形建筑基址性质略析》，《中原文物》1998年第1期。

333 刘莉等：《城：夏商时期对自然资源的控制问题》，《东南文化》2000年第3期。

334 赵春燕：《东下冯遗址圆形建筑土壤的化学成分分析》，《考古学集刊》第18集，科学出版社，2010年。

335 刘莉等：《中国早期国家的形成——从二里头和二里岗时期的中心和边缘之间的关系谈起》，《古代文明》第1卷，文物出版社，2002年。

336 湖北省文物考古研究所：《盘龙城——1963~1994年考古发掘报告》，文物出版社，2001年。

337 杨鸿勋：《从盘龙城商代宫殿遗址谈中国宫廷建筑发展的几个问题》，《文物》1976年第2期。

338 刘森淼：《盘龙城外缘带状夯土遗迹的初步认识》，《武汉城市之根——商代盘龙城与武汉城市发展研讨会论文集》，武汉出版社，2002年。

339 蒋刚：《湖北盘龙城遗址群商代墓葬再探讨》，《四川文物》2005年第3期。李丽娜：《试析湖北盘龙城遗址第一至第三期文化遗存的年代和性质》，《江汉考古》2008年第1期。向桃初：《二里头文化向南方的传播》，《考古》2011年第10期。

340 湖北省文物考古研究所：《盘龙城——1963~1994年考古发掘报告》第448页，文物出版社，2001年。

341 中国社会科学院考古研究所：《中国考古学·夏商卷》第233-234页，中国社会科学出版社，2003年。

342 邹衡：《试论夏文化》，《夏商周考古学论文集》第126页，文物出版社，1980年。

343 盛伟：《盘龙城遗址废弃的年代下限及相关问题》，《江汉考古》2011 年第 3 期。

344 蒋刚：《盘龙城遗址群出土商代遗存的几个问题》，《考古与文物》2008 年第 1 期。

345 刘莉等：《城：夏商时期对自然资源的控制问题》，《东南文化》2000 年第 3 期。

346 岡村秀典：《中国文明：農業と禮制の考古学》第 207 页，京都大学学术出版会，2008 年。

347 孙华：《商代前期的国家政体——从二里岗文化城址和宫室建筑基址的角度》，《多维视域——商王朝与中国早期文明研究》，科学出版社，2009 年。

348 刘莉：《中国早期国家政治格局的变化》，《多维视域——商王朝与中国早期文明研究》，科学出版社，2009 年。

349 许宏：《何以中国——公元前 2000 年的中原图景》，生活·读书·新知三联书店，2014 年。

350 徐旭生：《1959 年夏豫西调查"夏墟"的初步报告》，《考古》1959 年第 11 期。

351 夏鼐：《新中国的考古学》，《考古》1962 年第 9 期。夏鼐：《碳－14 测定年代和中国史前考古学》，《考古》1977 年第 4 期。

352 徐旭生：《1959 年夏豫西调查"夏墟"的初步报告》，《考古》1959 年第 11 期。

353 中国社会科学院考古研究所：《偃师二里头（1959～1978 年考古发掘报告）》，中国大百科全书出版社，1999 年。中国社会科学院考古研究所：《中国考古学·夏商卷》，中国社会科学出版社，2003 年。杜金鹏等主编：《偃师二里头遗址研究》，科学出版社，2006 年。中国社会科学院考古研究所：《二里头（1999～2006）》，文物出版社，2014 年。

354 许宏等：《二里头遗址聚落形态的初步考察》，《考古》2004 年第 11 期。

355 中国社会科学院考古研究所：《二里头（1999～2006）》，文物出版社，2014 年。

356 许宏：《最早的中国》，科学出版社，2009 年。

357 许宏：《略论二里头时代》，《2004 年安阳殷商文明国际学术研讨会论文集》，中国社会科学出版社，2004 年。许宏：《何以中国——公元前 2000 年的中原图景》，生活·读书·新知三联书店，2014 年。

358 北京大学震旦古代文明研究中心等：《新密新砦——1999～2000 年田野考古发

掘报告》，文物出版社，2008年。中国社会科学院考古研究所河南新砦队等：《河南新密市新砦遗址东城墙发掘简报》，《考古》2009年第2期。赵春青：《新砦聚落考古的实践与方法》，《考古》2009年第2期。

359 有关环壕的发现，可参阅下列报告和简报。郑州市文物考古研究所等：《河南巩义市花地嘴遗址"新砦期"遗存》，《考古》2005年第6期。河南省文物考古研究所等：《河南平顶山蒲城店遗址发掘简报》，《文物》2008年第5期。北京大学考古学系等：《驻马店杨庄：中全新世淮河上游的文化遗存与环境信息》，科学出版社，1998年。郑州市文物考古研究所：《郑州大师姑（2002～2003）》，科学出版社，2004年。北京大学考古文博学院等：《登封王城岗考古发现与研究（2002～2005）》，大象出版社，2007年。郑州大学历史文化遗产保护研究中心：《登封南洼——2004～2006田野考古报告》，科学出版社，2014年。中国社会科学院考古研究所等：《夏县东下冯》，文物出版社，1988年。

360 李宏飞：《二里头文化设防聚落的环壕传统》，《中国国家博物馆馆刊》2011年第6期。

361 郑州市文物考古研究所：《郑州大师姑（2002～2003）》，科学出版社，2004年。顾万发：《夏商周考古的又一重大收获 河南郑州东赵遗址发现大中小三座城址、二里头祭祀坑和商代大型建筑遗址》，《中国文物报》2015年2月27日。张松林等：《新郑望京楼发现二里头文化和二里岗文化城址》，《中国文物报》2011年1月28日。河南省文物考古研究所等：《河南平顶山蒲城店遗址发掘简报》，《文物》2008年第5期。

362 许宏等：《关于二里头遗址的省思》，《文物》2008年第1期。

363 杜金鹏：《偃师二里头遗址都邑制度研究》，《夏商周考古学研究》，科学出版社，2007年。

364 甘肃省文物考古研究所：《秦安大地湾》，文物出版社，2006年。苏秉琦主编：《中国通史·第二卷（远古时代）》第256页，上海人民出版社，1994年。

# 后 记

"大都无城"的概念，萌生于我二十年前撰写博士学位论文时的观察与思考。二里头至西周时代都邑的聚落形态，与之前的龙山时代、之后的春秋战国时代的城址林立形成了鲜明的对比，予人以深刻的印象。但当时的学术视域限于先秦，只能得出早期都邑城垣或有或无的粗浅结论。当我们把视野下移，及于秦代两汉，再与更后的古代都邑相比较，"大都无城"这一中国早期都邑乃至社会层面的特质，就昭然若揭了。

然而长期以来，把城垣看作纵贯中国古代都邑之始终的标志物和必要条件的观点，影响甚巨。这就难怪有年轻朋友认为"大都无城"的提法，具有相当的"颠覆性"了。但读了这本小书，读者朋友可以知道这并非标新立异之说，只是对中国古代都邑遗存显现出的某种现象的一个提示，对都邑发展阶段性特质的归纳和提炼而已。它由具体的考古资料支撑，是否能够成立，还要靠读者来检核指谬。从考古材料出发进行独立的分析思考，是我最想与读者诸君共勉的。

2000年，拙著《先秦城市考古学研究》一书出版。在撰写博士学位论文期间以及其后的工作实践中，我愈益感到"总平面图式"分析都邑遗址的局限性,因而一直在呼吁动态解读的理念。如果说二里头遗址中心区的田野工作是这种理念的现地实践的话,那么对曲阜鲁城、燕下都直到这本小书所囊括的先秦秦汉主要都邑的重新梳理,就是综合研究层面上的一种践行。大家会注意到某些都邑遗址分见于不同的章节(时段),其布局在发生变化,包括城郭的有无。可以说,这本小书的使命,就是要勾画出一处处早期都邑多彩生命史的轨迹。

本书力图从对每处都邑的动态解读,引向对整个中国古代都城发展史的动态解读。而这些,又都建基于学术界由浅入深的、动态的都邑考古探索轨迹和心路历程。从书中介绍的对各个都邑具体演化过程的分析梳理,我们可以感知动态解读的理念已逐渐深入人心,这是足以让人感到欣慰的。在此更要感谢诸多田野考古资料和相关研究成果的提供者,这是"大都无城"这一学术概念的立论前提。

"大都无城"概念的明晰化,始于 2013 年年初。当时我在日本京都召开的"东亚都城的比较探索国际公开研究会"上有一个发言,名为《从城址林立到大都无城——中国初期城市发展阶段论》。正是当时日本山口大学马彪教授和我的同事石自社副研究员的肯定鼓励和相互切磋,才有了后来的论文《大都无城——论中国古代都城的早期形态》(《文物》2013 年第 10 期)和这本小书。这是我要深深感谢的。

写作过程中,严志斌、徐良高、付仲杨、谷飞、陈国梁、岳洪彬、何毓灵、田亚岐、刘延常、韩辉等同仁和李翔同学提供的图文资料或修改建议,葛韵、李宏飞同学绘制并惠允先期使用的分期组图等，都为本书增色不少。在此谨致诚挚的谢意。另外，本书引用的线图、图版，有的做了修改、调整或重新组合，对原作者及原图绘制者也一并致谢。

为行为简明，全书在提及学者时省略了敬称，敬希海涵。

这是责编曹明明女士编辑的我的第三本小书，在这些书从酝酿到问世的时光里，我们有着多年愉快的合作。此次，三联书店领导和明明女士又宽容了我的"任性"——用倒叙的写法来展开中国古都的画卷；海量图片的编排、彩版的使用等，都颇为用心。感谢他（她）们为这书的好看付出的辛劳。

最后想提及的是，是恩师徐苹芳先生带我走进了中国古代城市考古之门，他的学术思想和治学方法深深地影响了我。值先生仙逝五周年之际，谨以这本小书作为粗浅的研究心得，奉献给敬爱的恩师。

许　宏

2014 年 9 月初稿

2015 年 3 月再稿

2016 年元月改定

解读早期中国

# 何以中国

## 公元前2000年的中原图景

China: 2000 B.C.

许宏 著

生活·讀書·新知 三联书店

Copyright © 2022 by SDX Joint Publishing Company.
All Rights Reserved.
本作品版权由生活·读书·新知三联书店所有。
未经许可，不得翻印。

**图书在版编目（CIP）数据**

解读早期中国：全四册／许宏著．—北京：生活·读书·新知三联书店，2022.1（2023.11 重印）
ISBN 978 – 7 – 108 – 07273 – 3

Ⅰ．①解… Ⅱ．①许… Ⅲ．①考古学 – 中国 Ⅳ．① K87

中国版本图书馆 CIP 数据核字（2021）第 193478 号

| | |
|---|---|
| 责任编辑 | 曹明明 |
| 装帧设计 | 康　健 |
| 责任印制 | 董　欢 |
| 出版发行 | 生活·讀書·新知 三联书店 |
| | （北京市东城区美术馆东街 22 号 100010） |
| 网　　址 | www.sdxjpc.com |
| 经　　销 | 新华书店 |
| 印　　刷 | 北京隆昌伟业印刷有限公司 |
| 版　　次 | 2022 年 1 月北京第 1 版 |
| | 2023 年 11 月北京第 2 次印刷 |
| 开　　本 | 880 毫米 × 1230 毫米　1/32　印张 29.875 |
| 字　　数 | 420 千字　图 788 幅 |
| 印　　数 | 3,001 – 5,000 册 |
| 定　　价 | 298.00 元 |

（印装查询：01064002715；邮购查询：01084010542）

# 目　录

解　题　1

## 一　陶寺的兴衰　1
陶寺"革命"了?　3
都城与阴宅的排场　6
龙盘、鼍鼓和特磬　10
"革命"导致失忆?　13
"拿来主义"的硕果　16
大邑小国　18
小铜器的大问题　22
是字吗?什么字?　25
寻"夏墟"找到陶寺　27
禹都乎?尧都乎?　30
衰亡的谜团与意义　33

## 二　嵩山的动向　37
"地理王国"出中原　39
两大集团　42

林立的聚落群　　45
　　扑朔迷离话城址　　48
　　城邑分布有玄机　　50
　　危险来自邻人？　　52
　　近看大邑王城岗　　55
　　"王城"是怎样造出的　　58
　　大洪水，传说还是史实　　60
　　大禹在哪儿治水？　　63
　　"王城"下游有大邑　　65
　　大邑瓦店的气派　　67
　　方正城池的由来　　69
　　"贵族社区"平粮台　　72
　　不可小瞧古城寨　　75
　　暴力：现象与动因　　78
三　**新砦的发轫**　　81
　　新砦的分量　　83
　　众说纷纭话新砦　　85
　　困惑与收获　　87
　　从围垣到环壕　　90
　　铜礼器的讯息　　92
　　古书中"挖"出铜鬶　　96
　　龙形象，权贵的秘符？　　99
　　墨玉璋的来龙去脉　　103
　　那年月，有国家吗？　　106

逐鹿何以在中原　108

四　**大邑二里头**　113
　　山北的政治图景　115
　　二里头人从何而来？　117
　　此洛河非彼洛河　119
　　一水冲三都　121
　　"半岛"上的新居民　124
　　都邑大建设　126
　　走向全盛　131
　　持续辉煌与都邑终结　135
　　不堪重负的陶器　138
　　难哉，一刀断夏商　139

五　**中原与中国**　143
　　文化大扩张　145
　　二里头国家的"疆域"　147
　　"畿外"的殖民据点？　150
　　长江边的"飞地"　152
　　铜与盐，扩张的动因？　155
　　国家群与"国上之国"　157
　　软实力催生"中国"世界　160

余　论　164
后　记　181

# 解　题

"何以中国",本来是拙著《最早的中国》(科学出版社 2009 年出版)最后一节的标题。它以设问的形式给了这本小书一个开放式的收束:

> 深入发掘"中国"之所以为"中国"的环境与文化底蕴,无疑会更全面地澄清我国统一的多民族国家形成的历史轨迹。对中国历史的长程观察有助于了解最早的"中国"何以诞生。

"何以中国",本来是对原因的追问,按说回答也应是思辨性的、哲理性的讨论,但这本小书基本上是在叙述一个过程,讲一个故事——最早的"中国"诞生的故事。显然,仅仅叙述过程,无法圆满回答"何以中国"的追问,但对过程的叙述或许比论理更能迫近答案。这本小书所做的就是这种"迫近"的尝试。

如果说《最早的中国》写的是二里头王都这一个"点",那么《何以中国》则试图讲述二里头这个最早"中国"的由来。故可以认为,它是《最早的中国》的姊妹篇。

自"中国考古学之父"李济先生 1926 年发掘山西夏县西阴村,1928 年中央研究院历史语言研究所发掘河南安阳殷墟以来,中国考古学参与古史建构的历史已近百年。通观上个世纪学术界对中国早期文明史的探索历程，由于丰富的文献材料及由此产生的史学传统，这一探索理所当然地以对具体国族、王朝的确认为中心。"证经补史"情结与研究取向，基本上贯穿了学术史的始终[1]。

在超脱了"证经补史"的理念和话语系统之后，古史建构仍被考古学者引为己任，这里的"史"开始被看作囊括整个社会文化发展进程的大历史。作为兄弟学科的文献史学和考古学，则更多地可以看作建构这一大的历史框架的途径和手段。解读文字诞生前后"文献不足征"时代的无字地书，进而构建出东亚大陆早期文明史的框架，考古学的作用无可替代，已是不争的事实。考古人参与写史势所必然，但话语系统的转换却并非易事。本书就是这一路向上的一个尝试，试图夹叙夹议地勾画出那个时代的轮廓。

只能勾画一个轮廓，这主要是由考古学的学科特点决定的。那就是，其以长时段的、历史与文化发展进程的宏观考察见长，而对精确年代和具体历史事件的把握则不是它的强项[2]。受这些特性的影响，考古学角度的叙述与文献史学对历史时期的叙述相比肯定是粗线条的。由此，可以理解的是，公元前2000年这一时间点，上下浮动数十年乃至上百年都是可能的。这个绝对年代只是一个约数，考古学观察到的与这个年代相关的现象只是考古学和年代学目前的认识。以耶稣诞辰为计数起点的这个时间整数，本不具有太多的历史意义。在本书中，它只是我们探究中国早期文明进程的一个切入点而已。

话虽如此，它又是一个颇具兴味的切入点。

按古典文献的说法，夏王朝是中国最早的王朝，是破坏了原始民主制的世袭"家天下"的开端。一般认为，夏王朝始建于公元前21世纪,"夏商周断代工程"把夏王朝建立的年代估定为公元前2070年左右[3],也有学者推算夏王朝始年不早于公元前2000年。总之,在以传世文献为本位的夏王朝始年的推定上,公元前2000年是一个便于记忆的年数。

但文献中的这些记述,却不易与具体的考古学现象相对应。到目前为止,学术界还无法在缺乏当时文字材料的情况下,确证尧、舜、禹乃至夏王朝的真实存在,确认哪类考古学遗存属于这些国族或王朝。狭义的王统的话语系统和视角,也不足以涵盖勾勒出这段历史的波澜壮阔。在考古学上,那时仍处于"龙山时代"[4]。在公元前2000年前后的一二百年时间里,也即在所谓的夏王朝前期,考古学上看不到与传世文献相对应的"王朝气象"。依考古学的观察,这段历史还有重新叙述的必要。

但纷乱中又孕育着新的动向。大体在公元前2000年前后,大河以东的晋南地区,辉煌一时的陶寺文化由盛转衰;几乎与此同时,大河之南的嵩山一带,在"逐鹿中原"的躁动中逐渐显现出区域整合的迹象,新砦集团开始"崭露头角"。显然,它的崛起,为随后以二里头为先导的中原广域王权国家的飞跃发展奠定了基础。在地缘政治上,地处中原腹地的郑州—洛阳地区成为中原王朝文明的发祥地。

鉴于此,公元前2000年,是中原文明史乃至中国文明史上的一个重要的转折点。

# 一 陶寺的兴衰

## 陶寺"革命"了？

对于陶寺都邑的贵族来说，公元前2000年前后[5]的这个"千禧年"带来的可不是什么好运，而是临头的大祸：大中原地区首屈一指的陶寺都邑，居然泥腿子造反，发生了"暴力革命"！

"革命"一词，在中国古典文献中，本来指朝代更替，如"汤武革命"(《易》)等。这里则是取其新意，也即社会政治变革，更进一步说，借用的是经典作家"一个阶级推翻另一个阶级的暴力行动"的概念。

何以排除了外来族群的攻掠，可以推断这场"革命"是陶寺社会底层对上层的暴力行动呢？数千年后的考古学家，面对这样的场面也不寒而栗：

原来的宫殿区，这时已被从事石器和骨器加工的普通手工业者所占据。

一条倾倒石器、骨器废料的大沟里，三十多个人头骨杂乱重叠，以青年男性为多。头骨多被砍切，有的只留面部而形似面具，有的头骨下还连着好几段颈椎骨。散乱的人骨有四五十个个体，与兽骨混杂在一起。

大沟的底部一具三十多岁的女性虽保有全尸，但颈部扭折，嘴大张呈惊恐状，两腿叉开，阴部竟被插入一根牛角。

壕沟里堆积着大量建筑垃圾，戳印精美图案或绘制蓝彩的白

被砍切下的人头骨

阴部被插入牛角的受害女性

灰墙皮等，暗示这一带曾存在过颇为讲究的建筑。联系到曾高耸于地面的夯土城墙到这时已经废弃，多处被陶寺晚期的遗存所叠压或打破，有理由推测这里曾发生过大规模人为毁坏建筑的"群众运动"[6]。

包括"王墓"在内的贵族大中型墓，往往都有这个时期的"扰坑"直捣墓坑中央的棺室，扰坑内还有随意抛弃的人头骨、碎骨和玉器等随葬品。这与安阳殷墟西北冈王陵的遭遇颇为类似，而并不像后世的盗坑。两三座贵族墓扰坑中出土的石磬残片，居然能拼合为一件完整器，说明这些墓同时被掘又一并回填，毁墓行为属于"大兵团作战"。掘墓者似乎只为出气而毁墓虐尸，并不全力搜求宝物，所以给考古学家留下的宝贝还有不少[7]。当然，顺手牵羊的事也是有的。一些小墓里就偶尔随葬有与死者身份并不相称的个把高级用品，让人联想到这可能就是"革命者"的战利品。

种种迹象表明，这似乎是一种明火执仗的报复行为。而考古学家从日用品的风格分析，延绵数百年的"陶寺文化"又大体是连续发展的，也就是说，报复者与生前显赫的被报复者，应当属于同一群团。显然，作威作福的陶寺贵族遭遇了一场史无前例的"大革命"，这场来自群团内部的血雨腥风，摧毁了它的贵族秩序和精英文化。

"水能载舟，亦能覆舟"的古训，大概就是从这类历史事件中被我们的先人提炼出来的，而陶寺"革命"应当是迄今所知最早的实例[8]。

## 都城与阴宅的排场

在此之前,陶寺都邑已经历了二三百年的辉煌。其所在的公元前三千纪后半段,即考古学上的龙山时代晚期,被称作中国历史上的"英雄时代"。这也正是陶寺古国"大出风头"的时代。其都城规模巨大,内涵富于"王气"而傲视群雄,使同时代的众多古国相形见绌。

这个时代,在黄河和长江流域,最显著的人文景观应当就是一座座拔地而起的城圈了。散布于黄河两岸的一座座土城,就是生活在这里的人们适应黄土和黄河的产物,是这一地区迈向文明时代处理人地关系和人际关系的杰作。直立性和吸湿性强的黄土,使得版筑(在夹板中填入泥土夯实的建筑方法)成为可能。高大的夯土城墙和筑于高台上的宫室建筑等,昭示着社会的复杂化,成为中国历史上最早的文明纪念碑。这一颇具中国特色的土木工程建筑方法,在现在的黄河流域农村还有所见。

陶寺都邑就环绕着这样一周夯土城墙,城墙圈围起的面积达280万平方米[9],城墙周长约7公里。有人测算过,人走路的速度一般是每小时4~7公里,那么一队守城士兵快速绕陶寺城巡查一周,就需要一小时的时间。城墙宽一般在8米左右,高可阻人。绵延达7公里的城墙是多少人、怎么样夯筑起来的?城里又会容纳多少人?巨大的用工量显示的社会动员力,庞大的城区中生活的人口

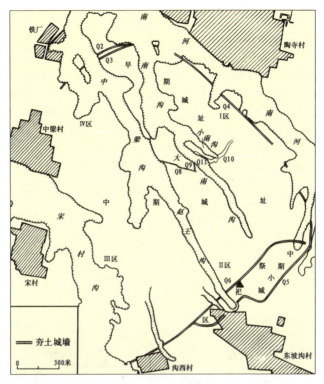

陶寺城址，城圈围起的面积达280万平方米

数，都让人产生无限的遐想。

　　隔河相望的河南，此后要在中国文明史上大放异彩，这时也是城址林立，但与陶寺的气派相比则要小巫见大巫了。最大的登封王城岗城址30多万平方米，禹州瓦店遗址有两处围以环壕的区域，各为40多万和50多万平方米。其他城址的面积则大多仅有10余万甚至数万平方米。与中原相映生辉的山东，此时最大的城址面积也只有30多万平方米。

这就是陶寺，卓尔不群。

我们再把视线从地面转到地下，看看陶寺社会上层"阴宅"的排场。

近年发掘的一座陶寺文化大墓（编号M22），堪称同时期墓葬中的"巨无霸"。这座墓也毫无例外地被扰乱了一通，但还是出土了100多件套的随葬品。为了安葬这位贵族，长宽分别在5米和3米以上的长方形墓穴穿地而下，残深仍有7米多。陡直的墓壁上还装饰着五周平行的手抹草拌泥宽带，也许就是对居室装修风格的模仿。古代中国人"事死如事生"，墓葬是生前生活环境的缩影。

在可以想见的排场的安葬仪式上，人们把一具船形木棺安放在深深的墓室底部正中。木棺由一根整木挖凿而成，通体红彩鲜艳夺

极尽考究的陶寺大墓，墓室与壁龛内遍布各类随葬品

目,上覆布质棺罩。由于毁墓行为,墓主人的尸骨和贴身随葬品都已被扰乱。

一副完整的公猪下颌,被高高地放置在墓主人头端的墓壁中央,公猪的头似乎在威严地俯视着整个墓室。以其为中轴,这面墓壁下方两侧各倒置着 3 件彩漆柄的玉石钺和戚(钺的一种,两侧边缘有扉齿),兵器的陈设显现出仪仗的威风。棺木的左侧与墓壁间排列着 4 柄青石大厨刀和 7 块木案板,厨刀下的骨骸和朽灰表明下葬的当时案板上放着鲜猪肉。墓主人脚端一侧摆放着 20 爿一劈两半的猪肉,应是用 10 头猪来殉葬。墓室周围还放有多槅木盒、带漆木架的彩绘陶器、漆器、装在红色箙(盛弓箭的袋)内的骨箭头和木弓等。墓的四壁底部掏有 11 个壁龛,里面放置精美的玉器、漆器和彩绘陶器等随葬品和猪肉。在墓葬回填、葬仪临近尾声时,一名青年男子作为牺牲被腰斩,尸体埋于墓室的填土中[10]。

陶寺上层人物的排场,由此可见一斑。掘墓人怀有刻骨仇恨的种子,或许就埋藏在这类大墓中。

从毁墓者总是可以准确地直捣墓室看,这些贵族墓在填平墓穴后,地面上一定设有某种标志,至少在他们掘墓时标志还存在。

在已探明的数千座陶寺墓葬中,这样的大墓凤毛麟角。已发掘的陶寺墓葬,呈现出"金字塔"式的结构。一处墓地已发掘的 1300 多座墓葬中,近 90% 是仅能容身、空无一物的小墓,10% 左右的墓随葬几件乃至一二十件器物,而不足 1% 的大墓各有随葬品一二百件,包括各类重器。人们相信这是陶寺社会"金字塔"式等级结构的反映,王者、高中低层贵族、平民、赤贫乃至非自由人,分化已相当严重[11]。

一 陶寺的兴衰　9

## 龙盘、鼍鼓和特磬

提及陶寺,最令人瞩目的是贵族随葬品中显现出的"礼"——三代礼乐制度的雏形。这些"老礼儿",是中国之所以成为中国的文明精髓所在。

礼制的核心是等级制度。与体现平等观念的原始习俗迥异的是,礼乐制度体现的是特权和社会成员间的不平等。礼制即等级名分制度,用以确定上下、尊卑、亲疏、长幼之间的隶属服从关系。举行祭祀、朝聘、宴享等政治、宗教性活动的建筑物及使用的礼器,既是社会地位的象征,又是用以"明贵贱,辨等列"(《左传·成公二年》),区别贵族内部等级的标志物。

所以有学者提醒我们,很多人在自豪于"文明古国、礼仪之邦"的时候都忘了,尊卑贵贱恰恰是中国古代"礼"的核心思想。

这里仅由陶寺文化早期社会上层专用的三种重器,一窥华夏礼制的传承脉络。

龙盘,即彩绘蟠龙纹陶盘。绘于黑色磨光陶衣上的朱红色龙纹,在陶盘的内壁和盘心作盘曲状。龙纹蛇躯麟身,方首圆目,巨口长舌,无角无爪。似蛇非蛇,似鳄非鳄,应是两种或两种以上动物的合体。陶盘本是盛食器或水器。但这类彩绘陶盘火候很低,烧成后涂饰的彩绘也极易剥落,所以应是用于祭祀的祭器而非实用器。

彩绘大龙盘为陶寺
高级贵族所特有

在陶寺早期墓地中,龙盘只见于几座大型墓,且每座墓仅有一件。稍大的中型墓虽有绘朱彩的陶盘,但其上绝无蟠龙图像。这表明龙盘的规格很高,蟠龙图像也似乎有特殊的含义,而非一般纹饰。有学者推测它很可能是族团的标志,如同后来商周铜器上的族徽一样。

鼍为扬子鳄的古称,鼍鼓即上蒙鳄鱼皮的木鼓。特磬,指单枚使用的大型石质打击乐器。《诗经》中已有"鼍鼓逢逢"(《大雅》)、"既和且平,依我磬声"(《商颂》)的生动描述。《吕氏春秋·古乐篇》还记载了鼍鼓的制作过程。这两种仅见于古代文献的宫廷庙堂乐器,在1930年代安阳殷墟商王陵的发掘中首次出土[12]。陶寺的发现又把这组重要礼乐器的历史提早了千年以上。

鼍鼓与特磬　最早的宫廷庙堂乐器

作为古代王室、诸侯专用的重器，鼍鼓、特磬也只见于陶寺早期的几座大型墓。一般每墓放鼍鼓两件，其旁置石磬一件。鼍鼓的鼓腔呈竖立筒状，高1米，直径0.5～0.9米，系以树干挖制而成，外壁通体施彩绘。鼓腔内散落着鳄鱼骨板，可知使用的当时是用鳄鱼皮来蒙鼓的。特磬长达0.8～0.9米，只是未经琢磨雕刻，略显粗陋[13]。

上述情况表明，在陶寺都邑确实已存在某种约定俗成的、严格按照等级次序使用礼器的规制。华夏礼制在龙山时代应已形成[14]。

## "革命"导致失忆？

值得注意的是，陶寺贵族墓葬所显现的这套礼仪制度，既有日后被三代王朝文明继承下来的，也有大量就此失传成为绝响的。

回观夏商周三代更替，尽管是伤筋动骨的改朝换代，但诚如孔老夫子总结的那样，"殷因于夏礼，所损益，可知也；周因于殷礼，所损益，可知也"（《论语·为政》），下一个朝代对于上代，继承是主流。而始于二里头的三代王朝对陶寺礼制的扬弃，是否要归因于这场内部革命对旧传统的"砸烂"，从而导致了文化上的失忆？想来意味深长。

陶寺大墓的随葬品一般都有一二百件，包括由彩绘（漆）木器、彩绘陶器及玉石器组成的成组家具、炊器、食器、酒器、盛贮器、武器、工具、乐器和装饰品以及以猪为主的牲体等等，随葬的礼乐器中又以蟠龙纹大陶盘、鼍鼓和特磬最引人注目，已如前述。后来商周贵族使用的礼、乐器，有不少在陶寺都邑已经现身。

但与三代礼器群相比，它又有些较显著的特点。首先这些礼器都不是用青铜来制作的，因此有学者称其为"前铜礼器"[15]。此时的陶寺都邑已经在使用铜器，但还没有用青铜来制作礼器。关于这

陶寺陶鼓（推测即文献中的"土鼓"）

陶寺彩绘陶壶

一点下面还要专门谈及。

陶寺"前铜礼器"群的第二个特点，是礼器组合种类齐全，还存在以量取胜的倾向，食器、酒器、乐器、兵器、工具都是成套出现，看不出"重酒好酒"的倾向。这也大大不同于后来二里头至殷墟王朝以酒器为主的"酒文化"礼器组合。

前述独木船棺的特殊葬具，以及有棺无椁（套于棺外的大棺）的简单葬具，到了三代王朝时期也被复杂的成套棺椁所取代。

尽管社会阶层分化严重，但各等级的墓又同处于一处墓地，并不见殷墟那样独立的王陵区。甚至，几乎所有居民都被囊括进一个大的城圈。这种"全民性"，使我们对陶寺社会的进化程度也无法作过高的估计。

与后世的三代王朝相比，这些现象或者是原始性的显现，或者是区域和不同族群间文化特征的差异。

无论如何，陶寺和同时代其他社会发展水平较高的人群间明确的等级划分以及"前铜礼器"群的存在，说明在中原及其周边各地域社会中，作为早期复杂化社会建立新秩序的重要支柱，礼制已经初现于世。但各区域社会的"前铜礼器"各有特色，尚未形成跨地域的统一定制，表明各区域社会尚处于礼制形成的初期阶段。正是这些人类群团的持续竞争与交流影响，奠定了后来华夏礼乐文明的基础[16]。

由于陶寺晚期社会"金字塔"塔尖的折断和贵族传统的中断（这一时期尚未发现社会上层的遗存，能随葬几件玉器的墓主人已属较高层级），三代王朝诞生前后向其汲取养分的程度或许也受到了影响。

一 陶寺的兴衰

## "拿来主义"的硕果

细究陶寺"前铜礼器"群来源之复杂,不能不令人惊叹。

从日用陶器为主的民俗层面看,它显然传承自当地黄土高原的土著文化,同时还受到北方地区文化的若干影响。但陶寺的礼器群或说高层次遗存,特别是彩绘陶器、漆器和上面的花纹,以及大部分玉石礼器,并不是仰韶文化或庙底沟二期文化的固有传统,却能在中原的东方、东南方、东北方、西方和南方找到源头。

譬如,目前所知年代最早的尖首圭,见于甘肃秦安大地湾仰韶文化晚期的殿堂式建筑中,陶寺墓葬出土的尖首玉圭,很可能是受到了中原以西的影响。

陶寺出土的尖首玉圭

彩绘陶簋 磨光黑陶搭配朱红,极富装饰效果

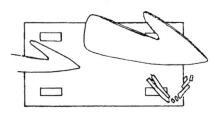

陶寺大墓随葬的木俎及其
上面的石厨刀、猪蹄骨

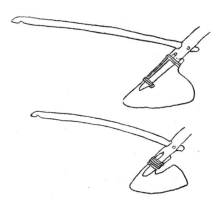

江浙地区史前破土器(开
沟犁)的用法

    陶寺出土的陶器,能在大汶口文化中找到相似器形的在十种以上。有的器形则见于内蒙古东部和东北地区的"后红山文化"——小河沿文化,或甘青地区的齐家文化。

    彩绘陶器上的纹样,在本地尚找不到直接的来源,而与大汶口文化的彩绘风格颇多接近。如大汶口文化晚期墓的器物,有在沿面和圈足底缘涂红,在肩部或上腹部绘出三个大红圆点的习俗,陶寺的装饰手法与其如出一辙。不同的只是,陶寺随葬陶器个体较大,纹样也相应放大,朱红颜料绘在磨光黑陶衣上,色彩鲜艳,花纹斑斓夺目,具有更强的装饰效果。

至于陶寺彩绘图案中的云纹、回纹、几何勾连纹和灵物图案等，甚至可以在距今六千多年前的北方赵宝沟文化陶器图案中找到源头。

陶寺大墓中与木俎（切食品时垫在下面的砧板）配套使用的V字形石厨刀，与良渚文化的同类器也十分相似，应同出一源。有趣的是，在江浙地区史前文化中，这类大型有刃器一般被认为是"破土器"，也即"开沟犁"[17]。有学者推测，或许V形石刀从良渚文化传播到陶寺文化后，其功能有了本质性的改变。

琮、璧是长江下游地区良渚文化最富特征的玉礼器，钺则常见于良渚文化和海岱地区[18]的大汶口—龙山文化，双孔玉刀的渊源则可以追溯到江淮地区。陶寺玉钺与海岱地区同类器的形制更为接近。璧、环类玉器中还含有红山文化的因素[19]。

"物以稀为贵"。显然，陶寺都邑的贵族把远方的输入品作为等级身份的标志物，颇有兼收并蓄、开放包容之胸襟。陶寺文化的礼器群包含的外来因素，表现出中原与周邻区域文化的交流与沟通，尽管这些交流与沟通的具体方式还不得而知。已有学者指出"陶寺类型绝非晋南庙底沟二期类型的自然发展，而是东方文化西渐的产物"[20]。无论如何，我们从陶寺都邑已可看到一种集多源于一体的趋势。

## 大邑小国

与这种宽大的胸襟，与陶寺都邑"巨无霸"式的庞大气势形成鲜明对比的是，它的"国土"并不辽阔。

严格说来，后世国家领土、疆域的概念在那时还根本不存在，这里我们指的是作为权力中心的陶寺，它大致的控制范围。但即便是说明它的控制范围，对考古学来说也是勉为其难的。没有当时的文字材料，没有可靠的后世文献，考古学只能根据盛行于中心聚落或都邑的一群面貌相近的"物品"向外散布的范围，即所谓的"考古学文化"的分布，来揣测这个群团或政体的空间

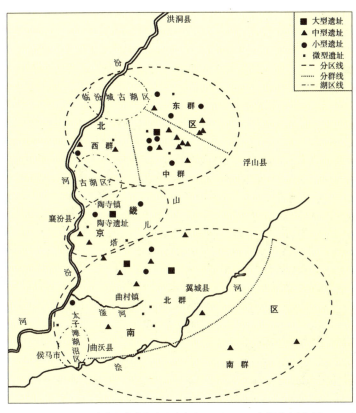

陶寺聚落群的遗址分布（2009~2010年调查）（何驽 2011）

扩展。其推论前提是这两项指标往往大致相合,但肯定也有例外,因此,这样推导出的结论当然也就存在着危险,但舍此也没有什么更好的办法。

考古调查表明,陶寺文化聚落的分布,基本上限于陶寺都邑所在的临汾盆地。盆地位于汾河下游,迄今已发现百处以上同时期的遗址。从面积和内涵上看,遗址可以分成不同的等级,形成以陶寺都邑为中心的多层次的聚落群。距陶寺都邑直线距离不过

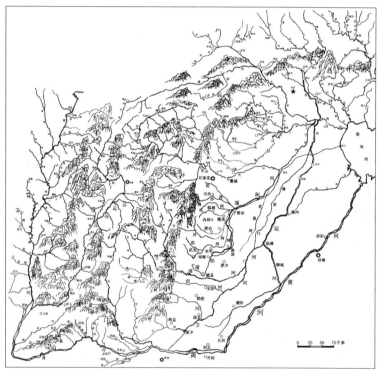

山西及其邻境的地理大势(常怀颖 绘)

20公里、中隔塔儿山的方城—南石遗址，面积逾200万平方米，左近的开化遗址面积100余万平方米，可能是陶寺古国的另两处重要的中心聚落[21]。在近年的区域系统调查中，又在陶寺以北的古湖沼区附近，发现了以县底遗址（面积约110万平方米）为中心的聚落群[22]。

陶寺的统治者，似乎是一群耽于享乐而不思开疆拓土的贵族。它的文明高度发达但却"不称霸"，因而没有形成"广域王权国家"。

鉴于此，陶寺考古队老队长高炜研究员总结道："从考古发现看，在同时期各区系中，陶寺文化的发展水平最高，但它的覆盖面大致未超出临汾盆地的范围；它同周邻文化的关系，则表现为重吸纳而少放射。若同二里头文化比较，可明显看到陶寺文化的局限性，说明陶寺尚未形成像二里头那样的具全国意义的文化中心。"[23]

这让我们想起山西，太行和黄河之间这块山河控带、相对封闭的宝地上上演的一幕幕历史剧。

首先是陶寺。大范围吸纳，高度兴盛，但势力范围不出晋西南，甚至仅在临汾盆地，对外影响显然偏弱。真正对其礼乐内涵加以扬弃而发扬光大的，是在河之南、山之东的二里头、二里岗和殷墟文化这个王朝文明的系列。

到了西周时期，晋国继承周文化的衣钵，虽盛极一时，但势力仍不出河东山西。逮至三家分晋、战国诸雄争雄，韩、赵、魏的都城无不迁出山西，定都于外围的河之南、山之东，然后成就其跻身"七雄"的霸业。

后来,又有北魏都城由平城(今山西大同)向洛阳的迁徙……

任何历史剧,都是在地理这一大舞台上上演的。也许可以用一句话概括上述历史现象:"起于河东山西,成于河山之外"。山西这方神奇的黄土地,成为一波一波华夏文明潮的策源地。

## 小铜器的大问题

关于中原青铜器的出现,青铜礼容器的产生以及青铜时代的到来,究竟是本土起源还是受到了欧亚大陆中西部兴盛已久的青铜文化的影响,学术界历来聚讼纷纭。

陶寺文化所处的龙山时代,在时间上正处于以礼容器为特征的中国青铜时代的前夜,北京大学严文明教授认为属铜石并用时代[24],也有学者认为龙山时代的中原已经进入了青铜时代;空间上,黄河与太行山之间的山西,历来是中原与北方交流的重要孔道,而陶寺所处的晋西南,本身就是大中原的组成部分。因此有理由相信,陶寺一定在中原青铜文明的崛起中扮演过重要的角色。也正因此,陶

陶寺红铜铃
中国最早的复合范铜器

寺零星铜器的发现，惹人注目。

最著名的，是陶寺铜铃。1983年发现于陶寺墓地，这是陶寺遗址首次发现铜器[25]。铜铃颇不起眼。首先是小，长五六厘米，宽两厘米多。其次是做工粗劣，表面有铸造的缺陷和气孔。经成分测定，铜铃系将近98%的纯铜铸成。纯铜质软性脆，呈红色，所以一般称为红铜。较之合金制品的青铜，它当然具有相当的原始性，但陶寺红铜铃却意义非凡。

众所周知，在陶寺古国消亡一二百年后，坐落于中原腹地洛阳盆地的二里头都邑，出现了迄今所知东亚地区最早的青铜礼器群。铸造这些腹腔中空的容器，与冷锻或铸造实心的小件工具、兵器或装饰品等在制作难度上不可同日而语。最难的是必须用复合范，也即两块以上的范，才能造出中空的器具。而如此复杂的造型，又决定了以往简单的石范无法完成铸造任务，灵活多变、易于把握的陶范应运而生。因此，以复合陶范铸造青铜礼乐器，成为中国青铜文明的标志性工艺。

由此可知，探索这项工艺的缘起，意义重大。但中国考古学诞生以来的数十年间，考古学家还没有在二里头之前的龙山时代，发现一件完整的铜容器。而陶寺铜铃则是迄今所知年代最早的完整的复合范铜器。它的出现，说明中原地区在龙山时代已掌握了复合范铸造工艺，为青铜礼器群的问世准备了技术条件。这就是陶寺铜铃的出土引起巨大关注的原因所在。

同时，陶寺铜铃也是迄今所知中国历史上第一件金属乐器。从渊源上看，陶寺铜铃是同时期当地陶铃的仿制品。陶铃的起源，则可上溯至仰韶时代的黄河和长江"大两河流域"的广大区域。向下则与二里头文化成熟形态的铜铃有承继关系。发掘者和音乐史专家认为，陶寺铜铃的出现，"标志着构成中国三代音乐文明重要内涵的'金石之声'时代的来临，可说具有划时代的意义"[26]。

但令人不可思议的是，铜铃见于一座仅能容身的小墓，时代属陶寺文化晚期。墓主是一位年过半百的男子，铜铃入葬前应挂于死者腰部至下腹间。墓中除了这件铜铃，别无长物。不可思议处也正在于此。

陶寺早中期大墓礼器群中不见铜制品，表明复合范技术在出现之初可能尚未被用来制作礼器。但铜铃在当时即便不属于礼器，它具有的高新技术含量也势必使其成为"金贵之物"，而不应为贫民所有。说不定真如前文所说，这件出土于小墓的铜铃是陶寺"革命者"的战利品，也未可知。

新世纪以来，陶寺铜器又有新的发现。先是一座陶寺晚期的中小型墓中出土了一件铜齿轮形器，经金相分析，铜齿轮形器系用含砷的铜制成的。这件铜器在墓中与一件玉瑗粘在一起，套在墓主的手臂上，推测可能是臂钏一类的饰物[27]。这墓的主人稍富，颈上戴着蚌片项链，胸部还放着一件玉器，但也并非社会上层。数年前，陶寺都邑建筑区又发现了一片含砷的铜容器残片，发掘者推测可能是盆的口沿，时代属陶寺文化中期，表明此时陶寺都邑已经开始铸造和使用铜容器[28]。这件铜器过于残碎，总体器形难辨，又非随葬品，因此是否属礼器尚难遽断。

无论如何，这些发现为中原早期铸铜工业起源的探索，增添了新的重要线索。

陶寺铜齿轮形器　　　　铜齿轮形器与玉瑗粘连的状态

## 是字吗？什么字？

另一项引起极大关注同时又引发热议的，是陶寺都邑发现的文字。大家都知道文字的出现被认为是文明的一项重要标志，而文字提供的历史信息又绝不是一般遗物所能比拟的。

1984 年，陶寺遗址居住区的一个灰坑（编号 H3403）里，出土了一件残碎的陶扁壶。这种正面鼓腹背面平腹的灰陶汲水器，在陶寺遗址是再普通不过的日常用器。但就在这件不起眼的残陶器上，竟赫然有朱红彩毛笔的笔画痕迹[29]。发掘者惊喜之余，赶紧在坑内的出土物中找另外的残片或第二件朱书陶器，结果一无所获。回头仔细观察扁壶残器，发现沿断茬涂朱一周，才知道书写字

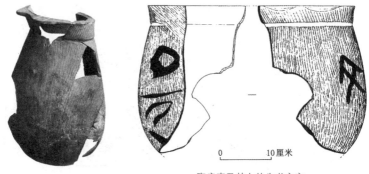

陶扁壶及其上的朱书文字

符时扁壶已残。沿断茬涂朱，或许有特定的含义。

再看朱书内容。扁壶正面鼓腹一侧，有一"文"字。由于此字与甲骨文和金文的"文"字在形体和结构上都十分相似，所以过目的学者几乎没有提出异议者。问题出在扁壶背面的图形上。发掘者凭直觉审慎地认为应是两个朱书"符号"，不识。的确，比较扁壶正面"文"字的大小，背面的图形似属二字，上下两组笔画的间距已超过3厘米。观察过扁壶的美国哈佛大学张光直教授就曾推测过："会不会是字？""会不会是'祖丁'？"[30]

在朱书扁壶的图像材料公布之后，对字符的解释层出不穷。关于"文"字，基本上无异议，一般认为应是表赞美之意。但也有学者明言这一"朱书符号不得释为'文'字，在此释读基础上发生的一切联想均属凿空，是可以下断语的"[31]。对于扁壶背面的"符号"，则异见纷呈。

中国社科院罗琨研究员认为后"两"个字符应为一个，她释为"昜"字，认为"昜文"也即"明文"，推测陶寺陶文用两个字和一个符号（界划）记述尧的功绩，以便帮助记忆，传诸后世[32]。陶寺工作队现任队长何驽博士同意扁壶背面的字符应为一字，但他认为最接近甲骨文的"尧"字，而"尧"的本意应指"建立在黄土高原上的高大夯土城墙"。扁壶朱书"文尧"与周边划界符号，包含着唐尧后人追述尧丰功伟绩的整个信息[33]。北京大学葛英会教授也赞同此说[34]。中国社科院冯时研究员则释扁壶朱书文字为"文邑"二字，并根据甲骨文、金文有关"文邑"与"文夏"的资料，考定"文邑"实即夏邑，陶寺龙盘图案为"句龙"（即"禹"），也就是夏社。因此陶寺应为夏都，而陶寺文化应属夏文化[35]。最新的解释是，扁壶背面"这个字的象形，非常清楚地代表着原始的缫丝"[36]。更有学者提出这样的疑问："既然H3403这件扁壶是在已经破损后才写上'文字'，为什么非要以扁壶的形态决定文字的正反方向呢？如果将扁壶倒着来看其上的'文字'，更像是符号或尚未超越象形文字范畴的文字。"[37]

　　仁者见仁，智者见智。客观地讲，上述见解，基本上不出推测的范畴。

　　数年前在陶寺建筑区又出土了一件朱书陶扁壶残片，证明陶寺文化晚期扁壶的朱书"文字"并非孤例[38]。


## 寻"夏墟"找到陶寺


　　也许您要说，论史就不能光用考古学的话语系统，这么大个都邑它总得有个说法有个名姓吧？也难怪，我们中国是历来不缺文献

陶寺遗址远景

典籍的，没名没姓的总说不过去。这是国人的普遍想法。不仅文献史学家在努力，考古学家也深恐被看成不具有古史重建能力的"发掘匠"，当然也热心参与论证。

的确，在中国，丰富的文献典籍资源，给解读丰富的考古学材料提供了广阔的空间。上世纪初，王国维创造性地用传世文献和地下文字材料互证的"二重证据法"，最终确认甲骨文和殷墟的主人系历代商王，使商代后期的历史成为"信史"。这一重大学术收获给了中国学者以极大的鼓舞。像大师王国维那样，弄清年代更久远的考古学文化主人的身份，把中国"信史时代"的上限再向上推，当然是考古学家心底的梦。因此，"对号入座"研究几乎从每一项重要发现的开始就展开了,成为数十年来中国考古学和上古史研究领域的一大景观和特色。

但正如我们已指出的那样,殷墟时代及其后的"历史时期"考古学与前殷墟时代的考古学,在研究对象与方法上有一个本质的不同,那就是对后者而言,使商王朝成为信史的"二重证据法"中不可或缺的要素——地下文字材料(像甲骨文那样的文书而非个别字符)开始付诸阙如。几乎在中国考古学诞生之初,乐观自信的考古学家就开始把严苛的"地下文字材料"放宽到没有文字的"地下材料",认为从年代、地望、社会形态、文化特征诸方面把它们与传世文献互证、检验,也可以确定夏文化甚至五帝文化等,从而将中国的"信史时代"不断推前[39]。

这就是一系列关于族属和朝代推断的认识前提。数十年来,在中国考古学与上古史领域,将名人望族大国"对号入座"的推测式研究聚讼纷纭,至今莫衷一是,其缘由也概出于此。

有了这样的学术背景,我们再看与陶寺相关的推论就比较清楚了。回观陶寺遗址的探索历程,我们知道这处大邑的发现本身就是有目的地寻找夏文化的结果。

最早循文献记载来晋南寻找"夏墟"的是李济先生,那是1926年的事了。中国社科院考古所山西队于五六十年代在晋南开展的大规模考古调查,是"围绕着探索夏文化的学术任务"。在1970年代考虑田野工作切入点时,曾请教著名考古学家苏秉琦先生,苏先生也认为山西队的学术任务,就是要探索夏文化。时任考古所所长的夏鼐先生则是敲定1978年陶寺遗址发掘的决策者[40]。

前述陶寺遗址的重大发现,令学界兴奋不已。当时占主流的

一 陶寺的兴衰

假说是二里头和东下冯类型属于商文化，而按当时的碳素测年认识，陶寺文化的年代概算为公元前2500～前1900年。发掘者在正负值可摇摆数百年的夏代纪年中，选取了最早的极端值——公元前24～前18世纪。由此认为陶寺中晚期已进入夏纪年，陶寺遗址和墓地很可能就是夏人的遗存[41]。

## 禹都乎？尧都乎？

在陶寺遗址的材料公布不久，即有学者提出了与发掘者不同的认识。认为"陶寺的许多发掘资料与文献中所说的尧舜时期的情况，实在可以相互对照"[42]。"陶寺类型无论在年代、地域，还是文化特征所反映的社会性质方面都与夏王朝不尽相符，很难说它是夏文化"[43]。

此后，学者进一步论证陶寺文化应为唐尧文化，或认为应是有虞氏或其一支的文化遗存。又有学者提出陶寺文化实非单一的属于唐尧，或虞舜氏族或是夏族的文化遗存，而是以陶唐氏为首的联合有虞氏和夏后氏等氏族部落联盟中心所在的文化遗存[44]。与此相近，有学者认为陶寺文化早期应为唐尧（舜）文化，而陶寺文化晚期应为夏文化，陶寺遗址为尧至禹的都城所在[45]。在认为陶寺晚期龙山文化阶段是最早的夏文化的同时，指认二里头文化东下冯类型早期是前期夏文化，河南伊洛地区的二里头类型晚期文化则是后期夏文化[46]。

帝尧故里的当代景观（临汾尧陵）

陶寺工作队老队长高炜研究员敏锐地意识到这种推论的问题所在："陶寺类型同二里头文化东下冯类型之间并不存在直接的传承关系，同豫西的二里头类型更谈不上有这层关系，那么，夏文化是否可能包括前后不相连贯、不同系统的两支考古学文化呢？"

他在回顾自己关于夏文化观点的转变过程时，坦陈"陶寺夏文化说"的思想基础是"二里头商都西亳说"，1980年代随着偃师商城的发现提出的"偃师商城西亳说"对原来的认知体系形成致命冲击。经过十余年从困惑到思考的过程，他接受了"二里头遗址的主体为夏文化说"，从而放弃了"陶寺夏文化说"。

"在对夏、商分界重新思考后,对陶寺文化又怎样看呢?"高炜先生的分析大体代表了目前学界的认识:"鉴于陶寺文化的中心区同后来的晋国始封地大致重合,根据《左传》昭公元年、定公四年记载,这一地域应即史传'大夏''夏墟'的中心区,又是唐墟所在。若仅从地域考虑,陶寺遗存族属最大的两种可能,一是陶唐氏,一是夏后氏。若从考古学文化系统来看,既已判断二里头文化主体为夏文化,而陶寺文化同二里头文化的两个类型又都不衔接,则将其族属推断为陶唐氏更为合理。"47

我们注意到,上述假说的提出以及放弃,都是建立在另外的假

新建的临汾尧庙

说及其变化的基础上的。而包括"二里头夏文化说"在内，诸假说都没有当时的"内证性"文字材料的支持。如前所述，精通古文字和古文献的冯时研究员仍然坚持"陶寺夏文化说"。论辩各方也都没有充分的理由彻底否定他方提出的可能性。

扎实的田野工作收获，似乎一定要落脚在无从验证的族属和朝代推论上，才能彰显研究的深度。这是数十年来怀揣古史重建理想的中国考古人的执着追求，显现出一种整体的研究取向。显然，在当时的重要文字材料出土之前，这一思路的研究注定不可能有实质性的进展。

## 衰亡的谜团与意义

美国艺术与科学院、国家科学院院士贾雷德·戴蒙德（Jared Diamond）教授在《崩溃——社会如何选择成败兴亡》一书中，把一个社会崩溃的原因归结为五点因素，即生态破坏、气候变更、强邻在侧、友邦援助的减少以及社会自身应对之道，并认为最后一点是至为关键的[48]。

到目前为止，就陶寺社会的衰亡原因，考古学家还无法给出确切的答案。数以万计的人口聚集一处，要衣食住行，并供养着一个奢侈享乐的统治阶层，社会繁荣达三百年之久。其间，上述每一个因素都可能发挥影响力，相互作用，使陶寺社会在最后一个诱因的作用下，最终退出历史舞台。

"革命"虽然削去了陶寺社会金字塔的塔尖,但这个社会仍延续了百年左右才最后消失。在这百年里,陶寺失去了作为权力中心的都邑地位吗?抑或从控制整个临汾盆地到仅保有塔儿山以北的"半壁江山"[49]?它的社会上层在"革命"中仓皇出逃、另择新都,因而导致陶寺的衰落?还是这处都邑接近无政府状态,在高度的阶层分化后,社会归于"平等",陶寺人在"共同贫困"中走完了他们最后一百年的历程?陶寺人的最终下落又如何?真如有的学者推测的那样,陶寺人是被逼北上到了内蒙古朱开沟一带?不过,与二里头关系密切的东下冯势力在晋西南的出现,应该是陶寺衰亡之后一百余年的事了。那么,又是什么人逼走了他们呢?种种谜团,都有待进一步廓清。

无论如何,随着陶寺文明退出历史舞台,其所在的大中原区域内的晋南地区数千年来自主发展的历程也宣告终结。从随后的二里头时代起,它开始接受来自大河之南中原腹地的一轮轮文明输出的冲击波,最终被纳入王朝体系。这样的命运,也是东亚大陆众多区域文明化或"被文明化"的一个缩影。

在此前的一千余年间,中原周边地区各支文化异彩纷呈的发展曾给人以深刻的印象,如内蒙古东部和辽西地区的红山文化、黄河上游仰韶文化大地湾类型、长江下游的良渚文化、长江中游的屈家岭—石家河文化以及黄河下游的大汶口—海岱龙山文化等。但在陶寺文明消亡数百年前直至与陶寺大体同时,这些区域文化相继盛极而衰。此后的二里头—二里岗时代,中原周边地区还存在有夏家店下层文化、岳石文化、湖熟文化、马桥文化、肖家屋脊文化等考古学文化。这些后续文化与此前高度发展的当地文化之间缺少密切的承继关系,甚至显现出文化和社会发展上的停滞、低落甚至倒退的迹象。东亚大陆王朝兴起前后这种大范围的文化起伏现象,或可称为"连续中的'断裂'"[50]。

就这样,公元前二千纪之初,中国历史上的"英雄时代"——龙山时代过去了。陶寺,则当之无愧地成为这个时代的顶峰和绝响,同时也昭示了一个新纪元的到来。

# 二 嵩山的动向

## "地理王国"出中原

从海拔500~400米的陶寺大邑,向东南过黄河,山地丘陵连绵起伏,其间的河谷盆地降至海拔300~100多米。这就是以中岳嵩山为中心的中原腹地。

如果论险峻秀美或"养眼"度,中岳嵩山至少在著名的"五岳"中排不到前面去。独拔头筹的是它在东亚大陆上卓越的地理位置,以及由此带来的悠久深厚的历史文化积淀。

在大家熟知的中国地形图上,除了高耸的青藏高原外,巨大的中国版图基本上是由西北的棕黄(第二阶梯)和东南的青绿(第三阶梯)两大板块组成的。值得注意的是,五岳平均分布于两大板块:北岳恒山和西岳华山位于棕黄板块,东岳泰山和南岳衡山位于青绿板块,而中岳嵩山,正处于两大板块的交界处。

在黄河即将冲出黄土高原的地方,嵩山像一座灯塔,引导着她奔向广袤的华北大平原。以1500余米高的嵩山主峰为中心,其北的太行山、王屋山,其西北的中条山、崤山,其西的熊耳山,其西南的伏牛山等2000米左右的诸山脉,围起了一个坐西北朝东南的小座椅,东边则是河道与若干大泽形成的断续的隔离带,形成了一个"地理王国"。

从地理大势上看,这把座椅绝不封闭。太行、王屋雄峙黄河北岸,伏牛分割淮河与长江水系。其间各山脉之间,中国古代四

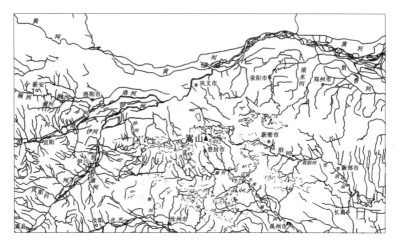

以嵩山为中心的"座椅"地势

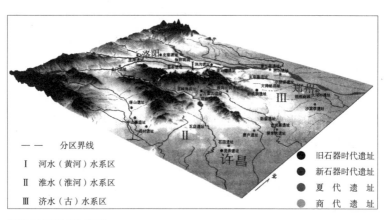

环嵩山区域地形三维图

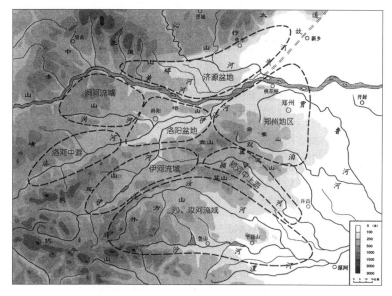

中原腹地的地理地貌（张海 2007）

淢中的河、济、淮三水及其支流呈放射状外流。这些河流及其支流组成了密集的水路系统，连通中原腹地内部及周边区域，形成交通枢纽。

向南。由中原腹地南下至南阳盆地，即可到达汉水的支流白河进入长江水系。由颍河、汝河入淮河向下，则很容易地进入长江下游；由白河入汉水向下，则可顺利抵达长江中游。

向北。黄河以北，有沿太行山脉东侧连接燕山南北一带的通道、沿其西侧的晋中盆地连接内蒙古鄂尔多斯和内蒙古中南部的通道。中原腹地恰好位于这两大通道的南端，是两者的交汇之地。

向东向西。中原腹地也正位于以西的关中平原和以东的海岱地区之间，是与东西双方保持紧密的交通联系的重要孔道。向东由黄河、古济水、淮河可达黄河下游；向西由黄河、涧河河谷过三门峡、函谷关可达关中甚至更西的地区。

同时，与南方水系相关联的生态环境，和以黄土地带所代表的黄河水系的生态环境，也在嵩山南北一带相交错。丰厚肥沃的黄土、暖温带半湿润半干旱气候，造就了适应旱作农业甚至多种经济的温床。"座椅"内，不同水系间的分水岭多为低山，河流谷地与山间盆地相连，便于交通。古文化遗址就往往分布在河畔的黄土塬或河流阶地上，它们既相对独立，又多有交流。

这就是中原腹地。

人们常形容整个中国版图是一把坐西北朝东南的大座椅，座椅内山地高原和平原丘陵区的交界处，又形成了中原腹地这把小座椅。有学者称之为"嵩山文化圈"[51]。这样的生态环境边缘地带，也正是文化板块的碰撞交汇处。高度发达的文明，往往就是这种碰撞交汇的结晶。最早的"中国"也就诞生在这里。

## 两大集团

到了大约公元前2400年以后的龙山时代晚期，中原腹地的考古学文化一般被称为"王湾三期文化"[52]。与此同时，几乎没有学者认为它是铁板一块。一般以嵩山为界，将山北山南有地域差别的文化又分为两大类型，称为"王湾类型"和"煤山类型"（或"王城岗类型""郝家台类型"）[53]。有的学者甚至认为嵩山南北两大文化板块的差异，已到了可以划分为两大考古学文化的程度[54]。

有趣的是，这种考古学本位的、基于文化面貌的划分方案，恰好与中原腹地黄河水系和淮河水系的划分是一致的。人地关系，密不可分。

考古学家只能"由物见人"，最拿手的是通过日常使用的锅碗瓢盆分辨不同的人群。一般认为嵩山南北这两个区域（或称汝颍区、郑洛区）人群的最大不同在于其做饭的炊器：山北的王湾类型以深腹罐为主，同时有鬲；而山南的煤山类型则以鼎为主。中国远古文化以鼎鬲文化著称，大体上看，用鼎（三实足炊器）的人群居东南，用鬲（三空足炊器）的人群处西北，交汇处恰在中原。日后二里头文化中鼎、深腹罐、鬲兼有，到二里岗文化鼎鬲并存以鼎为重，显现出这两大板块融合交汇之势，这是后话。

两大板块的其他不同之处还有不少，事涉考证过于烦琐，兹不赘述。值得一提的是，从接受周边地区不同文化影响的程度上，也能看出二者明显的地域差别。

总体上看，龙山时代中原腹地接受的周边地区文化因素可以分为三大类，即泛东方文化系统（含主要分布于豫北、豫东及更东的后冈二期文化、造律台文化或称王油坊类型，以及海岱龙山文化）、南方文化系统（主要是长江中游的石家河文化）和泛西北文化系统（含晋陕高原的各支龙山文化和甘青地区的齐家文化）。就地域而言，中原腹地偏东的郑州地区，受"泛东方文化系统"的影响较多，嵩山西北的洛阳盆地、涧河流域，受"泛西北文化系统"影响较多，偏东南的伊河流域、颍河中上游地区和沙汝河流域，受"南方文化系统"和"泛东方文化系统"影响较

鼎（安阳后冈）

鼎（永城王油坊）

鬲（三门峡三里桥）

鬲（襄汾陶寺）

多,而黄河以北的济源盆地,则主要受"泛东方文化系统"和"泛西北文化系统"的影响[55]。

可见,周边地区不同考古学文化的影响,是构成中原腹地各区域社会文化面貌差异的一个重要因素。从考古学现象上,可以窥见周边地区的人群通过不同的途径施加各自的影响,从而参与到"逐鹿中原"的过程中来。

那么这两大集团究竟是战是和,关系如何呢?不少学者认为二者应是由对峙走向统一的。吉林大学王立新教授即认为,"由龙山晚期至二里头文化阶段,伴随嵩山南北地区的两支考古学文化由南北对峙而走向整合,聚落形态亦由多中心、对抗式聚落布局演进到单中心、凝聚式的布局结构。这显然是统一的政治秩序得以建立以及由此所造成的区域内背景复杂的不同人群得以整合的结果"[56]。

对二里头国家崛起"前夜"中原各集团关系而言,这还只是解读方案之一。对这一段历史,学术界仍不得其详。

## 林立的聚落群

上面的划分当然是一种极粗线条的归纳和概括。从考古学上,可以观察到分布于众多小流域和盆地中一簇簇的聚落群,显然是众多既相对独立又相互联系的小集团的遗存。它们大致以各自所在的地理单元为区隔。各聚落群都由一处较大的聚落和若干中型、大量小型聚落组成，每个聚落群大致与现代一个县的规模相当。

在嵩山东南的豫中地区，以嵩山、伏牛山和黄河故道相隔，是淮河水系的颍河、双洎河和沙河、汝河流域，这一带共发现300余处龙山文化遗址。其中错落分布着20余处大中型聚落，应是各小区域的中心聚落。这些中心聚落中又有6处围以夯土墙或壕沟。每个聚落群都由一、二级中心聚落（面积在10万和20万平方米以上）和若干小型聚落（面积在数千至数万平方米）组成。所有中心聚落都位于河流附近，它们的距离在25～63公里之间，平均距离40公里，平均控制区域面积1200多平方公里。聚落群之间往往有

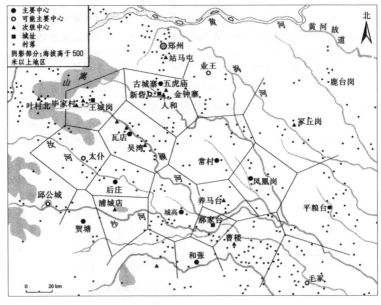

豫中地区的龙山遗址群（刘莉 2007）

遗址分布稀疏的地带，表明这些共存的政治实体似乎有一定的疆域限制。大致等距分布的中心聚落和防御性设施的存在，显示这些政治实体具有分散性和竞争性[57]。

嵩山西北的洛阳盆地及周边、洛河中游和伊河等区域的聚落状况也由于新世纪以来开展的区域系统调查而不断明晰起来。

以洛阳盆地及周边区域为例。古伊河和古洛河在盆地中部交汇为古伊洛河，最终流出盆地。遗址多分布于河流两岸的阶地和黄土丘陵上。研究者将盆地中东部区域系统调查区域内发现的95处龙山文化遗址分为三群，即北部邙山与古洛河—伊洛河之间的"邙山聚落群"、南部嵩山与古伊河—伊洛河之间的"嵩山聚落群"以及伊、洛两河之间夹河冲积平原上的"夹河平原聚落群"。各群分别包括19处、61处和15处龙山文化时期的聚落，最大的遗址面积达60余万平方米，而1万~20万平方米的中小型遗址占半数以上。各聚落群之间在大中小型聚落比例、聚落结构和分化态势等方面都有较明显的差别[58]。位于嵩山北麓、伊洛河下游支流的坞罗河和干沟河流域也显现出与洛阳盆地中"嵩山聚落群"相近的聚落结构。坞罗河流域龙山文化时期出现的20万平方米以上的大型聚落引人注目[59]。

总体上看，龙山时代晚期阶段以各小流域为单元的聚落群广泛分布于中原各地，它们多为一个中心聚落所控制，内部等级分化明显，从而形成了一种"邦国林立"的局面。考古学文化谱系的研究表明，这些聚落群分别拥有不同的文化背景和传统，而大量的杀殉现象、武器的增多和一系列城址的发现又表明它们之间存在着紧张的关系，冲突频繁地发生。正是在这一过程中，区域间的交流和融合也不断得以加强,并最终促成了二里头广域王权国家的形成。

## 扑朔迷离话城址

在陶寺大邑偏安晋西南一隅、独尊独大的同时,大河之南的嵩山周围却是一片"战犹酣"的热闹景象。各方势力在此展开角逐,其情势可谓"城头变幻大王旗"。

在林林总总的中原大小聚落群中,最令人瞩目的要算是十几座城址了。先给它们拉个清单:

| 城址名 | 城址面积<br>(万平方米) | 聚落面积<br>(万平方米) | 文化类型 | 备注 |
| --- | --- | --- | --- | --- |
| 登封王城岗 | 30 余 | 35~40 | 王湾三期文化<br>煤山类型 | 2 座小城,<br>早于大城 |
| 新密古城寨 | 17.7(城内 11) | 28 | 同上 | |
| 新密新砦 | 70 | —— | 同上 | 环壕? |
| 禹州瓦店 | 40+50 | 50+56 | 同上 | 环壕 |
| 平顶山蒲城店 | 4.1(城内 2.7) | —— | 同上 | |
| 郾城郝家台 | 3.3 | 6.5 | 同上 | |
| 温县徐堡 | 20 | 40 | 王湾三期文化<br>王湾类型 | |
| 博爱西金城 | 30.8(城内 25.8) | —— | 同上 | |
| 安阳后冈 | —— | 10 | 后冈二期文化 | |

续表

| 城址名 | 城址面积<br>（万平方米） | 聚落面积<br>（万平方米） | 文化类型 | 备注 |
|---|---|---|---|---|
| 辉县孟庄 | 城内 12.7 | — | 同上 | |
| 濮阳戚城 | 近 16 | — | 同上 | |
| 淮阳平粮台 | 5（城内 3.4） | 5 | 造律台文化 | |

这类围以夯土城墙的聚落，其军事防御色彩无可置疑，即它的主要功能是防人，充分显现了地区局势的紧张。但说到功能就比较复杂，而且各城址的分化程度很可能并不一致。北京大学赵辉教授等进而指出，"如果遗址面积也是衡量居住其中的集体实力的一个指标的话，各城址的情况也不一致"[60]。在有城址的遗址群中，就面积而言城址卓尔不群者有之，非围垣聚落大于城址的情况也有之。所以要用"城堡"称呼吧，对于内部已高度复杂化、特殊化，显然属中心聚落的某些城址来说，显得名实不符；如果直呼其为"早期城市"或"都邑"吧，恐怕其中还真有村落围起来个土围子的。比如我们在安阳后冈城址中就没有发现什么高等级的遗存。因此，赵辉教授提醒到，"将这些城址一概而论是危险的"[61]。

就聚落与城圈的关系而言，有的将整个聚落通通围起来，无论居民高低贵贱，从而凸显"全民抗战"的架势；有的只围起了一部分可能属社会上层的区域，而把普通百姓隔在城外。或许没有囊括整个聚落的小城圈只不过是一处战时避难所，也未可知。从时间上看，城圈与聚落相始终，还是只存在于其中的一个时间段，也很重要。

此外还涉及这些城究竟是防谁的问题，社会主要矛盾究竟是群团内部的"阶级斗争"还是大敌当前的一致对外。进而,所谓敌人,究竟是中原集团内部邻人聚落、聚落群或更大的集团,还是中原文化区以外的另一系统的大集团?

遗憾的是考古学的对象本来就是残缺不全的,田野工作又有很大的随机性,许多场合的情况已根本无法搞清或尚未搞清楚。这就使问题变得颇为复杂,同时也给学者的解读提供了广阔的空间。

## 城邑分布有玄机

我们先看河南学者魏兴涛博士新近提出的一个假说,这一假说可以概括为大集团间或文化间冲突说[62]。

他注意到了这样一个现象:在龙山时代晚期的中原地区,除了地处中原腹地西北、晋西南地区的陶寺大邑外,其他11处中小型城址的兴废时间大体一致,使用时间都不长。尽管无法做细致的把握,大胆诉诸绝对年代,主要存在时间集中在公元前2100～前2000年前后。更有意思的是它们的空间布局,居然大体由北向南蜿蜒一线,分布于中原地区的东缘!

具体言之,位于中原东北、太行山东麓山前平原上的安阳后冈、辉县孟庄和濮阳戚城城址,属于后冈二期文化;位于最东南的淮阳平粮台城址,属于造律台文化(或称王油坊类型)。这两个文化类型尤其是后者介于中原与海岱两大文化区之间,至于究竟归属于东西方哪个大阵营,学者们辩论了多年也没个明确的结果。不过

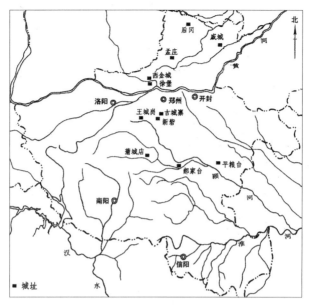

中原龙山城址的分布（魏兴涛 2010）

说它们你中有我，我中有你，颇起到桥梁和中介的作用，是争论各方都没有异议的。除此之外的七座城址，都属于前述的王湾三期文化。其中黄河以北的博爱西金城和温县徐堡两座，处于王湾类型的东北部边缘；其余的登封王城岗、新密古城寨、新密新砦、平顶山蒲城店、郾城郝家台等五座则都位于颍河上游及其支流双洎河、沙河流域。

与此形成对比的是，王湾类型的中心区洛阳盆地遗址密度大、聚落规模也偏大，遗迹档次与遗物制作技术水平也不比嵩山东、南的煤山类型低，处于大致同一生产力水平、同一社会发展阶段、同一考古学文化内部的两个类型，何以后者已发现多座城址，而前者

二 嵩山的动向 51

中心区尚无一发现？魏兴涛认为，对于这一问题，用考古工作不足的原因恐无法解释。兴衰倏忽的上述城址，也无法用洪水冲毁、聚落搬迁、暴力易主、城乡差别或聚落（群）间关系紧张来解释。

他进而注意到这些城址的出土遗物中较集中地出现了海岱龙山文化和江汉地区的石家河文化的因素，认为应是海岱区和江汉区文化影响的结果，而以前者的影响为主。如果放眼更大的时空范围，便会发现史前大的集团或文化区之间曾屡屡发生强烈的影响或碰撞。他的解释是，龙山时代后期之初，为了抵御来自其他集团尤其是东夷集团的侵袭，正在崛起的华夏集团的东部一带一定区域内的中心聚落或重要聚落筑城自卫，或许正是上述古城大体同时出现的具体背景。

考虑到这时正处于文献所载的夏王朝早期，魏兴涛博士也与不少学者一样，认为中原龙山文化中的东方因素应与夏代早期的"夷夏交争"相关联。

但问题似乎并不那么简单。

## 危险来自邻人？

"共时性"的确认是最令考古学家头疼的事。由于考古学上的一期可逾百年甚至更长，所以同属一期的遗存并不一定具有"共时性"。这些使用期短暂的城址，究竟是否同时存在过，颇难敲定。对历史事件和绝对年代的把握本来就不是考古学的强项。随着年代

王城岗遗址发掘现场

学的长足进展,仰韶—龙山时代遗存的碳素测定年代有趋晚趋短的倾向,既往的推定与最新的数据可以相差二百年。种种因素的限制,使得各城址的标本采集和测定难以统一实施从而放到同一平台上来比较。就龙山时代而言,精确到百年就显得捉襟见肘。宜粗不宜细虽属无奈,但却往往被考古学家奉为准则。

王城岗遗址发掘主持人方燕明研究员,就排定其中四座城址使用时期的相对顺序为:

王城岗小城(公元前2165~前2077.5年,两个数据取中间值,下同)

→王城岗大城(公元前2102.5~前1860年)

→瓦店(公元前2105~前1755年)

二 嵩山的动向　53

→古城寨（公元前 2017.5～前 1997 年）

→新砦（公元前 1870～前 1720 年）[63]

至于郾城郝家台城址，则较王城岗还要早些，殆无异议。

另外，我们在上文中已对遍布中原各地的聚落群作了梳理。尽管它们在日用陶器等方面有若干共性，但同时又表现出很强的地域性。尤其值得注意的是，这一时期在整个中原地区并没有发现超大规模的、具有跨区域影响力的中心聚落，没有显著的区域整合的迹象。由是，也就难以想象整个中原集团在其东部"边境"一带会组织起统一有效的防御系统。

西北大学钱耀鹏教授曾提出中原地区龙山时代"以城址为中心的扇形聚落群结构"的概念，指出这些城址并不在所属聚落群的中心部位，而是偏于一侧，处于扇心位置。他进而根据扇形聚落群所具有的对抗性极强的特点，推测这种结构"须是在长期而比较激烈的对抗局面下形成的，而且须以超越聚落群的社会组织存在为前提条件"[64]。"超越聚落群的社会组织"的存在，也有待于进一步的探究。

已有学者指出没有发现城邑的洛阳盆地，其社会分化程度也不似嵩山东南的颍河中上游高。后者的聚落群在龙山文化晚期时规模急剧扩大，而其他地区则基本保持稳定。从仰韶时代到二里头时代，"中原腹地区域聚落群的发展重心逐步由洛河中游地区、颍河中上游地区等中原的'边缘'区域转移到作为中原腹地中心的洛阳盆地"[65]。的确，二里头都邑在洛阳盆地的出现具有突发性，缺乏源自当地的聚落发展的基础，应当不是洛阳盆地龙山文化社会自然发展的结果[66]。

也就是说，如果把城址集中出现的中原东部地区看作一个大集团的"前线"，那么其后方的中原腹地的中心区域迄今并没有发现一个足以统御全境并必须拼死保卫的中心。

目前，更多的学者认为，城址产生的主要原因应是聚落群之间的紧张关系。赵辉教授的解读是，"危险首先出现在规模和城址相当乃至更大，且内部结构大致相同、却无城垣建筑的附近村落之间的可能性甚大，而未必从一开始就来自距离更远的集团。只是随着在一系列冲突中某个聚落，譬如平粮台或古城寨最终取得了在整个聚落群中的支配地位后，越来越多的紧张关系才逐渐转移到更大的群体之间来了。这似乎是目前资料所见有关中原早期国家形成的方式"[67]。

## 近看大邑王城岗

嵩山东、南麓集中出现的城邑，以颍河中上游的王城岗、瓦店最具代表性。一叶知秋，我们不妨先剖析一下这两座城邑。

位于颍河上游的王城岗遗址，最先发现的城垣建筑是遗址东北边缘的两座小型城堡[68]。两座小城东西并列，西城保存较好，面积不足1万平方米，东城大部分被河流冲毁。进入新世纪以来，又发现了面积超过30万平方米的大型城址，确认大城是在小城废毁后建成的。大城城墙外有壕沟，城垣基本上圈围起了龙山时代的整个遗址[69]。据分析，小城之西城先是被作为仓窖区使用，后又改

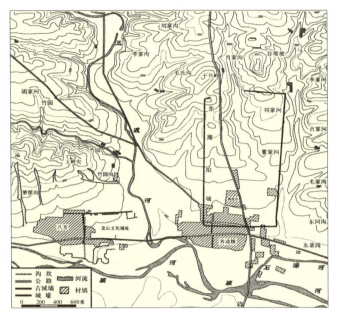

王城岗城址与东周阳城

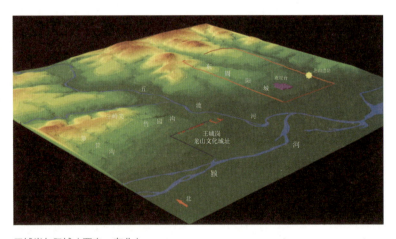

王城岗与阳城（西南 – 东北）

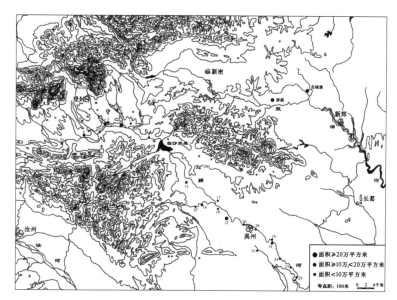

颍河中上游以王城岗和瓦店为中心的两个龙山文化晚期聚落群

建为大型夯土建筑区并修筑了城墙。但不久,随着大城的兴建,大型建筑区可能移到大城以内,小城西城又重新作为仓窖区使用,直到龙山文化最末期[70]。

除了大型夯土建筑的线索,王城岗的小城和大城内都发现了若干"奠基坑"。这些"奠基坑"系将废弃的灰坑用夯土填实,其间夹杂着完整的人骨架或残碎的骨骸,它们一般在大型夯土建筑的地基之下,显然与这些特殊建筑的奠基有关。

王城岗遗址还发现了一件青铜容器的残片,可能是铜鬶的腹底部。此外,还出土有琮等玉器、绿松石器和白陶器等特殊的手工业制品。这些仅见于大中型聚落的高等级器物,由于原料不

二 嵩山的动向　57

易获得或制作技术复杂，其生产、流通和使用常为社会上层所垄断。

王城岗遗址所处的颍河上游的登封盆地，迄今已发现了12处与其同时期的遗址，构成一个小聚落群，大中小型聚落呈金字塔式分布，其中1万平方米以下的聚落占绝大多数。因此，规格较高的王城岗遗址属于一定区域内的中心聚落是没有问题的，问题在于它究竟是多大地域内的中心。

## "王城"是怎样造出的

这一带历来是盛产传说的地方。由于附近发现了战国时代的阳城遗址，学界从王城岗小城堡一发现，就开始把它和"禹都阳城"或大禹之父"鲧作城"挂上了钩。

为符合这一历史推想，发掘者在报告中甚至更改了地名。一本文化游记中讲述了这样一段故事：

> 最早它的名字并不叫王城岗。1955年文物部门在这里调查发现是处古文化遗址时，称之为"告成八方遗址"。1977年中国历史博物馆与河南省博物馆组成联合考古队在这里发掘时，称之为"告成遗址"。1983年发现岗上有龙山文化时期的城址，并且认为这座城址很有可能就是禹都阳城时，便又把告成遗址改成了"王城岗遗址"。其实，当地群众原来是把这块

土岗俗称为"望城岗"的。所谓望城岗,是说站在岗上朝东北和东南方向望去,可以清楚地看到嵩山脚下的告成镇和古阳城,还没敢想得太远。[71]

发掘报告的作者推定王城岗城址即夏都阳城的理由之一是:"龙山文化中晚期城址所在地的'王城岗'及西北方'王岭尖'这两个地名,是当地群众久传下来的以'王'字命名的古老地名。从已发掘出来的王城岗龙山文化二期的城址范围看,正和群众传说的'王城岗'的大小相一致。所以,估计就是夏代阳城遗址大致不误"[72]。地名和遗址名的更改可以看作关于夏都传说的延续。

但"禹都阳城"说法一问世,就招来一片质疑声[73]。学界坊间传播甚广的一句笑谈是:王城岗,有人说是阳城,有人说是羊圈。这指的是王城岗小城的规模,仅大致相当于一座现代足球场,还没有二里头1号宫殿大。

30多万平方米的大城的发现,似乎又为"禹都阳城"说增加了证据。目前最新的解读是,王城岗小城有可能为"鲧作城",而大城才是"禹都阳城"[74]。考古与上古史探索就是这样经历着发现—推想,再发现—再推想的过程。

据发掘者模拟实验和估算的结果,如调动1000人以当时的生产工具完成王城岗城墙的修建,需要一年零两个月的时间。如果根据当地现代农村的经验,按照一个村落能够常年提供50~100个青壮年劳力计算,要一年完成这个工程,需要征集10~20个聚落的劳力。这与前述田野调查发现的登封地区龙山文化晚期聚落的数量

王城岗龙山城址远眺（由王岭尖南望）

基本符合。很可能王城岗城址的建设工程，是动员了以王城岗为中心的整个聚落群的力量来共同完成的[75]。

这说明，即便像王城岗这样面积达30余万平方米的大邑，其筑城工程也只需十几个聚落组成的小聚落集团即可完成。因此，认为这类城邑如不具有广大地域的社会动员能力则无以为之的推论，以及由此断定它们应属夏王朝都城的思路，都有重新审视的必要。

## 大洪水，传说还是史实

说到禹都阳城，相关的还有大禹治水，大家都知道它与夏王朝

汉画像石上的"大禹治水"图像
（山东嘉祥武梁祠）

的建立有关。自先秦至上个世纪之前，历代都把大禹治水视为历史上真实发生的重大事件。现代学者则多视之为神话传说。中国的大禹治水与西方的诺亚方舟，是世界上最著名的两个大洪水传说。无论如何，这是一个探索中国文明史所不能回避的问题。

在当代，除了文献学、考古学之外，人们开始从古气候学、地理学、地质学、环境考古甚至天文学等多个角度，多学科整合探讨这一问题。地球科学和环境考古研究表明，距今4200～4000年，北半球普遍发生了一次气候突变事件。而距今4000年前后世界许多地区的古代文明发展进程也发生了巨变[76]。一般认为，大禹治水也应是这一气候事件导致的历史事件中的一环。有学者认为距今4000年前后的九星地心会聚，引发了包括洪水在内的自然灾害，由此导致了黄河南北改道，改道又加剧了洪水泛滥。大禹治水就是在这样的地理背景下展开的[77]。

"洪泉极深，何以填之？地方九则，何以坟之？河海应龙，何尽何历？鲧何所营，禹何所成？"从战国时屈原的《天问》开始，人们就质疑以当时的知识水平和物质条件，是否真的能治理好洪水灾害。根据文献记载，鲧采用"堙障""壅防"法，即修筑堤坝围堵洪水，而大禹成功治理洪水的关键是采取"疏""导"的方法。但众所周知，黄河每年泥沙沉积的体量如此巨大，所造成的洪水灾害即便是现代科学技术手段也很难控制。无论是鲧的"堙障"还是禹的"疏""导"方法都不可能治理好洪水，因而有理由怀疑大禹治水的真实性。

环境考古学者最新的解释是，大禹之所以能够治水成功，可能主要得益于距今4000年以后的气候好转而并非人力之所为。一旦气候好转，气候带北移，季风降雨正常化，植被恢复。洪灾灾害自然随着气候的好转而好转。但限于当时的知识水平，先民们可能并不知道气候突变与洪水灾害之间的关系，他们将水患的平复归功于领导他们治水的大禹，自然比较合情合理。这可能就是鲧、禹治水传说背后的真实故事[78]。专家们认为他们的研究结果较好地解释了多数学者相信史前洪水的发生但却怀疑大禹能否治水成功之间的矛盾。

这个历史故事真的已被说"圆"了吗？大洪水事件可能是真实的，但又不能被很好地证实，这应是当代大部分学者的认识。由于受测年技术条件和气候重建上时间分辨率的限制，相关论证的说服力都嫌不足。考古年代学的局限性前面我们已谈了不少。距今4000年的未经树轮校正的碳素测年数据如经树轮校正，其年代可早至距今4400年以前，以前认为属距今4000年的遗存年代现在改订为距今3800年，那它对应的还是文献中的大禹治水、天文学上"夏初"那次九星会聚以及地理学上"夏初"那个阶段的黄河改道吗？对洪水遗迹的寻找，对洪水气候背景的重建等，恐怕都还任重道远。

## 大禹在哪儿治水？

前述这么多的"夏代"早期城邑集中于丘陵台地为主的中原腹地，大洪水的发生和大禹治水也在这一带吗？大部分学者是这么认为的。相传洛阳龙门石窟所在的伊阙，就是大禹凿通的。或言大禹所凿龙门，在陕西韩城和山西河津之间。

考古学家也不肯放弃类似的推测："（登封王城岗）城壕底部大体接近水平的设计和开挖，增加了人们对历史上夏禹治水的可信度"，"如果王城岗龙山文化晚期大城真的与禹都阳城有关，历史上大禹治水的传说将更为可信"[79]。

但著名古史学家徐旭生早已指出："如果详细考察我国的地形，各代河患的沿革，以及我中华民族发展的阶段，就可以明白洪水发生及大禹施工的地域，主要的是兖州。豫州的东部及徐州的一部分也可能有些小施工。此外北方的冀州，西方的雍、梁，中央豫州及南方荆州的西部，山岳绵亘，高原错互，全不会有洪水。""兖州当今日山东西部及河北东部的大平原，豫、徐平原当今日河南东部、山东南部及江苏、安徽的淮北部分。换句话说，洪水所指主要是黄

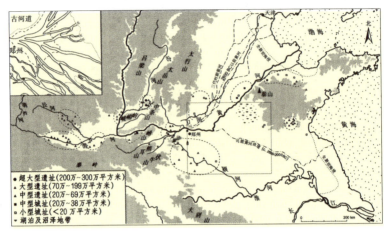

黄淮流域的河道变迁与龙山聚落群分布（刘莉 2007）

河下游及它的流域。淮水流域的一部分也可能包括在内，此外全无关系。"[80]

他注意到《禹贡》中关于洪水的记述："（在）总冒和总结中没有，各州条下全没有，只有兖州下有这几句话，这不是已经可以证明洪水只在兖州境内发生吗？"

其中的一句是"桑土既蚕，是降丘宅土"，说的是洪水平治后，原来宜桑的土地又可以养蚕，人民从高地下来，住到平地。考古学家注意到这一带有许多高出平地数米的堌堆遗址，与一马平川的自然地貌很不协调。经调查发掘究明其并非自然形成，而是先民在同水患的斗争中选地势稍高处靠人力堆筑而成，此即所谓"丘"[81]。

环境考古学家则指出，与黄淮平原形成对比的是，中原腹地的豫西晋南地区"山前黄土台地分布广泛，台地面宽阔倾斜，河流下切较深。当异常洪水来临时，上涨的洪水一般只能淹没台地的前缘或在台地上形成决口扇和漫洪河道，冲毁部分遗址，给史前人类的生存环境造成一定的威胁。但这里特定的地貌条件给先民们保留了较大的迂回空间，人们可以通过就地后退选择新的栖息地，从而使文化得以延续"[82]。

鉴于此，历史学家沈长云教授主张夏族的中心区域在古河水和济水之间，而禹都阳城应在河南濮阳。"质言之，禹所率领的夏后氏及其他夏族所居住的地域，必当在易于受到洪水侵袭的范围之内，他们之治水，不过是为了保护自身的利益而已。因而那些远在洪水发生地域之外的地方，自不应是我们考虑的'禹都'或禹所居处的范畴。"所以嵩山脚下的丘陵地区"不仅是禹都，夏族及夏王朝兴起的地方，都不会是在这里"[83]。这一观点虽非主流，却是值得重视的。

## "王城"下游有大邑

再回到嵩山脚下。我们把视野放宽到整个颍河中上游，就会对王城岗这类中心聚落的定位有更清晰的认识。

颍河中上游谷地以海拔 200 米等高线为界，可以分为登封和禹州两个自然区域，河流落差在禹州地段急剧变缓。由上游的王城岗顺河而下就是地处中游的另一处大邑——禹州瓦店遗址[84]，二者的直线距离约 37.6 公里。

从两个聚落群所处的自然环境看，登封盆地地势局促，水流落差大，可耕地范围相对狭小，但丰富的动植物和石料资源都处于聚

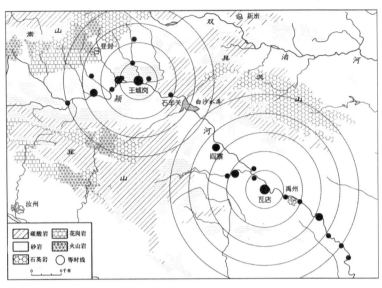

颍河中上游岩石资源与龙山晚期的开发

落群的可控范围内。而禹州境内河道宽阔，地形呈半开放状态，可耕地相对较多。但与登封聚落群相比，某些资源尤其是日用石器的石料资源获取需花费更多的时间和劳力，因此聚落群内外的交流都较密切，整个聚落群的发展趋于开放[85]。

以瓦店遗址为中心的禹州聚落群，目前共发现同时期的遗址14处，基本上沿河分布。中型聚落的规模较大，比例也高于以王城岗遗址为中心的登封聚落群。

研究表明，这一时期的登封聚落群与禹州聚落群的文化面貌存在差异。总体上看，登封聚落群基本不见外来文化因素，而禹州聚落群，除了本地的王湾三期文化因素之外，还掺杂了大量来自东方海岱龙山文化和南方石家河文化的因素[86]。有学者进而推断这些文化现象的渗入，很可能与人口迁徙有关，而不一定限于物品的远程交换。

## 大邑瓦店的气派

最新的考古收获表明，瓦店遗址所在的两个台地都有环壕连接颍河形成封闭的空间，面积分别在 40 万、50 万平方米[87]，整个遗址的总面积超过 100 万平方米。

瓦店遗址的文化内涵也颇令人瞩目。遗址西北台地有由数条围沟组成的回字形大型夯土建筑，每边约 30 米，建筑基址或沟内发现了数具用于奠基或祭祀的身首分离的人牲遗骸和动物骨骼。另有长方形和圆形夯土建筑，建筑基址的铺垫层中也发现了人头骨。发掘者推测应是与祭祀活动有关的遗迹。东南台地灰坑和一般房基较

瓦店出土的列觚，有学者推测为量器

二 嵩山的动向

多，出土了大量器物，两个台地可能存在着功能上的差别。

聚落中已用牛和羊的肩胛骨作为占卜用器，长大的卜骨上有不规则的烧灼痕。骨卜的习俗源于公元前3000多年前的西北地区，龙山时代分布于长城地带和华北地区，在其后的商代达于极盛，成为早期王朝的重要特质之一。中原龙山时代的中心聚落中出土卜骨的意义，由此可见一斑。

遗址还出土有以觚、壶、杯、盉、鬶为代表的精制磨光黑陶、蛋壳陶和白陶酒器，一般认为应属贵族用礼器。形制相近大小不同的一组磨光黑灰陶觚形器，被称为"列觚"，学者们认为可能是测定容积的量器[88]。遗址上出土的玉器则有铲、璧和鸟形器等。玉鸟形器与长江中游石家河文化流行的"鹰首玉笄"相类，二者间应有交流关系。已发现的玉料中也有非本地出产者，或系由外地输入。

从年代学研究成果看，王城岗和瓦店两个聚落的兴盛期大体一致，已如前述。总体上看，瓦店遗址的"级别"似乎不在王城岗之下，至少二者在社会集团中是同一个重量级的，其相互对峙的可能性也不能排除。

禹州也是一处盛产关于夏传说的地方。尽管把"禹都阳翟"、禹之子"夏启有钧台之享"落实到禹州一带的说法，最早见于2000多年之后的东汉时期，但仍不妨碍人们把瓦店遗址与"禹都阳翟"等联系起来的历史复原热情。只是禹从王城岗的"阳城"迁到了30多公里外的瓦店"阳翟"，真正建立起夏王朝的启也还在这一带盘桓，嵩山周围又是烽烟四起这么一个状况，已为考古发现所揭示。"各聚落群之间的相对独立性和相互抗衡性，以及各种迹象所体现出的暴力冲突现象的存在，似乎表明当时的嵩山南北尚没有形成一个统一的政治秩序,以规范和协调各部族之间的行为。"[89]

这也正是我们认为王朝诞生传说地并无王朝气象的缘由之所在。

## 方正城池的由来

作为中国人,我们可能对从二里头到明清紫禁城那方正严整的布局熟视无睹,但据说像中国这样在都邑设计上执着地追求方正规矩、中轴对称的古代文明,是整个世界范围内少见的现象。这种绝对理性的平面布局,不难让人感受到规划者对秩序的追求。

如果认为这种理念明确显现于二里头宫城,那么它的源头何在呢?

东亚地区的史前城址,最早出现于约公元前4000年的长江流域(湖南澧县城头山)。在随后的仰韶时代后期至龙山时代(约公元前3500~前1800年),被称为东亚"大两河流域"的黄河流域和长江流域的许多地区进入了一个发生着深刻社会变革的时期。作为社会复杂化的产物,城址也如雨后春笋,层出不穷。

从城垣建筑技术的角度看,黄河、长江流域星罗棋布的城址可以分为三大群。一是黄河中下游地区,以夯土版筑城垣为主(黄淮河下游版筑与堆筑兼有),有的辅之以护城壕;二是长江流域,其特点是以宽壕为主,垣壕并重,城垣堆筑而成;三是以黄河河套地区为主的北方地区,为石砌城垣,一般依山而建[90]。这三类城址,可分别称之为土城、水城和石城。

鸟瞰紫禁城。这种方正规矩、中轴对称的设计,
不难让人感受到规划者对于秩序的追求

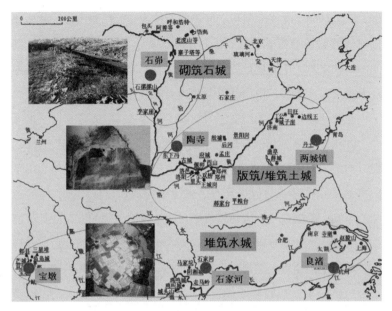

史前时代东亚城址的三大系统

总体上看，各地区的城垣建造都是因地制宜，是适应当地自然环境与社会环境的产物。如长江中下游多水乡泽国，宽大的壕沟和城垣显然具有行洪防涝的作用。而北方地区的石砌城址，则利用丘陵地带近山多石的条件，垒石成垣。这类城址自然多为圆形和不规则形。长江上游成都平原的城址也系堆筑而成，尽管也有形状略显方正者，但都是沿当地河流山势走向，以接近45°角者居多。

因此，追求方正的传统要在早期王朝所处的黄河流域来寻找。海岱地区史前城址堆筑与版筑技术互见，平面形状多近于规整。真正规矩方正、秉承夯土版筑技术的城址还是出自中原。中原地区最早的城址，是始建于公元前3300～前3200年的河南郑州西山遗址，时值仰韶文化晚期阶段。其平面不甚规则，略呈圆形。此后龙山时代的城址则基本上是（长）方形或接近（长）方形。"考虑到龙山时代之后，中原城址皆为矩形，而有明确边界的仰韶文化早期环壕聚落多为圆形，西山及以降几座史前城址的形制也许正好反映了中原聚落规划思想的转变。"[91]

　　方正的城圈，当然首先与平展的地势和直线版筑的工艺有关。但方向最大限度地接近正南北，追求中规中矩的布局，显然超出了防御的实用范畴，而似乎具有了表达宇宙观和显现政治秩序的意味。可知，影响古代中国建筑规划与社会政治思想的方正规矩、建中立极的理念，至少可以上溯到四千多年前的中原。而此后，方形几乎成为中国历史上城市建设规划上的一个根本思想和原则。

　　这类方正城池的早期代表，可以举淮阳平粮台和新密古城寨为例。

## "贵族社区"平粮台

　　在所有已发现的方形城址中，淮阳平粮台是最规整的一个。这里距嵩山主峰已有200公里之遥，地势降至海拔40米左右。淮河支流颍河平原一马平川，斜向东南，城址就坐落在颍河北的一处低丘上。这样的地形有助于最大限度地按既定设想进行平面设计。

　　城址呈正方形，长宽各185米，方向接近正南北，城外有护城河。小城并不大，城内面积仅3万多平方米，墙宽10余米，残高

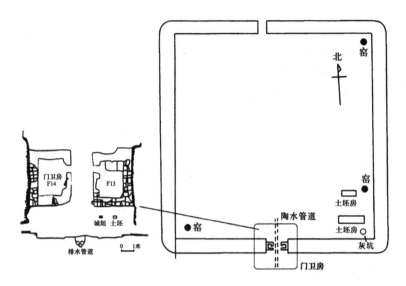

平粮台城址及其南门

还有3米多，保存状况相当不错[92]。如此方正讲究的城址在中国古代早期实在不多见。

更有意思的是南北城墙的中段各设有城门一座，两门的连接线基本上纵向中分城址，已颇有中轴线的味道。南、北门均较窄，南门门道宽仅1.7米，两侧有用土坯垒砌的门卫房，平时应有卫兵把守。高墙深垒，门禁森严，表明这是一处重要的场所。南门中间的路土下铺设有陶排水管道。这应该是迄今所知中国最早的公共排水设施。

城内发现10余所建筑，大多是用土坯垒砌的长方形连间式排房，其方向也基本上是正东西向。有的还建于夯土台基上，房内或有回廊，建筑形式显然不同于一般民居。与当时占主流的半地穴式

二 嵩山的动向

房屋相比,这样的建筑已相当壮观。考虑到这些房屋多集中分布于城址东南部而非中心,且建筑得十分讲究,估计城中也许还有更高规格的建筑[93]。城内还发现有陶窑,出土过铜炼渣以及埋葬有牛的祭祀遗迹,反映了一种层级较高的聚落生活。

鉴于此,美国加州大学洛杉矶分校的罗泰(Lothar von Falkenhausen)教授推测平粮台应是一处享有特权的地方,一处有意兴建的"门禁社区",贵族阶层借此有意把自身及其活动从与大众的冲突中分离出来。他认为,平粮台围垣聚落的规模相对较小(约四个足球场大),供养着贵族阶层的大多数非贵族人口一定另有居处。青铜时代的城址周围分布着非贵族人口的聚落,平粮台的"郊区"是否也有类似的聚落,这个遗址周围更大区域的聚落形态如何迄今还不得而知,不过华北其他地区的聚落材料开始显示出多级的层级结构。平粮台和其他贵族活动中心似乎已经形成了一个网络,而这个网络后来扩展成为早期中国王朝的核心地区[94]。

一般认为淮阳一带就是《诗经·国风》中所描述的陈国宛丘。"子之汤兮,宛丘之上兮。洵有情兮,而无望兮。坎其击鼓,宛丘之下。无冬无夏,值其鹭羽。坎其击缶,宛丘之道。无冬无夏,值其鹭翿。"西周时代那里风景怡人,男女歌舞中回荡着凄婉的爱情故事。

龙山时代平粮台城址的发现,又使今人相信这里就是太昊伏羲之墟、炎帝神农之都的古宛丘,或有直呼该城为"羲皇故都"者。而平粮台城址方正的布局,也被认为正是由于太昊伏羲氏是先天八卦的创始人,强调围合、序列、有意义的方向以及左右对称等,实际上表达了八卦的理念:天人合一的和谐观。这类推想想当然的成分太多,或者干脆已进入当代意义上的"八卦"的范畴。

## 不可小瞧古城寨

嵩山东麓还有一处颇为方正的城址,那就是新密古城寨。不仅城垣方正,其中的内涵也很令人瞩目。

古城寨城址平面呈长方形,除了西城墙被河流冲毁外,其余三面城墙保存完好。考古学家偶尔也见过保存完好的城址,但没见过时代这么早还保存这么好的。好到什么程度呢,好到保存下来的城

古城寨夯土城墙断面,最高处距离地表16米多

古城寨平面图和卫星影像

墙最高处距现在的地表还有16米多高，相当于五层楼高！这也就难怪文物保护部门一直依当地的地方志，认为这座城是西周时期的一个小国——郐国的都城。1986年，河南省人民政府将其公布为省级文物保护单位——郐国故城遗址。但经勘查发掘，城内外并无西周时期的文化堆积，看来，郐国故城要到其他地方寻找了。

2001年，国务院公布该城为第五批全国重点文物保护单位。名称：古城寨城址；时代：新石器时代。这要归功于考古工作者自1997年以来的重新勘查发掘。四千多年前的城垣能够保存这么好，则首先要归功于现代化城市化的脚步还没有到达这里，它侥幸躲过了"人定胜天"时代的平整土地和圈地拆迁的推土机。

除了作为断代标尺的陶片，这城墙的夯筑方法也显现出了它的原始性。被考古学家称为"小版筑法"的夯法，类似搭积木。在没有掌握外缘夹板的"大版筑法"之前，先民们用的是错缝垒砌的办法。说起来比较笨，但这是当时最先进的筑城法。用1米多见方、积木似的夯土版块向上垒，宽度就一定要大，逐层收缩，才能达到一定的高度。所以墙基的宽度可以达到40多米甚至更宽[95]。前面讲过古城寨的城址面积有17多万平方米，其实城内可使用的面积也就是11多万平方米。为什么？墙太宽。

南北两墙的中部偏西有相对的两个缺口，至今仍是居住于城内的村民出入的唯一通道，估计也是龙山时代当时的城门，东墙则一线贯通，不设城门。城外有护城河，引城西河水流入。城北和城东还有人居住活动，城内外是否有功能分区上的意义，居民是否有身份差别，都有待探究。整个遗址的面积近30万平方米。

城中部略偏东北，已发掘出一处大型夯土建筑基址。基址坐西朝东，南、北、东三面都有回廊，总面积应在2000平方米以上。其主殿的规模与二里头遗址1、2号基址的主殿相仿，达300余平方米。这是目前发现的最明确的二里头大型宫殿基址的"前身"。

城内出土的陶器大多形制规范，做工精细，还出现了施釉陶器，另外还发现有卜骨、玉环和刻符陶器等。城址内外曾发现有数量较多的厚胎陶缸片，一些残块内壁还有烧炼留下的深灰色层面，有的有明显的用后修补泥层。青铜器复制专家认为这应是"熔铜炉"残块，经过多次熔铜[96]。古城寨城邑熔铜手工业的存在，是今后需要继续探索的课题。

新郑一带有黄帝的传说，所以古城寨一发现就被对号入座为黄帝轩辕丘，说其有"风马牛"之嫌也不为过。业内人士知道其仅早于新砦和二里头，故推定为与王城岗、瓦店、新砦一道，属于"进入夏纪年的夏代早期重要城址之一"[97]。

这城用了没多久即告废毁，离此仅7.5公里之遥的新砦大邑兴盛起来。只从现新密市东南部挪窝到相邻的乡镇，即便这些都是夏国的都邑，这夏国也未免太局促了些。但新砦的确有了新气象，这是后面要谈及的。

## 暴力：现象与动因

上述城址的忽兴忽废，一般被解读为当时各聚落群背后的集团之间存在军事冲突。城址的存在时间都很短，与山东、长江中下游

王城岗城址内埋有
人骨的奠基坑

史前城址多长期沿用的状况有很大的不同。不少学者认为这种现象的存在反映了各集团之间矛盾的激化和战争的频繁，表明这一时期社会处于急剧的动荡状态。

在登封王城岗西城不足1万平方米的小城内，曾发现埋有人骨的奠基坑13座，坑内人数不一。一个奠基坑的夯土层内有7具完整的人骨架，显然系非正常死亡。有的坑中则埋有被肢解下来的人头骨、肢骨或盆骨。这些死者中既有成年男女，又有儿童，很可能是在集团冲突中掳掠来的战俘[98]。

洛阳矬李、王湾、孟津小潘沟、汝州煤山等遗址中则发现有所谓的"乱葬坑"或"灰坑墓"[99]。如煤山遗址一座墓坑内有两具成年男性骨架，作十字交叉叠放在一起。孟津小潘沟一座墓内人骨架腹部以上骨骸全无，断茬处也很规整，可能系腰斩致死。另两座墓一名死者两肩紧缩，两手交叉于腹部，两脚交叉，另一死者侧身屈

二 嵩山的动向

肢，两手举于头部两侧，很可能都是被活埋致死的。这些非正常埋葬的现象也常见于同时代的其他遗址中。

此外，各地龙山时代晚期遗址中出土箭镞的比例也高于此前的任何一个时期，这从另一个侧面反映了暴力冲突的加剧。

尽管和平相处一直是人类怀有的美好愿望，但纵观世界文明史，以战争为主的暴力杀戮反而层出不穷。为什么？恩格斯在《家庭、私有制和国家的起源》中有直接的论断，这是因为人的贪欲：

> 鄙俗的贪欲是文明时代从它存在的第一日起直至今日的起推动作用的灵魂；财富，财富，第三还是财富——不是社会的财富，而是这个微不足道的单个的个人的财富，这就是文明时代唯一的、具有决定意义的目的。[100]

中国社科院邵望平研究员一直认可"贪欲是文明社会形成的动力"的观点。她指出：贪欲使社会分裂，走向野蛮，最终面临全社会同归于尽的危险。社会发展只有动力不行，正如汽车，有发动机还要有方向盘和刹车，否则车毁人亡。而王权、国家就是贪欲的制衡器。"国家是文明社会的概括"（恩格斯语），国家出现的进步意义在于，当氏族制度驾驭不了日益强大的野蛮、贪欲这一动力时，社会呼唤一个最硬的拳头，使社会得以有轴心地正常运转，走向秩序。国家应运而生[101]。

在中原，各个社会集团因贪欲而导致的争斗与动荡，最终也以一个"最硬的拳头"的出现而接近尾声。

# 三　新砦的发轫

## 新砦的分量

考古圈外的朋友大概还不太熟悉"新砦"这个词，至少它的知名度还不似"龙山"或"二里头"那么高。和二里头一样，它原来也是中原大地上一个普普通通的小村庄的名字，细心的读者还会记得在前文的中原地区龙山城址列表中有它的名字。但它的重要性还远不止是龙山时代的一处城邑。那么，它重要在哪儿呢？

首先是它的时代。初兴于龙山时代末期，兴盛于所谓的"新砦期"，这两个阶段供参考的绝对年代分别是公元前2050~前1900年，公元前1850~前1750年[102]。

前文已提及，在群雄竞起的龙山时代末期，曾经光灿一时的各区域文化先后走向衰败或停滞，与其后高度繁荣的二里头文化形成了较为强烈的反差。我们称其为中国早期文明"连续"发展过程中的"断裂"现象[103]。我们注意到，这一"断裂"现象在嵩山周围虽也存在，但不甚明显，二里头文化恰恰是在这一地区孕育发展，最后以全新的面貌横空出世，成为中国历史上最早出现的核心文化的。身处这一演进过程中的新砦大邑及以其为代表的"新砦类遗存"，以及它们背后的新砦集团（我们暂时还不知道它的具体"番号"，当然不少学者认为应是早期夏文化），无疑是解开二里头文化崛起之谜的一把钥匙。

新砦大邑走向兴盛时，其他龙山城邑已经衰落甚至废弃，它全

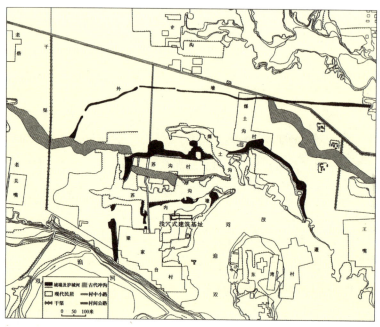

新砦大邑,壕沟与河道圈围起上百万平方米的聚落空间

盛时其他龙山城邑中心聚落已全部退出历史舞台。逐鹿之群雄一蹶不振,新砦集团开始傲视中原。一个送走风云激荡的龙山时代并孕育着此后辉煌的二里头时代的存在,其意义当然非同小可。

其次,其地位之重要还在于这一大邑的规格和内涵。70万平方米的设防聚落规模,在龙山时代末期的中原腹地独一无二。大概到了"新砦期",三面临河的、半岛状的聚落北缘又有人工开挖的壕沟连通河流和自然冲沟,形成面积达100万平方米的封闭空间。外壕内有中壕(内侧城墙的有无尚无法遽断),中壕内地势较高的西南部又有内壕,圈围起约6万平方米的封闭空间,应是聚落的中心区。这一区域分布有大型建筑,发现了包括铜容器残片在内的重要遗物,令人瞩目。这些在后面还要展开分析。

我们把与新砦遗址"新砦期"遗存相类的一群遗存称为"新砦类遗存"。这类遗存空间分布范围并不大,一般认为主要分布于嵩山周围尤其是东南部地区。其周围,还是龙山文化的汪洋大海。这样一个"异质斑块",却是处于整个东亚大陆文化发展低潮期的中原文明,接续既有文化传统和生发新的文明因素的重要纽带。

与此同时,历史的疑团让我们看新砦犹如雾里看花。从新砦进入考古学家视野的那一天,围绕着它的争议就没有停息过。

## 众说纷纭话新砦

那么,"新砦类遗存"究竟是怎样一个存在呢?如果放到此前的新石器时代研究中,这根本不是个问题。在考古学既有的话语系统里,它可以顺理成章地被称作"文化"或"类型",但研究对象处于社会复杂化阶段和剧烈的转型期,对"新砦类遗存"的定性都成了问题。

首先,它的时间跨度并不长,充其量约一百年,也许还要短。至于相对年代,就连它绝对早于二里头还是在偏晚阶段与初兴的二里头共存过一段时间,学者们也还有不同的看法。它的分布范围也并不大,按新砦遗址发掘主持人赵春青博士的说法,"新砦类遗存"的分布以嵩山为中心,集中见于今郑州地区,似乎北不过

发掘中的新砦遗址

黄河,南不过禹州[104]。当然,对外影响的范围更广些,含新砦因素的遗存至少在郑州地区、洛阳盆地、伊河流域、颍河中上游和沙、汝河流域都有发现[105]。

其次,它的文化特征虽有一定的个性,但更让人感觉是龙山因素、二里头因素以及形形色色或多或少的外来因素的"杂拌"。有学者认为它是龙山余绪,有的认为它是二里头的前身,有的则断然否认其与二里头的关联性。有的学者强调这类遗存在中原地域社会巨变中的整合作用:"所谓的新砦期遗存正是煤山文化与王湾三期文化二者大规模整合阶段的遗存。"[106] 有的学者注重这类遗存的外来色彩,认为其"主要是在继承本地王湾三期文化(即龙山文化晚期遗存)的基础上,大量吸收了泛东方文化系统的因素和部分泛西北文化系统和南方文化系统的因素而发展起来的"[107]。有的则指出"正是来自（东方文化系统的）造律台和后冈二期的传统文化因素，才引起了新砦期在王湾三期文化基础上的兴起"[108]。

这样一个很"别扭"的存在，显然已超出我们既往的认知框架。因此有学者把它称为"新砦期"文化或"新砦类型（亚型）"，让它从属于或不从属于二里头文化，只表示一个期别。但期别在考古学话语系统中具有"普世"的意义，而这类遗存又只见于嵩山一端。有学者尽可能用碳素测年上下限的极限数据，把这一"期"拉长为150～200年，或者将其与文化面貌相近的二里头文化第一期遗存合并，使它看上去更像个"文化"，称为"新砦文化"。有的干脆不认可其为一个独立的存在，将其划归龙山文化末期或二里头文化第一期[109]。最新的提法是"新砦现象"[110]，认为这类遗存虽然"体现了龙山文化晚期与二里头文化早期之间的过渡特征"，但仅为一种昙花一现的"现象"。

## 困惑与收获

著名考古学家、加拿大麦基尔大学教授布鲁斯·炊格尔（Bruce Trigger，又译为特里格）指出："考古学文化的概念看起来最适合于对小规模的、同族的和相当固定的集团的遗存的研究。"而"在复杂的文化里，社会的和经济的差异在社区之内和社区之间产生了不均匀性"，因而考古学文化的概念在观察这样的社会时就显得力不从心[111]。

的确，处于社会复杂化，社会大动荡、大分化、大改组时代的旋涡之中，处于二里头集团崛起"前夜"的"新砦类遗存"的样态，对于考古学既有的研究思路和模式是一个巨大的挑战。"新砦现象"的提出，可以认为是超越既往话语系统的有益尝试。但稍加分析，又感觉"新砦现象"的提法也有可商之处。

与史前考古学文化的均质性不同，社会复杂化阶段的共同体中，中心聚落或都邑包含着上、中、下层文化及复杂的外来文化因素，次级中心聚落中包含着中、下层文化，普通聚落则仅有下层文化。变化最剧烈、最与时俱进的是上层文化，下层文化则不同程度地表现出滞后性。这似乎可以称为聚落的异质性，它构成了社会复杂化阶段考古学遗存的一大特质。

在龙山时代向二里头时代转化的过程中，"一些遗址较多延续了本地龙山文化的传统，另外一些遗址则更多接受了外来文化中的上层因素，从而发生了独特的'新砦现象'"。"其独特性既在于外来文化所导致的社会上层的变化方面，也在于这种现象的发生仅局限在单个的遗址上"[112]。显然，这里是把中心聚落或都邑的社会上层遗存单独抽出来作为衡量一类文化遗存的标尺，它当然也就把大量的下层遗存排除在外，这类复杂化的特征也就成了仅发生在个别中心性遗址上的"现象"。但社会复杂化阶段的人类共同体上下层相依共生，可以把社会上层遗存（及其所在的中心聚落）单独从共同体中抽出吗？随之而来的一个问题是，对内涵如此复杂的文化遗存作界定和聚类分析的标准是什么？是以贵族遗存还是以民间遗存为基准，抑或兼顾二者？

这些都是剪不断理还乱的事。面对复杂的研究对象，我们的思维也不得不随之复杂化。

无论如何,关于"新砦类遗存"学术界还是取得了不少共识。它们包括:嵩山南北两大集团整合了,外来因素进来了,文化进一步杂交了,新砦开始独大了,"最早的中国"呼之欲出了。如果说二里头是"最早的中国"——东亚大陆最早出现的核心文化和广域王权国家[113],那么新砦显然已是曙光初现。

其实,这些共识的取得已经很可喜了。纵观整个中国历史,在大时代来临前的酝酿期,总是充满着动荡、阵痛和不确定。考古学家做的工作更像是在猜谜、破案,能从残缺的遗墟中梳理出这样的信息,已相当难得。说句略嫌悲观的话,我们永远也不可能获知当时的真相,但仍怀着最大限度迫近真相的执着。

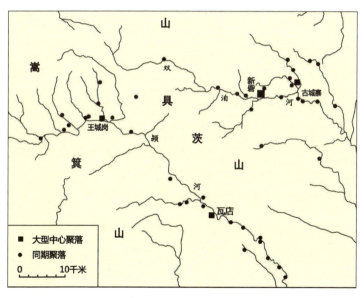

龙山时代末期嵩山东南麓的聚落形势(李宏飞 2011)

由于新砦是个太特别、太重要的存在，所以我们先花了些笔墨"宏观"了一下它的时空与历史定位。看不懂的还有微观的考古现象，还得"抓大放小"地加以剖析。

## 从围垣到环壕

在中国历史上，城址林立的时代一般也是群雄竞起、战乱频仍的时代，如龙山时代和春秋战国时代。而大凡存在有国势较强的广域王权国家或帝国、社会相对稳定的时代，设防都城的比例也相对减少，如夏商西周三代和秦汉时代[114]。可以说，新砦大型设防聚落的出现，给数百年来中原地区城邑林立的争斗史画上了一个句号。新砦是战乱状态的终结者。

比较一下新砦与既往龙山城邑的聚落形态，差异立现。首先，在大河以南的中原腹地，100万平方米的大型聚落还是首次登场。其次，它抛却了方正的城垣规制，而以并不规则的壕沟连通自然河道、冲沟形成防御体系。这种传统的中断是迫于政治军事形势，还是因人群的更替而显现出更质朴务实的思想，抑或折射的是由"大同"向"小康"过渡的社会结构转换的进程[115]，引人遐思。

无独有偶，"新砦类遗存"的另一处重要聚落巩义市花地嘴，也有内外两重（四条）环壕，与伊洛河及其支流共同构成防御体系[116]。这类多重防御设施划分出的多重空间，一般被解读为"同一聚落内不同安全等级的空间区域"，居住在不同区域的"社

新砦大型浅穴式建筑鸟瞰

会成员很可能分别具有不同的社会等级地位,聚落内部的分化较为明显",当然也有可能"不同壕沟之间为聚落不同性质的功能区划"[117]。

前已述及新砦大邑的主要防御设施是壕沟。其中中壕内缘的若干处地点还发现了宽10米左右的带状夯土遗存,发掘者推定为城墙[118]。但从夯土全部位于沟内,远远低于当时的地面,夯层多向外倾斜的情况看,这应是为防止壕沟壁坍塌所实施的加固处理措施[119]。迄今为止,还没有证据表明新砦遗址有高出地面的城墙存在。就现有的材料看,当时的新砦遗址应是一处大型环壕聚落。

内壕以内发现的所谓"大型建筑",实际上是一处长条形的浅穴式露天活动场所,活动面低于当时的地面,发掘者直呼其为"浅坑"。这个大浅坑近东西向,现存长度近百米,宽十余米。浅坑内垫土和踩踏面呈"千层饼"状,只是在南北两壁上发现有加固修整

三 新砦的发轫

的迹象。"大型建筑"的南侧地面上发现有整猪骨架和埋有兽骨的灰坑,此外还有若干柱洞,或与附属建筑有关。

类似的浅穴式遗迹在二里头遗址宫殿区以北的祭祀遗存区也曾有发现,只是规模没有这么大。两处遗址的发掘者都推测这类建筑很可能就是《礼记》《尚书》等书中所载"墠"或"坎"之类的祭祀活动场所[120]。

新砦聚落的发掘与研究还刚刚起步,像古城寨和二里头那样高出地面、显现政治威势的大型宫室类夯土建筑尚未发现,已揭露的新砦浅穴式建筑并不是这一系统中的链条之一,不属同类项。因此,认为其"面积比二里头遗址1号宫殿的殿堂还要大,很可能是一座宗庙建筑",并据此推测"新砦城址很可能就是夏启之居所在地"的观点[121],还缺乏考古学材料的支持。而"新砦期"的大冲沟"不禁使人联想到传说中大禹治水的历史背景"[122]的推想,恐怕也还限于联想的层面。

坚信会有更多的信息在今后新砦的田野工作中面世,不断满足人们揭秘的欲求。

## 铜礼器的讯息

第一部分"陶寺的兴衰"已介绍过陶寺铜铃,它是迄今所知年代最早的完整的复合范铜器。它的出现,说明中原地区在龙山时代已掌握了复合范铸造工艺,为青铜礼器群的问世准备了技术条件。

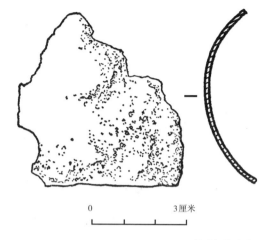

王城岗铜器残片

王城岗铜片出土情况

三 新砦的发轫

数年前，陶寺又发现了一片含砷的铜容器（盆？）残片，表明此时陶寺都邑已经使用铜容器。这件铜器并非大墓的随葬品，是否属礼器尚难遽断。即便其属于礼器，也与后来三代王朝以酒器为主的青铜礼器群没有承袭关系。

大河之南的嵩山一带则陆续发现了铜礼器的蛛丝马迹。

1980年，在王城岗遗址小城之西城内的灰坑中发现了一片青铜器残片。该灰坑的时代属王城岗龙山文化晚期（第四期），绝对年代为公元前2050～前1994年[123]，此时的王城岗小城和大城均已废弃。铜片不大，只有5、6厘米见方。薄壁，略呈圆弧状，下部有转折。发掘者比照王城岗出土龙山文化陶鬶的形制，推测应为铜鬶的腹与袋状足的残片。经冶金史专家分析检测，可知该铜片系由锡铅青铜铸造而成[124]。

龙山时代能够铸造出铜容器，还是超出了当时学界的认知范围。随后即有学者对王城岗铜容器残片的出土层位和时代，以及龙山时代是否能铸造出较为复杂的袋足铜器提出质疑[125]。在此后很长一段时间里，考古学家也没有再发掘到龙山时代的铜容器，哪怕是残片。但多数学者认为，王城岗出土铜器残片是中原地区迄今发现最早的用复合范法铸造的容器之一。北京大学朱凤瀚教授评价道："它不可能是青铜铸造业刚刚产生时期的制品，而是青铜铸造业经过了一段长时间的发展后，趋于成熟的标志。"[126]

直到二十年后的2000年，新砦遗址又有了新的发现。在内壕以内的"新砦期"地层中，发现了一件残长8厘米多、形似镰刀的铜片。笔者有幸在这件铜器出土后不久即在新砦观摩过。第一眼的印象就是，这显然是鬶或盉类酒器的流部（倾酒的槽或管）残片。

经分析测试，这件铜器系红铜铸造而成[127]。

这样，依据当前的年代学认识，试排列东亚地区最早的几件复合范铜铸件的年代如下：

陶寺中期砷铜容器（盆？）残片——公元前2100～前2000年；
陶寺晚期红铜铃——公元前2000～前1900年；
王城岗龙山后期锡铅青铜容器（鬶？）——公元前2050～前1994年；

新砦铜器残片，显然是鬶或盉类酒器的流部

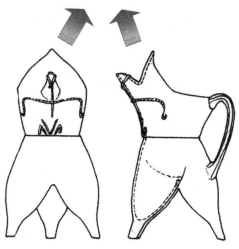

新砦出土陶盉

三　新砦的发轫

新砦"新砦期"红铜容器（鬶、盉？）——公元前1850～前1750年。

众所周知，目前所知中国境内发现的最早的青铜器，是甘肃东乡林家马家窑文化遗址出土的铜刀，年代约公元前3000年。此后的铜制品多为器形简单的小件工具和装饰品等生活用具，锻、铸均有，红铜、黄铜、砷铜和锡铅青铜互见，而不见容器和兵器。制造工艺处于初级阶段，尚未熟练掌握合金比例，不懂得复合范铸造技术。

如果把这个阶段称为"铜石并用时代"[128]的话，那么我们从陶寺、王城岗和新砦的上述发现中，显然已看到了中国青铜时代的曙光。

## 古书中"挖"出铜鬶

如果看前文排列的几件重要铜器的年代，感觉陶寺在复合范技术的掌握上似乎略早一步，我们也曾谈及陶寺所在的山西历来是中原与北方交流的重要孔道，不排除高超的铸铜技术来自西北方的可能。但一则来自古书的信息，又把我们探寻铜礼器来源的目光引向了中原东方的海岱地区。

话说清朝乾隆年间，乾隆敕令编撰宫廷所藏铜器图录，最大的一部叫《西清古鉴》。限于当时鉴别水平较低，在所收一千多件铜器中，不乏伪器赝品，但这部图录仍有其保存国故和两宋之后复兴青铜器研究的重要意义。何况经世事沧桑,这些东西大部分去向不明,器物的线图和说明性文字就成了相关研究的重要线索。

其中著录了一件在当时人看来稀奇古怪、独一无二的铜器,这件器物被图录的编撰者定名为"匜"。稍懂文物的人都知道匜特指盥洗时舀水用的器具,形状像瓢,与这件有三个乳状足的器物完全不搭界。器物上还有两字铭文,被释为"子孙",年代断为"周",所以这件器物被称为"周子孙匜"(《西清古鉴》卷三十二)。此后,著名收藏家、古文字学家容庚论证此器为商代器物,系真品。罗振玉、郭沫若、闻一多、贝塚茂树等不少学者还对铭文提出了各自的解释。

到了当代,考古学家一看到它,就跟见了老熟人似的,顿生亲切之感。那上仰的流,那绳索状的把手,那肥大的袋足,甚至只见于袋足上的那两周弦纹,都像极了海岱地区龙山文化的陶鬶[129]!

陶鬶,作为最具海岱地区大汶口—龙山文化(东夷集团或其前身)特色的典型器,曾向四外传播,在东亚大陆东起海滨,西至关中,北自辽东,南达岭南的数百处遗址上都有发现。追根寻源,公元前3500年以前的大汶口文化应是它的祖源[130]。后来三代青铜酒礼器的若干器形,都与其有着或远或近的关联。中原腹地一带龙山时代的王湾三期文化中,也有陶鬶的身影,它们既脱胎于海岱地区的原型,又具有当地的特点。比较而言,《西清古鉴》上铜鬶的形制,更近于海岱龙山文化的陶鬶。因此,邵望平研究员推论道:"所谓'周子孙匜'者,实则是山东的龙山文化中一类陶鬶的铜质仿制品。铜鬶、陶鬶很可能是同时代的产物。即使铜鬶时代稍晚,亦不致相差数个世纪。"[131] 这是颇有道理的。

三 新砦的发轫

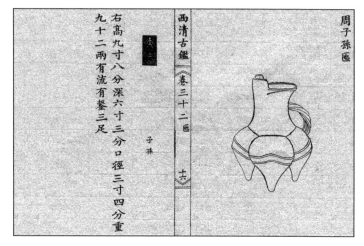

《西清古鉴》中收录的"周子孙匜"

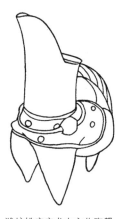

潍坊姚官庄龙山文化陶鬶

临朐西朱封龙山文化陶鬶

在中原周边地区的诸考古学文化中，黄河下游地区的大汶口—龙山文化系在文化和社会发展上与中原文化并驾齐驱，某些方面甚至超过中原同期文化的发展水平。自仰韶文化晚期阶段以来，它的许多文化因素为中原系统的文化所吸收。不少学者都列举过该区系在物质文化、精神文化方面可能给予中原夏、商文化以影响的诸多因素，这是其他中原周边地区的考古学文化甚至前述的陶寺文化所无法企及的。从这个意义上讲，这一系统的文化最终融入了中原王朝文明之中，其自身也成为中原王朝文明的重要缔造者之一[132]。

问题是，大汶口—山东龙山文化究竟是在什么样的历史背景下，又是以怎样的方式参与到创建中原王朝文明的过程中来的。至少到今天，我们还无法对此做出圆满的解答。出土于中原腹地，和可能出自海岱地区最早的铜礼器的讯息，或许就是这一历史疑案的冰山一角。

## 龙形象，权贵的秘符？

前已述及，新砦与二里头在民间日用陶器层面上的异同，众说纷纭，这里存而不论。但信仰和意识形态方面的关联，显然是有迹可循的。

1999年，在后来确认属内壕以内的台地发掘中，出土了一块"新砦期"的陶器盖残片。在打磨光滑的黑色器表上，以阴线刻出兽面纹样。兽面面额近圆角方形，蒜头鼻，两组平行线将长条形鼻

二里头绿松石龙形器

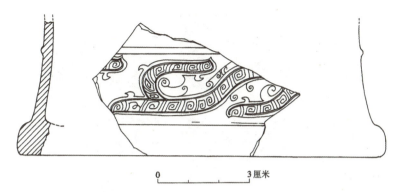

新砦陶器圈足上的龙纹

二里头绿松石龙形器面部

三 新砦的发轫

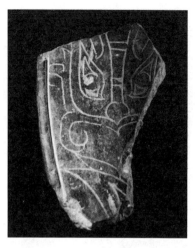 

新砦陶器盖上的龙纹

梁分割为三部分,梭形纵目,弯月眉,两腮外似有鬓。刻制技法娴熟,线条流畅。发掘者直呼该兽面纹为饕餮纹,并论证其具有明显的东夷文化色彩,其造型应含有虎的因素[133]。

饕餮,一种想象中的神秘怪兽,传为东海龙王的第五子。因《吕氏春秋》有"周鼎著饕餮"之说,宋代人开始将商周青铜器上图案化的兽面纹称为饕餮纹。细究起来,这"饕餮纹"有人说像龙像虎,有人说像牛像羊,也有人说像鹿,或者像鸟、凤,甚至像人,或者你看像什么脸就像什么脸,反正是人想象的产物。当代学者意识到"饕餮"的模糊性,故大多放弃饕餮纹的称呼,代之以相对平实客观的"兽面纹"。

与前述兽面纹器盖出土地点相隔不远处的一条沟内,还出土了一块器物圈足部分的残片。其特殊之处在于装饰有一周线条优美的连续图案,虽因过于残破而不辨首尾,但无疑表现的是动态的龙纹。发掘者称其为夔龙纹[134]。依许慎的《说文》,夔这种奇异动物

"如龙,一足"。而陶片上的龙似乎无足,青铜器上的所谓"夔龙纹"也不一定都为一足。所以"夔龙纹"的用法也和"饕餮纹"一样,都因取自文献而具有不确定性。

无论如何,这块陶片上表现的是龙,中国古代最著名的神异动物。回过头来看,陶器盖上的兽面纹,与二里头遗址贵族墓出土的绿松石龙形器的面部惊人地相似[135]!龙既然是人们糅合两种以上的动物创造而成的灵物形象,而它又变化多端,历代对其形象并无严格的界定与区分,那将它们统称为"龙"亦无不可。

国人大都喜欢龙,但从考古发现和历史记载上看,龙形象几乎从其诞生之日起,就基本上与普罗大众无缘,而是被权贵阶层所独占。由新砦和二里头的龙形象,似乎可以窥见两大集团权贵间亲缘关系的基因密码。

## 墨玉璋的来龙去脉

前文提到过巩义市花地嘴遗址,这是"新砦类遗存"在嵩山以北的一处重要聚落,坐落于伊洛河与黄河交汇处附近的洛汭地区。面积约30万平方米的遗址上有内外两重(四条)环壕。

其中数座圆形深坑内有明显的踩踏面,出土了大量完整陶器,还见有玉器、卜骨、农作物和家畜遗骸等。发掘者推测应为祭祀坑[136]。玉器的种类有钺、铲、璋和琮等。最令人瞩目的是

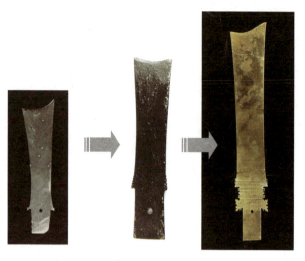

海岱龙山玉璋—新砦墨玉璋—二里头玉石璋

一件完整的墨玉璋。玉璋出土时首端向上,略向西南倾斜,其北侧有一人骨架。坑内数层填土褐、白相间,显然系有意而为。

这件玉璋黑色而略泛绿,表面打磨光滑,通高30厘米。要探究它的身世与意义,我们还得对这类器物的发现情况有个大致的了解。

被称为璋(或牙璋)的这类玉器,由器身、柄部以及二者之间的阑组成,器身前端一般有微斜而内凹的刃。学界大多认为它是铲(或耜)形松土工具的仿制品,属于祭祀用器。值得注意的是,在嵩山周围、洛阳盆地一带的中原腹地,整个龙山时代并无使用大型玉器的传统。其后的二里头都邑则出现了成组的大型玉礼器,二者形成了鲜明的对比。而花地嘴的这件玉璋,是中原腹地目前发现时代最早的璋,显然是中原地区大型玉礼器群的"前锋"。

这类器物最早见于大汶口文化末期至山东龙山文化早期的海岱地区。在二里头文化出现前夜的龙山时代,起源于海岱地区龙山文化的数种大型有刃玉器如璋、斧、刀等向西传播,直至黄河上游。进入二里头时代,玉璋又从中原地区向长江中上游,甚至岭南一带扩散[137]。

始见于龙山时代、持续兴盛至二里头时代的玉璋,形制及其流变非常复杂,但如抓大放小,可以把它们大体上分为两类。一类长度为25～30厘米,一般器形简单、无纹饰,有对称的一对扉齿(或称单阑、单凸式)或扉齿低矮,始见于龙山时代,或可称为龙山式;一类长度可达50厘米左右,器形和纹饰趋于复杂,一般有多组扉齿呈张嘴兽头状,刻有细线纹(平行线纹和网格纹),始见于二里头文化晚期,或可称为二里头式。香港中文大学的邓聪教授直呼其为"龙牙璋"[138]。

花地嘴牙璋已有多组扉齿但尚未呈兽首状,形制特征显然介于龙山式和二里头式之间。从这件牙璋上,也可以窥见"新砦类遗存"及其背后集团动向的蛛丝马迹。已有学者指出"花地嘴玉璋的这些风格有可能渊源自东方"[139]。

与前述几处中心聚落遗址一样,花地嘴遗址也有了较明确的历史定位。发掘者鉴于"《史记·夏本纪》等文献中都有与'五子之歌'这一夏代早期历史事件有关的记载",倾向于"将位于洛汭地区的花地嘴遗址'新砦期'遗存与之联系"[140]。这指的是《史记·夏本纪》中"帝太康失国,昆弟五人,须于洛汭,作《五子之歌》"一说。其实,早有学者指出所谓"太康昆弟五人"云云,不过是《左传》《国语》提到的作为夏后氏同姓的"观扈""五观"的演化，先秦文献没有言及太康居于洛汭一带者[141]。"有血有肉"的《五子之歌》，则始见于东晋人梅赜所献《伪古文尚书》。

## 那年月，有国家吗？

大话"嵩山的动向"，讲了群雄逐鹿的故事，自忖总得有点总结性的话吧。想想，不知道的比知道的要多得多。最想写的，居然还是个问句：那个风云激荡的年代，有国家吗？

这应当是个最基本的问题，但却是充满争议，无法给出确切答案的问题。

作为考古人，我们无法像社会学家和文化人类学家那样，能幸运地深入到活生生的人群中去，观察有血有肉的人们的日常生活，直观了解他们的社会。我们只能通过古人留下的"文化"遗存，来探究他们的存在方式。他们"文明"了吗？他们生活在"国家"社会吗？

这又引出另外的问题：什么是"文明"？什么是"国家"？我们的研究对象虽然是"形而下"的，但却避不开这些"形而上"的问题。你不甘做一个发掘匠，就得去思考这些形而上的问题，成不了思想家也得是个思想者吧。

但是，在没留下文字，死无对证的情况下，但凡头脑清醒些的学者，都知道"对号入座"贴标签的危险性。说有些研究结论就是在猜谜,属于无从验证的假说,毫不为过。意识到自身研究结论的相对性,本属常识却并非易事,把研究结论当成信仰来坚守的学者也不罕见,尤其在我国。

大家可能已注意到,笔者在第一部分"陶寺的兴衰"中把陶寺称为"国",倾向于它已是东亚大陆众多最早的国家之一。而其后的二里头国家,则较其又上了一个台阶,我们称之为"广域王权国家",中国最早的王朝也只是到了那时才出现。这仅是一种看法、一种解读。

有学者把龙山时代或稍早的阶段称为"古国时代"或"邦国时代",认为那时已产生了国家。但也有学者认为文献中的"禹会诸侯于涂山,执玉帛者万国"(《左传·哀公七年》)的"国",其实就是一个个小的族邦,大体上相当于人类学上的所谓"酋邦",还没有进入国家阶段。持这种观点的学者,当然认为二里头才是中国历史上最早出现的国家[142]。由于研究对象天然的稀缺不足和残损不全,加之学者在相关理论的建构和认知,以及研究方法上没有也不可能取得共识,可以预见争论还会持续下去。

话说回来,越来越多的学者也意识到,穿靴戴帽式的概念界定并不是最重要的。其实,东亚大陆社会复杂化、文明化、城市化、国家化的进程,在一代代学人的努力下,正逐步清晰起来,已是足以令人欣慰的事了。

2005年,著名考古学家、英国剑桥大学的科林·伦福儒(Colin Renfrew)教授应邀在北京做学术演讲。在交流互动中,他也被问及对中国早期国家形成问题的看法。他的回答很有意思:在做中南美考古的学者眼里,龙山时代的那些共同体应当就是国家了，因为他们发掘出的"国家"就那么大甚至还没那么大；但你如果问从事埃及或美索不达米亚考古的学者，他会觉得只有像殷墟那样的社会才是国家，至少应是二里头那样的规格吧。每个人的看法，取决于他的经验、学术背景和立场。

这样的解释你可能不满意，但历史和人们对历史的认识，就是这么一码事。

## 逐鹿何以在中原

"逐鹿中原"一词的含义，已知最早的出处是《史记·淮阴侯列传》"秦失其鹿，天下共逐之"，说的是距今两千多年前秦汉之际的事。后来成为争夺天下的代名词。"得中原者得天下"的概念，也不知起于何时，但以中原为中心的历史趋势，至少可以上溯至距今5000年以前[143]。而如上所述，"逐鹿"行动至少在距今4400年以后约五百年的时间里，已进入白热化的阶段。

为什么龙山时代的数百年，广袤的中原成了"逐鹿"的战场，并最终催生出了中国最早的广域王权国家——二里头国家？

在国家起源研究领域，美国科学院院士、美国自然史博物馆的卡内罗（Robert Leonard Carneiro）教授，是冲突论的代表人物之一。1970年，他在《国家起源理论》一文中提出了著名的限制学说[144]。

卡内罗关注的主要是那些受到限制的环境，比如古代的尼罗河流域、两河流域、印度河流域、墨西哥谷地、秘鲁的深山峡谷与海边

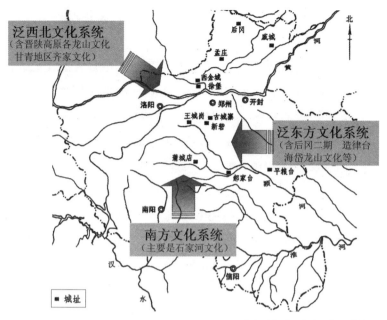

龙山时代"逐鹿中原"的态势

小河流域。其共同特点是：宜居宜农的土地，被山峦、海洋或沙漠等所隔离，两者截然分隔开来。在那些地区，小村庄逐渐扩大，然后分化、扩展，最终导致较适宜种植的土地都被利用了，争夺土地的战争因而兴起，并且渐趋激烈。由于环境的限制，战败的村民无处可逃，或者基于利弊权衡，不愿逃走，故而屈服于战胜者，或者沦为附属纳贡者，或者整个村落被战胜者吞并。随着这种过程的反复出现，较大政治实体的整合情况出现了。强大的酋邦征服弱小的酋邦，政治实体迅速扩大。最后，政治单位的复杂情况与权力集中情况都演进到一定的程度，国家也就随之产生了。这就是卡内罗限制理论的基本内容。

三 新砦的发轫

此后，卡内罗继续修订和完善自己的学说，提出对限制理论的两个补充。

首先是"资源集中论"。在亚马孙河流域，宜居宜耕的土地几乎不受限制，河流沿岸为何却有酋邦兴起？卡内罗的回答是，那些地区资源十分集中，资源集中的地方也相当于环境受到限制的地方。亚马孙河的优越条件吸引周围的人们聚集在这里。故而，争夺沿岸土地的战争变得越来越激烈，战败者为了不离开河流，往往屈服于战胜者，因而酋邦在此得以兴起。

另一个社会限制的补充学说是，在一个人口密度大的地区，对于居住于中心区域的人们来说，也可以产生一种相当于环境限制的效果。具体而言，处于中心区域的村庄，四周被其他村庄所包围，因而难以迁走以逃避攻击，只得加强力量来保卫自己。结果是，中心区域的村庄发展得比边缘区域的村庄规模要大，原因在于，无论是攻击还是防守方面，大的村庄都处于更为有利的地位。激烈的战事也使得中心村庄的头人变得更加强大，他们也是战争首领，其影响力随着战事的增加而扩大。村庄与村庄之间攻防联盟的出现，也比周边地区的情况更为普遍[145]。

限制理论是否也可以用来解释中原国家的兴起，资源集中与社会限制这两种因素在中原国家形成的过程中是否也起过作用，卡内罗的理论无疑给我们的相关思考提供了重要的启发。

对于在"逐鹿"中，中原文化走向强大的原因，赵辉教授也有提纲挈领的解读：

中原文化强盛起来的原因，也就是那些曾盛极一时的地方文明衰退消亡的原因。所谓中原，是天下居中、八方辐辏之地。在史前文明的丛体里，它是物流、情报、信息网络的中心。这个地理位置方便当地人广泛吸收各地文化的成败经验，体会出同异族打交道的策略心得，终至后来居上。……中原文化的强大主要依赖于政治、经验的成熟，而并不是因为它在经济实力上占有多么大的优势。反之，前一个时期的那些地方文明由于处在这个网络的边缘，信息来源狭隘，从而导致了它们在政治上的不成熟和社会运作方向的偏斜，最终在和中原文化的对峙中渐落下风，有的甚至还没来得及和中原文化直接对峙就先行衰落下去了。[146]

关于中原国家形成的动力、途径与机制问题，还有很大的探索空间。

四 大邑二里头

## 山北的政治图景

大家可能已经注意到，第二部分"嵩山的动向"中，浓墨重彩加以介绍的城邑及以其为中心的聚落群，几乎都分布于嵩山东麓和东南麓的淮河水系。给人的感觉是那里刀光剑影、壁垒森严，热闹非凡。而地处嵩山西北麓、中原腹地的中心，属于黄河水系的洛阳盆地及其周边却相对"沉寂"。

洛阳盆地，是中国田野考古工作投入力度大、基础扎实、成

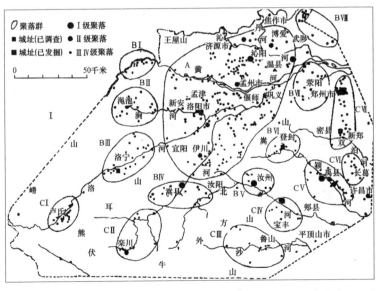

郑洛地区龙山时代聚落分布（赵春青 2001）

四 大邑二里头 115

果丰富的地区之一。这里发现的龙山时代聚落数量众多,也不乏面积较大的遗址,已如前述,却至今没有发现城邑和令人瞩目的高等级遗物,而此后超大型聚落二里头却又恰恰是在这里闪亮登场的。因此,二里头在洛阳盆地的崛起,总给人一种突兀的感觉。

按照赵春青博士的梳理,黄河以南的伊洛河下游平原和黄河以北的济源—焦作平原一带的龙山时代聚落分布最为密集,这一区域地势开阔,遗址分布呈散点状,较为均匀,无明显集结成群现象。故赵文将其视为同一个大的聚落群(A群)。在其西、南、东三面分布的聚落则有明显的结群现象,可明确辨识的共15群。这15群聚落看似呈内外两圈分布带环绕着前述的大群(B、C群)。

赵文认为,A群聚落不仅占地范围广,而且所含聚落数量多,构成郑(州)洛(阳)地区龙山时代的主体聚落群,而外圈的B、C群聚落则属于一种从属性聚落群,整体呈现出一种主从式分布格局。基于此,赵文进一步提出,郑洛地区龙山时代的聚落是一个有主有次、主次分明的聚落统一体。"极有可能龙山时期的郑洛地区已经存在一个空前统一、坚强有力的社会集团,这一社会集团足以控制整个郑洛地区的聚落分布格局"[147]。

果如此,二里头在作为中原中心的洛阳盆地的问世就是极其顺畅自然的。但这种推想与考古学材料间还有抵牾,在"嵩山的动向"中已有简述。针对这一推想,王立新教授有不同的解读:"赵文所分的B、C两群实际上是由15个相对独立的聚落群组成的。……即使是在A群之内,也还并存有至少4个规模相差不大的Ⅰ级聚落,而未见一个可居主导地位的中心性聚落。若从更为详细的大比例地图上观察，A 群聚落群中的这些 I 级聚落和部分 II 级聚落，或许仍旧构成了各自所在的小聚落群的中心，仍有一定程度的独立性。"这一分析似乎更具说服力。其结论是："从诸多考古现象的观察看，嵩山南北的龙山晚期聚落群大多仍处于相对独立、相互抗衡的状态，甚至彼此之间的冲突、战争也频繁发生，远没有达到政治上的完全统一。"[148]

相比之下，位于嵩山西北麓的洛阳盆地，缺乏城邑和贵族奢侈品的发现，其地域集团的社会分化程度似乎不及嵩山东南的颍河中上游地区。从这样的政治图景看，随后统驭盆地乃至更大区域的二里头统治者似乎并非当地土著。

## 二里头人从何而来？

从以陶器为中心的文化面貌看，二里头文化是在继承嵩山南北的王湾三期文化的基础上发展起来的，而"新砦类遗存"在其中起到了某种整合和催化的作用。这是大多数学者的共识。但如果把整个王湾三期文化看作铁板一块，就会给人一种单线渐进式演进的感觉。

细究起来，学者们注意到，从龙山末期开始，以嵩山东南麓为大本营的煤山类型文化因素已开始陆续向北渗透甚至穿插在王湾类型的分布区中。其传布的路线似乎是沿嵩山东侧北上，经由郑州地区而进入嵩山北麓王湾类型的腹地。而"新砦类遗存"，正是煤山类型与王湾类型相互碰撞、整合的开始。就目前的资料而言，在嵩山南北的文化整合过程中，煤山类型可能居于更为主动的地位。对二里头陶器的文化因素分析也表明，二里头文化除了继承嵩山南北区域龙山文化的共有因素之外，承袭煤山类型的特征性因素相对也要多于王湾类型的因素。所以，在嵩山南北的文化由各自独立而走向整合的过程中，煤山类型显然扮演着更为重要的角色[149]。

由中心聚落的内涵看，新砦聚落似乎也更多地继承了来自嵩山东南麓的瓦店遗址的文化因素。如前所述，瓦店地处煤山类型分布区的中心位置，是目前发现的该类型中规模最大、规格最高的遗址，它同时还吸纳了来自东方和南方的文化因素。瓦店遗址发现的制作精美的斝、盉、杯等高规格酒礼器亦见于新砦遗址。以环壕为特色的瓦店聚落，或许就是新砦环壕聚落形态的最初来源？而迄今未发现城圈的二里头都邑也有壕沟存在的迹象（详后），从中也可窥见二里头人和二里头国家缘起的若干轨迹？这都是饶有兴味的问题。

简言之，瓦店、新砦、二里头集团，似乎有较密切的关联。当然，关于二里头文化的来源问题，还有多种推想。如"山西龙山文化也应视为二里头文化的一个重要来源"[150]，夏族兴起于古河济之间[151]，或夏王朝崛起于东南而后北上中原说[152]等等，不一而足。

总体上看，二里头文化中的所谓外来因素，多可从王湾三期文化中找到源头，可以认为它们大多是"垂直"继承自中原当地龙山文化的，二里头人不大可能是在二里头文化崛起时才从外部"挺进中原"的,它只是在一个新的高度上接续和整合了龙山时代逐鹿中原的"群雄"的文化遗产。

## 此洛河非彼洛河

整个洛阳盆地,西高东低。伊、洛两大历史名河横贯其中。面积约1300平方公里的洛阳盆地,有"十三朝故都"之称。这说的是在夏商至唐宋间的两千余年时间里,有十多个王朝曾在此建都。一个并不太大的盆地作为权力中心而受到长期的青睐,这在全球文明史上也是极为罕见的。

这所谓的"十三朝故都",遗留下了五大都邑遗址。它们绵延分布于长达30多公里的盆地中心地带,由西向东分别是东周王城、隋唐洛阳城、汉魏洛阳城、二里头遗址、偃师商城,被誉为华夏文明腹心地区的五颗明珠。这几座都邑遗址都分布于盆地北侧宽广的二级阶地上。中国古代以水之北、山之南为"阳"。上述几大都邑,都背靠邙山、面向古洛河(隋唐洛阳城虽跨洛河而建,但其重心仍在洛北),是为"洛阳"[153]。

任何历史,都是在地理这部大书中写就的,所以治史者都极注重古代地理环境的复原。

据研究,现在洛河下游自今洛阳市与偃师交界处,汉魏故城西南到伊、洛河交汇处河段就并非先秦时期的古洛河。它不仅形成晚,而且还应是因人工干预而改道的。从汉魏时期开始,为了保证

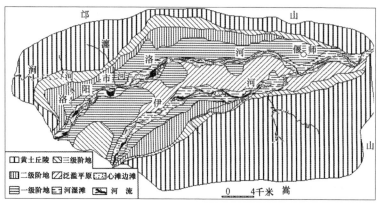

洛阳盆地平原区地貌结构

"东通河济，南引江淮"的漕运的畅通，人们在作为都城的汉魏故城西南一带，用堰塞疏导的方法迫使部分洛河水流入人工渠——阳渠（谷水），增大其流量以助行舟。这就是所谓"堰洛通漕"的水利工程。洛河故道则应在今洛河河道、汉魏洛阳城和二里头遗址以南[154]。

现在我们从偃师商城去二里头要跨越洛河，进入（伊、洛）"夹河滩"地区，但一定要知道当时这两座大邑都在古伊洛河的北岸，这是我们在地理上了解二者的重要前提。

为什么我们在这里称古伊洛河呢？现在的洛河、伊河交汇处，位于偃师商城东南，以下河段称为伊洛河。但古伊、洛河则合流于汉魏洛阳城南一带，在二里头遗址的上游，所以从严格的意义上讲，当时流经二里头和偃师商城南的河段应称为古伊洛河，而非古洛河[155]。

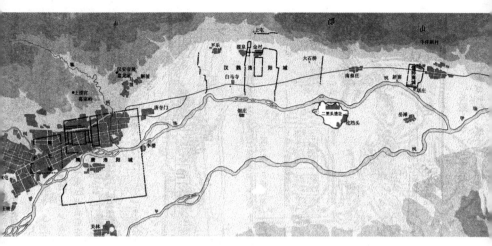

华夏文明腹心地区的五颗明珠——五大都邑遗址，都背靠邙山，面向古洛河

## 一水冲三都

喜怒无常的河水往往是不驯服的。"堰洛通漕"使阳渠（谷水）成为主水道，最终冲决成了现在的洛河。这一人工改道对当时人来说也是一利一弊，虽有通航之便，但河水在泛滥时极具破坏性，不以人的意志为转移。在以后的岁月中，它不但冲毁了汉魏洛阳城的南垣，也破坏了偃师商城西南城垣的外角。另外，它使得原洛河河道水流量减少，流速减慢，逐渐淤塞，以致最终废弃。

说到现洛河之于二里头，则令人扼腕叹息。如果说肆虐的河

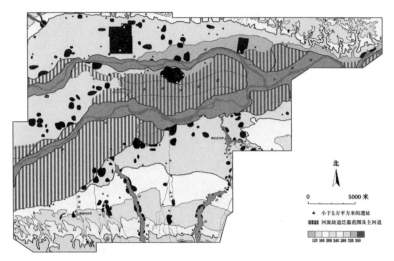

洛阳盆地中东部水系变迁与先秦遗址分布

水仅"剐蹭"了偃师商城的一角,那么它对二里头遗址的破坏则是巨大的。六百多米宽的洛河河道横扫遗址北部,现存面积300万平方米是"劫后余生",推测至少有100万平方米的遗址被彻底切割破坏[156]。

另一个值得注意的地貌特征是,上述"堰洛通漕"工程居然兴建于一条东西向的隆起地带上,学者们认为它应当就是古文献所称的"亳坂"[157]。说到"亳坂"得稍作解释。这地名最早见于晋《太康地记》,说的是"尸乡南有亳坂,东有城,太甲所放处"。这段话在夏商分界讨论中引用频率极高,"尸乡"、商都"亳"、商王"太甲"所包含的丰富的历史信息,引人遐思,同时也无从验证。"亳坂"是坂,一处有缓坡的高地没有问题,是否就是商都亳邑之所在,不知道。至少,先秦文献中没提。

这片被称为"亳坂"的微高地绵延20公里有余，西逾汉魏洛阳城，东达偃师商城。汉魏洛阳城和偃师商城的地势都是南北高、中间低，向北均随邙山地势逐渐抬升，向南的抬升则是因为古"亳坂"的存在。东汉洛阳城南宫及灵台、明堂、辟雍等礼制建筑和中国最早的国立大学——太学都位于这"亳坂"之上，偃师商城的宫殿区及若干重要建筑也位于城的南部，都应与这一带地势较高有关[158]。

前已述及阳渠就建在"亳坂"上，洛河更肆无忌惮地把这一条状高地撕成两半。位于高地北坡的偃师商城似乎"伤势"不重，但其南垣南门外是否有重要遗存已无从知晓。汉魏故城南垣被彻底破坏，城南重要礼制建筑和太学，已与城内宫室及永宁寺、白马寺等隔河相望。

如果在汉魏洛阳城和偃师商城之间画一连线，你会发现位于二者中间的二里头遗址明显偏南，整个遗址正坐落在坂上，因而其北部遭受重创。而"亳坂"北有一条蜿蜒东行的凹地槽，横贯偃师商城中部的所谓"尸乡沟"就是它的东段。这一凹地槽或为汉魏时期的漕运河道——"阳渠"遗迹[159]。

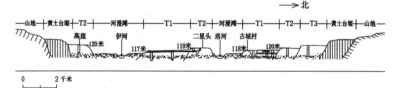

洛阳盆地南北地貌综合剖面图（T1～T3分别为一至三级阶地）（夏正楷等 绘）

## "半岛"上的新居民

幸运的是,濒临伊洛河故道的二里头遗址,占据了"亳坂"南坡一处向南伸出一公里余的半岛状高地。此后,这处都邑的中心区就建立在这高起的"半岛"之上。"半岛"的东西两面是河湾浅滩或沼泽湿地,南端至今还有 2～3 米高的断崖,从上面可以俯瞰宽阔的古伊洛河河床低地。三千多年前的当时没有大堤,只能任河水漫延,所以水大的时候从半岛南端的作坊区向南望,一定是汪洋一片。到了四公里外的现伊河南岸,地势才提升起来,可以住人。那时没什么污染,天晴时能见度高,从二里头都邑向南远眺,应当能看到隔岸高崖聚落的炊烟(现伊河大桥旁的高崖村有一处同时代的遗址)。

一位当地老农侃二里头"半岛"的优越性,其权威性似乎不逊于学者:1982 年夏天伊洛河流域发大水,整个"夹河"地区全部被淹,只有这片高地在水面之上!这块宝地成了附近村民的"诺亚方舟"。他给我们指当时的水位线,大致在海拔 118 米左右,与我们钻探所得二里头遗址的边缘线基本吻合[160]。

但这块宝地,在二里头人到来前却并未被充分地开发利用。仰韶文化晚期至龙山文化早期阶段,这里仅分布着数个小型聚落,大都在古伊洛河北岸的近河台地一线。王湾三期文化时期,这几个小聚落也不见了,居民极少,仅发现有零星的遗存。最近的古代环境

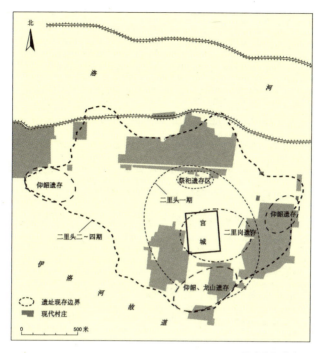

二里头的聚落变迁

研究表明当时水势很大。

到了距今 3800 年左右,这里突然热闹了起来。大量人口涌入,使得它在极短的时间内膨胀为一个超大型的聚落,或者是由若干聚落组成的大聚落群,面积超过 100 万平方米。无论上述哪种情况,它已显现出不同于嵩山周围同时期一般聚落的规模和分布密度[161]。由于后来人们在此地的频繁活动,这些第一批到达二里头者的遗存深埋于地表两米以下,所剩无几,支离破碎。考古工作者只能通过蛛丝马迹来推测他们的生存状况。我们不知道他们来自何方,就把他们称为"二里头人"吧。

他们使用的陶器有新砦甚至龙山的风格，但又融合进了一些外来的因素，发展出自身的特色。他们已掌握了冶铜技术，使用铜刀等小型工具；用绿松石珠和远方来的海贝作为装饰品，这是只有贵族才能佩戴的；他们还用牛、羊、猪的肩胛骨来占卜；破碎的陶器上保留着刻画符号[162]。说到"不动产"，只见有小型墓葬和垃圾坑等，显然"等级"不够高。所以，我们还没有充分的证据说这批二里头的新居民是控制广大地域的统治者。

但考虑到此时的新砦大邑至少已经衰落或已退出历史舞台，二里头似乎成为嵩山南北一带独一无二的超大型聚落，有理由推断这里在"二里头人"到来之初，可能已成为较大区域的中心性聚落，只是我们对他们的了解还太少。

无论如何，这批最早的"二里头人"的到来，奠定了这座都邑日后全面兴盛的基础。

## 都邑大建设

历史进入公元前1700年左右，即考古学家所谓的"二里头二期"时，二里头迎来了她作为都邑的大建设、大发展时期。这一时期的遗存开始遍布现存300万平方米的遗址范围。显然，这是人口高速膨胀的证据。与此同时，大规模的城市建设全面铺开。

城市建设，规划在先，现在听来属于常识。但在二里头以前的中

1~11 **大型建筑遗址**
::: 道路
— 夯土墙

二里头都邑中心区的演变

二里头5号基址——迄今所知中国最早的多进院落宫室建筑

二里头宫殿区发掘

国历史上,还没有哪处中心性聚落或都邑有过如此缜密的总体规划设计和明确的城市功能分区。如前所述,无论陶寺还是新砦,都是因地制宜,不求方正。这与二里头都邑的布局结构形成了鲜明的对比。

首先,地势最高亢的"半岛"上,也即遗址中南部成为中心区。那里先有了"井"字形的主干道网及最早的一批大型建筑。道路的方向决定了当时及此后二里头都邑单体建筑的方向,以及宫室建筑群中轴线的方向。纵向南偏东174°～176°(即习称的北偏西4°～6°。但我国处北半球,建筑多以南面为正向,应以南为准)左右,可称为"二里头方向"。

如果上挂下联,值得注意的是新砦的浅穴式大型建筑为86°(因横向无门,以东向计)[163],与二里头宫室建筑的方向大体一致。与此形成对比的是,嗣后二里岗、殷墟期的城址建筑基本为南偏西,有学者认为应是二者分属夏、商王朝的重要依据[164],但仍有学者持别样的解说,无法成为定论。

两纵两横的大路,把遗址中心区划分为不同的区域。四条大路围起的区域内,分布着成组的大型夯土建筑,应为宫殿区。值得一提的是,这一时期的两座大型宫室建筑,均为一体化的多进院落的布局。由于中国土木建筑难以高耸的特性,作为身份地位象征的宫室建筑不得不向"纵深"发展,因此,多进院落成为中国古代宫室建筑的主流。所谓"庭院深深深几许",此之谓也。而我们在3600多年前的二里头,找到了这类建筑最早的实例。

宫殿区以北已开始作为祭祀区使用,祭祀遗迹与墓葬散布其间。宫殿区以南制作贵族用品的作坊区开张,沿大路内侧围以夯土墙,显现出对这一特殊区域的重视。迄今所知中国最早的铸铜作坊

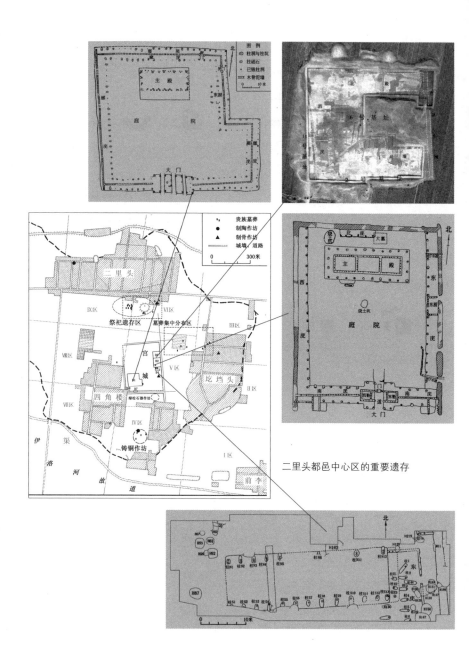

二里头都邑中心区的重要遗存

就发现于此。中国社科院杜金鹏研究员，把围垣作坊区称为"工城"，认为祭祀区、宫殿区（后来建起了宫城）和"工城"，构成了二里头都邑的大中轴线[165]。

墓葬散见于遗址各处，整个都邑范围内没有固定而长期使用的埋葬区域。这种状况与二里头文化相始终。

遗址东北部至东缘一带曾发现大型沟状遗迹，已知长度达500米许，宽10米左右。之所以不称其为壕沟，是因为它有多处中断，应该不具有防御功能。但它是二里头聚落的东部边界，显然具有区划的作用。这一沟状堆积形成于二里头二期，应系大量取土所致，后来成为垃圾倾倒处[166]。考虑到大沟内土的容积，不是一般聚落建房用土所能消化，因此不排除用于宫殿类大型夯土建筑取土，或大型制陶作坊采取原料土的可能，而大沟附近尚未发现这类需大量用土的遗迹。因此，有理由推测这一取土沟是经过有意规划而不是随意挖成的，甚至不排除它提供了数百米外宫殿区的建筑用土。这从一个侧面反映了都邑建设上的规划性。

## 走向全盛

对二里头文化如做二分法的观察与描述，那么二里头第一、二期和第三、四期，就分别被归并为二里头早期和二里头晚期。这早、晚期之间还真有显著的变化。在二里头都邑，可以用走向全盛来概括。从遗存的分布范围和内涵看，二里头文化三期持续着二期

明清紫禁城。纵长方形的二里头宫城,里面林立的宫室,带门楼的南大门,应该与其一脉相承

以来的繁荣。总体布局基本上一仍其旧，道路网、宫殿区、围垣作坊区及铸铜作坊等重要遗存的位置和规模几同以往。但与上一期相比，这一阶段的遗存也出现了若干显著变化，值得关注[167]。

首先，宫殿区的周围增筑了宫城城墙。二里头二期时的大路本来就宽，一般10余米，局部地段可达20米，发掘的同仁戏称其堪比现代四车道。宫城城墙就建在这"井"字形的四条大路上的内侧。好在墙不宽，2米左右，墙外的道路仍继续使用。宫城城墙围起的面积超过10万平方米。纵长方形，与磁北仅数度之差的"二里头方向"，里面宫室林立，带门楼的南大门。人们看着会觉得眼熟：这太像紫禁城了。它的总体面积虽仅是明清紫禁城的七分之一，但这可是3600多年前的，中国最早的"紫禁城"！

一大批大中型夯土建筑基址兴建于这一时期。在宫城南大门中轴线上，一座面积达1万平方米的庭院式宫殿拔地而起。这就是著名的1号宫殿。1万平方米是个什么概念呢？它比占地7140平方米的国际标准足球场还要大一圈。逾10万平方米的宫城和1万平方米的大型宫殿凸现于东亚大陆的地平线上，史无前例，它的象征意义和历史地位都是可以想见的。

迄今为止，二里头宫城内共发现两组大型建筑基址。上面说的宫城南大门门塾及其内的1号宫殿位于宫城西南部，另一组建筑则坐落于宫城东部。宫城东部在二里头二期时本来有并列的两组建筑，由前后相连的多重院落组成（3号、5号基址）。三期时它们都被彻底平毁，新建的2号、4号基址另起炉灶，采用单体建筑纵向排列，压在被夯填起来的3号基址的遗墟上。两个时期

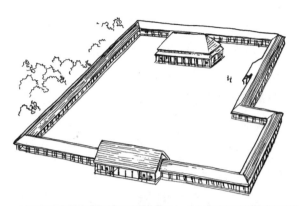

二里头1号宫殿复原

的建筑格局大变,同时又基本上保持着统一的建筑方向和建筑规划轴线。

随着宫城城墙与一批新的大型建筑基址的兴建,宫城内的日常生活遗迹,如水井、窖穴等在数量上显著减少。这一现象似乎昭示了宫殿区的特殊功能,它成为一处为统治阶层所独占以从事特殊活动的、更为排外的场所。

公共空间的阙如,是中国文化的一个传统。北京大学唐晓峰教授指出:"不让看,也是中国传统城市建筑景观的一大特点……'金銮宝殿'固然了不起,但看不见,它只属于同样看不见的皇帝,而不属于城市,不易转化为城市纪念物。"[168] 看来,这一传统至少可以上溯到二里头,甚至更早。

在围垣作坊区的北部,一处面积不小于 1000 平方米的区域被用作绿松石器的生产,发现于贵族墓中的嵌绿松石铜牌饰以及其他绿松石饰品,应当就是这类作坊的产品。与此同时,铸铜作坊开始生产作为礼器的青铜容器。

除了青铜礼器,贵族墓中也开始随葬大型玉礼器,其奢华程度较二期又上了一个台阶。联系到大型宫室的营建,日本京都大学冈村秀典教授认为,真正的"朝廷"与"宫廷礼仪"应是发端于这个时期的[169]。

## 持续辉煌与都邑终结

二里头四期,其时间下限已接近公元前 1500 年。作为二里头文化的最后一个发展阶段,下接更为辉煌的二里岗期商文化,此期的二里头想不成为学界关注的焦点都难。

以往的一般认识是,二里头文化四期(至少是其晚段)的二里头遗址已出现衰落的迹象,1 号宫殿基址已经废弃;偃师商城与二里头遗址的关系可大体用"一兴一废"来表述。因而,大部分学者认为,中国历史上第一幕改朝换代的悲喜剧——"夏殷革命"就是

增筑于二里头文化末期的大型基址——6号基址

在这里上演的。

二里头都邑真的衰败甚至废弃于此期吗？是毁于敌手吗？作为都城的二里头终结于何时？近年的发现有助于加深对这些问题的认识。勘察发掘与初步研究结果表明，这一阶段的遗存在遗址中心区分布相当密集，周围地区则较此前有所减少，但遗址规模并未缩小，已发掘的遗迹数量也与二里头文化三期相近。同时，宫殿区仍延续使用，范围甚至有所扩大。1号、2号等多座始建于三期的夯土基址、宫城城墙及周围大路等重要遗存，直到此期的偏晚阶段均未见遭遇毁灭性破坏的迹象。宫殿区范围此期遗存的丰富程度远远超过三期。在宫殿区东部还发现了增筑于这一时期偏晚阶段的大型基址（6号基址等）和庭院围墙[170]。

在此期晚段，宫殿区以南的围垣作坊区又新建了一道大型夯土墙，夯筑质量远远高于宫城城墙。制造贵族奢侈品——青铜礼器和绿松石器的作坊一直延续使用至二里头文化四期。

这一时期，二里头墓葬所见青铜容器和玉器等礼器的数量和质量都超过了第三期。据我们对二里头出土铜、玉礼器的重新分析，属于二里头文化第三期的青铜容器只有爵一种，大型玉礼器只有圭和璋等；迄今为止可以确认的最早的青铜兵器戈、戚（有学者认为是战斧）属于二里头文化第四期，至于盉、斝、鼎等青铜容器，多孔玉刀、戈、璧戚等大型玉礼器，都是在二里头文化第四期才出现的[171]。此外，形体较大、纹饰精美的陶器也屡有发现。

种种迹象表明，在一般认为已实现了王朝更替的二里头文化第四期（包括其晚段），这里的宫殿区仍在使用中，仍在兴建新的大型建筑工程，仍集中着大量的人口，存在着贵族群体和服务于贵族的手工业。它的繁荣程度并不逊色于第三期，在若干方面甚至较第三期有所发展。因此，从考古学的层面上看，这一阶段的二里头遗址仍属都邑性质的大型聚落。即便在其间发生了王朝更替的历史事件，也并未导致这一都邑迅速而全面的衰败。相当于二里头文化第四期的二里头遗址，仍在发挥着重要的作用。

遗址中罕见相当于二里岗下层文化晚段的遗存，表明二里头此时全面衰败，人烟稀少[172]。

您可能要问，那么二里岗下层文化早段遗存呢？我们认为二里头文化的下限应已进入这一时段。换言之，二里头文化第四期与二里岗下层文化至少有一段时间是共存的。

## 不堪重负的陶器

前已述及,不同空间的遗存"共时性"问题是令考古人挠头的一大难题。我们虽摸索出了"搭桥法(桥联法)",即通过器物(主要是日用陶器)间的相似度来推断所在遗存的共时性,但说到底还是推断,不是确证,结论的不确定性是可以想见的。不要说相似相近,即便是看起来相同的器物就一定是同时的吗?时空差,文化谱系的差异,历史文化发展的不平衡性,都会使文化现象变得错综复杂,让人眼花缭乱。

对二里头文化第四期与二里岗下层文化早段(约当偃师商城第一期)究竟是前后相继还是至少有一段时间共存,就存在着不同的看法。问题的症结主要在于已发表的材料中,尚缺乏能够确证二者早晚关系的层位依据,目前的研究还仅限于陶器形制风格上的排比推断[173]。鉴于此,二里头遗址作为重要都邑,是否与初建期的偃师商城并存过一段时间,也尚存异议。

这里不拟一一列举学者们通过日用陶器来分辨夏商王朝的丰硕成果。夏商分界研究的每一家都认为自己有过硬的以陶器为中心的文化因素分析上的证据。正因为每一家都能拿出自认为过硬的证据,才让我们对这种证据的可信度及其立论前提产生怀疑。显然,其立论前提是,日用的、锅碗瓢盆的风格是以改朝换代为转移的。我们曾对王湾三期文化晚期至二里岗文化早期的陶器群组合演变情况做过梳理。发现从以陶器为主的文化特征上看,这一长时段的文化演进过程是渐进的,其间缺乏大的突变和质变现象[174]。

可以认为,在相关文化分期与谱系研究乃至文化归属问题上的种种歧见,也应主要归因于该地域文化发展上的渐进性或曰连续性。这一区域处于不同发展阶段的考古学文化面貌既以当地先行文化为主源,随时间的推移按惯性连续演进,又不断吸纳新的文化因素,形成各阶段的特色。尽管有族群甚至王朝的更替,但它们却没有像美索不达米亚和埃及那样由于外族入侵而导致文化上的大断裂。这种连续性的特征,应是中国上古史上这一社会剧变时期人们共同体的分化与重组的真实写照。后世中国王朝更迭而文化内核大致不易,其渊源或可上溯至此期,也未可知。

## 难哉,一刀断夏商

让我们从后向前捋一捋夏商分界诸家的论断,并愿意代其罗列或补充有利于其论断的"证据"。

认为只有二里头文化才是夏文化者,多认为该文化与二里岗文化未曾共存、前后相继。持此说者以一支考古学文化只能属于一族一王朝为立论前提,在两支文化间"切刀",分割夏商,干脆利落。此说将物质层面的考古学文化与族属、王朝之类人群或其发展阶段等量齐观,而这在理论和实际两个层面都需要加以深入论证。考古学上的二里岗文化和殷墟文化同属商王朝文明,即是反证。文化人

| | 爵 | 斝 | 鼎 | 甗 | 盉 | 鬲 |
|---|---|---|---|---|---|---|
| 二里岗上层早段 | | | | | | |
| 二里岗下层晚段 | | | | | | |
| 二里头四期晚段（二里岗下层早段） | | | | | 甗（？） | |
| 二里头四期早段 | | | | | | |
| 二里头三期晚段 | | | | | | |

二里头至二里岗时代青铜容器的流变

类学和民族学材料也不支持这样的推论[175]。

在二里头文化以内"切刀"的学者应该不认同上述观点，但持不同"切法"者的看法又有差别。持二里头三、四期分界，或二里头四期早、晚段分界说者，可以认为是对上述认识做了修正，他们多视四期（或其晚段）遗存为进入商纪年的夏遗民的文化。

近年，越来越多的学者接受了这样的观点：由郑州、偃师两座商城的早期和二里头末期都存在下七垣、岳石和二里头三种文化因素，可知它们具有"共时性"。对于偃师商城崛起于洛阳盆地二里头都邑近旁，时间上看又大体上"一兴一废"这一现象，一般用"卧榻之侧岂容他人鼾睡"理论，解释为若非夏商更替，断无可能[176]。这大概是迄今为止最能自圆其说的一种解释。除了日用陶器所标识的物质文化面貌，建筑学上的"二里头方向"不同于诸商代城址的方向，也被用来作为划分两大族团两大王朝的重要佐证。但并非无懈可击。

有利于此说的现象还有，鼎、斝这类二里头文化纯日用陶器，在二里头四期居然被作为青铜礼器铸造使用。这与第三、四期铜爵、盉仿自同类陶礼器形成鲜明对比。对于特定的人群来说，这应是"伤筋动骨"的大事。同出一墓的铜鼎和圜底铜斝是迄今所知青铜器中最早的外范采用三范的例证，这种制造工艺习见于其后的二里岗文化[177]。

至于宫城和1号宫殿的兴建，在彻底平毁二期宫室后于其遗墟上另建格局不同的2号、4号基址，青铜礼器的铸造使用，以及陶鬲等"新生事物"的出现，都可作为有利于二里头二、三期分界说的证据。

二期都邑大建设开始，初现大型宫室建筑群，地域上的势力大扩张也随之展开，陶器群从具有浓厚的龙山、新砦风格到形成自身特色，又可以作为一、二期分界说的证据。

公说公有理，婆说婆有理。没有哪一家持有决定性证据。难哉，一刀断夏商！

说到底，在考古学家致力解决的一长串学术问题中，把考古学文化所代表的人群与历史文献中的国族或者王朝归属对号入座的研究，并不一定是最重要的。暂时不知道二里头姓夏还是姓商，丝毫不影响它在中国文明发展史上的地位和分量。再说句大实话，这也不是考古学家擅长之事。考古学家最拿手的，是对历史文化发展的长程观察；同时，尽管怀抱"由物见人"的理想，但说到底考古学家还是最擅长研究"物"的。对王朝更替这类带有明确时间概念的、个别事件的把握，肯定不是考古学家的强项。如果扬短避长，结果可想而知。回顾一下研究史，问题不言自明[178]。

# 五 中原与中国

## 文化大扩张

还是回到考古学,谈谈我们擅长的事吧。

第二部分"嵩山的动向"曾介绍过"新砦类遗存"的分布范围,它以嵩山为中心,集中见于今郑州地区,似乎北不过黄河,南不过禹州[179]。二里头一期遗存的分布地域则以嵩山北麓的伊洛平原和嵩山南麓的北汝河、颍河上游一带最为密集。这一带恰是王湾三期文化、"新砦类遗存"和二里头文化的核心类型——二里头类型的中心分布区。"新砦类遗存"的晚段和二里头一期遗存的早段可能同时并存。但到了二里头一期遗存的晚段,新兴的二里头文化已覆盖了包括原"新砦类遗存"分布地域在内的更大的范围[180]。但总体上看,二里头一期遗存的分布西至崤山,北以黄河为界,东未及郑州、新郑一线,南不过伏牛山[181]。与其后二里头文化的大扩张相比,它就小巫见大巫了。

大体与前述二里头都邑的膨大化和大建设浪潮同步,以其为辐射源,二里头文化的冲击波也以前所未有的势头铺展开来。

自二里头二期始,二里头文化的影响开始跨过黄河,北抵沁河岸边,西北至晋西南的运城、临汾地区,向西突入陕西关中东部、丹江上游的商州地区,南及豫鄂交界地带,往东至少分布到豫东开封地区[182]。说二里头文化一统中原,似不为过。与早于它的众多史前文化相比,二里头文化的分布范围首次突破了地理单元的制

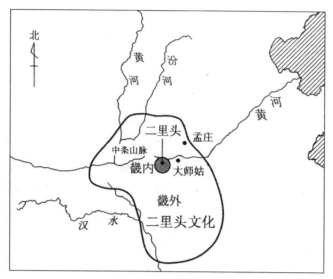

二里头文化的扩张与控制模式（宫本一夫 2005）

约，几乎分布于整个黄河中游地区。

与此相应，二里头文化也被划分为二至五个地方类型，显现了这支核心文化与当地土著文化的交汇和融合。其中以嵩山一带为中心的二里头类型和晋西南的东下冯类型被认为是最具代表性的遗存[183]。

也有学者认为分布于晋西南的东下冯类型不属于二里头文化。就中国考古学的传统而言，对考古学文化的界定尽管在理论上包含对各类遗存的分析，但在实际操作中主要还是以日用陶器尤其是炊器作为最重要的指标的。对二里头文化的指认也不例外。众所周知，二里头文化以深腹罐、圆腹罐、罐形鼎为主要炊器，而以山西夏县东下冯为代表的文化遗存的主要炊器组合则为鬲、甗、斝等。鉴于这种情况，故宫博物院张忠培教授等指出东下冯一类遗存与二里头文化的炊器"不仅泾渭分明，而且均渊源有自"，与其归入二里头文化，不如"将其视为源于三里桥文化发展出来而接受了二里头文化巨大影响的一支考古学文化"[184]。在不改变既有界定指标的前提下，东下冯一类遗存由于炊器群的显著差异而不应被划归二里头文化[185]。

仁者见仁，智者见智，考古学文化本来就是一种人为的聚类分析，不必过于较真。我们还可以从研究史的角度来加深对东下冯问题的理解。"二里头文化东下冯类型"的概念提出之初，北京大学邹衡教授就把它称为"东下冯型夏文化"[186]。从该用语的字面意义，可以窥见这一文化界定的研究史背景：对考古学文化归属的判定与对其所属人群的族属推断密切相关。

但这些认识上的差异并不太妨碍我们对这一时代文化大势的把握。无论如何，曾诞生了辉煌的陶寺文化的晋西南地区，在进入二里头时代，出现了至少是"接受了二里头文化巨大影响的一支考古学文化"，甚至就是二里头文化的地方类型。差异是解释之间的差异，遗存就是那一群。只要不执着地非要追究它主人的身份，关于东下冯类遗存是二里头文化大扩张的产物，还是取得了共识的。

## 二里头国家的"疆域"

要说史就得由物见人，就不能总围着"考古学文化"那堆

"物"打转转。二里头文化的分布范围,说到底还是二里头人用的东西及其仿制品的空间存在状态。如果进一步追问,它就是二里头国家的"疆域"吗?

这二者当然是不能画等号的,正像二里头文化不能和夏族画等号一样。那么它们就完全没有关系了吗?好像又不能这么说,那堆"物"中应当有它背后的那群人活动的"史影",否则考古学也就没有了用武之地。

先要讨论的是,二里头国家有疆域吗?常识告诉我们,有国家就有疆域。但早期国家的疆域又很不同于现代国家。它没有"疆界"或"边界"的概念,没有非此即彼的一条"线"的区隔。那时人口虽较新石器时代有所增长,但还没到人挤人的地步。各聚落群团间还有大量的山谷森林绿地旷野相隔,同一族团的聚落也不一定全连成片,准确地说它们是一些"点"的集合。间或还有"非我族类"的敌对势力横在中间,也未可知。所以,即便有"疆域"也是相对的、模糊的甚至跳跃的。

这里介绍一则日本学者对早期中原王朝政治版图推论的思路。

首先,他们承认仅凭考古学材料难以弄清中原王朝政治疆域的范围。同时,他们从确认中原王朝的核心地区(嵩山南北和伊洛盆地一带)出发,进而"假定"陶器的主体与这一核心属同一系统的地区为中原王朝的政治领域。

推论从二里头都邑出发。在二里头时代,青铜礼器的制造和使用基本上集中于王都,具有极强的独占性,是权力和地位的象征物[187]。青铜礼器以下,作为王都的二里头典型陶器中有一群陶礼器,如爵、斝、盉、鬶等。它们也是具有社会或政治象征性

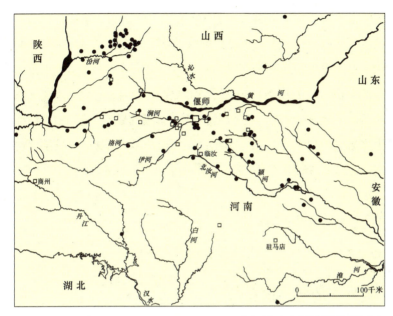

二里头时代出土有陶礼器的遗址分布

的器物,应该在某些礼仪活动中起着重要的作用。这一时期以赐予的形式从王朝扩散到各地的器物应该就是这类陶礼器。

如是,二里头以外的各聚落遗址是否出土陶礼器,也就应与该聚落的阶层地位有密切的关联。通过确认出土陶礼器的遗址的分布范围,可以论证当时在该范围内可能已形成了一个以政治秩序统一起来的共同体,形成了政治版图[188]。显然,相对于日常使用的锅碗瓢盆,由这类作为身份地位象征物的陶礼器入手,更容易把握住当时国家的政治脉动。

在二里头文化分布范围内至少有20余处遗址出土陶礼器,可以看到其分布几乎遍及整个二里头文化分布圈。除了超过300万平方米的二里头遗址，60万平方米的稍柴（王都近邻加强首都功能的具有特殊作用的大型聚落）和51万平方米的大师姑（中原王朝面向东方或北方，起特殊作用的政治军事据点）之外，其他聚落遗址的面积集中在10万~30万平方米之间。而且，它们在小流域或小盆地等地理单元内，几乎都属于最大规模的聚落。这与占遗址绝大多数、面积不足10万平方米的小型聚落形成对比。可以推测这些出土陶礼器的聚落应是被纳入以礼器为标志的王朝秩序架构的诸区域的中心聚落，它们的分布，很可能与以王都二里头为顶点的中原王朝的政治疆域的范围大体重合[189]。

## "畿外"的殖民据点？

在上述分析的基础上，日本南山大学西江清高教授等把王湾三期文化到二里头文化早期主要分布区的嵩山南北一带，称为中原王朝的畿内地区，这一区域的陶器在发展谱系上具有连续性。二里头文化的其他地方类型在陶器谱系上则与当地龙山时代遗存不相接续，他们称之为次级地区（"二次的地域"）。这类外围地区含有二里头文化因素的中心聚落，或可看作中原王朝在扩张其政治版图的同时营建的殖民据点[190]。日本九州大学宫本一夫教授将上述次级地区径直称为畿外地区，认为畿内和畿外地区分别具有在政治上直接控制和间接控制的意味[191]。

位于二里头东南淮河流域的河南驻马店杨庄遗址，地处从中原

地处中原腹地到长江中游交通线上的驻马店杨庄遗址，具有和二里头文化中心区相似的文化内涵

腹地到长江中游的交通线上，应是畿外地区的中心聚落之一。该遗址从龙山文化到二里头文化时期的文化内涵变化显著，可知外来的二里头文化替代了当地的文化传统。虽然驻马店二里头时期的文化因素具有与二里头文化中心区相似的内涵，但也有不少当地因素。与以粟作农业为主的黄河流域同期遗址不同，杨庄的农业经济以水稻耕作为主。杨庄聚落围以环壕，也是畿内地区聚落所罕见的。遗址中还出有大量石矛、石镞等兵器，也暗示着该聚落可能的殖民据点的性质[192]。在区域间的文化交流中，这一处于南北交通线上的设防聚落的重要性是显而易见的。

陕西商洛东龙山遗址，是迄今所知二里头文化分布区西端的一处中心聚落遗址。在相当于二里头文化早期时，这里还存在着与二里头文化完全不同的具有浓厚当地特色的陶器群，表明这里还不属于二里头文化的分布范围。但是到了二里头文化晚期，其陶器群已与畿内地区的二里头文化极为相似[193]。东龙山聚落很可能是在二里头文化的大扩张中在畿外地区营建的一处

商洛东龙山遗址环境素描（陕西省考古研究院等 2011）

殖民据点。

东龙山遗址位于秦岭山脉的东部，包括铜矿在内的多种自然资源分布于这一带[194]。同时，东龙山遗址位于长江水系汉水支流丹江的上游，在丹江下游与汉水交汇处附近又有属于二里头文化的淅川下王岗遗址[195]，这两处遗址的文化面貌也较为接近。连接丹江和汉水流域的这些地点，应是中原王朝西南方的交通线。从东龙山遗址稍微北上，就能抵达黄河水系的洛河上游，那里的水路可通达洛阳盆地。

## 长江边的"飞地"

说到二里头文化的南界，一般认为驻马店以南的河南信阳地

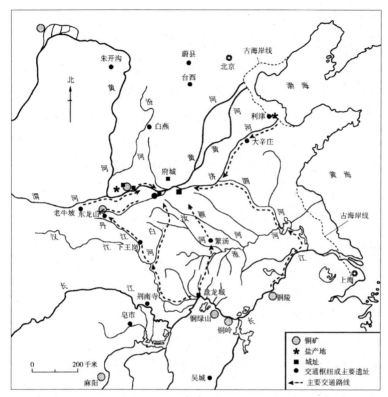

早期王朝时代，国家的扩张沿着水路、陆路呈线状推进，形成点状的"飞地"，而这些据点的设立，与对自然资源的获取有着很大的关系（刘莉等 2002）

区，虽也发现了若干含有二里头文化因素的遗址，但其文化内涵与典型二里头文化还存在较大的差别，文化性质应另当别论[196]。至多，二里头文化的南界在鄂豫交界地带[197]。

由汉水及其支流再向南，即可抵达长江中游的重镇武汉。武汉市区东北、天河机场附近的黄陂盘龙城遗址，以二里岗时代商王朝在南方的重要据点而著称。外来者最早在此安营扎寨，大致在二里头文化晚期（发掘者认为最早的遗存可以早到二里头文化早期[198]，可商）。至于二里头时代盘龙城遗址的性质，学者们的意见也不一致。究其原因还是其文化面貌与典型二里头文化有同有异，究竟是异大于同还是同大于异，诸家看法各异。总体上看，它的相似度还是很高的。至少，它的文化比其北的信阳地区甚至淅川下王岗、驻马店杨庄等聚落还接近于二里头都邑。鉴于此，湖南大学向桃初教授认为不能排除此类遗存是二里头文化晚期在较短时间内从中原地区直接传入的可能性[199]。

早期国家的扩张方式，最大可能是先沿水路、陆路呈线状推进，有些可能就是点状的"飞地"（中转站或军事据点）。盘龙城，究竟是这类"飞地"还是星星之火"燎原"成了个二里头文化的地方类型，有待进一步探究。

接下来的问题就是，这些中原王朝的据点因何而设？二里头文化扩张的背后显然有中原王朝的政治意图，除了利用"天下之中"的有利条件在广大区域建立政治关系网以外，获取各地的自然资源应该也是其重要的目的。而且，这种资源的获取，在当时也就是最大的政治。

对此，美国斯坦福大学刘莉教授和中国社科院陈星灿研究员有精辟的分析。

洛阳盆地是一个相对封闭且肥沃的冲积盆地，能够养活密集的人口，也有利于军事防卫，但有一个致命的缺陷，就是缺乏自然资源。修建宫庙需要大量的木材，制造石器需要石料，铸造青铜器需要铜、锡和铅以及用作燃料的木炭，维持本地区人民生存必须有食盐等等，所有这些资源都难以在二里头周围的冲积平原发现，但是却可以在周围地区半径为 20～200 公里的范围内获得。

城市中心的发展显然需要这些重要资源不断地向都城输送。二里头处于通向周围地区的陆路和水路交通的中心位置，从这里可以沟通那些自然资源丰富的地区。许多次级中心或据点大概就是为了保证这些资源的开发和运输而形成的。因此，资源的空间分布、主要交通路线和次级地区中心的设置，对于我们理解早期国家控制重要资源的政治经济活动，具有重要的价值[200]。

## 铜与盐，扩张的动因？

刘莉、陈星灿把二里头和二里岗国家称为早期国家，认为这是东亚大陆最早出现的一批国家。前二里头时代的诸考古学文化所代表的人类群团，尚处于酋邦（chiefdom）时代。早期国家可能从距离首都或远或近的地区获得重要资源。石料、木材和木炭似乎在伊洛河盆地周围的山区就可得到，而青铜合金和盐则需从很远的地方运来。这两种与早期国家密切相关的资源集中在有限的几个地区，因此很可能成为国家直接控制的重要战略物资。他们关注的是，这些资源的开发如何影响了早期国家的聚落分布和领土扩张。

二里头和商代的青铜器是由铜、锡和铅的合金铸造的。从二里头到商代，青铜器的数量增加，重量和体积增大，意味着国家对铜、锡、铅矿开发和供应的控制能力在逐步加强[201]。

这里又要坦陈我们在用词上的尴尬和无奈。二里头和商代，两

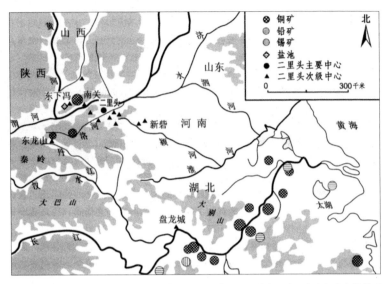

对金属矿藏和盐这些重要资源的获取和控制,影响了二里头主要中心和次级中心的关系(刘莉等 2002)

个非同类项的概念。我们还不能把它们看作是彼此排他的,无法确定二里头是否至少有一部分已属商代早期。在原史(proto-history)时代考古领域,这样的提法有其存在的合理性,但我们应当知道这是权宜之计[202]。

根据矿产地质学研究,中国铜矿储藏量丰富,但分布并不均匀。其中三分之二蕴藏在长江中下游、云贵高原、晋南和甘肃的部分地区[203]。大多数的铜矿历史上都曾被开采,许多矿的表层已被开采殆尽。此外,许多历史上可能被开采的铜矿曾在过去的文献上留下了记录。锡集中在中国的少数几个地区,储量少,根据地质学的研究,主要的锡矿都在长江以南地区。显然,华北地区是穷锡区。根据文献记载,黄河流域存在小型锡矿且曾被早期王朝开采,只是大部分这样的锡矿历史上就被开采尽了。铅矿在中国有很广的分布，集中储藏于云南、内蒙古、甘肃、广东、湖南和广西等地区。

考古发现表明，这些富含金属矿藏的主要矿带，至少有两个进入了二里头和二里岗商王朝的视野：晋南的中条山和长江中下游地区。它们的金属矿藏应该是最早被开发利用的。

盐是人类饮食最重要的组成部分，并且可以用于其他生计活动，比如加工兽皮。在中国古代，山西南部运城盆地的河东盐池（解池），为黄河中游地区和淮河流域部分地区的人民提供了食盐资源。河东盐池的盐是自然蒸发结晶的，易于采集，因此它可能是在历史时代以前很久就被人们利用的最早的盐业资源之一。食用解盐的地区恰是中国最早城市出现的地区，因此，河东盐池可能在早期国家的经济中占有重要位置[204]。

## 国家群与"国上之国"

如前所述，无论伴随对金属等重要资源开发的扩张势头、青铜礼器和兵器的制造工艺，还是都邑的庞大化、宫室建筑的形制布局，在诸多的方面，至少二里头晚期到西周时代的中原王朝（或称早期国家、早期王朝），更多地显现出一种连续发展的态势。考古学文化的聚类分割或可能的王朝更替都没有导致这一总体趋势的断裂。

那么，中国学界近年常用的"早期国家"（early state）的概念，

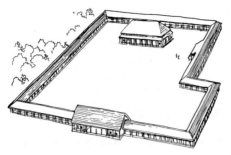

二里头 1 号基址复原图
(杨鸿勋 2001)

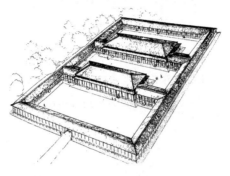

盘龙城 1~3 号基址复原图
(杨鸿勋 2001)

岐山凤雏甲址复原图
(傅熹年 2008)

宫室建筑形制布局的延续性。封闭式结构、坐北朝南、中轴对称等要素，体现的是"建中立极"、王权至上的政治思想

能否完全诠释以二里头为开端的中原王朝崛起于东亚的意义？以王都为顶端的如此巨大、复杂的社会，能否称为单一的"国家"？古文字学家早已指出早期王朝的地域统治并非稳定不变，周边政治集团时服时叛，那么当时的社会模式究竟如何？

日本学者黄川田修博士在整合前人研究的基础上，概括出从二里头到春秋时代以王都为顶端的早期王朝社会统治结构的三个特点：

（一）"早期王朝"绝非单一的国家（state）。它是由无数的诸侯国构成的"国家联盟"，应总称为"国家群"（state complex）。王室与各地诸侯均有自己的国家，而各地诸侯所统治的社会对于王室相对保持一定的独立性。

（二）各国家的聚落群都可见一定的阶层结构，即"大族邑—小族邑—属邑"，总体上构成"邑制国家"[205]。

（三）早期王朝并非如战国时代出现的那样高度发达的中央集权社会。

早期王朝在统御各诸侯之际，可用的政治手段以宗教仪式为主，而二里头文化期形成的"礼乐文化"在该仪式中发挥了重要作用。"商（殷）、周以及传说中的夏，都是以礼乐作为纽带由邑制国家群组成的共同体"[206]。

美国匹兹堡大学的许倬云教授在英文版《西周史》一书中，曾将西周王朝及其在黄河、淮河、长江流域分封的诸侯群总称为"周系国家群"（the Chou states），但后来的中文版做了改订，把每个国家都称为"华夏国家"[207]。黄川田修采用许氏之说并加以修正，将二里头时代至春秋时代在黄河中游及周围形成的共同体称为"华夏系统国家群"（Hua-xia state complex）。

中国社科院王震中研究员则认为，"夏商周三代的王国，属于'国上之国'，王国与邦国代表了当时国家类型的两种形态，而夏商周三代历史的特殊性之一也就在于中央王国与诸地域的邦国所存在的这种特殊关系"。认清这种关系，"不但有助于对当时国家概念的多层次的理解，也有助于加深对当时国家结构特殊性的认识"[208]。

如是，以"国上之国"为核心的"华夏系统国家群"形成了一个巨大的文明圈——华夏文明圈。

## 软实力催生"中国"世界

无论二里头属何种国家类型，可以肯定的是，它在内部高度发展的同时，向四围发射出超越自然地理单元和文化屏障的强力冲击波。显然，更大范围的这种文化的远播，不是靠军事推进和暴力输出，而是凭借其软实力的巨大张力。

从空间分布上看，盉（鬹）、爵等二里头风格的陶礼器向北见于燕山以北的夏家店下层文化，南及由浙江到四川的长江流域一带，西达黄河上游的甘肃、青海一带。进入二里头时代，第二部分"嵩山的动向"中所述起源于海岱地区的玉璋，又以二里头都邑作为其扩散的起点或者中介点，向长江中上游甚至岭南一带传播，直至越南北部。长江上游成都平原三星堆文化出土的变形兽面纹铜牌饰，一般认为是以二里头文化的同类器为原型仿制而成。在黄河支流渭河流域的甘肃天水，也采集到了一件兽面纹铜牌饰，与二里头遗址出土铜牌饰相类。

这些都应是当地的土著文化选择性地接受中原王朝文化因素的结果。

需指出的是，目前各地所见二里头文化因素较为复杂，时间上也有早晚之别。有的可能与二里头文化大体同时，有的则要晚到二

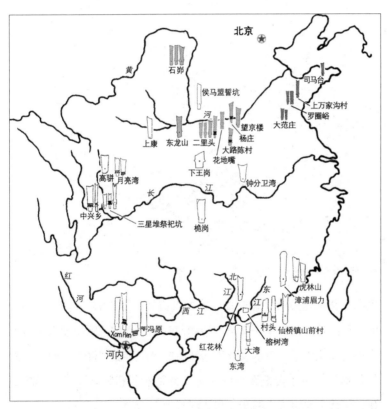

二里头文化前后东亚玉璋的分布。如果把这些相距甚远的出土地点联系起来看，可知位于其分布中心的二里头遗址应是其扩散的起点或者中介点（据邓聪图改绘）

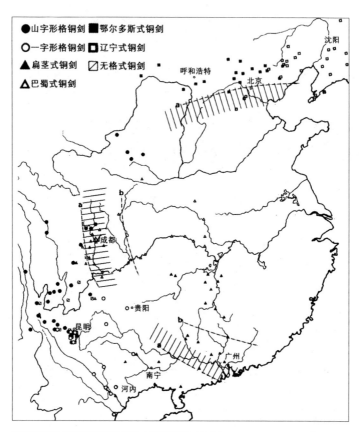

东周时代中原式青铜剑的分布(西江清高 1999)

里岗文化甚至殷墟文化时期。有的大概属于早年的"传世品",有的则可能是模仿二里头文化的器物而制作于当地,因而加入了若干当地的文化因素。有的文化因素还可能是经多次"接力"而间接向外传播的。由于传播距离的遥远,器物形制和装饰风格在不断变化,年代上也会大大晚于二里头时代[209]。

日本学者西江清高教授指出,在东亚大陆,秦汉帝国问世前的春秋战国时代，中原式直刃青铜剑的分布基本上可代表文化意义上"中国"的扩展范围。其北、南、西界分别及于长城、岭南和四川成都平原。这一范围，与上述二里头文化陶、玉礼器的分布范围大体相合，意味深长。或许，"中国"世界的空间轮廓，早在公元前二千纪前叶的二里头时代，就已显现出了它最早的雏形[210]。

这一范围，甚至突破了《尚书·禹贡》所载"九州"的范围。

邵望平研究员通过对中国内地考古学材料与古文献的整合研究，指出《禹贡》"九州"既不是中国古代的行政区划，也不是战国时的托古假设，而是自公元前2000年前后就实际存在的，源远流长的，自然形成的人文地理区系。公元前第二千纪，以中原为中心的文化区系先后建立起凌驾于其他区系之上的中央王国，成为三代京畿之地。中央王国以军事、政治的纽带把已经自然形成的中华两河流域文化圈进一步联结在自己的周围，迫使各区进贡其文化精华，并予以消化、提炼，再创造出更高层次的文明成果，从而迅速地发展壮大了自身，并以这些成果"赐予"、传播至周围各区，加速了各区文明发展的进程，同时也削弱了它们的独立性，从而产生了具有双重来源或多源的商代方国文化、周代侯国文化[211]。

作为广域王权国家的"中国"，由此起步。

# 余 论

美国哥伦比亚大学的李峰教授在《西周的政体：中国早期的官僚制度和国家》"中文版序"中指出：

> 更为重要的是，我们对西周国家的认识基本上可以在西周当代的史料（Contemporaneous Historical Sources）也就是青铜器铭文上建立起来，可以相对较少地受到后代文献史料价值观的困扰。
>
> 重要的是我们首先要把西周金文中的情况搞清楚（哪怕是不能完全搞清楚），这样我们即使使用后世文献才会有一个可靠的基础。如果我们从后世文献譬如说《周礼》这本书出发，我们将搞不清这些文献中记载的哪些是西周真正的制度，哪些是后世的创造。我想对于重视史料价值的史学研究者来讲，这一点是很好理解的。因此，在西周政府的研究中我是不主张用，至少是不首先用《周礼》的。这不是"二重证据法"所能解决的问题，而是我们有关西周历史的研究真正的立足点究竟在哪里的问题。[212]

与李峰出于同样的考虑，我们"描述"这段历史的出发点也没有放在后世的文献上。虽然没有甲骨文、金文那样直接的文字材料，但相比之下，不会说话的考古材料本身还是具有很强的质朴性。我们只要充分地意识到考古学材料和学科手段的局限性，注意过度解释的危险，避开它回答不了的具体族属、国别等问题，考古学还是可以提供丰富的历史线索的。抛却了王城岗究竟是"阳城"还是"羊圈"之类的争执，我们看到了一片广阔的天地。

对中原腹地文化态势和集团动向哪怕是粗线条的勾勒，正是中国考古学在历史建构上的重大贡献。公元前2000年左右中原腹地的考古学景观，导致源自后世文献的统一强势的早期"夏王朝"可能被解构，不能不认为是极具震撼力的。要强调的是，整个学科意欲逐渐摆脱"证经补史"的取向，意识到必须用自己特有的"语言"才能做出历史性的贡献，也只是十几年间的事。这使我们有理由对考古学参与古史建构的能力和前景感到乐观。

# [注　释]

1　许宏：《方法论视角下的夏商分界研究》，《三代考古》(三)，科学出版社，2009年。

2　许宏：《方法论视角下的夏商分界研究》，《三代考古》(三)，科学出版社，2009年。

3　夏商周断代工程专家组：《夏商周断代工程1996～2000年阶段成果报告(简本)》，世界图书出版公司，2000年。

4　一般认为相当于公元前3000～前2000年左右。严文明：《龙山文化与龙山时代》，《文物》1981年第6期。严文明：《龙山时代城址的初步研究》，《中国考古学与历史学之整合研究》，中研院历史语言研究所，1997年。根据最新的考古学和年代学研究成果，这一时代的下限或可延至公元前1800年左右，与二里头文化相衔接。

5　存在了大约四百年的陶寺文化，被分为早期(公元前2300～前2100年)、中期(公元前2100～前2000年)、晚期(公元前2000～前1900年)三个阶段。公元前2000年左右，正值陶寺文化的中、晚期之交(何驽：《陶寺文化谱系研究综论》，《古代文明》第3卷，文物出版社，2004年)。

6　中国社会科学院考古研究所山西队、山西省考古研究所、临汾市文物局：《山西襄汾陶寺城址2002年发掘报告》，《考古学报》2005年第3期。

7　中国社会科学院考古研究所、山西省临汾市文物局：《襄汾陶寺——1978-1985年发掘报告》，文物出版社，2015年。中国社会科学院考古研究所山西工作队、山西省考古研究所、临汾市文物局：《陶寺城址发现陶寺文化中期墓葬》，《考古》2003年第9期。

8　据最新的相关发现和对以往考古材料的再检视，发掘者又提出了陶寺晚期"石崮集团"入侵—本地政权复辟——最终被剿灭的假说。何驽：《对于陶寺文化晚期聚落形态与社会变化的新认识》，《新世纪的中国考古学（续）》，科学出版社，2015年。史实是唯一的，而阐释是无穷的，一切都有待进一步的探索。这里，我们讲述的只是一种可能，故标题附以问号以示不确定性。

9 中国社会科学院考古研究所山西队、山西省考古研究所、临汾市文物局：《山西襄汾陶寺城址2002年发掘报告》，《考古学报》2005年第3期。

10 中国社会科学院考古研究所山西工作队、山西省考古研究所、临汾市文物局：《陶寺城址发现陶寺文化中期墓葬》，《考古》2003年第9期。

11 中国社会科学院考古研究所、山西省临汾市文物局：《襄汾陶寺——1978-1985年发掘报告》，文物出版社，2015年。高炜：《中原龙山文化葬制研究》，《中国考古学论丛》，科学出版社，1993年。

12 梁思永、高去寻：《侯家庄·第1217号大墓》，中研院历史语言研究所，1968年。

13 中国社会科学院考古研究所、山西省临汾市文物局：《襄汾陶寺——1978-1985年发掘报告》，文物出版社，2015年。

14 高炜：《龙山时代的礼制》，《庆祝苏秉琦考古五十五年论文集》，文物出版社，1989年。

15 高炜研究员在《中国文明起源座谈纪要》中的发言，见《考古》1989年第12期。

16 许宏：《礼制遗存与礼乐文化的起源》，《古代文明》第3卷，文物出版社，2004年。

17 牟永抗、宋兆麟：《江浙的石犁和破土器——试论我国犁耕的起源》，《农业考古》1981年第2期。

18 指黄河下游以泰山为中心的滨海地区，与现山东省大致相当或略大。

19 高炜：《中原龙山文化葬制研究》，《中国考古学论丛》，科学出版社，1993年。

20 韩建业：《略论中国铜石并用时代社会发展的一般趋势和不同模式》，《古代文明》第2卷，文物出版社，2003年。

21 高炜：《晋西南与中国古代文明的形成》，《汾河湾——丁村文化与晋文化考古

22 何驽:《2010年陶寺遗址群聚落形态考古实践与理论收获》,《中国社会科学院古代文明研究中心通讯》第21期,2011年。

23 高炜:《晋西南与中国古代文明的形成》,《汾河湾——丁村文化与晋文化考古学术研讨会文集》,山西高校联合出版社,1996年。

24 严文明:《论中国的铜石并用时代》,《史前研究》1984年第1期。

25 中国社会科学院考古研究所、山西省临汾市文物局:《襄汾陶寺——1978-1985年发掘报告》,文物出版社,2015年。

26 高炜、吴钊:《陶寺遗址出土乐器的意义》,《中国音乐文物大系·山西卷》,大象出版社,2000年。

27 梁星彭、严志斌:《山西襄汾陶寺文化城址》,《2001中国重要考古发现》,文物出版社,2002年。中华人民共和国科学技术部、国家文物局编:《早期中国——中华文明起源》,文物出版社,2009年。

28 中国社会科学院考古研究所山西队、山西省考古研究所、临汾市文物局:《山西襄汾县陶寺城址发现陶寺文化中期大型夯土建筑基址》,《考古》2008年第3期。

29 李健民:《陶寺遗址出土的朱书"文"字扁壶》,《中国社会科学院古代文明研究中心通讯》第1期,2001年。

30 高炜:《陶寺出土文字二三事》,《中国社会科学院古代文明研究中心通讯》第3期,2002年。

31 沈长云、张渭莲:《中国古代国家起源与形成研究》,人民出版社,2009年,第174页。

32 罗琨:《陶寺陶文考释》,《中国社会科学院古代文明研究中心通讯》第2期,2001年。

33 何驽:《陶寺遗址扁壶朱书"文字"新探》,《中国文物报》2003年11月28日。

34 葛英会:《破译帝尧名号 推进文明探源》,《古代文明研究通讯》总第32期,2007年。

35 冯时:《"文邑"考》,《考古学报》2008年第3期。

36　朱冰:《陶寺毛笔朱书文字考释》,《中国文物报》2010年12月24日。

37　田建文:《我看陶寺遗址出土的朱书"文字"扁壶》,《考古学研究》(十),科学出版社,2012年。

38　中国社会科学院考古研究所山西队、山西省考古研究所、临汾市文物局:《山西襄汾县陶寺城址发现陶寺文化中期大型夯土建筑基址》,《考古》2008年第3期。

39　许宏:《方法论视角下的夏商分界研究》,《三代考古》(三),科学出版社,2009年。

40　高炜:《陶寺,一个永远的话题》,《襄汾陶寺遗址研究》,科学出版社,2007年。

41　高炜、高天麟、张岱海:《关于陶寺墓地的几个问题》,《考古》1983年第6期。

42　李民:《尧、舜时代与陶寺遗址》,《史前研究》1985年第4期。

43　刘绪:《简论陶寺类型不是夏文化——兼谈二里头文化的性质》,《史前研究》1990~1991年辑刊。

44　王克林:《陶寺文化与唐尧、虞舜——论华夏文化的发展》,《文物世界》2001年第1、2期。

45　黄石林:《陶寺遗址乃尧至禹都论》,《文物世界》2001年第6期。

46　王克林:《陶寺晚期龙山文化与夏文化——论华夏文明的形成》,《文物世界》2001年第5、6期。

47　高炜:《陶寺,一个永远的话题》,《襄汾陶寺遗址研究》,科学出版社,2007年。

48　贾雷德·戴蒙德著,江滢、叶臻译:《崩溃——社会如何选择成败兴亡》,上海译文出版社,2008年。

49　刘莉著,陈星灿等译:《中国新石器时代:迈向早期国家之路》,文物出版社,2007年。

50　许宏:《"连续"中的"断裂"——关于中国文明与早期国家形成过程的思考》,《文物》2001年第2期。

51　周昆叔、张松林、张震宇等:《论嵩山文化圈》,《中原文物》2005年第1期。

52 严文明:《龙山文化与龙山时代》,《文物》1981年第6期。

53 韩建业、杨新改:《王湾三期文化研究》,《考古学报》1997年第1期。董琦:《虞夏时期的中原》,科学出版社,2000年。河南省文物研究所编:《河南考古四十年(1952~1992)》,河南人民出版社,1994年。

54 冰白:《从龙山晚期的中原态势看二里头文化的形成——兼谈对早期夏文化的若干认识》,《中国考古学的跨世纪反思》,商务印书馆(香港)有限公司,1999年。王立新:《从嵩山南北的文化整合看夏王朝的出现》,《二里头遗址与二里头文化研究》,科学出版社,2006年。

55 张海:《公元前4000至前1500年中原腹地的文化演进与社会复杂化》,北京大学博士研究生学位论文,2007年。

56 王立新:《从嵩山南北的文化整合看夏王朝的出现》,《二里头遗址与二里头文化研究》,科学出版社,2006年。

57 刘莉著,陈星灿等译:《中国新石器时代:迈向早期国家之路》,文物出版社,2007年。

58 中国社会科学院考古研究所二里头工作队:《河南洛阳盆地2001~2003年考古调查简报》,《考古》2005年第5期。张海:《公元前4000至前1500年中原腹地的文化演进与社会复杂化》,北京大学博士研究生学位论文,2007年。

59 陈星灿、刘莉、李润权等:《中国文明腹地的社会复杂化进程——伊洛河地区的聚落形态研究》,《考古学报》2003年第2期。

60 赵辉、魏峻:《中国新石器时代城址的发现与研究》,《古代文明》第1卷,文物出版社,2002年。

61 赵辉、魏峻:《中国新石器时代城址的发现与研究》,《古代文明》第1卷,文物出版社,2002年。

62 魏兴涛:《中原龙山城址的年代与兴废原因试探》,《华夏考古》2010年第1期。

63 方燕明:《夏代前期城址的考古学观察》,《新果集》,科学出版社,2008年。

64 钱耀鹏:《中国史前城址与文明起源研究》,西北大学出版社,2001年,第127页。

65 张海:《公元前4000至前1500年中原腹地的文化演进与社会复杂化》,北京大学博士研究生学位论文,2007年。

66 许宏:《"连续"中的"断裂"——关于中国文明与早期国家形成过程的思考》,《文物》2001年第2期。

67 赵辉、魏峻:《中国新石器时代城址的发现与研究》,《古代文明》第1卷,文物出版社,2002年。

68 河南省文物研究所、中国历史博物馆考古部:《登封王城岗与阳城》,文物出版社,1992年。

69 北京大学考古文博学院、河南省文物考古研究所:《登封王城岗考古发现与研究(2002~2005)》,大象出版社,2007年。

70 张海:《公元前4000至前1500年中原腹地的文化演进与社会复杂化》,北京大学博士研究生学位论文,2007年。

71 何新年:《行走中原》,大象出版社,2007年,第57页。

72 河南省文物研究所、中国历史博物馆考古部:《登封王城岗与阳城》,文物出版社,1992年。

73 郑杰祥编:《夏文化论集》,文物出版社,2002年。

74 北京大学考古文博学院、河南省文物考古研究所:《登封王城岗考古发现与研究(2002~2005)》,大象出版社,2007年。

75 北京大学考古文博学院、河南省文物考古研究所:《登封王城岗考古发现与研究(2002~2005)》,大象出版社,2007年。

76 斯塔夫里阿诺斯著,吴象婴、梁赤民译:《全球通史:从史前史到21世纪(第7版修订版)》,北京大学出版社,2006年。

77 王清:《大禹治水的地理背景》,《中原文物》1999年第1期。

78 吴文祥、葛全胜:《夏朝前夕洪水发生的可能性及大禹治水真相》,《第四纪研究》第25卷第6期,2005年。

79 北京大学考古文博学院、河南省文物考古研究所:《登封王城岗考古发现与研究(2002~2005)》,大象出版社,2007年,第796-797页。

80 徐旭生:《中国古史的传说时代》,科学出版社,1985年,第139-140页。

81 邵望平:《〈禹贡〉九州风土考古学丛考》,《九州学刊》(香港)第2卷第2期,

1988年。

82　夏正楷、杨晓燕：《我国北方4ka B. P. 前后异常洪水事件的初步研究》，《第四纪研究》第23卷第6期，2003年。

83　沈长云、张渭莲：《中国古代国家起源与形成研究》，人民出版社，2009年，第218-219页。

84　河南省文物考古研究所：《禹州瓦店》，世界图书出版公司北京公司，2004年。北京大学考古文博学院、河南省文物考古研究所：《登封王城岗考古发现与研究（2002～2005）》，大象出版社，2007年。

85　北京大学考古文博学院、河南省文物考古研究所：《登封王城岗考古发现与研究（2002～2005）》，大象出版社，2007年。

86　北京大学考古文博学院、河南省文物考古研究所：《登封王城岗考古发现与研究（2002～2005）》，大象出版社，2007年。

87　前者年代已确认；后者不晚于汉代，待察。

88　北京大学考古文博学院、河南省文物考古研究所：《登封王城岗考古发现与研究（2002～2005）》，大象出版社，2007年。

89　王立新：《从嵩山南北的文化整合看夏王朝的出现》，《二里头遗址与二里头文化研究》，科学出版社，2006年。

90　许宏：《先秦城市考古学研究》，北京燕山出版社，2000年。

91　赵辉、魏峻：《中国新石器时代城址的发现与研究》，《古代文明》第1卷，文物出版社，2002年。

92　河南省文物研究所、周口地区文化局文物科：《河南淮阳平粮台龙山文化城址试掘简报》，《文物》1983年第3期。

93　严文明：《龙山时代城址的初步研究》，《中国考古学与历史学之整合研究》，中研院历史语言研究所，1997年。

94　罗泰著，许宏译：《中国早期文明中"城市"的发展阶段》，《徐苹芳先生纪念文集》，上海古籍出版社，2012年。

95　河南省文物考古研究所、新密市黄帝历史文化研究会：《河南新密市古城寨龙山文化城址发掘简报》，《华夏考古》2002年第2期。

96 蔡全法:《古城寨龙山城址与中原文明的形成》,《中原文物》2002年第6期。

97 方燕明:《夏代前期城址的考古学观察》,《新果集》,科学出版社,2008年。

98 河南省文物研究所、中国历史博物馆考古部:《登封王城岗与阳城》,文物出版社,1992年。

99 洛阳博物馆:《洛阳矬李遗址试掘简报》,《考古》1978年第1期。北京大学考古文博学院:《洛阳王湾:田野考古发掘报告》,北京大学出版社,2002年。洛阳博物馆:《孟津小潘沟遗址试掘简报》,《考古》1978年第4期。中国社会科学院考古研究所河南二队:《河南临汝煤山遗址发掘报告》,《考古学报》1982年第4期。

100 恩格斯:《家庭、私有制和国家的起源》,《马克思恩格斯选集》第4卷,人民出版社,1995年,第177页。

101 邵望平:《中国文明起源和早期国家形态研讨会发言摘要》,《考古》2001年第2期。

102 北京大学震旦古代文明研究中心、郑州市文物考古研究院:《新密新砦——1999~2000年田野考古发掘报告》,文物出版社,2008年。赵春青:《新砦聚落考古的实践与方法》,《考古》2009年第2期。

103 许宏:《"连续"中的"断裂"——关于中国文明与早期国家形成过程的思考》,《文物》2001年第2期。

104 赵春青:《新砦聚落考古的实践与方法》,《考古》2009年第2期。

105 张海:《公元前4000至前1500年中原腹地的文化演进与社会复杂化》,北京大学博士研究生学位论文,2007年。

106 王立新:《从嵩山南北的文化整合看夏王朝的出现》,《二里头遗址与二里头文化研究》,科学出版社,2006年。

107 张海:《公元前4000至前1500年中原腹地的文化演进与社会复杂化》,北京大学博士研究生学位论文,2007年。

108 赵春青:《关于新砦期与二里头一期的若干问题》,《二里头遗址与二里头文化研究》,科学出版社,2006年。

109 许宏:《"新砦文化"研究历程述评》,《三代考古》(二),科学出版社,2006

年。赵春青:《关于新砦期与二里头一期的若干问题》,《二里头遗址与二里头文化研究》,科学出版社,2006 年。

110 张海:《公元前 4000 至前 1500 年中原腹地的文化演进与社会复杂化》,北京大学博士研究生学位论文,2007 年。

111 布鲁斯·炊格尔著,蒋祖棣、刘英译:《时间与传统》,生活·读书·新知三联书店,1991 年。

112 张海:《公元前 4000 至前 1500 年中原腹地的文化演进与社会复杂化》,北京大学博士研究生学位论文,2007 年。

113 许宏:《最早的中国》,科学出版社,2009 年。

114 许宏:《先秦城市考古学研究》,北京燕山出版社,2000 年。

115 李宏飞:《中国古典意义的"大同·小康社会"》,《社会学研究》2010 年第 4 期。

116 郑州市文物考古研究所、北京大学考古文博学院:《河南巩义市花地嘴遗址"新砦期"遗存》,《考古》2005 年第 6 期。

117 张海:《公元前 4000 至前 1500 年中原腹地的文化演进与社会复杂化》,北京大学博士研究生学位论文,2007 年。

118 中国社会科学院考古研究所河南新砦队、郑州市文物考古研究院:《河南新密市新砦遗址东城墙发掘简报》,《考古》2009 年第 2 期。

119 许宏:《21 世纪初中国考古学的新发现及其学术意义》,《燕京学报》新十八期,2005 年。张海:《公元前 4000 至前 1500 年中原腹地的文化演进与社会复杂化》,北京大学博士研究生学位论文,2007 年。

120 中国社会科学院考古研究所:《中国考古学·夏商卷》,中国社会科学出版社,2003 年。中国社会科学院考古研究所河南新砦队、郑州市文物考古研究院:《河南新密市新砦遗址东城墙发掘简报》,《考古》2009 年第 2 期。

121 赵春青:《新密新砦城址与夏启之居》,《中原文物》2004 年第 3 期。

122 赵春青:《新砦期的确认及其意义》,《中原文物》2002 年第 1 期。

123 夏商周断代工程专家组:《夏商周断代工程 1996~2000 年阶段成果报告(简本)》,世界图书出版公司,2000 年。

124 李先登:《王城岗遗址出土的铜器残片及其他》,《文物》1984年第11期。河南省文物研究所、中国历史博物馆考古部:《登封王城岗与阳城》,文物出版社,1992年。

125 董琦:《王城岗城堡遗址再分析》,《中国历史文物》2002年第3期。

126 朱凤瀚:《中国青铜器综论》,上海古籍出版社,2009年,第15页。

127 北京大学震旦古代文明研究中心、郑州市文物考古研究院:《新密新砦——1999~2000年田野考古发掘报告》,文物出版社,2008年。

128 严文明:《论中国的铜石并用时代》,《史前研究》1984年第1期。

129 邵望平:《铜鬶的启示》,《文物》1980年第2期。

130 高广仁、邵望平:《史前陶鬶初论》,《考古学报》1981年第4期。

131 邵望平:《铜鬶的启示》,《文物》1980年第2期。

132 许宏:《"连续"中的"断裂"——关于中国文明与早期国家形成过程的思考》,《文物》2001年第2期。

133 顾万发:《试论新砦陶器盖上的饕餮纹》,《华夏考古》2000年第4期。

134 北京大学震旦古代文明研究中心、郑州市文物考古研究院:《新密新砦——1999~2000年田野考古发掘报告》,文物出版社,2008年。

135 许宏:《最早的中国》,科学出版社,2009年。

136 郑州市文物考古研究所、北京大学考古文博学院:《河南巩义市花地嘴遗址"新砦期"遗存》,《考古》2005年第6期。

137 栾丰实:《二里头遗址出土玉礼器中的东方因素》,《中原地区文明化进程学术研讨会文集》,科学出版社,2006年。许宏:《最早的中国》,科学出版社,2009年。

138 邓聪主编:《香港中文大学"华夏第一龙"展览图录》,2012年。

139 顾万发、张松林:《论花地嘴遗址所出墨玉璋》,《商都文明》2007年第4期。

140 郑州市文物考古研究所、北京大学考古文博学院:《河南巩义市花地嘴遗址"新砦期"遗存》,《考古》2005年第6期。

141 顾颉刚、童书业:《夏史三论》,《古史辨》第七册下,开明书店,1941年。沈长云、张渭莲:《中国古代国家起源与形成研究》,人民出版社,2009年。

142 中国社会科学院考古研究所、中国社会科学院古代文明研究中心:《中国文明起源研究要览》,文物出版社,2003年。

143 赵辉:《以中原为中心的历史趋势的形成》,《文物》2000年第1期。赵辉:《中国的史前基础——再论以中原为中心的历史趋势》,《文物》2006年第8期。

144 Robert L. Carneiro, A Theory of the Origin of the State. Science 169, 1970.

145 易建平:《战争与文化演进:卡内罗的限制理论》,《史学理论研究》2001年第4期。

146 赵辉:《以中原为中心的历史趋势的形成》,《文物》2000年第1期。

147 赵春青:《郑洛地区新石器时代聚落的演变》,北京大学出版社,2001年,第155页。

148 王立新:《从嵩山南北的文化整合看夏王朝的出现》,《二里头遗址与二里头文化研究》,科学出版社,2006年,第417-418页。

149 王立新:《从嵩山南北的文化整合看夏王朝的出现》,《二里头遗址与二里头文化研究》,科学出版社,2006年。作者认为煤山和王湾类型分属于两个不同的考古学文化。

150 袁广阔:《再思二里头文化的来源》,《中国文物报》2005年6月24日。

151 沈长云:《夏族兴起于古河济之间的考古学考察》,《历史研究》2007年第6期。

152 陈剩勇:《中国第一王朝的崛起——中华文明和国家起源之谜破译》,湖南出版社,1994年。

153 许宏:《最早的中国》,科学出版社,2009年。

154 段鹏琦:《汉魏洛阳城与自然河流的开发和利用》,《庆祝苏秉琦考古五十五年论文集》,文物出版社,1989年。中国社会科学院考古研究所洛阳汉魏城工作队:《北魏洛阳外郭城和水道的勘查》,《考古》1993年第7期。中国社会科学院考古研究所二里头工作队:《河南洛阳盆地2001~2003年考古调查简报》,《考古》2005年第5期。

155 中国社会科学院考古研究所二里头工作队:《河南洛阳盆地2001~2003年考古调查简报》,《考古》2005年第5期。

156 许宏、陈国梁、赵海涛:《二里头遗址聚落形态的初步考察》,《考古》2004年第 11 期。

157 段鹏琦:《洛阳古代都城城址迁移现象试析》,《考古与文物》1999 年第 4 期。
王学荣:《偃师商城与二里头遗址的几个问题》,《考古》1996 年第 5 期。

158 段鹏琦:《洛阳古代都城城址迁移现象试析》,《考古与文物》1999 年第 4 期。
王学荣:《偃师商城与二里头遗址的几个问题》,《考古》1996 年第 5 期。

159 中国社会科学院考古研究所河南第二工作队:《河南偃师商城Ⅳ区 1996 年发掘简报》,《考古》1999 年第 2 期。

160 许宏:《最早的中国》,科学出版社,2009 年。

161 许宏、陈国梁、赵海涛:《二里头遗址聚落形态的初步考察》,《考古》2004 年第 11 期。

162 中国社会科学院考古研究所:《偃师二里头——1959 年~1978 年考古发掘报告》,中国大百科全书出版社,1999 年。

163 中国社会科学院考古研究所河南新砦队、郑州市文物考古研究院:《河南新密市新砦遗址东城墙发掘简报》,《考古》2009 年第 2 期。

164 中国社会科学院考古研究所:《中国考古学·夏商卷》,中国社会科学出版社,2003 年。

165 杜金鹏:《偃师二里头夏都规划探论》,《夏商周考古学研究》,科学出版社,2007 年。

166 中国社会科学院考古研究所:《二里头(1999-2006)》,文物出版社,2014 年。

167 中国社会科学院考古研究所:《二里头(1999-2006)》,文物出版社,2014 年。

168 唐晓峰:《城市纪念性小议》,《人文地理随笔》,生活·读书·新知三联书店,2005 年。

169 岡村秀典:《夏王朝——王權誕生の考古學》,講談社(東京),2003 年。

170 许宏、刘莉:《关于二里头遗址的省思》,《文物》2008 年第 1 期。

171 许宏、赵海涛:《二里头遗址文化分期再检讨——以出土铜、玉礼器的墓葬为中心》,《南方文物》2010 年第 3 期。

172 中国社会科学院考古研究所:《二里头(1999-2006)》,文物出版社,2014 年。

173 许宏、陈国梁、赵海涛:《二里头遗址聚落形态的初步考察》,《考古》2004 年第 11 期。

174 许宏：《嵩山南北龙山文化向二里头文化演进过程管窥》，《中原地区文明化进程学术研讨会文集》，科学出版社，2006 年。

175 王明珂：《华夏边缘：历史记忆与族群认同》，允晨文化实业股份有限公司（台北），1997 年。

176 中国社会科学院考古研究所：《中国考古学·夏商卷》，中国社会科学出版社，2003 年。

177 宫本一夫：《二里头文化青铜彝器的演变及意义》，《二里头遗址与二里头文化研究》，科学出版社，2006 年。

178 许宏：《最早的中国》，科学出版社，2009 年。

179 赵春青：《新砦聚落考古的实践与方法》，《考古》2009 年第 2 期。

180 许宏：《嵩山南北龙山文化向二里头文化演进过程管窥》，《中原地区文明化进程学术研讨会文集》，科学出版社，2006 年。张海：《公元前 4000 至前 1500 年中原腹地的文化演进与社会复杂化》，北京大学博士研究生学位论文，2007 年。

181 许宏：《嵩山南北龙山文化向二里头文化演进过程管窥》，《中原地区文明化进程学术研讨会文集》，科学出版社，2006 年。

182 中国社会科学院考古研究所：《中国考古学·夏商卷》，中国社会科学出版社，2003 年。

183 邹衡：《试论夏文化》，《夏商周考古学论文集》，文物出版社，1980 年。中国社会科学院考古研究所：《中国考古学·夏商卷》，中国社会科学出版社，2003 年。

184 张忠培、杨晶：《客省庄与三里桥文化的单把鬲及相关问题》，《宿白先生八秩华诞纪念文集》，文物出版社，2002 年。

185 郑杰祥：《夏史初探》，中州古籍出版社，1988 年。张忠培、杨晶：《客省庄与三里桥文化的单把鬲及其相关问题》，《宿白先生八秩华诞纪念文集》，文物出版社，2002 年。井中伟、王立新编著：《夏商周考古学》，科学出版社，2013 年。

186 邹衡：《试论夏文化》，《夏商周考古学论文集》，文物出版社，1980 年。

187 日文称"威信财",英文为 prestige goods,中文尚无精准的对应词,可勉强译为"礼器"吧。网络词典给出的释义是"名牌商品"!也是,名牌商品亦属身份地位象征物,但世事变迁,内涵已风马牛而不相及。

188 西江清高、久慈大介:《从地域间关系看二里头文化期中原王朝的空间结构》,《二里头遗址与二里头文化研究》,科学出版社,2006年。

189 西江清高、久慈大介:《从地域间关系看二里头文化期中原王朝的空间结构》,《二里头遗址与二里头文化研究》,科学出版社,2006年。

190 松丸道雄、池田溫、斯波義信等編:《世界歷史大系:中國史1——先史~後漢——》,山川出版社(東京),2003年。西江清高、久慈大介:《从地域间关系看二里头文化期中原王朝的空间结构》,《二里头遗址与二里头文化研究》,科学出版社,2006年。

191 宮本一夫:《神話から歷史へ——神話時代 夏王朝——》講談社,2005年。

192 北京大学考古学系、驻马店市文物保护管理所:《驻马店杨庄——中全新世淮河上游的文化遗存与环境信息》,科学出版社,1998年。

193 陕西省考古研究院、商洛市博物馆:《商洛东龙山》,科学出版社,2011年。

194 刘莉、陈星灿:《中国早期国家的形成——从二里头和二里岗时期的中心和边缘之间关系谈起》,《古代文明》第1卷,文物出版社,2002年。

195 河南省文物研究所、长江流域规划办公室考古队河南分队:《淅川下王岗》,文物出版社,1989年。

196 北京大学考古学系、驻马店市文物保护管理所:《驻马店杨庄——中全新世淮河上游的文化遗存与环境信息》,科学出版社,1998年。

197 中国社会科学院考古研究所:《中国考古学·夏商卷》,中国社会科学出版社,2003年。

198 湖北省文物考古研究所:《盘龙城——1963~1994年考古发掘报告》,文物出版社,2001年。

199 向桃初:《二里头文化向南方的传播》,《考古》2011年第10期。

200 刘莉、陈星灿:《中国早期国家的形成——从二里头和二里岗时期的中心和边缘之间关系谈起》,《古代文明》第1卷,文物出版社,2002年。

201 刘莉、陈星灿：《中国早期国家的形成——从二里头和二里岗时期的中心和边缘之间关系谈起》，《古代文明》第1卷，文物出版社，2002年。

202 许宏：《商文明——中国"原史"与"历史"时代的分界点》，《东方考古》第4集，科学出版社，2008年。

203 华觉明：《中国古代金属技术》，大象出版社，1999年。朱训主编：《中国矿情：金属矿藏》，科学出版社，1999年。

204 刘莉、陈星灿：《中国早期国家的形成——从二里头和二里岗时期的中心和边缘之间关系谈起》，《古代文明》第1卷，文物出版社，2002年。

205 松丸道雄：《殷周國家の構造》，《岩波講座世界歷史（4）古代4東アジア世界の形成Ⅰ》，岩波書店（東京），1970年。松丸道雄、池田溫、斯波義信等编：《世界歷史大系：中國史1——先史～後漢——》，山川出版社（東京），2003年。

206 黄川田修：《华夏系统国家群之诞生——讨论所谓"夏商周"时代之社会结构》，《三代考古》（三），科学出版社，2009年。

207 Hsu Cho-yun and Linduff Katheryn M, *Western Chou Civilization*.New Haven and London:Yale University Press，1988. 许倬云：《西周史（增订本）》，生活·读书·新知三联书店，1994年。

208 王震中：《简论邦国与王国》，《中国社会科学院院报》2007年2月13日。

209 许宏：《最早的中国》，科学出版社，2009年。

210 西江清高：《黄河中流域における初期王朝の登場》，《世界の考古学7 中國の考古学》，同成社（東京），1999年。

211 邵望平：《禹贡九州的考古学研究——兼说中国古代文明的多源性》，《九州学刊》（香港）第2卷第1期，1987年。

212 李峰：《西周的政体：中国早期官僚制度和国家》，生活·读书·新知三联书店，2008年，第Ⅳ页。

# 后　记

　　两年前，翻开还散发着墨香的《何以中国》第一版，才发现居然忘了写几句"后记"之类的文字作为收束。至少书中引用了那么多的照片线图，尽管注明了出处，还是要对制作和提供者表示由衷的谢忱；还有三联书店优秀的编辑团队的付出，都是我不能忘怀的。所以一直引以为憾。值再版之际，先向相关诸位表达感恩之情，同时也想对这本小书的"出笼"乃至我的公众考古足迹有所交代。

　　这是我第二本面向公众的小书，第一本是《最早的中国》（科学出版社，2009年）。有朋友说《何以中国》就是《最早的中国》的续集吧。从某种意义上，"何以中国"就是对最早的中国如何产生的追问。如果说《最早的中国》写的是二里头王都这一个"点"，那么《何以中国》则是展开了一个扇面，试图讲述二里头这个最早的中国的由来。故可以认为，它是《最早的中国》的姊妹篇。那么它又是如何成书的呢？

　　话题要回溯到2010年，这是我的自媒体——新浪博客"考古人许宏"开张的第二年。这年11月30日，我在博客上推出了一个新话题：《中原一千年之前言：史上空前大提速》。"中原一千年"，这是《最早的中国》出版后,一直萦绕于心的、解读早期中国的一个绝好的视角。我的一个企图是写史,用不那么正统、不那么凝重的笔触、用考古人特有的视角和表达方式来写部小史。大家都知道当今的学者像高速旋转的陀螺,大都处于庸忙中,很难集中时间坐下来完成一本书。但像博客这样兴之所至地化整为零,还是比较现实的。

于是,在有了这样的冲动和一个大致的腹稿后,我从陶寺开始写起,这已是转过年的2011年1月了。每篇千字左右,题目随想随编。"陶寺'革命'了?""都城与阴宅的排场""龙盘、鼍鼓和特磬""'革命'导致失忆?""'拿来主义'的硕果"……越写越顺畅,写前一篇时不知下一篇的题目和内容,但居然没有什么重复和大的改动。手头没有急活的话,可以平均两三天一篇地往上贴,欲罢不能。正巧那年春天,我被安排去党校学习,封闭式的学习生活,极有利于我的规律性写作。隔一天发一篇博文,是我这段时间最大的"副业"收获。到了6月份,党校临近结业,我最终完成了56篇博文,从陶寺一口气写到了二里头。至此,"中原一千年"的穿越之旅已过半。

遗憾的是,随着党校生活的结束,我的中原千年之旅也戛然而止。各种杂务,导致再也提不起笔来。

细心的读者会注意到,从《最早的中国》到《何以中国》,出版社变了,但责任编辑居然没变。这是两本书背后的一段因缘。责编追着作者,作者跟着责编,因解读早期中国而结缘。责编明明女士工作虽有变动,但与作者建立起了稳定互信的合作关系,这当然与三联书店作为"大众学术"平台的出版理念密切相关。总之,合作是愉快的，第二本也就这么"出笼"了。

关于书名，颇费考量。因"中原一千年"之旅没走完，全书围绕着公元前2000年这个颇具兴味的时间点展开，以"最早的中国"——二里头广域王权国家的登场为收束。要将这个"半成品"包装成一本独立的著作，就得有一个合适的书名。《"中国"出中原》《从中原到中国》等都想过。最后，我与责编一致倾向于《何以中国》。我很感谢三联书店的领导开明地认可了这样一个稍显新潮的书名。在一些资深学者的眼中，这不符合中文的表述习惯甚至语法，但因其言简意赅，故不忍释手。语言总是在不断变化的。至于本书的英文书名，鉴于可能的译法不一，我建议并给出了直译方案，但责编"China: 2000 B.C."的提案一出，其他方案黯然失色。碰撞出精品，此之谓也。

除了这本《何以中国》，这56篇博文还有个衍生产品，那就是其浓缩学术版——论文《公元前2000年：中原大变局的考古学观察》。或者应该说，这篇论文背后的严肃思考，才是从系列博文到《何以中国》的重要学术支撑。这是一个较为典型的自媒体、大众学术读物和纯学术成果交融互动的例子。它们表现方式不同，平台不同，读者群不同或仅小有重合。其间话语系统的转换，是公众考古领域值得探究的新课题。这本小书，就是我在探索过程中的又一个尝试。有网友这样评价这本小书的特点：态度是严谨的，观点是保守的，行文是生动的。我感觉还是比较到位的。

如果自评一下本书与《最早的中国》风格上的不同，我想有两点吧。其一，尽管作者、编者都做了将笔调偏于放松的博文"改编"成书的努力，但这书的博客底色应该还在，所以它应该更好读些；其二，注释方便了想要深究这"故事"背景的读者，相信也并不妨碍一般读者的阅读，甚至会感觉更好读？与《最早的中国》贯通之处当然也不少，譬如仍然是小书甚至更小，仍然发挥考古人的特长而多量用图。在这个一切加速度的、读图的时代，这些都会使这本小书变得好读。

表述了半天，发现上一段的关键词只有一个，那就是"好读"。这个词出自读者之口，才是作者最大的心愿。没有想到的是，这本小书在开始销售的几周内常见于三联韬奋书店的榜单前列，年底又跻身2014年度三联书店十大好书，随后被评为2014年度全国文化遗产十佳图书、第七届中国出版集团出版奖之优秀选题奖。在不到一年半的时间里7次印刷、印数达35000册……"好读"一词真的从读者口中听到了，这当然是作者最感欣慰的。

现在，值本书初版两周年之际，出版社又建议再版，改进了装帧设计，增加了彩印版面。借此机会，作者和责编也订正了初版中的错谬之处，增补了部分文字和照片，标注了最新的文献出处。这都使得这本小书更为"好读"。

读者的认可和鼓励是我继续为大家写类似小书的最大动力，愿意与读者诸君共勉。

许　宏
2016年3月